제7판

새 재무행정학

Public Budgeting and Financial Management

윤 영 진

도서출판 대영문화사

2020년 코로나19 팬데믹은 사회 모든 분야에 많은 변화를 가져왔다. 비대면 활동의 증가, 디지털화의 확산 등이 이루어졌다. 특히 팬데믹으로 인한 경제 위기는 재정의 역할을 크게 확대했다. IMF(2021)의 'COVID-19 팬데믹 재정 모니터'에 의하면 2020년 한 해에 코로나 대응 재정 조치가 GDP 대비 16%를 넘는 나라는 미국, 영국, 호주, 뉴질랜드 등이다. 국가채무가 세계 최고 수준인 일본도 15.6%, 그 외에 캐나다. 독일, 그리스 등도 10%가 넘는다. 재정건전성이 매우 양호한 우리나라는 겨우 3.4%에 불과하다. 국가채무 비율이 매우 높은 선진국들이 코로나19 팬데믹의 경제적 · 사회적 위기를 맞이하여 적극적 재정 대응을 하고 있는 점은 많은 것을 시사한다.

"재정이 추구하는 궁극적 목적은 무엇인가?"

팬데믹을 경험하면서 기존 재정에 대한 관점과 틀이 새롭게 바뀌어야 된다는 것을 절감하게 되었다. 재무행정학도 그러한 새로운 흐름을 반영해야 한다고 믿는다. 그동안 제7판을 내야 한다는 심리적 부담이 컸는데 이제나마 내게 되어 독자들에게 미안함을 덜 수 있을 것 같다.

이번 제7판에 반영된 내용은 다음과 같다.

첫째, 재무행정학의 내용은 제도, 과정, 행태 등도 중요하지만 정책의 중요성이 강조되어야 한다고 믿어 재정정책론을 대폭 강화했다. 뒷 쪽(제11장)에 배치되었던 재정정책론을 제4장으로 재배치하고 내용을 보완했다. 특히 적극적 재정정책의 필요성과 논거를 정리했다.

둘째, 재무행정학에서는 다루지 않았던 통화정책을 소개했다. 재정정책이 통화정책과 무관한 것처럼 보는 것은 재정을 온전하게 이해하지 못함을 알게 되었다. 재정의 수입과 지출활동이 민간은행과 한국은행을 통해서 이루어지고 있기 때문이다. 재정 시스템과 금융(통화) 시스템은 밀접한 연관이 있다. 그리고 최근에 재정에 대한 새로운 패러다임을 제시한 현대화폐이론(MMT)의 관점을 소개했다.

셋째, 우리 사회에서 재정 관련 주요 논제로 논쟁을 해 온 기본소득론과 연관 이론을 소개했다. 기본소득론의 찬반 논리와 연관 이론인 보편적 기본서비스론과 기본자산론을 소개했다.

넷째, 재정운용 관련 논란이 많은 국가채무에 대해 자세하게 설명했다. 정치권이나 언론에서 재정 위험을 지나치게 강조하여 소극적이고 보수적인 재정운용을 유도하는 점을 감안하여 국가채무와 국가부채에 대해 상세하게 설명했다. 특히 국채의 핵심 채권인 국고채의 실상을 정리함으로써 국가채무의 이해를 돕도록 했다. 그리고 재정준칙의 새로운 흐름도 소개했다.

다섯째, 재정의 세입구조와 조세구조를 별도의 절로 보완했다. 중앙재정의 핵심 재원으로서의 국세와, 조세와는 성격이 다른 사회보장기여금의 이해를 돕기 위해서다. 사회보장기여금은 강제적으로 부과·징수되는 점에서 조세와 동일하지만 국가나 고용주가 대응 부담을 하고, 부담자가 일정한 조건이나 기한이 되면 부담액에 상응한 편익을 보는 특징을 갖는다.

여섯째, 현재 국가재정에 포함되지 않은 건강보험과 노인장기요양보험을 설명하고, 이들이 기금 형태로 국가재정에 포함되어야 하는 논거를 제시했다. 현재 건강보험과 노인장기요양보험 재정은 국민건강보험공단의 회계로 귀속되어 있고 보건복지부 장관의 승인을 거쳐 확정된다.

일곱째, 문재인 정부에서 새롭게 도입한 국민참여 예산제도를 소개하고, 제도 개선이 이루어진 예비 타당성 조사제도, 재정성과관리제도, 재정제도 개혁 추진 과정 등을 보완했다.

여덟째, 인용한 통계 자료들을 최대한 업데이트하고, 문장을 다듬는 노력을 했다.

제7판이 출판되기까지 노고를 아끼지 않은 대영문화사의 임춘환 사장님과 임현준 부장님을 비롯한 임직원들에게도 깊은 감사의 뜻을 전한다.

2021년 5월

윤영진

초판 머리말

p r e f a c e

재무행정론을 오랫동안 강의하면서 항상 마음속에 자리잡은 화두는 "어떻게 하면 알기 쉽고 체계적인 강의를 할 수 있을까"였다. 아직도 그 해답을 찾지 못한 채 학생들의 눈망울을 바라보면 미안한 마음이 앞설 뿐이다. 아마도 이것은 계속 추구해야 할 미완의 숙제일지도 모른다. 다만, 이러한 심리적 빚이 아직 불완전하나마 이 책을 내게 된 동기가 되었다.

재무행정론의 중심은 정부예산이다. 그런데 정부예산은 몇 가지 특징을 갖고 있다.

첫째, 정부예산은 매년 편성된다. 따라서 정부예산을 공부하는 사람의 입장에서는 매년 공부의 소재를 갖게 된다는 의미다. 다른 한편 매년 통계 자료가 바뀌는 만큼 최신 자료를 지속적으로 추적해 나가야 한다.

둘째, 국민 경제에서 차지하는 정부예산의 비중이 매우 크다. 정부예산의 범위를 어떻게 설정하느냐에 따라 그 비중이 달라지겠지만 넓게 볼 경우 GNP의 3분의 1 이상을 차지한다. 그리고 그 재원은 모두 국민의 부담으로 조성된다는 점을 인식할 필요가 있다.

셋째, 예산 과정에 참여하는 참여자들이 다양하고 또한 복잡하게 얽혀 있다. 예산 과정에 직접 참여하는 공식적인 기관들 외에도 직·간접적으로 관계하고 있는 다양한 집단 및 개인이 존재한다. 이들은 조세 부담 및 예산 수혜의 정도를 줄이거나 늘리기 위해 다양한 경로로 영향을 발휘하려고 노력한다.

넷째, 정부예산은 단순한 국가의 수입과 지출에 관한 예정적 수치가 아니라는 점이다. 예산에는 정부의 정책과 사업이 반드시 담겨 있으며, 더 나아가 국가의 목적과 의지가 구현되어 있다.

이러한 정부예산의 특징을 고려할 때 나의 관념 속에 파고든 것은 정부예산의 핵심 문제가 한정된 자원의 배분 문제라는 점이다. 한정된 자원의 배분 문제를 정부예산의 핵심 문제로 인식할 때 왜 그러한 제도가 만들어졌으며, 거기에 참여하는 기관 및 사람들의 행동이 왜 그러한 모습으로 나타나는지 좀 더 이해할 수 있을 것 같다는 생각이 들었다. 그리고 희소한 자원의 배분 과정에 관류하고 있는 기본 원리로서 경제적 원리와 정치적 원리라는 두 개의 흐름이 있는 것으로 보인다.

이러한 기본 인식에 따라 이 책명의 부제로 '배분의 정치경제학'이라는 명칭을 붙였다. 책의 체재 자체를 배분의 정치경제학이라는 관점에서 재구성하는 것이 타당하겠으나 저자 능력의 한계로 그러한 구성은 엄두를 내기 어려웠다. 다만, 이 책의 처음부터 끝까지 그러한 기본 인식이 근저에 깔려 있음을 독자들은 이해해 주기 바란다. 서울대 부근 어느 호프집에서 동아대 전상경 교수께서 책명의 주제목과 부제를 서로 바꿔 보라는 강력한 권유를 했으나 반영할 수 없었다. 우선 이론서가 아닌 교재로 만들었다는 점과 책 내용이 그것을 충분히 반영하지 못했다는 점, 그리고 사회적 이슈에 대해서는 내 스스로 진보적인 편이라고 생각하지만 이 부분에 대해서만은 보수적인 나 자신을 발견했기 때문이다. 앞으로 그러한 관점으로 더욱 보완해 갈 것을 약속하면서 전 교수님의 조언을 반영하지 못한 미안함을 대체하고자 한다.

이 책에 반영된 몇 가지 특징을 지적한다면 다음과 같다.

첫째, 이 책에서 추구하고 있는 결론은 예산 배분의 효율성 추구와 재정 민주주의의 확립이다. 이것은 예산 배분의 경제적 원리와 정치적 원리를 반영한 목표다. 특히 이 책에서는 납세자인 국민이 재정 주권의 소유자임을 강조하고 납세자의 권리를 역설하고 있다. 정부예산은 대부분 국민이 낸 세금으로 운용하고 있음에도 불구하고 납세자들은 예산 과정에서 소외된 채 예산 관련 공무원 및 기관의 전유물로 인식되고 있다. 그러나 세금을 낸 사람은 국민이기 때문에 '정부예산의 주인은 국민'이라는 기본 인식을 전제하고 있음을 알아 주기 바란다.

둘째, 재무행정론의 범위와 관련해서 이 책은 많은 부분을 덜어 내어 슬림화를 기했다. 많은 내용이 이 책에 포함되지 않은 것은 그 부분들이 중요하지 않기 때문에 아니라 재무행정론의 패키지 교육과 관련이 있다. 그동안의 강의 경험을 통해 보건대 한 학기에 강의할 수 있는 내용은 많지 않다. 그런데 재무행정과 관련된 강좌들이 실제로 많이 개설되어 있다. 재정학, 공기업론, 지방재정론, 정부기업관계론, 정부회계학 등이다. 대부분의 행정학과에는 이 중 2~3개의 과목이 개설되어 있는 것으로 알고 있다. 따라서 이들 과목에서 강의할 수 있는 내용은 굳이 재무행정론에 포함시킬 필요가 없다고 생각한다. 다만, 재무행정론과 이들 과목이 패키지로 상호 연계해서 개설되는 것이 바람직하다고 생각한다.

셋째, 재무행정론의 범위와 관련해 이 책은 정부예산 중심으로 구성되어 있다. 그런데 실제 강의는 별로 이뤄지고 있지 않지만 중요한 분야가 재정관리 분야다. 국유재산 및 물품의 관리, 공사 계약, 정부회계, 현금관리, 채권관리 등이다. 이들 분야는 이번에는 내용에 포함되지 않았지만 기회가 주어진다면 포함시킬 예정이다.

넷째, 이 책의 체재는 정부예산을 중심으로 구조 · 규범 · 제도 · 과정 · 행태 · 이론 · 분석 · 정보 · 개혁의 범주로 나눠 구성했다. 이것은 이해와 강의의 편의를 위해서다.

다섯째, 정부예산의 이해를 높이기 위해 각종 통계 자료를 많이 삽입했으며, 필요한 경우 신문이나 다른 저술에서 관련 부분을 인용했다. 법과 제도의 해설도 중요하지만 실제 예산을 중심으로 무슨 일이 일어나고 있는지를 묘사하는 것도 매우 중요하다. 통계 자료는 예산운영의 현황을 보여 주고, 신문 기사 등은 현장의 생생한 모습을 전달하는 데 많은 도움이 될 것으로 믿는다.

여섯째, 각종 통계 자료를 최근의 자료로 업데이트했으며, 김대중 행정부에 의해 추진된 정부기관 개편 내용을 충실히 반영했다.

이 책을 내는 과정에서 많은 사람의 신세를 졌기에 여기서 감사를 드리고자 한다. 먼저 재무행정론의 입문 과정에서 학문적 길잡이 역할을 해 주신 유훈 교수님께 이 책으로나마 조그만 학문적 보답을 드리고 싶다. 그리고 학문적 · 인간적인 면에서 항상 관심을 기울여 주신 강신택, 오석홍, 김동건 교수님과 서울대 행정대학원 여러 은사님께도 감사를 올린다.

또한 학문적 열정이 충만한 서울행정학회의 선후배, 동료들의 끊임없는 관심에 대해서도 고마움을 전하고 싶다. 이 책에 반영된 많은 자료를 제공해 준 기획예산위원회의 장병완 과장, 예산청의 이병화 담당관, 국회의 장인식 국장에게도 감사드린다. 책 출간에 필요한 궂은 일을 도맡아 준 김상윤 군과 이명선 양에게도 고마움을 전한다. 정부기구 개편 때문에 늦게 넘겨 준 원고를 신속히 출판해 준 대영문화사의 임춘환 사장님과 임직원들에게도 감사드린다.

마지막으로 이 책을 저술하기 위해 자주 컴퓨터에 앉아 있는 나를 항상 따뜻함으로 격려해 준 아내와 순영, 소희에게 이 책을 증정하고자 한다.

1998년 6월

북악을 바라보며

윤영진

차 례

contents

Chapter 07 예산이론

Chapter08 재정정보 및 분석론

Chapter09 재정개혁론

CHAPTER 01

재정론 서설

학습 포인트

1. 재정의 의미
2. 공공부문에서의 희소성
3. 재정: 배분의 정치경제학
4. 재정운영 체제의 틀
5. 재정의 기능과 규범
6. 재정운영의 패러다임 전환과 규범(원칙)

재무행정을 공부한다는 것은 정부의 재정 현상에 관한 지식(knowledge), 기술(skills), 가치(values)를 학습하는 것이다. 따라서 재무행정의 학습을 통해 정부재정 현상을 이해하고, 분석하고, 설명하고, 처방하는 능력을 높여야 한다.

정부재정은 국가의 수입과 지출에 관한 예정적 수치 이상의 의미가 있다. 정부재정에는 재정을 통해 달성하기 위한 국가의 목적과 의지가 담겨 있다. 구체적으로는 정부의 정책과 사업이 재정 속에 구현되어 있다. 따라서 재정은 국가의 목적과 의지라는 목표와 그것을 달성하기 위한 정책과 사업, 그리고 재정자원이라는 수단으로 구성되어 있다. 결론적으로 재정은 목표이면서 수단이다. 재정은 비전이면서 제약 조건이다. 재정은 국민의 삶의 질을 높이고 행복을 추구하는 고차원의 방법론이다.

경제학자 슘페터(Joseph A. Schumpeter)는 "재정을 알고 판독할 수 있는 사람은 국가의 운명을 해명할 수 있다"고 갈파하고 있다. 이제 재무행정을 공부하고자 하는 사람은 먼저 정부재정의 형식적 구조를 이해하고, 나아가 재정의 실질적 내용을 파악하도록 하자.

제 1 절 배분 기구로서의 재정

1. 재정이란 무엇인가?

예산과 재정 개념은 어떻게 다를까? 재정은 일반적으로 정부(일반정부)가 공공 욕구를 충족하기 위해 필요한 재원을 조달하고 관리 및 지출하는 경제활동을 의미한다. 정부의 경제활동이라고도 정의된다. 반면에 예산은 매년 공공 욕구 충족을 위해 재원을 조달하고 지출하는 계획의 과정과 결과를 의미한다. 예산에는 매년 반복되는 시간적 개념이 포함된다. 따라서 예산보다 재정의 개념이 더 넓은 개념이라고 할 수 있다. 그러나 예산과 재정의 개념적 특성은 본질적으로 큰 차이가 없다.

이 책에서는 2007년 국가재정법 시행 이후 예산과 기금을 포괄한 개념으로 재정의 의미를 사용한다. 재정을 예산이라고 할 때 기금이 제외되기 때문이다. 이것은 예산과 재정을 명목적 개념으로 파악하는 의미다. 그러나 예산과 재정을 명백히 구분되는 개념으로 볼 필요는 없다.

1) 재정의 본질은 정책 · 사업이다

재정=돈. 대부분의 사람들은 이렇게 생각하기 마련이다. 먼저 국민으로부터 '얼마'의 세금을 거두어 '얼마'를 쓰는가를 생각하게 된다. 따라서 매년 편성하는 예산이란 일정 기간의 수입과 지출에 관한 예정적 수치라고 말할 수 있다. 독일의 경제학자인 바그너(A. G. H. Wagner)는 "예산은 숫자의 개관"이라고 말한다.[1)]

그런데 돈에는 항상 타이틀이 붙어 있다. 가령 '국방비' 50조 원, '교육비' 75조 원, 좀 더 세부적으로 보면 '노인돌봄서비스' 1,500억 원, '초고속정보통신망' 2,000억 원 식으로 표시되어 있다.

따라서 예산의 명확한 모습은 다음과 같이 묘사된다.

정책 · 사업	+	금액

여기서 예산의 본질적 모습은 돈(금액)보다는 그것으로 추진하고자 하는 정책과 사업이라고 볼 수 있다. 이러한 정책과 사업은 국정(시정) 철학과 의지가 담겨 있다. 자원을 투입해 무엇을 달성하려고 하는가가 예산을 보는 중요한 관점이다.

이렇게 볼 때 예산결정은 기본적으로 두 가지 차원의 결정으로 이뤄져 있다. 하나는 정책 또는 사업에 대한 결정이고, 다른 하나는 금액에 대한 결정이다. 정책 또는 사업에 대한 결정이란 정책 목표 또는 사업 목표를 달성하기 위한 대안을 선택하는 것이다. 즉, 일정한 재원을 가지고 A 사업(고속도로 건설)에 배분할 것인가, 아니면 B 사업(영유아 보육료 지원)에 배분할 것인가를 결정하는 경우다. 그리고 금액에 대한 결정은 선택된 정책대안 또는 사업대안에 소요되는 비용을 계산해 화폐적 수치를 부여하는 것이다. 이러한 개념은 영기준 예산제도(ZBB)의 시행대안과 증액대안의 결정 부분에서 원용된다.

그런데 예산결정을 할 때 사업에 대한 결정과 금액에 대한 결정이 전혀 별개로 이뤄지는 것이 아니고 상호 밀접한 관계 속에서 동시적 차원에서 이뤄진다. 사업에 대한 결정은 곧 금액에 대한 결정을 포함하고 있으며, 금액에 대한 결정은 사업 수준을 결정하

---

1) 원래 예산의 의미인 영어의 'budget'은 가방 또는 지갑을 의미하는 영어의 고어(古語)인 bouget에서 비롯되었다. 명예혁명 이후 영국의 재무 장관은 매년 가죽가방 속에 예산서를 넣어 가지고 의회에 나가 연설을 했다. 이 가죽가방(bouget)이 점차 예산을 뜻하게 되어 budget이 예산을 의미하게 되었다.

게 된다.

2) 예산에는 가치판단과 사실판단이 동시에 포함되어 있다

일반적으로 정책결정자는 가치판단과 사실판단 및 양자의 연결 관계에 관한 판단에 따라 결정을 내린다(강신택, 1976: 79). 이와 마찬가지로 예산에는 사실판단과 가치판단의 이중 결정이 내포되어 있다. 즉, 예산결정은 "재원의 지출이 어떤 효과를 가질 것이다"라는 사실판단과, "그 효과는 바람직하다"는 가치판단의 이중 결정으로 이뤄져 있다(Turnbull, 1981: 232). 사실판단은 그 효과가 기대한 대로 일어났는지 아닌지에 관한 객관적인 분석, 즉 인과 관계에 관한 판단이다. 가치판단은 우리가 그 결정에 동조할지 않을지의 여부는 우리가 결정자의 가치에 공감하는가의 여부에 달려 있음을 보여 준다.

예컨대, 서울-부산 간 고속철도 건설에 자금을 지출하기로 결정한다고 할 때, 그 결정은 기술적 측면, 즉 계획된 대로 고속철도가 건설되어 여객 수송에 도움이 될 것인가의 사실판단과, 고속철도 건설에 대한 지출이 다른 것(예: 고속도로 건설)에 대한 지출보다 더 중요한가의 가치판단 여부에 의존하게 된다.

3) 결과물로서 예산의 성격

앞의 내용을 종합해 보건대 결과물로서 예산문서는 다음과 같은 세 가지 성격을 갖고 있다(강신택, 2000: 19-20).

(1) 상태 묘사로서 예산

예산은 특정 기관이나 정부 전체 등 하나의 조직의 상태(status)에 관한 묘사(description)다. 그 조직이 얼마의 금액으로 무엇을 구입해 어떤 일을 하며 무엇을 달성하는지를 기술한다. 예산은 해당 조직의 살림살이이며, 조직의 사업 및 정책이 표현되어 있고, 조직의 목표와 의지가 담겨 있다. 따라서 어떤 조직의 예산을 이해하게 되면 그 조직의 현황을 훤히 꿰뚫어보게 된다. 두꺼운 예산서를 펼쳐보고 이를 이해할 수 있다면 그 사람은 이미 그 조직의 리더가 될 자격이 있는 셈이다.

(2) 인과 관계의 설명으로서 예산

예산은 지출 항목으로 표시된 금액을 가지고 인력과 물자를 조달해 어떤 일정한 일을 하면 어떤 결과가 나올 것이라는 인과 관계(causal relationship)의 설명(explanation)

이다. 이것은 '자원-활동-결과' 간의 인과적 과정을 가정한다. 사업의 타당성이나 정당성의 주장과 중앙예산기관의 예산사정 및 입법부의 예산심의활동은 이것을 따지는 것이다.

(3) 선호나 가치의 언명으로서 예산

예산은 결정에 참여하는 사람들의 선호 또는 가치에 관한 언명을 담고 있다. 어떤 일정 수의 결정자들의 개별적 선호일 수도 있고, 복잡한 협상과 타협을 거쳐 이뤄진 여러 결정자들의 집단적 선호일 수도 있다. 이러한 관점에서 보면 예산 과정은 하나의 정치 과정이며, 예산은 국가적 우선순위를 가장 구체적으로 표현한 것이다.

2. 공공부문에서의 희소성

1) 희소성의 개념

만약 모든 재화가 무한한 양으로 공급될 수 있다면, 또는 인간의 욕구가 충분히 충족될 수 있다면 희소한 자원의 효율적 이용에 대해 사람들은 걱정하지 않아도 된다. 나아가 모두가 충분히 만족하기 때문에 사람들 간의 또는 계층 간의 소득 분배에 대해서도 관심을 갖지 않을 것이다.

그러나 재화는 욕구(wants)에 비해 상대적으로 희소하다. 사람들이 소비하고자 하는 모든 재화를 생산할 충분한 자원이 없기 때문에 재화가 부족하게 된다. 이것을 '희소성(scarcity)의 법칙'이라고 한다. 즉, 희소성의 법칙은 욕구는 무한한 반면에 재화는 한정되어 있다는 것을 표현한 것이다.

"욕구는 무한한 반면에 재화는 한정되어 있다"는 희소성의 법칙을 공공부문에 적용한다면 "공공자원은 한정되어 있고 공공 욕구는 무한하다"고 볼 수 있다. 이를 '공공부문에서 희소성의 법칙'이라고 부를 수 있다. 재무행정론은 궁극적으로 이러한 공공부문에서 희소성의 법칙을 규명하는 학문이다.

그러나 공공부문에서 희소성의 법칙이 항상 절대적으로 받아들여진 것은 아니다. 예전에는 "공공 욕구는 한정되어 있고 공공자원은 무한하다"는 가정이 지배한 적이 있다. 그때에는 정부가 수입과 지출을 임의로 증대시킬 수 있다는 사실을 당연한 것으로 받아들였기 때문이다(Caiden, 1982: 349).

최근에는 공공부문에서의 희소성을 절대적이고 객관적인 개념이 아닌 상대적이고 주관적인 개념으로 받아들이고 있다. 희소성은 기본적으로 양면성을 갖고 있다. 즉, "정부가 얼마나 원하는가"에 대해 "정부가 얼마나 보유하고 있는가"의 양면적 조건으로 이뤄져 있다. 두 조건 모두 본질적으로 주관적이다. 따라서 희소성은 태도와 상황의 문제로 본다. 즉, 희소성은 수요와 공급의 인지된 관계(perceived relation)에 의해 결정된다(Schick, 1980). 코로나19 팬데믹과 같은 국가적 위기 상황에서는 상황에 적합하게 정부 의지가 적용된 희소성을 적용하여 재정정책을 펼쳐야 함을 의미한다.

이렇게 볼 때 희소성은 두 가지 측정치에 의해 측정 가능하다. 즉, ① 조세, 차입 및 다른 자원을 이용할 수 있는 능력(ability)과 의지(willingness), ② 공공자금에 대한 현시적 수요와 잠재적 수요다.

2) 희소성과 예산의 관계

예산은 희소성의 피조물이다. 공공자원이 무한하게 이용 가능하다면 또는 모든 공공 욕구를 충족시키기에 충분하다면 정부는 그들의 자금을 배분할 필요가 없다. 그러나 현대 정부에서 이런 현상을 찾기는 불가능하다. 희소성은 모든 정부가 항상 직면하고 있는 문제다.

모든 희소성이 다 같은 것은 아니다. 공공부문의 희소성은 공공자원을 사용할 수 있

예산과 붉은색 태그

대형 사고 발생 초기 단계에 인명 구조원이 도착하면 30초에서 60초 사이 부상자들에게 네 가지 색의 태그가 주어진다.

검은색: 사망 혹은 사망까지 진통제만 투여하고 구호 조치가 의미 없는 부상자
붉은색: 생명이 위험한 상태로 즉각적인 구호 조치가 필요한 부상자
노란색: 구호 조치가 지체되어도 생명에 지장이 없는 부상자
초록색: 경미한 부상으로 구호 조치가 덜 시급한 부상자

모든 부상자에게 의료서비스가 필요하지만 의료진이 부족하다.
"어떤 환자에게 우선적으로 의료 서비스를 지원할 것인가!"
그러나 모든 부상자들이 생명이 위험한 상황이라면?
한정된 예산으로 가장 먼저 투입해야 할 우리의 붉은색 태그 사업은 무엇일까?

EBS 지식채널 ⓔ 동영상(경제 시리즈 1부 붉은색 태그: 2012.8.30 방영) 참조

는 제약 상태를 반영한 개념이다. 따라서 최소 제약 상태에서 최대 제약 상태에 걸친 공공부문의 희소성의 정도를 파악할 필요가 있다. 만성적 희소성 상태에서는 급증하는 복지재정 수요를 감당하는 일이 쉽지 않다. 증세 등 필요한 조세 및 재정정책을 강구해야 한다. 공공자원 사용의 제약 상태를 완화할 수 있는 재정정책이 필요하다.

3. 재정: 배분의 정치경제학

공공부문의 희소성을 전제로 할 때 배분 문제가 재정의 본질적인 문제다. 이용 가능한 공공자원은 한정되어 있으므로 공공 욕구를 충족시키기 위한 공공자원의 합리적 배분이 핵심 문제다. 배분을 재정의 핵심적 문제로 볼 때 그 내용은 공공부문과 민간부문 간의 희소한 자원의 배분 및 공공부문 내의 여러 대안들에 대한 자원 배분에 관한 결정을 포함한다. 전자는 거시적 배분이며, 후자는 미시적 배분이다.

1) 거시적 배분

(1) 시장이냐 재정이냐?

거시적 배분(macro allocation)은 민간부문과 공공부문 간의 자원 배분에 관한 결정이다. 희소성을 전제할 때 민간부문인 시장이 담당할 것인지 아니면 공공부문인 재정이 담당할 것인지의 선택 문제에 직면하게 된다.2)

규범적으로는 거시적 배분은 정부의 적정 규모와 관련된 배분 문제다. 소비와 투자 면에서 사회 총자원 중 얼마의 비율이 정부 선택에 의해 결정되어야 하는가를 표현한 것이다. 이론적으로는 사회후생 함수를 알고 있다면 [그림 1-1]과 같이 공공재와 민간재 간의 사회무차별곡선과 생산가능곡선이 접하는 점에서 적정 배분이 이뤄진다. 이때의 적정 예산 규모는 OZ다.

일반적으로 거시적 배분은 재정의 총규모, 재정 총액의 GDP에 대한 비율 등으로 표시된다. 정부가 매년 다음 연도 재정 총액을 얼마로 할 것인가를 놓고 고심하는 것은 거시적 배분과 관련이 있다.

---

2) 공공부문은 일반정부 부문과 공기업 부문으로 구성되어 있다. 그리고 일반정부 부문이 자원 배분에 개입하는 방식에는 직접적 규제, 보조금 교부, 직접 생산 등 여러 가지 수단이 있지만 대표적인 것이 정부재정이다.

그림 1-1 거시적 배분: 민간재와 공공재 간 배분

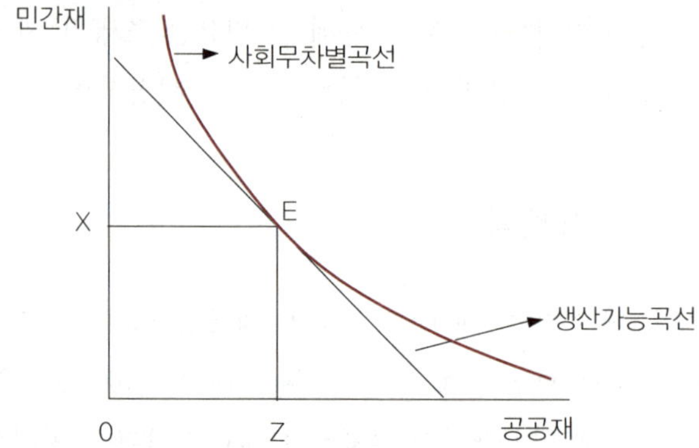

시장과 정부의 선택 문제에 대해서는 일반적으로 효율성(배분적 효율성이든 동태적 효율성이든) 관점에서 보면 시장이 정부보다 성과가 좋은 것으로 평가된다. 그러나 규모의 경제로 인한 자연독점과 외부효과 등의 이유로 시장실패 현상이 일어나며, 시장실패는 정부개입을 통해 교정하게 된다. 정부는 시장 기능으로 해결하기 어려운 국방이나 치안과 같은 순수공공재의 공급, 시장 기능 작동에 필요한 법률적·환경적 조건의 조성, 사회 안전망의 구축, 분배적 정의의 최소 기준을 반영하는 적절한 재분배 정책, 그리고 경제 안정화 기능 등의 역할을 담당한다. 최근에는 정부실패가 시장실패 이상의 문제를 야기함으로써 정부개혁 및 정부와 시장 간의 선택에서 새로운 혁신 노력이 시도되고 있다.[3] 더 나아가 국민의 인간다운 삶을 보장할 정부의 책임이 커지면서 정부재정의 역할이 확대되고 있다.

시장과 정부 사이의 선택은 복잡하며 단순한 양자택일적인 것이 아니다. 시장 아니면 정부와 같은 이분법적 선택이라기보다 양자 간의 상이한 조합상의 선택이거나 서로 다른 정도의 자원 배분 유형상의 선택이다. 그리고 시장과 정부의 선택은 큰 정부 대 작은 정부, 감세 대 증세, 복지국가 모델 등의 논의와 연계되어 있으며, 이념적 배경이 작용한다. 진보주의는 정부의 역할을 상대적으로 더 강조하며, 보수주의는 시장의 역할을 더 강조한다.

공공재의 특성인 비경합성과 비배제성에 의해 공공재의 유형을 구분한다면 순수 공

3) 정부실패의 원인으로 비용과 수입의 분리, 내부성, 파생적 외부성, 분배적 불공평 등을 들고 있다.

표 1-1 공공재의 유형

	배제적	비배제적
경합적	순수민간재	공유재
비경합적	유료재	순수공공재

표 1-2 공공재의 공급 주체와 비용 부담

	순수공공재	준공공재
공급 주체	정부	정부/민간
비용 부담	조세	조세/수익자 부담

공재와, 유료재(toll goods)와 공유재(common pool goods)의 준공공재로 구분한다. 순수공공재는 그 공급을 정부가 직접 담당하며, 비용 부담은 일반 국민이 부담하는 조세다.

준공공재인 가치재(merit goods)는 공급 주체가 정부일 수도 있고 민간일 수도 있다. 비용 부담은 조세 부담이거나 수익자 부담으로 할 수 있다. 이 경우 물론 양자택일적 선택이라기보다 양자 간의 상이한 조합상의 선택이다.

결국 재정은 정부가 해야 할 것과 하지 말아야 할 것에 대한 선택을 보여 준다. 최근에 논의되는 다음의 이슈들에 대해 재정의 역할을 어떻게 정립해야 할지 생각해 보자.

- 보육 · 교육 · 주거 · 돌봄 등의 사회 서비스(social service) 공급을 위해 재정 지출을 확대할 것인가?
- 사회보험의 원활한 운영을 위해 재정 지출을 확대할 것인가, 민간(개인과 기업)의 부담을 확대할 것인가?
- 양극화 및 저출산 · 고령화 문제를 극복하기 위해 증세를 할 것인가?
- 기업의 투자활동을 활성화하기 위해 법인세를 인하할 것인가?
- 쌀 수입 개방에 대비해 농업부문에 대해 재정 지원을 계속할 것인가?
- 기업의 신용 보증을 위해 재정 지원을 계속할 것인가?

(2) 중앙정부 대 지방정부

시장 대 정부의 일차적 기준을 적용해 정부부문이 담당한다고 하더라도 중앙정부가 담당할 것인가 아니면 지방정부가 담당할 것인가의 선택 문제가 있다. 나아가 광역지방정부가 담당할 것인가, 기초지방정부가 담당할 것인가의 선택 문제도 있다. 여기에는

표 1-3 공공 서비스의 분류와 역할 분담

		0% ← 외부성(사회적 편익) → 100%		
		민간재(수익자 부담)	준공공재(조세+수익자 부담)	공공재(조세 부담)
0% ↑ 가분성 ↓ 100%	전 국민	–	고속도로 철도 우편	의무교육 외교·국방 경찰
	전 시민	–	고등교육 지하철 병원	소방 주민등록
	지역주민	–	유치원 상하수도 탁아소	청소 공원
	개인	주차장 택지 분양 묘지 분양	사회보험 요리교육 음악교실	공공부조 의료보호

중앙정부와 지방정부 간 기능의 배분과 재정 부담의 배분이라는 선택 문제가 포함된다. 재정분권의 핵심 의제에 속한다.

중앙정부와 지방정부 중 누가 공공재를 공급하고 비용 부담을 할 것인가에 대해서는 공공재의 성격에 따라 달라질 수밖에 없다. 외부효과의 파급 범위와 편익의 귀착 범위에 의해 구분한 [표 1-3]의 공공 서비스 유형을 참조하고, 어느 유형의 공공 서비스를 지방정부가 담당해야 할 것인지 생각해 보자.

2) 미시적 배분

미시적 배분(micro allocation)은 주어진 예산총액의 범위 내에서 각 대안 간에 자금을 배분하는 것이다. 여기에는 수입과 지출의 배분에 관한 결정이 모두 포함된다. 수입 측면에서의 배분은 세입예산을 편성하는 것이며, 국민의 부담 방법을 결정하는 것이다. 어느 계층, 어느 집단에 부담을 지울 것인가는 직접적으로 소득 분배 문제와 관련된다. 지출 측면에서의 배분은 세출예산을 편성하는 것이며, 정부의 기능 간 또는 사업 간 필요성과 중요성을 반영한 우선순위에 따라 각 분야별·기관별·기능별·사업별로 예산을 배분하는 것이다.

3) 재정 배분의 정치경제학

공공부문의 희소성을 전제로 할 때 배분 문제가 재정의 핵심임을 지적한 바 있다. 한정된 자원을 배분할 때에는 그 속에 미묘한 문제가 내재한다. 규범적으로는 재정 배분을 통해 재정이 추구하는 목적을 달성해야 한다. 그러나 현실적으로 배분 과정에서 서로 많은 몫을 차지하려는 참여자들의 영향력이 작용하게 된다. 전자는 배분 과정에서의 경제적 측면, 후자는 정치적 측면을 표현한 것이다. 재정 과정과 재정제도란 희소한 자원을 여러 대안 사이에 배분하는 이러한 성격의 결정을 제도화한 것이라고 볼 수 있다.

재정 배분 메커니즘은 기본적으로 경제적 측면과 정치적 측면을 내포하고 있다. 다시 말해서, 재정 배분 과정에는 경제 원리와 정치 원리가 작용한다. 여기서 재정 배분에 대한 정치경제학적 접근이 필요함을 알 수 있다.

(1) 재정 배분의 경제적 측면

경제적 측면에서 재정 배분을 보면 "어떻게 예산상의 이득(budgetary benefit)을 극대화시킬 것인가"에 초점이 모아진다. 합리적인 재정 배분을 통해 재정이 의도하고 있는 목적을 달성하고자 하는 것이다. 합리적 재정 배분에 의해 사회후생을 극대화하는 것, 즉 파레토 최적(Pareto optimum)을 달성하는 데에 관심을 갖는다.

재정상의 이득을 극대화하기 위해서는 재정 배분에서 경제적 합리성 기준이 적용된다. 이것은 효율성(efficiency)에 근거를 둠을 의미한다. 경제적 합리성의 핵심 개념인 효율성 개념에는 정(正)의 가치 요소, 즉 달성한 결과(results)와 부(負)의 가치 요소, 즉 비용(cost)의 분석이 포함되어 있다. 따라서 효율성의 입장에서 지출대안을 평가할 때에는 결과와 비용에 의해 지출대안을 비교해야 하며, 예산문서는 이러한 비교의 근거를 제공해 준다.

사이먼(Simon, 1976: 178-179)은 비용과 결과에 의해 A안과 B안을 선택할 때 다음과 같은 네 가지 관계가 가능하다고 본다. 즉, IA, IB는 각각 A, B의 투입이고 OA, OB는 A, B의 산출이라고 하면,

(가) IA는 IB보다 작고, OA는 OB보다 크다(IA<IB, OA>OB).
(나) IB는 IA보다 작고, OB는 OA보다 크다(IB<IA, OB>OA).
(다) IA는 IB보다 작고, OA는 OB보다 작다(IA<IB, OA<OB).
(라) IB는 IA보다 작고, OB는 OA보다 작다(IB<IA, OB<OA).

여기에서 (가)와 (나)의 경우에 선택 행위는 명백하다. 즉, (가)의 경우는 A안, (나)의 경우에는 B안이 선택될 것이다. 그러나 (다)와 (라)의 경우는 단순하지가 않다. (다)의 경우처럼 A안이 B안보다 비용 및 결과가 모두 작다면 결과에 대한 비용을 고려해 선택하지 않으면 안 된다. 이때의 효율성은 상대적 효율성(relative efficiency)으로서 투입에 대한 산출의 비율 및 동일한 일에 대한 최대 가능한 양과 실제의 양의 비율로써 측정된다. 그런데 예산결정은 이용 가능한 자원의 제약, 즉 희소성을 전제로 하고 있다는 점에서 효율성이라는 기준은 주어진 자원에 대해 가장 큰 결과를 가져다 주는 대안의 선택을 유도하게 된다.

경제적 합리성에 바탕을 둔 재정 배분의 결정 방법을 보면 다양한 예산 기법을 적용한 분석이 토대가 되며, 계획된 행동에 의한 체계적 결정이 이뤄진다. 또한 효율적인 자원 배분을 달성하기 위해 수요 공급의 원리에 바탕을 둔 시장 감각(market sense)이 재정 배분의 행동 원리가 되며, 최적화 원리가 적용된다. 이때의 행태는 사회후생의 극대화로 나타난다.

재정 배분 결정에서 경제적 합리성에 근거를 둔 경우 재정상의 결정이 합리적·종합적(rational-comprehensive)으로 이뤄져야 한다는 주장이 나오며, 이를 대변한 예산결정이론이 총체주의다.

재정제도의 개혁 목표는 경제적 원리를 적용한 재정 배분의 효율성을 달성하는 것이다.

(2) 재정 배분의 정치적 측면

재정 배분의 정치적 측면은 "예산상의 이득을 누가(who) 얼마만큼(how much) 향유할 것인가"라는 가치 선호 문제와 관련된다. 재정 배분 과정의 참여자들은 서로 많은 예산상의 이득을 획득하기 위해 영향력을 발휘하게 된다. 이는 몫의 배분(distribution of shares)과 관련된다.

몫의 배분과 관련된 결정의 기준은 정치적 합리성 또는 정치적 실현 가능성이다. 정치적 합리성에 근거한 재정 배분은 협상과 타협을 특징으로 하는 정치 과정을 통해 이뤄진다.

디싱(Diesing, 1962: 198-232)은 정치적 합리성이란 정책결정 구조의 보존 및 개선을 다루고, 결정 구조는 모든 결정의 근원이기 때문에 이성(理性)의 기본 유형이라고 주장한다. 그에 의하면, 정치 문제는 근본적이고 다른 문제에 우선하므로 정치적 합리성과 비정치적 합리성(기술적 · 법적 · 사회적 · 경제적 합리성) 간에는 갈등이 있을 수 없다. 설령 경제적 또는 사회적 관점에서 볼 때 잘못된 행동이라고 하더라도 그것이 정치적 개선에 기여하는 것이라면 바람직하다는 것이다. 비정치적 결정은 누가 찬성하든 반대하든 간에 최선의 대안이 채택되는 데 반해, 정치적 결정은 그 대안의 가치뿐만 아니라 누가 찬성하고 반대하는가에 의해 영향을 받게 된다. 그러므로 협상 및 타협이 항상 합리적 절차가 된다. 그것이 추구하는 이념은 형평성이다.

정치적 합리성에 바탕을 둔 재정 배분의 경우에는 분석보다는 배분에 대한 지지의 정당성이 중요시된다. 배분 방법은 협상 및 타협을 토대로 한 모색에 의한 결정(muddling through)이 이용되며, 체계적 결정보다는 단편적 결정이 이뤄진다. 그리고 몫의 배분 면에서 각 참여자들이 균형을 지향하는 게임 감각(game sense)이 재정 배분의 행동 원리가 된다. 게임 감각은 동적인 체제 내에서 자원의 유입과 유출 사이의 관계의 유지 및 공동 관심사를 해결하는 행동 원리를 말한다. 이때 규범적으로는 균형을 지향하지만 실제로는 몫(득표)의 극대화라는 행태로 나타난다.

재정 배분 결정에서 정치적 합리성에 근거를 둔 경우 재정상의 결정이 분할적 · 점증직(disjointed-incremenatalistic)으로 이뤄져야 한다는 주장이 나오며, 이를 대변한 대표적 예산결정이론이 점증주의다.

재정제도의 개혁 목표는 정치적 원리를 적용한 재정 민주주의를 실현하는 것이다.

(3) 재정 배분의 정치경제학

지금까지 재정 배분의 경제적 측면과 정치적 측면을 살펴보았다. 여기에 적용되는 경제 원리와 정치 원리를 정리하면 [표 1-4]와 같다.

예산편성 과정에서 경제 원리와 정치 원리 중 어느 것이 우선해야 하는가에 대해서는 학자들 간에 논란이 있다. 경제학자를 중심으로 한 많은 학자가 예산편성이 경제 원리에 따라 편성될 것을 주장한다. 그러나 윌다브스키(Aaron Wildavsky)는 "예산 과정은 곧 정치 과정이다"라고 보면서 정치 원리가 규범적으로도 우선해야 한다고 주장한다. 그는 경제 원리 우선론자들을 "경제라는 꼬리가 정치라는 몸통을 흔들려고 한다(The economic tail wags the political dog)"고 비판한다.

그러나 대부분의 재정 배분에 관한 결정은 경제적 측면과 정치적 측면을 동시에 내포하고 있다. 즉, 재정 배분의 결정은 정치(politics)와 효율성(efficiency)의 중간 영역(twilight zone)에서 이뤄진다(Wildavsky, 1961). 합리성의 양 극단은 재정 배분의 한 측면만을 강조하

표 1-4 재정 배분의 경제 원리와 정치 원리

구 분	경제 원리	정치 원리
초점	"어떻게 예산상의 이득을 극대화할 것인가"	"예산상의 이득을 누가 얼마만큼 향유하는가"
목적	효율적인 자원 배분: 파레토 최적의 달성	공정한 몫의 배분:균형의 달성
기준	경제적 합리성: 효율성	정치적 합리성: 형평성 · 정당성
방법	분석적 기법 계획된 행동 체계적 결정	정치 과정: 협상, 타협 모색에 의한 결정 단편적 결정
행동 원리	시장 감각: 최적화 원리	게임 감각: 균형화 원리
행태	사회후생의 극대화	몫(득표)의 극대화
이론	총체주의	점증주의
개혁 목표	재정 배분의 효율성	재정 민주주의

고 있을 뿐이다. 따라서 경제적 합리성과 정치적 합리성의 양 기준은 어느 한편이 다른 한편을 병합할 수는 없으며 서로 조정되어야 한다.

그리즐(Grizzle, 1986: 196)은 경제 논리와 정치 논리의 바람직한 조정 방향으로서 상황론적 접근 방법을 제시한다. 즉, 어느 기준이 상대적으로 더 잘 적용될 수 있는 특정 상황을 식별해 그 기준을 적용하는 방식이 바람직하다는 것이다. 그 내용을 보면 다음과 같다.

첫째, 순수공공재보다는 준공공재를 생산하는 사업, 그리고 소득 재분배 사업이나 정치 권력구조에 영향을 미치는 사업은 정치적 제약 조건이 더 크다. 따라서 정치 논리가 우선적으로 적용될 수 있다.

둘째, 기존 계속사업보다는 신규사업에 분석 기법이 더 큰 영향을 미친다.

셋째, 예산분석가들이 핵심적인 예산결정자들에게 쉽게 접근하거나 분석의 질이 높을 때 정치적 제약 조건이 허락하는 범위 내에서는 분석(경제적 합리성)이 예산결정에 더 큰 영향을 미치는 경향이 있다.

넷째, 어떤 이슈가 한 번 정치적 논쟁이 되었다면 합리적 분석에 의한 정보는 최선의 정책대안을 선택하는 수단으로 활용되기보다 기존 입장을 지지하기 위한 무기로써 이용되는 경향이 있다.

지금까지 재정 배분에 관한 연구는 경제학적 관점과 정치학적 관점이 재정의 전혀 다른 두 개의 세계가 있는 것처럼 착각을 유도하고 있다. 하지만 하나의 실체, 즉 재정에 대한 양면성을 보여 준 것에 불과하다. 이러한 재정의 복합적인 성격은 두 관점에 입각한 종합적인 접근 방법을 요구하고 있다. 재정 배분에 대한 정치경제학적 접근(political economy approach)이 필요하다. 따라서 재정 배분에 대한 결정은 경제적 합리성과 정치적 합리성을 동시에 추구하는 정책결정의 맥락에서 파악할 수 있다.

이 책은 기본적으로 재정 배분에 대한 정치경제학적 관점을 지향하고 있다. 이 점에서 앞으로 독자들은 정부재정에 접근할 때 '냉철한 머리(경제 원리)'와 '뜨거운 가슴(정치 원리)'으로 임해 주기 바란다.

제2절 재정운영 체제와 규범

1. 재정운영 체제의 틀

재정과 정책은 밀접한 관계를 갖는다. "모든 길은 로마로 통하듯이 모든 정책은 재정으로 통한다"(노무현, 2009). 재정의 본질적 모습은 자원(금액)보다는 그것으로 추진하고자 하는 정책과 사업임을 강조한 바 있다. 재정의 특성은 방향과 크기를 동시에 나타내는 물리량인 물리학의 벡터(vector) 개념과 유사하다. 단순히 자원의 양을 표시하는 스칼라(scalar)가 아니다. 정책 목표와 정책 및 사업은 벡터의 방향, 재정자원은 크기를 나타냄으로써 재정을 통해 정책의 우선순위를 판단할 수 있다.

재정운영 체제를 정책학의 관점에서 보면 정책 목표-수단 계층 관계로 구성된다. 재정운영의 틀은 정책 목표-수단 계층 관계로서 '국가 비전-재정정책 목표-정책수단-제약 조건' 구조로 구성된다. 재정정책 및 운영의 목표는 국가 비전 및 국정 철학과 연계되어 있으며 시대정신을 반영하여 설정된다. 궁극적 목표는 국민 행복을 드높이는 것이다.

정책수단은 세입, 세출, 세입-세출의 정책혼합이 있다. 세입 측면에서는 조세정책, 세외수입정책, 국공채 관련 정책 등의 정책수단이 있다. 세출 측면에서는 지출구조의 재조정, 특정 분야의 정책 등의 수단이 있다. 세입-세출의 정책혼합으로서는 재정적자/흑자 정책, 재정 긴축/확대 정책 등의 수단이 있다.

제약 조건은 희소성 조건을 적용하는 것이다. 공공자원이 제한되어 있기 때문에 제약 조건 하에서 최선의 재정 배분과 운영을 해야 함을 의미한다. 그런데 최근에는 공공부문에서의 희소성을 절대적이고 객관적인 개념이 아닌 상대적이고 주관적인 개념으로 받아들이고 있다. 희소성은 재정에 대한 현시적 수요와 잠재적 수요를 파악하고 자원을 동원할 수 있는 능력과 의지에 따라 관리할 수 있다는 것이다.

2. 재정의 기능과 규범

재정의 기능은 재정이 추구하는 목표이면서 역할이다. '바람직한 예산'인지의 여부를 판단할 수 있는 중요한 재정 규범이다. 재정의 기능은 곧 정부의 기능과 역할이기도 하다.

머스그레이브(R. A. Musgrave)는 재정의 3대 기능으로서 자원 배분, 소득 재분배, 경제 안정화를 들고 있다. 머스그레이브 재정의 기능은 경제적 기능을 말한다. 하지만 재정은 경제적 기능에 그치지 않는다. 최근 사회적 기능이 매우 중요해지고 있다. 경제지표와 사회지표 간 괴리가 커지고, 경제 성장 및 소득 수준과 행복이 비례하지 않는다는 이스털린의 역설[4]이 적용되는 시기에는 재정의 경제적 기능만으로는 한계가 있다. 재정을 통한 삶의 질 제고라는 사회적 기능이 새롭게 강조되고 있다.

재정의 삶의 질 제고 기능은 자원 배분 기능과는 다르다. 공공재 제공이라는 자원 배분 기능과 삶의 질 제고 기능은 정책의 초점(focus)과 소재지(locus)가 다르다. 재정은 경제적 기능 외에 삶의 질 제고라는 사회적 기능을 적극 수행해야 한다.

1) 자원 배분 기능: 효율성

자원 배분(resource allocation)이란 어떠한 재화와 용역이 사회적으로 바람직한 생산과 소비 수준을 유지하고 있는가의 정도를 보여 주는 것이다. 특정 재화가 사회적으로 바람직한 생산 수준, 즉 적정 소비 수준을 충족시키지 못할 때에는 자원 배분이 잘 되어 있다고 볼 수 없다. 다시 말해서, 사회적 최적 수준보다 과잉 생산되거나 과소 생산된 경우에는 자원 배분이 잘 되어 있다고 볼 수 없다. 자원 배분은 재화와 용역뿐만 아

4) 이스털린(Richard Easterlin)은 1974년 논문에서 한 나라의 소득이 주택, 식량, 물, 에너지에 대한 수요를 충족시킬 수 있는 기본 수준을 넘어서면 경제가 성장한다 해도 국민의 평균적인 행복감이 더 이상 증가하지 않는다는 명제를 논증한 바 있다.

니라 생산 요소(노동과 자본)의 경우에도 마찬가지로 적용된다. 또한 민간재와 공공재 간의 배분 문제에도 동일하게 적용된다.

자본주의 시장경제 체제에서는 가격 기능을 중심으로 소비자와 생산자 간의 자발적인 교환과 경쟁을 통해 자원 배분이 이뤄진다. 즉, 시장 메커니즘 하에서는 가격 기능에 의해 자동적으로 효율적인 자원 배분이 이뤄지며, 이를 스미스(Adam Smith)는 '보이지 않는 손(invisible hand)'이라고 부른다. 그러나 비용 체감 산업과 같은 독점적 요인이나 외부효과로 인해 시장실패 현상이 발생하는 경우에는 효율적인 자원 배분이 이뤄지기 어렵다. 가령 외부 경제가 발생하는 재화의 경우 시장 기능에 맡길 때에는 과소 공급되며, 외부 불경제가 발생하는 재화(예: 공해)는 과잉 공급된다. 따라서 시장실패 현상을 교정하기 위해 정부개입이 필요하다. 대표적인 정부개입 방법이 곧 재정이다.[5)]

재정의 자원 배분 기능이란 재정을 통해 시장실패(market failure)를 교정하고 사회적 최적 생산과 소비 수준이 이뤄지도록 하는 것을 말한다. 특히 공공재는 외부효과가 크고 소비의 비경합성과 비배제성이라는 특성을 갖고 있기 때문에 정부가 재정을 통해 공급하지 않으면 안 된다. 국방, 치안, 사회간접자본시설과 같은 공공재뿐만 아니라 교육, 주택 등의 준공공재까지도 정부재정을 통해 공급하게 된다.

여기서 재정이 자원 배분 면에서 효율성(efficiency)이라는 규범을 추구하고 있음을 알 수 있다. 즉, 정부는 재정을 통해 효율적인 자원 배분을 이루고자 하는 것이다. 이때의 효율성은 국민후생이라는 측면에서 파악하고 있는 개념이다.[6)] 가장 효율적인 자원 배분 상태란 파레토 최적 상태(Pareto optimality)라고 부른다. 파레토 최적 상태란 다른 사람의 후생을 감소시키지 않고서는 어느 한 사람의 후생을 증가시키는 것이 불가능하도록 자원이 배분되어 있는 상태다.

여기서 예산 규범으로서의 효율성은 공급 측면뿐만 아니라 수요 측면까지 포함한 국민후생 차원에서 파악하는 개념이다. 따라서 효율적 예산 배분이란 예산 배분에서의 낭비가 없을 뿐만 아니라 사회후생을 극대화하도록 예산 배분이 이뤄져야 함을 의미한다.

2) 소득 재분배 기능: 형평성

재정은 자원 배분 기능을 수행할 뿐만 아니라 재화와 용역이 누구에게 어떻게 분배

---

5) 시장에 대한 정부개입 방법은 재정 외에도 직접 규제, 직접 생산 등이 있다.

6) 행정학에서는 효율성 개념을 '투입 대 산출의 비율'로 정의해 공급 측면에서만 규정하는 협의의 개념으로 이해하고 있음을 유의할 필요가 있다.

되는가의 소득 분배에 대해서도 영향을 미친다. 효율적인 자원 배분이 이뤄졌다고 해도 공정한 소득 분배가 이뤄진다는 보장은 없다.

순수한 시장경제 하에서의 소득분포는 대개 두 가지 요인에 의해 결정된다. 하나는 개인이 소유하고 있는 자원(생산 요소)의 양이며, 다른 하나는 그러한 자원(생산 요소)에 대한 시장의 평가, 즉 자원의 한계생산력이다(김동건, 2000: 204). 그런데 각 개인이 소유하고 있는 자원의 양이나 시장의 평가는 차이가 많으며, 그러한 격차는 시장경제 하에서는 더욱 커지는 경향이 있다.

정부는 재정을 통해 소득 분배 상태를 '더 좋은' 방향으로 재분배하기 위한 여러 가지 조치를 취하게 된다. 세입 면에서는 소득세·상속세·증여세 등에 누진세율을 적용하고, 중소기업·농어민 등의 특정 계층에게 조세 감면을 해 주기도 하며, 간접세는 재화의 종류에 따라 차별 과세를 하기도 한다. 세출 면에서는 기초생활보장 등의 이전적 지출, 의무교육에 대한 지원, 저소득 계층 주택 지원 등의 사회보장적 지출을 통해 소외 계층을 지원한다. 재정을 통한 소득 재분배의 방향은 대체로 고소득층의 부담을 무겁게 하고 저소득층에 더 많은 혜택이 돌아가도록 하는 방향이다.

문제는 가장 바람직한 소득 분배 상태가 무엇인가를 판단하기가 쉽지 않다는 점이다. 가장 효율적인 자원 배분 상태는 파레토 최적 상태로 개념화할 수 있는데 반해, 적정 분배 상태에 대한 기준은 여러 가지가 있다. 공적주의 기준, 공리주의 기준, 평등주의 기준, 롤스 기준 등이 그러한 예다. 이들 적정 분배의 기준 중에서 어떤 것을 선택할 것인가는 가치 판단의 문제이며, 현실적으로는 정치 과정을 통해 결정된다.

재정이 소득 재분배 기능을 수행할 때의 예산 규범은 형평성(equity)이다. 형평성 개념은 일반적으로 공정성 혹은 사회 정의의 개념과 거의 같은 의미로 쓰인다. 형평의 원리는 "각자의 몫은 각자에게로"라는 로마의 격언에 따르는 것이다(이종수·윤영진 외, 2001: 197). 이렇게 볼 때 형평성이란 동등한 것을 동등한 자에게, 동등하지 않은 것을 동등하지 않은 자에게 처방하는 것을 의미한다. 다시 말하면, 동일한 것은 동일하게 취급하고, 서로 다른 것은 서로 다르게 취급하는 것을 의미한다. 전자를 수평적 형평성(horizontal equity), 후자를 수직적 형평성(vertical equity)이라고 한다. 조세와 관련시킨다면 소득 수준이 같으면 동일한 금액의 세금을 내야 하며, 소득 수준이 다를 때에는 상이한 세금을 내야 함을 의미한다. 형평성 개념은 누가 비용 부담자이며, 누가 편익의 향유자인가의 문제이기 때문에 기본적으로 정치적 성격을 갖게 되며, 형평성이 높을수록 정치적 정당성은 높아진다.

3) 경제 안정화 기능: 안정과 성장

재정의 총규모와 내용은 고용, 산출량, 물가 등의 거시경제 지표에 중요한 영향을 미친다. 높은 고용과 생산 수준을 유지하면서 물가를 안정시킨다는 것은 정부의 중요한 책임이며, 재정이 갖고 있는 중요한 기능이다.

재정의 경제 안정화(economic stabilization) 기능이란 거시경제의 운영에서 총수요를 조절함으로써 경기 조절적 기능을 수행하는 것을 말한다. 국민 경제의 총수요는 소비 수요(C), 투자 수요(I), 정부지출 수요(G), 그리고 순수출 수요(NX: X-M)의 합으로 구성되어 있다.[7)]

정부는 총수요의 부족으로 경기 침체와 실업이 우려되는 경우 세수를 줄여 민간 수요를 증대하거나 직접 정부 지출을 늘려 부족한 총수요를 보전할 수 있다. 반대로 총수요가 과다해 인플레이션이 우려되는 경우에는 세수를 늘리거나 정부 지출을 줄여 총수요를 억제하게 된다. 이를 재량적 재정정책(discretionary fiscal policy)이라고 한다. 반면에 정부가 재량적으로 정책수단을 변경하지 않아도 경기가 상승하면 자동적으로 과열을 막아 주고, 경기가 하강하면 지나치게 하강하지 않도록 자동적으로 막아 주는 제도적 장치가 있다. 이를 자동안정 장치(built-in stabilizer)라고 한다. 대표적인 예가 누진세율제도와 실업보험제도다.

재정의 경제 안정화 기능은 케인스 이론에 바탕을 둔 보정적 재정정책(compensatory fiscal policy)이 그 이론적 토대가 되며, 1930년대 세계 대공황을 성공적으로 극복한 것이 각광을 받게 한 계기가 되었다. 최근에는 재정정책의 한계를 지적하는 등 비판이 있으나, 정부의 거시경제 정책수단에는 재정 외에도 금융, 외환 등이 있으며, 이들 간의 정책조화(policy mix)가 필요하다.

한편 자원이 부족한 개발도상국의 경우에는 재정의 경제 성장(economic growth) 기능을 강조한다. 개발도상국에서는 계속적인 경제 성장이 이뤄지지 않는 한 유효수요 조작에 의해 완전고용을 달성하고 유지한다는 것이 거의 불가능하기 때문이다. 우리나라의 경우에도 1960년대 이후 경제 개발 과정에서 재정의 경제 성장 기능은 매우 컸던 것으로 밝혀지고 있다.

여기서 재정의 경제 안정화 기능에서 재정이 완전고용과 물가 안정 및 경제 성장을 추구해야 한다는 정책 목표 및 재정 규범을 찾아낼 수 있다. 따라서 경제 안정화라는

---

7) 이것이 소위 케인스의 다음과 같은 국민소득 방정식이다. $Y=C+I+G+(X-M)$

의미는 물가의 안정 속에 적정한 성장률을 유지해야 한다는 뜻을 내포하고 있다.

4) 삶의 질 제고 기능: 삶의 질과 행복[8)]

삶의 질 제고 기능은 재정의 기능 및 목표가 3대 경제적 기능이면 충분한가에 대한 회의에서 비롯된다. 최근 행복학이 발전하면서 기존 경제학적 명제를 수정하거나 보완하는 흐름도 그러한 관심의 배경이 되고 있다. 실제로 경제 성장 지표인 GDP 개념을 대체 또는 보완하는 지표들이 등장하고 있다. OECD의 더 나은 삶의 지수(Better Life Initiative: BLI), UN 세계행복보고서(World Happiness Report), 부탄의 국민총행복(Gross National Happiness) 등이 그러한 예다.

삶의 질(quality of life)이란 만족감, 행복감, 안정감 등의 주관적 평가의식을 규정하는 복합적인 요인을 말한다. 삶의 질을 측정하는 OECD의 BLI를 보면 생활 조건과 삶의 질을 평가하고 있다. 생활 조건은 국민들의 소비 가능성과 소유 재원의 크기를 결정하는 반면, 삶의 질은 국민들의 금전 이외의 속성의 집합으로 삶의 기회를 형성한다. 생활 조건에는 소득과 부, 직업 및 주거가 포함되며, 삶의 질에는 건강, 일과 개인 생활 간 균형, 교육, 커뮤니티, 정부의 운영 방식, 환경, 치안 및 전반적 삶의 만족도가 포함된다. 삶의 질에는 객관적 지표와 주관적 지표가 포함되어 있다.

재정이 삶의 질 제고 기능을 수행해야 한다고 할 때 자원 배분과 같은 경제적 기능과는 정책의 초점과 소재가 다르다. 재정은 빈곤과 질병을 극복하는 데에 기여해야 하지만 인간 관계의 고립과 스트레스 또는 우울증을 해소하는 데에도 기여해야 한다.

행복은 재정의 궁극적 목표다. 정부의 재정은 얼마나 국민의 행복을 증가시키고 고통을 감소시키는지에 따라 판단되어야 한다. 그런데 정책은 행복을 증가시키는 것보다 고통을 없애는 것이 더 쉽다. 고통의 원인이 행복의 원인보다 더 명확하기 때문이다. 따라서 정책의 초점을 고통을 없애는 쪽에 맞추는 것이 정책의 실효성을 높일 수 있다. 또한 고통을 없애는 것이 도덕적으로도 옳은 일이다. 사회 안전망과 사회보장제도의 존립 논거이기도 하다. 재정의 삶의 질 제고 기능은 행복이 정책의 최우선 목표이고 정부의 의무라는 것을 의미한다.

최근 뉴질랜드, 스코틀랜드, 캐나다, 아이슬란드 등의 웰빙예산(well-being budget) 편성, 유럽연합(EU)의 웰빙경제 채택 등은 이러한 새로운 재정의 기능을 반영한 것이다.

---

8) 윤영진(2016: 78-80) 참조.

그림 1-2 재정의 기능

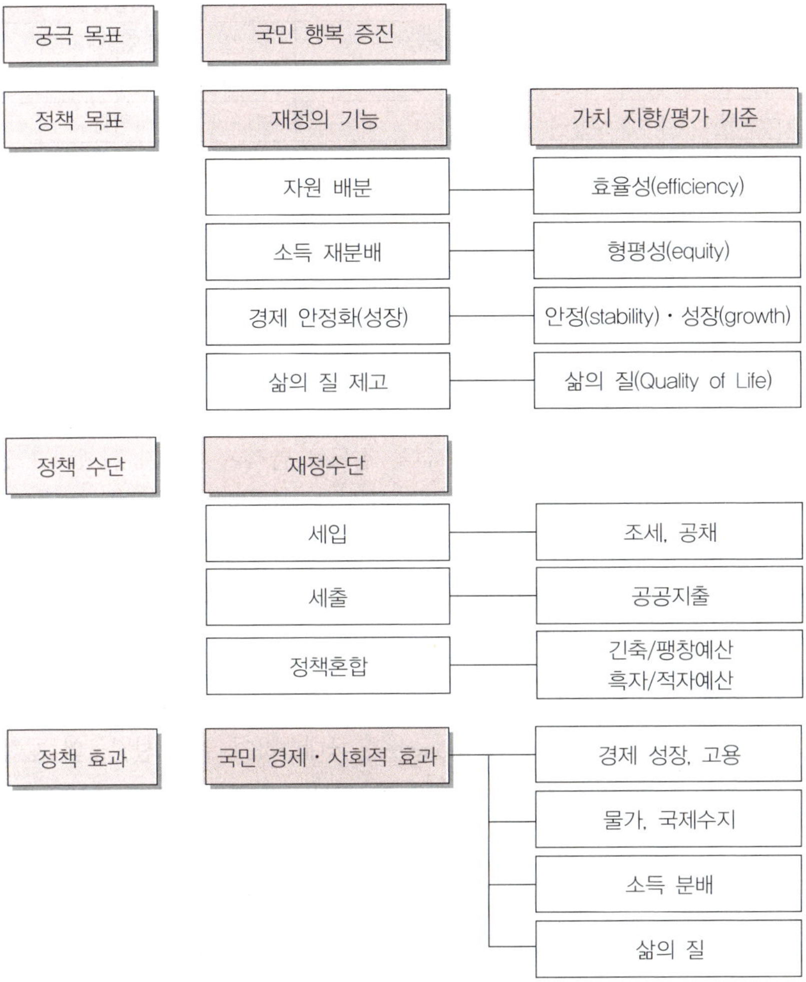

5) 중앙정부와 지방정부의 재정 기능

중앙정부와 지방정부 간에는 자원 배분, 소득 재분배, 경제 안정화, 삶의 질 제고의 기능 측면에서 차이를 보인다. 지방재정은 중앙재정과 달리 경제 안정화 기능이 매우 미흡하다. 소득 재분배 기능은 지방정부의 경우 사회 서비스 중심으로 중앙정부와 역할을 분담해 수행한다. 자원 배분 기능의 경우 지방재정은 지방공공재 공급을 담당한다. 삶의 질 제고 기능의 경우 중앙재정은 국민 최소 기준의 보편 서비스 제공, 지방재정은

표 1-5 정부의 재정 기능

재정 기능	중앙정부	지방정부
자원 배분	국가공공재 공급	지방공공재 공급
소득 재분배	조세, 현금급부 중심	역할 분담(사회 서비스 중심)
경제 안정화	강함	약함
삶의 질 제고	국민 최소 기준의 보편 서비스 제공	주민친화적 서비스 제공

주민친화적 서비스 제공에 역점을 둔다.

3. 재정운영의 패러다임 전환

최근의 재정환경은 과거와 비교할 수 없을 정도로 급격한 변화가 진행되고 있다. 시대 흐름의 변화는 재정운영에도 많은 영향을 미친다. 이러한 변화는 과거의 연속선상에서의 축차적 변화라기보다 패러다임의 전환이라는 모습을 보인다. 이것은 기존의 틀과 사고로는 새로운 변화에 대처하기 어려워졌다는 점을 시사한다.

1) 투입 중심에서 성과 중심으로

이것은 재정지출의 가치(value for money)를 극대화하기 위한 선진국의 재정개혁의 영향을 받은 것이다. 여기서 중요한 위상을 차지하는 것이 성과주의 예산제도다. 성과주의 예산제도는 투입 요소 중심이 아니라 산출(output) 또는 결과(outcome)라는 성과(performance)를 중심으로 예산을 운용함으로써 재정운용을 새로운 관점으로 전환하게 만들었다. 성과 중심의 예산운용을 위해 계획재정, 전략적 배분, 분석 기법의 활용, 자율성과 융통성 확대, 성과평가에 근거한 책임성 확보 등이 추진된다.

결국 성과 중심의 예산 체계는 예산운영 조직의 자율성과 책임성을 강화해 주며, 사전적 통제보다는 성과평가에 근거한 사후적 평가에 초점을 맞추게 된다. 이것은 재정운영의 '투입-통제' 패러다임에서 '성과-평가' 패러다임으로 전환됨을 의미한다.

2) 유량 중심에서 유량 및 저량 중심으로

유량(flow) 중심에서 유량 및 저량(stock) 중심으로의 전환은 정부회계를 현금주의에서 발생주의회계로 전환한 것과 밀접한 관련이 있다. 예산 및 회계의 패러다임이 기존

'단식부기-현금주의'에서 '복식부기-발생주의' 예산회계로 전환된 것이다.

현금주의에 의한 재정운영은 예산의 수입(receipt)과 지출(expenditure)이라는 유량이 주요 관리 대상이다. 반면에 발생주의 기준에서는 유량 개념인 예산의 수익(revenue)과 비용(expense)뿐만 아니라, 저량 개념의 자산(asset)과 부채(liability) 및 순자산(net asset)이 중요시된다. 전자는 재정운영표에 해당하며, 후자는 재정상태표에 해당한다.

발생주의 기준이 시사하는 점은 예산의 지출도 중요하지만 지출을 통해 건설한 건물, 도로 등이 정부의 자산이 된다고 인식한다는 점이다. 또한 연금이 미래에 지급해야 할 부채로 인식되고 감가상각이 이뤄지는 것도 과거와는 다른 관점이다. 이것은 예산을 자원(resource) 개념으로 보는 새로운 관점이다.

발생주의회계 방식은 원가 개념을 제고시키고, 성과 측정 능력을 향상시키며, 미래의 잠재적인 위험을 현재에 반영할 수 있는 등의 장점이 있다. 또한 재정의 투명성을 높이고 회계의 자기 검증 기능을 통해 예산집행의 오류 및 비리와 부정을 없앨 수 있다.

3) 아날로그 정보 시스템에서 디지털 통합정보 시스템으로

디지털 시대를 맞아 아날로그 정보 시스템에서 디지털 통합정보 시스템으로의 전환이다. 예산 과정에서의 예산조직 단위들은 분절적(fragmented) 의사결정점으로 존재하는 점이 특징이다. 따라서 정보의 유통이 단절적이고 분산적일 수밖에 없다. 아날로그식 정보 시스템은 정보 흐름의 적시성, 정밀성, 보존성, 활용도 등에서 한계를 가질 수밖에 없다.

정보통신 기술(ICT)의 급속한 발전은 기존의 조직 단위 간 관계를 디지털 방식으로 새롭게 변화시키고 있다. 디지털 재정정보 시스템의 핵심 요소는 혈액에 해당하는 디지털 정보와 혈관에 해당하는 네트워크다. 디지털 정보는 자유로운 이동, 반복적 활용, 무한정 복제가 가능하며, 네트워크 개념은 재정정보의 통합적 운용 및 관리를 가능하게 해 준다. 따라서 디지털 재정정보는 정보의 질과 밀접한 관련이 있으며, 다양하면서 표준화된 정보가 디지털 정보로서 적합하다.

네트워크 개념은 시스템 간의 통합 및 연계를 지향하며, 예산편성에서 회계 결산까지의 모든 재정 업무 과정이 논스톱으로 연계 처리될 수 있는 재정운영 체계를 필요로 한다. 따라서 재정 관련 정보를 통합적으로 관리하는 시스템 구축이 필요하다. 컴퓨터 자원과 능력을 공유하고, 정보의 활용 수준을 제고하며, 업무의 생산성을 높이기 위해서는 시스템 간의 접속을 통한 통합된 정보 시스템이 필요하다.

4) 관리자 중심에서 납세자 주권으로

재정운영의 새로운 관점은 기존 관리자(managers) 중심에서 납세자인 시민들이 주체가 되는 납세자 주권(taxpayers sovereignty) 방향으로 전환되었다는 점이다. 국가 부문에 억눌려 있던 시민사회 부문이 급격히 성장하면서 새롭게 등장한 패러다임의 전환이다. 정부재정은 '주인 없는 돈' 또는 '눈먼 돈'이라고 인식되던 시기는 재정운영의 주체를 관리자로 보는 관점이다. 그런데 정부재정의 주인이 납세자인 시민이라는 것은 납세자 주권에 바탕을 둔 재정 민주주의의 관점을 반영한 것이다. 재정 민주주의 개념도 과거에는 "대표 없이는 과세 없다"는 원칙에서 보듯이 협의의 개념으로 인식해 국가의 재정활동이 국민의 대표기관인 국회의 의결에 의해 행해져야 한다는 의미로 한정해 이해되었다.

그러나 광의의 재정 민주주의 개념은 납세자 주권으로 해석된다. 민주주의가 주권이 국민에게 있음을 선언한 제도이듯이, 재정 민주주의 개념도 재정 주권이 납세자인 국민에게 있다는 것을 의미한다. 이렇게 재정 민주주의 개념을 납세자 주권으로 확대 해석할 때 국민은 이제 더 이상 과세와 공공 서비스 수혜의 대상이라는 수동적 객체가 아니다. 예산 과정에 국민의 의사를 반영하고, 예산운영을 감시하며, 잘못된 부분의 시정을 요구할 수 있고 또 예산 과정에 직접 참여하는 능동적 주체다. 재정 민주주의란 예산상의 의사결정 및 예산운영을 민주화한다는 의미이기도 하다.

5) 몰성인지적 관점에서 성인지적 관점으로

성인지 예산(gender budgeting)은 예산 과정에 대한 성 주류화(gender mainstreaming)의 적용을 의미한다. 이 개념의 등장은 예산이 성 중립적(gender neutral)이라는 문제의식에서 출발한다. 성 중립적인 것이 반드시 양성 평등하지 않을 수도 있다는 것이다. 지금까지의 예산편성 과정을 볼 때 여성과 남성을 특별히 언급하지 않고 예산의 수혜가 남녀 모두에게 미치는 것이면 남성과 여성에게 동등하게 영향을 미친다고 가정해 왔다. 성인지적 관점이 전혀 고려되지 않은 몰성인지적(gender blind) 관점의 예산 과정이었다. 하지만 정말 성 불평등 효과는 없는지 검증될 필요가 있다는 것이 성인지 예산 개념의 등장 배경을 이룬다.

우리나라는 국가재정법에 2010회계연도 예산부터 성인지 예산서와 결산서 작성을 의무화함으로써 성인지 예산제도가 도입되었다. 국가재정법은 "정부는 예산이 여성과

표 1-6 재정환경의 변화로 인한 재정운영 패러다임의 전환

패러다임의 전환	관련 제도
투입 중심 ⇨ 성과 중심	재정성과관리제도
유량 중심 ⇨ 유량・저량 중심	복식부기・발생주의회계제도
아날로그 정보 시스템 ⇨ 디지털 통합정보 시스템	디브레인 시스템/e-호조 시스템
관리자 중심 ⇨ 납세자 주권	국민참여 예산제도/주민소송제
몰성인지적 관점 ⇨ 성인지적 관점	성인지 예산제도

남성에게 미치는 효과를 평가하고, 그 결과를 정부의 예산편성에 반영하기 위하여 노력하여야 한다"(제16조)는 원칙을 천명하고 있다. 또한 "정부는 예산이 여성과 남성에게 미칠 영향을 미리 분석한 보고서(성인지 예산서)를 작성하여야 한다"(제26조)고 규정하고 있다. 성인지적 관점의 예산운영은 이제 새로운 재정운영의 규범이 되었다.

4. 재정운영의 규범과 원칙

재정운영 규범이란 예산편성 및 운영에서 "이렇게 되었으면 좋겠다"고 하는 당위(sollen, ought to)의 세계를 지칭한다. 즉, 바람직한 예산, 바람직한 예산편성 및 운영 여부를 판단하는 기준을 지칭한다. 따라서 재정운영 규범이란 사전적(事前的) 의미로는 재정운영이 지향해야 할 이상적 질서(목표)를 의미하며, 사후적(事後的) 의미로는 그 결과를 평가하는 평가 기준이다.

1) 건전 재정운영의 원칙

최근에 재정적자의 누적으로 인한 재정 위기(fiscal risk)가 주요 이슈로 등장하면서 건전 재정운영에 관한 관심이 높아지고 있다. 이러한 시대적 흐름에 따라 건전한 재정운영을 위한 규범이 다양하게 제시되고 있다.

국가재정법(제16조)에는 예산의 편성 및 집행에 준수해야 할 원칙으로서 다음과 같이 제시하고 있다. 첫째, 정부는 재정건전성의 확보를 위해 최선을 다해야 한다. 둘째, 정부는 국민 부담의 최소화를 위해 최선을 다해야 한다. 셋째, 정부는 재정을 운용할 때 재정지출 및 조세지출의 성과를 제고해야 한다. 넷째, 정부는 예산 과정의 투명성과 예산 과정에의 국민 참여를 제고하기 위해 노력해야 한다. 다섯째, 정부는 예산이 여성

과 남성에게 미치는 효과를 평가하고, 그 결과를 정부의 예산편성에 반영하기 위해 노력해야 한다.

쉬크(Schick, 1998)는 공공지출관리의 세 가지 규범을 제시한다. 즉, 총량적 재정 규율, 배분적 효율성, 운영상의 효율성이다. 예산운영 능력(budgetary capacity)은 이들 세 가지 국면에서의 성과에 의해 평가될 수 있다고 본다.

세계은행(The World Bank, 1998: 1-2)은 건전 재정운영의 원칙으로서 ① 포괄성과 규율, ② 정당성, ③ 신축성, ④ 예측 가능성, ⑤ 경쟁 가능성, ⑥ 정직성, ⑦ 정보, ⑧ 투명성 및 책임성을 제시한다.

샤피로(Shapiro, 2001: 30-34)는 건전한 예산 체제(sound budget system)의 요소로서 ① 기관의 역할과 책임을 규정한 법체계, ② 포괄적 예산편성, ③ 정확·적절·적시의 정보와 예측, ④ 투명성과 참여를 들고 있다.

여기서는 쉬크(Allen Schick)의 세 가지 기능과 최근에 강조되는 투명성과 참여를 새로운 재정운영의 규범으로 제시하고자 한다.

(1) 총량적 재정 규율

총량적 재정 규율(aggregate fiscal discipline)은 재정 총액의 효과적인 통제를 의미한다. 만성적 재정적자로 인해 재정 위기가 우려되는 상황에서 재정건전성을 유지하고 재정의 지속 가능성(sustainability)을 확보하기 위한 중요한 규범이다. 예산총액은 분명하고 의도적인 결정의 결과여야 한다. 예산총액은 각 부처 예산요구를 단순히 수용해서는 안 되며, 개별적인 지출 결정이 이뤄지기 전에 결정되어야 한다. 이것은 정부의 재정운용 전반에 대한 거시적 예산결정(macro-budgeting)을 의미한다. 그리고 총량적 재정 규율은 중장기적으로 지속되어야 한다.

기관의 역할을 보면 재정 총액을 각 부처 및 내각과 상호 협상을 통해 실현할 수 있도록 중앙예산기관에 강력한 권한이 부여된다. 중앙예산기관은 예산안과 기타 예산정책의 영향을 검토하는 공식적인 기관이다. 중앙예산기관에 의한 총량적 재정 규율은 예산편성 단계에서뿐만 아니라 예산집행 단계에서도 적용된다. 예산집행 단계에서 중앙예산기관은 재정 총액이 준수되도록 지출을 감시·감독한다. 그러나 엄격한 한도는 재정 분야 정책결정자가 의도한대로 엄격하게 지켜지지는 않는다.

총량적 재정 규율을 유지하기 위해서는 지출한도를 설정하고 집행하기 위한 예산제도의 변화가 필요하다(Schick, 1998: 85-88). 그러한 제도적 과제를 보면,

① 목표는 정치적 지도자들이 설정한 정치 공약을 반영해야 한다.
② 목표는 현실적이고 달성 가능해야 한다.
③ 예산총액을 설정하고 집행할 중기재정의 틀이 마련되어야 한다.
④ 총액 규범은 하위 목표에 의해 지지되어야 한다.
⑤ 예산 한도는 단순히 총지출액 또는 적자만이 아니라 대부분의 핵심적인 총액 결정에 적용되어야 한다.
⑥ 총액 한도는 의무적 지출을 포함해야 한다.
⑦ 총액 목표에는 연도 내의 감시(monitoring)와 미래 연도의 추계(projections)를 포함한 집행 메커니즘이 마련되어야 한다.

총량적 재정 규율을 실현하기 위해서는 개별적 지출 요구를 심의하기 전에 총지출액(때로는 부문 지출액)의 한도액이 설정되어야 한다. 이러한 한도액은 예산 금액, GDP 대비 비율, 증감률, 수지차(收支差)로 표현될 수 있다. 이러한 한도는 중기(3~5년) 기간으로 설정되고, 예산결정은 중기 지출의 틀 안에서 결정된다. 중기지출계획은 정책 변동의 예산상의 영향을 측정하기 위한 기준선을 제공한다.

재정건전성을 확보하기 위한 각국의 총량적 재정 규율은 재정준칙을 설정하는 방식이 활용되고 있다. 재정준칙(fiscal rule)이란 재정수지, 재정 지출, 국가 채무 등의 총량적인 재정지표에 대해 구체적인 목표 수치를 동반한 재정운용 목표를 법제화한 정책을 의미한다(박형수, 2010: 9).

유럽연합(EU)의 경우 마스트리히트 조약 제104조의 '초과 적자규제(excessive deficit procedure)'에 의하면, 회원국들은 GDP 대비 재정적자 비율을 3%, 정부채무 비율을 60% 이내로 유지해야 한다. 만약 이를 위배하면 재정상의 제재를 포함해 여러 가지 제재를 받게 된다.

영국의 경우 1998년 재정건전화법(Code for Fiscal Stability)을 제정해 총량적 재정 규율로서 황금 법칙(Golden Rule)과 안정적 투자 법칙(Sustainable Investment Rule)을 확립했다. 황금 법칙에 의하면, 정부는 경기 변동의 주기별로 경상수지의 균형을 도모해야 하며, 자본수지의 적자를 보전할 목적으로만 정부 차입이 허용된다. 안정적 투자 법칙은 경기 변동의 주기별로 GDP 대비 공공부문의 채무가 일정 비율 범위 내(40% 이내)에서만 가능하게 함으로써 안정적이고 보수적인 수준을 유지하는 것을 말한다.

미국도 계속 확대되어 온 재정적자를 해소하기 위해 1980년대 이후 꾸준한 노력을 기울였다. G-R-H법(1985년), 수정 G-R-H법(1987년), 예산통제법(1990년, 1993년), 균형예산법(1997년) 등이 총량적 재정 규율을 실현하기 위한 제도다.

우리나라도 재정건전성을 확보하기 위해 국가재정법에 다양한 재정 규율을 명시하고 있다. 우선 재정건전성을 예산운영의 규범으로 명기하고 있다. 제16조 "정부는 재정건전성의 확보를 위하여 최선을 다하여야 한다", 제86조 "정부는 건전 재정을 유지하고 국가 채권을 효율적으로 관리하며 국가 채무를 적정 수준으로 유지하도록 노력하여야 한다"고 규정하고 있다. 그리고 재정건전성을 달성하기 위해 다양한 제도적 장치를 마련했다. 즉, 재정 부담을 수반하는 법령의 제・개정 시 재정소요 추계, 국세 감면의 제한, 추경예산 편성의 제한, 세계잉여금의 채무 상환에 우선적 처리, 국가 채무 관리계획의 수립 등이다.

(2) 배분적 효율성

배분적 효율성(allocative efficiency)은 부문 간 재원 배분을 통한 재정 지출의 총체적 효율성을 도모하는 것을 말한다. 재정 배분 측면에서의 파레토 최적을 달성하는 것이다. 패키지 효율성(package efficiency)이라고 볼 수 있다. 이론적으로는 재정 부문 간 한계편익을 동일하게 함으로써 예산상의 총편익을 극대화할 수 있다. 따라서 재정지출의 한계편익이 큰 분야에 예산액을 집중 배분할 때 배분적 효율성은 높아진다. 실제 적용 과정에서는 투자 우선순위의 조정이 핵심 문제다. 정부와 민간 간의 역할 분담, 중앙과 지방 간의 기능 조정 등도 배분적 효율성과 관련이 있다.

배분적 효율성을 실현하는 것은 우선순위에 따라 자원을 배분하는 것을 의미한다. 정부의 전략적 목표와 비전에 따라 개별 사업에 자원을 배분하는 전략적 자원 배분을 말한다. 정부는 각 기관이 재정자원을 요구하기 전에 전략적 목표와 우선순위를 수립한다. 이러한 목표는 전반적 목표일 수도 있고 부문 목표일 수도 있다. 전략적 목표와 우선순위가 정해지면 지출은 정부의 우선순위와 공공사업의 효과성에 근거해서 이뤄진다. 부문 간 지출한도액이 설정되며, 각 장관들은 이 한도액 범위 내에서 재배분한다. 재배분은 사업효과성의 평가 결과 또는 정책평가계획에 근거해서 이뤄진다. 예산제도는 우선순위가 낮은 것에서 높은 것으로, 덜 효과적인 사업에서 더 효과적인 사업으로의 재배분을 촉진하도록 구성된다. 실제 예산 배분 과정에서는 '선택과 집중'의 논리를 적용하는 것이 바람직하다.

효율적인 자원 배분을 위해서는 정부는 미래 지향적인 면에서 전략적이어야 하고 과거 지향적인 면에서는 평가에 근거해야 한다. 공공지출관리에서 전략적 기획(strategic planning)과 사업평가(program evaluation)를 지속적인 예산 절차와 연계시키는 것이 계속적인 이슈가 되어 왔다. 그런데 이러한 연계 노력이 그동안 꾸준히 시도되었지만 실패하는 경우가 많았다. 그 이유는 배분적 효율성 추구 노력이 정보 부담과 거래비용을 증가시키고, 정치적 갈등을 유발했기 때문이다. 정보 부담이 커진 것은 사업효과에 대한 추가 정보가 요구되기 때문이다. 정치 갈등이 커진 것은 예산자원의 재배분 때문이다. 배분적 효율성을 실현하기 위해서는 사업 및 예산 지출의 효과성에 대한 정보가 매우 중요하다.

기관의 역할 면에서 본다면 국가 목표 및 우선순위를 정하고, 부문 간 배분이 중기지출계획과 일치하게 하는 강력한 능력을 갖는 정부의 중심기관이 존재해야 한다. 그리고 각부 장관들은 내각과 의회의 검토를 받아 그들의 책임 하에 재배분할 광범위한 권한을 가져야 한다.

(3) 운영상의 효율성

운영상의 효율성(operational efficiency)은 개별적 지출 차원의 효율성을 의미한다. 기술적 효율성(technical efficiency) 또는 생산적 효율성(productive efficiency)이라고도 한다. 배분적 효율성을 부문 간 효율성이라고 한다면 기술적 효율성은 부문 내 효율성을 말한다.

기술적 효율성은 투입-산출 관계에서의 효율성을 의미하며, 공공 서비스의 생산함수가 개입한다. 효율적인 투입 요소의 결합만이 행정 수요를 가장 잘 충족시켜 줄 수 있는 공공 서비스의 생산이 가능하다. 이것은 서비스의 효율적 전달을 증진시키는 것을 의미한다. 따라서 단위 부문 내에서의 낭비 요인을 제거하고, 정부가 구입하는 재화와 용역의 비용을 절감하며, 재정 지출의 생산성을 제고할 때 기술적 효율성을 향상시킬 수 있다. 각 행정 부처들은 지속적인 효율성 이득을 달성하고 시장가격과 경쟁적인 비용으로 재화와 용역을 생산해야 한다.

이때 운영비용은 현금 한도가 정해지지만 관리자들은 이러한 자원을 사용하는 데 많은 재량이 주어진다. 정해진 한도액 내에서 운영자원의 다양한 사용을 결정할 강력한 권한이 계선 관리자에게 주어진다. 또한 운영상의 재량이 내부 또는 지역의 하급 관리자에게 주어지게 된다. 이러한 재량의 예로서 불용액의 이월 등을 들 수 있다.

운영상의 효율성을 증진시키기 위해 성과 정보가 이용된다. 예산 산출이 사전에 정해지고, 실제 산출과 목표를 비교한다. 재정 성과 및 조직 성과에 관한 정보가 연차 보고서 및 기타 문서로 발표된다.

(4) 투명성과 참여

투명성(transparency)과 참여(participation)는 예산 과정에서뿐만 아니라 바람직한 사회적 지배구조(governance)의 성격을 나타낸다. 개방적이고 민주적인 사회는 깨어 있는(informed) 시민, 시민참여의 공식적 통로, 책임 기제, 투명한 행정 과정을 기본적인 특징으로 하는 사회다. 따라서 투명성과 참여는 민주적 예산 과정의 기본 토대가 된다.

재정의 투명성은 IMF나 OECD 등의 국제 기구에서 중요한 재정운영의 규범으로 각국에 권고하고 있다. IMF의 재정 투명성 규약과 OECD의 예산 투명성 평가지침이 대표적인 투명성 규범이다.

재정의 투명성은 정보에의 접근 가능성(availability)과 정책형성 과정에서의 정보의 유용성으로 측정할 수 있다. 그런데 투명성은 전통과 법의 문제일 수 있다. 개방성이 높고 정부활동의 정보 공개에 대해 시민권이 강한 전통을 갖는 나라가 있는가 하면 그렇지 못한 나라들도 있다. 비공개성(secretiveness)이 많은 나라는 그것이 의도적 결정이라기보다 행정 전통을 반영한 경우가 많다. 시민의 정보에의 접근 가능성을 법규정에 반영할 경우 예산 체제에 강력한 영향을 미칠 수 있으며, 예산 문제를 다루고 있는 정부 및 정부 외의 여러 기관에 강력한 의미를 가질 수 있다.

참여는 납세자 주권에 바탕을 둔 재정 민주주의의 한 형태다. 예산 과정에의 시민참여는 두 가지 차원에서 논의될 수 있다. 하나는 예산상의 의사결정 과정에 시민참여가 이뤄져 시민의 재정 선호를 예산에 반영하는 것이다. 또 하나는 예산에 시민의 재정 선호가 제대로 반영되었는지의 여부를 시민이 직접 감시하고 통제하는 것이다.

투명한 재정운영 체제는 재정 문제에 대해 의회 및 시민사회의 참여를 증진시킬 수 있다. 투명성이 참여를 증진시키는 관계에 있으나 투명성과 참여는 동시에 고려되어야 한다. 투명성과 관련된 목표들은 의회와 시민사회의 보완적 참여가 없이는 실현될 수 없다. 예를 들면, 공개된 정보를 통해 의회는 행정부의 결정과 성과를 더욱 잘 감독할 수 있다. 일반적으로 투명성과 참여는 건전한 예산 체제의 다른 요소들이 최대한의 잠재력을 발휘할 수 있게 만들어 주는 데 도움이 된다.

2) 통제 지향적인 전통적 예산 원칙

예산 원칙은 예산운영 시 지켜야 할 기본적 규범이다. 예산 원칙은 예산의 편성, 심의, 집행, 회계검사의 모든 예산 과정에서 적용되며, 예산제도 운영의 전반에 영향을 미친다. 따라서 예산의 편성·심의·집행을 담당하는 예산담당자들이 준수해야 할 규범이라 할 수 있다. 다른 한편 예산 원칙이란 예산 배분을 둘러싸고 전개되는 이해집단 간의 투쟁을 규제하기 위한 하나의 규범으로서의 의미를 갖는다.

전통적인 예산 원칙은 통제 중심의 입법부 우위의 예산 원칙이 주된 내용이었다. 거기에 행정부의 재량과 전문성을 보장하고 예산의 관리 및 계획 기능을 반영하는 행정부 우위의 예산 원칙이 보완적으로 제시되었다. 최근에는 투명성, 책임성, 정보, 참여 등이 반영된 예산 원칙이 강조되고 있다.

예산 원칙은 헌법 또는 법률에 명문으로 규정되어 있는 경우도 있고 단순히 선언적 성격을 지니거나 관행적으로 적용되는 경우도 있다. 법에 명문으로 규정하고 있는 경우에는 그 적용 면에서 구속력을 갖는다. 그러나 예산 원칙은 예산문화에 정착되어 운용되는 것이 바람직하다.

(1) 예산 공개의 원칙

예산운영의 전반적인 내용이 국민에게 공개되어야 한다는 원칙이다. 예산의 공개는 예산운영의 투명성을 확보할 뿐만 아니라 국민의 정당한 요구와 비판을 받도록 하는 의미가 있다. 이러한 투명성의 원칙은 최근에 특히 강조되고 있다.

국가재정법에는 예산 공개의 원칙이 명시되어 있다. 국가재정법 제9조에는 “정부는 예산, 기금, 결산, 국채, 차입금, 국유재산의 현재액 및 통합재정수지, 일반정부 및 공공부문 재정통계, 기타 재정에 관한 중요한 사항을 매년 1회 이상 정보통신 매체·인쇄물 등 적당한 방법으로 알기 쉽고 투명하게 공표하여야 한다”라고 명시되어 있다. 이에 따라 정부는 매년 『나라살림 예산개요』와 『결산보고서』를 발간하고 있으며, 인터넷을 통해서도 예산 내용을 공개하고 있다. 그러나 아직 충분한 공개가 이뤄지고 있다고 보기 어려운 실정이다.

(2) 예산 명료성의 원칙

예산 명료성의 원칙은 예산 공개의 전제 조건이다. 모든 국민이 쉽게 이해할 수 있도록 수입지출의 추계가 명료해야 하며, 수입과 지출에 관한 내용이 합리적으로 분류되어 나타나 있어야 한다는 것이다.

예산 내용이 지나치게 세분되어 있으면 국민이 예산의 개괄적 내용을 쉽게 파악하기 어려우며, 반대로 지나치게 개괄적이면 세부적인 내용을 이해하기 어렵다. 이 두 가지 조건을 적절하게 조화시키는 방향으로 예산 내용을 구성할 필요가 있다.

(3) 예산 사전 의결의 원칙

예산이 집행되기 전에 입법부의 의결을 거쳐야 한다는 원칙이다. 대부분의 국가는 국민의 대표기관인 의회에서 사전 의결이 되어야만 예산이 성립되도록 하고 있다. 우리나라 헌법 제54조는 "① 국회는 국가의 예산안을 심의・확정한다. ② 정부는 회계연도마다 예산안을 편성하여 회계연도 개시 90일 전까지 국회에 제출하고, 국회는 회계연도 개시 30일 전까지 이를 의결하여야 한다"고 규정하고 있다. 그러나 우리나라 준예산제도는 회계연도 개시일까지 예산이 성립되지 않으면 국회의 사전 의결 없이 일정 경비를 지출할 수 있도록 마련한 제도이며, 이는 이 원칙의 예외다.

(4) 예산 한정성의 원칙

예산집행 과정에서 통제 기능을 가장 잘 반영한 예산 원칙으로서 세 가지 내용을 포함한다. ① 예산의 목적외 사용 금지, ② 초과 지출의 금지, ③ 연도 경과의 금지다.

첫째, 국가재정법(제45조)에는 "각 중앙관서의 장은 세출예산이 정한 목적 외에 경비를 사용할 수 없다"고 목적 외 사용 금지의 원칙을 규정하고 있다. 각 중앙관서의 장은 예산이 정한 각 기관 간, 각 장・관・항 간에 상호 이용할 수 없다. 그러나 사전에 국회의 의결을 얻었을 때에는 이용(移用)할 수 있으며, 기획재정부 장관의 승인을 얻어 전용(轉用)할 수 있는 예외를 인정하고 있다.

둘째, 예산에 계상된 금액 이상의 지출은 허용되지 않으며, 이에 대한 예외는 없다. 그러나 초과 지출의 필요성이 발생할 경우 예비비 또는 추경예산 편성을 통해 해결할 수 있다.

셋째, 국가재정법 제3조는 "각 회계연도의 경비는 그 연도의 세입 또는 수입으로 충당하여야 한다"고 규정해 회계연도 독립의 원칙을 표방하고 있다. 그러나 여기에도 이월, 계속비, 과년도 수입 및 지출 등의 예외적인 제도가 운영되고 있다.

(5) 예산 완전성의 원칙

모든 세입과 세출은 예산에 계상되어야 한다는 원칙이다. 징세비를 제외한 조세의 순수입만을 예산에 계상하는 순계예산을 사용해서는 안 된다는 것을 의미한다. 예산총계주의 원칙 또는 예산 포괄성의 원칙이라고도 부른다. 이 원칙은 특정 경비의 은폐 또는 누락을 방지해 국회 내지 국민의 재정상의 감독을 용이하게 하자는 것이다.

국가재정법 제17조에는 "① 한 회계연도의 모든 수입을 세입으로 하고, 모든 지출을 세출로 한다. ② 세입세출은 모두 예산에 계상하여야 한다"고 예산총계주의 원칙을 규정하고 있다. 그러나 수입대체경비의 초과 수입, 현물출자와 외국 차관의 전대의 경우 세입세출 외로 처리할 수 있도록 함으로써 예외를 인정하고 있다.

(6) 예산 단일의 원칙

예산은 쉽게 이해할 수 있도록 모든 재정활동을 포괄하는 단일 예산으로 편성되어야 한다는 원칙이다. 이 원칙은 예산 공개의 원칙 및 예산 명료성의 원칙과 상호 관련된다. 예산 단일의 원칙에 의하면 예산은 본예산의 일반회계예산만으로 구성되어야 한다. 이 경우 예산을 이해하고 통제하는 것이 용이해진다.

그러나 일반회계와 달리 독립적인 회계 방식을 취하는 것이 능률적일 경우 특별회계를 운용하며, 예산집행 과정에서 예산 변경의 사유가 발생할 경우 추가경정예산제도를 운용하고 있다. 특별회계예산과 추경예산은 예산 단일의 원칙에 대한 예외다.

(7) 예산 통일의 원칙

특정한 세입과 특정한 세출을 직접 연계시켜서는 안 된다는 원칙이다. 일명 '비영향(non-affection)의 원칙'이라고도 한다. 특정 세입이 직접 특정 세출에 영향을 미쳐서는 안 된다는 것이다. 조세를 포함한 모든 정부 수입이 일단 국고에 귀속되었다가 이곳에서 정부의 모든 지출이 이뤄져야 한다는 것을 의미한다. 1787년 영국의 통일국고법(Consolidated Fund Act)에서 유래한 원칙이다. 예산 통일의 원칙은 국고 통일의 원칙을 반영한 것이다.

예산 통일의 원칙의 예외에는 특별회계와 목적세가 있다. 특별회계는 일반회계와는 독립적인 회계 방식을 취하며, 각 특별회계의 자체 수입은 자체 지출에 사용하는 독립채산제 방식의 운영을 한다. 목적세는 용도가 지정된 조세로서 현재 국세에는 교육세 · 교통에너지환경세 · 농어촌특별세가 있으며, 지방세에는 지방교육세 · 지역자원시설세가 있다.

(8) 예산 엄밀성의 원칙

예산은 결산과 일치해야 한다는 원칙이다. 정확성의 원칙이라고도 부른다. 예산은 사전에 특정 연도에 대한 예정적 수치를 표시한 것이기 때문에 집행 결과로서의 결산과는 불일치하기 마련이다. 이것은 예측상의 오류에서 기인할 수도 있고 집행 과정에서 미집행 등의 사유 때문일 수도 있다. 그러나 예산과 결산이 지나치게 불일치한 경우에는 예산의 본래적 기능을 상실할 우려가 있다.

CHAPTER 02

재정의 구조

학습 포인트

1. 통합재정과 총지출 규모
2. 예산총계와 예산순계
3. 일반정부 · 공기업 · 공공부문
4. 통합재정수지와 관리재정수지
5. 국가채무와 국가부채
6. 조세부담률과 국민부담률

제 1 절 거시적 재정구조

정부의 재정구조를 이해하기 위해서는 거시적 재정구조와 미시적 재정구조를 이해할 필요가 있다. 거시적 재정구조란 정부재정 규모와 같은 정부재정 총량과 관련된 재정구조를 이해하는 것이다. 통합재정과 총지출 규모, 재정수지, 국가채무, 일반정부와 공기업 등이 거시적 재정구조를 보여 주는 개념들이다.

미시적 재정 구조는 재정의 세부 내용을 알려주는 형식을 말한다. 예산의 분류와 이를 반영한 예산 과목 체계가 미시적 재정구조의 핵심 내용이다.

여기서는 먼저 거시적 재정구조의 형식적 측면과 실질적 내용을 이해하면서 재정을 통한 정부의 역할을 생각해 보자.

올해의 재정 규모

올해 우리나라 정부재정 규모는 얼마인가?

"2021년도 정부재정 규모는 558조 원이다."[1)]

▶ 매년 정부재정 규모는 기획재정부 홈페이지(www.moef.go.kr)에서 확인할 수 있다.

1. 정부재정의 기본 구조

정부재정은 예산과 기금으로 구성되어 있다. 예산은 일반회계와 특별회계로 구분한다(국가재정법 제4조 제1항). 그리고 정부재정은 기본적으로 세입예산과 세출예산으로 이뤄져 있다.

여기서 정부재정이 한편으로 예산(일반회계예산과 특별회계예산)과 기금, 다른 한편으로 세입과 세출로 구성되어 있음을 알 수 있다. 이를 상호 결합해 보면 [표 2-1]과 같은 재정의 기본 구조를 얻을 수 있다.

1) 여기서의 재정 규모는 중앙정부의 총지출 규모(2021년 본예산)다. 지방재정은 포함되지 않았다.

표 2-1 재정의 기본 구조

구 분			세 입	세 출
재정	예산	일반 회계		
		특별 회계		
	기금	(기금운용계획)		

1) 일반회계예산과 특별회계예산

(1) 일반회계예산

일반회계예산이란 일반적 국가활동에 관한 총세입·총세출을 망라해 편성한 예산을 말한다. 국가재정법(제4조 제2항)은 "일반회계는 조세수입 등을 주요 세입으로 하여 국가의 일반적인 세출에 충당하기 위하여 설치한다"고 규정하고 있다. 일반회계예산은 국가 고유의 기능을 수행하기 위해 필요한 예산이므로 세입은 원칙적으로 조세수입을 재원으로 하고, 세출은 국가사업을 위한 기본적 경비지출로 구성된다.

원칙적으로 정부재정은 그 전체를 용이하게 파악하기 위해 모든 세입과 세출이 하나로 통일되어 계리되어야 한다는 '예산단일주의'가 적용된다. 따라서 예산단일주의의 기본 정신에 의거해 정부의 기본적이고 주된 재정활동은 일반회계에서 계리되는 것이 원칙이다.

(2) 특별회계예산

① 의 의

특별회계예산은 정부재정이 하나로 통일되어 계리되는 일반회계와는 달리, 특정한 목적을 위한 세입과 세출을 별도로 계리하는 예산제도다. 국가재정법(제4조 제3항)에 의하면, 특별회계는 ① 국가에서 특정한 사업을 운영하고자 할 때, ② 특정한 자금을 보유하여 운용하고자 할 때, ③ 특정한 세입으로 특정한 세출에 충당함으로써 일반회계와 구분하여 계리할 필요가 있을 때에 설치되는 예산이다.

특별회계의 설치 근거는 법으로 규정하고 있다. 기업 형태로 운영하는 정부사업은 정부기업이라고 부르며, 정부기업예산법에 근거해 설치 운영된다. 정부기업에는 우편사업, 우체국예금사업, 양곡관리사업, 조달사업이 있다.

책임운영기관특별회계는 책임운영기관의 설치·운영에 관한 법률에 의해 설치되며, 중앙책임운영기관과 소속책임운영기관 중 기관 운영에 필요한 재정수입의 전부 또는 일부를 자체적으로 확보할 수 있는 사무를 맡는 기관에 둔다.[2] 책임운영기관특별회계 기관을 제외한 소속책임운영기관은 일반회계로 운영하되, 회계변경이 곤란한 특별한 사유가 있는 경우 다른 법률에 따라 설치된 특별회계로 운영할 수 있다.

책임운영기관은 기관의 지위에 따라 중앙책임운영기관과 소속책임운영기관으로 구분한다. 2021년 현재 중앙책임운영기관(특허청) 1개, 소속책임운영기관 52개 기관이 있으며,[3] 소속책임운영기관 중 책임운영기관특별회계로 운영하는 기관은 12개이며, 일반회계 37개, 다른 특별회계 3개다. 책임운영기관특별회계는 기관별로 계정을 구분하며, 계정별로 중앙행정기관의 장이 운용하고, 기획재정부 장관이 통합하여 관리한다.[4]

책임운영기관특별회계기관의 사업은 정부기업으로 보며, 책임운영기관의 설치・운영법 규정 외에는 정부기업예산법을 적용한다.

기타 특별회계의 경우 설치 근거가 되는 각각의 근거법이 마련되어 운영되고 있다. 예컨대, 국가균형발전특별회계는 국가균형발전특별법, 환경개선특별회계는 환경정책기본법이 적용된다. 이들 법률에는 설치 목적뿐만 아니라 관리 운영의 주체, 세입세출, 귀속재산, 차입, 잉여금 처리, 기금운용 등 제반 사항이 규정되어 있다.

특별회계예산은 일반회계예산과 더불어 국회의 심의를 받는다.

② 특별회계의 필요성과 통합・폐지

일반회계만으로 구성된 단일회계 제도와 비교할 때 특별회계제도가 필요한 경우는 다음과 같다. 첫째, 정부의 모든 재정활동이 단일회계로 계리될 때 특정한 정부사업의 재정수지가 분명하게 파악되지 않는 경우다. 둘째, 특별회계를 설치해 이를 담당한 재정운영 주체의 자율성 증대를 통해 재정운영의 효율성을 높일 수 있는 경우다.

반면에 일반회계와 구분해 특별회계를 설치하는 경우 예산제도가 복잡해져 정부의 세입과 세출의 전체 내용을 용이하게 파악할 수 없는 단점이 있다. 따라서 정부의 기본적이고 주된 재정활동은 예산단일주의의 기본 정신에 따라 일반회계에서 계리되어야 하며, 특별회계는 일반회계를 보완해 주는 역할에 국한되어야 한다.

---

2) 책임운영기관은 정부가 수행하는 사무 중 공공성을 유지하면서도 경쟁 원리에 따라 운영하는 것이 바람직하거나 전문성이 있어 성과관리를 강화할 필요가 있는 사무에 대하여 책임운영기관의 장에게 행정 및 재정상의 자율성을 부여하고 그 운영 성과에 대하여 책임을 지도록 하는 행정기관을 말한다.

3) 2021년 현재 책임운영기관은 기관의 사무 성격에 따라 조사연구형(24개), 교육훈련형(5개), 문화형(8개), 의료형(9개), 시설관리형(4개), 기타 유형(3개) 기관으로 구분한다.

4) 책임운영기관특별회계는 2021년 현재 특허청 포함 13개 계정으로 운영되고 있다.

국가재정법(제14조)은 특별회계를 신설하고자 할 때에는 해당 법률안을 입법 예고하기 전에 특별회계 신설에 관한 계획서를 기획재정부 장관에게 제출하여 신설의 타당성에 관한 심사를 받도록 하고 있다. 이때 적용되는 기준은 ① 일반회계나 기존의 특별회계보다 새로운 특별회계로 사업을 수행하는 것이 더 효과적일 것, ② 특정한 사업을 운영하거나 특정한 세입으로 특정한 세출에 충당함으로써 일반회계와 구분하여 계리할 필요가 있을 것 등이다.

특별회계가 ① 설치 목적을 달성한 경우, ② 설치 목적의 달성이 불가능하다고 판단되는 경우, ③ 특별회계와 기금 간 또는 특별회계 상호 간에 유사하거나 중복되게 설치된 경우, ④ 그 밖에 재정운용의 효율성 및 투명성을 높이기 위해 일반회계에서 통합 운용하는 것이 바람직하다고 판단되는 경우 특별회계를 폐지하거나 다른 특별회계 또는 기금과 통합할 수 있다.

③ 특별회계의 수와 현황

특별회계는 1948년에 2개에 불과했으나 1960년대 중반부터 점차 증가해 1970년에는 29개에 이르렀다. 그 후 1970년대 후반부터 감소해 1980년대에는 17개 수준을 유지했으나, 1990년대에 다시 증가 추세를 보이며 2000년 23개에 이르렀다. 2006년 21개, 2014년 이후 18개를 유지했으나 2021년 현재 20개의 특별회계가 있다.

특별회계의 수는 입법부와 국민에 의한 예산통제를 강조하는 측면에서는 적을수록 좋다. 그러나 행정 능률의 관점에서 볼 때에는 필요한 경우마다 특별회계를 두어 행정 능률의 향상과 경영합리화를 기하는 것이 바람직하다. 따라서 예산통제와 능률의 조화를 이룰 수 있는 선에서 특별회계의 수가 정해져야 할 것이다.

표 2-2 특별회계의 종류(2021년)

<table>
<tr><th>기업특별회계</th><th colspan="2">기타 특별회계</th></tr>
<tr><td>양곡관리
조달
우편사업
우체국예금
책임운영기관</td><td>농어촌 구조개선
교통시설
등기
교도작업
에너지 및 자원사업
환경 개선
우체국보험</td><td>주한 미군기지 이전
행정중심 복합도시 건설
국방·군사시설 이전
혁신도시 건설
아시아 문화중심도시 조성
국가균형발전
유아교육지원
소재·부품·장비 경쟁력 강화</td></tr>
<tr><td>5개</td><td colspan="2">15개</td></tr>
</table>

표 2-3 특별회계 수의 추이

연 도	1948	1950	1955	1960	1965	1970	1975	1980
수	2	11	17	13	17	29	25	18
연 도	1985	1990	1995	2000	2005	2006	2014	2021
수	17	18	23	23	19	21	18	20

자료: 기획재정부, www.moef.go.kr 참조.

☞ 특별회계 중 하나를 선택하여 재원 배분구조를 살펴보고 그 내역을 평가해 보자.

2) 기 금

(1) 의 의

기금제도는 1961년에 제정된 예산회계법에 의해 처음으로 도입되었다. 기금은 국가의 특정한 정책 목적을 실현하기 위해 예산 원칙의 일반적인 제약에서 벗어나 좀 더 신축적으로 운용될 수 있도록 특정 사업을 위해 보유·운용하는 특정 자금으로 정의할 수 있다. 기금은 출연금, 부담금 등 다양한 수입원을 토대로 융자사업 등 유상적 급부를 제공하는 경우가 많다.

국가재정법(제5조 제1항)에 의하면 기금은 국가가 특정한 목적을 위해 특정한 자금을 신축적으로 운용할 필요가 있을 때에 법률로써 설치하되, 정부의 출연금 또는 법률에 따른 민간부담금을 재원으로 하는 기금은 국가재정법에 규정된 법률에 의하여 설치한다. 그리고 "기금은 세입세출예산에 의하지 아니하고 운용할 수 있다"고 예산 외(off budget)로 운용할 수 있음을 규정하고 있다(동법 제5조 제2항). 기금을 예산 외로 운용하는 이유는 특정 분야의 사업에 대해 지속적이고 안정적인 자금 지원이 필요하거나 사업 추진에 탄력적인 집행이 필요한 경우에 제약이 많은 예산보다 기금의 설치·운용이 더 편리하기 때문이다. 예컨대, 각종 연금사업의 경우 지출 소요의 변화를 정확하게 추정하기 어렵기 때문에 일단 수립된 기금운용계획의 집행 도중에 수시로 수정해야 할 필요성이 제기된다. 이를 예산으로 운영한다면 예산이 갖는 제약 때문에 사업 목적을 효과적으로 달성하기 어렵게 될 것이다.

기금과 예산이 다른 점은 예산이 회계연도 내의 세입이 그 해에 모두 지출되는 데 반해, 기금은 조성된 자금을 회계연도 내에 운용해 남는 자금을 계속 적립해 나간다는 점이다. 또한 특정 수입과 지출의 연계가 강하다는 점, 기금운용의 자율성과 탄력성이 강하다는 점 등에서 예산과 차이가 있다.

정부는 기금운용의 공공성과 재정의 효율성 증진에 기여할 목적으로 1991년 '기금관리기본법'을 제정했다. 그 후 기금에 대한 전면적인 평가 작업을 통해 기금 제도의 개선을 추진해 왔다. 가장 중요한 기금 제도 개혁은 금융성 기금을 포함한 모든 기금의 기금운용계획안과 기금 결산에 대해 예산과 마찬가지로 국회의 심의·의결을 받도록 한 점이다. 2007년부터 발효된 국가재정법에 의해 기존 예산회계법과 기금관리기본법이 폐지되었다.

그동안 정부재정이 일반회계, 특별회계, 기금으로 구분되어 칸막이 식으로 운용됨으로써 재정운용의 효율성, 투명성, 책임성의 관점에서 많은 문제점이 있었다. 최근 재정운용의 방향은 일반회계, 특별회계, 기금을 통합적으로 운용하는 방식을 취하고 있다. 통합운용의 방향은 조직(기획재정부의 예산실), 예산 체계(프로그램 예산), 재원 배분 방식 등에서 나타나고 있다. 국가재정법도 예산과 기금의 통합운용을 반영하고 있다.

(2) 기금의 분류 및 현황

기금은 종래에는 기금관리의 주체 및 사업의 공공성의 정도에 따라 공공기금과 기타 기금으로 분류했다. 그러나 2003년부터 이 구분이 폐지되고 기금으로 일원화되었으며, 모든 기금은 국가재정법의 적용 대상이 된다.

기금은 설치 목적 및 성격에 따라 ① 사업성 기금, ② 사회보험성 기금, ③ 계정성 기금, ④ 금융성 기금으로 분류할 수 있다. 사업성 기금은 특정한 목적의 사업을 수행하는 데 필요한 자금을 관리·운용하는 기금이며, 사회보험성 기금은 사회보험제도를 관리·운용하는 기금이다. 계정성 기금은 특정 자금을 관리·운용하는 기금이며, 금융성 기금은 금융적 성격을 갖는 기금을 말한다.

기금을 관리운용 주체별로 분류할 경우 정부가 직접 관리하는 ① 정부관리 기금과 공공기관이 관리하는 ② 공공기관관리 기금이 있다. 정부관리 기금에는 공공자금관리기금, 국민연금기금, 군인연금기금, 고용보험기금, 과학기술진흥기금, 청소년육성기금, 양성평등기금 등 45개 기금(2021년 기준)이 있다. 공공기관관리 기금에는 공무원연금기금(공무원연금공단), 사립학교교직원연금기금(사학연금공단), 문화예술진흥기금(문화예술진흥원), 근로복지진흥기금(근로복지공단) 등 22개 기금이 있다.

기금의 수는 1961년 3개가 설립된 이후 매년 증가하다가 1993년 114개를 기록한 이후 점차 감소했다. 그동안 기금은 정부기관의 쌈짓돈처럼 생각되어 방만하게 운용해 왔으나

표 2-4 기금의 분류

구 분	기금명
사회보험성 기금 (6개)	국민연금기금, 공무원연금기금, 군인연금기금, 사립학교교직원연금기금, 고용보험기금, 산업재해보상보험 및 예방기금
계정성 기금 (5개)	공공자금관리기금, 외국환평형기금, 공적자금상환기금, 양곡증권정리기금, 복권기금
금융성 기금 (8개)	신용보증기금, 기술보증기금, 농림수산업자신용보증기금, 주택금융신용보증기금, 산업기반신용보증기금, 무역보험기금, 예금보험기금채권상환기금, 농어가목돈마련저축장려기금
사업성 기금 (48개)	과학기술진흥기금, 관광진흥개발기금, 국민건강증진기금, 국민체육진흥기금, 국유재산관리기금, 국제교류기금, 국제질병퇴치기금, 군인복지기금, 근로복지진흥기금, 금강수계관리기금, 낙동강수계관리기금, 남북협력기금, 농산물가격안정기금, 농어업재해보험기금, 농업·농촌공익기능증진직접지불기금, 농지관리기금, 대외경제협력기금, 문화예술진흥기금, 문화재보호기금, 방사성폐기물관리기금, 방송통신발전기금, 범죄피해자보호기금, 보훈기금, 사법서비스진흥기금, 사학진흥기금, 산업기술진흥 및 사업화촉진기금, 석면피해구제기금, 소상공인시장진흥기금, 수산발전기금, 순국선열애국지사사업기금, 언론진흥기금, 양성평등기금, 영산강·섬진강수계관리기금, 영화발전기금, 원자력기금, 응급의료기금, 임금채권보장기금, 자동차사고피해지원기금, 자유무역협정이행지원기금, 장애인고용촉진 및 직업재활기금, 전력산업기반기금, 정보통신진흥기금, 주택도시기금, 중소벤처기업창업 및 진흥기금, 지역신문발전기금, 청소년육성기금, 축산발전기금, 한강수계관리기금
합계	67개(2021년 기준)

김대중 행정부 때 대대적인 평가 작업과 더불어 통폐합 작업이 이뤄졌다. 2021년 현재 67개의 기금이 존재한다. 기금 수의 추이를 보면 [표 2-5]와 같다.

표 2-5 기금 수의 추이

구 분	1961	1970	1980	1990	1993	1999	2002	2008	2014	2021
기금 수	3	13	45	98	114	75	58	60	64	67

(3) 국가 기금에 포함되지 않은 건강보험과 노인장기요양보험

사회보험성 기금 중에는 국가 기금에 포함된 6개 외에 건강보험과 노인장기요양보험이 있다. 이들은 현재 국가 기금에 포함되지 않고 국민건강보험공단의 회계로 귀속되어 있으며, 두 기금의 예산은 보건복지부장관의 승인을 거쳐 확정된다.

건강보험과 노인장기요양보험도 기금 형태로 국가재정에 포함되어야 한다. 그 논거는 다음과 같다.

첫째, 예산 완전성(포괄성)의 원칙에 의해 국민이 부담하는 모든 재정은 국민의 대표기관인 국회의 심의 등 통제를 받게 해야 한다. 이것은 재정 민주주의에 기반한 재정운영이다. 국가재정법(제17조 ①항)에도 "한 회계연도의 모든 수입을 세입으로 하고, 모든 지출을 세출로 한다"는 예산총계주의 원칙을 규정하고 있다.

둘째, 두 보험은 사실상의 재정인데 재정통계에서 누락되어 재정 규모, 재정수지, 기능별 재정 규모 등을 왜곡시킴으로써 정책결정의 실효성을 떨어뜨리고 있다.[5] 최근 두 보험은 당기수지가 적자로 전환되었으며 보장성 강화 계획 등에 따라 향후에도 지속적인 적자 및 적립금(누적수지) 감소가 전망되고 있다.[6]

셋째, 1990년대까지는 건강보험이 300여 개 이상의 독립채산제 개별 조합으로 운영되어 국가재정 편입이 어려운 측면이 있었다. 그러나 1999년 조직통합 및 2003년 재정통합을 완료하여 재정 편입의 장애요인은 사실상 없어진 상황이 되었다(국회예산정책처, 2019).

(4) 기금운용의 특징

첫째, 기금은 집행 단계에서 예산에 비해 자율성과 탄력성이 더 넓게 허용된다. 먼저 주요 항목 지출 금액의 범위 안에서 예측할 수 없는 소요나 긴급한 소요가 발생한 경우, 기존사업을 보완하는 경우 세부 항목 지출 금액을 변경할 수 있다.

주요 항목 지출 금액을 변경하고자 하는 때에는 20~30%의 범위 안에서 국회에 제출하지 않고 변경해 집행할 수 있다. 즉, 금융성 기금 외의 기금은 주요 항목 지출 금액의 20% 이하, 금융성 기금은 30% 이하에서 변경할 수 있다.[7] 이 경우 기획재정부 장관과의 협의·조정과 국무회의 심의 및 대통령의 승인을 얻은 후 국회에 제출해야 한다.

둘째, 기금운용의 효율성 및 신축성을 높이기 위해 기금관리 주체는 다른 법률의 규정에 의한 의무적 지출 금액, 여유자금 운용으로 계상된 지출 금액, 수입계획을 초과한

---

5) 2020년 기준 건강보험과 노인장기요양보험의 지출 규모는 각각 76.7조 원, 9.9조 원 수준임.

6) 건강보험은 2018년, 노인장기요양보험은 2016년부터 적자를 보고 있으며, 재정전망치도 지속적 적자상태를 예측하고 있다(국회예산정책처, 2019).

7) 여기서의 금융성 기금은 앞에서 유형 분류된 8개 기금 외에 부실채권정리기금, 구조조정기금, 국가장학기금이 포함된다. 금융성 기금의 경우 기금의 관리 및 운영에 소요되는 경상비에 해당하는 주요 항목 지출 금액에 대해서는 20% 이하로 변경 가능하다.

수입과 직접 관련되는 지출 금액, 환율 및 금리의 변동, 기한 전 상환으로 인한 차입금 원리금 상환 지출 금액, 기존 국채를 새로운 국채로 대체하기 위한 국채 원리금 상환 등에 대해서는 기금운용계획변경안을 국회에 제출하지 아니하고 기금운용계획을 변경할 수 있다.

셋째, 국가재정의 효율적 운용을 위하여 필요한 경우에는 기금의 목적 수행에 지장을 초래하지 아니하는 범위 안에서 회계와 기금 간 또는 기금 상호 간에 여유재원을 전입 또는 전출하여 통합적으로 활용할 수 있다. 다만, 사회보험성 기금(6개), 임금채권보장기금, 방사성폐기물관리기금 등은 제외된다. 기획재정부 장관은 이 경우 관계 중앙관서의 장 및 기금관리주체와 협의한 후 그 내용을 예산안 또는 기금운용계획안에 반영해야 한다.

(5) 기금 신설의 심사와 통폐합

기금을 신설하고자 할 때에는 신설에 관한 계획서를 기획재정부 장관에게 제출하여 신설의 타당성에 관한 심사를 받아야 한다. 이때 재정정책자문회의의 자문을 거친다. 신설의 타당성에 관한 심사 기준으로 ① 부담금 등 기금의 재원이 목적사업과 긴밀하게 연계되어 있을 것, ② 사업의 특성으로 인해 신축적인 사업 추진이 필요할 것, ③ 중·장기적으로 안정적인 재원 조달과 사업 추진이 가능할 것, ④ 일반회계나 기존의 특별회계·기금보다 새로운 기금으로 사업을 수행하는 것이 더 효과적일 것을 적용한다(국가재정법 제14조). 이러한 기금 신설의 조건을 부여한 것은 방만한 기금 신설을 억제하기 위함이다.

기금이 ① 설치 목적을 달성한 경우, ② 설치 목적의 달성이 불가능하다고 판단되는 경우, ③ 특별회계와 기금 간 또는 기금 상호 간에 유사하거나 중복되게 설치된 경우, ④ 그 밖에 재정운용의 효율성 및 투명성을 높이기 위해 일반회계에서 통합운용하는 것이 바람직하다고 판단되는 경우 기금을 폐지하거나 다른 기금과 통합할 수 있다.

(6) 기금의 운용 및 조성

① 기금의 운용과 조성

기금은 정부재정과 상이한 수지 체계를 가지고 있다. 기금은 일정 기간의 운용 상황을 나타내는 '운용'과 일정 시점의 재산 상태를 나타내는 '조성'으로 나눠 계획을 수립한다.

기금의 운용은 당해 연도의 수입과 지출로 구성되는 기금운용계획에 따라 운용된다. 기금운용 규모는 현금주의 원칙에 따른 당해 연도 기금의 총수입 또는 총지출을 의미하며, 기금의 총수입과 총지출은 일치한다. 기금의 수입은 자체수입, 정부 내부수입, 차입금, 여유자금 회수 등으로, 지출은 사업비, 기금운영비, 정부 내부지출, 여유자금 운용 등으로 구성된다. 사업비는 기금의 설치목적에 따른 지출로서 사실상의 재정지출 개념에 해당한다. 기금운용 규모는 정부 내부 간 거래 및 여유자금 운용이 포함되므로, 그 자체가 기금의 대외적 지출 규모를 의미하지 않는다. 기금의 실질적 지출은 사업비, 기금운영비(기금관리비용 등), 차입금이자 상환의 합계를 말한다.

기금운용계획은 운용총칙과 자금운용계획으로 구성되며, 기금조성계획, 추정재정상태표 및 추정재정운영표 등이 첨부되어야 한다. 운용총칙에는 기금의 사업 목표, 자금의 조달과 운용 및 자산 취득에 관한 총괄적 규정을 둔다. 자금운용계획은 수입계획과 지출계획으로 구분하며, 수입계획은 성질별로 구분하고 지출계획은 성질별 또는 사업별로 주요 항목(장-관-항) 및 세부 항목(세항-목)으로 구분한다.

표 2-6 기금운용 및 조성 규모

(단위: 조 원)

	2012	2013	2014	2015	2016	2017	2018	2019	2020
운용	399.1	521.6	577.2	582.6	638.3	629.4	576.9	633.7	724.8
조성	1,059.7	1,182.9	1,303.3	1,450.2	2,235.6	1,625.6	1,721.1	1,815.7	1,941.6

주: 2020년 자료는 계획치임.
자료: 국회예산정책처. 재정경제통계시스템.

기금의 조성 방법은 기금에 따라 다양하다. 각 기금은 개별 기금별로 목적 수행에 필요한 자금을 조달하기 위해 개별법에 기금 조성 방법을 규정하고 있다. 일반적으로 정부출연금과 민간부담금, 차입금, 운용수입 등이 주된 재원이 된다. 기금의 조성 규모는 당해 연도 조성 규모와 누적 조성 규모로 구분된다. 기금의 순조성액은 총조성액에서 사용액을 뺀 규모로 표시되며, 당해 연도 기금 누적 조성 규모는 전년도 누계액에 순조성액을 합한 금액이다.

조성된 기금의 여유자금은 금융기관과 재정자금에의 예탁, 유가증권의 매입, 기금 증식을 위한 부동산의 취득 및 처분 등을 한다. 국가재정법(제63조)에는 "기금관리주체는 안정성·유동성·수익성 및 공공성을 고려하여 기금자산을 투명하고 효율적으로 운용하여야 한다"는 기금자산 운용의 원칙을 규정하고 있다.

② 기금운용계획의 작성 및 확정 절차

국가재정법 제정에 의해 사실상 예산과 기금이 통합 운영됨에 따라 기금운용계획의 작성 및 확정 절차는 예산편성 절차와 동일하다. 예산편성 절차는 2014년 국가재정법 개정으로 재조정되었다.

먼저 기금관리 주체는 매년 1월 말까지 신규사업 및 주요 계속사업에 대한 중기사업계획서를 기획재정부 장관에게 제출한다. 기획재정부는 기금운용계획안 작성지침을 3월 말까지 각 기금관리 주체에 통보한다. 이때 기금별 지출 한도를 포함하여 통보할 수 있다. 기금관리 주체는 회계연도마다 기금운용계획안을 수립해 매년 5월 말까지 기획재정부 장관에게 제출하고 협의·조정을 거친 후 국무회의 심의와 대통령의 승인을 얻어야 한다. 정부는 확정된 기금운용계획안을 회계연도 개시 120일 전까지 국회에 제출해야 하고, 국회 예산결산특별위원회의 심의를 거친 후 본회의의 의결을 받아야 한다. 이것은 기금이 예산에 준한 국회의 통제를 받음을 의미한다.

(7) 기금운용의 평가

기획재정부 장관은 회계연도마다 전체 기금 중 1/3 이상의 기금에 대한 운용 실태를 조사해 평가해야 하며, 3년마다 전체 재정 체계를 고려해 기금의 존치 여부를 평가해야 한다. 기획재정부 장관은 기금으로 수행하는 사업의 성과 및 여유자금 운용의 적정성 등을 평가하여 그 결과를 사업 제도개선 및 예산편성에 환류한다. 평가는 사업운영 부문과 자산운용 부문으로 구분하여 이루어진다. 평가 결과는 국민과 국회에 공개하여 사업 운영의 투명성과 효율성을 제고하도록 한다.

기금관리 주체는 회계연도마다 기금결산보고서를 작성해 기획재정부 장관에 제출하고(2월 말), 기획재정부 장관은 감사원에 제출해야 한다(4월 10일). 정부는 감사원의 검사를 거친 기금 결산을 다음 연도 5월 말까지 국회에 제출해야 한다. 국회는 예산과 마찬가지로 기금결산보고서를 심의·의결한다.

3) 세입예산과 세출예산

(1) 세입·세출예산의 내용

재정은 세입예산과 세출예산으로 편성된다. 재정을 동전으로 볼 때 세입예산과 세출

예산은 동전의 양면과 같다. 즉, 재정이라는 동일한 대상을 세입과 세출의 양 측면에서 보고 있는 것이다. 세입예산은 정부재정의 재원 동원 방법을 표시해 주며, 세출예산은 정부가 국가의 기능을 수행하는 데 필요한 재원의 지출 용도를 나타내 준다.

세입예산과 세출예산의 총규모는 동일하다. 세입예산과 세출예산의 총계는 모두 동일한 수치로 표시된다. 총계 기준으로 표시되는 세입예산과 세출예산은 규모가 동일하기 때문에 통상적인 재정 회계에서는 적자 및 흑자 유무를 논할 수가 없다. 이런 경우 세입에 국채 발행 등의 수입이 있는지, 또는 세출에 국채 및 차입금 상환 등이 있는지 여부를 보고 적자예산 또는 흑자예산으로 판단할 수 있다. 그러나 순계 기준으로 파악하는 통합재정에서는 바로 통합재정수지를 파악할 수 있다.

(2) 세입·세출예산의 효력

세입예산과 세출예산의 효력은 서로 다르다. 세입예산의 수치는 경제적·재정적 여건을 고려한 수입의 추정치에 불과하다. 그 수치는 추정에 바탕을 둔 임의적 성격을 갖는다. 즉, 세입예산의 금액은 구속력을 갖지 않는다. 조세법률주의에 의해 조세의 부과 및 변경은 반드시 법률에 근거해야 하지만 이것은 추정된 세입 금액과는 상관없다. 실제 세입이 예산을 초과한 경우에도 그 차액을 지불해 주지 않으며, 반대로 부족한 경우에도 이를 부득이한 일로 받아들일 뿐이다. 즉, 세입으로 계상된 금액과 실제 세입이 다른 경우에는 세입에 대한 추정치가 타당하지 못했다고 생각할 뿐이다.

반면에 세출예산의 수치는 입법부의 심의를 거쳐 확정된 것으로서 구속력을 갖는다. 입법부에서 지출 권한을 부여한 지출한도액 개념으로 볼 수 있다. 강제적 성격을 갖는 세출예산의 효력은 지출 목적, 지출 금액, 지출 시기 면에서 발생한다.

세출예산은 예산과목에 의해 지출 목적이 정해진 경우 이것 이외의 목적을 위해 지출할 수 없다. 이것을 '목적 외 사용 금지의 원칙'이라고 부른다.

지출 금액 면에서 보면 예산에 계상된 금액을 초과해 지출할 수 없다. 이를 '초과 지출 금지의 원칙'이라고 부른다. 이것은 계상된 금액까지 지출이 허용된 것이지만 이 금액까지 반드시 지출해야 할 필요는 없다.

지출 시기 면에서는 '회계연도 독립의 원칙'이 적용된다. 즉, 매 회계연도에 책정된 세출예산은 이를 다음 연도에 사용할 수 없다. 각 회계연도의 경비는 당해 연도의 세입으로 그것을 충당하지 않으면 안 된다.

세출예산은 이렇게 지출 목적, 지출 금액, 지출 시기 면에서 구속력을 갖지만 예산집행 과정에서 신축성을 유지하기 위해 여러 가지 예외적인 제도적 장치를 마련하고 있다.

요컨대, 예산의 효력 발생 측면에서 본다면 세입예산보다 세출예산이 더 강력한 구속력을 갖는다.

(3) 각국의 예

예산의 구조를 보면, 예산이 세입예산과 세출예산으로 구성되어 있는 국가와 세출예산만으로 구성되어 있는 국가로 구분된다.

우리나라와 일본, 독일, 프랑스 등은 예산에 세입예산과 세출예산이 모두 포함되어 있다. 세입·세출예산을 동시에 편성해 국회의 심의 대상으로 하고 있다. 세출예산 외에 세입예산을 포함하고 있는 이유는 세출예산의 중요성을 인정하되 거기에 필요한 재원을 마련할 수 있는가, 그리고 그 재원이 충분한가 등을 심사할 필요가 있기 때문이다. 즉, 세입의 확실성 여부와 충분성 여부를 판단할 필요가 있기 때문이다.

그러나 영국과 미국, 일부 영연방 국가들은 세출예산만으로 예산이 편성된다. 영국과 미국의 경우 세입은 세입법(Revenue Act)의 제정 또는 개정으로 세입예산을 대신하고 예산은 세출예산 하나만으로 구성되어 있다. 세입예산은 의회의 의결 대상이 아니며, 세입의 추계는 의회 심의의 자료로서 활용될 뿐이다.

한편 세출예산의 경우 단일 세출예산으로 구성되어 있는 국가와 여러 개의 독립된 세출예산으로 구성되어 있는 국가로 구분된다. 우리나라를 비롯한 대부분의 국가는 세입·세출예산 모두 단일예산으로 되어 있다. 그러나 미국의 예산은 항구적 법률에 의해 지출되는 의무지출과, 소관별로 별개의 법률로 이뤄지는 12개의 세출예산법(Appropriation Act)이 있다.

2. 통합재정과 총지출 규모

재정운용의 효율성, 투명성, 책임성을 확보하고 재정정책의 유용한 정보를 얻기 위해서는 재정 범위를 포괄적으로 설정할 필요가 있다. 또한 세계 각국 간 재정 규모를 비교하기 위해서는 동일한 기준에 의한 재정 범위를 설정해야 한다. 이를 위해 국제통화기금(IMF)이 재정통계지침(GFS 1986, 2001)을 만들어 여러 나라에 적용할 것을 권장하고 있다. OECD에서도 국가 간 재정 규모를 비교하기 위해 '일반정부 총지출 규모'를 발표하고 있다.

일반정부 재정 규모는 기존에 한국은행이 UN의 국민계정 체계(SNA 1993) 기준에 따라 자체적으로 일반정부 통계를 작성해 왔으나, 한국은행이 OECD에 제출하는 '일반정부 재정 규모'는 SNA 2008에 근거하고 있다. 그동안 우리나라는 현금주의 기준의 GFS(1986)에 근거한 재정통계를 작성하였으나 복식부기・발생주의회계를 도입한 이후 발생주의 기준의 GFS(2001)에 근거하여 재정통계를 작성하고 있다.[8] 2011년에는 재정통계 개편안을 마련하여 정부의 국제기구 제출용 재정통계와 한국은행 통계기준을 일치시켰다.

통합재정과 총지출 모두 순계 기준으로 작성되므로 먼저 예산총계와 예산순계에 대해 설명한다.

1) 예산의 총계와 순계

예산은 일반회계와 특별회계 간, 특별회계와 특별회계 간, 회계 내 계정 간, 그리고 회계와 기금 간, 기금과 기금 간 거래가 이뤄지는 경우가 많다. 이러한 거래는 전출금 또는 전입금, 예탁금 또는 예수금, 출연금 등의 형태로 자금이 이전된다.[9] 가령 일반회계와 특별회계 간 거래는 특별회계가 일반회계로부터 전입금을 받는 경로와 특별회계에서 발생한 잉여금을 일반회계에 전입시키는 경로[10]의 두 가지 경우가 있다. 일반회계로부터 양곡관리특별회계로의 전출금, 우체국예금특별회계에서 일반회계로의 전출금 등의 자금 이전이 있다.

이때 이전된 금액은 양쪽에서 중복 계산된다. 이중 계산된 규모로 예산을 파악한 것을 예산총계라고 하며, 중복 계산된 내부거래 부분을 제외한 것을 예산순계라고 한다. 예산순계는 예산총계에서 회계 간, 회계 내 계정 간, 부문 간 지출 및 영업 지출을 모두 차감한 규모를 말한다. 이것은 기업 간 내부거래를 제외한 연결재무제표를 만드는 것과 유사한 방식이다. 지방재정의 경우에는 지방자치단체 내의 회계 간 이전거래 외에도 보

---

8) 2007년 지방정부, 2011년 중앙정부에 복식부기・발생주의회계가 공식적으로 도입되었다.

9) 전출금은 회계 또는 기금이 다른 회계 또는 기금에 무상으로 주는 자금(받는 기관은 전입금)을 의미하며, 예탁금은 유상으로 빌려주는 자금(받는 기관은 예수금)을 말한다. 전출금(전입금)과 예탁금(예수금)은 내부거래지만 예치금은 내부거래에 해당되지 않는다. 예치금은 회계 또는 기금이 여유자금운용 등의 목적으로 정부기관이 아닌 한국은행, 통화금융기관 등에 예치하는 자금이기 때문이다.

10) 정부기업예산법 제21조에는 "필요하다고 인정할 때에는 국무회의의 심의를 거쳐 대통령의 승인을 얻어 결산의 결과 생긴 이익금의 전부 또는 일부를 일반회계에 전입할 수 있다"고 규정하고 있다.

조금, 교부금, 융자금 등의 지방자치단체 간 이전거래도 제외하여 예산순계 규모를 계산한다.

실질적인 정부의 총예산 규모를 파악하는 데에는 예산순계 기준이 더 유용하다. 반면에 개별적인 회계별 또는 기금별 독립된 규모를 파악하는 데에는 예산총계 기준이 유용하다. 따라서 예산의 통계 자료를 파악할 때에는 총계 기준인지 순계 기준인지를 유의할 필요가 있다.

2) 통합재정

(1) 의 의

통합재정 또는 통합예산(unified budget, consolidated budget)은 일반회계, 특별회계, 기금을 모두 포함하는 정부의 재정활동을 체계적으로 분류해 표시함으로써 재정이 국민 경제에 미치는 효과를 효과적으로 파악하고자 하는 예산제도다. 우리나라는 IMF의 권장에 따라 1979년부터 도입했다.

현행 통합재정의 특징을 정리하면 다음과 같다.

첫째, 국가재정을 총체적으로 파악하기 위한 개념으로 법정예산인 일반회계와 특별회계 외에 기금 및 세입세출외 자금을 포함해 좀 더 넓게 재정의 범위를 파악한다.

둘째, 통합재정 규모는 중앙재정과 지방재정, 그리고 지방교육재정(교육비특별회계)을 포함한다.

셋째, 세입 · 세출을 순계 개념으로 파악한다. 통합재정에서는 회계 · 기금 간의 내부거래와 국채 발행이나 채무상환 등 수지차 보전을 위한 보전거래를 제외한다. 따라서 통합재정수지는 순계 개념의 세입과 세출의 차이를 의미하며, 통합재정 수지를 통해 재정의 건전성 판단이 가능하다.

넷째, 재정의 국민 경제적 효과를 분석할 수 있도록 세입과 세출을 경상거래와 자본거래로 구분하는 경제적 분류로 작성하며, 보전재원, 통합재정수지 등의 자료를 제시한다. 그리고 통합재정을 정부 소비 및 정부 투자 등 국민소득 계정과 연계해 작성한다.

(2) 통합재정의 포괄 범위

통합재정의 포괄 범위는 회계상의 범위와 기관 범위 측면에서 파악할 수 있다. 먼저 회계상의 포괄범위로서 통합재정은 ① 일반회계, ② 특별회계, ③ 기금, 그리고 ④ 세입세출 외의 세계잉여금[11] 또는 전대차관[12] 도입분 등이 포함된다.

통합재정 규모는 일반회계, 특별회계, 기금, 그리고 세입세출 외 항목을 포함하지만 내부거래와 보전거래는 제외한다. 내부거래는 회계·기금 간, 회계 내 계정 간 거래를 말하며, 내부거래의 제외란 순계 기준의 적용을 의미한다. 보전거래는 국채 발행이나 차입 및 채무 상환 등 수지차 보전을 위한 거래를 말한다. 그리고 금융성 기금(8개) 및 외국환평형기금은 순수한 재정활동이라기보다는 금융활동으로 분류하는 것이 합리적이므로 통합재정 관점에서의 총수입에서 제외한다.[13]

통합재정의 기관 범위에는 중앙정부와 지방정부가 포함된다. 지방정부에는 지방교육자치단체(교육청)가 포함된다. 따라서 통합재정의 포괄 범위는 중앙정부의 일반회계, 특별회계, 기금, 세입세출 외 항목, 지방정부의 일반회계, 특별회계, 기금, 그리고 교육비특별회계를 포함한다. 다만, 중앙정부와 지방정부의 예산편성 및 결산 작성의 시차 등의 이유로 중앙정부의 통합재정만을 발표하는 경우가 많다.

최근에는 통합재정의 기관 범위(제도 단위)로 '일반정부'를 지칭한다. '일반정부'에는 정부 단위 외에 비영리공공기관이 포함된다.

(3) 통합재정의 구조

통합재정에서는 정부의 거래를 ① 세입, ② 세출 및 순융자, ③ 보전재원으로 구분한다. 그리고 세입·세출을 순계 개념으로 파악하는 점이 특징이다.

세입에서는 정부로 유입되는 수입 중 비상환성 수입만이 세입으로 기록된다. 유동성 목적의 상환성 수입인 국채 발행 수입, 차입 등은 세입으로 분류되지 않고 보전재원 수입으로 분류된다. 세입은 다시 경상수입과 자본수입으로 구분한다. 경상수입에는 조세수입과 수수료 등의 세외수입이 포함되며, 자본수입에는 자본재의 매각으로부터 발생한 수입금만 포함된다.

세출 및 순융자는 정부의 모든 비상환성 지출(세출)과 유동성 목적이 아닌 정책적 목적의 상환성 지출, 즉 융자 지출에서 융자 회수를 차감한 부분(순융자)을 포함한다. 세출 및 순융자는 경제 성질별 및 기능별로 나눠 작성하고 있다.

---

11) 세계잉여금이란 결산상 잉여금으로서 1회계연도에 수납된 세입액으로부터 지출된 세출액을 차감한 잔액을 말한다.

12) 전대차관이란 국내 거주자에게 전대할 것을 조건으로 하여 기획재정부 장관을 차주로 하여 외국의 금융기관으로부터 외화자금을 차입하는 것을 말한다.

13) 따라서 67개 기금운용계획상의 기금수입(기금운용 규모)은 통합재정의 총수입을 산정할 때에는 58개 기금의 자체수입만을 총수입으로 본다.

보전재원은 재정수지차를 보전하기 위한 국채 발행, 차입 등을 의미한다. 보전재원의 크기는 세입과 세출·순융자의 차이와 같으며, 유동성 목적의 상환성 수입·지출 거래가 포함된다. 따라서 정부의 예금 및 현금 보유, 화폐 발행이나 정부예수금 이외의 정부 부채, 정책적인 목적보다는 유동성 관리의 목적을 위해 정부가 보유하고 있는 금융자산 등의 거래가 보전재원 거래에 해당된다.

재정적자와 흑자를 보여 주는 통합재정수지는 보전재원의 크기와 같으며 부호만 다를 뿐이다. 통합재정수지는 당해 연도의 순수한 수입에서 순수한 지출을 차감한 수치로서 재정활동의 건전성을 보여 주는 지표다.

표 2-7 통합재정 규모 및 수지의 계산 방식

구분		
통합재정 규모	통합재정 수입	세입 + 보전재원
	통합재정 지출	세출 + 순융자
통합재정 수지	△보전재원	
	세입 − (세출 + 순융자)	
	(세입 + 융자 회수) − (세출 + 융자 지출)	
− 세입	총수입 − (차입금 + 국채수입 + 내부거래 수입)	
− 세출	총지출 − (채무 상환 + 내부거래 지출)	
− 순융자	융자 지출 − 융자 회수	

주: 통합재정수지와 보전재원은 금액은 일치하며, 부호만 반대임.

표 2-8 정부재정회계와 통합재정 방식의 비교(예시)

〈정부재정회계〉

세 입		세 출	
조세수입	100	일반행정비	80
세외수입	20	고정자산	60
융자 회수	30	융자 지출	50
국채 발행	50	국채 상환	10
합계	200	합계	200
재정 규모			200
재정 수지차(200 − 200)			0

〈통합재정〉

세 입		세출·순융자	
조세수입	100	일반행정비	80
세외수입	20	고정자산	60
		순융자	20
소계	120	합계	160
보전재원 (국채 순발행)	40		
재정 규모			160
재정 수지차(120 − 160)			△40

통합재정의 분류 체계를 보면 세입과 세출은 경상거래와 자본거래로 구분하는 경제적 분류로 작성하며, 세출예산은 기능적 분류가 추가된다. 그리고 통합재정수지와 보전재원의 수단별 분류가 제시되며, 통합재정을 정부 소비 및 정부 투자 등 국민소득 계정과 연계해 작성한다.

통합재정 규모 및 수지를 기록하는 방식은 [표 2-7]과 같다. [표 2-7]과 [표 2-8]을 참조해 통합재정 규모와 통합재정 수지를 어떻게 계산하는지 익혀 두기 바란다.

3) 총지출 규모

총지출 규모는 국민의 입장에서 느끼는 정부의 지출 규모를 작성한 것이다. 2005년부터 정부의 재정 규모 통계로 사용하고 있다. OECD에서도 국가 간 재정 규모를 비교하기 위해 '일반정부 총지출 규모'를 발표하고 있다.

총지출 규모는 예산과 기금 총계에서 회계·기금·계정 간 내부거래 및 보전지출을 제외하여 산출한다. 총지출도 통합재정과 마찬가지로 내부거래를 제외한 순계 기준으로 작성한다. 보전거래는 국채 발행 또는 상환, 차입 또는 차입금 상환 등을 의미하는데, 이는 실질적인 수입·지출의 확대보다는 재정수지를 보전해 주는 역할을 수행하므로 총지출 규모는 이러한 보전 거래를 제외하고 있다.

총지출과 통합재정은 예산과 기금 총계에서 회계·기금·계정 간 내부거래 및 보전지출을 제외하여 계산한다는 점에서 동일하다. 그런데 총지출과 통합재정 규모는 융자거래와 기업특별회계 산정방식에서 차이가 있다.

통합재정 규모가 순수한 재정활동 규모를 측정하기 위해 융자거래와 기업특별회계

표 2-9 총지출과 통합재정의 비교

구분	내용
총지출	일반회계예산＋특별회계예산＋기금－내부거래－보전 지출
	경상 지출＋자본 지출＋융자 지출
	〈기업특별회계 계상 방법〉 영업 지출 총계 규모 계상
통합재정	일반회계예산＋특별회계예산＋기금－내부거래－보전 지출－융자 회수
	경상 지출＋자본 지출＋순융자(융자 지출－융자 회수)
	〈기업특별회계 계상 방법〉 영업수입>영업지출: 영업수지를 통합재정 수입으로 계상 영업수입<영업지출: 영업수지를 통합재정 지출로 계상

를 순계 개념으로 파악하는 것과 달리 총지출 규모는 총계 개념으로 파악한다. 통합재정에서는 융자거래를 융자 지출에서 융자 회수를 공제한 순융자 규모로 측정한 반면에, 총지출에서는 융자 지출이 융자거래 금액으로 산정된다. 기업특별회계 산정방식의 경우 총지출은 영업지출 총계 규모를 기업특별회계 규모로 계상한다. 반면에 통합재정에서는 영업수입이 영업지출보다 클 때에는 영업수지를 통합재정 수입으로 계상하고, 영업수입이 영업지출보다 작을 때에는 영업수지를 통합재정 지출로 계상한다. 따라서 총지출 규모는 통합재정 규모보다 항상 크다.

4) 재정 규모의 국가 간 비교

국가간 재정 규모는 일반적으로 OECD 기준의 재정 규모인 일반정부(중앙정부+지방정부) 총지출 규모로 비교한다. OECD 주요 국가의 일반정부 총지출 규모는 [표 2-10]과 같다.

표 2-10 일반정부 총지출 규모의 국가 간 비교

(단위: GDP 대비 비율, %)

유 형	국가명	2018	2019	2020	2021
스칸디나비아	스웨덴	49.8	49.8	49.8	49.7
	덴마크	50.2	50.2	50.3	50.9
	핀란드	53.1	52.6	53.1	52.9
서유럽	영국	40.9	41.3	41.8	42.1
	프랑스	56.0	55.6	54.5	53.9
	독일	44.5	45.1	45.6	45.8
	오스트리아	48.6	48.2	48.0	47.9
남유럽	이탈리아	48.4	48.8	49.2	49.3
	스페인	41.7	41.5	41.5	41.4
	그리스	47.1	47.0	46.9	46.5
비교 대상	미국	37.9	38.3	38.4	38.5
	일본	37.9	38.0	38.3	37.8
	한국	31.5	33.8	35.5	35.8
	OECD 평균	40.2	40.5	40.6	40.6

자료: OECD Economic Outlook 106 database(11.2019). General Government Total Outlays; 국회예산정책처. 재정경제통계시스템에서 재인용.

프랑스, 핀란드, 스웨덴 등 선진 복지국가의 경우 일반정부 총지출 규모가 GDP 대비 50% 전후의 높은 수준이다. 미국과 일본은 40%를 넘지 못하는 낮은 수준이다. 우리나라 재정 규모는 OECD 국가 중에서 최하위 수준(2021년 35.8%)에 속한다. 재정 규모가 작다는 것은 재정을 통한 정부의 역할이 작다는 것을 의미한다. 이것은 정부의 사회복지 지출과 국민의 총조세부담률이 낮은 것과도 관련된다.

앞으로의 과제는 재정의 역할을 더욱 확대하여 국민의 삶의 질 제고라는 기능을 강화하는 일이다. 재정의 '중복지-중부담'을 지향하고, 사회적 기능을 강조하는 방향으로의 재정구조 개혁을 이루어야 할 것이다.

5) 각국의 예산구조

예산구조는 나라별로 서로 다르다. 각국의 예산구조는 그 나라의 역사적 맥락과 제도적 맥락이 반영되어 있다. 여기서는 미국과 영국의 예산구조에 대해 간단히 살펴보기로 한다.

(1) 미국 연방정부의 예산구조

미국 연방정부의 예산은 연방펀드(Federal Funds)와 신탁펀드(Trust Funds)로 나뉜다. 연방펀드는 다시 일반펀드(General Fund), 특별펀드(Special Funds), 회전형 펀드(Revolving Funds)로 구분된다. 회전형 펀드에는 공기업 펀드(Public Enterprise Funds)와 정부내부거래 펀드(Intra-governmental Funds)가 있다.

일반펀드는 우리나라의 일반회계에 해당하며, 특별펀드는 용도 지정된 수입으로 특정한 용도에 사용되는 펀드다. 공기업 펀드는 우리나라 기업특별회계에 해당하며, 정부의 기업형 활동에 적용된다. 정부내부거래 펀드는 정부기관 상호 간의 영업적 거래를 계리하기 위한 것으로서 연방청사펀드(Federal Building Fund) 등이 여기에 해당된다. 신탁펀드도 영업활동의 성격을 띠느냐 여부에 따라 회전형 신탁펀드와 비회전형 신탁펀드로 구분된다. 회전형 신탁펀드는 공기업 펀드, 비회전형 신탁펀드는 특별펀드와 유사하다.

(2) 영국의 예산구조

영국의 국가예산구조는 통합국고 펀드, 국가대부 펀드, 국가채무위원회 관리대상 펀드, 기타 펀드로 구성되어 있다. 통합국고 펀드(Consolidated Fund)는 일반회계에 해당하는 것으로서 영국은행에 설치된 계좌 형태로 재무부(HM Treasury)가 관리한다. 공채 수입을 제외한 조세수입 등의 모든 중앙정부 수입은 통합국고 펀드의 수입으로 들어가 통합 관리된다. 지출은 일반세출 서비스(Supply Services)와 법령에 직접 규정된 고정 서비스(Standing Services)에의 지출, 국가 채무(National Debt) 업무의 순비용을 위한 국가대부 펀드(National Loans Fund)에의 지출로 이뤄져 있다. 그런데 의회의 심의를 받는 예산은 통합국고 펀드의 경우 세출예산(안)(Supply Estimates)으로 제출되며, 공공 연금 등 특별펀드에 해당하는 예산은 특별예산(Seperate Estimates)으로 편성된다.

국가대부 펀드는 투융자회계에 해당하는 것으로서 수입은 공채수입, 대부회수금, 대출이자 등이며, 지출은 공기업 및 지방정부 등 다양한 공공부문 기관에 대한 대출이 주가 된다. 국가채무위원회가 관리하는 펀드(Fund) 또는 계정(Account)들은 국가채무위원회의 관리 및 통제를 받으며, 또한 투자된다. 국가채무위원회는 채무 감축을 목적으로 하지만 특히 정부펀드의 투자 및 관리가 주기능이다.

최근 영국 예산제도 개혁의 핵심은 2001년 자원예산회계(Resource Accounting and Budget)의 도입이다. 자원예산회계란 발생주의 기준에 의해 회계를 처리하고 예산을 편성하는 것을 말한다.[14] 자원예산(resource budgeting)은 정부지출의 계획 및 통제의 기반으로 자원회계(resource accounting)를 사용하는 것이다. 이는 발생주의회계가 제공하는 정보를 이용해 예산을 편성하고 재정계획을 수립하는 것을 의미한다. 기존의 현금주의 예산이 현금이라는 유량(flow) 정보의 제공에 한정되는 특징을 갖는데 반해, 자원예산은 유량과 저량(stock) 정보를 포함한 경제적 자원(economic resources)에 대한 정보를 제공해 주는 장점을 갖는다.

영국 예산구조의 특징은 경상예산과 자본예산의 구분, 3개년 예산제도의 도입이다. 자원예산은 자원예산(경상예산에 해당)과 자본예산(capital budget)으로 구분한다. 이는 단기적인 경상예산에 장기 자본 투자의 우선순위가 밀려서 장기 자본 투자가 바람직한 수준에 크게 미달되는 것을 막기 위한 것이다. 자원예산과 자본예산은 각각 다시 부처 지출한도(Departmental Expenditures Limits)와 연간 관리지출(Annually Managed Expenditures)로 구분된다. 부처 지출한도(DEL)는 3년을 단위로 작성되며, 연간 관리지출(AME)은 3년의 시간 단위로 관리하는 것이 부적절하다고 판단되는 지출을 별도로 관리하기 위해 구분 관리된다.

---

14) 회계뿐만 아니라 예산에까지 발생주의 기준을 적용한 나라는 세계적으로 뉴질랜드, 호주, 아이슬란드와 영국 등이다.

표 2-11 영국 자원예산의 구조

	자원예산 (resource budget)	자본예산 (capital budget)
부처 지출 한도 (DEL)	부처 등의 주요 사업비용 행정비용 자본보조금(지방정부 제외) 감가상각비 자본부담금 예비금	부처 등의 신규 자본 지출 지방정부에 대한 자본보조금 정부산하기관, 신규 자본 지출
연간 관리지출 (AME)	사회보장비 부채이자 EU 부담금 공무원연금 복권 및 기타	공기업들이 자체 조달한 자본 지출 AME에서의 자본 지출

3. 일반정부 · 공기업 · 공공부문의 범위

1) 재정통계 작성의 새로운 흐름

재정통계 인프라의 구축은 재정건전성을 확보하기 위한 재정정책 및 재정관리를 위해 매우 중요하다. 최근 세계적 재정 위기를 겪으면서 국가채무 등에 관한 재정통계 인프라의 중요성이 커지고 있다. 포르투갈이 2001년 유로존에 가입하기 위해 재정수지 및 국가채무 통계를 왜곡하여 경제 현황을 제대로 인식하지 못함으로써 많은 정책실패를 경험한 사례는 재정통계 인프라의 중요성을 일깨워준다. 재정통계 인프라는 재정정책의 수립뿐만 아니라 재정 위험 요인을 관리하기 위해 체계적인 틀로 구축되어야 한다.

재정 규모를 파악하는 최근 국제기준에는 두 가지 흐름이 있다. 하나는 제도 단위로서 재정의 범위를 포괄적으로 파악하는 것이다. OECD에서 재정통계로서 '일반정부 총지출' 규모를 발표하고 있음을 상기할 필요가 있다. 다른 하나는 정부회계에 발생주의 기준을 적용하는 것이다. 이러한 흐름은 국가채무 통계 작성에도 적용된다.

그동안 우리나라는 제도 단위(institutional unit)가 아닌 회계(재원) 단위로 편성함으로써 통계 산출에 많은 한계를 갖고 있었다. 그러나 IMF GFS 지침에서는 재정 범위를 제도 단위로 설정하도록 하고 있다. 제도 단위로서 정부 단위 외에 비영리공공기관을 포함한 재정 범위를 재설정하고, 나아가 공기업 부문까지 포함한 공공부문 재정 및 채무 범위를 포괄적으로 관리하게 하는 것이 국제 기준의 새로운 흐름이다.

또 하나의 흐름은 현금주의에 기초한 재정통계의 작성을 발생주의 기준으로 전환하는 것이다. 발생주의 기준을 적용한 국제기준은 UN의 SNA(1993, 2008)와 IMF GFS(2001)이다. 현금주의에서는 유량(flow) 정보인 재정의 수입과 지출이 중요한 정보인 반면에, 발생주의 기준에서는 저량(stock) 정보인 자산, 부채, 순자산 정보가 생성되고, 유량 정보인 수익과 비용 정보가 이용된다. 현금주의 방식의 재정정보는 미래의 경제적 자원에 대한 효익 및 희생에 대한 재정정보를 포함하지 못하는 문제점이 있다. 예컨대, 자산 구매를 한 경우 일시적 대규모 현금 지출로 기록되고 획득된 자산 정보와 감가상각 정보는 기록되지 않는다. 또한 연금 등 미래에 지불해야 하는 자금에 대한 정보를 제공하지 못해 책임회계 및 운영 성과 측정에 어려움이 있다. 우리나라는 2007년 지방정부, 2011년 중앙정부에 복식부기·발생주의회계제도를 도입하였다.

2) 공공부문 제도 단위의 범위

IMF GFS나 UN의 SNA에는 '일반정부(general government)' 개념이 등장한다. 이 개념은 세계 여러 나라의 정부구조와 재정구조가 서로 다르기 때문에 이를 표준화하기 위해 만든 일종의 명목적 개념이다. IMF GFS(1986, 2001)에 의하면 공공부문에는 일반정부 부문과 공기업 부문이 존재하며, 재정 규모나 국가채무 규모는 일반정부 부문 규모를 지칭한다.[15] SNA(1993) 지침에도 가계 부문, 비금융기업 부문, 금융기업 부문, 가계 지원 비영리기관 부문, 일반정부 부문으로 구분하고 일반정부 부문이 재정 및 국가채무의 범위임을 천명하고 있다. OECD의 '일반정부 총지출'에서 보듯이 한 국가의 재정 규모는 일반정부의 재정 규모를 지칭한다.

일반정부 부문에는 [그림 2-1]에서 보듯이 중앙정부와 지방정부를 포함한 정부 단위와 비영리공공기관이 포함된다. 국가에 따라서는 사회보장기금을 정부 단위의 특별한 형태로서 정부 단위와는 다른 별도의 하위 부문으로 분류하기도 한다. 사회보장기금의 독립적 단위로서 구분은 사회보장기금이 얼마나 잘 조직화되어 있고 중요도가 높은가, 그리고 이들의 운영이 관련 정부 단위로부터 얼마나 독립되어 있는가에 달려 있다. 이 경우에도 물론 일반정부의 범위에 포함된다.

공기업에는 중앙정부와 지방정부의 비금융공기업과 금융공기업이 모두 포함된다. 그

15) 공무원의 숫자도 일반정부를 기준으로 국가 간에 비교한다.

그림 2-1 일반정부 및 공공부문의 범위

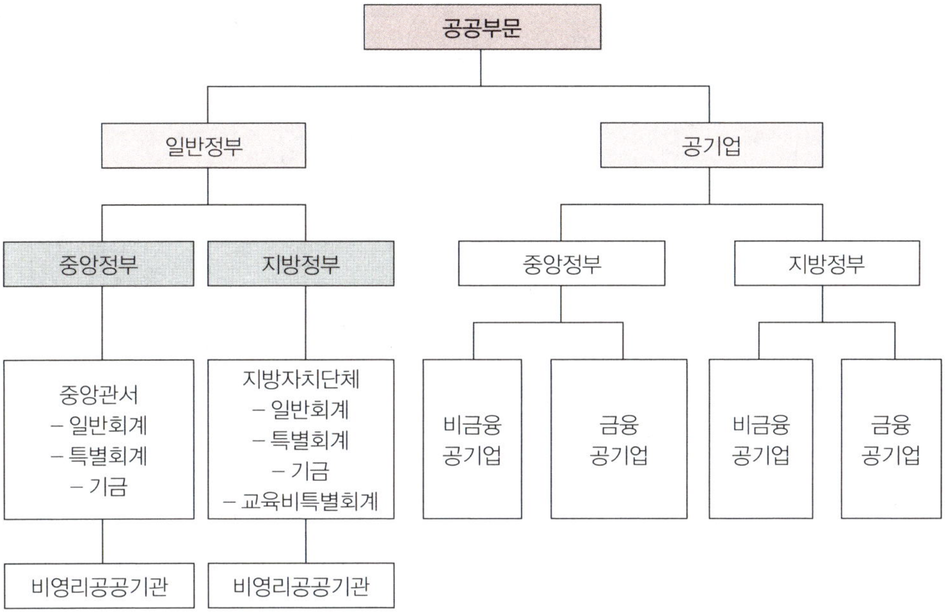

런데 일반정부의 비영리공공기관과 공기업의 구분이 애매한 경우가 많다. 일반정부와 공기업을 모두 포함하여 공공부문(public sector)이라고 부른다. 달리 표현하면 공공부문은 일반정부와 공기업으로 구성되어 있다고 말할 수 있다. 최근 세계적 추세는 공공부문 재정통계를 산출하는 경향을 보여 준다.

3) 공공부문, 일반정부, 공기업의 구분 기준

앞에서 공공부문은 일반정부와 공기업으로 구성되며, 국가의 재정 및 채무 규모는 일반정부 부문의 규모를 지칭함을 보았다. 기존 재정 규모와 비교할 때 일반정부의 재정 규모는 정부 단위 외에 비영리공공기관의 재정을 포함한다는 점에서 차이가 있다.

여기서 공공부문, 일반정부, 공기업의 구분을 어떻게 하는지 살펴보자. 노무현 정부 디지털예산회계기획단에서 새로운 재정 범위 설정 작업을 할 때에는 ① 제도 단위, ② 통제 가능성, ③ 공공성, ④ 중요성, 그리고 ⑤ 시장성 기준을 적용해 공공부문, 일반정부, 공기업 부문을 구분한 바 있다.

그림 2-2 공공부문, 일반정부, 공기업의 구분 기준

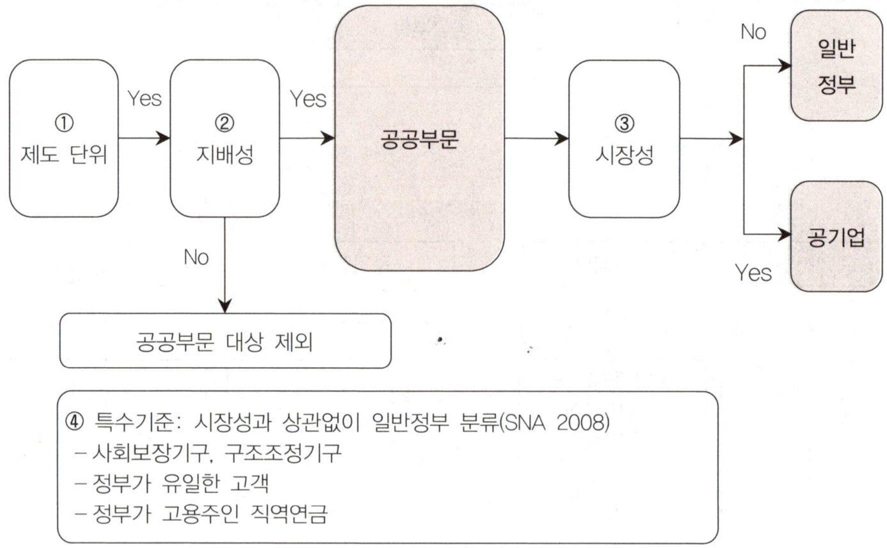

2011년과 2013년 공공부문 재정통계 재설정 작업을 할 때에는 IMF GFS(2001)과 UN SNS(2008)을 참조하여 ① 제도 단위, ② 지배성, ③ 시장성, 그리고 ④ 특수 기준을 적용하여 분류하였다. 디지털기획단에서 적용한 통제 가능성, 공공성, 중요성 기준을 지배성 기준으로 통합한 것이다.

첫째, 재정 범위를 설정할 때 적용되는 기본 단위는 제도 단위다. 제도 단위(institutional unit)란 자신의 권리로 자산을 소유하고 부채를 부담하며, 경제활동 및 다른 단위들과 거래에 종사할 수 있는 경제적 실체를 말한다. 우리나라는 그동안 재정 범위를 정할 때 일반회계, 특별회계, 기금이라는 회계 단위의 포함 여부로 결정하였다. 그런데 회계 단위 대신 제도 단위를 선택한 이유는 경제적 의사결정 가능성과 완벽한 회계자료의 작성 가능성 때문이다. 재정을 담당한 제도(기관)는 자유로운 경제적 의사결정이 가능하고 그에 대한 책임을 지는 실체가 된다. 또한 제도 단위는 재무제표를 포함한 각종 계정에 대해 완벽한 자료를 구축할 수 있고 유량(flow)과 저량(stock) 정보의 통합이 가능하다. 그리고 통계 수집에 필요한 자료들을 통상 기존의 회계 기록에서 취득할 수 있다.

재원 단위를 회계 단위에서 제도 단위로 변경할 경우 현행 재정 범위에 포함되는 기금이 포함되지 않는 경우가 있고, 제외되었던 기금이 새로 포함되는 경우가 있다. 예컨대, 재정 범위에 포함된 주택도시기금은 별도의 제도 단위로 성립하지 못하며, 외국환평형기금은 과거에는 제외되었으나 새롭게 포함된다.

둘째, 지배성 기준은 제도 단위의 주요 정책결정에 정부가 실질적으로 영향력을 행사하는가의 여부에 초점을 맞춘 기준이다. 디지털기획단이 적용한 실질적 통제 가능성 기준이 여기에 해당한다. 지배성 기준에 대한 구체적 기준이 제시되지는 않았지만 실질적 통제 가능성 기준은 다음의 두 가지다. ① 계량적 지표로서 정부의 직・간접적인 지분율이 50% 초과 혹은 정부로부터 직・간접적으로 재원의 50% 이상을 지원받는 경우다. ② 비계량적 지표로서 정부가 기관장을 임명 또는 지명하거나 이사회(혹은 운영위원회) 이사(위원) 과반수에 대한 임명권을 보유하거나 정부가 과반수의 의결권을 행사하는 경우다.

셋째, 시장성 기준은 일반정부 부문과 공기업 부문을 구분하는 기준이다. 지배성 기준을 충족한 제도 단위는 공공부문에 포함되며, 시장성 기준을 통해 일반정부와 공기업으로 구분한다. IMF GFS 매뉴얼은 제도 단위가 재화 및 용역을 '경제적으로 유의미한 가격'으로 시장에 공급하는 경우에 공기업으로 분류한다. '경제적으로 유의미한 가격'에 대한 구체적 기준은 제시하지 않았다. 정부는 SNA(2008)와 ESA(1995)를 참조하여 원가보상률 50% 기준과 정부판매비율 80% 기준을 적용하고 있다. 원가보상률은 '매출액/생산원가'의 공식으로 계산한다. 즉, 생산원가의 50% 이상을 매출액으로 보전하는 경우 시장성 기준을 충족한 것으로 보고 공기업으로 분류한다. 원가보상률이 50% 이하인 기업은 일반정부, 50%를 초과하는 경우 공기업으로 분류하는 것이다. 또한 정부판매비율이 80% 이상이면 시장성이 없다고 판단하여 일반정부로 분류한다.

넷째, 특수 기준의 적용이다. SNA(2008)에 근거하여 다음의 경우 시장성 기준과 상관없이 일반정부로 분류한다. 즉, ① 사회보장기구와 구조조정기구, ② 정부가 유일한 고객인 경우, ③ 정부가 고용주인 직역연금이 여기에 해당한다.

이상 네 가지 기준을 적용하여 2019년 기준 공공부문은 공공기관운영법상 공공기관, 지방공기업법상 공사・공단, 공영방송사, 국립대학법인 등을 포함하여 총 484개 기관을 포함한다. 이 중 시장성이 없는 317개 기관은 일반정부(비영리공공기관)로 분류, 시장성이 있는 167개 기관은 비금융공기업으로 분류하고 있다. 금융공기업은 13개이며, 지방공기업법상 직영공기업(254개)은 지방자치단체에 포함한다(한국조세재정연구원 국가회계재정통계센터, 2020).

4. 거시 재정지표: 재정수지 · 국가채무 · 조세부담률

재정건전성과 재정의 지속 가능성을 판단하는 주요 지표로 재정수지와 국가채무를 들 수 있다. 유량(flow) 개념의 재정수지와 저량(stock) 개념의 국가채무는 EU를 비롯한 여러 나라에서 재정준칙의 중심 지표로 활용되고 있다.16) 재정수지 및 국가채무 통계는 국가 신용도에 영향을 미치기 때문이다.

1) 통합재정수지와 관리재정수지

재정수지는 해당 연도의 재정수입에서 재정지출을 차감한 금액으로서, 재정흑자와 재정적자 상태를 보여 준다. 재정수입이 재정지출보다 크면 재정흑자, 반대는 재정적자다. 재정지출이 재정수입보다 더 커서 재정적자가 되면 국채 발행이나 차입 또는 자산매각 등을 통해 적자의 보전이 필요하게 된다. 이 경우 국가채무가 증가하거나 국가자산이 감소하게 된다. 적자재정은 총수요를 늘려 경기 활성화에 기여하는 측면이 있지만 만성적 재정적자가 지속되면 국가채무가 누적되어 재정 위기를 초래하고 국가경제에 부정적 영향을 미칠 수 있다. 재정수지를 거시적 재정관리의 대상으로 삼아야 함을 의미한다.

재정수지는 관리목적상 통합재정수지와 관리재정수지로 구분된다. 정부는 2002년부터 통합재정수지와 함께 관리재정수지를 발표하고 있다. 통합재정수지는 일반회계 · 특별회계 및 기금을 포괄하는 통합재정에서의 수지로서, 세입에서 '세출 및 순융자'를 차감하여 계산한다. 앞에서 통합재정수지는 보전재원의 크기와 같으며 부호만 다르다고 한 것을 상기하기 바란다. 이것은 총수입에서 총지출을 차감한 재정수지와 동일하다.

관리재정수지는 통합재정수지 중 사회보장성기금 수지를 제외한 재정수지를 말한다. 사회보장성기금은 국민연금, 사학연금, 산업재해보상보험 및 예방기금과 고용보험기금을 포함한다. 다만, 정부가 고용주인 공무원연금과 군인연금은 제외한다. 관리재정수지는 재정건전성 및 재정 위험 관리 목적으로 운영되고 있다. 관리재정수지는 2008년 이후 지속적으로 적자를 기록하고 있다.17)

---

16) EU 국가의 마스트리히트 조약과 유로존의 안정 및 성장협약(Stability and Growth Pact)에는 재정수지 3%, 국가채무 60%라는 재정준칙이 정해져 있다.

17) 정부가 관리재정수지를 발표한 2002년 이후 20개년도 중 2002년(5.1조 원), 2003년(1.0조 원), 2007년(6.8조 원) 등 3개 연도만 관리재정수지 흑자를 시현하였다.

우리나라의 경우 국민연금 등의 사회보험성 기금이 시행된지 오래되지 않아 구조적으로 흑자를 시현하고 있으며, 통합재정수지의 흑자를 증가시키는 요인으로 작용하고 있다. 그러나 2019년부터 통합재정수지도 적자로 전환됨으로써 정책관리에 주목할 필요가 있다.

통합재정수지는 재정의 경기대응적 측면에서 중요한 지표이다. 흑자재정의 경우 수요 진작 측면에서 부정적 효과가 있으며, 경기불황에 대응하기 위해서는 적자재정 편성이 바람직하다. 재정 위험의 관리 측면에서는 관리재정수지가 유용한 지표이다. 국채 발행과 국가채무 증가 등에 직접 영향을 미치기 때문에 재정 위험도 및 지속 가능성 판단과 관리에 중요한 정보를 제공한다.

⇨ 통합재정수지＝세입－(세출＋순융자)

⇨ 관리재정수지＝통합재정수지－사회보장성기금 수지

주: 사회보장성기금은 국민연금, 사학연금, 산업재해보상보험및예방기금, 고용보험기금을 포함

표 2-12 통합재정수지와 관리재정수지

(단위: 조 원)

구 분	2013	2014	2015	2016	2017	2018	2019	2020	2021
통합재정수지	14.2	8.5	△0.2	16.9	24.0	31.2	△12.0	△84.0	△75.4
(GDP 대비, %)	(1.0)	(0.5)	(0.0)	(1.0)	(1.3)	(1.6)	(△0.6)	(△4.4)	(△3.7)
관리재정수지	△21.1	△29.5	△38.0	△22.7	△18.5	△10.6	△54.4	△118.6	△112.5
(GDP 대비, %)	(△1.5)	(△1.9)	(△2.3)	(△1.3)	(△1.0)	(△0.6)	(△2.8)	(△6.1)	(△5.6)

주1: 2013~2019년은 결산, 2020년은 4차 추경예산, 2021년은 국회 확정 본예산임.
자료: 국회 예산결산특별위원회 각 연도 결산 총괄보고.

2) 국가채무와 국가부채

(1) 국가채무

재정건전성과 재정의 지속 가능성을 판단하는 주요 지표 중의 하나는 국가채무다. 국가재정법(제91조)에 의하면 국가채무는 "국가의 회계 또는 기금이 부담하는 금전채무"를 말한다.[18] 국가채무에는 국채, 차입금, 국고채무부담행위와 정부의 대지급 이행

이 확정된 국가보증채무가 포함된다. 국가채무는 채무의 존재, 지급 시기, 금액이 확정되어 지급 의무가 확실하게 결정된 채무만을 대상으로 한다. 재정증권 또는 한국은행으로부터의 일시차입금, 국가의 회계 또는 기금이 인수 또는 매입하여 보유하고 있는 채권과 차입금은 국가채무 대상에서 제외한다.[19] 보증채무는 우발채무로서 확정채무가 아니므로 재정통계에 포함하지 않는다. 그러나 정부의 대지급 이행이 확정된 채무의 경우에는 국·공채 또는 차입금이 아니라 하더라도 이를 채무에 포함한다. 국가채무는 국가재정 운용계획 및 국가채무관리계획 등을 수립할 때 재정운용 목표지표로 활용하는 데 목적을 두고 있다.

국가채무의 기관 포괄 범위는 중앙정부와 지방정부(교육자치단체 포함)를 포함하며, 비영리공공기관은 포함하지 않는다.

국가채무 계산 방식은 현금주의 기준을 적용하며, 통합 방식을 사용한다. 통합 방식은 내부거래를 제외하는 계산 방식으로 국가의 회계나 기금이 인수 또는 매입하여 보유하고 있는 채권 등은 제외한다. 중앙정부와 지방정부 채무를 합산할 때에는 상호 간의 채무를 차감한 순채무로 표시한다.

표 2-13 국가채무(D1) 규모

(단위: 조 원, %)

구 분		2017	2018	2019	2020	2021
국가채무 총계 (GDP 대비, %)		660.2 (36.0)	680.5 (35.9)	728.8 (38.1)	846.9 (43.9)	956.0 (47.3)
중앙정부 채무		627.4	651.8	699.0	814.9	928.5
	국채	623.3	648.4	696.3	812.1	926.1
	차입금	3.8	3.2	2.6	2.8	2.3
	국고채무부담행위	0.2	0.2	0.1	0.1	0.1
지방정부 순채무		32.8	28.7	29.8	32.0	27.5

주: 2017~2019년은 결산, 2020년은 4차 추경예산, 2021년은 국회 확정 본예산임.
자료: 국회예산정책처. 각연도 결산분석 보고서.

18) 여기서의 국가는 중앙정부를 지칭한다.
19) 재정증권 또는 한국은행 일시차입금을 제외한 것은 그 회계연도 내에 상환하여야 하므로 연도 말에는 표시되지 않기 때문이다. 다만, 국가회계기준상의 부채에는 포함된다.

(2) 국가부채

정부회계에 복식부기·발생주의회계를 도입한 이후에는 재무제표인 재정상태표에 자산과 부채 및 순자산 정보가 공시된다. 이때 국가채무(debt)와 국가부채(liability)의 구분 문제가 대두한다. 국가회계기준(제17조)에 의하면 부채 개념은 "과거의 거래나 사건의 결과로 국가회계 실체가 부담하는 의무로서, 그 이행을 위하여 미래에 자원의 유출 또는 사용이 예상되는 현재의 의무"를 말한다. 따라서 국가재정법상 국가채무와 국가회계기준에서의 국가부채를 비교하면 국가부채의 범위가 더 넓다. 국가재정법상 국가채무를 금융부채라고 할 때, 국가부채는 금융부채 외에 비금융부채까지 포함하기 때문이다.

여기서 채무와 부채를 구분하는 매개적 용어는 금융부채(financial liabilities)다. OECD에서는 회원국의 일반정부 총금융부채 통계를 발표하고 있다. 이때 금융부채가 채무에 해당한다. 일반적으로 채무는 회계상 금융부채라고 하며, 발생주의 평가에 의한 충당부채는 비금융부채에 속한다. 연금충당금 등의 충당부채는 지출의 시기와 금액이 불확실한 미확정 부채이기 때문에 비금융부채로 분류한다. 다만, 금융부채라고 해도 국가재정법보다 국가회계기준상 금융부채의 범위가 더 넓다. 이는 미지급금, 미지급비용, 선수금 등 발생주의 기준의 부채항목이 포함되기 때문이다.

최근 정부는 부채 유형을 ① 국가채무(D1), ② 일반정부 부채(D2), ③ 공공부문 부채(D3)로 구분하여 발표하고 있다. 국가채무(D1)는 국가재정법상의 채무로서 현금주의 기준에 의해 작성하는 채무 규모다. 국가재정 운용계획 및 국가채무관리계획 등을 수립할 때 재정운용 목표지표로 활용하는 데 목적을 두고 있다. 그런데 국가채무(D1)는 중앙정부와 지방정부의 회계와 기금에서의 채무를 합산한 것으로 비영리공공기관의 채무를 포함하지 않는다는 점에서 일반정부 채무와 구분된다.

일반정부 부채(D2)는 정부 단위 외에 비영리공공기관을 포함하며, 국가재정법상의 채무 항목 외에 재무제표상의 부채 항목이 포함된다는 점에서 국제기준에 가장 부합한 부채 개념이다. 국가 간 재정건전성 비교 등에 활용되고 있다. 그러나 이 개념도 연금충당부채는 포함하지 않는다는 면에서 '일반정부 금융부채'라는 용어가 더 정확한 개념이다.

공공부문 부채(D3)는 일반정부 금융부채(D2)에 비금융공기업 부채를 포함한 개념으로서 공공부문의 재정 위험을 관리하는 지표로 활용되고 있다. 그런데 공공부문은 일반

표 2-14 국가채무와 부채의 유형

유 형	포괄 범위	산출 기준	활 용	규모(GDP 대비)*
국가채무 (D1)	중앙 및 지방정부의 회계 · 기금	국가재정법, 현금주의	국가재정 운용계획	723.2조 원 (37.7%)
일반정부 부채 (D2)	D1 + 비영리 공공기관	국제지침, 발생주의	국제비교 (IMF, OECD)	810.7조 원 (42.2%)
공공부문 부채 (D3)	D2 + 비금융 공기업	국제지침, 발생주의	공공부문 재정건전성 관리	1,132.6조 원 (59.0%)

주*: 2019년 결산 기준.
자료: 국회예산정책처, 2019년도 결산분석 보고서.

정부와 공기업이 포함되며, 공기업에는 비금융공기업과 금융공기업이 포함된다는 점에서 금융공기업까지 포함해야 할 것이다. 영국처럼 공공부문 순부채 개념을 재정 위험 관리 지표로 활용하는 것이 바람직하다. 순부채란 금융부채에서 금융자산을 공제한 개념이다. 금융부채와 연계된 금융자산이 있는 경우 부채 상환 능력이 높아지기 때문에 순부채 지표로 재정 위험을 관리하는 것이다.

3) 조세부담률과 국민부담률

조세부담률은 경상GDP에서 조세(국세+지방세)가 차지하는 비중을 말한다. 국민부담률은 경상GDP에서 조세와 사회보장기여금이 차지하는 비중을 지칭한다. 최근 OECD는 사회보장기여금을 사실상의 조세 부담으로 간주하여 국민부담률을 총조세부담률(total tax revenue)이라고 지칭하고 있다.

재정지출이 늘어나면 조세 부담도 당연히 늘어날 것이다. 재정지출이 증가하는 데 조세 부담이 이를 따르지 못한다면 국가채무가 증가할 수밖에 없다. 조세부담률은 경제발전 단계가 낮은 수준에서는 담세 능력이 조세부담률을 결정하며, 경제가 발전하고 어느 정도의 조세수입이 확보된 이후에는 사회복지 등 재정수요에 대응한 조세정책이 조세부담률을 결정한다.

조세의 공급 측면인 담세 능력의 결정 요인은 소득 수준, 산업구조, 조세행정 능력, 국가 규모 등이다. 재정수요의 결정요인은 소득 수준, 인구구조, 이념 성향이나 소득 재분배에 대한 태도, 사회적 신뢰도 등이다.

우리나라는 1970년대 말까지는 담세 능력이 확대됨에 따라 조세부담률이 상승하였다. 그러나 1970년대 말에 조세부담률이 17~18%에 도달한 이후 조세부담률 증가세가 둔화되었다. 1980년대 이후에는 사회적 요구를 반영한 재정수요 증대가 조세부담률 상승의 중요한 역할을 하였다. 특히 사회보험제도의 도입 및 확대에 따른 사회보험료 증대가 국민부담률 증가의 큰 요인이 되었다.

최근 우리나라의 조세부담률과 국민부담률은 지속적으로 증가하였으나 이명박 정부의 소득세·법인세의 세율 인하 등 감세정책으로 인해 조세부담률이 감소하였다가 다시 약간 증가하는 추세다. 조세부담률은 2012년 17.8%에서 감소하다가 다시 증가하는 추세이며, 2019년(결산) 조세부담률은 20.0%다. 국민부담률도 2012년 23.7%에서 감소하다가 다시 증가하는 추세다. 2019년(결산) 27.3%다.

우리나라의 조세부담률과 국민부담률은 선진국과 비교할 때 매우 낮은 수준이다. [표 2-16]에서 보듯이 OECD에서 발표한 자료(2016~2018년)에 의하면 총조세수입(국민부담률)이 복지제도가 잘 갖추어진 스칸디나비아 국가들과 프랑스, 이탈리아, 오스트리아 등은 GDP 대비 40%를 넘는 수준이다. '고부담-고복지' 국가의 전형적인 모습이라고 볼 수 있다.

반면에 일본(31.1%), 호주(28.1%), 미국(25.7%) 등은 매우 낮은 수준으로 OECD 국가의 평균(33.9%)에 못 미치는 수준이다. 우리나라는 25.6%로 가장 낮은 수준이다. '저부담-저복지' 국가의 전형적인 모습이다.

표 2-15 우리나라의 조세부담률과 국민부담률

(단위: GDP 대비 비율, %)

구 분	2011	2012	2013	2014	2015	2016	2017	2018	2019
조세부담률	17.6	17.8	17.0	17.1	17.4	18.3	18.8	19.9	20.0
국민부담률	23.2	23.7	23.1	23.4	23.7	24.7	25.4	26.7	27.3

주1) 명목GDP는 2015년 기준.
주2) 2011~2019년은 결산 기준임.
자료: 국회예산정책처 재정경제통계시스템(nabostats.go.kr).

표 2-16 총조세부담률(국민부담률)의 국가 간 비교

(단위: GDP 대비 비율, %)

유 형	국가명	2016	2017	2018	3년 평균
스칸디나비아	스웨덴	44.2	44.4	43.9	44.2
	덴마크	45.7	45.7	44.9	45.4
	핀란드	44.0	43.3	42.7	43.3
서유럽	프랑스	45.4	46.1	46.1	45.9
	독일	37.4	37.6	38.2	37.7
	오스트리아	41.9	41.8	42.2	42.0
남유럽	이탈리아	42.3	42.1	42.1	42.2
	스페인	33.3	33.7	34.4	33.8
	그리스	38.7	38.9	38.7	38.8
영연방	영국	32.7	33.3	33.5	33.2
	캐나다	33.2	32.8	33.0	33.0
	호주	27.6	28.5	–	28.1
비교대상	미국	25.9	26.8	24.3	25.7
	일본	30.7	31.4	–	31.1
	한국	24.7	25.4	26.7	25.6
OECD 평균		34.0	33.8	34.0	33.9

주: 호주와 일본은 2018년 자료가 없어 2년 평균치임.
자료: 국회예산정책처 재정경제통계시스템(nabostats.go.kr).

제 2 절 미시적 재정구조

지금까지 거시적 관점에서 총액 단위의 재정구조 및 규모를 살펴보았다. 지금부터는 예산의 세부 내용을 들여다보기로 하자. 예를 들어, 올해의 '사회복지'에 배정된 예산액이 얼마인지 또는 사회복지예산 중 '노인 복지' 예산이 얼마인지를 예산서를 통해 찾아보는 것이다. 품목별 예산과목으로서의 기관별 업무추진비의 규모가 얼마인지를 찾아보는 것도 하나의 예다.

이렇게 예산의 구체적인 세부 내용을 찾아보는 것이 여기서의 미시적 재정구조를 이해하는 학습내용이다. 예산의 세부 내용을 파악하기 위해서는 예산과목 체계와 예산의

분류를 이해할 필요가 있다.

학습 포인트

1. 예산의 분류
2. 프로그램 예산제도/프로그램 구조
3. 예산과목 분류 체계
4. 의무적 지출과 재량적 지출

1. 예산 분류와 예산과목 체계

1) 예산 분류의 의의

예산총액은 세입·세출 모두 단일 금액으로 표시되지만 그 내용은 용도에 따라 다양하게 표현될 수 있다. 예산 분류란 세입과 세출의 내용을 일정한 기준에 따라 체계적으로 배열하는 것을 말한다. 다시 말해서, 예산 분류란 필요한 예산정보를 창출하는 것을 의미한다. 예산정보는 누가, 어떤 목적으로 필요로 하는가에 따라 다양한 형태로 작성될 수 있다. 따라서 예산정보의 용도와 목적에 가장 적합한 예산 분류를 개발해 작성할 필요가 있다.

예산 분류 체계가 갖춰야 할 바람직한 원칙으로서 다음의 세 가지를 들 수 있다(Jacobs et al., 2009: 2). 즉, ① 포괄성(comprehensiveness)의 원칙, ② 단일성(unity)의 원칙, ③ 내적 일관성(internal consistency)의 원칙이다. 포괄성의 원칙은 모든 정부기관이 포함되며, 이를 통합적으로 볼 수 있어야 한다는 것이다. 단일성의 원칙은 모든 정부기관의 모든 수입과 지출이 포함되어야 함을 의미한다. 내적 일관성의 원칙은 예산편성 및 집행, 그리고 과거와 현재의 분류 기준이 통일되어야 한다는 것이다.

일반적으로 예산 분류에 의한 예산정보의 용도 및 목적은 다음과 같다. 즉, ① 재정정책 담당자가 재정정책 및 사업계획의 수립을 위해, ② 의회가 예산심의를 하기 위해, ③ 예산집행기관이 예산집행을 하기 위해, ④ 일반 국민이 정부활동을 이해하기 위해 등이다.

이러한 용도를 충족시키기 위해서는 다양한 유형의 예산 분류 방법이 필요하다. 그런데 예산 분류 방식과 절차는 예산운영에 중립적이지 않다. 예산운영의 수단이 예산운영의 목표에 영향을 미친다. 가령 품목별 분류는 정부의 구입 물품에 초점을 맞추게 하며, 서비스 수준에 관한 정책 이슈와 무관한 방식으로 지출 유형을 변경하도록 사고하게 만든다.

예산 분류 방식은 세입예산과 세출예산에 따라 다르고, 하나의 분류 방식도 나라에 따라서 또는 시대에 따라서 다르다. 현재 예산 분류는 기능별 분류, 사업별 분류, 조직별 분류, 품목별(성질별) 분류, 경제 성질별 분류 등이 이용된다. 이러한 분류 방식은 [표 2-17]과 같은 내용의 정책정보를 제시하는 것이다.

표 2-17 세출예산 분류의 초점

분류 방식	초 점
기능별 분류	정부가 무슨 일을 하는 데 얼마를 쓰느냐
사업별 분류	정부가 구체적인 사업(프로그램 구조)에 얼마를 쓰느냐
조직별 분류	누가 얼마를 쓰느냐
품목별 분류	정부가 무엇을 구입하는 데 얼마를 쓰느냐
경제 성질별 분류	국민 경제에 미치는 총체적인 효과가 어떠한가

그러나 이들 분류 방식이 교차 분류 방식에 의해 혼합적으로 이용되기도 하고, 필요에 따라 전혀 새로운 분류 방식이 개발될 수도 있다. 예산 분류를 예산정보 차원에서 이해할 때 품목별 예산제도, 프로그램 예산제도, 성과주의 예산제도, 계획예산제도, 영기준 예산제도 등도 이 범주에 포함된다. 그 밖에 다양한 목적에 따라 다양한 분류 방법이 가능하다. 조세지출 예산제도, 완전고용 예산제도, 성인지 예산제도 등이 그러한 예에 속한다.

2) 예산과목 체계

예산 분류는 예산과목 체계에 반영되어 공식적 예산서를 이루게 된다. 예산과목이란 예산의 내용을 명백히 하기 위해 일정한 기준에 의해 구분해 놓은 것이다. 예산과목에는 여러 가지 예산 분류 방식이 반영된다. 예산과목의 구분은 기획재정부 장관이 정한다. 이렇게 예산과목을 구분하는 목적은 복잡하고 광범위한 예산을 통일적으로 분류해 그 성질과 내용을 명백히 함으로써 국회의 의결 대상과 예산집행의 대상으로 하려는 데 있다.

그리고 예산과목은 예산 자료의 작성 및 검토를 용이하게 하기 위해 부호화(coding)되어 있다. 이러한 부호 체계는 필요한 예산정보를 산출하는 데에 매우 유용하다. 현재 우리나라는 소관별, 기능별, 사업별, 품목별(성질별) 분류에 따라 각각의 부호 체계를 갖고 있다.

2. 예산과목의 분류 체계

예산과목은 세입예산과목과 세출예산과목으로 구성된다. 국가재정법 제21조를 보면 세입세출예산은 중앙관서의 조직(소관)별로 구분하되, 세입예산은 그 내용을 성질별로 관·항으로 구분하고, 세출예산은 기능별·성질별 또는 기관별로 장·관·항으로 구분한다고 규정하고 있다. 또한 예산의 구체적인 분류 기준 및 세항과 목의 구분은 기획재정부 장관이 정한다.

1) 세입예산과목의 분류 체계

세입예산과목은 관(款)·항(項)·목(目)으로 구분된다. 이때 관·항은 입법과목, 목은 행정과목이다. 입법과목은 국가재정법에 의거해 구분하고, 행정과목은 기획재정부 장관이 구분한다. 국가재정법 시행령(제7조)에는 예산과목의 구분과 설정은 기획재정부 장관이 정한다고 규정하고 있다.

세입예산의 목의 변경 또는 신설은 행정부 재량으로 운용되고 있으나 실제로는 세입징수 결정 시 과목의 신설로 운용되고 있다. 그런데 세입예산과목은 세입예산이 직접 예산에 의해 실현되는 것이 아니라 세법 등 법령의 규정에 의해 실현되기 때문에 입법과목, 행정과목으로 구분할 실익은 없다.

그림 2-3 세입예산과목 체계

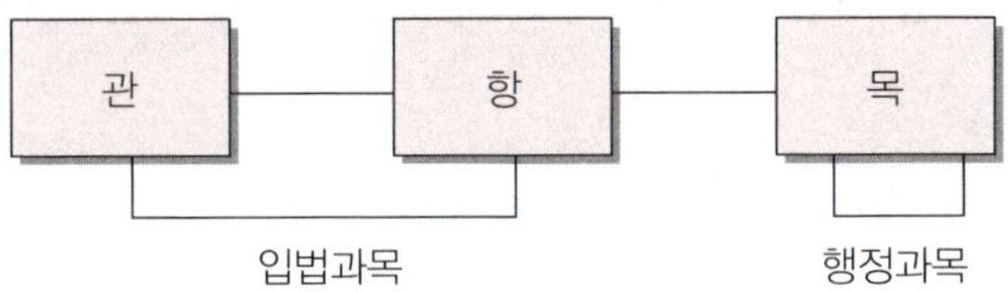

표 2-18 세입예산과목 구조의 예시(중앙정부)

관	항	목
(01) 내국세	(11) 소득세	(111) 신고분
		(112) 원천분
	(12) 법인세	(121) 법인세
------------	------------------	-------------------
(11) 재산수입	(51) 관유물대여료	(511) 토지대여료
		(512) 건물대여료
		(513) 기타 관유물대여료
	(52) 정부출자 수입	(521) 정부출자 수입
------------	------------------	-------------------

2) 세출예산과목의 분류 체계

세출예산과목은 장(章)·관(款)·항(項)·세항(細項)·세세항(細細項)·목(目)으로 구분된다. 이때 장·관·항은 입법과목, 세항·세세항·목은 행정과목이다. 입법과목은 국가재정법에 의거해 구분하고, 행정과목은 기획재정부 장관이 구분한다. 그러나 국가재정법 시행령(제7조)을 보면 세출예산과목의 구분과 설정은 기획재정부 장관이 정한다.

입법과목은 국회의 심의·의결 대상이 되는 예산과목으로 과목 상호 간의 융통은 물론 신설 또는 변경에 대해 제한을 받는다. 입법과목의 변경이나 신설의 경우 세입과목은 원칙적으로 추가경정예산을 통해 행해야 하며, 세출예산은 원칙적으로 추경예산이나 국가재정법에 의한 이체 그리고 예산총칙에서 규정한 범위 내에서의 이용에 의해 행해진다.

행정과목은 입법과목의 하위 체계로서 일정한 요건 하에 행정부의 재량에 의해 운용되는 과목이다. 세출예산의 세항·목의 변경 또는 신설은 국가재정법의 전용과 예비비 지출 결정, 예산의 이월, 수입대체경비의 초과 지출 승인, 수입금 마련 지출 등에 의해 운용되고 있다.

그림 2-4 세출예산과목 체계

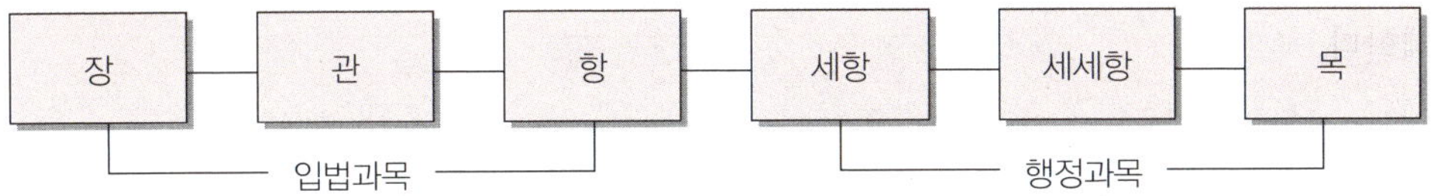

3) 예산과목과 회계과목 간의 연계

정부부문에 복식부기 · 발생주의회계제도가 도입되면서 회계과목으로서 계정과목 분류표(Chart of Accounts)가 만들어졌다. 재정운용의 효율성과 예산정보의 유용성을 높이기 위해서는 예산과 회계 간 연계를 강화하는 방향으로 과목 체계를 구성할 필요가 있다.

예산과 회계의 연계를 위해 예산과목(품목별 분류)과 회계계정과목 간에는 상하위계 구조를 형성하도록 구성한다. 즉, 편성비목 → 통계비목 → 회계계정과목 체계로 구성한다. 예산편성은 통계비목까지를 사용하여 편성하고, 예산집행은 예산집행계획 수립 시 사용하는 회계계정과목을 사용하여 집행한다.

그림 2-5 회계계정과목 체계와 예산품목 체계(예시)

← 회계계정과목(COA) 체계 →

I	→ II	→ III	→ IV	→ V.
비용	인건비	정규직 인건비	–	기본급
자산	투자자산	장기투자 증권	국내 출자금	통화금융기관 출자금

기본급	정규보수	인건비
통화금융기관 출자금	출자금	금융자산 취득
집행과목 ←	통계비목	← 편성비목

← 예산품목 체계 →

또한 프로그램 원가 계산을 위해 원가 계산 계정과목을 추가하고 예산과목과 연계를 고려하여 체계화한다. 즉 예산집행과목과 회계과목의 최하위 과목을 1 : 1로 대응・연계한다.

3. 프로그램 예산과 예산과목

1) 프로그램 예산제도의 의의

우리나라 예산과목 체계는 프로그램 예산제도를 기반으로 구성되었다. 프로그램 예산제도는 중앙정부 2007년, 지방정부는 2008년부터 공식적으로 도입되었다.[20] 예산과목 체계를 이해하기 위해서는 먼저 프로그램 예산제도를 이해해야 한다.

프로그램 예산제도는 프로그램(사업)을 중심으로 예산을 편성하는 제도다. 여기서 프로그램이란 동일한 정책을 수행하는 단위사업(activity/project)의 묶음이다. 프로그램 예산의 기본 구조는 일반적으로 '정부의 기능 - 정책 - 프로그램 - 단위사업'의 계층구조를 갖는다. 따라서 프로그램 예산의 핵심적 작업은 프로그램 구조를 예산 체계에 정립하는 일이다. 프로그램 예산제도는 프로그램(사업) 중심의 예산편성을 함으로써 성과지향적 예산편성 및 운용이 가능해진다. 따라서 기존 투입 중심의 예산운용을 사업(프로그램) 또는 성과 중심의 예산운용으로 전환하는 패러다임 전환의 의미가 있다.

2) 프로그램 구조의 특성

(1) 기능과 '프로그램 - 단위사업 - 세부사업'의 연계

프로그램 구조는 '프로그램-단위사업-세부사업'의 3단계 체계로 구성되어 있다. 프로그램 구조는 기능 체계로부터 도출되어 서로 연계된다. 프로그램은 단일 기능의 특성을 지니며, 각 프로그램은 단 한 개의 기능과 연계되어 있다. 따라서 정부의 기능 체계를 정점으로 그 밑에 다수의 프로그램이 위치하고, 각 프로그램 밑에 복수의 단위사업이 위치한다. 기능은 '분야 - 부문'의 2단계로 분류되며, '프로그램'은 '부문'의 하위 기능의 성격을 갖게 직접 연계되게 분류된다. 따라서 기능과 프로그램의 관계는 1 : n의 관계를 이룬다.

20) 지방정부에서는 프로그램 예산제도를 사업예산제도라고 부른다.

(2) 조직 중심의 프로그램 구조

조직 단위(중앙정부: 실·국/지방정부: 과)와 프로그램(program) 단위가 직접 연계되어 프로그램이 해당 조직의 관리 중심점, 자율 중심점, 책임 중심점이 된다. 중앙정부의 경우 프로그램은 실·국 단위로 연계되며, 실·국은 1개 이상의 프로그램을 수행하고 단일 관리자에 의해 관리된다. 즉, 해당 프로그램 단위의 예산편성 및 집행에 책임을 지는 관리자가 한 사람 존재한다. 하나의 관리자가 여러 사업을 관리할 수는 있으나, 하나의 사업이 복수의 관리자에 의해 관리되어서는 안 되는 것이다. 이때 관리자는 프로그램 예산운영의 자율성과 책임성을 갖는다.

(3) 모든 재정자원(회계와 기금)을 포괄

일반회계, 특별회계, 기금이 포괄적으로 관리 운용되도록 유사한 목적의 재정자원은 동일한 프로그램으로 구성된다. 이를 위해 '프로그램-단위사업'과 '회계/기금'을 연계하여 하나의 예산서에 동시에 표시되어 있다. 동일 또는 유사한 목적의 사업이 다양한 회계, 기금에 걸친 경우 '조직 단위'-'프로그램'-'회계/기금'-'단위사업'의 순서로 표시하며, '회계/기금'은 일반회계, 특별회계, 기금 명칭을 명기한다.

표 2-19 프로그램 구조(조직 단위와 회계 단위)

<table>
<tr><th>분야</th><th>부문</th><th>(실·국)</th><th>프로그램</th><th>(회계/기금)</th><th>단위사업</th><th>세부사업</th><th>편성비목</th><th>통계비목</th></tr>
<tr><td colspan="2" rowspan="2">기능</td><td>조직</td><td></td><td>회계 분류</td><td></td><td></td><td colspan="2" rowspan="2">품목</td></tr>
<tr><td colspan="5">프로그램 구조</td></tr>
</table>

3) 프로그램 예산제도에서 예산과목 체계

세출예산의 예산과목 체계는 '장-관-항-세항-세세항-목-세목'의 다단계 체계로 되어 있다. 프로그램 예산제도는 '분야-부문-프로그램-단위사업-세부사업-편성비목-통계비목'의 명칭으로 불린다. 프로그램 예산제도란 '프로그램-단위사업-세부사업'의 3단계 프로그램 구조가 예산과목 체계에 장착되어 있는 것을 의미한다.[21]

프로그램 예산제도에서 예산과목 체계는 기능별 분류인 '분야-부문', 프로그램 구조인 '프로그램-단위사업-세부사업', 품목별 분류인 '편성비목-통계비목'이 연계되어 있

21) 공식적 프로그램 구조는 아니지만 실무적 필요에 의해 '세부사업' 하부 단위로 '내역사업'이 있는 경우가 있다.

표 2-20 프로그램 예산제도에서 예산과목 체계

장	관	항	세항	세세항	목	세목
분야	부문	프로그램	단위사업	세부사업	편성비목	통계비목
기능별 분류		프로그램(사업)별 분류			품목별 분류	

주: 세부사업은 사업관리시스템상에서는 핵심 단위이지만 대외적으로 공개되지는 않음.

다. 여기에 자율성과 책임성의 중심점으로서의 조직 단위를 연계하고, 별도로 운용되는 회계 및 기금을 통합적으로 보여 주는 프로그램 예산구조의 양식이 만들어진다.

4) 프로그램 예산제도의 역할

프로그램 예산제도는 재정운영에서 제도적 허브(hub) 역할을 한다. 프로그램 예산이 제도적 허브로서의 역할을 하는 논거는 다음과 같다.

첫째, 프로그램 예산은 성과관리, 발생주의회계, 중기재정계획, 총액배분 자율편성 등의 제도들과 함께 상호 직·간접적으로 연계되어 있으며, 제도의 중심점 또는 인프라의 성격을 갖는다.

둘째, 예산운영의 규범 차원에서도 프로그램 예산은 중심점 역할을 한다. 자율성, 책임성, 투명성, 효율성, 성과지향성 등의 가치 개념에서 볼 때 프로그램은 그 중심점이 된다. 즉, 프로그램은 자율 중심점, 책임 중심점, 성과 중심점, 정보공개 중심점 등이 된다.

셋째, 프로그램은 예산 과정의 모든 단계에서도 중심점 역할을 한다. 프로그램은 예산편성 단계에서 전략적 배분 단위가 되며, 총액배분 자율편성 방식의 한도액(ceiling) 설정 단위가 된다. 예산사정 단계에서 사정 단위, 심의 단계에서 심의 단위, 집행 단계에서 이용 단위, 결산 단계에서 성과평가 단위, 결산보고 단위가 된다.

넷째, 회계 차원에서도 프로그램은 중심점이 된다. 원가 계산의 중심이 프로그램이다. 다만, 간접비 배부 등 정교한 기법이 발전된다면 하위 단위인 단위사업(activity/project)이 중심이 될 수 있다.

다섯째, 조직 차원에서도 프로그램은 중심점이 된다. 이때 조직은 부처 단위와 실·국 단위 모두 해당된다. 프로그램은 조직 단위의 자율 중심점, 책임 중심점, 관리 중심점이 된다.

표 2-21 보건복지부 프로그램 예산 체계 예시(2020)

분 야	부 문	프로그램	단위사업	세부사업
사회복지(080)				
	기초생활보장(081)			
		기초생활보장(1100)		
			기초생활급여	생계급여/해산장제급여/양곡관리/기초생활보장관리/교육급여/주거급여/복지급여 사후관리
			의료급여	의료급여관리/의료급여 경상보조
			긴급복지	긴급복지
			자활 지원	자활장려금/생업자금 이차 및 손실보전금/근로능력 있는 수급자의 탈수급 지원/자활사업/자활지원센터 운영 지원
	취약 계층 지원(082)			
		장애인 생활안정 및 재활 지원(1500)		
			장애인소득보장	(이하 생략)
			장애인사회참여 기반조성	
			장애인자립자금 융자	
			장애인선택적 복지	
			장애인복지시설 지원	
			장애인단체 지원	
			장애인일자리 지원	
			장애인권익증진 및 자립생활 지원	
			장애인직업재활 지원	
			장애인의료재활 지원(국민건강증진기금)	
			− − − − − − − − − − − − − − −	
		노숙인 의사상자 지원(1900)		
			노숙인등 지원	
			의사상자 예우	
	아동·보육(08A)			
		아동보호 및 복지 강화(1300)		
			아동자립 지원	
			실종예방 등 아동안전 증진	
			가정입양 및 위탁 지원	
			아동발달지원계좌 지원	
			아동·청소년 정책연구 및 통계조사	
			아동·청소년 참여, 인권증진	
			방과후 돌봄 지원	
		저출산 대응 및 인구정책 지원(2500)		
			저출산대응인구정책	
			모자보건사업(국민건강증진기금)	
			− − − − − − − − − − − − −	

5) 프로그램 예산제도의 도입 효과

첫째, 프로그램 예산제도의 도입으로 품목 중심의 투입관리와 통제 중심 재정운영에서 프로그램 중심의 성과, 자율, 책임 중심 재정운영으로 바뀌게 된다. 프로그램 구조를 통해 정책 목표와 예산집행을 연계시키고 재정 투입을 통해 달성하고자 하는 성과 목표와 성과지표를 설정해 그 실적을 파악할 수 있다. 예산의 편성, 집행, 결산 과정에서 자율적 예산운용을 할 수 있는 자율 중심점으로서의 관리 단위가 분명히 설정되고, 조직의 자율에 대한 책임 소재를 보여 주는 책임 중심점이 분명해진다.

둘째, 프로그램 예산 체계 내에 일반회계, 특별회계, 기금이 모두 포괄적으로 표시됨으로써 총체적 재정 배분 내용을 파악할 수 있다. 프로그램별 재원 배분 규모를 총체적으로 파악함으로써 중·장기 전략적 자원 배분을 하는 것이 용이하다. 또한 일반회계, 특별회계, 기금 간 유사·중복 사업의 파악이 가능해져 예산 낭비를 제거할 수 있다.

셋째, 프로그램 예산제도에는 사업관리 시스템이 함께 운용되기 때문에 재정집행의 투명성과 효율성을 제고할 수 있다. 세부사업 단위의 사업의 전 생애주기를 관리함으로써 예산 과정의 투명성과 효율성을 제고할 수 있다. 또한 프로그램별 원가정보를 제공해 성과평가와 재정의 전략적 배분에 유용한 정보를 제공할 수 있다.

넷째, 프로그램 예산 체계에서 기능별 분류를 중앙정부와 지방정부 간에 통일시킴으로써 중앙정부와 지방정부 예산의 연계가 가능해진다. 중앙정부와 지방정부 간 재정자금 이동에 관한 정보를 정확하게 파악할 수 있다. 또한 특정한 분야에 대한 중앙정부와 지방정부 간 재정 분담 비율 등을 파악할 수 있다.

다섯째, 프로그램 중심의 예산은 일반 국민이 예산사업을 쉽게 이해할 수 있게 된다. 실제 예산분석을 시도해 본 시민단체 활동가들이 종전 예산서보다 훨씬 예산정보의 질이 높아졌다고 평가하고 있다.

4. 예산 분류의 유형

1) 기능별 분류

(1) 의 의

예산의 기능별 분류(classification by function)는 정부가 수행하는 기능을 중심으로 예산을 분류하는 방식이다. 따라서 기능별 분류는 정부의 활동 영역별 예산 배분 현황을 보여 주는 예산정보다. 기능별 분류는 정부의 광범위한 목표에 대한 비용을 계산한 것이며, 정책의 우선순위를 보여 주는 정보라고 볼 수 있다. 기능별 분류는 세출예산에만 해당하는 분류 방식이다.

기능별 분류는 사업계획 및 예산정책의 수립을 용이하게 하며, 입법부의 예산심의에 도움을 주는 예산 분류 방식이다. 특히 일반 국민이 정부재정을 통해 정부활동 및 정책의 우선순위를 파악할 수 있는 유용한 예산정보다. 따라서 이를 '시민을 위한 분류(citizen's classification)'라고 부른다.

각국 예산의 비교가 용이하도록 통일적인 기능별 분류를 권고하는 국제적 기준이 마련되어 있다. 대표적인 기준이 IMF 정부재정통계편람(IMF Manual on Government Finance Statistics, 2001)의 기능별 분류다. 그런데 IMF GFS 기준의 기능별 분류는 UN 정부 기능 분류(Classification of Functions of Government: COFOG)를 따르고 있다.

UN COFOG는 10 division, 69 group, 109 class의 3단계로 분류된다.

10개의 division을 보면 ① 일반공공행정, ② 국방, ③ 공공질서 및 안전, ④ 경제사업, ⑤ 환경 보호, ⑥ 주택 및 지역사회 개발, ⑦ 보건, ⑧ 휴양 · 문화 · 종교, ⑨ 교육, ⑩ 사회 보호로 구성되어 있다.

(2) 한국의 기능별 분류

현행 예산과목 체계에서는 '장(章)'과 '관(款)'이 기능별 분류에 해당한다. 프로그램 예산제도를 도입하는 과정에서 재정환경의 변화와 국제 기준을 반영해 여러 제도에서 운용하고 있는 기능별 분류 체계를 통일시켰다. 우선 중앙정부와 지방정부의 기능별 분류를 통일시켰다. 중장기 재원 배분(중기재정계획), 단년도 예산편성(기능별 세출예산) 및 통합재정분석(지출 및 순융자의 기능별 분류)의 기능별 분류 체계도 일원화했다. 성과관리와 업무관리(기록물 관리 포함) 분류 체계와도 일원화했다. 결국 예산관리, 성과관리, 업무관리의 분류 체계가 일원화되어 정보의 품질을 높이는 데에 기여할 수 있게 되었다.

2021년 기준 기능별 분류 체계는 16개 분야 67개 부문으로 구성되어 있다. 지방재정의 기능별 분류는 중앙정부에만 적용되는 기능을 제외한 13개 분야 50개 부문으로 구성되어 있다. 그런데 재정 공개를 할 때에는 분야를 통합 재분류하여 12개 분야로 발표된다.

표 2-22 중앙정부 세출 기능별 분류 체계(2021년 기준)

<table>
<tr><th colspan="2">16분야 67부문</th></tr>
<tr><td>1. 일반·지방행정
1) 입법 및 선거관리
2) 국정 운영
3) 지방행정·재정 지원
4) 재정·금융
5) 정부자원관리
6) 일반행정
2. 공공질서 및 안전
1) 법원 및 헌재
2) 법무 및 검찰
3) 경찰
4) 해경
5) 재난관리
3. 통일·외교
1) 통일
2) 외교·통상
4. 국방
1) 병력 운영
2) 전력 유지
3) 방위력 개선
4) 병무행정
5. 교육
1) 유아 및 초중등교육
2) 고등교육
3) 평생·직업교육
4) 교육 일반
6. 문화 및 관광
1) 문화예술
2) 관광
3) 체육
4) 문화재
5) 문화 및 관광 일반
7. 환경
1) 해양환경
2) 환경일반
8. 사회복지
1) 기초생활보장
2) 취약 계층 지원
3) 공적연금
4) 보훈
5) 주택
6) 사회복지 일반</td><td>7) 아동·보육
8) 노인
9) 여성·가족·청소년
10) 고용
11) 노동
12) 고용노동 일반
9. 보건
1) 보건의료
2) 건강보험
3) 식품의약 안전
10. 농림수산
1) 농업·농촌
2) 임업·산촌
3) 수산·어촌
11. 산업·중소기업 및 에너지
1) 산업금융 지원
2) 무역 및 투자 유치
3) 산업·중소기업 일반
4) 산업혁신 지원
5) 창업 및 벤처
6) 중소기업 및 소상공인 육성
12. 교통 및 물류
1) 도로
2) 철도
3) 해운·항만
4) 항공·공항
5) 물류 등 기타
13. 통신
1) 방송통신
2) 정보통신
14. 국토 및 지역 개발
1) 수자원
2) 지역 및 도시
3) 산업단지
15. 과학기술
1) 과학기술연구 지원
2) 과학기술 일반
3) 과학기술인력 및 문화
4) 과학기술 연구개발
16. 예비비
1) 예비비</td></tr>
</table>

주: 지방정부의 기능별 분류는 중앙정부의 분류에서 검정 칸을 제외한 부분인 13개 분야 50개 부문임.

표 2-23 일반회계 세출예산 기능별(분야) 분류(2021년)

(단위: 억 원, %)

구 분	금 액	구성비	구 분	금 액	구성비
1. 일반 · 지방행정	774,757	20.3	10. 농림수산	100,884	2.6
2. 공공질서 및 안전	212,212	5.6	11. 산업 · 중소기업 및 에너지	138,306	3.6
3. 통일 · 외교	30,984	0.8	12. 교통 및 물류	180,819	4.7
4. 국방	530,844	13.9	13. 통신	5,844	0.2
5. 교육	705,271	18.5	14. 국토 및 지역 개발	73,353	1.9
6. 문화 및 관광	39,506	1.0	15. 과학기술	74,901	2.0
7. 환경	55,249	1.5	16. 예비비	85,000	2.3
8. 사회복지	685,859	18.0			
9. 보건	113,720	3.0	합계	3,808,509	100.0

주: 2021년 본예산.
자료: 기획재정부. 2021년 나라살림 예산개요.

☞ 인터넷을 통해 국가 간 기능별 재원 배분구조를 비교해 보고 우리나라의 재정 배분구조의 특징을 논의해 보자.

☞ 각 기능별 중앙재정과 지방재정의 재원 배분 비율을 살펴보자

2) 조직별 분류

(1) 의 의

예산의 조직별 분류(organizational classification)는 예산을 편성하고 집행하는 정부의 조직 단위에 따라 분류하는 방법이다. 이때의 정부조직 단위는 독립적인 예산의 편성 및 집행 단위다. 소관별 분류(classification by agency)라고도 부른다.

조직별 분류는 예산 분류의 가장 기본적인 방법이다. 세입예산 및 세출예산 모두 조직별로 분류되며, 또한 조직별 분류는 기능별 분류 및 품목별 분류와 함께 병용되기도 한다.

예산편성, 심의, 집행, 결산 및 회계검사 등 일련의 예산 과정이 독립적인 예산편성 단위에 의해 이뤄지기 때문에 중앙예산기관의 예산사정 및 입법부의 예산심의, 회계검사 등에 가장 유용한 분류 방식이다. IMF GFS에서도 회계 단위가 아닌 제도 단위로 재정운영을 할 것을 권고하고 있다.

(2) 한국의 조직별 분류

조직별 분류의 조직 단위는 예산편성, 집행, 결산 면에서 자율성과 책임성을 동시에 갖는 독립적인 단위다. 이때의 조직 단위는 재정 범위를 재설정하는 과정에서 재원 단위를 제도 단위로 바꿀 때 일반정부 부문의 정부 단위에 해당하는 기관을 지칭한다.

조직별 예산편성 단위는 18부 5처 17청(검찰청 제외), 국회와 대법원, 감사원 등의 헌법기관, 대통령비서실 및 국가안보실, 국가정보원, 그리고 공정거래위원회, 방송통신위원회 등의 위원회 조직을 포함하며, 중앙관서라고 부른다. 2021년 현재 모두 58개 기관이 있다.[22)]

세출예산은 이들 58개 기관이 모두 편성되지만 세입예산은 자체세입이 없는 기관이 있으므로 세출예산의 분류와는 차이가 있다.

3) 품목별 분류

(1) 의 의

품목별 분류(classification by objects)는 예산을 지출 대상(품목)별로 분류하는 방법이다. 지출 대상(품목)이란 예산과목의 '목(目)'에 해당하는 것으로서 인건비, 물건비, 이전지출 등의 투입(input) 요소를 지칭한다. 성질별 분류라고도 부른다.

품목별 분류는 예산액을 지출 대상별로 한계를 명확히 정해 배정함으로써 관료의 권한과 재량을 제한하고 회계 책임을 명확히 할 수 있는 통제 지향적 분류 방법이다. 반면에 품목별 예산제도는 투입 측면에만 초점을 맞춰 편성되므로 정부가 투입을 통해 달성하고자 하는 사업과 지출에 따른 성과나 효과에 대해서는 파악하기 어려운 단점을 갖고 있다.

품목별 분류는 가장 전통적인 예산 분류 방법으로서 다른 예산 분류 방식과 병행해 사용된다. 그리고 세입예산도 품목별 분류 방식을 이용할 수 있다.

---

22) 그 중 조달청(조달특별회계)과 특허청(책임운영기관특별회계)의 2개 기관은 일반회계예산은 없고 특별회계예산만 가지고 있다. 2021년 신설된 예산편성 기관은 질병관리청, 개인정보보호위원회, 가습기살균제사건과 4·16 세월호참사 특별조사위원회, 5·18 민주화운동진상규명조사위원회의 4개 기관이다.

표 2-24 품목별 예산과목(편성비목) 분류 체계

목번호	유 형	목번호	과목명
100	인건비	110	인건비
200	물건비	210	운영비
		220	여비
		230	특수활동비
		240	업무추진비
		250	직무 수행경비
		260	연구용역비
		270	안보비
300	이전 지출	310	보전금
		320	민간이전
		330	자치단체 이전
		340	해외 이전
		350	일반출연금
		360	연구개발출연금
400	자산 취득	410	건설보상비
		420	건설비
		430	유형자산
		440	무형자산
		450	융자금
		460	출자금
		490	지분취득비
500	상환 지출	510	상환 지출
600	전출금 등	610	전출금 등
700	예비비 및 기타	710	예비비 및 기타

(2) 한국의 품목별 분류 체계

현행 예산과목 체계인 '소관(조직)-장-관-항-세항-목'에서 '목'이 품목별 분류에 해당한다. 세출예산은 ① 인건비, ② 물건비, ③ 이전 지출, ④ 자산 취득, ⑤ 상환 지출, ⑥ 전출금 등, ⑦ 예비비 및 기타의 7개 영역에 24개 편성비목과 90개 통계비목으로 구성되어 있다. 이들 항목에 대해서는 모두 부호(code)가 부여되어 있다.

그동안 너무 세분화된 투입·통제 위주의 품목 분류는 항목 수를 줄이고 단순화해

좀 더 재량의 폭을 넓히는 방향으로 개편되었다. 앞으로는 복식부기회계에서의 회계계정과목과 연계되도록 과목 체계를 구성할 필요가 있다.

4) 경제 성질별 분류

(1) 의 의

경제 성질별 분류(economic character classification)는 예산이 국민 경제에 미치는 영향을 분석·평가하기 위해 예산을 경제적 성격에 의해 분류하는 방법이다. 정부재정이 국민 경제에서 차지하는 비중이 매우 큰 만큼 재정정책의 수립과 집행에 필요한 정보를 제공할 필요가 있다. 거시경제 지표인 고용(실업), 물가(통화량), 국제수지 등에 재정이 어떻게 영향을 미칠 것인가를 파악하는 데 적합한 예산 분류가 경제 성질별 분류 또는 경제적 분류다.

가장 전형적인 분류 방식은 예산을 경상계정과 자본계정으로 분류하는 것이다. 경상적 수입·지출 및 자본적 수입·지출 간에는 국민 경제에 미치는 영향의 내용 및 정도가 다르다. 또한 경상수지 및 자본수지와 수지 차를 보전하는 방법도 국민 경제에 영향을 미치게 된다. 따라서 예산의 국민 경제적 효과를 파악하기 위해 예산을 경상계정과 자본계정으로 분류하는 방법이 많이 사용된다.

또 다른 분류 방식은 예산을 국민소득 계정(national account)과 연계해 분류하는 방식이다. 즉, 국민소득(Y)을 구성하는 소비(C), 투자(I), 저축(S)으로 구분해 예산을 분류하는 방식이다. 이것은 국민 경제의 총체적 순환 과정에서 재정의 역할을 분석하고자 하는 예산정보다.

예산을 직접 분류한 것은 아니지만 재정정책의 중요한 정보로 활용하기 위해 작성하는 재정충격 지표, 완전고용예산도 넓은 의미의 경제적 분류 방법에 속한다.

(2) 한국의 경제 성질별 분류

현재 재정정책 수립을 위한 유용한 정보로서 활용되는 경제 성질별 분류는 통합예산의 분류와 재정충격 지표를 들 수 있다.

여기서는 통합예산의 분류 체계를 살펴보자. 현행 통합예산의 포괄 범위는 일반회계, 특별회계, 기금을 포함한다. 이렇게 예산의 범위를 넓게 봄으로써 재정이 국민소득·통화·국제수지에 미치는 효과를 좀 더 정확하게 파악할 수 있게 된다. 통합예산의 특징은 포괄 범위를 넓게 보는 것뿐만 아니라 이를 경제적 분류 방식에 의해 표시하고 있다는 점이다.

현재 통합예산은 ① 경상수지(경상수입/지출), ② 자본수지(자본수입/지출), ③ 융자 및 출자(융·출자 회수/지출), ④ 수지차, ⑤ 보전수지(보전재원 내역)의 분류 방식을 취하고, 이를 회계별·기금별로 통계 자료를 제시하고 있다. 따라서 이를 통해 각 부문별 수지 내용, 즉 적자와 흑자 여부, 보전재원의 내역, 그리고 각 회계별·기금별 수지 내역을 파악함으로써 재정정책에 유용한 정보를 얻을 수 있게 된다. 가령 보전수지의 보전 수단에 의해 통화 효과를 추정할 수 있다.

통합예산은 또한 국민소득 계정에 의해 분류된다. 현재 ① 소비, ② 저축, ③ 투자: 고정자본 형성·재고 증가의 분류 방식을 통해 국민 경제적 효과를 추정하고 있다. 이러한 분류 방식을 통해 재정의 국민소득 증대 효과와 투자에 의한 국민 경제의 생산성 향상의 기여 정도를 추정할 수 있게 된다.

5) 의무적 지출과 재량적 지출

최근에 재정 규율 및 재정준칙을 설정하여 적용하기 위한 목적으로 의무적 지출과 재량적 지출의 분류 방식이 활용되고 있다. 의무적 지출(mandatory spending)은 법률에 따라 지출 의무가 발생하고 법령에 따라 지출 규모가 결정되는 법정지출 및 이자지출을 의미한다. 국민기초생활보장, 공적연금 등의 복지 분야 법정지출과 지방교부세 등의

표 2-25 의무지출 사업의 유형별 분류

대분류		소분류
복지 분야 법정지출	국민기초생활보장	생계급여, 의료급여, 주거급여, 교육·해산장제·자활급여
	건강보험	가입자 지원, 공무원·교직원 국가분담금
	공적연금	국민연금, 공무원연금, 사학연금, 군인연금
	노인	기초연금, 노인장기요양보험
	아동·보육	영유아 보육료 지원, 아동수당
	고용·노동	구직급여, 산재보험급여
	보훈	보상금, 6·25 자녀수당, 무공·참전수당, 보훈병원·위탁병원진료, 기타
	기타	장애인연금, 장애인활동지원, WHO 의무분담금 납부 등
지방이전재원		지방교부세, 지방교육재정교부금, 유아교육비 보육료 지원
이자지출		공공자금관리기금, 주택도시기금, 우체국예금특별회계 등
기타 의무지출		공익기능증진직불금, 유엔 PKO 예산 분담금 등

자료: 국회예산정책처, 2021년도 예산안총괄분석 Ⅰ.

지방이전재원, 이자지출, 외국 또는 국제기구와 체결한 국제조약 또는 일반적으로 승인된 국제법규에 따라 발생되는 지출 등이 여기에 해당한다.

재량적 지출(discretionary spending)은 의무적 지출이 아닌 경비로서 투자사업비, 경상적 경비 등을 포괄하는 경비를 말한다. 지출 규모는 국회 심의를 통해 확정된다.

2010년 개정된 국가재정법(제7조)에 의해 2013년 예산안부터 재정지출 사업을 의무지출과 재량지출로 구분하여 산출내역 및 증가율 등을 국가재정 운용계획에 포함하여 국회에 제출하고 있다.

의무지출과 총지출의 비중을 보면 대체로 50대 50의 비중을 이루고 있다. 의무지출의 내용을 보면 2020년 예산(3차 추경) 기준 복지 분야 법정지출이 48.3%, 지방이전재원이 42.3%로서 대부분을 차지하고 있다. 이자지출은 6.6%, 기타 의무지출은 2.8%이다.

그런데 정부지출을 의무지출과 재량지출의 이분법으로 구분하는 데에는 경계가 애매한 측면이 있다. 이런 점을 고려하여 르루프(LeLoup, 1988)는 상대적 통제 가능성이라는 연속선상에서 파악할 필요가 있다고 강조한다. 미국의 예산통제법에는 재정적자를 축소하기 위해 의무지출은 PAYGO 법칙, 재량지출은 한도액(cap) 설정 방식의 재정준칙을 정해놓고 있다. 재정통제에 유용한 분류로 활용하고 있는 것이다.

표 2-26 의무지출과 재량지출의 비중 추이

(단위: 조 원, %)

구 분	2017년	2018년	2019년	2020년	2021년
총지출	400.5	428.8	469.6	512.3	555.8
의무지출	197.0	217.0	239.3	255.6	267.3
(비중)	(49.2)	(50.6)	(51.0)	(49.9)	(48.1)
재량지출	203.5	211.9	230.3	256.6	288.5
(비중)	(50.8)	(49.4)	(49.0)	(50.1)	(51.9)

주: 2017~2020년은 본예산, 2021년은 정부제출 예산안.

자료: 국회예산정책처, 2021년도 예산안총괄분석 Ⅰ.

제3절 세입구조와 조세

학습 포인트

1. 재정의 세입구조
2. 조세구조

1. 재정의 세입구조

앞에서 살펴본 대로 재정은 세입예산과 세출예산으로 편성된다. 세입예산은 재정의 재원 동원 방법을 표시해준다. 세출예산이 지출 권한이 부여된 지출한도액 개념인 것과 달리 세입예산은 추계를 통한 전망치로 계산되는 임의적 성격을 갖는다.

1) 총수입구조

세입예산을 표시하는 측정치로는 먼저 총수입 개념을 들 수 있다. 총수입은 순계 기준으로 작성된다. 따라서 실질적인 재정수입 규모를 보여 준다. 총수입은 예산의 일반회계와 특별회계의 수입, 그리고 기금 수입으로 구성되며, 내부거래와 보전거래가 제외된다.

총수입 = 일반회계 수입 + 특별회계 수입 + 기금 수입 − 내부거래 − 보전거래

총수입 개념은 예산과 기금의 수입을 합산하되, 내부거래와 보전거래를 제외하는 점이 특징이다. 모든 예산과 기금의 수입을 단순 합산할 경우 회계 간 전출입 금액 등을 중복 계상하여 실제 재정수입보다 과대 계상되는 문제가 발생한다. 따라서 총수입은 재정의 실제 수입 규모를 파악하기 위해 회계 · 기금 · 계정 간 내부거래를 제외하고 산출한다.

총수입과 총지출의 차액에 대한 보전거래도 제외한다. 국채발행 수입, 차입금 등은 정부의 수입과 지출의 차인 재정수지를 보전해 주는 역할을 하므로 실질적인 재정수입으로 보기 힘들기 때문이다.

총수입구조에서의 예산 수입은 국세와 세외수입이다. 일반회계 수입은 소득세, 법인세, 부가가치세 등 국세 12개 세목과 세외수입이 수입 원천이다. 세외수입에는 벌금, 가산금 등의 경상이전수입과 출자배당수입 등의 재산수입 등이 있다. 특별회계 수입은 주세와 농어촌특별세의 2개 세목이 각각 국가균형발전특별회계와 농어촌구조개선특별회계의 수입원이 되며, 환경개선부담금 등의 각종 부담금, 융자회수, 수수료 등의 자체 수입이 있다.

총수입구조에서의 기금 수입은 총 67개 기금 중 금융성 기금(8개) 및 외국환평형기금을 제외한 58개 기금(2021년 기준)의 자체수입만을 포함한다.[23] 금융성 기금 및 외국환평형기금을 제외하는 이유는 이들이 순수한 재정활동이라기보다는 금융활동으로 분류하는 것이 합리적이기 때문이다. 그리고 회계・기금 등 정부 내부 간 거래, 민간차입금, 이미 기금으로 전입되어 여유자금으로 운용되던 것을 회수하는 여유자금 회수 등 실질적인 의미에서의 수입으로 보기 어려운 항목들을 제외한 자체수입만을 반영한다.[24]

기금 수입은 사회보장기여금, 융자원금 회수, 기타 수입으로 구분할 수 있다. 사회보장기여금은 국민연금과 사학연금의 연금기여금과 고용・산재보험의 보험료로 구성된다. 그 외에 중소기업 등에 융자한 자금을 만기에 회수하는 융자원금 회수와 이자수입 등의 기타 수입이 있다.

2021년 본예산을 보면 총수입 482.6조 원 중 예산(311.6조 원) 64.6%, 기금(171.0조 원) 35.4%를 차지한다. 기금 수입은 사회보험성 기금(6개)이 117.1조 원으로 가장 큰 비중을 차지하고, 사업성 기금(48개) 46.1조 원, 계정성 기금(4개) 7.7조 원이다.

2) 원천별 세입구조

세입예산을 수입 원천별로 보면 크게 네 가지로 구분할 수 있다. 즉, ① 조세 수입, ② 세외수입, ③ 사회보장기여금, ④ 보전재원이다.

조세 수입은 재정수입의 핵심 원천이다. 국민들로부터 법률에 의해 강제적으로 부과・징수하는 세입 원천이다. 과세 주체에 따라 국세와 지방세로 나누는데 현재 국세

23) 여기에는 사업성 기금(48개), 사회보험성 기금(6개), 계정성 기금(4개)이 포함된다.
24) 그 결과 총수입구조에서의 기금 수입과 총계 기준으로 계산된 기금운용계획 상의 67개 전체 기금의 수입과는 차이가 있다. 2021년 본예산을 보면 총수입구조에서의 기금 수입은 171.0조 원인 반면에 기금운용계획상의 수입은 773.7조 원으로 그 차이가 크다.

표 2-27 재정의 총수입구조

(단위: 조 원)

구 분			2021년 예산	비 고
총수입			482.6 (100.0%)	
예산			311.6 (64.6%)	
	일반회계		286.9	
		국세	274.0	14개 국세 중 12개 세목
		세외수입	12.9	
	특별회계		24.7	
		국세	8.7	주세, 농어촌특별세
		자체 수입	16.2	
기금			171.0 (35.4%)	67개 중 58개 기금 수입만 포함
	사회보장기여금		77.0	연금기여금, 보험료
	융자원금 회수		26.2	
	이자수입 등 기타		67.8	

주: 2021년 본예산.
자료: 기획재정부. 2021년 나라살림 예산개요.

14개 세목, 지방세 11개 세목이 있다. 국세 중에서 12개 세목은 일반회계 수입에 포함되는데 소득세, 법인세, 부가가치세가 대부분을 차지한다. 주세는 국가균형발전특별회계, 농어촌특별세는 농어촌구조개선특별회계의 수입에 포함된다.

세외수입은 조세 수입 외의 모든 수입을 말한다. 넓게 보면 사회보장기여금과 보전재원도 세외수입에 포함시킬 수 있지만 여기서는 별도로 구분한다. 세외수입은 세입예산 과목(관)에 따라 재산수입, 경상이전수입, 재화 및 용역판매수입, 수입대체경비수입, 관유물 매각대, 융자 및 전대차관 원금회수, 차입금 및 여유자금 회수, 전년도 이월금, 정부내부수입 및 기타 등 9개의 항목으로 구성된다.[25] 그리고 특별회계의 자체세입인 부담금, 기업특별회계영업수입 등도 세외수입에 포함된다. 그리고 세계잉여금도 세외수

25) 수입대체경비 수입에는 재산수입, 경상이전수입, 재화 및 용역판매수입 상의 세부항목(항)이 모두 포함될 수 있다. 수입대체경비로 지정된 예산사업은 해당 사업명에 수입대체경비임이 표시되며, 사업수행으로 인하여 발생하는 수입은 2012년부터 별도의 수입과목(관)으로 분류하여 편성하고 있다.

입에 포함된다.

사회보장기여금은 사회보장 차원에서 특정 목적 재원으로 사용하기 위해 부과하는 금액이다. 여기에는 연금기여금과 보험료가 있다. 법률에 의해 강제적으로 부과·징수하는 수입원이란 점에서 조세와 동일하다.[26] 그러나 국가나 고용주가 대응 부담을 하고, 부담자가 일정한 조건이나 기한이 되면 부담액에 상응한 편익을 보는 특징을 갖는 점에서 조세와 다르다.

연금기여금에는 국민연금, 공무원연금, 사학연금, 군인연금의 기여금이 있으며, 보험료에는 고용보험과 산업재해보상보험 및 예방기금의 보험료가 있다. 그런데 사회보험료인 건강보험료와 장기요양보험료는 정부 세입예산으로서의 사회보장기여금에 포함되지 않는다. 건강보험과 노인장기요양보험이 현재 국가 기금에 포함되지 않고 국민건강보험공단의 회계로 귀속되어 있기 때문이다. 그러나 예산총계주의 원칙에 따라 건강보험과 노인장기요양보험도 기금 형태로 국가재정에 포함되는 것이 마땅하다.

보전재원은 재정수지차를 보전해 주는 국채 발행 또는 차입금을 의미한다. 특정 회계나 기금이 자체수입이나 내부거래 수입으로 조달하지 못해 그 밖의 방법으로 수입을 메워야 할 때 그 수입과 지출의 차를 보전하기 위하여 이루어진다. 세입과목에는 국공채 발행이나 유가증권 매각대, 차입 등의 형태로 기록된다.

국가재정법(제18조)은 "국가의 세출은 국채·차입금 외의 세입을 그 재원으로 한다. 다만, 부득이한 경우에는 국회의 의결을 얻은 금액의 범위 안에서 국채 또는 차입금으로써 충당할 수 있다"고 규정하고 있다. '세입 내 세출'이 원칙이지만 부득이한 경우 국

표 2-28 공적연금의 기여금 부담률

유 형		총 부담률	분담 비율
공무원연금		기준소득월액의 18%	공무원 9% + 국가 9%
군인연금		기준소득월액의 14%	군인 7% + 국가 7%
사학연금		기준소득월액의 18%	개인 9% + 법인 9%
국민연금			
	사업장 가입자	기준소득월액의 9%	근로자 4.5% + 사용자 4.5%
	지역가입자, 임의 가입자	기준소득월액의 9%	가입자 9%

26) 이런 특성 때문에 OECD에서는 조세와 사회보장기여금을 합쳐 총조세부담액으로 발표하고 있다. 총조세부담률이 국민부담률을 의미함을 상기할 것.

채 · 차입금의 보전재원을 이용할 수 있다.

예산총칙에는 국채발행 한도액(액면가 기준)과 차입금 한도액이 규정되어 있으며, 국회의 의결을 받는다. 다만, 당해 연도에 발행한 국채를 차환하기 위한 국채발행액은 그 한도액에 포함되지 않는다.

그런데 재정의 조기집행이나 긴급재난지원금 지급과 같은 일시적 재정수요를 충당하기 위한 한국은행으로부터의 일시 차입이나 재정증권 발행은 보전재원으로 볼 수 없다. 일시 차입금과 재정증권은 당해 연도 세입으로 상환하도록 되어 있기 때문이다. 일시 차입금과 재정증권도 예산총칙에 한도액을 규정하고 있으며, 국회 의결을 받는다.

2. 조세구조

1) 조세의 분류

(1) 국세와 지방세

조세는 기준에 따라 다양하게 분류할 수 있다.[27] 먼저 과세 주체에 따라 국세와 지방세로 분류된다. 국세는 중앙정부가 부과 · 징수하는 조세로서 14개의 세목이 있다.[28] 지방세는 지방정부가 부과 · 징수하는 조세로서 11개의 세목이 있다.[29]

국세는 소득세법, 법인세법, 종합부동산세법 등과 같이 13개 개별 세법의 적용을 받는다.[30] 일반 세법으로는 국세기본법, 국세징수법, 조세특례제한법, 조세범처벌법, 조세범처벌절차법, 국제조세조정법이 있다. 반면에 지방세의 11개 세목에 대한 부과 · 징수는 지방세법의 적용을 받는다.[31]

(2) 보통세와 목적세

조세는 세수의 용도에 따라 보통세와 목적세로 구분한다. 보통세는 세수의 용도를 특정하지 않고 일반경비에 충당하는 조세이다. 목적세는 세수의 용도를 특정하여 그 특

27) 여기서 제시한 분류 외에 내국세-관세, 인세-물세, 종가세-종량세, 직접세-간접세 등의 분류 방법이 있다.
28) 2022년부터 교통 · 에너지 · 환경세가 개별소비세에 통합되어 국세는 13개 세목이 된다.
29) 11개 지방세목은 다음과 같다. 취득세, 등록면허세, 레저세, 담배소비세, 지방소비세, 주민세, 지방소득세, 재산세, 자동차세, 지역자원시설세, 지방교육세.
30) 상속세와 증여세는 '상속세 및 증여세법'의 단일 법률의 적용을 받는다.
31) 지방세의 경우 2011년 지방세법을 분법하여 지방세기본법, 지방세법, 지방세특례제한법의 3개 법률체제로 되어 있다.

정 경비에만 충당하는 조세이다. 국세의 목적세로는 농어촌특별세, 교육세, 교통・에너지・환경세(2022년 폐지)[32]가 있다.

(3) 독립세와 부가세

독립된 세원의 존재 여부에 따라 독립세와 부가세(sur tax)로 분류한다. 독립세는 독립된 세원에 과세되는 조세로서 부가세 외의 모든 조세가 여기에 해당한다. 부가세는 다른 조세에 일정률을 부가하여 과세하는 조세이다. 국세에는 교육세와 농어촌특별세가 있다. 교육세는 개별소비세, 교통・에너지・환경세, 주세 등에 대해 일정률을 부과한다. 농어촌특별세는 국세인 개별소비세, 종합부동산 외에 지방세인 취득세와 레저세에 부가하며, 조세감면액과 증권거래금액에도 부가한다.

2) 국세의 구조 및 현황

국세는 중앙재정의 핵심 재원이다. 국가재정법(제18조)은 국가의 세출은 국채・차입금 외의 세입을 그 재원으로 하는 '세입 내 세출' 원칙을 천명하고 있다. 2021년 본예산을 보면 총수입 482.6조 원 중 국세 비중이 282.7조 원으로 58.6%를 차지한다.

국세 중에서도 소득세, 법인세, 부가가치세의 3개 세목이 전체 국세 수입의 75% 내외를 차지하는 핵심 세목이다.[33] 국세 중에서 12개 세목은 일반회계 재원이 되지만 2개 세목은 특별회계 재원에 전입된다. 주세는 국가균형발전특별회계, 농어촌특별세는 농어촌구조개선특별회계에 전입된다. 교육세 중 일부는 유아교육지원특별회계에 전입된다.

그리고 국세 수입이지만 중앙재정에 사용하지 않고 지방재정에 교부되는 세목도 있다. 종합부동산세는 부동산교부세로 전액 지방재정에 교부된다. 교육세도 지방교육재정교부금 재원으로 지방교육재정에 교부된다.

---

32) 교통・에너지・환경세는 1994년부터 목적세로 운영되어 왔으나 재정운영의 경직성을 초래하고 유류에 대한 과세체계를 복잡하게 하는 등의 문제점 때문에 2022.1.1부터 폐지하고 개별소비세에 통합됨.

33) 소득세, 법인세, 부가가치세 비중을 보면 2019년 77.2%, 2020년 74.8%, 2021년(예산) 74.2%이다.

표 2-29 세목별 국세수입 현황

(단위: 조 원)

세 목	2019	2020	2021	비 고
총 국세	293.5	285.5	282.7	
1. 소득세	83.6	93.1	89.8	
2. 법인세	72.2	55.5	53.3	
3. 부가가치세	70.8	64.9	66.7	2020년부터 부가가치세 총액의 21% 지방이양 → 지방소비세
4. 개별소비세	9.7	9.2	10.1	
5. 상속·증여세	8.3	10.4	9.1	
6. 증권거래세	4.5	8.8	5.1	
7. 인지세	0.8	1.0	0.9	
8. 관세	7.9	7.1	8.3	
9. 교통·에너지·환경세	14.6	14.0	15.7	2022년부터 폐지하고 개별소비세에 통합
10. 교육세	5.1	4.7	5.3	지방교육재정교부금과 유아교육지원특별회계(일부재원) 전입
11. 종합부동산세	2.7	3.6	5.1	전액 부동산교부세로 지방재정에 교부
12. 주세	3.5	3.0	3.2	국가균형발전특별회계 전입
13. 농어촌특별세	3.9	6.3	5.5	농어촌구조개선특별회계 전입
■ 과년도수입	5.9	4.2	4.6	

주1: 2019, 2020년은 실적치, 2021년은 본예산.
주2: 교육세 중 해당 회계연도의 예산으로 정하는 금액을 일반회계로부터 유아교육지원특별회계에 전입.
자료: 국회예산정책처. 2021년 경제재정수첩에서 발췌 및 보완.

☞ 세목별 수입 규모를 평가하고 재정수입 증대 방안에 대해 논의해보자.

재정제도론

학습 포인트

1. 본예산 · 추가경정예산 · 수정예산
2. 준예산 · 가예산 · 잠정예산
3. 조세지출 예산제도
4. 성인지 예산제도

제 1 절 예산의 종류

우리는 이미 재정의 기본 구조를 살펴본 바 있다. 그러나 재정은 매우 다양한 형태로 운영되고 있으며, 각국은 실정에 맞는 나름대로의 재정제도를 갖고 있다. 여기서는 우리나라에서 운영되고 있는 예산의 종류를 중심으로 살펴보기로 한다.

1. 예산 성립 시기에 따른 종류: 본예산 · 추가경정예산 · 수정예산

1) 본예산

본예산은 정기국회에서 다음 회계연도 예산에 대해 의결 · 확정한 예산을 말한다. 당초예산(當初豫算)이라고도 부른다. 본예산은 새로운 회계연도를 위해 최초로 성립된 예산이다. 예산 단일성의 원칙에 의하면 예산은 본예산에 의해서만 집행되어야 하지만 불가피한 사유로 인해 예산을 수정할 필요가 생긴다. 이를 위해 마련한 제도가 추가경정예산과 수정예산이다.

2) 추가경정예산

정부는 예산이 성립된 후에 생긴 사유로 인해 이미 성립된 예산에 변경을 가할 필요가 있을 때에는 추가경정예산안을 편성하여 국회에 제출할 수 있다. 추가경정예산은 본예산을 집행하는 과정에서 예산 변경의 사유가 발생했을 때 편성한다는 점과 반드시 국회의 심의 · 의결을 받아야 하는 점이 특징이다. 일반적으로 예기치 못한 사유가 발생해 예산 변경이 필요한 경우 예비비로 충당하거나 이용(移用) · 전용(轉用)을 이용해야 하지만 이것으로 감당하기 어려운 재원은 추경예산 편성의 사유가 된다.

2007년 발효된 국가재정법에는 재정건전성 확보 차원에서 추경예산 편성을 극히 제한적으로 허용하고 있다. 추경예산 편성이 가능한 경우는 다음의 세 가지 경우에 한정된다(국가재정법 제89조).

① 전쟁이나 대규모 재해(자연재난과 사회재난의 발생에 따른 피해)가 발생한 경우

② 경기 침체, 대량실업, 남북 관계의 변화, 경제 협력과 같은 대내 · 외 여건에 중대한 변화가 발생했거나 발생할 우려가 있는 경우

③ 법령에 따라 국가가 지급해야 하는 지출이 발생하거나 증가하는 경우

그리고 정부는 국회에서 추경예산이 확정되기 전에 이를 미리 배정하거나 집행할 수 없도록 하고 있다.

추가경정예산은 예산 단일성의 원칙의 예외로서 빈번하게 편성될 경우 국회의 행정부에 대한 통제가 약화되고, 국민의 예산에 대한 이해를 곤란하게 하며, 예산 팽창의 원인이 된다. 따라서 추경예산은 예산 변경의 불가피한 사유가 발생한 경우를 제외하고는 가급적 편성 횟수를 최소화하는 것이 바람직하다. 따라서 국가재정법에서 추경 편성을 제한하는 것은 바람직하다고 볼 수 있다.

추경을 편성하기 위한 재원은 사정에 따라 다르지만 지금까지의 관행을 보면 전년도 세계잉여금, 당해 연도 세수 증가분, 공기업 주식 매각 수입, 한국은행 잉여금 등으로 마련하고 있다. 필요한 경우 국채를 발행할 수도 있다.

추경예산은 본예산과 별개로 성립되지만 일단 성립되면 본예산과 추경예산은 하나로 통합되어 운영된다. 따라서 특정 회계연도의 예산총액을 파악하려면 본예산과 추경

표 3-1 추가경정예산의 편성 횟수

연 도	횟 수	연 도	횟 수	연 도	횟 수	연 도	횟 수	연 도	횟 수
1948	–	1964	1	1979	1	1994	1	2009	1
1949	3	1965	3	1980	1	1995	1	2010	–
1950	7	1966	2	1981	1	1996	1	2011	–
1951	3	1967	2	1982	1	1997	1	2012	–
1952	2	1968	2	1983	–	1998	2	2013	1
1953	3	1969	3	1984	1	1999	2	2014	–
1954	3	1970	1	1985	1	2000	1	2015	1
1955	2	1971	1	1986	–	2001	2	2016	1
1957	–	1972	3	1987	1	2002	1	2017	1
1958	1	1973	–	1988	1	2003	2	2018	1
1959	–	1974	1	1989	1	2004	1	2019	1
1960	2	1975	1	1990	2	2005	1	2020	4
1961	4	1976	1	1991	2	2006	1		
1962	3	1977	2	1992	1	2007	–		
1963	3	1978	1	1993	–	2008	1		

예산의 액수를 합산해야 한다. 추가경정예산을 제출하는 경우에는 그 첨부서류의 일부 또는 전부를 생략할 수 있다.

추가경정예산이 편성된 횟수를 보면 1950년대와 1960년대에는 매년 2~3회 정도이나 1970년대 이후에는 1회 또는 2회 편성되고 있다. 특히 6·25 전쟁이 일어났던 1950년(7회)과 5·16 쿠데타가 일어났던 1961년(4회)에는 다른 연도보다 많은 횟수의 추경예산을 편성했다. 그 후 2020년 코로나19 팬데믹이 발생한 위기 상황에서 4회 편성으로 가장 많은 횟수를 기록하고 있다.

3) 수정예산

수정예산은 정부가 예산안을 국회에 제출한 후 예산이 아직 최종 의결되기 전에 국내·외의 사회경제적 여건 변화로 예산안의 내용 중 일부를 변경할 필요성이 있을 때 편성하는 예산이다. 국가재정법 제35조는 "정부는 예산안을 국회에 제출한 후 부득이한 사유로 인하여 그 내용의 일부를 수정하고자 할 때에는 국무회의의 심의를 거쳐 대통령의 승인을 얻어 수정예산안을 국회에 제출할 수 있다"고 규정하고 있다. 예산편성이 시작되는 시점과 예산안의 국회 제출 시점 간에 상당한 시차가 존재하기 때문에 예산 변경이 필요할 만큼 사회경제적 환경이 달라질 수 있다. 이 경우 정부가 이미 국회에 예산안을 제출한 후라도 수정예산안을 제출할 수 있도록 마련한 제도가 수정예산이다. 수정예산을 제출하는 경우에는 그 첨부서류의 일부를 생략할 수 있다.

수정예산은 정부가 예산안을 국회에 제출한 후 예산안이 아직 국회에서 의결되기 전에 제출되므로 상임위원회와 예산결산특별위원회의 심사를 받아야 한다. 이미 제출한 예산안에 대한 예비심사 또는 종합심사가 진행 중인 때에는 이미 제출한 예산안과 함께 수정예산안을 심사해야 한다. 이미 제출한 예산안의 심사가 종료된 경우에는 별도 수정예산안에 대한 소관 상임위의 예비심사와 예산결산특별위원회의 종합심사를 받아야 한다.

1970년도 예산(국회 제출일 1969.11.19), 1981년도 예산(국회 제출일 1980.10.28), 2009년도 예산(국회 제출일 2008.11.7)의 경우 수정예산이 제출된 바 있다.

2. 예산 불성립 시의 종류: 준예산 · 가예산 · 잠정예산

1) 준예산

준예산은 본예산이 회계연도 개시 전까지 입법부를 통과하지 못하는 경우에 행정부는 예산안이 입법부에서 의결될 때까지 특정 경비에 한해서 전년도 예산에 준해 지출할 수 있도록 만든 제도다.

헌법 제54조 제3항에 따르면 새로운 회계연도가 개시될 때까지 예산안이 의결되지 못한 때에는 정부는 국회에서 예산안이 의결될 때까지 다음의 목적을 위한 경비는 전년도 예산에 준해 집행할 수 있다.

① 헌법이나 법률에 의해 설치된 기관 또는 시설의 유지 · 운영

② 법률상 지출 의무의 이행

③ 이미 예산으로 승인된 사업의 계속

원래 본예산은 회계연도 개시 30일 전까지 국회에서 심의 · 의결되어야 한다. 그러나 국회 예산심의의 법정 시한이 회계연도 개시 30일 전까지이지만 준예산은 회계연도 개시일 전까지 의결되지 못할 경우에 편성된다는 점을 유의할 필요가 있다. 그리고 준예산은 잠정예산이나 가예산과 달리 국회의 의결을 필요로 하지 않는다. 이 점에서 준예산은 예산의 사전 의결의 원칙의 예외가 된다. 준예산에 의해 집행된 예산은 당해 연도의 예산이 확정되면 그 확정된 예산에 의해 집행된 것으로 간주한다(국가재정법 제55조 제2항).

1948년 정부수립 이후 가예산 제도를 이용했으나 1960년부터 준예산제도를 채택하고 있다. 실제로 준예산을 사용해 본 적은 없다.

2) 가예산

가예산(假豫算)제도는 1948년 정부수립 이후부터 1960년 제3차 헌법 개정 전까지 이용되었던 제도다. 당시의 헌법에는 부득이한 사유로 인해 예산이 의결되지 못한 때에는 국회는 1개월 이내의 가예산을 의결하고 그 기간 내에 예산을 의결해야 한다고 규정하고 있었다.

가예산제도는 이용 기간이 1개월이라는 점과 사전에 국회의 의결을 얻어야 한다는 점

이 특징이다. 가예산제도는 프랑스의 잠정 1/12 예산제도에서 유래한 것이다. 우리나라는 1949년부터 1955년까지 1954년 한 해만 빼고 매년 가예산을 편성한 바 있다.

3) 잠정예산

회계연도 개시 이전까지 입법부에서 본예산이 의결되지 않았을 때 이에 대처하는 방안으로서 잠정예산(暫定豫算)제도를 사용하고 있는 국가가 많다.[1] 잠정예산은 본예산이 성립되지 않을 때 잠정적으로 예산을 편성하여 의회에 제출하고 의회의 사전 의결을 얻어 사용하는 제도다. 잠정예산은 내각제 국가에서 많이 이용하고 있지만 나라마다 운영 형태가 약간씩 다르다.

영국의 경우 회계연도 개시일(4월 1일)이 지난 7월 말까지도 본예산(Main Supply Estimates)에 대한 의회 심의가 끝나지 않은 경우가 대부분이므로 잠정예산안(Vote on Accounts)을 제출하는 경우가 관행으로 되어 있다. 예산서가 의회에서 의결되었다고 해도 예산집행에 대한 결정이 마무리되는 것은 아니다. 구체적인 지출은 의회에서 입법한 법률에 의해 법적인 자격을 갖춰야 하기 때문이다. 이 기간 중에는 총예산의 1/3을 차지하는 잠정예산 내에서 집행하며 회계연도 개시와 함께 새로운 예산 지출이 필요한 경우에는 사전에 특별예산서(Special Estimate)를 제출해 승인을 받는다.

내각제를 택하고 있는 영국에서는 예산편성의 내용이 예산심의 과정에서 크게 변경되지 않기 때문에 이 제도가 별 무리 없이 이용되고 있다. 잠정예산제도는 예산편성 시점과 집행 시점 간의 시차를 줄임으로써 예산편성의 예측력을 높일 수 있는 장점이 있다.

일본은 영국처럼 잠정예산을 상례로 편성하지는 않으나 부득이한 경우에 예외적으로 이용하고 있다. 이를 위해 잠정예산의 사용 요건을 좀 더 엄격하게 규정하고 있다. 일본의 경우에도 잠정예산은 의회의 의결을 필요로 하며, 그 성질상 본예산이 성립할 때까지 필요한 최소 한도의 경비에 한정되어 편성된다. 그리고 본예산이 성립되면 잠정예산은 실효되고 본예산에 흡수된다.

미국은 12개의 세출예산법이 회계연도 개시 이전까지 성립되지 않는 경우가 많아서 잠정예산을 자주 편성하게 된다. 본예산이 회계연도 개시일까지 성립되지 않을 때에는 전년도 세출예산을 기준으로 하여 양원의 합동 결의를 거쳐 잠정예산법안(Continuing Appropriation Act)을 작성한다. 미국의 잠정예산은 특별히 기간을 정하는 경우도 있으

1) 국가별로 명칭은 다르지만 동일한 제도임을 감안하여 잠정예산이라고 부르기로 한다.

며, 본예산 성립 시까지 유효로 하는 경우도 있다. 잠정예산의 예산액은 전년도 수준, 대통령 요구액, 상하 양원의 어느 한쪽에서 승인된 세출예산액 중 금액이 낮은 것을 기준으로 하여 제정된다(김동건 외, 1992: 21).

3. 조세지출 예산제도

1) 조세지출의 개념과 유형

(1) 개념 정의

조세지출(tax expenditures) 개념은 미국 재무부의 조세정책 담당 차관보였던 서레이(Stanley S. Surrey)에 의해 고안되었으며, 1968년에 미국 재무부가 의회에 제출한 예산 문서에서 처음으로 사용되었다.

미국의 1974년 의회예산법(The Congressional Budget and Impoundment Act)에는 조세지출을 "현실의 총소득에 특별비과세, 특별면제, 특별공제를 허용하거나 또는 특별한 세액공제, 특혜적 세율, 또는 세 부담의 이연을 허용하는 연방정부의 세법 규정 때문에 야기되는 세수 손실"로 정의하고 있다. 이 개념을 고안한 서레이도 "조세지출은 각종 사회적·경제적 목적을 달성하기 위해 세제를 통해 이뤄지는 정부 지출을 지칭하는 연방세제법상의 특례규정"이라고 정의내린다.

우리나라 조세특례제한법(제142조의2)에는 "조세 감면·비과세·소득공제·세액공제·우대세율 적용 또는 과세 이연 등 조세특례에 따른 재정 지원"을 조세지출이라고 정의내리고 있다. 조세지출은 실정법상 세목이 규정된 조세에 한해서 파악되며, 합법적인 세수 손실을 지칭하고 탈세 등 불법적 방법에 의한 세수 손실은 조세지출로 보지 않는다. 조세지출은 조세특례제한법과 소득세법, 법인세법 등의 개별 세법에 규정되어 있다.

통상적 예산상의 모든 지출이 직접 지출이라면 세제상의 특혜를 통한 지원은 간접 지출이라고 볼 수 있다. 따라서 세제상의 특혜를 준 것은 그만큼 보조금을 준 것과 같다는 의미에서 '숨겨진 보조금(hidden subsidies)'이라고 부르기도 한다.

조세지출이란 각종 사회적·경제적 목적을 달성하기 위해 세제상의 혜택을 통해 특정 활동 또는 특정 집단에 지원을 해 주는 것을 말한다. 조세지출을 도입한 목적은 특정 활동을 지원하거나(예: 첨단 기술에 대한 투자 촉진), 특정 집단을 지원하거나(예:

중소기업자, 농어민 등에 대한 지원), 또는 일반 납세자의 조세 부담을 경감해 주기 위해서(예: 기초 공제, 배우자 공제 등의 각종 공제제도) 등이다.

(2) 조세지출의 유형

조세지출은 조세우대 조치로서, 세법 규정에서 여러 가지 방법으로 이뤄진다. 조세지출은 영구적으로 세부담을 경감하는 직접 감면과 일정 기간 과세를 연기하는 간접 감면으로 구분할 수 있다(2021년도 조세지출예산서).

직접 감면에는 ① 비과세, ② 소득공제,[2] ③ 세액공제,[3] ④ 세액감면, ⑤ 저율과세, ⑥ 기타 감면으로 근로장려금, 자녀장려금, 부가가치세 영세율 · 면제 등이 있다. 간접 감면에는 ⑦ 준비금,[4] ⑧ 과세이연, ⑨ 이월과세 등이 있다.

2) 국세 감면의 한도

국가재정법(제88조)에는 기획재정부 장관은 국세 감면율이 일정 비율 이하가 되도록 노력해야 한다고 규정하고 있다. 이 규정은 강제규정이 아닌 권고 규정이다. 지나친 조세지출은 재정건전성을 해치거나 특혜를 확대하는 경향이 있기 때문에 제한할 필요가 있다. 조세지출을 통제하기 위해 감면율 한도 설정 외에 일몰 규정을 두거나 새로운 국세감면을 요청할 때 감면액을 보충하기 위한 기존 국세 감면의 축소 또는 폐지 방안이나 재정지출의 축소 방안 등을 제출하게 하는 방안이 마련되어 있다.

국세 감면율과 법정 한도는 다음과 같이 계산된다.

국세 감면율=국세 감면액/(국세수입 총액+국세 감면액)
국세 감면율 법정 한도=직전 3년 국세 감면율 평균+0.5%p

2021년 조세지출예산서를 보면 국세 감면율이 2019년 13.9%, 2020년 15.4%, 2021년 15.9%로 법정 한도를 상회하고 있다.

---

2) 소득공제는 과세소득에서 일정 금액을 공제하는 것.
3) 세액공제(tax credit)는 계산된 세액에서 일정 세액을 공제하는 것.
4) 준비금(reserves)은 기업이 특정한 목적을 위하여 준비금을 사내 적립하는 경우 그 사내 적립금을 일정 기한 손비로 인정하여 과세를 연기하는 것.

표 3-2 국세 감면액 및 국세 감면율

(단위: 억 원, %)

구 분	2019년(실적)	2020년(전망)	2021년(전망)
• 국세 감면액(A)	495,700	538,905	568,277
• 국세수입 총액*(B)	3,066,963	2,968,802	3,005,354
• 국세 감면율[A/(A+B)]	13.9	15.4	15.9
• 국세 감면율 법정 한도	13.3	13.6	14.5

주*: 국가재정법 시행령 제41조 개정(2020.6)으로 국세 수납액에 지방소비세액을 포함한 금액.
자료: 기획재정부. 2021년도 조세지출예산서.

3) 조세지출 예산제도

(1) 의 의

조세지출 예산(tax expenditure budget)이란 조세지출로 인한 세수 감소액을 종합 분류해 체계적으로 나타낸 것을 말한다. 조세지출은 세출예산상의 보조금과 같은 경제적 효과를 초래하므로 보조금 형태의 직접 지출이 매년 국회 심의를 거치는 것과 마찬가지로 조세지출도 매년 국회의 계속적인 심의 대상이 되어야 한다는 인식에서 조세지출 예산제도가 탄생했다.

조세지출 예산제도는 서독에서 1967년 처음 도입되었다. 미국의 경우 조세지출 예산제도는 1974년의 예산개혁법(Budget Reform Act)에서 대통령의 예산 제출 시 조세지출의 내용과 금액을 매년 함께 제출하도록 제도화했다. 조세지출 예산은 미국 의회의 합동조세위원회(Joint Committee on Taxation: JCT)와 의회예산처(CBO)에 의해 매년 집계되고 있다.

그 후 각국의 조세지출 예산제도의 도입 현황을 보면, 스페인이 1978년, 영국과 캐나다가 1979년, 포르투갈이 1980년, 프랑스와 호주가 1981년에 도입했다(최광, 1984: 178). 그러나 각국의 조세지출예산제도의 운영 방식은 다양하다.

우리나라는 1999년부터 2009년까지 직전 연도와 당해 연도의 국세 감면 실적 및 추정금액을 조세지출보고서로 작성하여 공표하였다. 2010년부터는 국가재정법, 2013년도부터 조세특혜제한법에 따라 직전 · 당해 · 다음 연도의 3개 연도 조세지출의 추정 금액을 기능별 · 세목별로 분석한 조세지출예산서를 예산안의 첨부서류로 국회에 제출해야 한다. 조세지출보고서 형태에서 조세지출예산서 형태로 바뀌어 예산안 첨부서류로 국회에 제출된다. 그러나 국회 심의 · 의결 사항은 아니다. 조세지출예산서는 조세지출 규모와 내역을 파악함으로써 재정운용의 효율성을 제고하고 비과세·감면제도의 정비 현황 및 개선 방안을 모색할 수 있다는 점에 의의가 있다.

(2) 분류 체계

조세지출 예산제도는 재원배분의 효율성 및 재정운영의 투명성을 제고하기 위해 다양한 분류 방식을 사용한다. 나라마다 분류 체계가 다르지만 대체로 다음과 같은 분류 방식이 이용된다.

① 세목별 분류

세목별로 조세지출의 규모와 내용을 밝히는 분류로서 모든 국가는 모두 일차적으로 이 분류 방법을 채택하고 있다. 우리나라도 세목별 조세지출 내역을 담고 있다. 미국의 조세지출 보고서는 개인소득세, 법인세, 상속증여세의 세목별 조세지출 내역을 제시하고 있다. 그러나 대부분의 국가는 이 분류 방법 외에 추가적인 분류 방법을 이용하나 영국, 아일랜드, 네덜란드 등의 국가는 이 분류 방법만을 채택하고 있다.

② 기능별 분류

세출예산과 마찬가지로 그 지출의 기능이 무엇인가를 기준으로 분류하는 방식이다. 그런데 조세지출은 세출예산과 같이 기능별로 분류하는 데에는 일정한 한계가 있다. 이에 따라 스페인, 벨기에, 오스트리아 등에서는 기능별 분류를 포기하거나 매우 광의의 기능별 분류를 채택하고 있다.

③ 수혜자별 분류

조세지출의 수혜자를 업종별 또는 기업과 개인별 등의 기준에 의해 분류하는 방법이다. 미국의 조세지출 예산제도의 경우 법인과 개인별로 분류하고 있다. 프랑스는 수혜자의 범주를 가계와 기업으로 구분한다.

그런데 조세지출 예산에 명시된 수혜자는 실질적 수혜자가 아닌 경우가 많다. 예컨대, 주택 소유에 대한 조세 지원의 일차적 수혜 대상자는 주택 소유자이지만 사실상의 수혜자는 건설업자나 주택할부 금융업자로 나타나게 된다. 이와 같은 특성 때문에 대부분의 국가에서는 수혜자별 분류에 나타난 수혜자는 최종적인 수혜자가 아니라고 선언하고 있다.

④ 기타 분류

이상의 분류 체계 외에도 여러 분류 방법이 이용되기도 한다. 독일은 산업 부문별 분류와 지원 목적별 분류를 하고 있다.

(3) 우리나라 조세지출 예산서

우리나라 조세지출예산서는 기능별, 세목별, 수혜자별, 감면 방법별 등의 분류를 통한 분석 보고서 형태로 구성된다.

기능별 분류는 16개 분야별로 조세지출을 분류한다. 2021년 전망치를 보면 사회복지(33.7%), 산업 · 중소기업 · 에너지(27.1%), 보건(13.6%), 농림수산(10.6%)의 4개 분야 비중이 85%를 차지한다. 세목별 분류를 보면 2021년 전망치 기준 소득세(59.2%), 부가가치세(19.1%), 법인세(17.2%)의 3개 세목이 95.4%를 차지한다.

수혜자별 분류는 근로소득자, 농어민 · 고령자 · 장애인 등 취약 계층과 고소득자의 개인과, 중소기업, 중견기업 등의 기업으로 구분한다. 2021년 전망치에 의하면 개인 59.8%, 기업 39.4%의 비율로 수혜를 보는 것으로 분석된다. 개인 중에서는 중저소득자 68.2%, 고소득자 31.2%, 기업 중에서는 중소기업 70.0%, 중견기업 3.3%, 상호출자제한기업 14.6%, 기타 기업 12.1%의 비율로 수혜를 보는 것으로 분석된다. 감면방법별 분류는 2021년 전망치 기준 세액 공제(25.4%)와 소득 공제(21.4%)가 절반 가까이 되며, 세액 감면(11.9%), 근로 · 자녀장려세제(9.1%) 순이다.

4. 성인지 예산제도

1) 의 의

성인지 예산제도(gender budgeting)는 예산 과정에 대한 성 주류화의 적용이다. 모든 수준의 예산 과정에서 젠더 관점을 결합하고 성평등을 위하여 세입과 세출을 재구조화하는 것이다. 성인지 예산은 여성을 위한 별도의 예산이 아니라 여성과 남성에 대한 예산의 차별적 효과를 분석하여 성차별을 개선하도록 재정운용에 반영하기 위한 제도다. 성인지 예산제도는 1995년 북경 세계여성대회에서 성주류화 전략의 주요 의제로 채택되면서 많은 국가들이 다양한 방식으로 도입 운용하고 있다.

우리나라는 2010년도 예산부터 성인지 예산제도가 도입되었다.[5] 국가재정법(제26조)에는 "정부는 예산이 여성과 남성에게 미칠 영향을 미리 분석한 보고서(성인지 예산서)

를 작성하여야 한다", 그리고 "성인지 예산서에는 성평등 기대효과, 성과 목표, 성별 수혜분석 등을 포함하여야 한다"고 규정하고 있다. 성인지 예산서는 예산안 첨부서류로 국회에 제출된다. 국가재정법(제16조)에는 성인지 예산서의 논거인 "정부는 예산이 여성과 남성에게 미치는 효과를 평가하고, 그 결과를 정부의 예산편성에 반영하기 위해 노력해야 한다"는 예산 원칙을 천명하고 있다.

성인지 예산서는 결산이 완료되면 성인지 결산서를 작성하여 결산보고서의 부속서류로 국회에 제출된다. 국가재정법(제57조)에는 "정부는 여성과 남성이 동등하게 예산의 수혜를 받고 예산이 성차별을 개선하는 방향으로 집행되었는지를 평가하는 보고서를 작성해야 한다. 성인지 결산서에는 집행 실적, 성평등 효과분석 및 평가 등을 포함해야 한다"고 규정하고 있다. 국가회계법(제15조의2)에는 성인지 결산서를 결산보고서의 부속서류에 포함하고 있다.

우리나라 양성평등 정책은 1995년 여성발전기본법이 제정되면서 제도화되었다.[6] 여성발전기본법에 근거해 정책 및 사업에 대한 성별영향분석평가제도가 2005년부터 시행되었으며, 2011년에는 성별영향분석평가법이 제정되고, 2018년 성별영향평가법으로 개정되었다. 성인지 예산제도는 성별영향평가제도와 연계하여 상호 보완적으로 운영되고 있다.

2) 성인지 예산서 체계

(1) 성인지 예산의 대상 범위

성인지 예산은 이론적으로 모든 수준의 예산이 대상이다. 즉, 예산과 기금, 세입과 세출, 그리고 국가재정 운용계획이 포함된다. 또한 중앙정부와 지방정부의 일반정부뿐만 아니라 공기업 예산도 포함된다. 더 나아가 예산 과정도 성인지 예산의 대상이 될 수 있다. 모든 재정자원은 성별영향평가와 그 결과의 재정운용에의 반영이 필요하기 때문이다.

우리나라 성인지 예산서는 일반회계 및 특별회계의 예산과 기금[7]이 작성 대상이다. 예산이든 기금이든 세출이 대상이며, 세입은 대상이 아니다. 중앙정부와 지방정부는 성

5) 지방정부는 2013년도 예산부터 도입되었다.

6) 여성발전기본법은 양성평등기본법으로 개정(2014년 5월 국회 통과)되었으며, 2015년 7월부터 발효됨.

7) 성인지 기금운용계획서는 2011년부터 시행.

인지 예산서 작성 대상이지만 공공기관은 포함되지 않는다. 국가재정 운용계획도 대상이 아니며, 성인지 예산서에 예산 과정에 대한 분석도 이루어지지 않는다. 앞으로의 과제는 성인지 예산서 작성 대상을 확대하는 일이다.

(2) 성인지 예산 대상사업의 선정

성인지 예산서를 작성할 때에는 모든 사업을 대상으로 하지 않고 대상사업을 선정한다. 대상사업은 기획재정부가 여성가족부 및 해당 중앙관서 등과의 협의를 거쳐 매년 선정한다. 이들 사업은 프로그램 예산에서의 세부사업을 중심으로 선정한다.

성인지 예산 대상사업은 직접목적 사업과 간접목적 사업으로 구분한다. 직접목적 사업은 부처 성평등 목표 달성에 직접적으로 기여하는 사업으로서, 여성만을 대상으로 하거나 여성에 대한 적극적 조치를 포함하고 있는 사업을 말한다. 여기에는 제2차 양성평등정책기본계획('18~'22) 추진사업, 기본계획에 포함되어 있지 않지만 양성평등을 목적으로 하는 사업을 포함한다. 간접목적 사업은 사업 본래의 고유목적이 있고, 성평등을 일차적 목적으로 하지는 않지만, 사업 수행의 결과가 간접적으로 성평등에 영향을 줄 수 있는 사업이다. 여기에는 전년도 성별영향평가 결과에 따라 개선이 필요한 사업, 재원배분을 통해 양성평등 실현에 기여하는 사업 등을 포함한다.

2020년도 성인지 예산서 작성 시부터 성평등 추진 중점사업을 포함한다. 2021년도 중점사업으로는 가정폭력, 성폭력, 성매매, 디지털 성폭력, 데이트폭력, 스토킹 등 여성폭력에 관한 사업으로 32개 사업이 선정되었다.

(3) 성인지 예산서 양식

성인지 예산서에는 다음과 같은 항목이 포함된다. ① 성평등 목표, ② 사업 총괄표, ③ 사업별 설명자료다. 성평등 목표에는 양성평등정책기본계획의 정책과제 및 부처별 주요 정책과 연계된 목표가 제시된다. 사업 총괄표에는 회계, 세부사업명, 예산 현황이 포함된다. 사업별 설명자료에는 각 사업별로 사업 내용인 사업명, 당해 연도 예산, 사업유형, 사업 목적, 정책대상, 사업 내용, 성평등 목표, 성평등 기대효과, 성별 수혜 분석, 성과 목표가 제시된다.

그런데 성인지 예산의 핵심 정보라고 볼 수 있는 성별 수혜 분석 정보가 매우 미흡한 실정이다. 실효성을 높일 수 있는 성별 수혜 분석 및 성과지표의 개발이 필요하다.

제 2 절 재정과 법률

학습 포인트

1. 예산의 법적 성격
2. 예산과 법률의 차이
3. 재정 관계 법규 체계

1. 예산의 법적 성격

예산은 매년 편성되어 법률과 같이 국회의 심의를 거쳐 확정된다. 국회의 예산심의와 관련한 예산의 효력 측면에서 그 근거에 관한 논란이 있다. 소위 예산의 법적 성격에 관한 논의다. 이러한 예산의 법적 성격에 관한 논의에는 세 가지 학설이 있다(김철수, 1992: 378-379).

첫째, 예산 승인설이다. 재정 처리의 기능은 본래 행정에 속하고, 예산은 국회가 행정부의 지출에 대해 사전 승인을 부여하는 수단이라고 보는 견해다. 예산 승인설에 의하면, 법률은 국민의 권리와 의무에 관해 규정하는 것이 본질임에 반해, 예산은 국회가 일년 간의 정부재정행위에 관해 사전에 승인을 부여하는 형식에 지나지 않기 때문에 정부를 구속할 뿐이고 국가와 국민 간, 또는 국민의 권리 의무를 규율하는 법규범은 아니다.

둘째, 예산 법형식설이다. 예산은 국가의 재정행위에 대해 국회의 의결을 통해 정립되는 하나의 국법 형식이라고 보는 견해다. 법규범설이라고도 한다. 예산은 법률과는 다르지만 입법기관으로서의 국회가 의결하는 국법 형식의 하나이므로 국가와 국민 간의 관계에서는 아니지만 정부에 대해 법적 구속력을 갖는다고 주장한다. 따라서 예산은 단순한 세입세출의 견적표가 아니라 정부가 수행하는 재정행위를 구속하는 준칙이다. 오늘날 우리나라의 다수설이다.

셋째, 예산 법률설이다. 예산은 실질적으로 법률 그 자체라고 해석하는 견해다. 예산과 법률은 그 최종 결정권이 모두 국회에 있다는 점에서 실질적인 차이가 없다는 논리적 전제에 입각해 있다. 우리나라의 경우 이 설에 따르면 헌법 제57조가 예산 수정에 제한을 두고 있는데, 이는 법률안 수정에 제한을 둘 수 없는 점을 고려할 때 예산이 법률이라고 하면 모순이 생기게 된다. 따라서 예산은 국법의 한 형식이긴 하나 법률이라고 볼 수는 없다.

우리나라는 예산 법형식설에 근거해 예산은 법률이 아닌 예산으로 성립하지만 대부분의 선진국들은 예산이 법률로써 의결된다.

미국의 경우 세출예산은 법률로써 성립한다. 헌법은 "국고로부터의 지출은 모두 법률로 정해지는 세출예산에 의해서만 행해진다"고 규정하고 있다. 이 법률에 해당되는 것이 세출예산법(Appropriation Acts)이다. 세출예산에는 연차예산(annual appropriations)과 항구예산(permanent appropriations)이 있다. 연차예산은 매년 입법 조치를 요하는 것으로서 세출예산법의 대상이 된다. 항구예산은 세출예산법 이외의 일반법의 법률로 정해지는 것으로서 한 번 입법화되면 자동적으로 지출이 허용된다. 연차예산은 대체로 소관별로 별개의 법률로 이뤄지고, 이에 따라 12개의 세출예산법이 성립한다. 세입은 세입법(Revenue Act)이 제정될 뿐이며, 세입예산은 의결의 대상이 아니다. 세입의 추계는 국회 심의의 자료로서 대통령이 제출하는 예산서에 기재되는 데 불과하다.

영국의 경우에도 세출예산은 법률로 통과되며, 세출예산법(Appropriation Act)과 통합국고법(Consolidated Fund Act)의 두 가지 종류가 있다. 매년 정부예산안(Supply Estimates)이 의회에 제출되면 심의를 거쳐 세출예산법으로 통과된다. 세출예산법은 지출항목(supply services)에 관한 지출 권한을 부여하는 법이다. 지출 항목은 방위비, 일반행정비 등과 같이 통합국고 지출 항목(consolidated fund services)을 제외한 일반적 경비를 말한다. 통합국고 지출 항목은 매년의 의결을 요하지 않고 법률에 의해 자동으로 지급되는 지출로서 국채 이자, 왕실비, 법관의 보수 등이 여기에 해당한다.

독일의 경우에도 연방예산은 연방정부가 편성하여 연방의회에서 법률로써 확정된다. 연방예산은 예산법, 총예산, 개별 예산 및 부속자료로 구성된다. 예산법은 세입세출 총액, 공채 발행 한도액, 채무보증 한도액 등을 명시하고, 이용 기타 예산집행 등에 관한 규정들을 포함한다. 총예산에는 첫째, 개별 예산의 세입, 세출 및 채무 부담 수권액, 둘째, 수지 차액의 계산, 셋째, 신용 수입 및 상환 지출 등이 나타나 있다. 개별 예산은 관 및 항으로 구분되는데, 각각 관마다 항별 목적 규정과 금액을 표 형식으로 나타내고, 이에 설명을 덧붙이고 있다. 부속 자료로서는 분류 예산, 기능별 예산, 세입 및 세출상의 별도 계정과 예산정원표 등이 있다.

2. 예산과 법률의 차이

헌법에는 법률 및 예산에 관한 최종 결정권은 국회에 있음을 명시하고 있다. 즉, 법률 의결권(제53조)과 예산심의 의결권(제54조) 규정이 그것이다. 그러나 양자의 의결 방식은 서로 다름을 인정하고 있다. 즉, 예산은 법률과는 다른 법 형식에 의해 의결되는 것이다. 이러한 예산과 법률의 차이를 정리해 보면 다음과 같다.

첫째, 예산은 정부만이 제안권을 갖고 있고 국회는 제안권을 갖지 않은 반면에, 법률은 정부와 국회 모두 제안권을 갖는다.

둘째, 법률은 제출 및 심의 기한에 제한이 없는 데 반해, 예산은 제출 및 심의 기한을 정해두고 있다.

셋째, 예산안을 심의할 때 국회는 정부가 제출한 예산안의 범위 내에서 삭감할 수 있으나, 정부의 동의 없이 지출예산 각 항의 금액을 증가하거나 새 비목을 설치할 수 없다. 그러나 법률안은 국회가 수정 증보할 수 있다.

넷째, 법률에 대해서는 대통령의 거부권 행사가 가능하지만 예산은 거부권을 행사할 수 없다.

다섯째, 법률은 공포로써 효력이 발생하지만 예산은 공포가 필요 없으며 국회 의결

표 3-3 예산과 법률의 비교

구분 기준			예 산	법 률
성립 절차	제출권자		정부	정부와 국회
	제출 기한		회계연도 개시 90일 전*	제한 없음
	심의	기한	회계연도 개시 30일 전	제한 없음
		범위	증액 및 신비목 설치 불가	자유로운 수정 가능
	거부권 행사		대통령의 거부권 행사 불가	대통령의 거부권 행사 가능
	공포		공포 불필요, 의결로 확정 행정부는 이를 공고	공포로서 효력 발생
효력	시간적 효력		회계연도에 국한	계속적 효력 발생
	대인적 효력		국가기관만 구속	국가기관 · 국민 모두 구속
	지역적 효력		국내 · 외 불구 효력 발생	원칙상 국내에 한정됨
	형식적 효력		예산으로 법률 개폐 불가	법률로써 예산 변경 불가

주*: 헌법에는 회계연도 개시 90일 전이지만, 국가재정법에는 120일 전으로 개정.

로 확정되고 대통령은 국민에게 공고할 뿐이다.

여섯째, 예산은 1회계연도에만 그 효력을 가지지만 법률은 계속적으로 효력이 발생한다.

일곱째, 예산은 국가기관을 구속할 뿐이고 법률과 같이 일반 국민을 구속하는 것은 아니다. 반면에 법률은 국가기관과 국민 모두 구속한다. 그리고 법률은 원칙적으로 국내에만 효력을 발생하는 데 반해, 예산은 국내·외에 모두 효력을 갖는다.

여덟째, 예산과 법률의 관계를 보면 예산으로 법률의 개폐가 불가능하고, 동시에 법률로써 예산 변경도 불가능하다.

3. 재정 관계 법규 체계

정부재정의 운영은 법의 테두리 안에서 이뤄지기 때문에 재정과 관련된 법의 내용을 일별해 볼 필요가 있다. 재정 관계 법규의 기초는 헌법이다. 헌법에 재정과 관련된 여러 규정이 있다. 그리고 재정 관련 기본 법률은 국가재정법이다. 그 밖에도 정부기업예산법, 각종 특별회계법, 공공기관운영법, 국회법, 국세기본법, 지방재정법 등이 있다. 또한 중앙정부에 복식부기·발생주의회계를 도입하면서 국가회계법이 제정되었다.[8)]

여기서는 헌법과 국가재정법·정부기업예산법·공공기관운영법의 내용에 대해서만 간단히 살펴보기로 한다.

1) 헌 법

헌법은 국민의 기본권을 보장하고, 국가 권력을 조직하고 제한하는 근본법이다. 예산과 관련된 헌법 규정을 보면 제54조의 국회 예산의결주의와 제59조의 조세법률주의가 핵심 규정이며, 이것은 재정헌법의 중심 조항이다. 헌법에는 국민의 권리와 의무 편에서 납세의 의무에 대한 규정, 국회 편에서 국회의 재정권에 대한 규정, 그리고 행정부 편에서 몇 가지 규정이 있다. 이를 간단히 요약하면 다음과 같다.

(1) 납세 의무와 조세법률주의

헌법 제38조에는 "모든 국민은 법률이 정하는 바에 의하여 납세의 의무를 진다"고 납세의 의무를 규정하고 있다. 이를 통해 국가의 재정적 기초를 형성하는 법적 근거를

8) 국가회계법은 2007년에 제정되어 2009년부터 시행되었다.

표 3-4 재정 관계 법규 체계

헌 법	
〈법률〉	
재정운영	〈일반법〉 국가재정법
	〈특별회계〉 정부기업예산법, 책임운영기관법, 농어촌 구조개선특회계법, 환경개선특별회계법 등의 개별 특별회계법
기금 관리	〈기금〉 국가재정법, 공공자금관리기금법 등의 개별 기금법
회계	국가회계법
국세	국세기본법, 국세징수법, 소득세법 · 법인세법 등의 개별 세법 등
국회의 재정권	국회법 등
감사원	감사원법
물품 · 재산 · 채무관리	물품관리법, 국유재산법, 국가채권관리법, 국채법 등
조달 · 계약	조달사업법, 국가계약법
국고관리	국고금관리법
공적 자금	공적자금관리특별법, 공적자금상환기금법
공공기관	공공기관운영법
지방재정	지방재정법, 지방세기본법, 지방세법, 지방공기업법, 지방교부세법, 지방계약법 등

갖는다.

제59조에는 "조세의 종목과 세율은 법률로 정한다"라고 조세법률주의를 선언하고 있다. 조세법률주의는 반드시 국민의 대표기관인 국회가 제정하는 법률에 근거하게 함으로써 법치주의의 실현에 그 목적이 있음은 물론 국민의 재산권을 보호하는 동시에 법률 생활의 안정을 기하려는 데 의의가 있다(김철수, 1992: 376).

(2) 국회의 재정권

헌법에는 국회의 예산심의 및 확정권(제54조), 계속비 및 예비비 지출 승인권(제55조), 국고채무부담행위의 동의권(제58조), 재정 부담이 있는 조약 체결에 대한 동의권(제60조), 긴급재정 및 경제 처분에 대한 승인권(제76조) 등이 규정되어 있다. 그리고 지출예산의 증액 및 신비목 설치의 원칙적 금지(제57조)를 규정하고 있다.

(3) 국무회의의 재정에 대한 심의권

국무회의는 예산안, 결산, 국유재산 처분의 기본계획, 국가의 부담이 될 계약, 기타 재정에 관한 중요 사항(제89조 제4항)과 대통령의 긴급명령, 긴급재정경제처분 및 명령 또는 계엄과 그 해제(제89조 제5항)를 심의하도록 되어 있다.

(4) 감사원의 회계검사

헌법 제97조에는 "국가의 세입 및 세출의 결산, 국가 및 법률이 정한 단체의 회계검사와 행정기관 및 공무원의 직무에 관한 감찰을 하기 위하여 대통령 소속 하에 감사원을 둔다"고 규정함으로써 감사원에 회계검사의 권한을 부여하고 있다.

2) 국가재정법

(1) 연 혁

국가재정법은 2006년 국회에서 통과된 후 2007년부터 발효되었다. 그 전에는 1962년에 발효된 예산회계법이 적용되었으며, 예산회계법 이전에는 1951년에 제정된 재정법이 적용되었다.

재정법은 1951년 임시수도 부산에서 재무부의 주도로 제정되었는데, 일본의 재정법과 회계법을 모방해 우리의 현실에 적용하기에는 많은 결함을 지니고 있었다(유훈, 2003: 85). 재정법은 모두 10장으로 구성되었으며, 예산단일주의, 예비비, 예산이월, 국고채무부담행위, 추가경정예산, 가예산, 예산 영달 등에 관한 규정을 두었다.

재정법은 5·16 쿠데타 이후 1961년 예산회계법으로 변경되어 1962년부터 시행되었다. 예산회계법은 그동안 여러 차례 개정되었으며, 특히 1973년과 1974년에 대폭적인 개정이 있었다. 이때 예산운영의 합리성과 신축성, 그리고 경기 조절 기능이 강화되었다. 그 내용을 보면, 신규 및 주요 사업의 사전 심사, 주요 대규모 건설사업에 PERT 등 경영관리 기법의 도입 촉진, 예산 및 회계 업무에 컴퓨터 활용의 촉진, 현물출자 및 전대차관 등의 예산 외 처리 규정, 회계연도 개시 전 배정 제도, 기금에 대한 통제 강화, 세입 결산상 잉여금 발생 시 국채 및 차입금 상환에 대한 임의 규정, 자체 전용권의 인정, 수입대체경비의 신설 등이다.

1989년에 또다시 예산회계법의 전면 개정이 있었다. 예산회계제도에 대한 국회의 통제를 강화하는 것이 주된 내용이었다. 개정 내용을 보면 예비비 하한선의 철폐, 결산 제출 시기 단축, 계약 규정의 신설, 중장기 재정운용계획의 수립, 통합지출관 제도의 신설, 차관물자대의 예산편입 등이다.

1995년에는 제6장 계약에 관한 조문을 삭제하고, '국가를 당사자로 하는 계약에 관한 법률(국가계약법)'을 제정했다.

2002년에는 예산 및 기금 등의 국고금 관리를 일원화하기 위해 국고금의 관리에 관한 일반법으로서 국고금관리법을 제정했다. 따라서 예산회계법의 국고금 관리에 관한 규정은 삭제되었다. 국고금관리법은 납입고지서의 전자송달제도를 도입하고, 국고수표 발행제도를 폐지해 지출 업무를 전자화하고, 일상경비 및 도급경비 등을 관서운영경비로 통합해 지출 체계를 단순화하고 투명성을 높이는 내용 등이 담겨 있다.

그런데 예산회계법은 1961년 제정 이후 수차례에 걸쳐 개정이 이뤄졌으나 단년도 및 통제 위주의 운용 방식에서 탈피하지 못하고 부분적인 개정만이 이뤄졌다. 그 결과 새로운 재정운용의 패러다임 변화에 효율적으로 대응하기 어렵다는 문제점이 제기되었다.

이에 따라 정부는 새로운 재정환경의 변화에 맞춰 예산회계법 및 기금관리기본법을 발전적으로 통합하고, 새로운 재정운용의 틀을 마련하기 위해 국가 재정운용의 기본법인 '국가재정법안'을 2004년 10월 국회에 제출했다. 이후 2006년 9월 국회 본회의 의결을 거쳐 2007년부터 발효되었다.

(2) 기본 내용

국가재정법은 국가재정에 관한 총칙법이다. 이 법은 국가의 예산 및 기금운용의 기본 지침이 된다. 예산회계법과 기금관리기본법을 폐지하고 국가재정법을 제정함으로써 예산과 기금의 통합적 운용 및 관리를 목적으로 한다. 국가재정법의 주요 내용은 다음과 같다.

① 재정운용의 효율성 및 성과지향성 제고

- 국가재정 운용계획 수립의 법적 근거 마련(제7조)
- 재정활동의 성과관리 체계 구축과 성과계획서 및 성과보고서 제출 의무화(제8조)
- 일반회계 · 특별회계 · 기금의 여유재원을 상호 전출 · 입할 수 있는 근거 마련(제13조)

② 재정운용의 건전성 강화

- 재정건전화 원칙 천명(제16조, 제86조)
- 법률안 재정소요 추계제도(제87조)
- 국세 감면의 제한(제88조)
- 추가경정예산안 편성의 제한(제89조)

- 세계잉여금 일정 비율의 공적자금, 국채, 차입금 상환 의무화(제90조)
- 국가채무관리계획 수립(제91조)
- 국가 보증채무 부담의 사전 국회 동의(제92조)

③ 재정의 투명성 제고와 국민 감시
- 재정정보의 매년 1회 이상 공개 의무화(제9조)
- 예산 · 기금의 불법 지출에 대한 국민 감시와 예산성과금 지급(제100조)

④ 성인지 예산서(제26조) · 결산서(제57조)의 작성 및 제출
- 성인지 예산서는 2010회계연도 예산안 및 결산부터 적용

⑤ 예산 원칙의 명문화(제16조)
- 재정건전성 확보
- 국민 부담의 최소화
- 재정지출 및 조세지출의 성과 제고
- 예산 과정의 투명성과 국민 참여 제고
- 성인지적 효과 평가

⑥ 예산 · 결산 과정 순기 변경

3) 정부기업예산법과 공공기관운영법

공기업을 형태별로 분류할 때 ① 정부 부처 형태, ② 공사 형태, ③ 주식회사 형태로 구분한다. 정부 부처 형태의 공기업은 정부기업이라 부르며, 정부기업의 예산운용은 정부기업예산법의 적용을 받는다. 공사 및 주식회사 형태의 공기업은 2007년부터 발효된 공공기관운영법의 적용을 받는다. 공공기관운영법은 정부투자기관관리기본법과 정부산하기관관리기본법을 통합하여 중앙정부 산하 공공기관의 운영에 관해 규정한 법률이다.

(1) 정부기업예산법

정부기업예산법은 당시 예산회계법 제13조에 의거해 1961년 12월 기업예산회계법으로 제정되었는데 2009년 정부기업예산법으로 변경되었다. 이 법은 정부기업별로 특별회계를 설치하고, 그 예산 등의 운용에 관한 사항을 규정함으로써 정부기업의 경영을

합리화하고 운영의 투명성을 제고함을 목적으로 한다(제1조). 정부기업으로는 우편사업, 우체국예금사업, 양곡관리사업, 조달사업의 4개 사업이 포함된다(제2조). 정부기업의 예산은 특별회계로 운영되며, 기업특별회계라고 부른다.

정부기업예산법에는 특별회계의 세입세출예산을 손익계정, 자본계정, 그 밖에 필요한 계정으로 구분할 수 있게 하고 있다(제15조). 그리고 국회에 제출하는 특별회계의 예산안에 해당 연도의 투자계획 및 자금계획서와 추정재정운영표 및 추정재정상태표, 차입금 명세서, 다른 회계 및 기금으로부터의 전입금에 관한 명세서를 첨부하게 하고 있다(제18조). 이것은 정부사업의 운영 성과와 자산 상태를 명확히 파악하고 기업성을 촉진하려는 데에 목적을 둔다.

(2) 공공기관운영법

공공기관운영법에 의하면 공공기관은 공기업, 준정부기관, 기타 공공기관으로 구분된다. 공기업은 다시 시장형 공기업과 준(準)시장형 공기업, 준(準)정부기관은 기금관

표 3-5 공공기관의 유형

유 형		내 용	갯 수
공기업		- 공공기관 중 시장성이 큰 기관으로 정부가 직원 정원, 수입액 및 자산 규모를 감안하여 공기업으로 지정한 기관 - 직원 정원 50인 이상 - 총수입액 30억 원 이상 - 자산 규모 10억 원 이상 - 총수입액 중 자체수입 비율 50% 이상	36
	시장형	- 자산 규모 2조 원 이상, 자체수입 비율 85% 이상인 공기업	16
	준시장형	- 시장형 공기업이 아닌 공기업	20
준정부기관		- 공공기관 중 시장성보다 공공성이 강조되는 기관으로 공기업이 아닌 공공기관 - 직원 정원 50인 이상 - 총수입액 30억 원 이상 - 자산 규모 10억 원 이상	96
	기금관리형	- 국가재정법에 따라 기금을 관리하거나 기금 관리를 위탁받은 준정부기관	13
	위탁집행형	- 기금관리형 준정부기관이 아닌 준정부기관	83
기타 공공기관		- 공공기관 중 공기업과 준정부기관 이외의 기관	218
합계			350

주: 공공기관 숫자는 2021년 3월 기준.

리형과 위탁집행형 준정부기관으로 분류된다. 각 유형별로 지배구조와 관리 및 평가 방식 등이 다르게 설계되어 적용된다.

공공기관운영법은 공공기관의 전반적 운영에 대해 규정하고 있는데 제4장 제4절에 예산회계에 관한 내용을 담고 있다. 공기업·준정부기관의 예산은 예산총칙·추정손익계산서·추정대차대조표와 자금계획서로 구분하여 편성하며, 예산안은 이사회의 의결로 확정된다(제40조). 그 밖에 발생주의회계 적용(제39조), 운영계획 수립(제42조), 결산서의 제출(제43조) 등의 규정을 담고 있다.

제 3 절 재정 관계 조직

학습 포인트

1. 재정권이 거시적 배분: 재정 민주주의
2. 재정권의 미시적 배분: 재무행정조직의 트로이카
3. 중앙예산기관
4. 기타 재무행정조직

1. 기본 체제

1) 재정권의 거시적 배분: 재정 민주주의

국가의 재정은 국민 경제에서 차지하는 비중이 매우 크기 때문에 어느 한 기관이 이를 독점적으로 관리할 경우 많은 문제를 유발하게 된다. 따라서 어느 나라든지 행정부에 예산의 편성 및 집행 권한을 부여하고, 이를 국민의 대표기관인 의회에서 감시 및 통제하는 제도적 장치를 마련하고 있다. 기본적인 재정권의 배분은 재정권을 행정부와 입법부 간에 분산시키는 것이며, 이것이 '재정 민주주의'의 근간이다. 재정은 국민에게 미치는 영향이 중대하기 때문에 국민이 부당한 부담을 받는 일이 없도록 의회의 동의하에 국가의 재정활동을 하도록 하고 있다. "대표 없이 과세 없다"는 원칙은 이를 잘 대변한다.

역사적으로 볼 때, 최초의 의회가 구성되어 군주의 권한을 견제하고자 하는 것도 그 초점은 군주의 자의적인 과세권의 행사를 제한하는 데에 있었다. 이러한 역사적 전통은 오늘날에도 그대로 제도에 반영되고 있다. 헌법 및 법률에 관련 규정을 두고 기타 재정에 관한 행정부의 집행에 관해서도 의회의 의결 내지 동의를 필요로 한다.[9] 그리고 예산 과정에 재정권의 거시적 배분을 제도화하고 있다. 우리나라의 경우 예산의 편성 및 집행은 행정부에, 예산 및 결산의 심의는 국회에, 회계검사는 감사원에 그 권한을 부여하고 있다. 이것은 재정권 행사의 자의성을 배제하고 책임성을 확보하기 위한 제도화다.

2) 재정권의 미시적 배분: 재무행정조직의 트로이카

재정권 행사의 자의성을 배제하기 위해 일차적으로 행정부와 입법부 간에 재정권을 분산시키고, 이차적으로 행정부 내에서도 재정에 관한 권한과 책임을 병렬적으로 분산시키는 것이 상례다. 재정의 운영 책임을 한곳에 집중시켜 놓으면 책임성은 높아질 수 있지만 재정운영에 신축성과 융통성이 저하될 가능성이 높다. 반면에 재정의 운영 책임을 분산시켜 놓으면 신축성은 높지만 책임성이 저하될 수 있다.

일반적인 재무행정의 조직 체계는 중앙예산기관, 수입지출 총괄기관, 중앙은행으로 구성되어 있다. 이를 '재무행정조직의 트로이카'라고 부른다. 이 밖에도 재무행정 조직에는 국유재산 관리기관, 조달기관, 세무행정기관, 지방재정 총괄기관, 회계검사기관 등이 있다. 여기서는 앞의 세 기관을 중심으로 살펴보기로 한다.

(1) 중앙예산기관

중앙예산기관은 예산편성과 집행을 총괄하는 최고기관이다. 대내·외 경제 여건을 전망하고 정책의 우선순위를 판별해 예산정책을 수립할 뿐만 아니라 정부의 각 부처가 요구한 예산액을 조정해 정부예산안을 편성하고 이를 입법부에 제출한다. 예산이 성립된 뒤에는 예산배정계획을 수립하고 예산집행지침을 내려 보내는 등 집행을 관리 통제한다.

중앙예산기관은 나라마다 기관의 위상과 기능이 약간씩 다르다. 내각책임제 국가에서는 대체로 중앙예산기관이 재무부에 소속되어 있는 경우가 많다. 영국의 재무부, 일본의 재무성, 독일의 연방재무부가 여기에 속한다. 프랑스도 예산부(Ministre du Budget)

---

9) 헌법 제59조에는 "조세의 종목과 세율은 법률로 정한다"고 하여 조세법률주의를 규정하고 있다.

가 이를 담당하고 있다. 미국의 관리예산처(Office of Management and Budget: OMB)는 대통령 직속기구로서 대통령부(The Executive Office of the President)에 소속되어 있다. 우리나라의 중앙예산기관은 기획재정부(예산실)다.

(2) 수입지출 총괄기관

수입지출 총괄기관은 정부의 수입과 지출을 총괄하는 기관이다. 수입 측면에서는 조세정책을 수립할 뿐만 아니라 수입을 예측하고 징수계획을 수립해 이를 징수한다. 지출 측면에서는 지출계획을 수립하고 이에 의거해 자금을 배분하고 국고금을 관리한다. 한국의 수입지출 총괄기관은 기획재정부이며, 조세 징수를 위해서 기획재정부 산하에 국세청과 관세청을 두고 있다.

각국의 예를 보면 수입지출 총괄기관이 중앙예산기관과 통합되어 있는 '통합형 국가'와 분리되어 있는 '분리형 국가'로 대별된다. 내각책임제 국가들은 통합형을 취하고 있는 경우가 많다. 영국과 독일의 재무부와 일본의 재무성이 그러한 예다. 미국은 관리예산처와 재무부의 분리형으로 구성되어 있다. 프랑스도 예산부와 재무부의 분리형을 취하고 있다. 우리나라는 현재 기획재정부가 중앙예산기관 및 수입지출 총괄기관을 맡음으로써 통합형을 취하고 있다.

(3) 중앙은행

중앙은행은 본래 금융정책을 수행하는 정부의 기관이다. 구체적으로 보면 중앙은행권을 발행하는 기능, 정부의 은행으로서 기능, 민간은행의 은행으로서 기능, 해외자산을 관리하는 기능을 수행하는 기관이다. 정부의 재정과 관련시킨다면 중앙은행은 정부의 은행으로서 정부의 재정 대행기관(fiscal agent)이다. 즉, 중앙은행은 정부의 모든 국고금의 출납 업무를 대행한다.

영국의 잉글랜드은행, 독일연방은행, 프랑스은행, 일본은행, 미국의 연방준비위원회(Federal Reserve Board) 등이 각국의 중앙은행이다.

우리나라의 한국은행은 무자본 특수법인으로서 국고금의 공적(公的) 예수기관(預受機關)이다. 한국은행법 제71조에는 "한국은행은 대한민국 국고금의 예수기관으로서 국고금관리법이 규정하는 바에 의하여 국고금을 취급한다"고 규정하고 있다. 정부의 수입은 한국은행 본점의 정부 예금 계정으로 집중되고 또한 여기서 정부예산 지출이 인출·지급된다. 한국은행은 정부 각 부처의 예금 계정을 취급할 뿐만 아니라 국채의 인수와 상환 및 이자 지급 등의 업무도 대행한다.

2. 중앙예산기관

1) 중앙예산기관의 위치

중앙예산기관은 그 역할과 위상을 어떻게 정립하느냐에 따라 다양한 형태가 존재한다. 일반적으로 중앙예산기관의 위상을 중심으로 본다면 행정수반 직속형, 재무부 소속형, 중앙기획기구 소속형 등 세 가지 유형으로 구분된다.

(1) 행정수반 직속형

행정수반 직속형은 행정수반의 정책 수립 및 행정관리 기능을 강화할 목적으로 행정수반의 참모조직 형태로 운영하는 유형이다. 미국의 관리예산처(Office of Management and Budget)와 필리핀의 예산위원회(Budget Commission)가 대표적인 예다.

미국의 경우 처음 설립된 예산국(Bureau of the Budget)은 재무부에 속해 있었으나, 루스벨트(Franklin D. Roosevelt) 대통령 때 행정관리 기능을 강화할 목적으로 예산국을 대통령 직속으로 이관했다. 그 후 1971년 닉슨(Richard M. Nixon) 대통령은 예산국을 관리예산처로 확대 개편했다. 중앙예산기관이 재정정책, 경제정책, 정책분석, 사업평가, 조직관리 등의 기능을 담당함으로써 대통령을 보좌하는 강력한 기관으로 변모한 것이다. 우리나라도 1998년 김대중 행정부가 출범하면서 대통령 직속으로 중앙예산기관을 존치시키려 했으나 야당의 반대로 대통령 직속의 기획예산위원회와 재정경제부 소속의 예산청으로 이원화된 바 있다. 그러나 기획예산위원회와 예산청은 이듬해에 통합되어 기획예산처로 발족했다.

(2) 재무부 소속형

재무부 소속형은 재정정책의 수립 및 집행과 수입・지출 업무가 연계되는 데에 역점을 두고 설치한 형태다. 이 유형은 중앙예산기관과 수입지출 총괄기관을 통합한 형태를 취한다. 주로 내각제 국가인 영국, 독일, 일본 등에서 채택하고 있다.

영국의 재무부는 재정운영에 막강한 권한을 가지고 있으며, 특별히 예산편성을 담당하는 국(局)이나 과(課)는 없다. 재무부는 개별 사업보다 정책 방향의 설정에 역점을 두며, 중기재정계획인 공공지출계획(Public Expenditure Plans)과 단기재정계획(Autumn

Statement)을 이용한다.

일본의 중앙예산기관은 재무성이다. 여기서 예산편성, 집행, 예비비의 관리, 결산에 관한 모든 업무를 수행한다.

(3) 중앙기획기관 소속형

이것은 기획과 예산을 일치시킬 목적으로 중앙예산기관을 중앙기획기관에 소속시키는 유형이다. 국가의 중장기 계획과 예산을 연계시킬 수 있는 장점이 있다. 일반적으로 정부 주도 하에 경제 개발을 추진하는 개발도상국에서 볼 수 있는 유형이다. 과거 경제기획원이 존속할 당시 예산실을 그 산하에 두었던 우리나라가 대표적인 예다. 김대중 행정부와 노무현 행정부에서의 기획예산처 재정운용실은 기획예산처의 조직 특성을 감안할 때 중앙기획기관 소속형이라고 말하기 어려운 측면이 있다.

2) 한국의 중앙예산기관

(1) 연 혁

① 기획처: 예산국

1948년 제정된 헌법과 정부조직법에 의해 국무총리 직속으로 총무처, 기획처, 법제처, 공보처가 설치되었다. 이때 기획처 소속으로 예산국이 설립되었다. 예산국을 재무부가 아닌 기획처 산하에 둔 것은 예산국의 정책조정자적 역할을 중요시한 결과라고 볼 수 있다.[10]

② 재무부: 예산국

1954년 헌법 개정에 의해 국무총리제가 폐지됨으로써 예산국은 재무부로 이관되었다. 이것은 세입과 세출의 통합적 관리를 중요시한 결과다. 그리고 재무부라는 관료조직이 예산을 통해 정치 과정상 중요한 기능을 수행하게 만든 계기가 되었다(강신택, 1997: 327).

---

10) 당시 예산국을 재무부가 아닌 기획처에 둔 이유는 예산이 각부에 공통되는 업무라는 것, 예산 쟁탈전에 대해 초월적 입장을 지킬 수 있다는 점, 할거주의의 방지, 강력한 행정, 예산이 갖는 국가 전체적 성격 등 때문이라고 한다(강신택, 1997: 326).

③ 경제기획원: 예산국 → 예산실

1961년 군사정부에 의해 경제기획원이 설치되면서 예산국은 재무부로부터 이곳으로 이관되었다. 그리고 1979년에 예산실로 승격되었으며, 예산실장은 1급 공무원으로 보했다. 경제기획원에 예산국(실)을 둔 것은 기획과 예산의 연계에 역점을 두고, 부총리에 의한 정책조정자적 역할을 강조한 조치라고 볼 수 있다.

④ 재정경제원: 예산실

1994년 김영삼 행정부에 의해 대대적인 정부조직 개편이 이뤄졌는데, 이때 경제기획원과 재무부가 통합되어 재정경제원으로 발족했다. 다시 중앙예산기관과 수입지출 총괄기관이 통합되면서 세입과 세출의 통합적 관리와 강력한 정책조정 기능을 강조한 것으로 볼 수 있다. 그러나 과도한 재정, 금융, 세제 권한이 집중되면서 슈퍼 부처가 되어 1997년 IMF 외환 위기에 적절히 대응하지 못했다는 평가를 받았다.

⑤ 기획예산위원회와 예산청

1998년 김대중 행정부가 출범하면서 중앙예산기관은 대통령 직속의 기획예산위원회와 재정경제부 산하 예산청으로 이원화되었다. 원래의 계획은 대통령 직속의 중앙예산기관을 설립할 예정이었으나 대통령의 권한 강화를 우려한 야당이 국회 심의 과정 중에 반대함으로써 기형적 형태로 이원화되었다.

⑥ 기획예산처 : 예산실 → 재정운용실

기획예산위원회와 예산청으로 이원화됨에 따라 많은 문제점이 드러나자 1999년 두 기관을 통합해 기획예산처로 발족했다. 이에 따라 우리나라 중앙예산기관은 기획예산처의 예산실이었다. 그런데 2005년 예산과 기금을 통합운용하기 위한 목적으로 예산실이 재정운용실로 개편되었다.

⑦ 기획재정부: 예산실

2008년 이명박 행정부가 출범하면서 기획예산처와 재정경제부를 통합하여 기획재정부를 설치함으로써 기획재정부의 예산실이 중앙예산기관이 되었다. 그 결과 다시 중앙예산기관과 수입지출 총괄기관이 통합되었다. 이것은 세입과 세출의 통합적 관리와 강력한 정책 조정 기능을 강조한 것으로 볼 수 있다.

(2) 기획재정부

① 조 직

기획재정부는 2008년 기획예산처와 재정경제부를 통합하여 발족했다. 기획재정부에는 장관 1인과 차관 2인이 있으며, 장관은 국무위원으로 보하고, 차관은 정무직으로 임명한다. 기획재정부 장관은 부총리를 겸임하며, 부총리는 경제정책에 관하여 국무총리의 명을 받아 관계 중앙행정기관을 총괄·조정한다.

기획재정부에는 기획조정실, 예산실, 세제실의 3실과 차관보, 국제경제관리관, 재정관리관이 있다. 그리고 경제정책국, 정책조정국, 경제구조개혁국, 장기전략국, 국제금융국, 대외경제국, 개발금융국, 국고국, 재정혁신국, 재정관리국, 공공정책국의 11국이 있다. 그 외 기획단, 관리단, 추진단 등 6개 기관이 있다.

기획재정부 내에서 실질적 중앙예산기관의 역할을 수행하는 기관은 예산실이다. 예산실은 각 분야별 예산편성 업무를 담당한다. 예산실은 5개 심의관실과 산하에 22개 과로 구성되어 있다. 5개 심의관실은 예산총괄심의관, 사회예산심의관, 경제예산심의관, 복지안전예산심의관, 행정국방예산심의관으로 예산편성 업무를 담당한다.

표 3-6 기획재정부 예산실의 조직(2021년 3월 현재)

예산총괄심의관	사회예산심의관	경제예산심의관	복지안전예산 심의관	행정국방예산 심의관
예산총괄과	고용환경예산과	국토교통예산과	복지예산과	법사예산과
예산정책과	교육예산과	산업중소벤처예산과	연금보건예산과	행정예산과
예산기준과	문화예산과	농림해양예산과	안전예산과	지역예산과
기금운용계획과	총사업비관리과	연구개발예산과		국방예산과
예산관리과		정보통신예산과		방위사업예산과

② 기 능

정부조직법(제27조)에는 기획재정부의 업무에 대해 중장기 국가발전전략 수립, 경제·재정정책의 수립·총괄·조정, 예산·기금의 편성·집행·성과관리, 화폐·외환·국고·정부회계·내국세제·관세·국제금융, 공공기관 관리, 경제 협력·국유재산·민간 투자 및 국가 채무에 관한 사무를 관장한다고 규정하고 있다.

기획재정부의 주요 업무를 보면 다음과 같다.

– 중·장기 경제사회 발전 방향 및 연차별 경제정책 방향의 수립과 총괄 조정
– 전략적인 재원 배분과 배분된 예산의 성과평가
– 조세정책 및 제도의 기획·입안 및 총괄·조정
– 국고, 국유재산, 정부회계, 국가 채무에 관한 정책의 수립과 관리 총괄
– 외국환 및 국제금융에 관한 정책의 총괄
– 대외 협력 및 남북 경제 교류 협력 증진
– 공공기관 운영에 관한 관리·감독

3. 기타 재무행정조직

재무행정조직에는 중앙예산기관, 수입지출 총괄기관, 중앙은행의 트로이카 외에도 국유재산 관리기관, 조달기관, 세무행정기관, 지방재정 총괄기관, 회계검사기관, 국회의 예산 관련 기관 등 여러 기관이 있다.

현재 우리나라는 기획재정부가 중앙예산기관 외에 수지총괄기관(세제실·국고국)과 국유재산 관리기관(국고국)의 역할을 수행한다. 조달기관과 세무행정기관은 기획재정부 산하에 있는 조달청과 국세청 및 관세청이 각각 맡고 있다. 그리고 지방재정 총괄기관은 행정안전부이며, 회계검사기관은 감사원이다. 국회의 예산 관련 기관은 국회예산정책처다.

(1) 기획재정부의 세제실과 국고국

수지총괄기관으로서의 역할을 수행하는 기관은 기획재정부 세제실과 국고국이다. 세제실은 실장 밑에 조세총괄정책관·소득법인세정책관·재산소비세정책관·관세정책관을 두고 있다. 세제실은 조세정책 및 제도의 기획·입안 및 총괄·조정 사무를 관장한다. 국고국은 국장 밑에 국유재산심의관과 국고과·국유재산정책과·계약정책과·국채과·국유재산조정과·출자관리과의 6개 과가 있다. 국고국은 국고, 국유재산, 국가계약, 국가 채무에 관한 정책의 수립과 관리를 총괄한다.

(2) 국회예산정책처

국회의 예산 관련 보좌기관으로 국회예산정책처(National Assembly Budget Office: NABO)가 2003년 6월 법이 통과되어 2004년 국회의장 직속기관으로 발족하였다. 국회

예산정책처는 "국가의 예산결산 · 기금 및 재정운용과 관련된 사항에 관하여 연구분석 · 평가하고 의정 활동을 지원"(국회법 제22조의2)하는 기관이다.

국회예산정책처는 국회의 재정통제권을 강화해 국회가 행정부에 대한 견제 · 감시 기능을 효율적으로 수행하기 위해 설립되었다. 이 기관은 재정 분야의 전문 인력을 충원 · 확보해 방대한 예산 · 결산심의에 필요한 독자적 · 중립적으로 전문적 연구 · 분석을 수행한다. 또한 국회의 각 위원회 및 국회의원의 요청에 따라 예산 결산의 제반 분석을 행하고 필요한 정보를 제공하는 기능을 수행한다. 국회예산정책처장은 정무직 차관급으로 국회의장이 국회운영위원회의 동의를 얻어 임면한다.

국회예산정책처의 업무는 다음과 같다.

① 예산안 · 결산 · 기금운용 계획안 및 기금 결산에 대한 연구 및 분석

② 법률안 등 의안에 대한 소요 비용의 추계

③ 국가 재정운용 및 거시경제 동향의 분석 및 전망

④ 국가의 주요 사업에 대한 분석, 평가 및 중 · 장기 재정소요 분석

⑤ 국회의 위원회 또는 국회의원이 요구하는 사항의 조사 및 분석

CHAPTER 04

재정정책론

학습 포인트

1. 재정환경의 변화와 재정 위기
2. 재정정책의 구조와 유형(재량적 재정정책 · 자동안정장치)
3. 적극적 재정정책
4. 기본소득 · 기본서비스 · 기본자산
5. 재정적자 · 국가채무 · 국가부채 · 재정준칙
6. 통화정책 · 현대화폐이론(MMT)

제 1 절 재정환경의 변화와 재정정책

1. 재정환경의 변화와 재정의 대응

2020년 코로나19 팬데믹은 정치, 경제, 사회, 문화 등 모든 분야에서 많은 변화를 초래하고 있다. 특히 팬데믹으로 인한 경제 위기는 재정의 역할을 확대하는 데에 결정적 역할을 하고 있다.

IMF(2021)의 'COVID-19 팬데믹 재정 모니터'(2020년 12월 말 기준)에 의하면 세계 각국의 코로나 대응 재정 조치 내역이 잘 드러나 있다.[1] GDP 대비 재정 조치의 비중이 큰 국가들을 보면 미국 16.7%, 영국 16.3%, 호주 16.2%, 일본 15.6%, 캐나다 14.6%, 독일 11.0%, 그리스 11.0%, 프랑스 7.7%, 이탈리아 6.8%이다. 뉴질랜드는 세계에서 가장 큰 비중의 19.1%를 지출하고 있다. 반면에 우리나라는 3.4%로서 선진국 그룹 중에서 가장 낮은 수준이다. 선진국들이 코로나19의 경제적·사회적 위기를 맞이하여 적극적 재정 대응을 하고 있는 반면에, 우리나라는 극히 소극적 대응을 하고 있다. 적극적 대응을 한 선진국들의 경우 국가채무 비율이 매우 높은 나라이다. 반면에 우리나라는 국가채무 비율이 낮고 재정 여력이 큰 나라임에도 재정의 역할이 크지 않음을 알 수 있다.

코로나19 상황이 극복된 이후 앞으로의 재정의 역할을 논하기 위해서는 현재 처해 있는 재정환경의 변화를 정확하게 인식할 필요가 있다. 우리나라가 처한 재정환경은 크게 소득(자산) 불평등 구조와 저출산·고령화의 인구 구조 변화, 저성장 및 고용 없는 성장 기조, 그리고 총수요 부족 등을 지적할 수 있다. 소득 불평등 구조와 저출산·고령화는 세수입과 복지지출 수요에 영향을 미친다. 저성장 기조는 세수입에 직접 영향을 미친다. 그 외에 통일문제는 통일비용 발생 등 잠재적 재정지출 수요를 유발한다.

우리나라의 불평등 구조는 심각하다. 소득 불평등 확대, 중산층 붕괴, 기업소득과 가계소득의 격차 확대, 워킹 푸어와 하우스 푸어 등 신빈곤층 증대, 가계부채 급증, 비정규직과 청년실업 증가, 사회적 이동성 저하, 고용 없는 성장, 재정의 소득 재분배 기능 미흡 등 불평등 구조가 심화되고 있다. 이러한 불평등 구조는 세입 기반을 취약하게 할 뿐만 아니라 재정수요를 크게 유발한다는 점에서 재정정책에 최우선을 두어야 할 문

---

1) 여기서의 재정 조치는 추가 재정지출과 세액 감면(foregone revenues)을 합한 것이다.

제다.

눈에 보이지 않는 '거대한 폭풍'으로 다가오는 인구 구조의 변화도 재정에 큰 영향을 미치는 변수다. 2017년 고령사회, 2025년 초고령 사회 진입의 세계 최고 속도의 고령화, 기대수명 연장, 세계 최저 수준의 출산율, 생산가능인구 감소(2017년), 인구 보너스 소멸(2012년), 절대인구 감소(2029년),[2] 일인 가구 증가, 가족 해체 등 인구 구조의 급격한 변화가 진행되고 있다. 인구 구조의 변화는 세수 감소는 말할 것 없고 연금 및 의료비 등 복지재정 수요 증가, 세대 간 재정 부담 문제 등을 유발하게 된다.

저성장 및 고용 없는 성장 기조는 세수입과 복지지출에 직접적 영향을 미친다. 경제성장률 추세를 보면 김대중 정부와 노무현 정부는 4%대를 기록했는데, 이명박 정부 이후 2%대의 저성장을 기록하고 있다. 성장구조도 고용 없는 성장 형태로서 제조업과 건설업은 이미 고용탄성치가 마이너스로 전환되었다.[3] 저성장 추세는 세수입의 감소를 초래하고 고용없는 성장은 실업 증가와 복지지출 증가를 유발하게 된다. 특히 이명박 정부의 소득세와 법인세 등 감세정책은 이후 세수 부족을 초래하는 결과를 낳은 바 있다.

총수요 부족도 재정환경의 중요한 특징으로서 경제 침체의 원인이 되고 있다. 총수요 부족의 원인은 불평등의 확산, 비정규직 양산 등이 초래한 전반적 '빈곤화', 가계부채 급증, 고령화, 저출산으로 인한 총인구의 감소 추세, 무역분쟁 등의 보호무역 등을 들 수 있다. 총수요 부족을 해소하기 위해서는 재정지출의 확대, 적자재정의 활용 등이 필요한데, 우리나라는 오히려 역행하는 재정운용을 해왔다. 긴축적 재정운용 기조로 인해 재정 규모가 OECD 국가 중 최하위 수준에 머물러 있으며, 흑자재정(통합재정수지 기준)을 지속해 왔다. 또한 재정의 소득 재분배 기능도 매우 취약하다.

더욱이 우리나라는 삶의 질 수준이 매우 낮다. 자살률 OECD 국가 중 1위, 노인 자살률과 노인 빈곤율 세계 1위, 행복도 최하위 수준, 세계 최고 수준의 노동시간, 사회통합지수 최하위 수준 등 삶의 질이 매우 열악하다.

재정의 역할은 경제적 기능도 중요하지만 사회적 기능도 중요시되고 있다. 재정은 궁극적으로 국민의 행복을 증대시켜야 하고 사람 중심의 재정(인본재정)으로 운용되어야 한다. 이러한 점을 염두에 둔다면 재정은 불평등 구조, 인구 구조의 변화, 삶의 질에

2) 운명의 2750년에는 우리나라 인구는 0명이 되는 세계 최초의 '인종자살' 국가가 된다.
3) 고용탄성치는 취업자 증가율을 경제성장률로 나눈 값을 말한다. 즉, 경제성장률 1% 증가에 따른 취업자 증가율을 나타낸다. 고용탄성치가 마이너스란 말은 경제 성장이 이루어지는데도 취업자는 감소한다는 의미다.

대응하는 기능을 수행해야 한다. 다만, 재정은 건전성과 지속 가능성이라는 제약 조건을 갖는다. 재정건전성이라는 제약 조건 하에서 재정의 기능을 수행하기 위해서는 재정정책 결정 능력을 향상시키는 노력을 기울여야 한다.

2. 재정정책의 구조와 유형

1) 재정정책의 계층적 구조

재정정책의 구조는 정책 목표-수단 계층 관계로서 '국가 비전-재정정책 목표-정책수단-제약 조건' 구조로 구성된다. 앞에서 재정의 특성은 방향과 크기를 동시에 나타내는 물리학의 벡터(vector) 개념과 유사하다고 지적한 바 있다. 재정정책 목표와 국가 비전은 벡터의 방향, 재정자원은 크기를 나타냄으로써 제약 조건을 보여 준다.

재정정책의 목표는 재정의 기능에서 보듯이 자원배분, 소득 재분배, 경제 안정화라는 경제적 기능과 삶의 질 제고라는 사회적 기능을 수행하는 것이다. 그동안 재정정책은 재정의 경제적 기능에 초점을 맞추었으나 최근 삶의 질 제고라는 사회적 기능이 중요시되고 있다. 그리고 재정정책의 목표는 계층구조로 볼 때 국가 비전 및 국정 철학과 연계되어 있으며 시대정신을 반영하여 설정된다.

재정정책의 목표는 경제적 차원을 넘어선 고차원으로 바라볼 필요가 있다. 스펄링(Sperling, 2020)은 국민의 '경제적 존엄성(economic dignity)'을 경제정책의 궁극적 목표로 제안한 바 있다. 경제적 존엄성은 재정정책의 궁극적 목표이기도 하다. 경제적 존엄성은 생존과 인간다운 삶을 내포한 개념이다. 우리 헌법(제10조)은 인간의 존엄과 가치 및 행복 추구권을 포괄적 기본권으로 규정하고 있을 뿐만 아니라, "모든 국민은 인간다운 생활을 할 권리를 가진다(헌법 제34조①)"고 규정하고 있다. 재정의 궁극적 목표는 국민 행복을 드높이는 것이며, 정부는 모든 국민의 인간다운 생활을 보장할 책임이 있다.

재정정책수단은 세입, 세출, 세입-세출의 정책혼합이 있다. 세입 측면에서는 조세정책, 세외수입정책, 국공채 관련 정책 등의 정책수단이 있다. 세출 측면에서는 지출 구조의 재조정, 특정 분야의 정책 등의 수단이 있다. 세입-세출의 정책혼합으로서는 재정적자/흑자 정책, 재정 긴축/확대 정책 등의 수단이 있다.

제약 조건은 자원의 희소성 조건을 적용하는 것이다. 공공자원이 제한되어 있기 때문에 제약 조건 하에서 최선의 재정 배분과 운영을 해야 함을 의미한다. 그런데 최근에는 공공부문에서의 희소성을 절대적이고 객관적인 개념이 아닌 상대적이고 주관적인 개념으로 받아들이고 있다. 희소성은 재정에 대한 현시적 수요와 잠재적 수요를 파악하고 자원을 동원할 수 있는 능력과 의지에 따라 관리할 수 있다는 것이다.

재정정책의 구조 차원에서 '(복지)재정지출의 확대', '재정건전성', '국민(조세) 부담'의 세 가지 기준의 관계를 트릴레마(trilemma) 상황이라고 말한다. 높은 복지지출, 낮은 국가채무, 낮은 국민부담률이라는 세 가지 조건을 모두 충족할 수는 없으며, 어느 하나 또는 두 가지의 지표는 희생될 수밖에 없다는 논리다. 스웨덴은 높은 복지재정, 낮은 국가채무, 높은 국민부담률을 보여 준다. 프랑스는 높은 복지재정, 높은 국가채무, 높은 국민부담률을 보여 준다. 스웨덴과 프랑스는 높은 복지지출을 위해 높은 국민부담을 지고 있다. 반면에 일본은 낮은 복지재정, 낮은 국민부담률, 높은 국가채무 비율을 보여 준다. 중복지-저부담 국가이면서 세계 최고 수준의 국가채무를 갖고 있다. 우리나라는 낮은 복지재정, 낮은 국민부담률, 낮은 국가채무 비율을 보여 주고 있다. 저복지-저부담 국가로서 그나마 재정건전성은 양호한 국가이다.

그런데 재정 트릴레마에는 정책 목표-수단의 계층 관계가 존재함을 인식할 필요가 있다. 세 가지 기준이 동격의 가치 기준이라고 볼 수 없다. '재정지출의 확대'는 최상위 정책 목표이며, 국민부담률은 정책수단에 해당하고, 재정건전성은 제약 조건일 뿐이다. 하위 기준인 재정건전성 때문에 최상위 기준인 '재정지출의 확대'라는 정책 우선순위가 훼손되어서는 안 된다. 재정의 역할은 경제 위기에 특히 중요하다. 재정건전성에 집착하는 것보다 불평등 해소와 사회 안전망 구축, 혁신을 통한 신성장 산업 육성 등의 경제·사회적 위기를 극복하는 역할이 더 중요하다. "재정이 아니라 경제를 균형시켜라!"고 말한 스테파니 켈튼(2021)의 주장을 새겨들을 만하다.

2) 재정정책의 유형

경제 안정화 기능을 수행하기 위한 재정정책에는 두 가지 유형이 있다. 재량적 재정정책과 자동적 재정정책이다.

재량적 재정정책(discretionary fiscal policy)은 경기가 불황이면 정부 지출의 증가나 조세 감면 등의 팽창정책에 의해 경기를 활성화시키고, 경기가 호황이면 정부 지출의 감축이나 세율 인상 등에 의해 긴축정책을 펴나가는 정책이다. 이때 재정의 규모와 시기의 선택이 매우 중요하다.

그런데 재량적 재정정책은 정책결정 및 집행이 지체되거나 정당 간 갈등이 발생하여 정책의 효과성을 떨어뜨릴 수 있다. 2008년 글로벌 금융 위기 이후 시행된 재량적 재정정책들은 시행 지체 및 효과적인 부양 효과 달성 실패의 대표적인 사례로 지적된다. 재량적 재정정책들은 글로벌 금융 위기 발생에 따른 금융 시스템 및 실물경제 붕괴를 차단하는 데에는 성공했지만, 높은 실업률을 낮추고 고용상태를 개선시키는 데에는 실패한 것으로 평가되고 있다(박성욱, 2020).

자동적 재정정책은 정부가 재량적으로 정책수단을 변경시키지 않아도 경기가 상승하면 그 과열을 자동적으로 막고, 경기가 하강하면 그것이 지나치게 하강하지 않도록 자동적으로 막게 하는 장치를 말한다. 이를 자동안정장치(automatic stabilizers, built-in stabilizers)라고 부른다. 누진적 소득세와 법인세, 실업수당 등이 그러한 예다. 경기가 불황이면 누진율 구조 때문에 소득세 부담이 소득 감소보다 더 큰 비율로 감소하고, 실업수당 지급은 증가한다. 그 결과 소비자의 구매력이 증대되고 경기후퇴는 완화된다. 경기가 상승하는 경우 소득세 수입이 증가하고 실업수당 지급이 감소되어 재량적 조치 없이도 경기 국면을 안정시킬 수 있다.

자동안정장치는 세법과 재정지출 관련 법을 제·개정하지 않고 신속하게 정책효과가 나타나게 한다는 점에서 장점이 있다. 그런데 GDP의 변화와 재정수지의 자동적인 변화를 보여 주는 자동안정장치 효과가 OECD 28개 국가 중에서 한국은 28위에 머물고 있다.[4] 복지국가인 덴마크, 스웨덴, 프랑스가 1~3위를 차지하고, 하위권에 미국(26위), 일본(27위)이 있다(Lee & Sheiner, 2019).

최근 거시경제학자들은 자동안정장치를 강화할 경우 재정정책의 적기 집행 용이성과 실효성 제고로 인해 실물 경제 부양 효과를 극대화하는 효과를 가져다줄 수 있다고 주장한다. 우리의 경우에도 사회 안전망 확대와 공공 인프라 투자 등에 자동안정장치를 강화할 필요가 있다. 브루킹스 연구소는 실업급여 등 복지정책과 함께 경기 상황에 따라 공공 인프라 투자의 집행 규모를 가변적으로 하여 반자동 안정화장치로 활용할 것을 제안하고 있다(Boushey, Nunn, & Shambaugh, eds., 2019).

---

4) 자동안정장치 효과는 잠재 GDP와 실질 GDP의 격차인 GDP 갭의 1%p 변화 시 재정수지(재정지출+세수)의 자동적인 변화 크기를 측정.

3. 적극적 재정정책의 필요성과 논거

1) 적극적 재정정책의 의의

글로벌 저금리의 지속과 양적 완화 정책 같은 통화정책의 경기조절 기능이 약화되면서 재정정책의 중요성과 역할 확대가 강조되고 있다. 특히 코로나19 팬데믹으로 인한 경제 위기는 적극적 재정정책의 필요성을 실증해주었다.

본래 적극적 재정정책은 케인스 이론의 핵심이다. 케인스 학파는 포스트 케인스학파든 네오 케인스학파든 시장은 불완전하고 비효율적일 수 있다고 보며, 정부재정의 적극 개입을 주장한다. 경기가 불황일 때 경기 변동에 대응하기 위한 정책적 차원에서 적자재정을 편성하며, 재정적자가 총수요를 늘려 경기 활성화에 기여한다고 주장한다. 나아가 경제 성장 잠재력 배양에도 기여할 수 있다고 주장한다. 케인스(J. M. Keynes)의 국민소득 결정모형을 이해하면 이들이 주장하는 논리를 이해할 수 있다. 반면에 통화주의자는 국채 발행을 통해 재정적자를 내면 구축 효과(crowding-out effect)가 발생해 민간 투자의 감소로 이어지기 때문에 총수요 진작 효과가 미미하다고 주장한다.

적극적 재정정책은 재정정책의 구조 차원에서 볼 때 재정적자 또는 국가채무와 같은 제약 조건보다 상위의 재정 목표 차원의 역할을 강조하는 의미가 있다. 경기대응 차원의 경제 안정화 기능뿐만 아니라 국민의 경제적 존엄성과 행복을 보장해주는 정책을 의미한다. 정책수단으로서는 세입-세출의 정책혼합으로서 재정적자와 재정 확대 정책의 수단을 사용한다. 이런 의미에서 여기서는 적극적 재정정책보다 '확장적 재정정책'이란 용어를 사용하고자 한다. 확장적 재정정책에는 재정 총량의 확대라는 의미가 전제되어 있다.

확장적 재정정책은 두 가지 차원에서 접근할 수 있다. 경기대응적 차원의 단기적 접근과 재정구조 개혁 차원의 중기적 접근이다. 경기가 불황일 때 또는 코로나19 팬데믹과 같은 경제 위기가 발생할 경우 재정적자와 국가채무가 늘더라도 과감하게 확장적 재정정책을 사용하는 것이 경기대응 차원의 단기적 접근이다. 재정구조 개혁 차원의 중기적 접근은 우리나라의 재정지출이 OECD 국가 중 최하위 수준임을 감안하여 복지지출을 중심으로 재정 총량을 확대하고 지출구조를 재구조화하는 접근이다.

경제 침체의 원인이 되고 있는 만성적 총수요 부족 문제는 심각한 상황이다. 불평등의 확산, 비정규직 양산 등의 전반적 '빈곤화', 가계부채 급증, 고령화, 저출산, 무역분쟁 등의 보호무역 등이 총수요 부족을 초래하고 있으며, 우리나라 재정 총량은 적고 흑자 재정(통합재정수지 기준)을 지속해 온 점을 감안할 때 지금이야말로 확장적 재정정책이 필요한 시점이다. '중복지-중부담'을 지향하고, 삶의 질 제고라는 사회적 기능을 강조하는 방향으로의 재정 배분구조를 개혁해야 한다. SOC 투자 등의 경기대응적 효과가 저하된 상태에서 삶의 질을 높이는 사회 안전망 구축과 혁신과 성장을 뒷받침하는 재정 지원 체계를 강화하는 개혁이 필요하다.

2) 확장적 재정정책의 필요성과 효과

확장적 재정정책의 필요성은 그 효과가 긍정적이었던 역사적 사례에서 검증된다. 1929년 대공황 당시 뉴딜 정책은 적극적 재정정책을 통해 구제와 공공 일자리를 창출하여 성공적인 위기 극복을 한 정책이라는 많은 연구 결과들이 있다(Crafts & Fearon, 2013).

데이비드 스터클러 · 산제이 바수(2013)는 확장적 경기부양정책의 혜택과 재정 긴축의 피해는 전 세계 모든 국가의 불황과 경제회복에 관한 거의 한 세기에 걸친 데이터에서 나타난다고 주장한다. 그들은 2008년 금융 위기 이후 미국과 영국의 불황에 대한 정치권 대응의 차이가 경제 및 사회적 성과의 차이로 연결되었다고 주장한다. 2009년 취임한 미국의 오바마(Barack Obama) 대통령은 경기부양을 위한 확장적 재정정책을 추진했으며, 이후 미국 경제는 회복하기 시작했고 GDP는 불황 이전보다 더 높아졌다. 반면 2010년 캐머런(David Cameron) 수상의 보수당 연립정부가 들어선 영국은 긴축정책을 추진하여 보건 서비스 예산을 감축하고 복지부문에 대한 지출을 제한하였다. 그 결과 영국 경제의 회복 속도는 미국 경제의 절반에도 미치지 못하고, 영국의 GDP는 2012년까지도 불황 이전 수준에 도달하지 못하고 부채가 지속적으로 증가했다는 것이다.

1997년 외환 위기 당시 우리나라를 비롯한 몇몇 아시아 국가들의 위기 대응 방식도 의미 있는 검증 사례다. 1997년 11월 우리나라는 IMF에 긴급 구제자금을 공식적으로 요청했고, 인도네시아와 태국이 그 뒤를 따랐다. 그러나 말레이시아는 IMF의 지원을 거부하는 다른 길을 갔다. 당시 IMF의 처방은 워싱턴 컨센서스(Washington Consensus)에 근거한 재정 긴축과 재정의 흑자 기조를 요구하는 것이었다.[5] 그 결과는 한국의 경우

---

5) 워싱턴 컨센서스란 1980년대 중반 신자유주의에 기반한 정책 처방이 워싱턴에 있는 정책 전문가들로부터 나왔기 때문에 불리는 명칭이다. 당시 그들은 IMF 차관 조건에 시장 자유화, 재정지출 삭감, 민영화 등을 조건으로 달았다.

1998년 GDP 30% 감소, 빈곤율 11%에서 23%로 증가, 남성 자살률 45% 증가, 유아 사망률 증가와 같은 엄청난 고통스러운 결과를 초래했다. 태국과 인도네시아는 우리보다 더 악화된 경제·사회 상황을 맞이했다. 반면에 말레이시아는 빈곤층에 대한 음식 지원 프로그램 확대, 공중보건과 사회복지 지출 확대, 재정 부양책 추진, 투기 자본 통제와 대미 환율 고정 등의 정책을 추진했다. 그 결과 빈곤율(7% → 8%) 증가도 높지 않고, 국민들에게 커다란 고통을 주지 않은 상태에서 빠른 속도로 경제가 회복되었다. 우리나라는 경제 규모도 더 크고 재정 감축을 피하기 위한 IMF와의 능숙한 협상 등으로 인해 말레이시아에 이어 두 번째로 경제 회복을 이루었다. 그 후 2012년 IMF는 아시아 금융위기 동안 자신들의 조치가 잘못되었음을 공식적으로 인정했다.

2008년 아이슬란드 금융 위기 극복 사례도 의미 있는 검증 사례다. 금융 위기를 맞은 아이슬란드는 IMF에 구제금융을 신청하였으나 확장적 재정정책을 통해 국민의 경제적 존엄성을 지켜냈다. 경제 위기 상황임에도 의료와 교육에 대한 재정지출을 GDP 대비 7% 내외 수준으로 유지하는 한편, 사회적 보호를 위한 재정지출 규모는 2007년 GDP 대비 8.1%에서 2011년 11.6%까지 오히려 확대하였다. 그 결과 빈곤율은 금융 위기 발생 이전의 10% 내외 수준을 유지하였고, 자살·자해 발생 건수의 전반적인 증가도 나타나지 않았다. 국가채무 비율은 당초 전망보다 낮은 GDP 대비 95% 수준까지 상승하는 데 그쳤고, 최근에는 금융 위기 이전 수준(29%)까지 낮출 수 있었다. 이는 유로존 재정 위기 이후 긴축을 선택했던 국가들에서 실업률이 급상승하고, 식료품 지원에 의존하는 계층과 노숙자가 증가하고, 자살률이 상승 추세로 반전되었던 사실과 뚜렷한 대조를 이룬다(송민기, 2020).

3) 확장적 재정의 판단 근거

확장적 재정이란 전년도 대비 재정이 증가한 경우는 모두 확장적이라고 볼 수 있나? 그렇지 않다. 일반적으로 재정 확장성의 판단 근거로 'GDP 증가율 대비 재정 증가율'과 재정충격지수가 많이 활용된다.

일차적으로 재정 증가율이 경상(명목) GDP 증가율보다 클 경우 확장적이라고 평가할 수 있다. 재정 증가율이 경상 GDP 증가율보다 클 경우 GDP 대비 재정 비중이 증가하게 된다. 이 경우에도 증가율 계산을 본예산 대 본예산, 본예산 대 추경예산, 결산 대 결산 등의 비교 방식을 어떻게 하느냐에 따라 결과가 다르다. 그러나 재정정책 차원에서의 확장적 정책이란 경제적 상황에 대응하여 판단해야 한다.

표 4-1 총지출 증가율과 명목 GDP 증가율과의 비교

(단위: %)

항 목		2016년	2017년	2018년	2019년	2020년	2021년
총지출 증가율	전년도 예산 대비 예산	3.6	2.9	5.5	9.9	16.7	0.6
	전년도 결산 대비 결산	3.5	5.6	6.8	11.8	–	–
명목 GDP 증가율		5.0	5.5	3.4	1.1	0.3	–

주: 예산은 추경예산 기준이며, 2021년 예산은 본예산임.
자료: NABO 재정경제통계시스템에서 발췌하여 재계산함.

우리나라 총지출 증가율을 보면 2018~2020년은 예산 대비이든 결산 대비이든 명목 GDP 증가율보다 총지출 증가율이 더 크다. 2016년과 2017년(예산 대비 기준)은 명목 GDP 증가율보다 총지출 증가율이 더 낮다. 사실상 긴축예산 편성이었다고 볼 수 있다.

그러나 총지출 증가율만으로 확장적 재정정책 여부를 판단하는 것은 한계가 있다. 2018년까지 지속적으로 통합재정수지가 흑자였다는 점은 흑자재정이 정부 저축을 가져와 확장적 재정에 제약 요소가 되었다. 그리고 그동안 많은 세계잉여금이 발생했지만 직접 재정지출로 연결하지 못하고 40% 넘는 금액을 국가채무 축소에 사용하여 사실상 긴축 재정이었다.

4) 재정충격 지표

재정충격 지표(Fiscal Impulse Indicator: FI)는 재정의 거시경제적 영향을 평가하는 수단으로서 경기 변동에 따른 재량적인 재정정책의 총수요에 미치는 영향을 측정하는 지표이다. 재정수지에는 재량적 정책 변화분과 자동안정장치에 의한 변화분이 포함되어 있다. 재정충격 지표는 실제 재정수지에서 본질적으로 경기 변동적 요소를 갖는 부분을 제거해 계산된다. 따라서 재정충격 지표는 재정이 재량적인 정책 수행과 이에 따른 재정수지차의 변동을 통해 총수요에 미치는 영향을 측정하려는 지표다.[6)]

측정 방법을 보면 재정이 경기 변동에 중립적이려면 세입(T_t)이 경상 GNP(Y_t)에 비례해 증가하고, 세출(G_t)이 경상 잠재 GNP(Y^p_t)에 비례해 증가해야 한다고 전제한다. 경기 중립적인 세입, 세출 비율은 재정수지가 거의 균형을 이뤘던 기준 연도를 정해서

6) 재정충격 지표는 1980년 후반부터 미국, 독일, 이탈리아 등 일부 국가에서 활용된다.

이 연도의 세입, 세출 비율(t_0, g_0)을 적용한다.

측정 방식은 다음과 같다.

① 경기 중립적 재정수지(BN_t): $BN_t = g_0 Y^P_t - t_0 Y_t$

② 재량적 재정수지(FIS_t): $FIS_t = (G_t - T_t) - BN_t$

③ 재정충격 지표(FI_t): $FI_t = \triangle FIS_t / Y_t$

여기서 재량적 재정수지(FIS_t)는 실제 재정수지($G_t - T_t$)에서 경기 중립적 재정수지(BN_t)를 뺀 값이며, 재정충격 지표(FI_t)는 이를 GNP(Y_t)로 나눈 값이다.

이때 재정충격 지표(FI_t)가 0이면 경기 중립적, 양수(+)인 경우 '전년도에 비해' 재정정책이 더욱 팽창적, 음수(-)인 경우 더욱 긴축적임을 나타내게 된다. 재정충격 지표는 '전년도에 비교한' 재정정책의 팽창 정도를 나타냄을 유의할 필요가 있다.[7)]

그리고 FI의 추이를 GNP 갭과 비교함으로써 재정운용이 경기 동행적인가 경기 역행적인가를 판단한다. GNP 갭과 FI는 서로 반대 방향의 부호를 나타내는 것이 바람직하다. 즉, GNP 갭과 FI의 부호가 반대일 때의 재정운용을 경기 역행적, 양자의 부호가 같을 때의 재정운용을 경기 동행적이라고 한다.

우리나라는 1970년대 이후 재정운용이 경기 동행적이었던 경우가 많았으며, 특히 1990년대 이후에는 연속적으로 재정기조가 경기 동행적이어서 경기 변동폭을 크게 했다. 이것은 재정운용이 경제의 안정화에 크게 기여하지 못했다는 것을 시사한다. 이렇게 된 데에는 정부가 일반회계 중심으로 재정정책을 운용함으로써 통합재정수지 중 기금의 운용 등이 재정정책 기조와 연결되지 못했기 때문이다.

2016~2018년 결산상 재정충격 지표는 3년 연속 마이너스(2016년 -1.04, 2017년 -0.29, 2018년 -0.53)였다. 사실상의 긴축 재정을 운용해 온 것으로 평가할 수 있다. 그런데 2019년 결산의 재정충격 지표는 1.96으로 확장적 재정기조로 운용한 것으로 평가된다. 코로나 상황을 겪은 2020년에도 재정충격 지표가 플러스로 기록될 것으로 보인다.

7) 따라서 실제적으로 총수요에 부(-)의 영향을 미치지만 그 정도가 전년도에 비해 약한 경우에도 FI_t는 양(+)의 값을 나타내게 된다.

제 2 절 재정정책과 기본소득 · 기본서비스 · 기본자산

1. 보편적 기본소득

최근 보편적 기본소득(Universal Basic Income: UBI)에 대한 논의가 활발하다. 학계와 더불어 정치권에서도 활발한 논의가 진행 중이다. 기본소득(UBI) 용어는 옥스퍼드 대학의 정치경제학자였던 조지 콜(George D. H. Cole)이 1953년에 처음 사용했다. 그러나 기본소득(UBI)에 대한 제안과 논의는 역사가 깊다. 1797년 토머스 스펜스(Thomas Spence)가 처음 이런 아이디어를 제안한 이래 수많은 학술적, 운동적, 정치적 논의가 진행되어 왔다(필리프 판 파레이스 외, 2018).

기본소득(UBI) 개념은 "모든 사람에게 자격 심사 없이, 개인 단위로, 노동 요구 없이 무조건 전달되는 정기적인 현금 지급"이라고 정의내린다(강남훈, 2019: 7).[8] 속성 개념으로 다섯 가지 요소가 들어 있다. ① 개별성(가구 단위가 아닌 개인 단위 지급), ② 보편성(자격 심사 없이 모든 사람에게 지급), ③ 무조건성(수급의 대가로 노동이나 구직 활동을 요구하지 않음), ④ 정기성(일회성이 아닌 정기적 지급), ⑤ 현금 지급(현금 급여 원칙)이다.

기본소득이 추구하는 궁극적 목적은 '만인의 실질적 자유'다(필리프 판 파레이스 외, 2018). '실질적 자유'는 충분한 소득 보장을 전제한 것으로 해석할 수 있다. 기본소득의 주창자들은 토지, 과거로부터 축적된 지식과 기술, 빅데이터 등 소위 공유부(common wealth)에 대한 시민들의 권리 차원에서 기본소득을 정당화한다. 공유부로부터 생성된 이익을 기본소득의 형식으로 1/n로 배당받아야 한다는 것이다.

기본소득(UBI)의 중요한 특징은 조세에 기반한 정부재정에서 조건 없이 모두에게 현금을 지급하는 것이다. 보험료를 내는 국민연금이나 건강보험 등과 달리 본인 부담 없이 현금을 지급하며, 빈곤 · 질병 · 실업 등의 사회적 위험에 대한 고려를 하지 않고 모두에게 지급한다는 점에서 기존 복지 시스템과 성격이 다르다. 복지 모델의 역사에서 보면 공공부조, 사회보험, 사회 서비스 모델에 이은 제4의 모델이라고 할 수 있다. 우리나라에서는 2010년 무상급식에서 촉발된 보편적 복지 논쟁에 이어 새로운 복지국가 모

8) 이 정의는 2016년 서울에서 열린 '기본소득지구네트워크' 총회에서 수정된 것이다.

델 논쟁이라고 볼 수 있다. 불평등의 심화, 제4차 산업혁명 진전과 디지털화의 확산에 따른 실업 증가와 노동의 변화 등의 경제·사회적 변화를 감안할 때 심사숙고해볼 만한 논쟁이다. 그러나 기본소득 모델은 아직 합의를 이룬 상태는 아니다. 여러 나라에서 실험적 시도를 해보고 있으나 국가적 차원에서 시행한 나라는 한 곳도 없다.[9)]

기본소득론에 대한 비판도 만만치 않다. 기본소득의 재원, 수혜 수준, 대상 범위, 정책 효과, 기존 제도와의 관계 등에서 부정적인 견해가 많이 나오고 있다.[10)] 우선 감당할 수 없는 재원 소요, 기존 복지급여보다 크게 떨어진 정책 효과, 불충분한 수혜 수준과 가성비,[11)] 보편적 사회보장에 비해 낮은 소득 재분배 효과, 낮은 소비 진작 효과와 경기조절 기능, 디지털 기술 변화에 따른 일자리 전망의 불확실성[12)] 등을 들고 있다.

여기서는 재정구조 차원에서 살펴보기로 한다. 기본소득론은 새로운 재정구조를 신설하자는 의미로 해석할 수 있다. 재정의 목표와 수단 차원에서 면밀히 검토하여 대안을 설정해야 할 주장이다. 완전기본소득은 GDP의 25%를 기본소득으로 지급하자는 제안이다(필리프 판 파레이스 외, 2018). 이 안에 따르면, 한국은 모든 국민에게 매월 약 80만 원을 지급한다. 증세 없이 현행 재정으로 해결한다면 총지출의 3/4 이상을 기본소득으로 지출해야 하고, 조세기반 일반회계 예산으로만 지출한다면 전액 기본소득으로 지출해야 한다. 완전기본소득은 기본소득 주창자들도 불가능함을 인정한다. 그 대신 GDP의 10%를 중기 목표로 삼고, 부분기본소득을 단계적으로 도입하자고 주장한다.[13)] 이 경우에도 막대한 규모의 재정이 필요하다. 기본소득론자들은 재정지출 개혁, 증세, 조세 감면 축소, 공유부 과세 등 여러 재원 방안을 제시한다. 그러나 이러한 재정개혁 대안들은 어느 것도 쉽게 도입할 수 있는 대안들이 아니다. 더욱이 공공부조의 개편, 조세 감면 축소 등은 취약 계층의 지원을 축소하는 의미가 있어 소득 재분배 측면에서도 바람직하지 않다. 모든 재정사업은 완전한 정치적 성격을 갖지 않는 한 재정운용 규

9) 미국 알래스카 주에서 프루도만 유전을 주민 소유로 하고 알래스카 영구펀드를 만들어 1982년부터 일년 이상 거주자 모두에게 연간 배당금을 주는 제도를 유일한 사례로 얘기한다. 그러나 이 제도도 기본소득론자들이 주장하는 본질적 특성을 반영하는 모델이라고 보기는 어렵다.

10) 이 부분은 이창곤(2020), 양재진(2020), 최한수(2020; 2021), 이상이(2020) 등 참조.

11) 실업의 경우 고용보험의 실업급여가 월 180만 원이 넘게 지급되는데, 기본소득은 100조 원 증세에도 불구하고 월 30만 원에 불과해 필요 충족의 '복지 효과'가 작다(이상이, 2020).

12) 기본소득론자들은 AI의 새로운 일자리 창출 가능성을 지나치게 경시한다. McKinsey Global Institute는 2030년까지 전 세계적으로 3억 개의 일자리가 사라지지만 동시에 5.5~8.9억 개의 새로운 일자리가 만들어질 것이라고 예측했다(최한수, 2020).

13) GDP의 10%면 매월 약 30만 원의 기본소득을 모든 국민에게 지급한다.

범으로서의 배분적 효율성과 기술적 효율성의 검증을 통과해야 한다.

기본소득론이 아직 현실에 적용할 수준의 모델로 형성되지 않은 점 때문에 다른 대안들이 제시되고 있다. 전 국민 고용보험제도, 실업부조제도, 상병수당 등이 그러한 예이다.

2. 보편적 기본서비스

최근 새로운 복지 패러다임으로 보편적 기본서비스(Universal Basic Services: UBS) 모델이 주목받고 있다.[14] 보편적 기본서비스(UBS)란 정부가 서비스를 필요로 하는 모든 국민에게 소득이나 지위에 상관 않고 기본적인 공공 서비스를 무료로 제공하는 사회보장 모델을 말한다. 여기에는 세 가지 속성 개념이 있다. ① 서비스(services): 공익에 기여하는 집합적 활동, ② 기본적(basic): 국민의 욕구(needs)를 충족시키는 필수적이고 충분한(최소한이 아닌), ③ 보편적(universal): 지불 능력과 상관없이 모든 사람이 서비스 수혜 자격을 갖는다(Institute for Global Prosperity, 2019). 이것은 필요에 따른 공공 서비스의 제공이라는 원칙을 통해 최소한의 삶의 기준을 보장하여 사회에 모두를 위한 '공동의 마루(common floor)'를 만드는 것이다.

기본서비스(UBS) 모델은 영국 유니버시티 칼리지 런던(UCL)에서 개발하여 발표하면서 공론화되었다. 현재 영국 노동당의 주요 정책으로 채택되었다. 기본서비스(UBS)의 등장 배경은 기본소득(UBI)의 문제점에 대한 비판에서 출발했다. 그러나 이 모델은 지방정부와 시민사회 차원에서 다양한 보편적 사회 서비스를 거의 무상으로 제공하는 노르딕 국가들의 보편적 복지 모델을 좀 더 발전시킨 것으로 볼 수 있다.

기본서비스(UBS) 모델은 공공 서비스 공급 시스템의 개혁으로 경제적 번영 그 이상의 사회적 번영을 목표로 한다. 의료, 교육과 같은 기존 서비스의 질과 접근성을 향상시키고, 주거, 돌봄, 음식, 교통, 정보, 법률 등의 영역에서도 양질의 접근 가능한 서비스를 무료로 확대하는 것을 목표로 한다.[15] 이를 통해 빈곤 퇴치, 불평등 축소, 지속 가능성, 모든 사람의 행복 및 공동체적 연대성 증대에 크게 기여할 것으로 본다.

기본소득(UBI)과 기본서비스(UBS)의 관계는 상호 보완적이지만 기본소득보다 기본서비스가 먼저 필요하다고 본다. 보편적 기본서비스는 보편적 기본소득의 전제 조건이

14) 김은경 외(2020) 미발표 원고 참조.

15) UCL이 제안한 7대 보편적 기본서비스 영역은 의료, 교육, 주거, 교통, 민주주의/법률, 음식, 정보다.

라는 것이다. 기본서비스(UBS) 모델이 재정의 본질적 기능과 제약 조건을 더 잘 반영한다고 볼 수 있다. 예컨대, 의무교육, 무상급식, 저비용의 의료 서비스, 공공임대주택, 무료 와이파이 존의 확대, 노인 지하철 무임승차 등은 재정의 본래적 기능에 속한다. 국민들의 경제적·사회적 고통을 해소하고 삶의 질을 높이는 것이 재정의 목표이다. 막대한 재원에 의해 소득 보전을 통한 실질적 자유를 목표로 하는 기본소득(UBI) 모델은 현실에 적용하기에는 우선성이 떨어진다. 이 점에서 기본서비스(UBS) 모델의 우선성이 인정된다.

기본서비스(UBS)는 '공유된 욕구'와 '공동의 책임'이라는 두 개의 원칙에 기반한다. 첫 번째 원칙은 '공유된 욕구'를 같이 공동으로 누리는 것이다(IGP, 2019). 사회 인프라와 같은 공공재에 대한 투자는 외부효과를 통해 사회적 편익을 기대 이상으로 증진시킨다. 두 번째 원칙은 '공동의 책임'을 공감하여 연대와 사회자본을 강화하는 것이다. 기본서비스는 동일한 비용으로 기존의 서비스나 재분배에 지출하는 것보다 생활비용을 줄이는 데 훨씬 더 효과적이다. 그 결과 보편적 기본서비스를 통해 '공유된 욕구'를 '공동의 책임'으로 해결하면서 형평성, 효율성, 연대, 지속 가능성을 극대화할 수 있다.

기본서비스(UBS) 모델도 몇 가지 한계를 갖는다. 첫째, 비용 문제다. 기본소득(UBI) 모델만큼의 막대한 비용은 아니지만 보편적 기본서비스 확대에는 많은 재원이 필요하다. 보편적 기본서비스 수급권을 충족시킬 때까지 재원의 추가 확보를 위해 증세 또는 재정지출 구조 조정을 해야 할 것이다. 둘째, 많은 재정과 행정력이 요구되어 중앙집권화와 가부장적 온정주의의 우려가 존재한다. 그러나 이것은 정부의 비전과 역량, 그리고 역동적인 시민사회(big society)의 참여에 의해 어느 정도 극복할 수 있다. 셋째, 지방정부의 역량 문제다. 기본서비스 공급에 큰 역할을 할 지방정부의 역량과 책임 수준이 중요하다. 그리고 중앙정부-광역정부-기초정부 간 역할 및 재정 분담 등의 유기적이고 협력적인 관계 구축도 필요하다.

3. 보편적 기본자산

소득 불평등 외에 자산 불평등이 커지면서 일정한 소득 보장만으로는 불평등을 완화하는 데 한계가 있다는 문제의식에서 기본소득을 넘어 기본자산[16] 제도가 거론되고 있

16) 기본자산 외에 '기초자산(자본)', '보편자산', '사회적 지분' 등의 용어가 사용되고 있다.

다. 소득의 경우 한국은 상위 10%가 전체 소득의 43.4%를 차지한다(2016년 기준). 반면에 자산은 상위 10%가 65.7%를 차지하고, 하위 50%는 1.8%만 소유하고 있다. 자산의 양극화가 더 심한 상태에서 자산 없이 소득만으로는 불평등을 해소하는 데에 한계가 있다. 특히 부의 대물림 구조에서 청년들은 기회 균등을 상실한 채 사회 출발을 하는 경우가 많다. 이들을 위해 기본자산을 형성해주자는 주장이다.

액커만(Bruce Ackerman)과 알스톳(Anne Alstott)(2010)은 성인이 된 시점에 있는 모든 성인들이 공평한 기회를 갖고 동일선상에서 성인으로서의 삶을 시작할 수 있도록 일시금인 '사회적 지분 급여'를 지급하자고 주장한다. 이 이론의 논거는 국가는 국민의 기회의 평등을 보장할 근본적 책임이 있으며, 사회적 지분 급여를 통해 부모의 재산에 상관없이 누구나 기회의 평등을 누릴 수 있어야 한다고 주장한다. 그들이 제안한 일시금으로 지급하는 사회적 지분 급여액은 8만 달러다.

처음 기본자산을 주장한 사람은 1796년 토머스 페인(Thomas Paine)이다. 그는 "21살이 되면 연간 농업 수입의 절반 정도인 15파운드를 지급하자"고 처음 기본자산을 주장했다. 빈곤은 세습되기 때문에 빈곤층이 자력으로 빈곤에서 벗어나기란 거의 불가능하다고 지적하고 이를 기본자산으로 해결하자는 것이다.

피케티(2019)는 25세에 달한 청년 모두에게 성인 평균 자산의 약 60%에 해당하는 12만 유로(한화 1억 5,800만 원 정도)를 기본자산으로 배당하자고 주장한다.[17] 이를 통해 청년들은 개인의 삶과 직업인으로서의 삶을 시작할 수 있을 것이다. 주거를 구하고 창업자금을 마련하는 데 새로운 가능성을 주며, 사회경제적 역동성을 부여할 것이라고 주장한다.

갓 태어난 모든 아기들에게 기본자산을 주자는 제안도 있다. 로이 보사라는 '21세기 홈스테드법(Homestead Act)'을 만들어 미국에서 태어나는 모든 아기들에게 6,000달러의 '자산위탁계좌'를 만들어 주자고 주장한다(롱맨, 2009: 268).[18] 이 자산을 상대적으로 안전하고 좋은 조건의 유가증권에 투자한다면 아이가 고등학교를 졸업할 때 20,000달러 이상으로, 30세가 될 때 45,000달러로 늘어날 것이라고 주장한다.

---

17) 피케티(2019: 1038)는 서유럽, 미국, 일본과 같은 부유한 나라들의 평균 민간자산은 2010년대 말 성인당 약 20만 유로라고 추산한다.

18) 홈스테드법은 미국 서부개척을 위해 서부에 들어오는 21세 이상 모든 미국인에게 5년 동안 보유 경작하는 조건으로 160에이커의 땅을 나눠 준 1862년의 법을 말한다. 영화 <파 앤드 어웨이>를 보면 광활한 벌판에 깃발 꽂는 곳까지 땅을 준다는 조치 때문에 아일랜드에서 이민 온 두 주인공(톰 크루스와 니콜 키드만)이 말을 타고 열심히 달려가 깃발을 꽂는 장면이 나온다.

기본자산 제도는 계층이동 가능성을 높일 수 있다는 점에서 긍정적 평가를 받는다. 또한 기본소득 제도보다 필요한 재원 규모가 작고 대상자의 수혜 금액이 크다는 점에서 정책효과가 크다고 평가한다.[19] 그러나 대상 연령(20세 혹은 25세)을 지난 집단들이 반대하는 '문턱 효과'가 발생할 수 있다. 이에 대해 생애주기별 기본자산 제도를 도입하자는 의견도 나오고 있다.

제 3 절 재정정책과 재정적자 및 국가채무

1. 재정건전성 지표로서의 재정수지와 국가채무

재정건전성 지표로서 재정수지, 국가채무, 재정 여력 등을 들 수 있다. 그 중에서 재정수지와 국가채무는 EU를 비롯한 여러 나라에서 재정준칙의 중심 지표로 활용되고 있다.[20]

재정수지는 해당 연도의 재정수입에서 재정지출을 차감한 금액으로서, 재정흑자와 재정적자 상태를 보여 준다. 우리나라는 관리목적상 재정수지를 통합재정수지와 관리재정수지로 구분한다. 통합재정수지는 일반회계・특별회계 및 기금을 포괄하는 통합재정에서의 수지로서, 세입에서 '세출 및 순융자'를 차감하여 계산한다. 관리재정수지는 통합재정수지 중 사회보장성기금 수지를 제외한 재정수지를 말한다.[21] 통합재정수지는 재정의 경기대응적 측면에서 중요한 지표이다. 흑자재정의 경우 수요 진작 측면에서 부정적 효과가 있으며, 경기불황에 대응하기 위해서는 적자재정 편성이 바람직하다. 재정위험의 관리 측면에서는 관리재정수지가 유용한 지표이다. 국채 발행과 국가채무 증가 등에 직접 영향을 미치기 때문에 재정 위험도 및 지속 가능성 판단과 관리에 중요한 정

19) 예컨대, 기본소득으로 한달에 30만 원씩 5천만 명에게 지급할 때 드는 1년 예산은 180조 원이지만, 기본자산으로 3천만 원을 일시에 20살 청년(약 60만 명)에게 지급하면 10분의 1인 18조 원이면 가능하다.

20) EU 국가의 마스트리히트 조약과 유로존의 안정 및 성장협약(Stability and Growth Pact)에는 재정수지 3%, 국가채무 60%라는 재정준칙이 정해져 있다.

21) 사회보장성기금은 국민연금, 사학연금, 산업재해보상보험 및 예방기금과 고용보험기금을 포함한다. 다만, 정부가 고용주인 공무원연금과 군인연금은 제외한다.

보를 제공한다. 관리재정수지를 고안한 목적이기도 하다.

재정수지가 마이너스가 되어 적자재정이 발생하면 국채 발행, 한국은행과 예금은행 등으로부터의 차입, 해외 차입 등의 방법으로 보전한다. 그 결과 국가채무가 증가한다. 저량(stock) 개념의 국가채무 잔고가 상승하면 이자 부담과 추후 원금 상환 부담이 증가해 재정운영에 제약을 받게 된다. 국가 신용도에 영향을 미치기도 한다. 그렇다고 균형재정이나 흑자재정을 통해 국가채무액을 줄이는 것만이 바람직한가? 그렇지 않다. 앞에서 재정정책의 구조는 '국가 비전-재정정책 목표-정책수단-제약 조건'의 계층적 구조로 되어 있다고 말한 바 있다. 혁신 성장, 실업 구제와 같은 달성해야 할 정책 목표가 있다면 제약 조건인 국가채무가 증가하더라도 그 목표를 달성하기 위해 재정정책 수단을 사용하는 것이 바람직하다.

그런데 건전성 지표로서의 국가채무 통계는 GDP 대비 국가채무 비율이다. 국가채무 절대 금액의 증가가 아니라 그 비율을 관리 대상으로 삼는다. 국가채무 절대 금액이 증가하더라도 GDP 증가율이 더 크다면 오히려 국가채무 비율은 감소한다. 정부부문의 채무는 가계나 기업의 경우와 다르다.

재정 여력(fiscal space) 개념과 추산 방법론이 조너선 오스트리(Jonathan D. Ostry)에 의해 개발되었다.[22] 재정 여력 개념은 현재의 국가채무 수준(GDP 대비 채무 비율 기준)과 채무불이행(디폴트)을 초래하는 국가채무 한계 수준의 차이로 정의한다. 이 수치가 높을수록 재정을 확대할 여유가 크다는 뜻이다. 재정 여력이 0~40%: '리스크 심각', 41~69%: '리스크 상당', 70~124%: '주의', 125% 이상: '안전' 국가로 분류한다. 무디스 애널리틱스(Moody's Analytics)가 재정수지·국가채무·GDP 성장률 등을 종합해 세계 30개 주요국의 재정 여력을 분석한 결과 한국은 225%(2018년)의 대표적인 재정 '안전' 국가로 꼽혔다. 재정 여력이 큰 국가들은 채무를 줄이기 위한 증세나 재정지출 감축에 따르는 손해가 채무 감소에 따른 이득보다 크기 때문에 채무를 그냥 놔두고 경제 성장으로 GDP 대비 채무 비율을 자연스럽게 낮추는 것이 바람직하다고 평가한다. 한국 정부가 재정으로 사회 안전망을 강화하면 기업 구조조정, 노동시장 규제 완화 등 구조개혁의 효율성과 정치·사회적 성공 가능성을 높일 수 있다고 지적한다.

---

22) 재정 여력 추산 방법이 IMF 리서치 부국장인 조너선 오스트리에 의해 개발되었으나 아직 공식적인 지표로 인정되지는 않았다.

2. 국가채무의 정의와 범위

1) 국가채무의 정의

우선 용어상의 문제로서 부채(liabilities)와 채무(debt)를 구별해야 한다. 부채는 재정상태표에서 자산, 부채, 순자산의 관계에서 사용되고, 채무는 현금소요액 기준으로 사용된다. 회계학적으로는 부채 개념이 채무보다 더 포괄적인 개념이다.

회계학에서 부채 개념은 조직이 미래에 재화나 서비스를 제공해야 하는 경제적 의무를 말한다. 즉, 조직이 다른 개인 또는 조직에게 현금 또는 다른 효익을 장래에 제공할 의무를 지는 것이다. 따라서 부채는 미래의 가능한 경제적 효익의 희생을 의미하며, 자산의 일부가 남의 소유일 때 발생한다.

여기서는 국제 기준에 의한 국가채무 개념과 우리나라 국가채무 개념을 살펴본다(윤영진, 2012b 참조).

(1) IMF 기준에 의한 국가채무의 정의

IMF GFS 재정통계기준은 현금주의 기준의 1986년판과 발생주의 기준의 2001년판이 있다.

IMF GFS(1986)에서의 국가채무는 현금주의에 의거 상환 시기와 금액이 정해진 확정채무로서 정부가 정부 이외(민간, 해외)에 진 채무의 총계를 말한다. 이 기준에 의하면 국가채무는 확정채무이기 때문에 보증채무 등의 우발채무와 연금충당부채 등은 제외한다.[23] 현금주의 기준을 적용하므로 확정채무라 하더라도 발생주의에 의한 미지급금, 선수금, 예수금 등은 제외한다. 총계 계산 방식은 통합(consolidation) 방식으로서 정부 내부거래를 제외한다. 따라서 정부 간 거래에 의한 채무는 제외하며, 민간 및 해외부문에 진 채무만을 포함한다. 지방정부가 중앙정부로부터 차입을 한 경우 그 차입금을 제외한 순채무만을 계산한다.

IMF GFS(2001)는 UN의 SNA(1993)상의 개념과 기준에 따라 IMF GFS(1986)를 수정・보완한 것으로 기본적으로 SNA(1993)와 동일하다. 이 기준에 의한 국가채무는 GFS(1986) 기준 채무 이외에 발생주의에 따라 경제적 지급 의무를 부담하는 미지급금, 선수금 등을 포함하는 확정부채를 포함한다. 다만, 주식 및 기타 지분, 파생금융상품과 우발부채는 제외한다.

---

23) 우발채무라도 상환 시기와 금액이 확정된 경우에는 국가채무에 포함된다.

총계 계산 방식은 통합 방식으로서 정부 내부거래를 제외한다. 그런데 통합 방법이 GFS(1986)와 GFS(2001) 간에 약간 차이가 있다. GFS(2001)에서는 정부의 하위 부문이 각각 총계 기준으로 제출되어 하위 부문의 총계에서 내부거래 총계를 제외하는 방식이다. 반면에 GFS(1986)에서는 각 하위 부문에서 내부거래를 제외한 순계 금액을 제출받아 합산하는 방식이다.

평가 방법을 보면 GFS(1986)에서의 채무 평가 방법은 채무의 상환 만료 시기에 정부가 지불할 금액인 명목가치(nominal value)로 평가한다. 반면에 GFS(2001)에서는 시장가격으로 평가한다. 다만, 채무증권의 명목적 가치를 비망록으로 기록한다.

연금채무에 대해서는 공무원 및 군인연금처럼 정부가 고용주인 사회보험 제도와 국민연금처럼 일반 국민을 대상으로 하는 사회보험 제도를 다르게 취급하고 있다. 즉, 정부가 고용주인 연금의 경우 수입 중 보험료는 그에 상응하는 부채 증가로 간주한다. 반면 연금 지급은 비용이 아닌 부채의 감소로 계상한다. 일반 국민을 대상으로 하는 연금의 경우에는 보험료는 수입으로, 연금 급여는 지출로 계상하고 부채로 판단하지 않는다.

(2) EU 국가 기준에 의한 국가채무

EU 국가에는 국가채무 관련 기준으로 ESA(1995) 기준과 마스트리히트 조약(EDP 기준)의 두 가지 기준이 적용되고 있다. 두 가지 기준은 채무의 인식 범위와 측정 방법이 약간 다르다.

① ESA(1995) 채무 기준(ESA 채무)

유럽회계체제 ESA(European System of National and Regional Accounts, 1995)는 UN SNA(1993)를 EU 회원국에 적용하기 위한 기준이다. SNA(2008)가 발표되었지만 SNA(1993)의 모호한 부분을 분명하게 하고 약간 보완된 내용이다.

ESA(1995)에는 국가채무의 공식적 정의는 없지만 실제로 모든 명시적 정부부채를 포함하며, 단지 주식지분(equity)만 제외한다. ESA 채무는 마스트리히트 조약의 채무 기준에는 포함되지 않은 기타 금융수단, 즉 파생금융상품, 기타 미지급금, 보험책임준비금 등을 적용 가능할 때에는 포함한다. 이 점에서 ESA 채무가 EDP 채무보다 금액이 더 크게 나타난다. 그 차이가 큰 나라들에는 프랑스, 이탈리아, 네델란드, 스웨덴이 있으며, 벨기에, 독일, 영국은 차이가 작다(Lojsch et al., 2011: 21).

채무 계산 방식은 통합 방식이다. 통합은 일반정부 부문의 두 기관 간 발생하는 거래는 제외한다. 통합채무는 국가채무의 어느 정도가 국내 민간부문과 그 외 나머지 부문에 포함되는지를 보여 준다. 부채의 평가에 관해서 일반정부 대차대조표에 나타난 ESA 채무는 시장가치로 기록된다. 그 결과 ESA 채무 수준은 시장 산물의 변화에 의해 영향을 받는다. ESA 채무가 EDP 채무보다 더 변동이 심할 수 있다. 실제로 과거 20년 간 연도별 ESA 채무 비율 변동의 표준편차는 EDP 채무보다 더 컸다.

② 마스트리히트 채무 기준(EDP 채무)

마스트리히트 채무 기준은 과다적자 처리절차(Excessive Deficit Procedure: EDP)의 절차적 목적을 위해 적용되는 개념이다. 즉, GDP 60% 이하의 국가채무 비율 기준이 충족되었는지 여부를 평가하는 재정 감독을 위해 사용되는 기준이다.

마스트리히트 채무(EDP 채무)는 연말에 미결제된 명목적 금액으로서 총계 개념으로 기록된다. 즉, 액면가치에 의한 일반정부 총채무로 정의된다. EDP 채무의 범위에는 현금 및 예금, 차입금, 주식 외의 증권 형태의 정부부채가 포함된다. 그러나 특정 금융수단인 파생금융상품과 거래신용 등의 기타 미지급금을 제외한다.

계산 방식은 일반정부 하위 수준에서 통합되는 통합 방식이다. 일반정부 기관 간 내부거래는 제외된다. ESA 채무는 시장가치로 평가되는 데 반해, EDP 채무는 액면가치로 평가된다. 액면가치란 정부가 기한 만료 시 채권자에게 상환해야 할 금액을 말한다. EDP 채무는 정부자산의 가격, 시장화 가능성 또는 유동성에 관한 어떠한 가정도 필요하지 않는 장점이 있다. 정부의 자금조달 수요를 평가하는 데에 더 좋은 측정치다.

(3) OECD 기준에 의한 국가채무의 정의

OECD 기준에 의하면, SNA(System of National Accounts, 1993)의 일반정부를 기준으로 채무를 계산한다. 즉, 국민 계정의 일반정부에 속하는 조직의 채무 및 기타 채무가 국가채무가 된다. 따라서 공기업으로 분류된 채무는 제외된다.

이 기준에서는 금융부채만을 채무로 계산하며, 연금충당부채 등의 비금융부채는 국가채무 대상에서 제외한다. OECD에서는 각국의 국가채무의 비교 자료로 '일반정부 총금융부채'를 발표하고 있다.

그리고 자립형 적립식 연금(autonomous funded pension plan)은 일반정부에서 제외하고 있다. 납부한 금액에 비례해 연금 혜택을 받고, 수지 균형이 유지되므로 채무의 문제가 발생하지 않기 때문이다. 비자립형 연금은 일반정부에 포함되어야 하지만 적립

부문(funded component)만 부채로 계산하고 있다. 별도의 기금을 설치하지 않거나 적립금을 축적하지 않는 비적립 연금채무는 비망 항목으로 표시하고 있다.

(4) 우리나라 국가채무의 정의

국가회계법이 2009년부터 제정 및 발효되고 복식부기·발생주의회계의 국가회계 기준이 마련되면서 우리나라 국가채무는 국가재정법에 의한 국가채무와 국가회계법에 의한 국가부채의 두 가지 개념 및 통계로 발표된다.

① 국가재정법상 국가채무

국가재정법(제91조 제2항)에는 국가채무의 범위가 규정되어 있다. 즉, 국가의 회계(일반회계 · 특별회계)와 중앙관서의 장이 관리하는 기금이 발행하는 채권(국채 등), 차입금, 그리고 국고채무부담행위다. 국가채무는 채무의 존재, 지급 시기, 금액이 확정되어 지급 의무가 확실하게 결정된 채무만을 대상으로 한다.

재정증권 또는 한국은행으로부터의 일시차입금, 국가의 회계 또는 기금이 인수 또는 매입하여 보유하고 있는 채권과 차입금은 국가채무 대상에서 제외한다. 재정증권 또는 한국은행 일시차입금을 제외한 것은 그 회계연도 내에 상환하여야 하므로 연도 말에는 표시되지 않기 때문이다. 다만, 국가회계 기준상의 부채에는 포함된다. 보증채무는 우발채무로서 확정채무가 아니므로 재정통계에 포함하지 않는다. 그러나 정부의 대지급 이행이 확정된 채무의 경우에는 국 · 공채 또는 차입금이 아니라 하더라도 이를 채무에 포함한다.

채무 계산 방식은 통합 방식을 사용한다. 즉, 내부거래를 제외하기 때문에 국가의 회계나 기금이 인수 또는 매입하여 보유하고 있는 채권 등은 제외한다. 지방자치단체 채무를 계산하는 경우에도 국가와 지방자치단체 상호 간의 채무를 차감한 순채무로 표시한다.

② 국가회계 기준상의 국가부채

국가회계법에 의한 국가부채는 발생주의에 의해 재무제표에 부채가 발표된다. 국가회계 기준(제17조)에는 부채를 "과거의 거래나 사건의 결과로 국가회계 실체가 부담하는 의무로서, 그 이행을 위하여 미래에 자원의 유출 또는 사용이 예상되는 현재의 의무"라고 규정하고 있다.

국가부채는 인식 범위가 국가채무보다 더 넓다. 국가채무는 금융부채만을 포함하는 데 반해, 국가부채는 충당부채와 같은 비금융부채까지 포함하기 때문이다. 확정된 금융부채의 경우에도 국가재정법상의 채무보다 국가회계 기준상의 부채 항목의 포괄 범위가 더 크다. 미지급금, 선수금 등의 기타 (비)유동부채인 금융부채가 재무제표 국가부채에는 포함된다. 국가회계 기준에 의하면 부채는 유동부채, 장기차입부채, 장기충당부채 및 기타 비유동부채로 구분된다. 국가 안보와 관련된 부채는 기획재정부 장관과 협의하여 부채로 인식하지 않을 수 있다. 이 경우 해당 중앙관서의 장은 해당 부채의 종류, 취득 시기 및 관리현황 등을 별도의 장부에 기록해야 한다(국가회계 기준, 제18조②).

정부가 2011년에 마련한 연금회계준칙에는 연금충당부채의 포괄 범위를 명확히 설정해놓고 있다. 4대 연금 중에 사학연금기금은 공기업으로 분류되어 일반정부 부문에서 제외된다. 정부가 고용주인 군인연금과 공무원연금의 2개 직역연금은 확정급여형 퇴직연금으로서 연금 지급 의무에 따른 충당부채를 인식하도록 규정하였다. 국민연금은 사회보장기금으로서 연금 지급 의무와 관련된 충당부채를 인식 대상에 포함시키지 않았다. 주요 논거는 국민연금 등 사회보장제도에 따른 연금 지급 의무는 국민 개개인과의 계약관계에 따른 의무가 아니라는 것이다. IMF(2001)나 SNA(2008)에도 사회보장급여는 부채로 인식하지 않고 있으며, IMF GFS 연보 등을 보더라도 국민연금 충당부채를 포함하는 나라는 없는 것으로 알려져 있다. 그러나 대부분의 정부가 사회보장 의무와 관련된 부채를 인식하지 않지만 그 장기적 재정 지속 가능성에 관한 정보가 중요하다는 점은 공통적으로 인식하고 있다. 이러한 점을 고려하여 국민연금의 장기적 재정 지속 가능성에 대한 기초적 정보를 제공하고자 국민연금법에 따른 장기재정 추계 정보를 재무제표 주석과 필수보충 정보에서 제공하도록 하였다. 정부보증채무는 확정된 경우를 제외하고는 우발부채로서 부채에 포함되지 않는다.

부채의 계산 방식은 통합 방식을 적용한다. 국가통합보고서 작성 시 기관 간 내부거래를 제거하는 방식으로 계산한다. 다만, 각 중앙관서 개별 결산보고서는 기관 간(회계 간) 내부거래를 제거하지 않고 보고된다.

2) 국가채무 및 부채의 유형과 범위

국가채무 및 부채 유형은 ① 국가채무(D1), ② 일반정부 부채(D2), ③ 공공부문 부채(D3)로 구분한다. 이들 유형은 기관의 포괄 범위와 부채 항목의 포괄 범위가 다르다. 이외에 결산보고서인 재무제표상의 부채가 매년 작성되어 활용되고 있다.

국가채무(D1)는 국가재정법상의 채무로서 현금주의 기준에 의해 작성한다. 국가재정

운용계획 및 국가채무관리계획 등을 수립할 때 재정운용 목표지표로 활용하는 데 목적이 있다. 국가채무(D1)는 중앙정부와 지방정부의 채무를 합산하며, 내부거래는 제외한다.[24] 비영리공공기관의 채무는 포함하지 않는다. 부채 항목에는 국채, 차입금, 국고채무부담행위를 포함하며, 미지급금, 미지급비용, 예수금 등의 기타 발생주의 부채 항목

표 4-2 국가채무와 부채의 유형 및 범위

구 분		국가채무(D1)	일반정부 부채(D2)	공공부문 부채(D3)
2019년 규모(GDP 대비)		723.2조 원(37.7%)	810.7조 원(42.2%)	1,132.6조 원(59.0%)
산출 근거		국가재정법(제91조) (GFS, 1986)	국제 기준 (GFS, 2001)	국제 기준 (GFS, 2001)
회계 기준		현금주의	발생주의	발생주의
활용 목적		국가재정 운용계획 국가채무관리계획	국제비교 (IMF, OECD)	공공부문 재정건전성 관리
기관 범위	중앙정부	일반회계 특별회계 정부관리기금	일반회계 특별회계 정부관리기금 공공기관관리기금 비영리공공기관	일반회계 특별회계 정부관리기금 공공기관관리기금 비영리공공기관
기관 범위	지방 · 교육자치단체	일반회계 특별회계 기금 교육비특별회계	일반회계 특별회계 기금 교육비특별회계 비영리공공기관	일반회계 특별회계 기금 교육비특별회계 비영리공공기관
기관 범위	비금융공기업	제외	제외	포함
부채 항목	국채	포함	포함	포함
부채 항목	차입금	포함	포함	포함
부채 항목	국고채무부담행위[1]	포함	불포함	불포함
부채 항목	기타 발생주의 부채 항목[2]	제외	포함	포함
부채 항목	충당부채 (공무원, 군인연금 등)	제외	제외(별도부기)	제외(별도부기)

주: 1) 지방재정에서의 명칭은 채무부담행위임.
2) 기타 발생주의 부채 항목에는 미지급금, 미지급비용, 예수금 등이 포함.
자료: 국회예산정책처(2021: 92)에서 발췌 수정함.

24) 중앙정부의 기금은 정부관리기금만 포함하며, 공공기관관리기금은 포함하지 않는다. 2021년 기준 정부관리기금은 45개, 공공기관관리기금은 22개이다.

은 포함하지 않는다. 공무원, 군인 연금 등의 충당부채는 포함하지 않는다.

일반정부 부채(D2)는 IMF GFS(2001)에 근거한 발생주의 기준에 의해 작성하며, 정부 단위 외에 비영리공공기관을 포함한다. 중앙정부 기금에 정부관리기금과 공공기관관리기금 모두를 포함한다. 부채 항목에는 국가재정법상의 채무 항목(국채와 차입금) 외에 재무제표상의 부채 항목이 포함된다. 다만, 국고채무부담행위는 부채로 보지 않기 때문에 포함되지 않는다. 연금충당부채는 포함하지 않으며, 별도 부가 자료를 작성한다. 일반정부 부채(D2)는 국가 간 재정건전성 비교 등에 활용되고 있다. 우리나라는 2012년에 2011회계연도부터 적용했다.

공공부문 부채(D3)는 발생주의 기준에 의해 작성하며, 일반정부 부채에 비금융공기업 부채를 포함한 개념이다. 공공부문의 재정 위험을 관리하는 지표로 활용하는 것을 목적으로 하고 있다.[25] 그런데 금융공기업 부채는 제외함으로써 완전한 공공부문 부채 통계라고는 볼 수 없다.[26] 금융공기업은 부채에 상응하는 금융자산을 갖고 있기 때문에 재정 위험 관리의 필요성이 적다고 보아 제외한 것 같다. 그러나 재정 위험 관리 목적으로서는 금융공기업을 포함하고, 영국처럼 공공부문 순부채 개념을 재정 위험 관리 지표로 활용할 필요가 있다. 순부채란 금융부채에서 금융자산을 공제한 개념이다. 금융부채와 연계된 금융자산이 있는 경우 부채 상환 능력이 높아지기 때문에 순부채 지표로 관리하는 것이 바람직하다.

3. 국가채무의 현황

1) 국가채무(D1) 규모

(1) 국가채무 유형별 규모

국가채무(D1)를 유형별로 보면 국가채무 중 중앙정부 채무가 차지하는 비중은 2019년 96.7%(2021년 예산 97.1%)로 압도적인 비중을 차지한다. 지방정부 순채무는 3~4%

---

25) 2008년 글로벌 금융 위기 이후 IMF, OECD 등 9개 국제기구는 통계작성 범위를 GFS 기준의 일반정부에 공기업을 추가한 '공공부문(Public Sector)'으로 확대한 부채 작성 지침인 PSDS(Public Sector Debt Statistics)를 발표했다. 우리나라는 2014년 2월에 2012회계연도 공공부문 부채를 처음으로 발표했다.

26) D3 산출에 제외되는 금융공기업으로는 공공기관의 운영법상 공공기관 11개(한국산업은행, 수출입은행, 중소기업은행, 한국주택금융공사, 한국투자공사 등), 동법상 공공기관이 아닌 기관 2개(한국은행, 금융감독원) 등 13개 기관이 있다.

표 4-3 국가채무(D1) 유형별 규모

(단위: 조 원, %)

구 분	2015	2016	2017	2018	2019	2020	2021
□ 중앙정부(A)	556.5	591.9	627.4	651.8	699.0	819.2	928.5
○ 국채	551.5	587.5	623.3	648.4	696.3	815.2	926.1
• 국고채권	485.1	516.9	546.7	567.0	611.5	726.8	839.9
• 국민주택채권	59.3	64.0	69.4	73.3	76.4	78.9	74.8
• 외평채권	7.1	6.7	7.2	8.0	8.3	9.5	11.4
○ 차입금	3.3	3.9	3.8	3.2	2.6	3.3	2.3
○ 국고채무부담행위	1.7	0.5	0.2	0.2	0.1	0.7	0.1
□ 지방정부 순채무(B)	34.9	35.0	32.8	28.7	24.2	32.0	27.5
국가채무(D1=A+B)	591.5	626.9	660.2	680.5	723.2	851.2	956.0
(GDP 대비, %)	35.7	36.0	36.0	35.9	37.7	44.0	47.3

주: 2020년까지는 결산, 2021년은 본예산임.
자료: 국회예산정책처(2021) 참고하여 재작성.

수준에 불과하다. 중앙정부 채무에서 국채가 차지하는 비중은 2019년 99.6%로 대부분을 차지하며, 차입금과 국고채무부담행위의 비중은 1% 미만이다.

국채 가운데 국고채권이 차지하는 비중은 2019년 87.8%, 제1종 국민주택채권 11.0%, 외화표시 외국환평형기금채권 1.2%를 차지한다.[27] 국고채권은 각 기금 및 회계에 필요한 자금을 공급하기 위하여 공공자금관리기금의 부담으로 기획재정부 장관이 발행한다. 국고채는 한국의 채권시장을 대표하는 채권으로 자본시장의 지표금리를 제공한다.

(2) 국가채무 성질별 규모

국가채무는 성질에 따라 적자성 채무와 금융성 채무로 구분한다. 금융성 채무는 융자금·외화자산 등 대응 금융자산이 있어 별도의 재원 조성 없이 자체 상환이 가능한 채무다. 적자성 채무는 상환할 때 조세 등으로 별도의 재원을 마련하여 상환하는 채무다. 적자성 채무는 목적에 따라 다시 일반회계 적자보전 채무, 공적자금 상환 채무, 기타 적자성 채무(양곡증권정리 및 국고채무부담행위 등)로 구분된다.

국가채무 중 적자성 채무가 55~57% 수준을 유지했으나 코로나19 팬데믹이 일어난 2020년부터 60%대로 상승했다. 2021년 본예산 기준 603.5조 원으로 국가채무 총규모의

27) 국채에는 국고채권, 제1종 국민주택채권, 외국환평형기금채권 외에 재정증권이 있지만 재정증권은 국가채무에 포함되지 않는다.

표 4-4 국가채무(D1) 성질별 규모

(단위: 조 원, %)

구 분	2015	2016	2017	2018	2019	2020	2021
□ 국가채무 총계	591.5	626.9	660.2	680.5	723.2	846.9	956.0
(GDP 대비, %)	(35.7)	(36.0)	(36.0)	(35.9)	(37.7)	(43.9)	(47.3)
① 적자성 채무	330.8	359.9	374.8	379.2	407.6	518.0	603.5
(국가채무 중 비중, %)	(55.9)	(57.4)	(56.8)	(55.7)	(56.4)	(61.2)	(63.1)
• 일반회계 적자보전	240.1	271.3	289.6	300.4	334.7	438.7	531.8
• 공적자금 국채전환	49.4	48.5	47.5	45.3	44.1	43.0	39.9
• 기타	41.3	40.0	37.7	33.4	28.8	36.3	31.8
② 금융성 채무	254.8	267.0	285.4	301.3	315.6	328.9	352.5
(국가채무 중 비중, %)	(43.1)	(42.6)	(43.2)	(44.3)	(43.6)	(38.8)	(36.9)
• 외환시장 안정용	198.3	209.8	222.3	234.9	247.2	256.9	264.2
• 서민주거 안정용 등	62.4	57.2	63.1	66.4	68.5	72.0	88.3

주: 2019년까지는 결산, 2020년은 4차 추경예산, 2021년은 본예산임.
자료: 국회예산정책처(2021) 참고하여 재작성.

63.1%를 차지한다. 금융성 채무는 352.5조 원으로 국가채무 총규모의 36.9%를 차지한다.

(3) 국가부채의 국가 간 비교

국가 간 비교를 위한 국가채무 통계는 일반정부 부채(D2) 통계다. 가장 국가부채가 많은 나라는 GDP 대비 243.3%(2021년)의 일본이다. 그 뒤를 이어 이탈리아, 영국, 프랑스, 스페인, 미국, 캐나다 등이 100%를 넘는 높은 비율을 차지하고 있다. OECD 국가의 국가부채 평균도 131.7%에 이른다. 반면에 한국, 호주, 스웨덴, 독일 등이 국가채무 수준이 낮은 국가에 해당한다.

추세를 보면 2020년 코로나19 팬데믹이 발생한 이후 모든 나라의 국가부채가 급격히 증가하고 있다. 주목할 부분은 부채 비율이 높은 나라들이 팬데믹이 야기한 경제·사회 위기를 극복하기 위해 국가부채의 급증을 무릅쓰고 재정지출을 확대한 점이다.

2) 국가보증채무

국가가 지급을 보증하는 채무인 보증채무는 정부의 채무이행 의무가 확정되기 전까지는 국가채무에 포함되지 않지 않는 미확정 채무다. 그러나 주채무자가 상환하지 못하

표 4-5 외국의 일반정부 부채(D2) 규모(대 GDP 비율)

(단위: %)

구 분	2018	2019	2020	2021
한국	41.9	40.9	43.9	46.3
일본	224.2	225.3	241.6	243.3
이탈리아	147.8	155.8	178.7	178.3
영국	113.9	117.3	145.3	157.4
프랑스	121.7	124.4	142.0	143.2
스페인	114.5	117.3	139.1	142.3
미국	106.6	108.4	128.0	134.2
캐나다	93.8	94.3	121.5	131.2
독일	69.5	68.1	82.5	84.7
호주	43.5	45.8	57.7	64.1
스웨덴	50.5	46.5	49.8	49.8
OECD 평균	108.7	110.0	126.9	131.7

주: 일반정부 총금융부채의 대 GDP 비율.
자료: OECD. Economic Outlook No.108 database(2020.12).

는 경우 국가의 재정 부담이 초래되는 우발채무이므로 국가채무에 준하는 관리가 필요하다. 국가재정법에 따라 국가가 보증채무를 부담하고자 할 때 미리 국회의 의결을 거쳐야 한다. 정부의 보증채무는 일반채무보증, 채권 발행에 대한 지급 보증, 차관에 대한

표 4-6 국가보증채무 현황

(단위: 조 원, %)

구 분	2017	2018	2019	2020	2021
□ 보증채무	21.1	17.0	14.8	12.2	50.7
(GDP 대비, %)	(1.2)	(0.9)	(0.8)	(0.6)	(2.5)
• 예보채상환기금채권	9.7	5.9	3.9	1.5	–
• 한국장학재단채권	11.4	11.2	10.9	10.7	10.7
• 수리자금	0.02	0.01	–	–	–
• 기간산업안정기금채권	–	–	–	미정	40.0

주1: 2020, 2021년은 전망치.
주2: 기간산업안정기금채권은 기간산업 기업 지원을 위해 산업은행이 발행하는 채권의 원리금 상환을 국가가 지급 보증하는 것으로, 2021년까지 최대 40조 원 한도로 보증하며 2025년 말까지 한시적으로 운영.
자료: 대한민국정부. 2020~2024년 국가보증채무관리계획.

지급 보증으로 구분된다.

국가보증채무는 2017년 21.1조 원에서 점차 감소하다가 2020년 5월 기간산업안정기금을 설치하여 한국산업은행이 발행하는 기금채를 신규로 보증하면서 급증했다. 한국장학재단채권이 10.7조 원(2021년 말)으로 큰 비중을 차지하고 있다. 예금보험기금채권 상환기금채권은 상환 일정에 따라 2021년 모두 상환될 것으로 전망된다.

4. 국가채무의 관리

1) 기본적 접근 방법

국가채무 관리의 목표는 재정의 지속 가능성이 담보되는 국가채무의 적정 수준 유지와 재정 위험의 효과적 관리에 있다. 국가채무 관리의 목표를 달성하기 위해서는 채무관리에 적합한 채무정보를 산출해야 한다. 채무정보는 국가채무 개념 모형의 설정과 관련이 있다. 최근 선진국의 재정건전성과 국가채무 관리를 위한 회계정책 방향을 보면 세 가지 흐름을 감지할 수 있다(Rawdanowicz et al., 2011; Lojsch et al., 2011; 윤영진, 2012b 재인용).

첫째, 포괄적 정부 대차대조표 접근이다. 종전 현금주의회계에서는 산출되지 않던 발생주의에 근거한 부채 항목을 포함한다. 이것은 정부 대차대조표상의 총부채 접근법이다. 금융부채에 미지급금, 파생금융상품 등이 측정가능할 때에는 모두 포함된다. 비금융부채로서 연금 등 일부 충당부채를 부채 항목에 포함한다. 그 외에 대차대조표에 기록되지 않은 사회보장급여 등의 충당부채와 우발부채를 관리 대상으로 포함한다. 그리고 국가채무는 일반정부에 한정되어 공시되지만 공기업 부문의 부채까지 포함한 공공부문 부채를 관리 대상으로 확대하는 경향이 있다.

둘째, 미래 재정 위험을 초래할 잠재적 부채를 매우 중요시한다. 잠재적 재정 위험과 관련된 숨겨진 부채는 암묵적 부채와 우발부채다. 이들 잠재적 부채는 대차대조표에 기록되지 않지만 재정의 지속 가능성에 추가적 위험을 초래할 가능성이 있다. 우리나라 외환 위기 당시 예보채 등 정부보증채무가 노무현 정부 들어 국채로 전환된 사례가 대표적인 예이다. 로쉬 외(Lojsch et al., 2011)도 암묵적 부채, 그리고 대차대조표에 없는 기타 정부부채도 주의 깊게 감시되고 보고될 필요가 있다고 주장한다. 특히 사회보장제도의 암묵적 부채는 정부가 그 규모를 인식하는 일이 매우 중요하기 때문에 부기사항으로 기록하도록 한다.

셋째, 부채와 함께 자산에 대한 관리를 중시하며, 부채를 평가할 때 자산과 연계하여 평가하는 종합적 접근을 한다. 특히 금융부채는 금융자산과 연계하여 순채무(net debt) 정보를 산출하여 관리한다. 순채무는 금융부채에서 금융자산을 공제한 금액이다. 실제로 국가가 갚아야 할 순채무액이 채무관리에는 더 유용한 정보다.

2) 국가채무의 적정 수준

국가채무의 적정 수준은 얼마일까? 재정준칙으로 사용되는 국가채무 60% 기준이 있지만 권장 기준일 뿐이며, 적정 수준을 지칭한다고 볼 수는 없다. 이론적으로는 최적 국가채무 규모란 정부의 예산 제약 조건을 만족한 상태에서 사회적 효용을 극대화하는 규모를 말한다. 즉, 국가채무가 경제에 미치는 영향들 사이의 상충관계와 경제에 미치는 편익과 비용을 고려하여 최적 수준을 도출하게 된다(국회예산정책처, 2021b: 94). 그런데 국가채무의 적정 수준을 논하기 위해서는 몇 가지 사항을 검토할 필요가 있다.

첫째, 국가채무 통계는 절대 금액으로 표시하지 않고 GDP 대비 비율로 계산한다. 국가채무 절대 금액은 지속적으로 증가하지만 그 비율은 국가채무와 GDP의 동태적 움직임에 따라 변한다. 국가채무 증가율보다 GDP 증가율이 더 클 경우 국가채무 비율은 감소한다.[28] 재정정책을 성공적으로 운영했을 경우 국가채무가 먼저 늘고, 이후 GDP가 더 많이 느는 역사적 선순환 사례가 많다. 국가채무는 정태적 관점이 아닌 동태적 관점에서 바라볼 필요가 있다.

둘째, 국가채무 관련 정보의 선별적 인식이다. 2019년(결산) 국가채무(D1)는 723.2조 원으로 GDP 대비 37.7%이다. 그 중에서 국채의 비중은 96.3%이고, 적자 보전을 목적으로 하는 핵심 국채는 국고채권인데 84.6%를 차지한다. 서민 주거 안정용 국민주택채권이나 외환시장 안정용 외평채권 등은 재정 위험 관리 차원에서 제외한다면 채무 규모는 32% 수준으로 낮아진다. 또한 적자성 채무와 금융성 채무를 구분한 경우에도 재정 위험 관리 차원의 채무 규모는 달라진다. 2019년(결산) 적자성 채무 비중은 56.4%, 금융성 채무는 43.6%였다. 대응 자산이 있어 별도의 재원 조성이 없어도 되는 금융성 채무와 달리 조세 기반 재정으로 갚아야 하는 국가채무 비율은 GDP 대비 21.3%로 낮아진다. 그러나 이것은 재정 위험 관리의 중요도에 관한 인식일 뿐이다. 앞에서 지적한

28) 우리나라도 2016~2018년 국가채무 절대액(626.9조 원→680.5조 원: 8.6% 증가)은 계속 증가했지만 GDP 대비 비율은 36% 수준을 유지했다.

대로 재정 위험 관리 차원에서는 포괄적 접근이 필요하다.

셋째, 재정정책의 계층적 구조 차원의 접근이다. 설령 국가채무 적정 수준이 합의가 되었더라도 그 자체가 목적일 수 없다. 국가채무 비율이 낮다면 재정 여력이 크기 때문에 재정을 통한 정책공간이 넓어질 수 있다. 또한 국가 신용평가에 긍정적 영향을 줄 수 있다. 그러나 경제 불황 극복이나 국민의 삶의 질 개선이라는 정책 목표가 필요한 경우 국가채무는 오히려 정책수단으로 활용해야 한다. 국가채무를 늘려 정부지출을 증가시키면 단기적으로 총수요가 확대되어 GDP 성장률이 제고되고, 특히 민간의 총수요가 부족한 경제 위기 시에는 적자재정 편성을 통한 재정지출 확대가 위기 극복에 기여한다. KDI(2018) 연구에 의하면, 국가부도를 경험한 나라의 경우 GDP 대비 국가채무 비율 중앙값은 약 60%로 당시 100%가 넘는 미국, 프랑스, 일본 등 선진국과 비교해 오히려 낮은 수준이었다. 국가채무 비율이 낮았음에도 국가부도를 경험한 것이다. 재정수지를 개선하고 국가채무를 줄이기 위해 긴축정책을 편 경우에도 오히려 국가채무 수준이 늘어난 경우가 많다. 글로벌 금융 위기 때 이탈리아, 그리스 등이 그러한 예이다.

결론적으로 국가채무의 적정 수준이란 존재하지 않는다. 재정준칙으로 국가채무 비율 60%를 설정한다면 그것은 관리 목적의 기준선이 될 수 있지만 적정 수준이나 절대적으로 지켜야 할 수준은 아니다. 동태적 관점에서 정책 목표와 재정의 역할, 경제성장률, 채무상환 능력 등을 고려하여 재정 위험 관리 차원에서의 기준선을 제시할 필요가 있다. 경제성장률, 재정적자 비율, 국가채무 비율 간에 일정한 관계가 있다는 점을 염두에 두고 어떤 정책 목표에 역점을 두고 관리해야 하는지를 결정하는 것이 바람직하다.[29]

3) 재정 위험 관리 차원의 국가채무 관리

국가채무는 영원하다. 일정한 수명을 가진 개인이나 기업과는 달리 정부는 영구적으로 존속되기 때문에 정부는 미래의 어느 시점에 국가채무 전부를 상환할 필요는 없다. 채무는 조세 기반 재정수입에 의해 상환되기도 하지만 새로운 채무에 의해 상환하는

29) 도마(Evsey D. Domar)는 1944년 미국경제학회지(*American Economic Review*)에서 국가채무 비율과 재정적자 비율 사이에 일정한 관계가 있다는 것을 밝혔다. 즉, 재정적자 비율과 경제성장률이 일정하다면 장기적으로 국가채무 비율은 재정적자 비율을 경제성장률로 나눈 숫자에 수렴하게 된다. 예를 들어, 재정적자가 GDP 대비 3%이고 명목경제성장률이 5%라고 하자. 이런 나라는 장기적으로 국가채무 비율이 3/5=0.6, 즉 60%에 수렴하게 된다. EU 60% 기준도 이 논리에 근거한다(주진형 페이스북, 2019.5.22).

차환이 지속적으로 이루어진다. 더욱이 기존 국채를 새로운 국채로 대체하기 위하여 필요한 경우에는 미리 국회에 보고하고 한도액을 초과하여 국채를 발행할 수 있다(국가재정법 제20조②).

따라서 재정자금의 조달·상환과 관련된 위험을 최소화하기 위해 국가채무 포트폴리오를 적정하게 구성하고 조정하는 재무 위험 관리가 중요하다. 국가채무 관련 재무위험에는 시장 위험(market risk)과 차환 위험(refinancing risk)이 있다. 시장 위험은 이자율, 환율, 물가상승률 등 시장가격 변동이 자금 조달 비용에 미치는 변동성 위험이다. 차환 위험은 차환이 원활히 이루어지지 않아 높은 금리로 발행해야 하거나 차환이 불가능하게 될 위험이다(국회예산정책처, 2021b). 여기서는 국채의 핵심 채권인 국고채권(국고채)을 중심으로 현황 분석을 하기로 한다. 시장 위험과 차환 위험 관점에서 판단해보기 바란다.

(1) 국고채의 종류

국고채는 각 회계 및 기금에 필요한 자금을 공급하기 위하여 공공자금관리기금의 부담으로 기획재정부 장관이 발행한다. 국고채는 현재 한국의 채권시장을 대표하는 채권으로 한국 자본시장의 지표금리를 제공하고 있다.

먼저 발행 목적에 의해 국고채를 분류할 수 있다. 하나는 일반회계 적자 보전 수요 등에 따른 순증 형태와 만기도래, 조기상환(buy-back), 국고채 교환 등을 위한 차환 형태가 있다. 국고채 발행 규모를 보면 2016~2019년 매년 100조 원 정도였으나 2020년 코로나19 팬데믹 상황으로 인해 전년 대비 70% 이상 급증하면서 2020년 174.5조 원을 발행했다. 그런데 순증이 아닌 상환을 목적으로 한 차환 형태가 2015년부터 2019년까

표 4-7 국고채 발행 실적

(단위: 조 원, %)

구 분	2015년	2016년	2017년	2018년	2019년	2020년
총발행	109.3	101.1	100.8	97.4	101.7	174.5
- 순증	46.8	31.8	29.8	20.3	44.5	115.2
(비중, %)	42.8%	31.5%	29.6%	20.8%	43.8%	66.0%
- 상환	62.4	69.3	71	77.1	57.2	59.3
(비중, %)	57.1%	68.5%	70.4%	79.2%	56.2%	34.0%

주: 2020년 추경 기준(비중은 필자 계산).

자료: 기획재정부, 국채 2020.

지 50%(56~79%)를 넘는다. 다만, 2020년에는 34%로 순증 형태가 더 많다.

또 다른 국고채 종류로는 원금과 이자가 고정된 일반적인 채권 형태의 국고채와 원금과 이자가 물가에 따라 변동하는 물가연동 국고채가 있다. 일반적인 형태의 국고채에는 만기 2년물, 3년물, 5년물, 10년물, 20년물, 30년물, 50년물의 일곱 가지 종류가 있다. 물가연동 국고채란 원금 및 이자 지급액을 물가에 연동시켜 물가변동 위험을 제거함으로써 투자자의 실질 구매력을 보장하는 국채를 말한다. 물가채는 국채 투자기반 확충 및 국채시장 발전을 위한 인프라 제공을 위해 10년물로 2007년 최초 발행되었다.

(2) 국고채 만기 구조별 현황

국고채 만기 구조는 2년물, 3년물, 5년물, 10년물(10년 물가채), 20년물, 30년물, 50년물의 일곱 가지 종류가 있다. 최장기채 50년물은 2016년, 2년물은 2021년 2월부터 매월 정례 발행을 시작했다. 50년물의 발행은 글로벌 저금리 추세가 지속되고 초장기채 발행

표 4-8 국고채 만기 구조별 발행 현황

(단위: 조 원, %)

구 분		2016	2017	2018	2019	2020
국고채 잔액		516.9	546.7	567.0	611.5	726.8
국고채 발행		101.1	100.8	97.4	101.7	174.5
	3년물	23.8	20.0	19.5	20.6	35.1
	(비중)	(23.6)	(19.9)	(20.0)	(20.3)	(20.1)
	5년물	24.5	23.9	19.9	18.5	34.0
	(비중)	(24.2)	(23.7)	(20.4)	(18.2)	(19.5)
	10년물	24.7	24.6	22.6	24.9	44.6
	(비중)	(24.4)	(24.4)	(23.2)	(24.4)	(25.6)
	물가	2.5	2.0	0.9	1.3	1.3
	(비중)	(2.5)	(2.0)	(1.0)	(1.2)	(0.7)
	20년물	10.1	10.0	9.8	7.7	13.0
	(비중)	(10.0)	(9.9)	(10.0)	(7.5)	(7.4)
	30년물	14.3	20.1	22.6	25.6	42.4
	(비중)	(14.2)	(19.9)	(23.2)	(25.2)	(24.3)
	50년물	1.1	0.2	2.1	3.2	4.1
	(비중)	(1.1)	(0.2)	(2.2)	(3.2)	(2.4)

자료: 기획재정부. 국채 2020.

에 대한 관심이 확대되면서 장기재정소요에 선제적으로 대응하고 재정자금을 안정적으로 운용하기 위하여 도입했다. 2년물은 장단기 금리차(10년-3년)가 최고 수준까지 벌어지는 등 중장기물 수급 부담 분산이 필요하게 되어 도입했다.

국고채 만기 구조별 발행 현황을 보면 2020년 기준 10년물 25.6%, 30년물 24.3%, 3년물 20.1%, 5년물 19.5% 등을 차지한다. 10년 만기 이상 장기채의 발행 비중은 2013년 48.2%, 2016년 52.2%, 2020년 62.1%로 지속적으로 증가하고 있다. 국고채 유통 비중도 10년 만기 이상 장기채 비중이 2009년 8.1%에서 2020년 28.2%로 급증했다.

(3) 국고채 투자자 현황

국채시장의 잠재적 투자자는 투자기관 유형에 의해 금융기관(은행, 보험, 연기금 등)과 비금융기관(비금융회사, 개인)으로 분류된다. 국적별로는 내국인과 외국인으로 분류된다.

주요 국채 투자자들 가운데 은행이 전통적으로 가장 많은 국고채를 보유하고 있다. 2020년 말 기준 은행이 303.2조 원으로 39.8%, 보험이 241.5조 원으로 31.7%, 연기금이 98.1조 원으로 12.9% 순이다.

국채 투자는 주로 기관투자자 중심으로 이뤄지며, 아직까지 개인투자자의 비중은 낮은 상황이다. 전통적으로 국채시장은 주로 내국인 및 은행들에 의존해 왔으나, 점차 외국인과 은행 외 금융기관 투자자들의 중요성이 부각되고 있다. 투자 시계(time horizon), 위험 선호도, 거래 목적 등에 따라 투자자 기반이 다양화될 경우, 시스템 위험이 분산되고 시장 변동성도 완화되는 효과가 있다(기획재정부, 2020).

표 4-9 국고채 기관별 보유 현황

구 분	2016	2017	2018	2019	2020
총계	541.0	573.8	596.9	644.7	762.2
은행	177.8	205.4	229.1	264.1	303.2
연기금	104.5	102.7	99.8	94.1	98.1
보험	158.3	179.4	182.2	195.8	241.5
증권	61.3	55.3	60.2	57.8	72.8
투신	30.9	21.7	17.8	21.6	26.9
기타	8.2	9.3	7.7	11.2	19.6

주: 2020년 말 기준, 예탁결제원(STRIPS 채권 포함).
자료: 기획재정부. 국채 2020.

외국인 국채 투자는 1997년 외환 위기 당시 채권시장을 외국인에게 완전 개방한 이후로 꾸준히 증가하고 있다. 외국인은 2020년 말 기준으로 국고채 발행 잔액의 약 16.7%에 해당하는 121.6조 원을 보유하고 있다. 우리나라의 대외 신인도가 높아진 결과라고 볼 수 있다. 그러나 2019년 기준 미국(28.4%)이나 독일(48.3%) 등 주요 선진국에 비하면 아직 낮은 수준이다. 외국인 비중이 낮다는 것은 국가채무 구조가 다른 나라에 비해 취약하지 않다는 의미이기도 하다.

표 4-10 국고채 외국인 보유 현황

(단위: 조 원, %)

구 분	2015	2016	2017	2018	2019	2020
총계	67.7	72.5	77.8	86.3	98.3	121.6
국고채 상장 잔액 대비	(14.0)	(14.0)	(14.2)	(15.6)	(16.1)	(16.7)

자료: 코스콤; 기획재정부. 국채 2020에서 재인용.

(4) 국고채 이자

국채 이자율은 다른 법령에 특별한 규정이 있는 경우를 제외하고는 발행 당시의 국·공채 및 보증사채의 금리 수준 등 시장 실세 금리를 참작해 기획재정부 장관이 정한다.

국고채의 금리를 보면 조달 금리이든 유통 금리이든 전반적으로 하락하는 추세다. 국고채 조달 금리는 2018년 평균 2.43%로 약간 높아졌으나 2019년 1.68%, 2020년 1.38%로 낮아져 사실상 최저 금리 수준이다. 유통 금리도 2020년 기준 3년물 평균 0.967%,

표 4-11 국고채 금리

(단위: %)

구 분		2015	2016	2017	2018	2019	2020
국고채 평균 조달 금리		2.15	1.62	2.10	2.43	1.68	1.38
유통 평균 금리	3년물	1.794	1.442	1.801	2.099	1.529	0.967
	5년물	1.974	1.533	2.001	2.308	1.589	1.314
	10년물	2.304	1.749	2.281	2.502	1.700	1.719
	20년물	2.478	1.821	2.333	2.477	1.711	1.812
	30년물	2.549	1.840	2.337	2.449	1.698	1.816

자료: 기획재정부. 국채 2020.

10년물 1.719%, 30년물 1.816%로 낮은 수준이다. 2020년 한국은행이 두 차례에 걸쳐 기준금리를 1.25%에서 0.50%로 인하한 조치가 영향을 미쳤다.

국고채의 전반적 저금리 추세는 국채의 이자비용을 줄여준다. 2015년 이후 2019년까지 국채의 이자비용은 감소 추세를 이어가다 2020년 18.5조 원으로 증가세로 돌아섰다. 그런데 2020년 국채 이자비용은 18.5조 원으로 2015년 18.3조 원보다 많은데도 총지출 대비 비율은 4.9%에서 3.6%로, GDP 대비 비율은 1.1%에서 1.0%로 감소했다. 국가채무 규모는 매년 증가하고 있지만, 저금리 추세로 인해 이자비용과 이자부담 비율은 오히려 낮아지고 있다.

거시적으로 재정의 지속 가능성은 금리와 성장률의 관계에 달려 있다. 국채 금리가 성장률보다 낮으면 국채 활용 여지가 많다. 국채 금리가 성장률보다 낮은 상황에서 재정긴축을 통한 과잉 자본축적에 매달리는 것은 '동태적 비효율성'을 초래한다. 국채를 이용해 국민들의 경제적 존엄성을 높일 수 있다면 지금 시기에는 국채를 적극 활용해야 한다.

표 4-12 국채 이자비용 추이

(단위: 조 원, %)

구 분	2015	2016	2017	2018	2019	2020
국채 이자비용	18.3	18.0	17.2	17.3	16.7	18.5
총지출	375.4	386.4	400.5	428.8	469.6	512.3
GDP	1,658	1,741	1,836	1,898	1,919	1,930
이자비용/총지출	4.9%	4.6%	4.3%	4.0%	3.6%	3.6%
이자비용/GDP	1.1%	1.0%	0.9%	0.9%	0.9%	1.0%

주: 2015~2019년은 결산, 2020년은 3차 추경.
자료: 나라살림연구소(2020).

5. 재정준칙과 재정관리

1) 재정건전화를 위한 재정관리제도

1990년대 후반 IMF 경제 위기를 극복하는 과정에서 재정의 역할이 크게 확대되고 재정적자가 크게 증가하여 재정건전성 확보가 중요한 이슈가 되었다. 당시 논의되었던 주요 내용이 2007년부터 발효된 국가재정법에 대부분 반영되었다.[30] 국가재정법에 반영된 재정건전성 확보 방안의 주요 내용은 다음과 같다.

① 재정건전화 원칙 천명(제16조, 제86조)
② 재정 부담을 수반하는 법령의 제개정 시 재정소요 추계(제87조)
③ 국세 감면의 제한(제88조)
④ 추가경정예산안 편성의 제한(제89조)
⑤ 세계잉여금 일정 비율의 공적 자금, 국채, 차입금 상환 의무화(제90조)
⑥ 국가채무 관리계획 수립(제91조)
⑦ 국가 보증채무 부담의 사전 국회 동의(제92조) 등

그 외에 국가재정 운용계획, 예산총액배분 자율편성제도, 성과관리제도, 예비타당성 조사, 총사업비관리제도 등도 재정건전화를 위한 재정관리제도에 해당한다.

2014년에는 국채법을 전부 개정하여 효율적인 국채 관리를 위한 전반적인 법률 체계 정비를 단행했다(2015.7.1 시행). 그 내용은 다음과 같다.

① 국고채권의 통합발행(제7조)
② 국채의 전자적 등록(제8조)
③ 국채의 원금 상환과 이자의 지급(제11조)
④ 국채의 조기상환과 교환제도(제13조)

그리고 공공부문 재정 및 부채 통계 인프라의 구축 및 정비 작업도 재정건전화를 위한 재정관리에 도움을 주는 역할을 한다.

2) 재정준칙의 설정

2020년 코로나19 팬데믹으로 인해 세계 각국이 재정적자와 국가채무가 과도하게 확대됨으로써 재정준칙에 대한 논의가 다시 한 번 관심을 끌고 있다. 재정준칙은 1970년대 이후 서구에서 재정 상황의 악화를 극복하기 위한 해법으로 재정관리 방법으로 등장했다. 초기에는 재정준칙이 정부의 재정적자의 경향성을 견제하고 제어하기 위해 사용되었다. 최근에는 고령화 등 미래의 잠재적 재정 부담을 고려한 장기적 지속 가능성을 위해 활용되고 있다.

---

30) IMF 경제 위기 이후 한시법(2005.12.31)으로 '재정건전화를 위한 특별조치법' 제정을 검토한 바 있다.

재정준칙(fiscal rules)은 재정수입, 재정지출, 재정수지, 국가채무 등 총량적 재정지표에 대한 법적 구속력을 부여함으로써 구체적인 재정운용 목표로 재정 규율을 확보하기 위한 재정건전화 제도다. 특히 재정총량에 대한 구속력 있는 '수량적 제한'을 한다는 점이 특징이다.[31]

재정준칙은 목표변수에 따라 수입준칙, 지출준칙, 재정수지준칙, 채무준칙 등으로 구분된다. 수입준칙은 세입 감소를 내용으로 하는 신규 입법 시 반드시 이에 대응되는 다른 의무지출 감소나 세입 증가 등 재원조달 방안이 동시에 입법화되도록 의무화하는 준칙이다. 지출준칙은 총지출 한도, 분야별 명목・실질 지출한도 명목・실질 지출 증가율 한도를 설정하는 준칙이다. 재정수지준칙은 매 회계연도마다 또는 일정 기간 재정수지를 균형이나 일정 수준으로 유지하도록 하는 준칙이다. 채무준칙은 GDP 대비 국가채무 비율을 일정 수준에서 유지 혹은 단계적으로 감소하도록 하는 제약 조건을 가하거나 국가채무의 한도를 정하는 준칙이다(국회예산정책처, 2020).

표 4-13 주요국의 재정준칙 운용 현황

구 분	재정운용 목표	법적 기반	주요 내용
미국	PAYGO	법률(2010)	의무지출 증가 또는 세입 감소를 내용으로 하는 신규 입법시 반드시 이에 대응되는 다른 의무지출 감소나 세입 증가 등 재원조달 방안이 동시에 입법화되도록 의무화 (The Statutory Pay-As-You-Go Act of 2010)
	채무한도	법률(2011)	법률에 의해 채무한도를 매년 통제 (Budget Control Act of 2011)
영국	채무비율 재정수지	법률(2011)	GDP 대비 공공부문 순채무 비율 전년보다 감축, 2020~2021회계연도 경기조정 재정수지 GDP 2% 미만 유지
독일	채무비율	헌법(2016)	구조적 재정적자(GDP 대비) 0.35% 이내로 유지함으로써 부채의 신규발행을 GDP 대비 0.35% 이하로 허용
프랑스	재정수지	법률(2012)	구조적 재정적자(GDP 대비) 0.5% 이하 유지
스웨덴	재정수지	법률 (2000, 2016)	구조적 재정수지 흑자(GDP 대비) 2%(2000) → 0.33%(2016) 이상 유지
EU	채무비율 재정수지	마스트리히트 조약(1992)	일반정부 재정적자가 GDP의 3% 이내 일반정부 기준 GDP 대비 국가부채 비율 60% 이내

자료: 국회예산정책처(2020a).

31) IMF(2017)에 의하면 재정 목표가 법제화된 경우뿐만 아니라, 법령 형태가 아니어도 최소 3년 이상 이행이 의무화되었으면 재정준칙으로 간주한다.

IMF(2016)에 따르면 세계 각국이 가장 많이 사용하는 재정준칙은 재정수지준칙(78개국)과 채무준칙(75개국)이다. 지출준칙은 45개국, 수입준칙은 14개국이 운용 중이다. 재정수지준칙과 채무준칙을 함께 사용하는 국가는 65개국, 지출준칙과 재정수지준칙을 함께 사용하는 국가는 40개국, 지출준칙과 채무준칙을 함께 사용하는 국가는 38개국이다. 4개 준칙을 모두 사용하는 나라는 프랑스, 호주, 네덜란드 등이다. 각 나라들은 정치적, 경제적, 역사적 상황에 따라 국가별 특성을 살린 재정준칙을 운용하고 있다.

3) 재정준칙의 새로운 흐름

재정준칙은 재정 목표의 구속력이 없는 '약한 준칙(soft rule)'과 정부가 정책 목표 달성에 필요한 제도와 권한을 부여한 '강한 준칙(hard rule)'으로 구분할 수 있다. 약한 준칙보다 강한 준칙을 택한 국가에서 재정건전성이 개선되는 효과가 크게 나타났다는 연구 결과가 있다(von Hagen, 2005).

그러나 최근에는 그와 반대되는 견해가 등장하고 있다. 가령 국가채무 비율을 일정 수준 이내로 관리하도록 강제하는 재정준칙을 도입할 경우 완전한 회복을 지연시키고 공공 서비스 수준을 저하시키는 긴축정책을 채택하도록 정부를 유도할 우려가 있다고 본다. 그리스, 이탈리아 등의 유로존 재정 위기 이후 긴축을 선택했던 국가들에서 실업률이 급상승하고, 빈곤층이 증가하며, 자살률이 상승 추세로 반전되었던 사례가 이를 입증한다. 오히려 재정준칙을 위반하더라도 확장적 재정정책을 통해 국민들의 경제적 생존과 삶의 질을 보장함으로써 GDP의 감소를 막거나 증가시키면서 국가채무 비율을 줄이는 사례가 많다. 코로나19 팬데믹 상황에서 재정준칙을 갖고 있는 많은 국가들이 재정건전성보다는 국가채무가 급증하더라도 과감한 확대 재정지출을 택한 사례들에서 재정준칙에 대한 새로운 흐름을 볼 수 있다. 세계 각국은 코로나19 이후 경기에 따른 재정의 탄력적 운용을 뒷받침하기 위해 재정준칙의 제도적 보완을 시도하고 있는 중이다.

우리나라는 아직 재정준칙이 법제화되지 않았다. 2020년 10월 정부는 한국형 재정준칙 도입 방안을 발표했다. 핵심 내용은 GDP 대비 국가채무 60%, 통합재정수지 △3%를 기준으로 재정을 운용하되, 위기 시 적용 면제 등의 수정 보완 방식으로 적용한다는 것이다.[32] 법제화 실현 여부는 두고 보아야 할 것이다. 참고로 주요 내용을 보면 [표 4-

32) 재정준칙은 국가채무 비율을 60%로 나눈 수치와 통합재정수지를 -3%로 나눈 수치를 서로 곱한 값이 1.0 이하가 되도록 산식을 정했다. 하나의 지표가 기준치를 초과하더라도 다른 지표가 기준치를 밑돌아 일정 수준 이내에 머무르면 재정준칙을 충족한 것으로 설계되었다.

표 4-14 정부의 한국형 재정준칙 도입 방안

구 분	주요 내용
준칙성	① 국가채무 GDP 대비 60% ② 통합재정수지 GDP 대비 △3%를 기준으로 재정운용 ③ 한도 초과 시 건전화 대책 마련 의무화
보완성	① 위기 시 적용 면제 및 이에 따른 채무비율 증가분은 공제 후 점진 가산 ② 경기둔화 시 통합재정수지 기준 완화
실효성	① 2025회계연도부터 적용 ② 한도는 5년마다 재검토 ③ 재정건전화를 위해 필요한 제도적 장치 보강

자료: 기획재정부 보도자료(2020.10)를 바탕으로 국회예산정책처 재작성.

14]와 같다.

제 4 절 재정정책과 통화정책

재정정책을 온전히 이해하기 위해서는 통화정책을 이해해야 한다. 재정정책과 통화정책은 경제정책의 핵심 정책이다. 두 정책 간에는 밀접한 관계를 갖고 있다.

1. 통화정책 개요

1) 통화정책 체계

통화정책이란 독점적 발권력을 지닌 중앙은행이 통화량이나 금리에 영향을 미쳐 물가안정, 금융안정 등을 달성함으로써 경제가 지속 가능한 성장을 이룰 수 있도록 하는 정책을 말한다(한국은행, 2017). 통화정책 체계(monetary policy framework)는 최종 목표, 명목 기준지표, 운용 목표, 정책수단, 의사결정 관련 제도 등을 모두 포괄한 체계를 지칭한다.

한국은행은 1998년부터 물가안정을 통화정책의 최우선 목표로 삼고 있다.[33] 이는 물

33) 1997년 이전에는 통화량 목표제로서 통화정책 운영 방식은 중간 목표를 통화량으로 설정하고 이를

가안정을 한국은행의 설립목적으로 명시한 한국은행법에 따른 것이다.[34] 한국은행은 정부와 협의하여 명시적인 물가안정 목표를 3년 단위로 설정하고 있다. 이후 금융안정이 부가적 목표에 추가되었다.[35] 글로벌 금융 위기 이후 금융 시스템의 안정 및 금융 위기의 예방을 위해 더욱 적극적인 역할을 수행할 수 있도록 제도적 기반을 확충할 필요가 있다는 데에 근거한다.

명목 기준지표는 최종 목표를 달성하기 위해 운용하는 지표다. 물가안정 목표제(inflation targeting)는 명목 기준지표가 물가 상승률이다. 한국은행은 물가안정 목표제 도입 초기에는 소비자물가지수(Consumer Price Index: CPI)를 목표 대상 물가지수로 활용했으나 2000년부터 근원 인플레이션(core inflation)을 목표 대상지표로 채택했다.[36] 물가안정 외에 금융안정을 위해 통화량, 환율 등을 중간 목표로 활용한다.

운용 목표로는 단기시장금리, 지급준비금 등이 이용된다. 우리나라는 물가안정 목표제 도입과 함께 금리를 운용 목표로 하는 금리 중심 통화정책을 운영하고 있다. 즉, 한국은행이 정책금리를 결정하고 이를 중심으로 통화정책을 운영한다. 한국은행의 정책금리는 물가안정 목표제 도입 이래 '콜금리 목표'가 이용되었으나, 2008년 3월부터 '한

그림 4-1 통화정책 체계

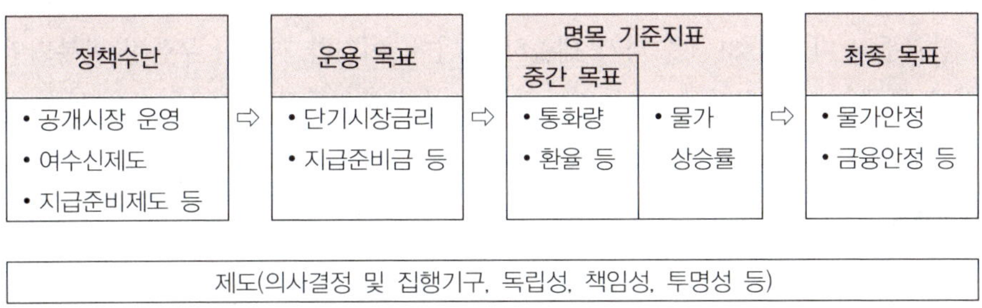

자료: 한국은행(2017).

달성하기 위한 운용 목표로서 지급준비금 총액을 활용하였다.

34) 한국은행법(제1조 ①)에는 "이 법은 한국은행을 설립하고 효율적인 통화신용정책의 수립과 집행을 통하여 물가안정을 도모함으로써 국민 경제의 건전한 발전에 이바지함을 목적으로 한다"고 규정하고 있다.

35) 한국은행법(제1조 ②)에 "한국은행은 통화신용정책을 수행할 때에는 금융안정에 유의하여야 한다"고 규정되어 있다.

36) 근원 인플레이션이란 일반적으로 일시적인 외부충격(국제유가 급등, 기상이변, 제도 변화 등)에 의한 물가변동분을 제거하고 난 후의 기조적인 물가상승을 의미한다.

국은행 기준금리'가 이용되고 있다. 기준금리는 한국은행이 금융기관과 거래할 때 기준이 되는 금리다. 초과 유동성 흡수를 위한 매각 시에는 고정 매각금리로, 유동성 공급을 위한 매입 시에는 입찰 최저금리로 각각 기능한다. 다만, 콜금리는 여전히 통화정책 파급경로의 시발점이 되는 시장금리로서의 기능을 계속 수행하므로 한국은행은 콜금리가 기준금리 수준에서 크게 벗어나지 않도록 노력하고 있다.

정책수단에는 공개시장 운영, 중앙은행 여수신제도, 지급준비제도 등이 있다. 그리고 중앙은행이 통화정책을 효율적으로 수행하기 위해서는 중앙은행의 독립성, 책임성, 신뢰성 등을 제고하기 위한 제도적 기반이 마련되어야 한다.

2) 민간은행의 신용창조 과정

통화정책에서 알아야 할 것은 통화 공급 과정에서 신용창조되는 메커니즘이다. 신용창조(credit creation)는 일반적으로 은행이 예금과 대출업무를 반복적으로 취급하는 과정에서 예금통화를 만들어내는 현상을 말한다.

가상적 예를 들어보자. 한국은행이 100원을 발행하여 A은행이 보유한 채권을 매입한다. 이때 지급준비율이 10%이고 민간의 화폐보유 성향이 0%라고 가정하면, A은행은 한국은행으로부터 받은 100원 중 10원을 지급준비금으로 남겨두고 나머지 90원을 대출로 운용한다. 대출받은 사람이 이를 B은행에 예금을 하면 B은행은 다시 9원을 지급준비금으로 남겨두고 나머지 81원을 다시 대출하게 된다. 이러한 과정이 무한정 반복되면 결국 전체 예금은 1,000원만큼 늘어난다. 즉, 100원의 본원통화가 신용창조를 통해 1,000

그림 4-2 신용창조 과정

	한국은행	A은행	B은행	C은행	합계
화폐발행	100				100
예금		100	90	81.0	1,000
지급준비금		10	9	8.1	100
대출		90	81	72.9	900

주: 지급준비율 10%, 민간의 화폐보유 성향 0%라고 가정.
자료: 한국은행 교육자료; 전용복(2020: 54)에서 재인용.

원이라는 예금통화를 창출한다.[37] 본원통화(Reserve Base: RB)란 중앙은행의 창구를 통하여 공급되는 통화량의 원천이 되는 통화를 말한다. 한국은행이 발행한 본원통화 100원은 마술처럼 시중에는 1,000원의 통화량으로 늘어났다. 자칫 한국은행이 발행한 100원만 통화량으로 돌아다니는 것으로 생각할지 모르지만 그렇지 않다.

본원통화와 통화량 사이의 관계를 '통화승수'라 하는데 여기서 통화승수는 10이다(1,000원/100원). 지급준비율을 더 낮추면 승수효과를 통해 더 큰 신용창출 효과를 가져온다. 지급준비제도는 중앙은행의 핵심적인 유동성 조절 수단임을 보여 준다.

3) 금융 시스템의 구조와 통화의 종류

금융 시스템은 ① 가계와 기업, ② 민간은행, ③ 정부, ④ 한국은행의 네 경제주체로 구성되어 있다. 한국은행은 무자본 특수법인으로서 통화신용정책을 수립하고 집행하는 기관이다. 금융 시스템의 핵심 기관이라고 볼 수 있다.

금융 시스템의 각 경제주체들은 거래 상대방이 제한되어 있다. 가계와 기업 등은 구성원들 간에, 그리고 민간은행하고만 거래할 수 있다. 정부 혹은 한국은행과 직접 돈을 주고 받을 수 없다. 세금 납부나 기초연금, 기초생활보장급여, 재난지원금 등 정부가 개인에게 직접 돈을 줄 때 민간은행을 통해서 한다.

민간은행은 개인과 기업 등과 거래하기도 하지만 한국은행 및 정부와도 거래한다. 또한 민간은행은 상호 대출・이체 등 서로 돈을 주고받을 수 있다. 민간은행은 모든 경제주체와 금융거래를 할 수 있는 관계에 있다.

한국은행은 민간은행의 은행으로서 민간은행과 거래한다. 그리고 정부의 재정 대행 기관(fiscal agent)으로서 모든 국고금의 출납 업무를 대행한다. 정부의 수입은 한국은행의 정부예금 계정으로 집중되고, 여기서 정부예산 지출이 인출・지급된다. 한국은행은 정부 각 부처의 예금 계정을 취급할 뿐만 아니라 국채의 인수와 상환 및 이자 지급 등의 업무도 대행한다. 한국은행은 개인 및 기업과는 직접 거래하지 않는다.

그런데 금융 시스템 내 경제주체 간에 사용되는 돈(통화)이 서로 다름을 유의할 필요가 있다. 가계와 기업, 그리고 민간은행 등 비정부부문 내에서 사용하는 돈의 종류(예금통화)와 정부부문(한국은행과 정부)과 민간은행 사이의 거래에 사용하는 돈의 종류(지급준비금)가 다르다. 정부부문을 제외한 경제 영역이 사용하는 화폐 대부분은 민

37) 실제로는 대출받는 사람이 전부 예금하기보다는 일부를 현금으로 보유하게 되므로, 보유 현금은 신용창조 사이클에서 누락되어 실제 통화량은 1,000원보다 작아진다.

간은행이 창조하여 공급하는 신용화폐인 예금통화다. 앞에서 본원통화 100원이 민간은행의 신용창조를 통해 1,000원의 예금통화가 된 것을 상기하자.

반면에 민간은행이 한국은행과 거래할 때 사용하는 화폐는 한국은행이 발행하는 화폐로서 지급준비금이다. 대출이 일어나고 예금이 창조되면 민간은행은 의무적으로 한국은행에 법정 지급준비금을 예치해야 한다. 법정 지급준비금 제도가 실행되는 경제에서 대출과 예금이 창조될 때마다 민간은행은 지급준비금을 한국은행 계좌에 예치해야 한다. 정부에 세금을 납부하는 경우와 같은 민간은행과 정부 사이의 거래에도 지급준비금만 사용한다. 국민이 내는 세금이 민간은행을 통해 한국은행의 정부 계좌에 들어오는 것은 민간은행과 한국은행 간에 사용하는 지급준비금인 것이다. 지급준비금은 민간은행이 스스로 창조한 예금통화와는 전혀 다른 화폐임을 알 수 있다.

4) 통화량 지표

우리나라 통화량 지표는 본원통화, 그리고 M1(협의통화), M2(광의통화), Lf(금융기관 유동성), L(광의 유동성)으로 구분한다. 엄밀하게는 M1과 M2는 통화량 지표이며, Lf와 L은 유동성 지표다. 통화량 지표는 시중에 유통되고 있는 통화의 크기와 변동을 나타내는 척도로 통화신용정책의 기초 자료가 된다.

본원통화는 한국은행이 화폐 발행의 독점적 권한을 통하여 공급한 통화를 말하며, 민간 보유 현금(지폐 및 동전 등)과 금융기관의 지급준비금의 합계로 측정된다. 금융기관 지급준비금은 한국은행 대차대조표상의 대 예금취급기관 부채로 기록된다.

협의통화(M1)는 지급수단으로서의 화폐의 지급결제 기능을 중시한 통화지표로, 민간 보유 현금과 예금취급기관의 결제성 예금의 합계이다. 광의통화(M2)는 화폐의 거래적인 기능뿐만 아니라 가치를 저장하는 수단으로서의 기능까지 포괄한다. M1(협의통화)에 예금취급기관의 2년 미만 금융상품을 포함한 것이다. 여기에는 각종 저축성예금, 시장형 금융상품, 실적배당형 금융상품, 금융채, 거주자 외화예금 등이 포함된다. 금융기관 유동성(Lf)은 전체 금융기관의 자금 상황을 나타내는 지표로, 광의통화(M2)에 예금취급기관의 만기 2년 이상 정기예적금 및 금융채, 금전신탁 등과, 생명보험회사의 보험계약준비금, 증권금융회사의 예수금 등 유동성이 상대적으로 낮은 금융상품까지 포함한 것이다. 광의 유동성(L)은 한 국가의 경제가 보유하고 있는 전체 유동성의 크기를 측정하기 위한 지표다. Lf에 증권회사 RP, 여신전문기관의 채권, 예금보험공사채, 자산관리공사채, 자산유동화전문회사의 자산유동화증권, 국채, 지방채, 기업어음, 회사채 등

표 4-15 우리나라의 통화량 통계

(단위: 십억 원)

구 분		2021년 2월 기준
본원통화		236,266
	현금통화	140,770
	중앙은행 대 예금취급기관 부채	95,496
M1(협의통화)		1,232,023
M2(광의통화)		3,289,214
Lf(금융기관 유동성)		4,567,495
L(광의 유동성)		5,782,760

주: 2021년 2월 말 잔액 기준.
자료: 한국은행 홈페이지(경제통계).

을 포함한다.

실물거래와 가장 밀접한 관계를 갖는 통화량은 M2인데, 한국은행이 발행한 화폐 규모보다 민간은행이 창조한 신용화폐(예금통화) 비중이 93% 이상의 압도적 비중을 차지한다. 통화 발행의 주요 주체가 한국은행이 아니라 민간은행이라는 것을 알 수 있다. 이것은 재정정책에도 중요한 시사점을 제공한다.

2. 재정정책과 통화정책의 관계

재정 시스템은 금융(통화) 시스템과 밀접한 연관이 있다. 재정의 수입과 지출활동을 민간은행과 한국은행을 통해서 하고 있기 때문이다.

정부는 한국은행에 정부계좌를 개설해두고 세금 징수나 정부지출은 이 계좌를 이용한다. 가계나 기업은 세금 납부 또는 재정지출 수급을 민간은행을 통해 하게 된다. 그리고 민간은행은 한국은행에 개설한 계좌에 있는 지급준비금을 이용한다. 한국은행은 정부의 은행이면서 은행의 은행 역할을 한다.

이러한 순환관계 속에서 재정운용 및 재정정책은 통화량, 금리 등 통화정책에 영향을 미친다, 이 점에서 재정정책과 통화정책은 밀접한 연관을 갖는다. 몇 가지 구체적 메커니즘을 보기로 하자(전용복, 2020: 122-129 참조).

첫째, 정부가 사용하는 화폐는 반드시 '한국은행이 발행하는 화폐'이어야 한다. 세금 징수와 재정지출 모두 한국은행 화폐인 지급준비금으로 이루어진다. 그 결과 재정활동은 반드시 시중 지급준비금의 증감을 가져온다. 그 결과 재정활동은 금융시장에 영향을 미치게 되고. 한국은행도 단순한 재정 관리인의 입장일 수가 없게 된다. 재정운영 결과 금융시장 변동에 대처하는 것도 한국은행의 책임이기 때문이다

둘째, 한국은행에 있는 민간은행 계좌의 지급준비금은 한국은행의 부채다. 정부계좌에 있는 정부예금도 한국은행의 부채다. 한국은행 지급준비금 부채에는 민간은행 예치 지급준비금(L2)과 정부예금(L3)으로 구성되어 있다. 그런데 정부예금(L3)은 본원통화량에 포함되지 않는다. 앞에서 본원통화는 민간 보유 현금(L1)과 민간은행 지급준비금 예치금(L2)을 더하여 계산한다고 말한 바 있다.

셋째, 재정활동이 통화량에 미치는 영향을 보면 본원통화의 변동을 통해 통화량의 증감을 초래한다. 정부부문의 수입・지출에 따라 한은 정부계정의 정부 순대출 잔액이 변동하면서 본원통화의 변동율 통해 통화량의 증감을 초래한다.

- 정부예금잔고(L3) 증가(순대출 감소) → 본원통화 감소, 통화량 감소
- 정부예금잔고(L3) 감소(순대출 증가) → 본원통화 증가, 통화량 증가

이 과정을 예를 들어 설명해보자. 정부가 세금 100원을 징수하는 경우 납세자가 은행예금으로 세금을 내면 납세자의 은행예금 100원이 감소하고 민간은행은 100원 증가한다. 민간은행은 납부 세금에 대해 한국은행에 개설된 정부계좌(L3)로 자신의 지급준비금 예치금 100원을 이체한다. 민간은행의 지급준비금(L2)은 100원 줄고, 정부예금(L3)은 100원 증가한다. 민간은행의 지급준비금 예치금(L2)이 정부예금(L3)으로 한국은행 내부의 한 계좌에서 다른 계좌로 옮겨질 뿐이다. 그 결과 본원통화량은 감소한다. 본원통화는 현금통화와 민간은행의 한국은행 예치금을 포함하지만 정부예금은 포함하지 않기 때문이다. 재정지출의 경우에도 역의 방향이지만 같은 논리로 진행된다.

넷째, 정부의 재정활동이 통화량과 금리 등에 영향을 미치기 때문에 한국은행은 정부부문의 수입, 지출 추이를 감안하여 공개시장 운영 등 통화정책을 수행한다. 기준금리를 정하고 그 수준을 방어하는 것이 현대 통화정책의 핵심이다.[38] 정부지출 증가로 늘어난 지급준비금이 기준금리를 끌어내리려 하면, 한국은행은 국채를 매도하여 이 초과지급준비금을 흡수해야 한다. 반대로 대규모 징세가 이루어지면 한국은행이 개입하

38) 공개시장 운영이란 타깃 금리를 기준금리 수준으로 유지하기 위해 환매조건부채권(RP)을 매매하는 활동을 말한다. 환매조건부채권(Re-purchase: RP)은 사전에 약정한 가격으로 일정 기간 후에 채권을 재매입하겠다는 조건 하에 거래하는 금융증권이다.

여 부족해진 지급준비금을 보충해야 한다. 따라서 재정정책과 통화정책은 분리되기 어렵고 밀접한 관계를 갖는다.

3. 현대화폐이론의 재정정책 패러다임

최근 재정정책의 새로운 패러다임을 제시한 이론이 등장했다. 현대화폐이론(Modern Monetary Theory: MMT)이다. 코로나19 팬데믹 시대를 맞이하여 전 세계 정부와 중앙은행이 막대한 돈을 풀면서 최근 주목받고 있다.

현대화폐이론(MMT)은 거시경제학의 새로운 접근법으로서 포스트 케인스학파를 중심으로 논의되고 발전되어 온 이론이다.[39] 그 중심 인물은 하이먼 민스키(Hyman Minsky)다. 대를 이어 L. 랜덜 레이(L. Randall Wray), 워런 모슬러(Warren Mosler), 스테파니 켈튼(Stephanie Kelton), 제임스 갈브레이스(James Galbraith) 등이 연구를 이어오고 있다. 현대화폐이론(MMT)이란 명칭은 윌리엄 미첼(William J. Mitchell)이 만들었다고 한다.[40]

여기서는 현대화폐이론(MMT)에 대한 소개는 생략하고,[41] 재정에 대한 그들의 관점을 잘 정리한 스테파니 켈튼(2021)의 논의를 정리하고자 한다. 그녀는 재정 및 재정적자에 대한 잘못된 인식 또는 주장을 비판하는 방식으로 새로운 관점을 제시한다.

1) 정부가 일반 가정처럼 예산을 운영해야 한다는 주장

정부는 가계나 기업과 전혀 다르다. 가계나 기업은 자신의 지출을 소득을 통해 충당해야 하고, 모든 부채는 자체 소득으로만 상환한다. 부채를 상환할 수 없는 수준에 이르면 파산한다. 그러나 정부는 파산하지 않는다. 정부는 가계나 기업과 달리 화폐 발행권이 있기 때문이다. 통화주권을 갖고 있는 나라는 정부가 새로운 화폐를 창조하여 지출할 수 있다.

정부는 매번 중앙은행 화폐를 창조하여 지출하고 있다. 정부지출은 중앙은행의 정부

---

39) 케인스학파에는 '포스트 케인스학파' 외에 이미 주류 경제학으로 자리잡은 '네오 케인스학파'가 있다. 폴 새뮤얼슨, 조셉 스티글리츠, 폴 크루그먼, 데이비드 로머 등이 네오 케인스학파에 속한다.

40) 윌리엄 미첼(호주 뉴캐슬대 교수)이 1990년대 워런 모슬러(헤지펀드 매니저)와 제임스 갈브레이스(미국 텍사스대 교수) 등과 토론하다 이름을 짓게 되었다고 한다.

41) 현대화폐이론(MMT)에 대해서는 우리나라에 소개된 레이(2019), 전용복(2020), 켈튼(2021) 등을 참고하기 바란다.

계좌(L3)에서 민간은행 지급준비금 계좌(L2)로 이전하여, 지급준비금을 새로이 창조하여 지출한다. 이러한 지급준비금의 창조를 '중앙은행의 화폐 발행', 즉 '발권'이라 한다. 이것은 국채의 채무 불이행 가능성이 전혀 없음을 의미한다(전용복, 2020: 168). MMT를 통해 알 수 있는 점은, 정부지출 규모를 제한하는 가장 중요한 요인은 세금 수입이나 채무가 아니라 인플레이션이다.

2) 재정적자가 과도한 지출의 증거라는 주장

정부가 세금으로 걷은 돈보다 더 많이 쓸 때마다 장부에 적자가 기록된다. 하지만 이것은 반쪽짜리 그림일 뿐이다. MMT는 간단한 회계 논리(거시회계학)로 그림의 나머지 반쪽을 그려낸다.

정부가 경제에 100달러를 지출하고 90달러를 세금으로 걷었다고 가정해보자. 두 숫자의 차이를 '재정적자'라고 부른다. 그런데 정부 '적자'는 곧 경제 내 다른 부문의 '흑자'다. 정부가 마이너스 10달러를 장부에 기록할 때마다, 정부를 제외한 다른 부문의 장부에는 플러스 10달러가 기록된다. 모든 금융자산에는 그에 상응하는 똑같은 액수의 금융부채가 존재한다는 것이 거시회계의 근본원칙이다(레이, 2019: 63). 정책결정자들은 재정적자만 볼 뿐, 반대편에 기록된 같은 액수의 흑자는 보지 못한다. 사람들은 대개 이 흑자를 보지 못하기 때문에 자기 주머니에서 돈이 나간다는 뜻인 줄도 모르고 재정균형을 달성하려는 노력에 박수를 보낸다.

L. 랜덜 레이(L. Randall Wray)의 인터뷰는 이러한 MMT 논리를 잘 보여 준다.[42]

"한국은 산업화한 나라들 가운데 국가부채 비율이 낮은 나라다. 그 부작용이 바로 가계부채 증가다. MMT 이론가들은 재정흑자 반대편에 민간부문, 특히 가계의 적자가 있다고 본다. 한국 정부가 재정건전성을 자랑할 때 가계는 빚을 늘릴 수밖에 없었다는 얘기다. 이제 한국 정부가 공공투자를 늘려 가계부채를 줄여나가야 한다."

3) 재정적자가 미래 세대에 짐이 된다는 주장

정치인들과 학자들은 재정적자가 결국 우리 자식과 손주가 갚아야 할 빚이 되어 그들의 삶을 망칠 거라고 주장한다. 그러나 이러한 주장은 경제학적 근거가 빈약하고 역사적으로도 옳지 않다. 미국의 GDP 대비 국가부채 비율이 가장 높았던(120%) 시절은

42) 중앙선데이(2019.6.1) 인터뷰 기사.

제2차 세계대전 직후다. 이 기간에 미국에서는 탄탄한 중산층이 형성되었으며, 가계의 실질 중위소득이 가파르게 증가했다. 그 다음 세대는 세금이 올라서 부담을 느끼기는커녕 더 높은 생활 수준을 즐겼다. 재정적자는 미래 세대에 금전적 부담을 지우지 않는다. 재정적자를 늘린다고 미래 세대가 더 가난해지지는 않으며, 재정적자를 줄인다고 미래 세대가 더 부유해지는 것도 아니다.

4) 정부적자가 민간 투자를 밀어내 장기 성장을 저해한다는 주장

재정적자와 국가부채가 증가하면 구축효과(crowding-out effect)를 통해 경제 전체의 효율성이 떨어지고 경제가 침체한다는 주장이다. 주류경제학자들의 대표적인 주장이다. 이 주장은 암묵적으로 활용 가능한 재원이 한정되어 있고, 이를 민간경제와 정부가 경쟁적으로 나누어 사용한다는 전제에 기초한다. 이런 주장은 현실적으로 전혀 근거를 찾기 어렵다. 정부와 민간은 한정된 자금을 두고 서로 경쟁하지 않는다. 정부는 중앙은행이 발행하는 지급준비금으로 지출하고, 민간은 민간은행들이 발행하는 대출과 예금으로 투자한다. 두 부문이 각자 사용하는 통화의 종류가 다른 것이다.

구축효과 주장의 또 다른 논리는 적자재정이 자금 수요를 증가시켜 금리가 상승하고, 금리 상승은 민간의 투자를 억제한다는 것이다. 그러나 정부부채가 증가한다고 해도 시장금리가 자동으로 상승하지 않는다. 정부의 재정적자는 민간은행에는 지급준비금 혹은 국채 형태의 자산을 제공하고, 가계와 기업에는 그에 상응하는 예금을 늘려줌으로써 오히려 금융자산을 증가시킨다. 정부의 적자지출은 민간경제 전체에 넓은 의미의 통화를 공급하므로, 재정적자는 금리를 상승시키지 않는다. 또 다른 반론은 금리는 근본적으로 중앙은행의 정책변수란 점이다. 중앙은행이 기준금리를 정하고 시장의 단-장기 금리는 기준금리를 추종해 왔다는 경험적 연구는 무수히 많다. 그리고 민간의 투자가 금리에 크게 의존하지 않고, 수요 전망에 따라 결정되는 경향이 있다. 이것은 재정적자가 오히려 기업들의 투자를 유도할 수 있음을 의미한다.

5) 재정적자가 다른 나라에 의존하게 만든다는 주장

이것은 미국 국채를 대량으로 보유한 중국이나 일본이 미국에 막대한 영향력을 행사한다고 믿게 하는 주장이다. 그러나 이는 달러를 중국이 만드는 게 아니라는 사실을 간과한 말이다. 달러를 만드는 건 미국(기축통화국)이다. 미국은 중국으로부터 달러를 빌린 게 아니라, 중국에 달러를 공급한 것이다. 중국이 받은 달러를 이자를 주는 안전한 자산인 미국 국채로 바꾸는 것을 허락했을 뿐이다. 이는 전혀 위험하지 않다. 미국은 원한다면 언제든 키보드를 두드려 손쉽게 부채를 갚을 수 있다.

그렇다면 기축통화국이 아닌 우리나라는 어떨까? 국내 통화로 빚을 진 정부가 파산할 가능성은 전혀 없다. 통화주권을 갖고 있기 때문이다. 만기가 도래한 국채에 대해 지급을 요구하면 정부는 새로운 화폐를 창조하여 지급하면 그만이다. 그런데 정부가 달러로 표시된 국채를 발행했다면 정부의 상환능력은 크게 제한받는다. 우리나라 정부는 기축통화인 달러를 발행할 수 없기 때문이다.

문제는 주류 경제학 담론은 외화표시 채권과 국내통화 표시 채권을 구분하지 않는다는 점이다. 외화 표시 채권은 기축통화국이 아니어서 제한을 받지만 국내통화 표시 채권은 아무런 제한이 없다. 우리나라 국채는 원화표시 국채가 98.9%이고, 외화표시 국채는 1.1%(2018년 실적)에 불과하다. 원화로 발행한 국채도 내국인이 약 85%를 보유하고 있다(전용복, 2020: 194). 우리나라 정부가 발행한 채권의 채무 불이행 가능성이 없을 뿐만 아니라 외국인 자본이 이탈할 가능성도 없다.[43]

6) 복지제도가 장기적 재정 위기로 몰아가고 있다는 주장

앞에서 보았듯이 정부에 돈이 고갈될 수 없기 때문에 미래에도 언제나 약속한 돈을 지급할 수 있다. 정치인들은 이들 프로그램에 들어가는 금전적 비용을 놓고 싸우기보다는 누구의 정책이 국민의 요구사항을 충족시킬 가능성이 큰지를 두고 논쟁해야 할 것이다. 진짜 문제는 인구 구조와 기후가 변하면서 가용 자원이 부족해질 수 있다는 것이다. 우리는 최대한의 노력을 기울여 실물자원을 관리하고 베이비 붐 세대가 나이 들어 직장을 떠나더라도 생산량을 유지할 수 있도록 대비해야 한다. 하지만 복지수당을 지급하는 일만 놓고 보면, 지금 은퇴하는 세대와 미래에 은퇴할 세대에 모두 약속한 은퇴수당을 지급할 수 있다.

결론적으로 진정한 위기는 좋은 일자리적자, 의료적자, 교육적자, 민주주의적자이지, 재정적자와 국가부채는 위기가 아니다.

---

43) 주권국가라도 외화 부채는 채무불이행 가능성이 있다. 아르헨티나, 베네수엘라 등 남미 국가 대부분이 국채를 외화 표시로 발행하여 문제가 된 경우들이다. 남유럽 국가의 재정 위기도 사실상 외채 위기였다. 유로존 국가들은 유로화로 표시된 국채를 발행하지만, 스스로 유로화를 발행할 권한이 없기 때문이다. 우리나라 1998년 외환 위기는 민간부채로서의 외채 상환 위기였다.

CHAPTER 05

재정과정론

학습 포인트

1. 예산주기/회계연도
2. 예산편성
3. 예산심의
4. 예산집행
5. 결산 및 회계검사
6. 제6장(예산행태론)과 함께 공부할 것

제 1 절 예산주기

1. 예산주기의 의의

재정 과정이란 예산과 기금을 운용하는 일련의 과정을 말하며, 예산과 기금운용계획의 주기가 동일하게 진행된다. 여기서는 예산 과정을 중심으로 논의한다. 일반적으로 예산 과정은 ① 예산편성, ② 예산심의, ③ 예산집행, ④ 결산 및 회계검사의 4단계로 이뤄진다. 이러한 과정이나 단계는 일정한 주기를 가지고 반복되는 특성이 있다. 이렇게 예산 과정의 단계들이 시간적 차원에서 반복되는 일정한 주기를 예산주기(budget cycle) 또는 예산순기라고 부른다.

우리나라의 경우 예산주기는 통상 3년이다. 예산의 편성과 심의는 전년도(t−1년도)에 이뤄지고, 예산의 집행은 당해 연도(t년도), 결산 및 회계검사는 다음 연도(t+1년도)에 수행된다. 예컨대, 2022년도 예산은 2021년에 편성 및 심의가 이뤄지고, 2022년에 집행되며, 2023년에 결산 및 회계검사가 수행된다. 이렇게 예산의 편성에서 결산 및 회계검사까지의 하나의 예산주기가 진행되는 데에는 3년이 소요된다. 그러나 미국의 예산주기는 통상 4년이다. 미국의 예산편성은 회계연도 개시 15개월 또는 그 이상 전부터 시작되기 때문에 예산의 편성·심의 기간이 2년 정도 소요된다.[1)]

예산주기가 진행되는 동안 각 단계와 시간적 차원에서 정부의 각 기관별로 권한과 책임이 배분된다. 즉, 행정부는 예산의 편성과 집행에 대한 권한과 책임을 가지며, 입법

그림 5-1 예산 과정과 주체

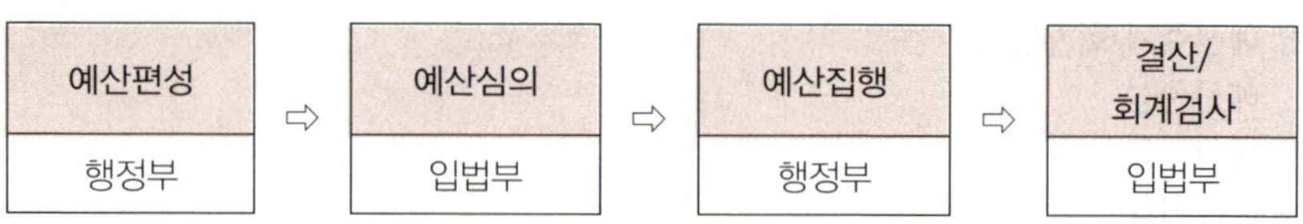

1) 미국 연방정부의 예산주기는 최소한 편성 9개월, 심의 8개월, 집행 12개월, 회계검사 12개월로 총 41개월이 걸린다고 한다(Lee & Johnson, 1998: 53).

부는 예산과 결산에 대한 심의 권한을 갖는다. 그리고 독립적인 회계검사기관이 예산 집행 결과에 대한 회계검사의 권한과 책임을 갖는다. 이것은 국민의 조세 부담으로 이뤄진 예산을 배분할 때 상호 견제를 하기 위한 일종의 제도적 장치다. 따라서 예산 체계가 책임의 원칙을 완벽하게 보장하지는 못하더라도 예산주기는 정부의 책임성과 반응성을 보장하는 제한된 정부를 유지하는 데에 기여하게 된다.

여기서 주목해야 할 점은 예산편성의 주도적 책임을 행정부에 맡기되 최종 승인은 국민의 대표기관인 입법부가 한다는 점이다. 또한 예산집행의 주도적 책임을 행정부가 갖되 결산의 최종 승인은 입법부가 한다. 이것은 예산의 결정과 운용의 궁극적 책임을 국민의 대표기관인 입법부를 통해 국민에게 지게 한다는 점에서 재정 민주주의의 제도화라고 볼 수 있다. 이러한 과정은 중앙정부뿐만 아니라 지방정부에도 적용된다.

2. 예산주기의 특징

예산주기는 연속적이면서 중첩되어 진행된다. 이를 '중첩된 예산주기(scrambled budget cycles)'라고 부른다. 특정 시점에서 볼 때 서로 다른 회계연도 예산의 서로 다른 국면이 동시에 진행된다. 즉, 특정 시점에서는 여러 개의 서로 다른 예산주기가 동시에 진행되고 있는 것이다. 예컨대, 2022년에는 2021년 예산의 결산 및 회계검사가 이뤄지고, 2022년 예산이 집행되며, 2023년 예산이 편성 및 심의된다. 이를 간단히 나타내면 [표 4-1]과 같다.

표 5-1 예산주기의 국면

	2020	2021	2022	2023	2024
2021년도 예산(Cycle 1)	편성/심의	집행	결산		
2022년도 예산(Cycle 2)		편성/심의	집행	결산	
2023년도 예산(Cycle 3)			편성/심의	집행	결산

3. 예산 과정과 정책 과정

앞에서 예산의 본질적인 모습은 정책 또는 사업이라는 말을 한 적이 있다. 거의 모든 정책 또는 사업에는 예산이 반영되어 있으며, 예산과 정책은 밀접한 관계에 있다. 따라서 정책 과정과 예산 과정은 서로 연계되어 있다. 일반적으로 정책 과정은 정책형성, 정책집행, 정책평가의 단계로 나누며, 이 과정은 예산 과정과 연계된다.

린치(Lynch, 1995: 10-14)는 예산주기를 기획 및 분석(planning and analysis), 정책형성(policy formulation), 정책집행(policy execution), 감사 및 평가(audit and evaluation)의 4단계로 구분한다. 이를 예산 과정과 연결시킨다면 기획 및 분석은 예산편성, 정책형성은 예산편성 및 심의, 정책집행은 예산집행, 감사 및 평가는 결산 및 회계검사로 연결된다.

기획 및 분석은 예산주기의 첫 단계다. 경제 예측을 통해 재정정책의 방향을 정립하고 세입 예측과 재정운용의 방향을 모색한다. 각 부처에서 기획과 분석작업을 하며, 사업 및 재정계획을 수립한다. 기획과 분석은 여러 형태를 취할 수 있다. 대부분의 기법은 경제학, 관리과학, 체제분석 등의 영역에서 개발되었다. 예산분석에 많이 사용되는 기법은 예측, 비용-편익분석, 비용-효과분석, 한계효용분석 등이다.

분석은 주로 정책형성 단계에서 이뤄지지만 다른 단계에서도 진행된다. 정책집행 단계에서는 예측을 제외하고는 분석이 거의 이뤄지지 않는다. 감사 및 평가 단계에서는 많은 분석이 이뤄진다. 정책형성 단계에서는 시간이 핵심 요소다. 이 단계에서는 정교한 분석보다는 신속한 초기 분석 또는 이전 분석의 재적용이 이뤄진다.

정책형성 단계는 예산편성과 심의가 이뤄지는 단계다. 예산편성과 예산심의는 예산결정 과정이면서 정책결정 과정이라고 볼 수 있다. 예산이 편성될 때 정책 및 사업이 구체화된다. 예산편성과 심의 단계에서 행정부, 의회, 고객집단, 매스컴 등으로부터의 다양한 방식의 영향력이 예산 과정에 수렴된다. 예산편성 단계에는 사업계획의 제출 및 검토, 예산편성지침 마련, 예산요구서의 제출 및 사정 작업이 이뤄지며 정부예산안이 편성된다. 예산심의 단계에서는 의회에서 예비심사와 종합심사를 거쳐 예산안을 최종 확정한다.

정책집행 단계는 당해 연도에 구체적인 정책을 집행하는 과정이며, 이때 예산이 사용된다. 정책 또는 사업에 예산을 집행하기 위해 분기별 또는 월별 예산 배정과 자금배정이 이뤄진다. 그리고 지출원인행위를 거쳐 직접 자금이 지출된다. 이 과정에 특정 활동에서 다른 활동으로의 자금이 이전되는 전용 또는 이용을 통해 정책의 재해석이 이뤄지기도 한다. 예산집행이 진행되는 과정에 정부회계 기준에 의한 회계 처리가 이뤄지며, 최종적으로 결산보고서가 작성된다.

표 5-2 정책 과정과 예산 과정의 연계

정책 과정	예산 과정	예산업무
기획 및 분석	예산편성	국가재정 운용계획 작성 정책 · 사업분석 및 세입예측 예산총액배분 자율편성
정책형성		예산편성 기본지침 작성 · 송부 예산요구서 제출 예산안의 사정 및 편성
	예산심의	예비심사(상임위원회) 종합심사(예산결산특별위원회)
정책집행	예산집행	예산 배정 · 자금 배정 지출원인행위, 지출, 회계 처리
감사 및 평가	결산 및 회계검사	재정성과관리 회계검사, 결산심의

감사 및 평가는 예산집행이 끝난 후 감사원과 국회와 같은 외부기관 또는 행정 부처 내에서 이뤄진다. 감사는 주로 정책 및 예산집행이 합법적으로 이뤄졌는지에 초점이 모아지지만 최근에는 정책 및 사업평가를 중시하는 경향이 있다. 미국의 경우 사업예산의 일정 비율을 사업평가에 배정하는 것을 의무화하고 있다. 우리나라도 각 부처에 의한 재정사업의 자체평가를 의무화했다. 우리나라는 회계검사를 거친 후 국회의 결산심의를 받음으로써 예산주기가 마무리된다.

4. 회계연도

회계연도(Fiscal Year: FY)란 회계사무를 명확하게 구분 · 정리하기 위해 설정한 기간을 말한다. 즉, 수입과 지출을 구분 정리해 그 관계를 명확히 하기 위한 기간으로서 예산의 유효 기간을 말한다.

이렇게 회계연도의 기간을 명확히 설정하고 있는 것은 각 연도의 수지 상황을 명확하게 하고 적정한 재정통제를 실현하기 위함이다. 회계연도를 구분해 독립적으로 운영하고 있는 것을 '회계연도 독립의 원칙'이라고 한다. 국가재정법에도 "각 회계연도의 경비는 그 연도의 세입 또는 수입으로 충당하여야 한다"(제3조)라고 회계연도 독립의 원칙을 규정하고 있다. 따라서 회계연도 독립의 원칙에 의해 한 회계연도에 속하는 세입 · 세출은 원칙적으로 당해 연도 내에 완결되어야 한다.

회계 기간은 통상 1년이다. 이때의 예산을 '단년도 예산'이라고 부른다. 그러나 민간 조직은 6개월을 회계 기간으로 하는 경우도 있으며, 미국의 주정부는 회계 기간을 2년으로 하는 '2년도 예산(biennial budget, two-year budget)'을 편성하는 경우도 있다. '2년도 예산'은 편성 및 심의 기간이 충분해서 철저하게 정부사업을 분석할 수 있고 업무 과부하와 정치적 비용을 줄이는 장점이 있다. 그러나 새로운 환경 변화에 신속하게 대응하지 못하는 단점이 있다.

그런데 회계연도가 시작되는 시점은 역년(曆年, calendar year)과 일치하는 나라가 있는가 하면 역년과 일치하지 않는 나라도 있다. 한국, 독일, 프랑스, 러시아 등은 역년과 일치되게 1월 1일부터 12월 31일까지를 회계연도의 기간으로 잡고 있다.[2] 그러나 일본과 영국은 4월 1일부터 다음 해 3월 31일까지, 미국은 10월 1일부터 다음 해 9월 30일까지, 호주와 뉴질랜드는 7월 1일부터 다음 해 6월 30일까지를 회계연도로 정하고 있다.[3]

회계연도 개시 시점은 세입 · 세출의 흐름과 정부의 사업주기, 예산의 관리 및 통제 등을 고려해 실정에 맞게 결정해야 한다. 이런 점에서 중앙정부에의 의존재원이 많은 지방정부의 경우, 중앙정부의 예산이 확정되고 난 후 예산편성을 해야 하기 때문에 지방정부의 회계연도를 달리 책정할 수도 있다.

제 2 절 예산의 편성

예산 과정은 예산 과정에 참여하는 참여자들의 상호작용 관계를 공식화해 놓은 것이다. 여기에는 제도적 · 절차적 측면과 동태적 · 활동적 측면이 동시에 포함되어 있다. 여기서는 제도적 · 절차적 측면만 살펴보기로 한다. 동태적 · 활동적 측면은 예산행태론에

2) 우리나라의 경우 회계연도를 역년과 일치시키게 된 이유는 다음과 같다. 첫째, 회계연도와 역년의 기간이 같아야 연도별 각종 통계의 작성과 이용에 편리하다는 것이다. 둘째, 우리나라의 기후 조건상 동계인 연초에 시행계획을 세우고 날씨가 풀리면서 각종 공사나 사업에 착수하는 것이 편리하다는 것이다(한국재정40년사편찬위원회, 1991).

3) 미국 주정부의 회계연도 시작 시점을 보면 7월 1일 46개 주, 10월 1일 2개 주, 그리고 9월 1일과 4월 1일이 각각 1개 주다.

서 논의한다.

1. 예산편성의 의의

예산편성은 정부가 다음 회계연도의 세입과 세출을 예정적으로 계산하는 과정이다. 구체적으로 본다면 정부가 수행하고자 하는 계획과 사업을 구체화하는 과정이다. 정부의 사업과 계획에 사용될 재원을 추계하고 각종 사업을 지원할 지출 규모를 확정한다. 즉, 정부는 예산 과정을 통해 재정정책의 수립 및 계획과 사업의 분석, 세입세출 규모의 확정을 도모하는 것이다.

예산편성의 책임은 행정부가 맡고 있는 것이 일반적이다. 이러한 제도를 행정부 제출 예산제도(executive budget system)라고 한다. 행정 업무와 구조가 단순한 시대에는 입법부 예산제도(legislative budget system)를 사용한 적도 있다. 미국의 경우 1921년 예산회계법(the Budget and Accounting Act)이 제정되기 전에는 각 행정기관이 각각 예산을 편성해 곧바로 의회에 제출했으며, 의회에서는 제출된 각 행정기관의 예산을 개별 심의했다. 그러나 예산회계법에 의해 예산국(Bureau of the Budget: BOB)이 설치된 후 행정부 제출 예산제도로 바뀌게 되었다.

오늘날에는 정부의 기능이 매우 복잡하고 전문적이기 때문에 행정부 제출 예산제도를 택할 수밖에 없다. 대부분의 국가들은 중앙예산기구를 만들어 행정부가 주도하는 예산편성 제도를 운영하고 있다. 이와 같이 예산편성에서 행정부가 주도권을 갖는 것은 정책분석에 필요한 지식과 전문성을 가진 전문관료들이 각 분야별 예산편성에 더 적합하고, 행정수반이 각 분야별 예산을 조정 · 통합할 수 있기 때문이다.

2. 거시적 예산결정과 미시적 예산결정

예산편성 과정을 보면 의사결정이 '위에서 아래로(top-down)', 그리고 '아래에서 위로(bottom-up)' 순환적으로 이뤄진다. 대통령실과 중앙예산기관을 중심으로 한 정부의 재정 및 경제정책과 관련한 예산운용 전반에 대한 거시적 예산결정(macro-budgeting)은 '하향식(top-down)' 의사결정이다. 그리고 각 행정기관이 자신의 관할 사업들에 재원을 배분하는 미시적 예산결정(micro-budgeting)은 '상향식(bottom-up)' 의사결정이다. 이 과정에서 대통령, 중앙예산기관, 각 행정기관, 정당, 그리고 관련 이익집단들이 공식적 또는 비공식적으로 참여한다. 이것은 예산 과정에서 커뮤니케이션이 활발하게 이뤄지고 있음을 보여 주는 것이다. 이러한 예산 과정은 입법부에서도 동일하게 진행된다.

르루프(LeLoup, 1988: 17-42)에 의하면, 거시적 예산결정이란 중앙예산기관과 행정수반이 예산편성의 주도권을 장악하고 위에서부터 아래로 결정해 내려오는 예산편성 방식을 말한다. 미시적 예산결정은 각 부처의 예산요구에서 시작해 아래에서부터 예산을 결정해 올라가는 방식을 말한다.

거시적·하향적 예산결정 방식은 1970년대 후반 자원난 시대가 도래하고 만성적인 재정적자가 누적됨으로써 이에 대한 적극적인 해결책을 모색하는 과정에서 강조된 결정 방식이다. 미국의 경우 1974년 의회예산법이 제정된 이후 예산심의 과정에 도입되었다. 즉, 예산 한도액을 잠정적으로 정해 놓고 예산심의를 시작하도록 제도화한 것이다.

거시적 예산결정의 정책 초점은 총량적 재정 규율에 해당하는 예산총액의 결정이다. 예산총액은 각 분야별 예산 규모의 합계와 동일하지만 그 결정에서의 주안점은 다르다. 예산총액에 관한 결정은 정부 전체로서 기능의 범위와 수준을 고려한 재정정책적 결정이다. 이것은 민간부문 또는 국민총생산에 대비한 정부부문의 규모를 결정하게 된다. 여기서의 주요 참여자는 중앙예산기관의 장과 행정수반 및 그의 참모들이다. 의회의 경우 예산위원회나 정당지도자들이다. 우리나라의 경우 거시적 예산결정제도의 일환으로 2005년도 예산부터 예산총액배분 자율편성제도를 도입했다.

표 5-3 미시적 예산결정과 거시적 예산결정의 차이

	행정부 과정		입법부 과정	
	미시적 결정	거시적 결정	미시적 결정	거시적 결정
주요 행위자	정부 각 기관 OMB의 사정관	대통령, 백악관 참모, OMB 처장	세출위원회와 소위원회	예산위원회, 정당지도자
활동의 초점	개별 부처의 사업, 매년 증액	예산총액, 경제 예측, GNP 대비 예산	개별 법안	의회결의안, 조정 지침
절차	분산, 상향적	집권, 하향적	분산, 상향적	집권, 하향적
재정 개혁	사업예산, MBO, PPBS, ZBB	하향식 예산, 집행 절차	세출위원회 강화, 일몰법	총괄예산법, 적자삭감법

자료: 르루프(LeLoup, 1988: 19-42).

미시적·상향적 예산결정은 전통적으로 많이 사용되던 방식이다. 각 부처의 예산요구에서 시작해 결정해 올라오면 중앙예산기관이 이를 사정 및 조정해 나가는 방식이다. 미시적 예산결정은 정부의 기능 간 또는 사업 간 필요성과 중요성을 반영한 우선순위에 따라 각 분야별·기관별·기능별·사업별로 예산을 배분하는 것이다. 주요 참여자는 정부의 각 부처와 중앙예산기관의 사정관들이다. 의회의 경우 상임위원회와 세출위원회다.

3. 국가재정 운용계획

재정의 전략적 운용을 통해 재정의 건전성, 효율성, 책임성을 확보하기 위해 예산 과정에 다양한 제도를 도입하여 운영하고 있다. 우리나라는 국가재정 운용계획, 예산총액배분 자율편성제도, 성과관리 예산제도를 도입했으며, 이를 뒷받침하는 인프라로서 디지털예산회계(dBrain) 시스템이 구축되었다. 여기서는 예산편성 단계에 운영되는 국가재정 운용계획과 예산총액배분 자율편성제도에 대해 살펴보기로 한다.

1) 국가재정 운용계획의 의의

국가재정 운용계획은 5년의 재정운용 시계(時界, time horizon)를 갖는 연동식 중기재정계획으로서 2004년부터 도입·운영되고 있다. 국가재정 운용계획의 도입 목적은 중장기적 시계에서 국정과제를 체계적으로 뒷받침하고 예측 가능성을 제고하며, 재정의 건전성과 효율성을 도모하기 위함이다.

국가재정법(제7조)에는 "정부는 재정운용의 효율화와 건전화를 위하여 매년 해당 회계연도부터 5회계연도 이상의 기간에 대한 재정운용계획을 수립하여 회계연도 개시 120일 전까지 국회에 제출하여야 한다"고 규정하고 있다. 기획재정부는 재정운용 방향과 목표, 재원배분계획 등을 수립하고, 분야별 작업반을 구성·운영하며, 공청회 또는 토론회를 거쳐 국가재정 운용계획을 작성한다. 국가재정 운용계획은 국무회의 심의를 거쳐 정부예산안과 함께 국회에 제출된다. 그러나 국가재정 운용계획은 국회의 심의 대상이 아니다.

2) 국가재정 운용계획의 기능

국가재정 운용계획은 세 가지 기능을 갖는다.

첫째, 총량적 재정 규율의 제도적 장치로서 기능이다. 만성적 재정적자와 누적된 국가채무로 인해 재정 위기가 우려되는 상황에서 재정건전성을 유지하기 위해 예산총액의 효과적인 통제를 하는 장치로서의 역할이다. 최근 선진국의 경우 중기재정계획의 중심축이 배분적 효율성을 달성하기 위한 제도적 장치에서 총량적 재정 규율의 규범으로 이동하는 경향이 있다.

둘째, 배분적 효율성의 구현장치로서 기능이다. 배분적 효율성은 부문 간 재원 배분을 통한 재정지출의 총체적 효율성을 도모하는 것을 말한다. 이것은 정부의 전략적 목표와 비전에 따라 우선순위를 정해 자원을 배분하는 전략적 자원 배분을 말한다. 국가재정 운용계획은 전략적 자원 배분의 실행 장치로서 기능을 한다.

셋째, 계획과 예산 연계의 제도적 장치로서 기능이다. 국가재정 운용계획은 단년도의 예산편성과 중기적 계획을 연계하여 예산편성의 합리성을 제고하려는 제도다. 국가재정 운용계획은 기획과 예산의 연계 긍정론자의 입장에서 제도화한 것이다.

3) 국가재정 운용계획의 주요 내용

국가재정 운용계획의 기본적인 구성은 경제·사회 변화와 국가 비전, 재정운용 여건, 지출 규모 및 재정수지, 재원 배분 방향, 분야별 정책 방향 및 투자계획, 그리고 재정운용 시스템 혁신 등으로 이뤄진다.

국가재정법(제7조)에는 국가재정 운용계획에 포함되어야 할 사항을 규정하고 있다. 즉, ① 재정운용의 기본 방향과 목표, ② 중기 재정 전망 및 근거, ③ 분야별 재원 배분계획 및 투자 방향, ④ 재정 규모 증가율 및 그 근거, ⑤ 의무 지출의 증가율 및 산출내역, ⑥ 재량 지출의 증가율에 대한 분야별 전망과 근거 및 관리계획, ⑦ 세입·세외수입·기금수입 등 재정수입의 증가율 및 그 근거, ⑧ 조세부담률 및 국민부담률 전망, ⑨ 통합재정수지에 대한 전망과 근거 및 관리계획 등이다. 특히 장기 재정전망을 할 때에는 40회계연도 이상의 기간을 대상으로 적어도 5년마다 실시하도록 의무화하고 있다.

국가재정 운용계획의 기능별 분류인 분야 및 부문의 분류 체계는 예산과목 체계와 통일되게 구축되었다. 또한 프로그램 예산제도의 프로그램은 국가재정 운용계획의 기준 단위로 활용된다.

그리고 국회에 제출하는 국가재정 운용계획에는 전년도에 수립한 국가재정 운용계획 대비 변동 사항, 변동 요인 및 관리계획 등에 대한 평가·분석보고서, 중장기 기금재정관리계획, 국가채무 관리계획, 중장기 조세정책운용계획 등을 첨부하도록 하고 있다.

4. 예산총액배분 자율편성제도

1) 예산총액배분 자율편성제도의 의의

예산총액배분 자율편성(top down)제도는 중앙예산기관이 사전적으로 지출 총액을 결정하고, 전략적 재원 배분을 위한 분야별·부처별 지출한도를 설정하여 그 지출한도 내에서 각 부처가 사업별로 재원을 배분하는 제도다. 블뢴달(Blöndal, 2003)은 예산총액배분 자율편성제도가 재정적자를 극복하기 위해 도입한 제도로서 총액 내에서 예산을 편성하도록 함으로써 정부예산이 증가하는 것을 막기 위한 제도임을 강조한다. 다른 한편 예산총액배분 자율편성제도는 부처별로 지출한도 범위 내에서는 예산편성의 자율성을 확대해 주기 위한 제도다.

이 제도는 대부분의 국가에서 심각한 재정 위기를 겪은 후에 재정준칙 및 총량 규제를 시작하면서 도입되었다. 재정 총량을 사전적으로 결정하여 재정적자를 적절한 수준에서 관리하고 중앙예산기관과 정부부처 사이의 정보 비대칭성을 극복하여 예산운용의 효율성을 기하는 데에 목적이 있다.

우리나라는 2003년 4개 기관을 대상으로 시범 실시한 후 2004년 전면 도입했다. 우리나라는 재정적자 감축을 위한 것보다는 재원 배분의 효율성 증진에 일차적인 목적이 있었다고 볼 수 있다.

2) 예산총액배분 자율편성제도의 기대 효과

예산총액배분 자율편성제도는 다음과 같은 기대 효과를 얻을 수 있다.

첫째, 정책과 우선순위에 입각한 재원의 전략적 재원 배분을 도모할 수 있다. 둘째, 재정 당국의 거시 재정정책 기능을 활성화하고, 부처의 전문성과 자율성을 활용할 수 있다. 이것은 양 기관 간 정보의 비대칭성을 완화할 수 있게 됨을 의미한다. 셋째, 중기적 시각에서 재정 규모를 검토하여 재정의 경기 조절 기능을 강화할 수 있다. 넷째, 과다 요구–대폭 조정 등 비합리적인 예산편성 관행을 극복하여 효율성을 향상시킬 수 있다. 다섯째, 재정총량 관리의 주요 수단으로 활용함으로써 미래의 재정적자에 대비할 수 있다.

그러나 기대 효과와는 달리 실제 운용 과정에서 많은 문제점도 노출되었다. 첫째, 부처의 자율성이 아직도 많은 제약을 갖고 있다. 지출한도가 주어져 예산요구를 이전과 같이 자유로이 할 수 없는 상황에서 재정 당국의 통제와 조정, 특히 신규사업에 대한 간섭은 이전과 근본적으로 차이가 없다는 주장이 제기되고 있다. 둘째, 지출한도 결정 과정과 관련하여 지출한도 설정 시 개별 사업 검토 후 예산요구 시에 사업 내용이 변경되어 중기계획상의 금액과 편성된 예산의 금액이 일치되지 않는 문제 등이 발생하고 있다. 셋째, 지출한도의 준수가 잘 이뤄지지 않는 점이다. 지출한도 준수율이 대체로 70% 수준으로 나타나고 있다. 그리고 별도의 조정재원이 없기 때문에 지출한도 준수를 너무 엄격하게 적용하여 오히려 효율성을 저해하는 측면도 있다. 넷째, 지출한도 결정 단위가 분야 및 부문으로서 너무 범위가 넓고, 실제 지출한도 결정은 세부사업까지 검토・심의하여 이뤄지므로 부처의 자율성을 저해하는 문제가 있다.

5. 예산편성 절차

매년 반복되는 예산편성작업이 원활하게 이뤄질 수 있도록 국가재정법 등의 법령에 예산 일정표(budget calendar)가 마련되어 있다. 2007년 국가재정법이 발효되면서 기존 예산편성 일정은 재조정되었다. 그리고 그동안 분리 운용되던 예산과 기금이 통합운용되면서 예산편성 및 기금운용계획안 작성 일정이 일치되었다. 그런데 2014년 국가재정법 개정으로 예산 일정표가 다시 앞당겨졌으며, 정부예산안 국회 제출기한도 회계연도 개시 120일 전으로 변경되었다.

여기서는 우리나라 중앙정부의 예산편성 절차를 살펴본다.

1) 중기사업계획서의 제출

국가재정법(제28조)에 의하면, 각 중앙관서의 장[4]은 매년 1월 31일까지 해당 회계연

4) 중앙관서라 함은 헌법 또는 정부조직법, 그 밖의 법률에 따라 설치된 중앙행정기관을 말한다. 그리고 국회 사무총장, 법원행정처장, 헌법재판소 사무처장 및 중앙선거관리위원회 사무총장은 중앙관

도부터 5회계연도 이상의 기간 동안의 신규사업 및 기획재정부 장관이 정하는 주요 계속사업에 대한 중기사업계획서를 기획재정부 장관에게 제출해야 한다.

중기사업계획서는 국가재정 운용계획과 다음 연도 예산안 편성 및 기금운용계획안 수립을 위한 분야별·부처별 지출한도 설정 작업의 기초 자료로 활용된다. 중기사업계획서 작성은 일반회계뿐만 아니라 특별회계와 기금(금융성 및 외국환평형기금은 제외)도 대상이 된다.

2) 예산편성지침과 기금운용계획 작성지침의 통보

(1) 예산편성지침과 기금운용계획 작성지침의 작성 및 통보

기획재정부 장관은 매년 3월 31일까지 예산안편성지침과 기금운용계획안 작성지침을 국무회의의 심의와 대통령의 승인을 받아 각각 중앙관서의 장 및 기금관리 주체에게 통보해야 한다(국가재정법 제29조). 그동안 예산과 기금이 별개로 운용되어 왔으나 최근에는 통합해 운용하고 있다.

예산편성지침은 국민 경제와 예산을 결부시키고 재정운용의 방향을 제시하는 데 주안점을 둔다. 재정 여건으로서의 국민 경제에 대한 전망과 이를 토대로 한 재정운용의 방향 및 예산편성의 중점 사항이 제시되어 있다. 경제성장률, 물가상승률, 환율 등의 거시적 예측지표가 제시되어야 세수 추계 및 예산 규모의 판단이 가능해지며, 정부의 정책 방향이 제시되어야 지출 수요의 판단이 가능하기 때문이다.

기획재정부가 각 중앙관서에 송부하는 예산안편성지침에는 대체로 다음과 같은 내용이 포함되어 있다. 즉, ① 재정운용의 여건, ② 재정운용의 방향, ③ 예산편성의 지침(일반지침, 예산절감 지침, 성과관리 지침, 임대형 민자사업과 성인지예산 작성지침) ④ 예산편성 기준(예산요구 양식, 예산과목 구분, 기준 단가) 등이다. 따라서 대통령의 승인을 이미 받은 예산편성지침은 부처의 예산요구와 기획재정부의 부처별 예산사정의 중요한 기준이 된다. 기금운용계획안 작성지침의 경우에도 내용은 예산의 형식과 유사하다.

그리고 기획재정부 장관은 예산편성지침을 국회 예산결산특별위원회에 보고해야 한다(국가재정법 제30조). 예산편성지침을 국회에서 예산을 심의하는 데에 주요 자료로 활용하기 위함이다.

서의 장으로 본다(국가재정법 제6조).

(2) 부처별 지출한도액 결정 및 통보

예산총액배분 자율편성제도의 도입으로 기획재정부는 3월 31일까지 각 부처에 부처별 지출한도를 결정해 통보한다. 국가재정법(제29조 제2항)에는 "기획재정부 장관은 국가재정 운용계획과 예산편성을 연계하기 위하여 예산편성지침에 중앙관서별 지출한도를 포함하여 통보할 수 있다"고 규정하고 있다.

지출한도를 결정하는 과정을 보면 국가재정 운용계획 수립 과정에서 각 부처와의 협의 및 각계각층의 의견 수렴 과정을 거치며, 이를 바탕으로 국무위원들의 재정전략회의에서 주요 정책 방향과 재원 배분 원칙에 대한 공감대를 형성한다. 이를 토대로 하여 부처별 지출한도를 결정해 통보하고 있다.

그동안의 운용 결과를 보면 자율적 사업구조 조정과 예산 과다 요구의 개선에는 도움이 되는 것으로 평가되고 있다. 그러나 지출한도 설정 시 사전 협의가 이뤄지지 않고 지출한도 내 자율성 확대가 미흡한 것으로 지적된다.

3) 예산요구서의 작성 및 제출

(1) 예산요구서의 작성 절차

각 중앙관서는 예산편성지침과 지출한도액을 통보받으면, 예산편성지침에 따라 그 소관에 속하는 다음 연도의 세입세출예산, 계속비, 명시이월비 및 국고채무부담행위 요구서를 작성하여 5월 31일까지 기획재정부 장관에게 제출해야 한다. 이때 예산요구서에는 예산의 편성 및 예산관리 기법의 적용에 필요한 서류를 첨부해야 한다.

프로그램 예산제도를 도입하면서 예산을 요구할 때 프로그램 예산 체계로 요구한다. 프로그램 예산제도에서는 정책 목표에서 도출된 프로그램과 단위사업 중심의 예산편성이 이뤄지고 예산 및 기금이 통합적으로 편성됨으로써 효율성을 제고할 수 있다. 실제로 유사 사업 또는 중복 사업이 정책 목표 중심으로 통폐합되거나 단순화해 예산을 요구하는 사례가 많아지고 있다.

각 중앙관서에서의 예산요구서 작성 과정을 보면 각 부서에서 소관 사업계획과 소요예산을 작성해 수차례에 걸친 담당자 회의를 통해 조정한 다음 최종 예산요구서안을 만들어 예산 총괄부서로 송부한다. 예산 총괄부서에서는 각 부서의 요구액을 총괄해 조정한 다음 세입세출예산 요구서안을 만든다. 그 후 장관 또는 차관 주재로 회의를 거친 후 최종적인 당해 중앙관서의 예산요구서를 확정하게 된다. 확정된 예산요구서는 장관의 결재를 받아 기획재정부에 제출한다.

그런데 예산은 앞에서 고찰한 대로 단순히 수치만을 나열한 것이 아니라 그 속에 정책 및 사업이 포함되어 있다. 따라서 각 중앙관서는 예산을 요구하는 과정에서 당해 부처에서 추진해야 할 사업을 개발 및 평가하는 작업을 한다. 계속사업에 대해서는 추진실적을 점검하고 추가 재정소요액을 판단하며, 신규사업은 경제적 타당성 등을 검토해 예산요구서에 반영한다.

(2) 예산요구의 정도

각 중앙관서는 사업 추진 의지 및 예산 전략과 관련해 많은 예산액을 요구하는 것이 일반적인 경향이다. 그동안 예산요구 증가율은 전년도 예산 대비 25~30% 정도를 차지했다. 그런데 2004년 예산총액배분 자율편성제도 도입 이후 예산요구의 정도는 10% 미만으로 대폭 감소했다. 최근 신규사업 등에 대해 재원대책 제출을 요구하는 페이고(PAYGO) 준칙의 적용으로 요구 증가율이 둔화되는 경향이 있다.

4) 기획재정부의 예산사정

(1) 예산사정의 의의 및 절차

각 중앙관서의 예산요구서가 기획재정부에 송부되면 예산사정(豫算査定) 작업이 시작된다. 기획재정부의 예산사정 작업은 6월부터 8월까지 계속된다. 예산사정(budget review)이란 여러 가지 분석과 정보를 사용해 예산요구서를 검토하는 것을 말한다. 이 과정에서 사업의 타당성과 우선순위가 검토된다. 또한 대통령의 정책 의지가 반영되고 예산 관련 여러 이해관계가 조정된다.

각 부처의 예산요구액은 과다한 경우가 대부분이므로 전체 예산 규모는 정부가 생각하고 있는 적정 규모를 항상 초과한 상태다. 따라서 기획재정부의 예산사정 작업이란 각 부처가 요구한 예산액을 삭감하고 조정하는 작업이라고 할 수 있는데, 주로 삭감하는 데 주력한다.

예산총액배분 자율편성제도가 도입된 이후에는 예산요구의 정도가 감소하고 있어 사업의 타당성을 중심으로 좀 더 신중하게 심사하는 경향이 있다. 또한 재정사업 자율평가제도를 시행하면서 평가 결과를 다음 연도 예산편성에 반영하는 환류 기능이 강화되고 있다.

기획재정부에서의 예산사정 작업 절차는 대체로 다음과 같이 이뤄진다.

① 거시적 예산결정으로서 예산 규모 추계

먼저 경제성장률, 물가상승률, 환율 등 국민 경제의 거시적 지표를 예측한다. 이를 토대로 이미 편성된 국가재정 운용계획을 참조하고 관계 기관과 협의해 다음 연도의 예산 규모를 추계한다. 예산사정을 위한 첫 단계의 작업이라고 할 수 있다. 세입 규모에 대해서는 기획재정부 세제실과 협의해 결정하며, 세입 추계를 고려해 세출 규모를 추계한다. 그러나 세입 규모와 세출 규모는 예산정책 사항이기 때문에 예산편성이 완료될 때까지 계속 변화하게 된다.

② 미시적 예산결정으로서 예산요구서의 분석 및 심의

각 중앙관서의 예산요구서가 제출되면 예산사정 원칙에 근거해 예산요구서에 담긴 사업의 내용을 분석하고 소요 예산액을 검토한다. 이러한 예산사정 과정에서의 역할은 매우 분화되어 있다. 예산의 1차 심의는 각 중앙관서가 요구한 예산액을 주요 사업을 중심으로 전반적인 심의를 한다. 2차 심의는 문제점 사업들을 중심으로 심의한다.

2007년부터 프로그램 예산 체계에 의해 예산요구가 되면서 프로그램 중심으로 심의하며, 주요 단위사업과 세부사업들을 검토하게 된다. 그러나 예산실의 심의 과정은 필요에 따라 반복적으로 진행된다.

③ 기획재정부 시안의 작성

각 중앙관서의 예산요구서를 분석한 기획재정부는 우선 기획재정부 시안을 작성하게 된다. 기획재정부 시안은 일반회계와 특별회계예산을 포함하며, 기금운용계획안도 예산과 함께 작성한다. 기획재정부 시안이 작성되는 과정에는 여러 커뮤니케이션 과정을 통해 다양한 참여자들의 의견이 수렴된다. 그리고 이 시안은 지속적으로 수정 보완된다.

(2) 예산사정 과정에서 커뮤니케이션

예산사정은 기획재정부의 일방적 행위에 의해 이뤄지는 것은 아니다. 예산결정 과정은 예산 과정의 참여자들이 다양하게 참여하는 예산게임 또는 예산정치의 성격을 갖는다. 따라서 기획재정부를 중심으로 볼 때 다양한 참여자들과의 상호 커뮤니케이션이 이뤄진다. 행정부 내부에서는 기획재정부와 예산요구기관 및 대통령과 커뮤니케이션을 갖는다. 외부적으로는 지방자치단체의 장, 정당, 관련 이해집단 등과의 커뮤니케이션이 이뤄진다.

① 내부적 커뮤니케이션

예산사정 과정에서 내부적 커뮤니케이션은 예산사정기관인 기획재정부 관계자들과 예산요구기관인 각 부처의 예산 담당 공무원 간의 커뮤니케이션이 핵심이다. 기획재정부와 예산요구기관 간에는 예산결정을 둘러싸고 쌍방향 커뮤니케이션이 이뤄진다. 거시적 예산결정으로서 정책적 내용이 기획재정부로부터 하급기관에 전달되고, 예산요구기관은 미시적 예산결정인 사업 및 예산요구에 대한 정당성을 기획재정부에 적극 주장하게 된다.

그런데 기획재정부와 예산요구기관 간에는 예산정보의 비대칭성이 존재한다. 개별사업에서는 예산집행기관인 하급기관이 상급기관인 기획재정부보다 사업에 대해 훨씬 더 많은 정보를 갖고 있다. 따라서 하급기관의 의사를 존중해야 하나 통제하지 않을 경우 하급기관의 이익만을 추구하는 행위를 견제할 수 없으므로 상급기관의 정보 획득이 필요하게 된다. 또한 하급기관들은 분산적으로 존재하고 전체보다는 부분에 더 많은 관심을 갖기 때문에 사업에 대한 상대적 중요성을 비교하는 데에는 상급기관이 더 유리한 위치에 있다. 이러한 예산정보의 비대칭성 문제는 두 기관 간의 커뮤니케이션에 의해 어느 정도 해소될 수 있다. 따라서 각국은 이를 위한 제도적 장치를 마련하고 있는 경우가 많다.

본격적인 예산사정 작업에 들어가기 전에 국가재정 운용계획 수립 및 각 부처별 지출 한도액 설정과 관련해 국무위원들의 재원 배분 관련 토론회를 갖는 것이 최근의 변화다. 그리고 예산총액배분 자율편성제도가 도입된 이후 각 부처별 지출한도액이 설정되기 때문에 예산편성 과정에서 각 부처의 자율성은 이전보다 확대된 것은 사실이다. 그러나 아직도 예산요구기관이 예산편성 자율성에 대해 불만을 갖고 있는 실정이다.

미국에서는 관리예산처(OMB)와 각 행정기관의 대변자(agency spokesmen) 간에 예산청문회(budget hearings)가 개최된다. 행정부 내에서의 예산청문회는 의회에서의 청문회와는 달리 정보 목적으로만 개최되며 예산결정에 중간적 과정으로 진행된다.

기획재정부와 대통령의 커뮤니케이션을 보면, 예산요구서가 접수된 후 일차적으로 예산요구 현황과 예산편성 방향에 대해 기획재정부 장관이 대통령에게 보고한다. 그 후 기획재정부안이 어느 정도 확정되면 중간보고를 하고 정부예산안이 확정되는 시점에서 최종 보고를 한다. 그리고 대통령은 수시로 자신의 의견을 기획재정부에 전달해 반영한다. 기획재정부와 대통령의 커뮤니케이션 과정은 예산에 대통령의 국정철학과 정책 의지를 반영하는 과정이라고 볼 수 있다.

② 외부적 커뮤니케이션

대표적인 외부적 커뮤니케이션은 시·도지사 협의회와 당정 협의다. 시·도지사협의회는 각 지방자치단체의 주요 사업에 대한 중앙정부의 지원을 반영하고 조정하기 위한 모임이다. 예산편성 및 기금운용계획안을 마련할 때 광역지방자치단체 장의 의견 수렴을 거친다.

당정 협의는 여당과 정부 간의 예산조정 과정이다. 정치적으로 민감한 사업을 중심으로 예산을 검토하며 국회 예산심의에 대비하는 방안 등을 모색한다. 때로는 여당 의원들의 지역구 사업들을 예산에 반영하기도 한다. 당정 협의 과정은 사실상 여당의 예산심의 과정이라고 할 수 있다. 최근에는 정부가 야당과도 협의하는 모습을 보여 준 바 있다.

외부적 커뮤니케이션의 또 하나의 국면은 예산편성 과정에 국민의 의견을 반영하는 예산정책 토론회 또는 예산편성 공청회를 개최하는 일이다. 교육, 사회간접자본(SOC), 사회복지, 환경 등 각 분야 전문가와 시민단체 대표들의 의견을 듣는 예산정책 토론회를 개최하기도 한다. 지방정부의 경우 2011년 예산편성 과정에 주민을 직접 참여시키는 주민참여 예산제 도입을 의무화하였다. 이러한 과정은 납세자 주권에 바탕을 둔 예산운용 패러다임의 변화라고 볼 수 있다.

5) 정부예산안의 확정과 국회 제출

기획재정부의 예산안이 편성되면 그 이후의 과정은 정부예산안을 확정하기 위한 형식적인 공식화 과정이라고 볼 수 있다.

(1) 재정정책자문회의 개최

기획재정부장관은 재정운용에 대한 의견수렴을 위하여 각 중앙관서와 지방자치단체의 공무원 및 민간 전문가 등으로 구성된 재정정책자문회의를 운영하여야 한다. 그리고 국가재정 운용계획을 수립할 때, 매 회계연도의 예산안을 편성할 때와 기금운용계획안을 마련할 때에는 미리 자문회의의 의견수렴을 거쳐야 한다.

현재 재정정책자문회의는 기획재정부 장관, 각 부처 차관, 처·청의 부기관장, 시장·도지사, 여러 분야의 민간위원 등을 중심으로 구성되어 있다. 재정정책자문회의는 국가재정 운용계획 수립, 예산편성 및 기금운용계획 작성 등에 대해 자문을 하게 되어 있으나 형식적으로 운영되는 경향이 있다.

(2) 국무회의 심의와 대통령의 승인

위와 같은 절차를 거친 후 국무회의의 심의를 거쳐 대통령의 재가를 받는다. 이로써 정부예산안이 최종적으로 확정된다. 그런데 국회, 대법원, 헌법재판소, 중앙선거관리위원회의 세출예산 요구액을 감액할 때에는 국무회의에서 해당 독립기관의 장의 의견을 구해야 하며, 감액에 대한 독립기관의 장의 의견을 국회에 제출해야 한다(국가재정법 제40조). 감사원의 세출예산요구액을 감액하고자 할 때에는 국무회의에서 감사원장의 의견을 들어야 한다(동법 제41조).

(3) 국회 제출

헌법(제54조 제2항)에는 확정된 정부예산안을 회계연도 개시 90일 전까지 국회에 제출하도록 되어 있다. 그런데 2013년 국가재정법(제33조) 개정에 의해 정부예산안을 회계연도 개시 120일 전까지 국회에 제출하도록 변경하였다. 이것은 국회의 예산심의 기간을 늘리기 위한 조치라고 볼 수 있다. 예산안 및 기금운용계획인 외에 국가재정 운용계획과 재정 관련 자료도 회계연도 개시 120일 전까지 국회에 제출해야 한다.

선진국들의 경우 정부예산안의 의회 제출 기한 및 법적 토대는 다양하다. 회계연도 개시 6개월 이상 전에 제출하게 하는 국가(미국)가 있는가 하면 회계연도 개시 이후 제

표 5-4 선진국의 정부예산안 의회 제출 기한 및 법적 토대

회계연도 개시 전 제출 기한	법적 토대			관 례 (법적 토대 없음)
	헌 법	법 률	의회 규정	
6개월 이상		미국(8개월)		
4~6개월	덴마크(4개월) 핀란드	독일(4개월) 한국(120일)*	노르웨이 (4개월)	
2~4개월	프랑스 · 스페인(3개월)	스웨덴(3⅓개월) 일본(2~3개월)		
0~2개월				캐나다
회계연도 개시 이후		뉴질랜드(회계연도 개시 1개월 이전)		영국

주: 한국의 120일은 2013년 국가재정법 개정으로 변경된 것임.
자료: Lienert(2010: 4).

출하는 국가(영국, 뉴질랜드)도 있다.

제 3 절 예산의 심의

1. 예산심의의 의의와 기능

1) 예산심의의 의의

예산심의는 행정부가 작성한 예산안을 입법부가 심사하는 정치 과정이다. 예산결정에 정치 논리를 적용하기 위해 제도적으로 마련한 예산 과정이라고 볼 수 있다. 그러나 입법부의 예산심의는 역사적으로 형성된 제도다. 즉, 왕권을 통제하기 위한 재정통제의 일환으로 등장한 제도다. 이 점에서 입법부의 예산심의 기능은 재정 민주주의를 실현하는 중요한 제도적 장치의 하나다. 따라서 입법부의 예산심의는 국민의 대표기관인 입법부가 행정부의 재정활동에 참여하고 통제하는 것을 의미한다. 재정 민주주의 차원에서 헌법에 규정된 국회의 재정에 관한 권한은 예산심의권 외에 재정입법권, 국회의 정부재정행위에 대한 동의권과 승인권, 결산심사권의 네 가지로 요약할 수 있다(김철수, 1993: 753-755).

입법부의 예산심의 형태는 대통령 중심제와 내각책임제 국가에 따라 차이가 있다. 대통령 중심제 국가는 삼권분립이 엄격하게 지켜지기 때문에 입법부의 행정부에 대한 견제가 매우 강력하다. 따라서 의회의 예산심의 권한은 막강하며, 예산심의도 비교적 엄격하게 이뤄진다. 대표적인 나라는 미국이다. 미국의 연방의회는 예산에 관한 한 삭감, 증액, 폐지 등 예산심의에 관한 모든 행동을 거의 아무런 제한도 받지 않고 수행할 수 있다. 그러나 입법부의 권한이 막강할수록 총량적 재정 규율이 제한을 받는 문제점이 드러날 수 있다.

내각책임제 하에서는 내각이 의회의 다수당의 위원회와 같은 성격을 갖기 때문에 의회의 예산심의활동은 한정적일 수밖에 없다. 실제로 영국과 일본의 경우 정부예산안이 의회에서 수정된 일이 거의 없다. 이것은 내각이 편성한 예산안에 이미 의회 다수당의 견해가 많이 반영되어 있기 때문이다.

입법부의 예산심의 형태는 정부 형태 외에도 입법부의 구조적 특성, 입법부와 행정부의 관계, 예산의 성격 등에 따라 차이가 있다. 즉, 단원제와 양원제, 예산심의위원회의 구조, 입법부의 우위 혹은 행정부의 우위, 예산의 법률적 성격 등에 따라 예산심의 형태는 달라진다.

2) 예산심의의 기능

일반적으로 입법부의 예산심의 기능은 정책형성과 행정의 감독의 두 가지를 들고 있다(강신택, 1992: 235-242; Burkhead, 1956: 308-316). 정책형성과 행정통제라는 기능은 행정부의 제안과 입법부의 반응이라는 상호 과정 속에서 이뤄진다. 바꿔 말하면, 정치적 역할과 행정적 역할 간의 상호작용을 통해 정책이 형성되고 예산이 통제되는 것이다.

(1) 정책형성

예산심의 기능으로서 정책형성은 두 가지로 나눠 볼 수 있다. 사업 및 사업 수준에 대한 결정과 예산총액에 대한 결정이다.

사업 및 사업 수준에 대한 결정은 미시적 차원에서의 예산결정이다. 여기서 사업에 대한 결정이란 정책 목표 또는 사업 목표를 달성하기 위한 대안을 선택하는 것이다. 이것은 예산이 정책 또는 사업을 재정 용어로 바꿔 놓은 것이라는 사실을 반영한다. 사업 수준에 대한 결정은 곧 금액에 대한 결정을 의미한다. 이것은 선택된 정책대안 또는 사업대안에 소요되는 비용을 계산해 화폐적 수치를 부여하는 것이다. 그런데 사업에 대한 결정과 사업 수준으로서의 금액에 대한 결정은 전혀 별개로 이뤄지는 것이 아니고 상호 밀접한 관계 속에서 동시적 차원에서 이뤄진다.

예산총액의 결정은 거시적 차원에서의 예산결정이다. 거시적 차원의 예산결정은 단순한 예산 규모의 결정뿐만 아니라 흑자예산 또는 적자예산과 관련된 세입과 세출의 관계에 대한 결정까지 포함한다. 예산총액은 각 분야별 예산 규모의 합계와 동일하지만 그 결정을 할 때의 주안점은 다르다(강신택, 2000: 258). 예산총액에 관한 결정은 정부 전체로서 기능의 범위와 수준을 고려한 재정정책적 결정이다. 그리고 세입과 세출의 관계에 대한 결정도 거시경제적 제반 지표를 고려한 재정정책적 결정이다.

따라서 예산심의를 정책형성 기능을 수행하는 것으로 본다는 것은 국민의 부담이 되는 세입 및 세출 규모를 결정하고, 각 분야별로 재원을 배분해 사업과 사업별 수준을 결정하는 것을 의미한다.

그러나 정책형성 기능으로서 이러한 예산결정은 기본적으로 행정부에서 이뤄진다. 입법부는 예산심의 과정을 통해 제한된 범위 내에서 참여하게 된다. 일반적으로 입법부는 예산결정의 주도자는 아니며 오히려 수동적 역할을 수행한다. 입법부의 예산심의는 행정부의 제안에 대한 입법부의 반응이라고 볼 수 있다.

(2) 행정의 감독

행정의 감독 기능은 국민의 대표기관인 입법부가 입법부의 의도를 구현하고 행정부에 의한 재량권의 남용 여부를 감독하는 일종의 행정통제 기능이다. 이것은 삼권분립의 견제와 균형의 원리에 근거하고 있다. 입법부의 예산심의 과정은 정책 및 사업계획을 검토해 사업을 폐지, 축소 또는 확장하거나, 금액을 면밀하게 검토해 비효율적이고 낭비적인 예산 지출을 방지함으로써 행정을 감독하게 된다. 즉, 입법부는 공공자원의 희소성을 감안해 정부활동의 효율성과 효과성에 관심을 기울인다.

입법부는 행정 감독을 통해 납세자의 돈을 절약하고자 행정부로 하여금 필요한 정보를 충분히 제공하도록 요구한다. 최근에는 행정부에 대한 감시를 위해 산출 및 성과정보를 요구하는 경향이 있다. 또한 정보 기술의 발전은 입법부가 행정부의 데이터베이스를 이용할 수 있는 정보 체제를 개발함으로써 행정 감독을 강화해 주고 있다.

그러나 입법부의 행정 감독을 제약하는 요소들이 있다. 우선 예산을 다루는 입법부의 위원회들이 다수 존재하고 분산되어 있어 감독의 통합적 접근이 어렵다는 점이다. 그리고 유권자들은 입법부가 행정부의 감시자로서 역할을 하는 것보다는 신규사업을 시행해 주기를 바란다는 점도 행정 감독을 제약한다.

2. 예산심의의 기준

1) 정치적 역할과 행정적 역할 간의 상호작용

국회의 예산심의는 앞에서 논의한 정책형성과 행정의 감독 기능을 수행하는 방식으로 이뤄져야 한다. 강신택(2000: 259-264)은 국회의 예산심의란 행정부의 제안에 대한 입법부의 반응으로서 정치적 역할과 행정적 역할 간의 상호작용 속에서 예산심의가 이뤄진다고 본다. 행정적 역할과 대비되는 정치적 역할이란 ① 정치적 분위기의 설정, ② 이익 집성 과정에서의 중재, ③ 지지자를 위한 정치적 차별, ④ 정치적 통제다. 의원들의 이러한 정치적 역할은 예산심의 과정에서 다음과 같이 수행된다.

① 종전에 설정했던 정치적 분위기가 행정부의 예산요구에 반영되었는가를 확인하고, 앞으로 반영해야 할 이념 또는 분위기의 방향을 설정한다.
② 예산사업이 내포하거나 야기할 수 있는 분쟁, 갈등 또는 이해관계를 중재한다.
③ 행정적 공평성을 견지하면서도 획일주의에서 오는 폐해를 줄이고 선택적 형평성을 기할 수 있도록 선별 또는 차별을 한다. 정당한 차별은 정치적으로만 가능하다.
④ 입법부의 의도가 제대로 구현되고 있는지를 확인해서 행정기관에 대한 정치적 통제를 가한다.

2) 예산심의의 구체적 기준

예산심의 과정에서 정치적 역할 수행은 실제 수행 과정에서 좀 더 구체적인 기준으로 전환된다. 정책형성 기능 면에서는 사업의 우선순위와 타당성, 선거구민의 의견 반영 등, 행정 감독 기능 면에서는 재정구조의 결함 여부, 예산 낭비 여부, 행정부의 부정과 월권 여부 등을 들 수 있다.

국회 예산심사활동의 구체적 평가 기준을 예시하면 다음과 같다.

① 사업의 우선순위를 가리고 그 타당성을 적절하게 검토했는가?
② 소속 상임위원회의 의견과 출신 지역 유권자의 입장을 잘 반영했는가?
③ 세입예산이 세출예산을 잘 뒷받침하고 있는지 따졌는가?
④ 재정구조의 왜곡과 결함을 얼마나 잘 집어내고 분명하게 시정을 요구했는가?
⑤ 예산이 낭비된 부분을 찾아내고 책임을 추궁했는가?
⑥ 행정부의 비리·부정·월권을 제대로 감독했는가?

3. 예산심의에 영향을 미치는 요인

의회는 예산심의 과정에서 많은 제약을 받으며 활동하게 된다. 학자들이 제시한 예산심의에 영향을 미치는 요인은 매우 다양하다.

이영조·문인수(2002: 281-283)는 예산심의의 영향 요인으로서 ① 행정부의 권한, ② 의원의 전문성과 정보, ③ 의원의 이해관계, ④ 의원의 퍼스낼리티, ⑤ 입법부의 내부조직, ⑥ 제도적 요인을 들고 있다.

황윤원(1993: 442-454)은 예산심의의 결정 변수로 ① 당파성 변수, ② 정치 체제 변수, ③ 제도·시간적 변수, ④ 정보 및 지식 변수, ⑤ 의원의 전문성 및 안정성 변수, ⑥ 행정부의 국회에 대한 통제 의도 변수, ⑦ 구조적 변수, ⑧ 예산심의 담당자들의 행태 변수를 들고 있다.

강신택(2000: 282-287)은 예산심의의 실태와 관련해 ① 국회의 예산심의에 대한 기대, ② 순기능적 예산심의의 조건, ③ 예산심의의 현실적 맥락으로 구분해 설명하고 있다.

리와 존슨(Lee & Johnson, 1998: 201-209)은 예산심의에 영향을 미치는 요인(parameters)으로서 ① 경제적 환경, ② 과거 결정 사항, ③ 이익의 대변, ④ 의원 선거구, ⑤ 분산화, ⑥ 정당 리더십, ⑦ 의회 위원회, ⑧ 시간의 활용 가능성, ⑨ 보상과 보좌진을 들고 있다.

여기서는 의회 예산심의의 영향 요인에 대해 의회를 중심으로 의회의 환경적 요인, 의회의 구조적 요인, 의원의 개인적 특성 요인, 예산 내용의 특성 요인으로 구분하고자 한다.

1) 환경적 요인

(1) 경제 환경

예산심의는 경제 여건이 호황인지 불황인지, 특히 재정수입의 확보 가능성이 높은지 낮은지에 따라 영향을 받는다. 재정수입이 열악할 것으로 예측될 때에는 의회에서 더 많은 삭감이 이뤄질 가능성이 많다.

(2) 행정부와 입법부의 관계

예산심의와 관련해 입법부와 행정부 간에 권한 배분의 정도와 양태가 예산심의에 영향을 준다. 예컨대, 행정부가 우월한 지위에 있으면 의회의 역할은 약화되고 행정부가 제출한 정부예산 원안대로 통과된다. 행정부가 입법부를 통제하려는 의도가 강할수록 예산심의는 약화된다.

(3) 정당 내 권력구조의 집권화 수준

정당 내 권력구조가 집권화되어 국회의원이 정당 지도자의 지시에 순응해야 할 경우 의원의 자율권은 크게 제약된다. 따라서 예산심의가 정치적인 이슈와 연계되어 예산심의가 왜곡되고 형식화하는 데 큰 영향을 주게 된다.

2) 의회의 구조적 요인

(1) 위원회의 특성

예산 관련 위원회들이 다수 존재하거나 분산되어 있을 경우 각각의 위원회가 나름대로의 정체성과 권한을 추구하게 되어 예산의결을 위해서는 조정 과정이 필요하다. 미국의 경우 상하 양원에 각각 세입·세출위원회들이 존재해 예산조정에 많은 노력이 요구된다. 또한 예산 전담위원회가 상임위원회냐, 상설위원회냐, 특별위원회냐에 따라 예산심의 행태는 달라진다. 우리나라의 예산결산특별위원회가 특별위원회 형태로 운영되다가 상설화된 경우가 대표적인 사례다.

(2) 당파성

의회는 정당의 집합체다. 정당이 예산에 영향을 미치는 주요 요인으로 작용하는 것은 정당 이념이다. 정당이 진보적 성향을 갖는 경우 예산 확대에 관심을 갖기 때문에 예산심의도 이러한 방향으로 진행된다. 보수적 정당은 축소 지향적 예산을 선호하고 예산심의도 이러한 방향으로 이뤄진다.

그러나 우리나라는 정당 이념의 성향보다 여·야당 간의 당파성이 예산심의에 더 크게 영향을 미치는 경향이 있다. 여당은 정부예산안을 옹호하는 경향이 있고, 야당은 더 삭감 지향적이거나 정치적 입지를 확보하기 위한 도구로 예산심의를 이용하는 경향이 있다.

(3) 선거구민 대변 방식

의원들의 선출 방식을 소선거구제로 하느냐 중대선거구로 하느냐에 따라 예산심의 행태는 달라진다. 의원들을 인구 기준에 의한 소선거구 방식으로 선출한다면 농민들의 이익을 과소 대변하게 되고 도시지역 주민들의 이익을 과다 대변하게 된다. 또한 출신 지역에 대한 선심성 나눠먹기식(pork barrel) 예산 배분을 시도할 가능성이 더 커진다. 비례대표제를 확대할 경우 성(性) 및 소수 그룹에 대한 배려를 더 많이 하게 될 것이다.

(4) 예산심의 절차

예산심의 절차가 단일 단계인가 다단계인가에 따라 예산심의가 달라진다. 우리나라는 상임위원회의 예비심사와 예산결산특별위원회 종합심사 단계를 거치는 다단계 절차다. 예산심의 단계가 단일할수록 책임성과 전문의식은 높아지지만 다단계가 되면 객관성이 높아진다. 그러나 이 경우에도 어느 단계에 더 영향력이 큰가에 따라 심의 행태가 영향을 받게 된다.

(5) 예산심의 기간

예산심의 기간이 충분하냐 부족하냐에 따라 예산심의 행태는 달라진다. 국회의 예산심의 기간은 제출과 의결 기한을 계산하면 최대 90일 간이 확보된다. 그러나 현실적으로는 예비심사와 종합심사의 심의 일수가 매우 짧은 실정이다. 심의 기간이 부족하다고 생각하는 것은 우리나라뿐만 아니라 외국의 경우에도 마찬가지다.[5] 심의 기간을 충분히 부여하는 것이 중요한 것이 아니라 주어진 심의 기간을 얼마나 잘 활용하느냐가 예산심의에 큰 영향을 미친다는 것을 알 수 있다.

(6) 예산심의 보좌기관

예산심의에 필요한 지식과 정보를 제공하는 것은 예산심의에 매우 큰 영향을 미친다. 우리나라 국회의원들은 예산심의활동의 가장 큰 제약 요인으로 적절한 정보·자료의 부족을 들고 있다. 예산심의에 필요한 정보를 획득하기 위해서는 보좌 기능이 강화되어야 한다. 의원 개인의 보좌 기능을 강화하는 것도 필요하지만 의회 내에 예산심의의 보좌 기능을 수행하는 기관을 설립 내지 확대할 필요가 있다. 국회예산정책처(NABO)의 설립은 이 점에서 크게 기여하고 있다.

3) 의원의 개인적 특성 요인

(1) 의원의 전문성과 안정성

예산을 심의하는 의원이 예산 분야에 대한 전문적인 지식과 정보를 갖는 경우에는 좀 더 심도 있는 예산심의가 이뤄질 수 있다. 의원의 전문성은 일차적으로 의원 개인의 학력, 경력 등과 같은 개인적 배경의 영향을 받지만 의원 보좌관의 기능과도 밀접한 관련을 갖는다. 또한 예산 관련 위원회 위원으로서의 안정성도 예산심의활동에 영향을 미친다. 다선 의원이 전문성이 높다고 확언할 수 없지만 초선 의원보다는 전문성을 갖는다. 예전에 예산결산특별위원회가 상설화되기 전에 예산결산특별위원회 위원들이 빈번하게 바뀌는 상황에서는 심도 있는 예산심의를 하기 어려웠다.

---

5) 미국의 경우 의회의 심의 기간을 늘리기 위해 연방예산 회계연도 개시일을 7월 1일에서 10월 1일로 3개월 늦췄음에도 불구하고 여전히 기한 내에 심의를 마치지 못하는 경우가 많다.

(2) 의원의 이념적 성향과 태도

의원의 이념적 성향은 소속 정당의 이념과 상관 없이 다를 수 있다. 납세자의 이익을 옹호하는 의원이 있는가 하면 친기업적 또는 친농민적 또는 친중소기업적 의원이 있을 수 있다. 의원들의 이러한 이념적 성향들이 다름에 따라 예산심의 행태도 달라진다. 또한 의원들의 태도가 합리적인가 권위적인가 아니면 매우 정치적인가에 따라 예산심의 행태가 달라질 수 있다.

4) 예산 내용의 특성 요인

예산심의에 영향을 미치는 또 하나의 요인은 의회와는 직접 상관 없는 예산 내용의 특성이다. 예산 내용에 경직성 경비, 칸막이 예산과 같이 의회가 영향력을 행사하기 어려운 내용이 포함된 경우에는 예산심의가 많은 제약을 받는다. 인건비, 지방교부금, 사회보장 급여 등과 같은 법정 경비 및 목적세 등이 큰 비중을 차지하는 경우 그만큼 예산심의에 제약을 받게 된다.

4. 예산심의의 절차

우리나라 예산심의 과정은 제1공화국부터 제6공화국까지 여러 차례 변화했다. 중요한 내용만 살펴보면 다음과 같다. ① 국회의 국정감사가 제1공화국에서부터 제3공화국(1948~1972)까지 운영되었다. 그 후 제4·5공화국(1973~1987)에서는 폐지되었다가 제6공화국에서 다시 부활되었다. ② 법정 예산심의 기간은 제1공화국에서부터 제3공화국까지는 90일 간이었으며, 제4공화국부터 2013년까지는 60일 간이다. 2014년부터 정부예산안 제출기한을 회계연도 개시 120일 전으로 당김으로써 예산심의 기간이 90일 간이다. ③ 예산심의 절차는 제2공화국(1960~1961) 때는 민의원과 참의원 양원제를 채택했던 관계로, 그리고 제5공화국 초기에는 상임위원회의 예비심사를 폐지한 관계로 예산심의 절차가 지금과는 차이가 있었다.

현재 국회의 예산심의 절차는 다음과 같다.

1) 국정감사

국회는 국정 전반에 관해 소관 상임위원회별로 매년 정기회 집회일(9월 1일) 이전에 감사 시작일부터 30일 이내의 기간을 정하여 감사를 실시한다. 다만, 본회의 의결로 정기회 기간 중에 감사를 실시할 수 있다(국정감사 및 조사에 관한 법률 제2조 제1항). 시기적으로 보면 대통령의 시정연설보다 국정감사가 먼저 실시된다.

국정감사는 예산심의와 직접적으로 관련되는 것은 아니지만 이를 통해서 예산에 반영할 정책자료를 획득하고 행정의 위법·부당한 사항을 미리 파악함으로써 예산심의 활동에 도움을 받을 수 있다. 행정부와 국회 간에 예산과 관련된 정보의 비대칭성을 감안할 때 국정감사는 예산심의활동의 하나의 과정이라고 볼 수 있다.

국정감사제도는 국회의 권한이 위축되었던 제4·5공화국 시대에는 폐지되었다가 제6공화국 시대에 부활되었다. 국정감사제도는 우리나라의 특유한 제도라고 볼 수 있다. 국정감사제도는 행정부의 감시·견제 기능을 감안할 때 그 존재 의의가 충분히 있지만 운영상의 폐해가 지적되고 있다. 문제해결 지향적이기보다 폭로 지향적이고 과다한 자료 요구와 행정 공백을 초래하는 점 등이 국정감사의 부정적 측면으로 지적된다.

2) 시정연설

정부예산안이 국회에 제출되면 본회의에 보고되며 대통령의 시정연설이 있게 된다. 시정연설은 예산안 및 기금운용계획안 제출에 즈음한 대통령의 시정연설 형태로 하게 된다. 시정연설은 정치·경제·사회 등 국정 전반에 관한 대통령의 시각과 정책 의지가 담겨 있으며, 예산안 및 기금운용계획안에 대한 간단한 설명이 포함되어 있다. 시정연설의 내용은 추상적으로 표현되어 있고 구속력은 갖지 않으나 예산심의 과정에서 정부의 국정 운영 방향에 대한 참고 자료로 활용된다. 그리고 대통령의 시정연설은 지금까지 국무총리가 대독하는 경우가 많았다.

3) 상임위원회의 예비심사

국회에서의 실질적인 예산심의는 상임위원회의 예비심사에서 시작된다. 예비심사는 소관 상임위원회별로 수행된다. 상임위원회는 본래 예산심의를 위한 기구가 아니지만 우리나라는 특이하게 소관 부처의 예산에 대해 예비심사를 하고 있는 점이 특징이다. 상임위원회에서의 예비심사는 대체로 다음과 같은 순서로 진행된다.

(1) 예산안 제안설명

예비심사는 소관 부처 장관의 제안설명으로부터 시작된다. 장관은 소관 부처의 시정

방침 및 역점 사업과 소관 부처 예산에 대한 개략적인 내용을 설명한다.

(2) 전문위원의 예산안 검토 보고

상임위원회 소속 전문위원이 소관 예산에 대한 검토 보고를 한다. 검토 보고는 소관 부처 예산안에 대한 개요, 주요 문제점, 사업별 또는 예산 성질별 삭감 의견 등이 포함되며, 의원들에게 정보와 관점을 제공해 준다.

(3) 대체토론

상임위원회 소속 의원들은 전문위원의 검토보고를 듣고 예산안과 관련된 대체토론을 한다. 대체토론은 예산안 전체에 대한 문제점과 당부에 관한 일반적 토론을 말하며 질의 · 답변을 포함한다. 그동안의 관행을 보면 예산과 관계 없는 질문이나 정치적인 발언도 많이 행해진다.

(4) 소위원회 심사와 계수 조정

정책질의가 끝나면 소위원회에서 부별 심사와 계수 조정 작업에 들어간다. 소위원회는 상설로 운영되고 있으며, 계수 조정 결과는 소위원회안으로 채택된다.

(5) 예비심사의 결과 보고

상임위원회 전체회의에서 예비심사 결과보고서를 채택하는 데 소위원회안을 채택하는 경우가 많다. 채택된 심사보고서는 국회의장에게 보고된다. 의장은 정부예산안에 상임위원회 예비심사보고서를 첨부해 이를 예산결산특별위원회에 회부한다.

상임위원회의 예산에 대한 예비심사는 국회의장이 회부한 범위 내에서만 심사할 수 있다고 보아야 하며, 의장은 안건의 심사 기간을 정할 수 있고 상임위원회가 이유 없이 그 기간 내에 심사를 마치지 아니한 때에는 바로 예산결산특별위원회에 회부할 수 있다.

4) 예산결산특별위원회의 종합심사

(1) 예산결산특별위원회의 구성

현재 예산결산특별위원회는 특별위원회로 운영되고 있다. 그러나 그 설치가 국회법(제45조)에 규정된 만큼 임의 기구가 아닌 상설 특별위원회다. 2000년부터 예산결산특별위원회는 상설화되었으며, 위원의 임기는 1년이다.

예산결산특별위원회는 국회 교섭단체 소속 의원 수의 비율과 상임위원회의 위원 수의 비율에 의해 교섭단체 대표의원의 요구로써 의장이 선임하며, 50인으로 구성된다. 그리고 위원장은 예산결산특별위원회의 위원 가운데 본회의에서 선거한다.

(2) 종합심사의 절차

국회의장이 상임위원회의 예비심사보고서를 첨부한 예산안을 예산결산특별위원회에 회부해 오면 종합심사에 들어간다. 예산결산특별위원회의 종합심사는 상임위원회의 예비심사가 모두 완료된 다음에 시작하는 것이 원칙이겠으나 실제로는 상임위에서 약 3분의 2 이상의 심사가 완료되면 예산결산특별위원회의 심사가 개시된다. 그 이유는 상임위원회의 예비심사가 지연되는 수가 있기 때문에 정기국회 회기 내의 일정에 따르기 위해서다(강신택, 2000: 281).

그리고 예산결산특별위원회는 예산안, 기금운용계획안, 결산에 대하여 공청회를 개최해야 한다고 규정하고 있다(국회법 제84조의3). 다만, 추가경정예산안과 기금운용계획변경안 또는 결산의 경우에는 위원회의 의결로 이를 생략할 수 있다.

예산결산특별위원회에서의 종합심사도 상임위원회의 예비심사 과정과 유사하게 진행된다. 그 진행 순서를 보면 다음과 같다.

① 예산안 제안설명

종합심사는 기획재정부 장관의 제안설명으로 시작된다. 제안설명은 대통령의 시정연설보다 예산 내용에 관한 설명이 더 구체적이다. 예산안 제안설명은 최근의 경제 여건과 경제정책 및 재정운영의 방향, 다음 연도 예산안의 전체 모습과 부문별 주요 내용순으로 진행된다.

② 전문위원의 예산안 검토 보고

예산결산특별위원회 소속 전문위원이 예산에 대한 검토 보고를 한다.

③ 종합 정책질의

예산결산특별위원회 소속 의원들이 관계 장관들을 상대로 종합 정책질의를 하고 관계 장관의 답변이 진행된다.

④ 부별 심사와 계수 조정

정책질의가 끝나면 부별 심사 또는 분과위원회 심사와 계수 조정작업에 들어간다. 계수 조정작업은 예산안 조정 소위원회가 구성되어 행해진다. 소위원회는 보통 11~12

인으로 구성된다. 소위원회에서는 부별 심의에서의 위원들의 질의 및 요구 사항과 관계 장관의 답변을 토대로 조정작업이 이뤄진다. 국회 예산결정에서 사실상 소위원회의 권한은 막강하다고 볼 수 있다.

2000년 국회법 개정 시에 그동안 비공개로 진행되던 소위원회 회의를 공개하도록 규정했다. 국회법 제57조 제5항은 "소위원회의 회의는 공개한다. 다만, 소위원회의 의결로 공개하지 아니할 수 있다"고 규정하고 있다. 그러나 실제 운영하는 행태를 보면 비공개로 하고 있는 실정이다.

⑤ 전체회의의 의결

소위원회의 계수 조정작업이 끝나면 심사 결과는 예산결산특별위원회 전체회의에 보고되어 찬반 토론을 거쳐 소위원회안의 채택 여부를 결정한다. 전체회의에서는 소위원회안이 수정 없이 채택되는 것이 거의 관례로 되어 있다. 예산결산특별위원회의 심사가 끝난 후 국회의장은 이를 본회의에 부의한다.

5) 본회의 의결

예산결산특별위원회에서 종합심사가 종결되면 예산안은 본회의에 상정된다. 본회의에서는 예산결산특별위원회 위원장의 심사 보고에 이어 의원들의 질의 및 토론을 거쳐 재적의원 과반수의 출석과 출석의원 과반수의 찬성으로 예산안을 최종적으로 의결·확정한다. 예산은 법률과 달리 대통령에 의한 공포를 효력 요건으로 하지 않으며, 정부에 의한 거부 제도도 인정되지 않고 오직 국회의 심의·의결에 의해 확정된다. 지금까지 관례로 보면 본회의에서의 수정은 거의 없다.

국회는 예산안을 회계연도 개시 30일 전까지 의결해야 하며, 만일 새로운 회계연도 개시 전(회계연도 개시 30일 전이 아님)까지 예산안을 국회가 의결하지 못하는 경우에 정부는 전년도 예산에 준해서 준예산을 집행하도록 되어 있다.

참고로 예산안의 국회 본회의 통과일을 보면 [표 5-5]와 같다. 1991년부터 2021년까지 31년 동안 예산안을 법정 기한 내에 의결한 경우는 7회에 불과하고 24회는 법정 기한을 넘겨 통과되었다. 이러한 현상은 대체로 여야 간에 정치적 쟁점을 둘러싸고 대립하는 과정에서 빚어진다. 그리고 1993년, 1998년, 2003년 예산안이 비교적 일찍 처리된 것은 대통령 선거를 앞두고 여야가 국회 의사일정을 단축해 진행했기 때문이다.

표 5-5 예산안의 본회의 통과일

회계연도	본회의 통과일	회계연도	본회의 통과일	회계연도	본회의 통과일
1991	1990.12.18	2002	2001.12.27	2013	2013.1.1
1992	1991.12.3	2003	2002.11.8	2014	2014.1.1
1993	1992.11.20	2004	2003.12.30	2015	2014.12.2
1994	1993.12.7	2005	2004.12.31	2016	2015.12.3
1995	1994.12.2	2006	2005.12.30	2017	2016.12.3
1996	1995.12.2	2007	2006.12.27	2018	2017.12.6
1997	1996.12.31	2008	2007.12.28	2019	2018.12.8
1998	1997.11.18	2009	2008.12.13	2020	2019.12.10
1999	1998.12.9	2010	2009.12.31	2021	2020.12.2
2000	1999.12.18	2011	2010.12.8		
2001	2000.12.27	2012	2011.12.31		

주: 색칠한 연도 예산은 법정 기한 내 국회 의결.
자료: 국회예산정책처 재정경제통계시스템(NABO STATS).

5. 예산심의의 특징

1) 예산안의 본회의 자동부의

국회 예산심의 기한과 관련하여 2014년부터 제도 변경이 있다. 국회법(제85조의3)에 의하면 "위원회는 예산안, 기금운용계획안, 임대형 민자사업 한도액안과 세입예산안 부수 법률안[6]의 심사를 매년 11월 30일까지 마쳐야 한다"고 규정하고 있다. 그리고 이 기한 내에 심사를 마치지 아니한 때에는 그 다음 날(12월 1일)에 위원회에서 심사를 마치고 바로 본회의에 부의된 것으로 본다. 다만, 의장이 각 교섭단체대표의원과 합의한 경우에는 그러하지 아니하다고 명기하고 있다.

이렇게 예산안 등에 대해 심사 기한을 명기하고 그 기한 내에 마치지 못한 경우 본회의에 부의된 것으로 간주한 것은 여야 간 정쟁 등으로 예산심사가 지체된 것을 막기 위한 조치로 볼 수 있다. 그동안 국회의 예산심의 및 의결이 법정 기한 내에 이루어지지 않는 사례가 빈번하게 발생하였다. 그 결과 예산집행에 차질이 발생한 것을 방지하

6) 의원이나 정부가 세입예산안에 부수하는 법률안을 발의하거나 제출하는 경우 세입예산안 부수 법률안 여부를 표시해야 하고, 의장은 국회예산정책처의 의견을 들어 세입예산안 부수 법률안으로 지정한다(국회법 제85조의3 ④).

기 위해 마련한 규정이라고 볼 수 있다.

2) 예산 수정의 권한

국회는 정부의 동의 없이 정부가 제출한 지출예산 각 항의 금액을 증가하거나 새 비목을 설치할 수 없다(헌법 제57조). 따라서 국회가 정부의 동의 없이 예산을 수정할 수 있는 범위는 세입예산의 경우 아무런 제한이 없으나 세출예산은 정부가 제출한 입법과목의 폐지 및 예산액의 삭감, 입법과목 내에서의 세출예산 조정과 예산 목적의 변경에 한한다. 그 밖에 예산총칙이나 계속비, 명시이월비 및 국고채무부담행위는 정부의 동의 없이 수정할 수 있으나, 계속비를 수정할 경우 당해 연도 연부액을 증액 수정할 경우 이를 세출예산에서도 증액 수정해야 하므로 그 한도 내에서는 수정권이 제약된다.[7)]

외국의 예를 보면, 미국의 경우 연방의회는 예산의 삭감뿐만 아니라 증액 및 새 비목의 설치도 자유롭게 할 수 있다. 일본도 의회가 증액 수정권을 지닌다고 해석하고 있다(유훈, 2003: 212). 반면에 영국에서는 의회가 예산안의 폐지 삭감권만 갖고 있으며, 정부의 동의 없이는 증액을 하거나 새 비목을 설치할 수 없다.

3) 예비심사와 종합심사의 관계

상임위원회의 예비심사와 예산결산특별위원회의 종합심사라는 2단계 심사 과정은 양 기관의 결정이 상충될 수 있는 여지를 남기고 있다. 그동안 상임위원회의 증액 지향적 예산심의 결과는 예산결산특별위원회에서 반영되지 않은 경우가 많아 상임위원회 예비심사의 실효성을 저해했다. 단원제 형태의 우리나라 국회는 예비심사와 종합심사의 관계가 적절하게 정립될 필요가 있다.

종래 "예산결산특별위원회는 소관 상임위원회의 예비심사 내용을 존중한다"라는 추상적 표현에 의해 두 기관의 관계가 규정되어 있었다. 그런데 2003년 국회법이 개정됨으로써 예산결산특별위원회는 상임위원회 예비심사 내용을 존중해야 하며, 소관 상임위원회에서 삭감한 세출예산 각 항의 금액을 증가하거나 새 비목을 설치할 경우에는 소관 상임위원회의 동의를 얻도록 규정했다.[8)] 상임위원회에서 증액한 내용은 예산결산

7) 증액 및 비목 신설에 대한 정부의 동의는 예산이 확정되기 전에 문서로써 처리해야 하나 지금까지의 관례는 예산의결 전에 기획재정부 장관으로부터 구두 동의를 받아 일단 예산을 확정한다. 그 후 국회는 문서로 증액 등의 동의를 요구하고 이에 대해 정부는 국무회의의 심의와 대통령의 재가를 얻어 국회에 동의 사실을 문서로 통보하고 있다.

8) 다만, 새 비목의 설치에 대한 동의 요청이 소관 상임위원회에 회부되어 그 회부된 때부터 72시간

특별위원회에서 상임위의 동의 없이 삭감할 수 있으나, 상임위원회가 삭감한 내용은 상임위원회 의견을 존중하도록 규정한 것이 진일보한 점이다.

그리고 국회의장은 예산안을 소관 상임위원회에 회부할 때에는 심사 기간을 정할 수 있으며, 상임위원회가 이유 없이 그 기간 내에 심사를 마치지 아니한 때에는 이를 바로 예산결산특별위원회에 회부할 수 있다.

4) 법률안 비용 추계제도

재정이 소요되는 법령안을 제·개정할 때에는 재정소요를 추계하는 제도가 도입되었다. 법령안 재정소요 추계제도(Cost-estimation Requirement for New Legislation)는 1999년 12월부터 시행되었으나 본격적인 시행은 2003년 국회예산정책처가 신설된 이후부터다.

국가재정법(제87조)에 "정부는 재정지출 또는 조세감면을 수반하는 법률안을 제출하고자 하는 때에는 법률이 시행되는 연도부터 5회계연도의 재정수입·지출의 증감액에 관한 추계자료와 이에 상응하는 재원조달 방안을 그 법률안에 첨부하여야 한다"고 규정하고 있다. 2014년 개정된 국회법에는 의원이 발의하거나 위원회가 제안하는 예산 또는 기금상의 조치를 수반하는 의안에 대해서는 국회예산정책처의 비용추계서를 첨부하도록 의무화하였다. 국회에서 발의 또는 제안된 의안에 대해서는 비용추계서 작성 주체가 국회예산정책처로 일원화된 셈이다.

정부가 제출하는 비용추계서에는 재정 부담 수반의 요인, 추계의 전제, 추계의 결과, 추계의 상세 내역을 포함한 재정소요 추계 내역과 작성자가 포함되어야 한다(국가재정법 시행령 제40조). 재정소요는 법령 제·개정에 따라 발생하는 직접적인 부담에 한정해 추계하되, 필요한 경우 간접적인 부담 및 파급 효과도 포함하며, 장래에 확정되거나 합리적으로 예측되는 재정 부담을 표시한다. 시간적 범위는 원칙적으로 법령 시행일로부터 5년 간의 재정소요를 추계하며, 연도별 재정 부담 규모를 명시해 매년 재정소요를 명확하게 밝히게 하고 있다.

5) 예산에 대한 거부권 행사

예산이 법률 형식으로 통과되는 경우 의회가 의결한 예산을 대통령이 거부권을 행사

이내에 동의 여부가 예산결산특별위원회에 통지되지 아니한 경우에는 소관 상임위원회의 동의가 있는 것으로 본다.

할 수 있다. 의회가 의결한 예산에 불만이 있는 경우 대통령은 거부권을 행사해 예산안을 다시 의회로 돌려 보낼 수 있다. 그러나 의회가 2/3 이상의 찬성으로 재의결한 경우에는 거부권을 행사할 수 없으며 예산이 확정된다. 우리나라처럼 예산이 법률이 아닌 예산 형식으로 통과되는 경우에는 거부권을 행사할 수 없다.

그런데 미국은 1996년 예산 항목별 거부권법(Line-Item Veto Act)을 제정해 대통령이 예산 항목별 거부권(line-item veto power)을 행사할 수 있도록 했다. 그 내용은 특정 세출 항목과 제한된 세제상의 혜택을 대통령이 취소할 수 있게 한 것이다. 이 제도는 의회와 대통령 간의 관계에서 대통령의 예산결정의 입지가 상대적으로 불리하다는 불만에서 비롯되었다. 즉, 예산의 우선순위 결정에 양 기관 간 갈등이 발생할 경우 전부 아니면 무(all or nothing) 방식의 거부권 행사만으로는 대통령의 의사표명에 한계가 있다는 것이다. 또한 미국의 42개 주정부도 거부권을 예산 항목별로 행사할 수 있는 권한을 갖고 있었다.

실제로 클린턴(Bill Clinton) 미국 대통령은 1997년 의회를 통과한 예산안의 3개 항목에 대해 선별적인 거부권을 행사했다. 클린턴 대통령이 거부권을 행사한 항목은 ① 세출예산안 중 뉴욕 주에 2억 달러 규모의 빈곤층 의료보장(Medicaid) 예산을 지급하는 조항, ② 세입예산안 중 텍사스 주 사탕무 처리공장 판매에 따른 8,400만 달러의 과세 유예 조항, ③ 미 은행・보험・투자신탁회사의 해외 대출 이자 등에 대한 9,400만 달러의 과세 유예 조항이다. 모두 선심성 나눠먹기 예산이다. 그러나 이 법은 1998년 미국 대법원의 위헌 판결에 의해 무효화되었다. 위헌 근거는 헌법에 대통령이 법령(statutes)을 제정, 개정 및 폐지할 권한을 갖는 조항이 없다는 것이다.

6. 예산심의의 예외

민주국가에서는 국민의 대표기관인 국회에 자유로운 예산심의활동을 보장해 행정부의 견제 기능을 수행하게 하고 있다. 그런데 국가 안보와 관련된 활동의 예산에 대해서는 예산심의활동에 제한을 가하는 경우가 있다.

우리나라도 1961년 중앙정보부가 설치되면서 1963년 개정된 '중앙정보부법'(제10조)에 "② 정보부의 세출예산의 요구는 총액으로 하며, 그 산출 내역과 예산의 첨부서류는 이를 제출하지 아니한다. ④ 정보부의 예산은 국가 안전 보장상 필요한 경우에는 이를 다른 기관의 예산에 계상할 수 있다"고 규정했다. 또한 1963년에 제정된 '예산회계에 관한 특례법'에도 "국가의 안전 보장을 위한 활동에 소요되는 예비비의 사용과 결산은 국가재정법의 규정에 불구하고 총액으로 하며 경제기획원 소관으로 한다"(제2조)고 규정했다.

국가정보기관은 그 명칭이 중앙정보부에서 국가안전기획부(안기부, 전두환 행정부), 국가정보원(국정원, 김대중 행정부)으로 바뀌었다. 그러나 이 기관은 그동안 정권 유지를 위한 충실한 도구 역할을 해왔다는 비판을 받아왔다. 더욱이 이 기관의 예산은 국회에서 총액만 심의했을 뿐 그 세부 내용은 심의하지 못하는 성역으로 존재했다.

민주화의 진전과 더불어 이 기관의 예산에 대한 투명성이 높아져야 한다는 요구가 거세게 일어났으며, 이를 반영해 법 개정이 이뤄졌다. 1993년 정기국회에서 당시 국가안전기획부법을 개정해 국회 정보위원회에서 국가안전기획부 예산의 실질적인 심사를 할 수 있도록 했다. 1994년 국회법 개정에 의해 정보위원회가 설치되면서 처음으로 안기부(현 국정원)의 실질적인 예산심사가 이뤄졌다. 이것은 국회 예산심의 기능의 진전이라고 할 수 있다.

그러나 아직도 국가정보원의 예산은 특별하게 다뤄지고 있다. 국가정보원법(제16조)에는 "② 국정원은 세입, 세출예산을 요구할 때 총액으로 기획재정부 장관에게 제출하며, 그 산출 내역과 예산안의 첨부서류는 제출하지 아니할 수 있다. ③ 국정원의 예산 중 미리 기획하거나 예견할 수 없는 비밀활동비는 총액으로 다른 기관의 예산에 계상할 수 있으며, 그 편성과 집행결산에 대하여는 국회 정보위원회에서 심사한다"고 규정하고 있다. 사실상의 국가정보원의 예산은 국정원 본예산, 기획재정부 소관 예비비 중 '국가 안전 보장을 위한 활동 경비', 정부 각 부처에 계상된 특수활동비 일부로 구성되어 있다. 그리고 국정원은 예산편성 과정에서 독립기관으로 간주된다.

예산심의 과정을 보면, 국회 정보위원회는 국정원 소관 예산안과 결산, 정보 및 보안 업무의 기획·조정 대상 부처 소관의 정보예산안과 결산에 대한 심사를 하여 그 결과를 해당 부처별 총액으로 하여 의장에게 보고한다. 의장은 정보위원회에서 심사한 예산안에 대해 총액으로 예산결산특별위원회에 통보한다. 이 경우 정보위원회의 심사는 예산결산특별위원회의 심사로 본다(국회법 제84조 제4항). 따라서 국정원 소관 예산안은 예산결산특별위원회에서는 심사가 이뤄지지 않는다. 그러나 국정원 예산은 예산결산특별위원회와 본회의에는 총액으로 보고되지만 정보위원회에는 모든 예산에 관해 실질심사에 필요한 세부 자료가 제출된다. 국회 정보위원회는 국정원의 예산심의를 비공개로 하며, 국회 정보위원회의 위원은 국정원의 예산 내역을 공개하거나 누설할 수 없다.

제 4 절 예산의 집행

1. 예산집행의 의의와 목표

예산집행이란 국가의 수입·지출을 실행·관리하는 모든 행위를 말한다. 즉, 예산집행은 확정된 예산에 따라 수입을 조달하고 공공경비를 지출하는 모든 재정활동을 의미한다. 따라서 예산집행은 국고의 수납 및 지출행위뿐만 아니라 지출원인행위와 국고채무부담행위도 포함한다. 여기에는 예산의 배정 및 자금의 배정, 재화와 서비스의 구매 결정, 납품 및 검수, 수표의 발행 및 지급 등이 포함된다. 한편 예산을 정책 및 사업을 포함한 개념으로 본다면 예산집행이란 예산이 정하는 바에 따라 정해진 활동이나 사업의 목표를 달성하는 일련의 과정을 말한다. 이것은 곧 정책(사업)집행 과정에 해당한다.

예산집행의 주요 내용은 재무적 측면과 경제적 측면으로 구분할 수 있다. 재무적 측면의 예산집행은 특정 목적을 위해 설정된 금액을 그 목적대로 지출하는 것이다. 이것은 회계 책임성의 확보 및 예산통제를 강조하는 전통적인 특성을 지칭한 것이다. 경제적 측면은 자원의 효율적 사용이라는 새로운 흐름이다. 이것은 예산이 단순한 재정 지출이 아닌 정책 및 사업의 수행이라는 점을 감안해 예산이 의도하는 사업계획의 목표를 달성하는 데에 초점을 맞추고 있다.

예산집행에서 가장 중요한 것은 예산의 통제다. 그 이유는 예산편성과 심의 시에 표명된 행정부와 입법부의 의도를 예산집행기관이 실현하도록 해야 하며, 예산집행기관의 재량을 최대한 억제함으로써 자의적인 예산 지출을 방지해야 하기 때문이다.

그러나 예산집행 과정에서 경제 환경과 사업 내용 등이 변화하기 때문에 이에 적절히 대처하지 않으면 안 된다. 즉, 예산집행 과정에서 신축성을 유지하는 방안을 마련하지 않으면 안 되는 것이다.

예산집행의 목표는 이와 같이 일반적으로 두 가지를 들고 있다. 첫째, 예산통제를 통해 입법부의 의도의 구현과 재정 한계를 엄수하는 것이고, 둘째, 예산성립 후의 여건 변화에 적응하기 위해 신축성을 유지하는 것이다(유훈, 2003: 254-257; Burkhead, 1956: 342-348). 이 두 가지 목적은 상호 모순되는 측면이 있으나 입법부의 의도 구현과 재정적 한계의 엄수가 예산집행의 주된 목표이고, 신축성의 유지는 보완적인 목표라고 볼 수 있다.

2. 예산집행과 예산통제

예산집행 과정에서는 입법부의 의도를 구현하고 재정적 한계를 엄수하도록 예산통제를 할 필요가 있다. 즉, 행정부는 국회가 승인한 예산의 범위 내에서 각종 사업을 수행해 소기의 목표를 달성하고 정해진 재정 한계를 준수해야 할 책임이 있다.

예산통제의 방법에는 다음과 같은 것들이 있다.

1) 예산 배정과 자금 배정

기획재정부는 예산배정계획을 수립해 예산 배정을 함으로써 예산집행을 분기별, 월별로 통제한다. 기획재정부는 자금배정계획을 수립해 실제 자금을 지출기관에 교부한다. 이러한 예산 배정 및 자금 배정제도는 회계연도의 기간 동안 수입과 지출의 합리적 배분을 도모하고, 자금의 흐름과 사업의 진도를 일치시키려는 예산통제제도다.

2) 회계 기록 및 보고제도

각 중앙부서는 자체의 수입 및 지출을 회계 처리해 기록할 뿐만 아니라, 각종 서식에 의거 기획재정부에 월별, 분기별, 그리고 결산 보고를 하게 되어 있다. 복식부기 · 발생주의회계제도가 도입되어 예산집행의 기록 방식은 한층 더 업그레이드되고, 자동 오류 검증 기능 등 내부통제 기능이 강화되었다. 그리고 2007년 디지털 예산회계(dBrain) 시스템이 구축되어 예산집행은 실시간으로 회계 처리되어 기록되며, 일정한 서식에 의한 보고서를 작성할 수 있다.

현재 수입을 기록하는 장부에는 징수부(세입징수관이 기재), 세입부(중앙관서의 장이 기록), 총세입부(기획재정부 장관이 기록)가 있다. 지출장부는 지출원인행위부(재무관 기록), 지출부(지출관 기록), 세출부(중앙관서의 장 기록), 총세출부(기획재정부 장관 기록)가 있다.

각 중앙관서의 장은 예산집행 과정에서 재정보고서와 사업집행보고서 등을 정기적으로 기획재정부 장관에게 제출해야 한다. 그리고 결산이 종료될 경우 결산보고서를 작성해 보고해야 한다.

3) 정원 및 보수의 통제

행정조직과 정원은 끊임없이 증가하는 추세에 있다. 이에 따라서 기관운영비와 인건비가 계속적으로 증대한다. 따라서 예산의 능률적인 운영을 위해서는 정원과 보수를 통제해야 할 필요가 있다. 현재 우리나라에서는 공무원정원령과 공무원보수규정에 의해 정원과 보수를 규정하고, 이의 변경이 요청될 때에는 해당 부서뿐만 아니라 행정안전부와 기획재정부와도 협의해야 한다.

4) 계약의 통제

국가계약법 등에 계약의 방법과 절차를 규정하고 일정액 이상의 계약에 대해서는 상급기관의 승인을 얻도록 규정함으로써 예산집행 과정에서 통제하고 있다. 2005년에는 지방계약법이 별도로 제정되어 지방정부 계약의 특성을 반영한 계약의 통제를 하고 있다.

5) 총사업비의 관리

투자사업의 경우 사업 추진 과정에서 총사업비를 대폭 증액시키는 사례가 많기 때문에 이러한 폐습을 줄이고 재정 투자의 생산성을 높이기 위해 기획재정부에서 총사업비를 관리하고 있다. 각 중앙관서의 장은 기획재정부 장관이 정하는 완성에 2년 이상을 요하는 사업으로서 일정 규모 이상의 사업에 대하여는 그 사업 규모 · 총사업비 및 사업 기간을 정해 미리 기획재정부 장관과 협의해야 한다. 사업 규모 · 총사업비 또는 사업 기간을 변경하고자 할 때에도 또한 같다(국가재정법 제50조).

그리고 총사업비가 일정 규모 이상 증가하는 등 대통령령이 정하는 요건에 해당하는 사업 및 감사원이 요청하는 사업에 대하여는 사업의 타당성을 재조사하고, 그 결과를 국회에 보고하여야 한다.

3. 예산집행과 신축성 유지 방안

예산집행의 일차적 목표는 예산통제이지만 예산편성이나 심의 시에 예견하지 못했던 사정의 변화가 일어날 수 있기 때문에 예산집행의 신축성을 유지할 제도적 장치가 필요하다. 예산집행의 신축성을 유지한다는 것은 예산통제를 완화한다는 의미다. 즉,

입법부의 의도 구현과 재정적 한계의 엄수에 어느 정도의 융통성을 발휘하는 것이다. 사업 내용과 시행 방법상의 신축성을 부여하기도 하고, 시기상의 신축성을 부여하기도 한다.

예산집행 과정에서 신축성 유지 방안에는 다음과 같은 것들이 있다.

1) 예산의 이용과 전용

세출예산은 본래 과목이 정한 목적에 부합되게 사용하는 것이 원칙이다. 그런데 잘못된 예측, 외부 환경의 변화, 집행 과정에서의 변화 등으로 인해 예산집행의 신축성을 기해야 할 필요가 있다. 추경 편성으로 해결하기에는 절차적 · 시기적 문제가 있거나 금액이 적을 때에는 이용과 전용 제도를 활용해 집행하는 것이 바람직하다. 예산 한정성의 원칙의 하나인 목적 외 사용 금지의 원칙에 대한 예외라고 볼 수 있다.

(1) 예산의 이용

세출예산은 각 기관 · 장(章) · 관(款) · 항(項) · 세항(細項) · 목(目) 등의 예산과목으로 분류되어 있다. 여기서 예산과목 중 장 · 관 · 항은 입법 과목이라 하며, 세항 · 목은 행정 과목이라 한다.[9)]

예산의 이용(移用)은 각 기관 · 장 · 관 · 항 간에 상호 융통하는 것을 말한다. 즉, 입법 과목 간의 상호 융통을 말한다. 예산의 이용은 입법 과목에 대한 조치인 까닭에 원칙적으로 허용되지 않는다. 국가재정법 제47조에는 "각 중앙관서의 장은 예산이 정한 각 기관 간, 각 장 · 관 · 항 간에 상호 이용할 수 없다"고 규정하고 있다. 그러나 예산집행상 필요에 의해서 미리 예산으로서 국회의 의결을 얻었을 때에는 기획재정부 장관의 승인을 얻어 이용하거나 기획재정부 장관이 위임하는 범위 안에서 자체적으로 이용할 수 있다. 예산을 자체적으로 이용한 때에는 각 중앙관서의 장은 기획재정부 장관 및 감사원에 각각 통지해야 한다. 일반적으로 이용의 범위는 인건비, 공공요금, 기관운영비, 국공채 원리금 상환 등에 국한된다.[10)]

---

9) 프로그램 예산제도에서는 아직 법령에 반영되진 않았지만 프로그램 간의 상호 융통을 이용, 단위사업 간의 상호 융통을 전용 개념으로 보고자 한다.

10) 2021년 예산총칙(제10조)에는 다음 경비 또는 비목에 부족이 생겼을 때는 당해 소관 내의 타 비목으로부터 이용할 수 있다고 규정하고 있다. ① 공무원의 보수, 기타직 보수, 상용임금, 일용임금, ② 공공요금 및 제세, 급식비, 임차료, ③ 배상금, 국선변호금, 법정보상금, 법정포상금, ④ 국공채 및 재정차관 원리금 상환금과 금리 변동으로 인한 이자 지출 경비, ⑤ 국제부담금, 환율 변동으로 인한 원화 경비 부족액, ⑥ 국제 유가 변동으로 인한 군 및 해양경찰의 유류경비 부족액, ⑦ 기업

(2) 예산의 전용

예산의 전용(轉用)은 행정 과목인 세항·목 간에 상호 융통하는 것을 말한다. 각 중앙관서의 장은 예산의 목적 범위 안에서 재원의 효율적 활용을 위하여 대통령령이 정하는 바에 따라 기획재정부 장관의 승인을 얻어 각 세항 또는 목의 금액을 전용할 수 있다. 이 경우 사업 간의 유사성이 있는지, 재해대책 재원 등으로 사용할 시급한 필요가 있는지, 기관운영을 위한 경비의 충당을 위한 것인지 여부 등을 종합적으로 고려하여야 한다.

또한 회계연도마다 기획재정부 장관이 위임하는 범위 안에서 각 중앙관서의 장이 각 세항 또는 목의 금액을 자체적으로 전용할 수 있도록 하고 있다.[11] 이렇게 각 중앙관서의 장에게 예산 전용권을 위임하고 있는 것은 예산집행의 자율성을 확보해 주기 위해서다.

2) 예산의 이체

예산의 이체(移替)란 정부조직 등에 관한 법령의 제정, 개정 또는 폐지로 인해 그 직무와 권한에 변동이 있을 때에 예산도 이에 따라 변경시키는 것을 말한다. 이체는 당해 중앙관서의 장의 요구에 의해 기획재정부 장관이 하게 되며, 예산의 이용 또는 전용을 수반하는 경우가 많다.

기획재정부 장관은 예산을 이체한 때에는 당해 중앙관서의 장 및 감사원에 통지해야 한다(국가재정법 제47조 제3항). 정권 교체 시 정부조직 개편이 단행되었을 때 예산의 이체가 이뤄진다.

3) 예산의 이월

각 회계연도의 경비는 그 회계연도의 세입으로써 지출해야 하는 것이 원칙이다. 그런데 예산의 이월이란 당해 회계연도 예산의 일정액을 다음 연도에 넘겨서 사용하는 것을 말한다. 회계연도 독립의 원칙의 예외를 인정하는 것으로서 시기적인 신축성을 유지해 주는 제도다.

특별회계의 양곡관리비용, 우체국예금 지급 이자, 우편운송료, ⑧ 재해대책비, ⑨ 반환금, ⑩ 선거 및 국민투표 관련 경비, ⑪ 국민기초생활보장급여, 기초연금급여, 장애인연금급여.

11) 국방부 전력투자(관)의 경우, 자체 전용의 위임 범위와 관계없이 동일 세항 내 비목 상호 간에 자체 전용할 수 있다.

각 중앙관서의 장이 세출예산을 이월하는 때에는 그 이월하는 과목별 금액은 다음 연도의 이월예산으로 배정된 것으로 본다(국가재정법 제48조 제5항). 그리고 기획재정부 장관은 세입 징수 상황 등을 고려하여 필요하다고 인정할 때에는 세출예산의 이월 사용을 제한하기 위한 조치를 취할 수 있다(국가재정법 제48조 제7항).

이월에는 명시이월과 사고이월이 있다.

(1) 명시이월

명시이월은 세출예산 중 경비의 성질상 연내에 그 지출을 끝내지 못할 것이 예측된 경비로서 그 취지를 세입세출예산에 명시하여 미리 국회의 승인을 얻어 다음 연도에 사용할 수 있는 것을 말한다(국가재정법 제24조). 그런데 예산 성립 후에 발생한 사유도 명시이월의 이유가 되므로 본예산에서는 명시이월비가 아니었더라도 추가경정예산에서 명시이월비가 될 수 있다.

(2) 사고이월

사고이월은 예산 성립 후 연도 내에 지출원인행위를 하고 불가피한 사유로 지출하지 못한 경비와 지출원인행위를 하지 아니한 그 부대경비의 금액에 대한 이월을 말한다(국가재정법 제48조 제2항). 여기서 불가피한 사유란 불의의 재해, 관급자재의 지급 지연 등 당초 예견할 수 없었던 사고로 인해 연도 내에 이행이 불가능하게 된 경우를 말하며, 연도 내에 이행하지 못할 것이 당초부터 예견된 경우는 불가피한 사유로 볼 수 없다(편호범, 1992: 153). 그 밖에도 지출원인행위를 위해 입찰 공고를 한 경비 중 입찰 공고 후 지출원인행위까지 장기간이 소요되는 경우로서 대통령령이 정하는 경비, 공익사업의 시행에 필요한 손실보상비로서 대통령령이 정하는 경비, 경상적 성격의 경비로서 대통령령이 정하는 경비[12]는 이월할 수 있다. 사고이월은 연도 내에 사업에 착수하고 사고로 인해 완료가 지연된 경우를 주된 대상으로 하나, 사고로 인해 사업에 착수할 수 없었던 경우도 포함된다(유훈, 2003: 271). 이월은 계속비와는 달리 1년도에 국한되므로 한 번 사고이월한 경비는 다시 다음 연도에 재차 이월할 수 없다.

---

12) 여기에 해당하는 경비는 각 기관 또는 시설의 유지 · 운영에 드는 경비로서 기획재정부 장관이 정하는 경비를 말한다. 이 경우 이월 한도는 해당 경비에 대한 예산의 100분의 15로 한다(국가재정법 시행령 제20조 제3항).

4) 예비비

(1) 예비비의 의의

예비비는 예측할 수 없는 예산 외의 지출 또는 예산 초과 지출에 충당하기 위해 세입세출예산에 계상한 금액을 말한다. 예비비는 예산 한정성의 원칙의 예외로서 예산에 계상하지 않은 새로운 경비가 필요한 경우나 예산에 계상된 경비가 부족해 초과 지출을 해야 되는 경우에 사용된다.

예비비를 지출해야 할 상황은 경미한 경우에 해당되며, 그것이 중요한 상황의 경우에는 추가경정예산을 편성해 사전에 국회의 승인을 얻어야 한다. 종전에는 일반회계의 경우 세출예산의 100분의 1 이상에 해당하는 금액을 예비비로 계상하도록 했으나 1989년 3월의 예산회계법 개정 시에 예비비 설정의 하한 규정을 폐지했다. 대신 일반회계 예산총액의 100분의 1 이내의 금액을 계상할 수 있다는 상한 규정을 두고 있다(국가재정법 제22조). 다만, 예산총칙 등에 따라 미리 사용 목적을 지정해 놓은 예비비는 별도로 세입세출예산에 계상할 수 있다. 공무원의 보수 인상을 위한 인건비 충당을 위해서는 예비비의 사용 목적을 지정할 수 없다. 그리고 일반회계로부터 전입받은 특별회계는 필요한 경우에 일반회계 예비비를 전입받아 그 특별회계의 세출로 사용할 수 있다(국가재정법 제51조 제4항).

예비비와는 별도로 국회, 법원, 헌법재판소의 소관별 지출 항목에는 예비금(豫備金)이란 항목이 있다. 예비금은 예측할 수 없는 지출에 충당하기 위해서 국회법, 법원조직법, 헌법재판소법의 근거 규정에 의해 예산 항목에 계상된 것이다. 예비금 제도는 이들 독립기관에 대한 독립성을 보장하기 위해 별도로 예비비를 청구하지 아니하고도 내부에서 융통성 있게 사용할 수 있도록 한 제도다.

(2) 예비비의 사용 절차

예비비는 기획재정부 장관이 관리하며, 각 중앙관서의 장은 예비비의 사용이 필요할 때에는 그 이유, 금액, 추산의 기초를 명백히 한 명세서를 작성해 기획재정부 장관에게 제출해야 한다. 기획재정부 장관은 예비비 신청을 심사한 후 필요하다고 인정한 때에는 이를 조정하고 예비비 사용계획 명세서를 작성해 국무회의의 심의를 거쳐 대통령의 승인을 얻어야 한다(국가재정법 제51조). 대통령의 승인을 얻으면 기획재정부 장관은 이를 세출예산으로서 배정해야 한다.

각 중앙관서의 장은 예비비를 사용한 후 사용명세서를 작성해 기획재정부 장관에게 제출해야 하며, 기획재정부 장관은 정부의 예비비 사용 총괄표를 작성해 국무회의의 심의와 대통령의 승인을 받아야 한다. 동시에 기획재정부 장관은 예비비 사용 총괄명세서를 감사원에 제출하며, 다음 연도 5월 말까지 국회에 제출해 그 승인을 얻어야 한다(국가재정법 제52조).

5) 계속비

계속비란 완성에 수년도를 요하는 공사나 제조 및 연구개발 사업의 경우 경비의 총액과 연부액(年賦額)을 정해 미리 국회의 의결을 얻은 범위 안에서 수년에 걸쳐 지출할 수 있는 예산을 말한다. 대규모의 장기 계속사업은 총사업비와 그 연차 지출계획을 미리 국회의 의결을 얻어 일관성 있게 추진하자는 것이 그 취지다. 이것은 회계연도 독립의 원칙에 대한 예외로서 시기적인 신축성을 부여하는 제도다.

계속비는 당해 연도로부터 5년 이내에 한해 지출할 수 있으나 필요하다고 인정할 때에는 국회의 의결을 거쳐 그 연한을 연장할 수 있다. 그리고 계속비의 연도별 연부액 중 당해 연도에 지출하지 못한 금액은 당해 계속비 사업의 완성 연도까지 계속 이월해 사용할 수 있다(국가재정법 제48조 제3항).

6) 국고채무부담행위

국고채무부담행위란 당해 연도 예산 확보 없이 국가가 채무를 부담하는 행위를 의미한다. 국가재정법(제25조)에는 "법률에 따른 것과 세출예산 금액 또는 계속비의 총액의 범위 안의 것 외에 국가가 채무를 부담하는 행위를 할 때에는 미리 예산으로써 국회의 의결을 얻어야 한다"라고 규정하고 있다. 국고채무부담행위는 사항마다 그 필요한 이유를 명백히 하고 그 행위를 할 연도 및 상환 연도와 채무 부담의 금액을 표시해야 한다.

국고채무부담행위는 국가가 금전 급부 의무를 부담하는 행위로서 그 채무 이행의 책임은 다음 연도 이후에 부담됨이 원칙이다. 예컨대, 2년 이상의 기간으로 대지 또는 건물을 임차하거나 또는 2년 이상이 소요되는 선박 건조를 결정한 경우 장래 국고 부담이 예견되는 행위이므로 국고채무부담행위로 보게 되며, 미리 국회의 의결을 얻어야 한다. 이것은 국가가 채무를 부담할 권한만 부여받은 것이지 지출할 수 있는 권한까지 부여받은 것은 아니다. 지출을 하려면 국회의 의결을 거쳐 예산으로 성립해야 한다.

그리고 재해 복구를 위해 필요한 때에는 회계연도마다 국회의 의결을 얻은 범위 안에서 채무를 부담하는 행위를 할 수 있다. 이 경우 그 행위는 일반회계 예비비의 사용 절차에 준하여 집행한다(국가재정법 제25조 제2항).

국고채무부담행위와 계속비는 단년도 예산제도에 대한 예외라는 점은 동일하나 다음과 같은 차이가 있다.

첫째, 국고채무부담행위는 다음 연도에 발생할 채무 부담을 목적으로 하고 지출 권한까지 겸해서 의결을 요구하는 것은 아니다. 그러나 계속비는 총액으로 채무 부담과 겸해서 다음 연도에 지출 권한을 부여하는 것을 요구하는 것이다.

둘째, 단년도 예산 원칙에 대한 예외성은 계속비가 국고채무부담행위보다 더 강하다. 따라서 국고채무부담행위는 대상 경비가 한정되어 있지 않으나 계속비는 공사나 제조 및 연구개발 사업에 한정되어 있다.

7) 수입대체경비

수입대체경비란 용역 및 시설을 제공해 발생하는 수입과 관련되는 경비로서 기획재정부 장관이 정하는 경비를 말한다. 수입대체경비가 될 수 있는 경비는 다음과 같다. 즉, ① 국가가 특별한 역무 또는 시설을 제공하고 그 제공을 받은 자로부터 비용을 징수하는 경우의 당해 경비, ② 수입의 범위 안에서 관련 경비의 총액을 지출할 수 있는 경우의 당해 경비다. 수입대체경비의 예로서는 대법원의 등기소 등기부 등・초본 발행 경비, 외교부의 여권 발급 경비 등을 들 수 있다.

수입대체경비는 국고통일주의에 대한 예외다. 국고금관리법 제7조는 "중앙관서의 장은 다른 법률에 특별한 규정이 있는 경우를 제외하고는 그 소관에 속하는 수입을 국고에 납부하여야 하며 이를 직접 사용하지 못한다"라고 국고통일주의를 규정하고 있다. 그러나 수입대체경비는 이에 대한 예외로서 수입이 확보되는 범위 안에서 직접 지출할 수 있다. 다만, 수입이 예산을 초과하거나 예산을 초과할 것이 예상되는 경우에는 그 초과수입을 당해 초과 수입에 직접 관련되는 경비 및 이에 수반되는 경비에 초과 지출할 수 있다.

수입대체경비와 유사한 것으로서 정부기업예산법의 '수입금(收入金) 마련 지출'이 있다. 수입금 마련 지출이란 특정 사업을 합리적으로 운영하기 위해 수요의 증가로 인한 예산 초과 수입 또는 초과할 것이 예측되는 수입에 직접적으로 관련해 발생하는 비용 지출을 말한다. 우정사업본부의 우표 발행 경비, 국립대학 부속병원의 진료비 등이 그러한 예다.

8) 추가경정예산

추가경정예산은 예산집행과 직접 관련된 제도는 아니지만 예산이 성립한 이후 상황의 변화로 인해 사업을 변경하거나 새로운 사업을 추진해야 하는 경우 편성하는 제도라는 점에서 예산집행의 신축성 유지와 관련된다. 예산 외의 지출 또는 초과 지출을 해야 할 경우 앞에서 보듯이 예비비를 사용하거나 이용 및 전용을 이용한다. 그러나 예비비와 이용·전용을 이용해야 할 상황은 경미한 경우에 해당되며, 그것이 중요한 상황의 경우에는 추가경정예산을 편성해야 한다. 그리고 추경예산은 사전에 국회의 승인을 얻어야 한다.

9) 수입지출의 특례

실무적인 차원에서 예산집행의 신축성을 유지하기 위한 장치로서 정상적인 수입과 지출의 예외를 인정한 몇 가지 특례 규정이 있다. 수입의 특례에는 과년도 수입과 지출금의 반납이 있다. 지출의 특례에는 자금의 전도(前渡), 선금급(先金給), 개산급(概算給), 도급경비, 과년도 지출 등이 있다.

10) 총액계상 예산

예산집행의 신축성을 높이기 위해 일정 사업에 대해 총액계상 예산을 편성하고 있다. 세부 내용을 미리 확정하기 곤란한 사업의 경우에는 이를 총액으로 예산에 계상하여 편성하는 것이다. 총액계상 예산사업의 범위는 다음에 해당하는 사업으로서 기획재정부 장관이 정하는 사업을 말한다. 즉, ① 도로 보수 사업, ② 도로 안전 및 환경 개선 사업, ③ 항만시설 유지보수 사업, ④ 수리시설 개보수 사업, ⑤ 수리부속 지원 사업, ⑥ 문화재 보수정비 사업, ⑦ 기타 대규모 투자 또는 보조사업이다(국가재정법 시행령 제12조). 총액계상사업의 총규모는 매 회계연도 예산 순계를 기준으로 100분의 3을 초과할 수 없다.

그런데 각 중앙관서의 장은 총액계상사업에 대해서는 예산 배정 전에 예산 배분에 관한 세부사업 시행계획을 수립하여 기획재정부 장관과 협의해야 하며, 그 세부 집행실적을 회계연도 종료 후 3개월 이내에 기획재정부 장관에게 제출해야 한다. 또한 각 중앙관서의 장은 총액계상사업의 세부사업 시행계획과 세부 집행 실적을 국회 예산결산특별위원회에 제출해야 한다.

11) 회계연도 개시 전 예산 배정

예산집행의 신축성을 높이기 위해 특정 경비에 대해서는 회계연도 개시 전에 예산 배정을 할 수 있도록 하고 있다. 회계연도 개시 전에 예산을 배정할 수 있는 경비는 ① 외국에서 지급하는 경비, ② 선박의 운영 · 수리 등에 소요되는 경비, ③ 교통이나 통신이 불편한 지방에서 지급하는 경비, ④ 각 관서에서 필요한 부식물의 매입 경비, ⑤ 범죄 수사 등 특수 활동에 소요되는 경비, ⑥ 여비, ⑦ 경제정책상 조기 집행을 필요로 하는 공공사업비, ⑧ 재해복구사업에 소요되는 경비다(국가재정법 시행령 제16조 제5항).

4. 예산집행의 절차

예산집행 절차를 보면 회계연도 개시 전에 예산 배정 및 자금 배정 계획을 수립한다. 세출예산은 회계연도가 시작되면 분기별, 월별 예산 배정과 자금 배정을 한 후 지출원인행위, 지출의 단계를 거친다. 예산 배정과 자금 배정은 기획재정부가 한다. 예산 배정은 그 금액 범위 내에서 지출원인행위를 할 수 있음을 의미하며, 지출행위는 자금 배정의 범위 내에서만 가능하다. 각 중앙관서는 지출원인행위와 지출을 하며, 이때 자금 수령 및 배분과 자금 집행이 이뤄진다. 그리고 기획재정부는 예산집행의 효율성을 높이기 위해 예산집행지침을 매년 1월말까지 각 중앙관서에 내려 보낸다.

1) 예산의 배정

(1) 예산 배정의 의의

국회에서 의결된 예산의 집행은 예산 배정으로부터 시작된다. 예산 배정은 확정된 예산을 각 중앙관서가 집행할 수 있도록 예산을 사용할 수 있는 권리를 부여하는 것을 말한다. 우리나라는 현재 기획재정부 장관이 예산배정계획과 자금계획을 수립해 국무회의 심의와 대통령의 승인을 얻은 후 예산집행이 이뤄진다. 따라서 각 중앙관서의 장은 예산이 확정된 후 사업운영계획 및 이에 따른 세입세출예산 · 계속비와 국고채무부담행위를 포함한 예산배정요구서를 기획재정부 장관에게 제출해야 한다(국가재정법 제42조). 기획재정부 장관은 예산배정요구서에 따라 분기별 예산배정계획을 작성하여 국무회의의 심의를 거친 후 대통령의 승인을 얻어야 한다. 그리고 예산 배정에 관해 감사원에 통지해야 한다.

예산 배정 제도의 목적은 세입이 회계 기간 동안 분산되어 유입되며, 세출도 회계 기간 동안 계속적으로 지출되기 때문에 예산집행의 일정을 수립해 자금 배분을 합리화하기 위함이다. 예산배정계획은 대개의 경우 1년을 분기별로 4개의 기간으로 나눠 수립하고, 수입과 지출계획은 월별로 나눠 작성한다.

중앙관서에 대한 예산 배정이 끝나면 이어서 중앙관서의 장은 예산 배정의 범위 내에서 예산지출 권한을 산하기관에 위임하는 절차를 이행한다. 이것을 예산 재배정이라고 한다. 중앙관서의 장은 재무관으로 하여금 지출원인행위를 하게 할 때에는 배정된 세출예산의 범위 안에서 재무관별로 세출예산 재배정계획서를 작성하고 이에 따라 세출예산을 재배정해야 한다. 이에 따라서 산하 기관장은 재배정받은 예산의 범위 내에서 지출할 수 있다.

그림 5-2 세출예산 집행 절차

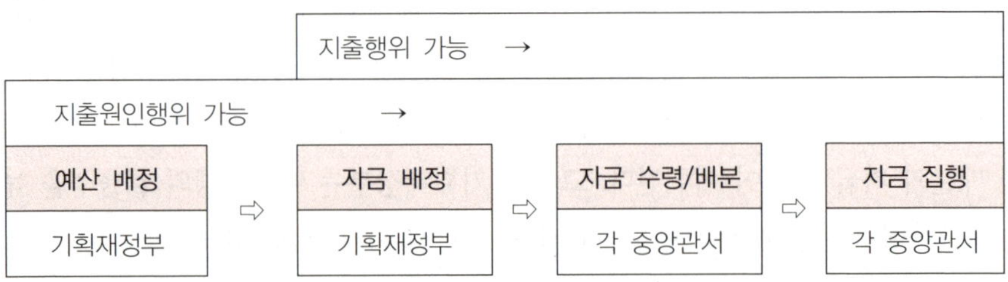

(2) 예산 배정의 유형

예산 배정은 배정계획의 일정에 따라 정기배정과 수시배정으로 나눈다. 정기배정은 분기별 연간 예산배정계획에 의거해 정기적으로 예산을 배정하는 것이다. 일반적으로 매분기 개시 15~20일 전에 이뤄진다.

수시배정은 예산편성 시 사업계획이 미확정된 경우나 사업 시행의 점검이 필요한 경우 정기배정에 관계없이 각 관서의 배정 요구를 받아 해당 사업의 추진 상황 및 문제점 등을 분석 검토한 후 예산을 배정하는 것이다. 매년 기획재정부 장관이 연간 배정계획 수립 시에 수시배정 대상 사업을 선정해 각 부처에 통보하고 있으며 정기배정에서 제외되고 있다.

그 밖에도 예산 배정에는 긴급배정, 조기배정, 당겨배정, 배정유보, 감액배정 등이 있다.

(3) 예산의 배정 절차

① 예산배정요구서의 제출

예산이 성립되면 각 중앙관서의 장은 사업 운영계획 및 이에 의한 세입세출예산・계속비와 국고채무부담행위를 포함한 예산배정요구서를 기획재정부 장관에게 제출한다.

② 예산배정계획의 작성

기획재정부 장관은 각 중앙관서의 장이 제출한 예산배정요구서와 월별 자금계획에 따라 분기별 예산배정계획을 작성하고 월별 자금계획과 함께 국무회의의 심의를 거쳐 대통령의 승인을 얻는다.

③ 기획재정부 장관의 통지

기획재정부 장관은 각 중앙관서의 장에게 예산을 배정한 때에는 감사원에 통지한다. 각 중앙관서에서는 분기별 예산배정계획을 접수하면 매분기 초일에 예산이 배정된 것으로 회계장부를 정리하고 월별로 필요한 자금 배정을 요구한다.

2) 자금의 배정

새로 제정되어 2003년부터 시행된 국고금관리법에 의하면, 기획재정부가 작성한 자금계획서에 의거해 예산집행을 하도록 되어 있다. 먼저 예산이 성립되면 중앙관서의 장은 수입・지출의 전망, 그 밖에 자금의 출납에 관한 사항을 종합적으로 고려한 월별 자금계획서를 작성해 기획재정부 장관에게 제출한다. 기획재정부 장관은 이를 종합해 월별 자금계획을 작성한다.

중앙관서의 장은 대통령의 승인을 얻은 월별 자금계획에 따라 월별 세부자금계획서를 작성해 매월 기획재정부 장관에게 제출한다. 기획재정부 장관은 중앙관서의 장이 제출한 월별 세부자금계획서를 종합해 월별 세부자금계획을 작성하고 이를 중앙관서의 장 및 한국은행에 통지한다. 중앙관서의 장이 월별 세부자금계획을 통지받은 때에는 다시 그 소속 지출관별로 월별 세부자금계획을 통지한다. 각 중앙관서에서는 월별 세부자금계획에 따라 자금을 집행하게 된다.

3) 지출사무

(1) 지출사무기관

국가의 지출사무를 총괄하는 기관은 기획재정부 장관이고, 각 중앙관서의 장은 각 소관 부서의 지출원인행위와 지출에 관한 업무를 관리한다. 이들 기관을 지출관리기관이라고 한다.

재무관은 지출원인행위를 담당한다. 원칙적으로는 각 중앙관서의 장이 재무관을 맡기로 되어 있으나 실제로는 소속 공무원을 재무관으로 임명하고 있다. 각 중앙관서의 장은 필요하다고 인정할 경우에는 소속 공무원에게 재무관 사무의 전부를 대리하게 하거나 그 일부를 분장하게 할 수 있다.

지출관은 재무관으로부터 지출원인행위 관계서류를 송부받고 지출을 명하는 명령기관이다. 1999년 통합지출관 제도가 도입되었는데 통합지출관이란 2개 이상 관서의 국고금의 지출을 담당하는 지출관을 말한다. 통합지출관은 소속 중앙관서의 자금 지출의 우선순위 및 지출 방법에 대한 원칙의 수립 및 시행, 연간·월간 자금계획의 수립 및 시행, 경비의 지출, 관서운영경비 교부 등의 업무를 수행한다.

자금 지출은 경비별로 지출 방법 및 지출 우선순위를 별도 적용한다. 관서운영경비는 통합지출관이 지출확인관에게 자금을 교부하고 지출확인관이 국고금지급지시서를 발행해 지출한다. 사업성 경비는 지출확인관의 지출 의뢰를 받아 통합지출관이 채권자 계좌로 전자 이체한다.

출납기관은 지출관의 지출명령에 따라 현금의 지급을 행하는 집행기관이며, 한국은행, 관서운영경비 출납공무원 등이 있다.

재무관·지출관·출납공무원의 직무는 서로 겸할 수 없다. 다만, 기금의 경우에는 대통령령이 정하는 바에 따라 지출관과 출납공무원의 직무를 겸할 수 있다.

(2) 지출원인행위

지출원인행위는 국고금 지출의 원인이 되는 계약 또는 기타의 행위를 말한다. 구체적으로는 재무관이 세출예산·계속비·국고채무부담행위 및 기금운용계획에 따라 지출의 원인이 되는 계약 등을 행하는 것을 말한다(국고금관리법 시행령 제2조). 지출의 원인이 되는 계약은 국가 또는 지방자치단체의 채무를 부담하는 일체의 계약을 의미한다. 기타 행위는 국가기관 또는 지방자치단체가 행하는 행정처분, 기타의 관리행위 내지 국고(회계)행위로서 그 행위의 결과에 따라 일정한 금액을 지출할 것을 결정하는 행

그림 5-3 지출사무기관의 역할

재무관		지출관		출납공무원
지출원인행위	⇨	지출행위(전자 이체)	⇨	지급행위

위를 의미한다(이경섭, 1997: 202).

지출원인행위는 배정된 예산 또는 기금운용계획 금액의 범위 내에서 해야 한다. 그러므로 행정기관이 사업을 수행할 때에는 항상 지출원인행위가 있어야 소관 예산을 집행할 수 있다. 다음 연도에 걸친 지출원인행위는 원칙적으로 할 수 없다. 다만, 명시이월비와 계속비는 예외다.

(3) 지 출

지출관은 각 중앙관서의 장으로부터 받은 예산 배정 통지 및 월별 자금계획에 따라 지출한다. 이때 재무관으로부터 지출원인행위 관계서류를 송부받아 지출결의서에 지출 요지를 명확히 해야 한다. 지출원인행위에 따라 지출관이 지출하고자 하는 때에는 채권자 또는 법령이 정하는 바에 따라 국고금의 지급사무를 수탁해 처리하는 자의 계좌로 이체해 지급한다. 2002년 국고금관리법의 제정으로 기획재정부 장관의 지출한도액 통지제도 및 국고수표 발행제도가 전면 폐지되었으며, 전자 이체제도가 새로이 도입되었다. 다만, 정보통신 장애, 그 밖의 불가피한 사유로 인해 전자 이체 방법으로 지급할 수 없는 경우에는 현금 등을 채권자에게 직접 지급할 수 있다.

지출관은 채권자 등을 수취인으로 하는 경우 외에는 지출할 수 없다. 다만, 출납공무원에 대해 자금을 교부하는 경우에는 그러하지 아니하다. 관서운영경비에 대해서는 필요한 자금을 출납공무원으로 하여금 지출관으로부터 교부받아 지급하게 할 수 있다. 관서운영경비 출납공무원이 관서운영경비를 지급하고자 하는 때에는 정부구매 카드를 사용한다. 다만, 경비의 성질상 정부구매 카드를 사용할 수 없는 경우에는 현금 지급 등의 방법으로 지급할 수 있다.

4) 수입사무

(1) 수입의 의의

수입이란 조세, 기타의 세입을 법령에 의해 징수 또는 수납하는 것을 뜻한다. 수입사무에는 징수와 수납사무가 포함되어 있다. 징수는 수입 조치해야 할 금액을 조사・결정해 이를 납부할 자에게 통지하는 행위를 말한다. 수납은 납부 의무자가 납부하는 현금을 수령하는 행위를 말한다.

수입은 ① 수입의 조사・결정, ② 납입 고지, ③ 수납 등의 절차를 따른다. 수입징수관은 조사 결정과 납입 고지의 사무를 담당하며, 출납공무원은 수납 사무를 담당한다.

(2) 수입사무기관

기획재정부 장관은 수입에 관한 사무를 총괄하고, 각 중앙관서의 장은 소관 수입사무를 관리한다. 그런데 총괄책임자인 기획재정부 장관과 중앙관서의 장의 관계는 대등하며, 기획재정부 장관은 수입사무의 총괄관리의 책임을 질 뿐이다.

수입의 징수기관에는 중앙관서의 장 외에 각 중앙관서의 장으로부터 수입 징수사무를 위임받은 수입징수관이 있다. 수입징수관은 납세 의무자 등이 신청하는 경우 납입고지서를 전자 송달할 수 있으며, 전자 송달 업무는 기획재정부 장관이 정하는 금융기관 등이 대행할 수 있다.

수입의 수납기관으로는 출납공무원, 한국은행 및 금고은행(특별회계 또는 기금의 출납사무를 취급하는 금융기관)이 있다.

수입징수관과 수입금 출납공무원의 직무는 원칙적으로 서로 겸할 수 없다.

그림 5-4 수입사무기관의 역할

수입징수관		출납공무원・한국은행 등
징수	⇨	수납
조사・결정, 납입 고지		현금 수령

5. 예산집행 과정의 제도 개선

1) 국고금 관리의 일원화

2002년 국고금관리법이 제정되어 2003년부터 국가재정법에 의한 세입·세출과 개별법에 의해 설치된 기금의 수입·지출 등 국가재정의 관리 체계가 일원화되었다. 또한 효율적이고 투명한 국고금 관리를 위한 제도적 장치로서 전자 송달제도와 전자 이체제도를 도입했다.

국고금관리법의 주요 내용을 보면 다음과 같다.

첫째, 이 법의 적용 범위는 일반회계·특별회계 및 중앙관서의 장이 관리·운용하는 기금이다. 다만, 기금은 공공성·설치 목적·재원 조달 방법 등에 비춰 국고금으로 관리하는 것이 적절하지 아니한 것은 대통령령으로 제외할 수 있다.

둘째, 수입징수관은 금융기관 등으로 하여금 납세 의무자 등의 신청에 따라 납입고지서를 전자 송달할 수 있게 하고, 중앙관서의 장은 기획재정부 장관에게 납입의 고지에 관한 정보 중 국고금의 수납 및 관리를 위해 필요한 정보를 제공한다.

셋째, 국고수표제도가 폐지되고 계좌 이체제도가 전면 도입됨에 따라 지출관이 국고금의 지급사무를 수탁해 처리하는 자에게 계좌 이체를 하는 것을 지출행위로 본다. 정보통신 장애 등 계좌 이체가 불가능할 경우 예외적으로 현금 등을 지급할 수 있다.

넷째, 종전의 일상경비 및 도급경비 등을 관서운영경비로 통합하고, 관서운영경비는 관서운영경비 출납공무원이 지출관으로부터 교부받아 지급한다. 관서운영경비 출납공무원은 교부된 자금의 범위 안에서 지급원인행위를 할 수 있고, 관서운영경비 집행 시 정부구매 카드를 사용해 집행의 투명성을 높이고, 불가피한 경우 현금 등을 지급할 수 있다.

다섯째, 종전의 예산회계법에 의한 지출한도액 통지제도를 폐지하고, 중앙관서의 장은 기획재정부 장관으로부터 통지받은 자금계획에 따라 자율적으로 지출 업무를 수행한다.

국고금 관리 원칙은 다음과 같다(국고금관리법 제4조).

① 국고금은 계획에 따라 효율적이고 투명하게 관리할 것

② 국고금은 적절한 때에 지출되도록 할 것

③ 국고 여유자금은 안전성을 해치지 아니하는 범위 안에서 운용할 것

④ 국고금의 수입 및 지출 등과 관련된 사항은 신속하고 정확하게 기록·관리할 것

2) 예산성과금제도

예산 낭비를 막고 예산집행의 효율성을 높이기 위해 1999년 예산성과금제도가 도입되었다. 예산성과금이란 예산의 집행 방법 또는 제도의 개선 등으로 수입의 증대나 지출의 절약에 기여한 자에게 지급되는 경비를 말한다(국가재정법 제49조). 그리고 절약된 예산을 다른 사업에 사용할 수 있다.

시행 단위는 헌법 또는 정부조직법, 기타 법률에 의해서 설치된 중앙관서 단위다. 지급 대상은 예산의 집행 방법 또는 제도의 개선 등으로 예산을 절약하거나 국고 수입 및 국유재산을 증대하는 데 직접 기여한 자다. 여기에는 중앙관서 소속 공무원과 중앙관서의 사무를 위임·위탁받아 수행하는 기관의 임직원, 국민 제안이 채택된 일반 시민이 모두 포함된다.

예산성과금 지급 규모는 각 부처 자발적으로 법령상 직제를 축소한 경우 축소된 인력 해당 인건비의 1년분, 경상적 경비 절약이 발생한 경우 절약액의 50% 이내, 주요 사업비에 절약이 발생한 경우 절약액의 10% 이내, 국고수입을 증대한 경우 수입 증대액의 10% 이내다.

예산성과금제도는 예산 절약을 유도하는 예산문화 정착에도 기여할 수 있고 예산집행 과정에서 지식·정보를 축적할 수 있다는 점에서 바람직한 제도다. 그러나 예산집행 과정에서의 유인 못지않게 예산 낭비를 초래한 공직자에게 책임을 추궁할 수 있는 제도의 마련도 동시에 추진되어야 한다. 예산집행의 책임성을 확보할 수 있는 대표적인 제도가 납세자 소송제도다. 우리나라는 지방정부 예산을 대상으로 한 주민소송제도는 도입되었으나 중앙정부를 대상으로 한 납세자 소송(국민소송)제도는 아직 도입되어 있지 않다.

제 5 절 결산 및 회계검사

예산 과정의 마지막 단계는 결산 및 회계검사다. 예산집행이 종료되면 결산 절차를 거쳐 감사원의 회계검사를 받고, 국회의 결산심사 및 의결을 거침으로써 예산주기가 마

무리된다. 감사원의 회계검사는 전문적이고 행정적인 통제행위의 성격을 띠는 반면에, 국회의 결산심사는 정치적인 성격을 갖는다. 이렇게 양 기관이 심사를 행하는 것은 국민의 부담이 되는 조세와 그 사용 내용에 대해 신중하고도 엄격한 비판을 하기 위함이다.

여기서는 결산과 회계검사를 나눠 살펴보기로 한다.

1. 결산과 결산심의

1) 결산의 의의와 성격

(1) 결산의 의의

결산은 1회계연도 내에서의 세입예산과 세출예산의 모든 수입과 지출을 확정적 계수로 표시하는 행위다. 예산이 1회계연도에서의 수입·지출의 예정적 계수임에 대해, 결산은 예산집행 결과에 의한 수입·지출의 확정적 계수다. 예산과 결산은 총액 및 내용이 원칙적으로 일치해야 하나 양자가 완전히 일치하는 일은 거의 없다. 왜냐하면 세입의 경우 예산액은 추정액에 불과해 실제의 징수액이 추정액과 일치되지 않으며, 세출의 경우에도 예산의 이월, 예비비 사용, 이용 및 전용, 불용액 등으로 인해 예산액과 결산액 간에 차이가 생기기 때문이다.[13)]

결산을 형식적인 측면에서 본다면 예산에 의거해 행동한 정부의 사후적 재정보고서를 작성하는 과정 또는 그 보고서 자체를 지칭한다고 볼 수 있다.[14)] 결산 범위 측면에서 본다면 광의의 결산은 세입·세출의 결산과 계속비의 결산 및 국가 채무에 관한 계산서 등을 총칭한다. 협의의 결산은 세입·세출의 결산만을 의미한다.

예산 및 결산 정보는 크게 두 가지 유형으로 나눌 수 있다. 하나는 사업에 대한 정보(program information)이며, 다른 하나는 자원에 대한 정보(resource information)이다. 전통적인 결산 정보는 자원에 대한 정보에 치중했다. 전통적 회계체계가 제공한 정보는 조직 내부 국면, 지출에 대한 조직의 책임 소재, 그러한 지출에 의해 구입한 자원에 국한되어 있었다. 이러한 전통적인 결산 정보는 최근 사업에 대한 정보를 중요시하는 방향으로 바뀌었다. 그 결과 예산결정자들은 외부의 결과를 조사하기 위해 조직의 경계를 떠나 조직 외부에 눈을 돌리게 되었다. 이 단계에서는 더욱 광범위하고 분명한 정부의

---

13) 결산 절차가 끝난 회계연도의 예산은 결산액이 그 회계연도 예산의 통계 자료로 확정된다.

14) 미국은 우리나라의 결산에 해당하는 제도가 없다. 즉, 예산집행에 대한 기록은 자세하게 유지하고 있으나 결산 형식을 갖춘 보고와 절차가 없다.

목표를 명확히 할 필요가 있고 성과평가의 중요성을 증대시키게 된다. 최근에는 자원 정보의 경우에도 복식부기·발생주의회계의 도입으로 정부의 재무제표가 만들어짐으로써 정보의 품질이 업그레이드되었다. 또한 디지털 예산회계 시스템의 도입으로 통합적인 정보를 신속하고 체계적으로 생성할 수 있게 되었다.

(2) 결산의 성격

① 결산은 예산주기의 마무리 과정이다

결산은 예산주기의 마지막 과정이다. 예산편성, 심의, 집행 단계를 거친 예산은 국회의 결산 승인을 받음으로써 하나의 주기를 끝낸다. 국민의 대표기관인 국회가 결산을 승인한다는 것은 예산집행에 대한 최종 승인을 국민으로부터 받는다는 의미다. 이것은 재정 민주주의의 실현을 의미한다. 그 결과 결산은 예산집행의 결과가 정당한 경우 정부의 예산집행 책임을 해제하는 법적 효과를 갖는다.

② 결산은 과정이자 산물이다

결산은 1회계연도 내의 세입 및 세출의 실적을 예산과 대비하는 과정을 의미할 뿐만 아니라 세입·세출의 실적을 일정한 형식에 따라 계산 정리한 기록으로서의 산물이기도 하다. 다시 말해, 결산은 회계연도 기간 동안 정부의 재정보고서를 작성하기 위한 과정임과 동시에 최종적으로 작성된 사후적 재정보고서 자체를 의미한다. 과정으로서의 결산은 출납 정리, 장부 마감, 회계검사, 결산보고서의 작성 및 제출, 국회의 결산 심의 등이 포함된다. 산물로서 결산은 예산의 집행 실적을 보여 주는 최종 보고서를 의미한다. 이것은 세입·세출의 계수를 확정하는 의미를 가질 뿐만 아니라 이를 국민에게 보고 및 공개하는 의미를 갖는다.

③ 결산은 정보 산출 과정이다

산물로서의 결산인 사후적 재정보고서란 곧 재정정보를 의미한다. 결산서 체계가 어떻게 구성되어 있는가에 따라 재정정보의 질이 달라진다. 복식부기·발생주의회계에 의한 결산보고서는 재정정보의 질을 한 단계 업그레이드하는 역할을 한다.

사후적 재정보고서를 만드는 과정에는 반드시 회계검사의 단계를 거친다. 회계검사란 재정활동의 결과 및 회계 결과를 비판적으로 검토하는 활동이다. 따라서 결산은 단순히 예산과 결산의 일치 여부 또는 예산집행의 적법성 여부를 검토한 결과만을 보여 준 것이 아니다. 예산집행의 경제성, 효율성, 효과성과 같은 평가 내용을 포함해 이를 다음 예산편성 및 심의 과정에 환류시킬 수 있는 정보를 산출하는 일체의 활동을 의미한다.

④ 결산은 통제 및 환류 과정이다

결산은 곧 예산의 집행 실적이며, 예산집행 결과는 결산보고서를 통해 국회의 사후심사를 받는다. 국회의 결산승인권은 예산심의권과 함께 행정부에 대한 중요한 재정의 통제 수단이 된다. 그리고 결산심사의 결과는 다음 연도 예산편성 및 예산심의에 반영된다는 점에서 환류(feedback) 기능을 수행한다. 이러한 결산의 환류 기능 때문에 최근 결산의 중요성이 부각되고 있다.

⑤ 결산은 정치적 성격을 갖는다

예산이 정부의 재정활동에 관한 권한을 부여하거나 제한하는 등의 법적 성격을 갖는데 반해, 결산은 위법 또는 부당한 지출이 지적되어도 그것을 무효로 하거나 취소하는 법적 효력이 없다. 예산집행상 위법 · 부당한 사실이 있을 때에는 감사원 및 국회는 정부에 정치적 · 도의적 책임을 추궁하게 된다는 점에서 정치적 성격을 갖는다. 그 결과 예산에 비해 결산심사가 형식화되는 경향이 나타난다.

2) 정부의 결산 과정

(1) 출납사무의 완결

결산을 하기 위해서는 회계연도에 속하는 세입세출의 출납사무를 완결해야 한다. 출납사무의 완결은 결산의 전제가 된다. 출납사무를 완결하기 위해서는 먼저 세입금의 수납과 세출금의 지출 및 지급을 완결해야 한다. 세입금의 수납과 세출금의 지출 및 지급은 해당 회계연도 말일까지 완결해야 한다.[15] 이를 '출납정리기한'이라고 한다.

그러나 정부의 세입 · 세출에 관한 출납사무는 다음 연도 2월 10일까지 완결해야 한다(국고금관리법 제4조의2). 따라서 총세입부 및 총세출부도 같은 기한 내에 마감해야 한다. 이 장부 마감 기한은 전국 세입징수관 및 지출관으로부터의 보고를 집계 정리해 총세입부 및 총세출부를 마감하는 데 필요한 기한이다. 총세입 · 세출부의 마감에 의해 결산 금액은 확정되며, 그 후의 정정은 인정되지 아니한다. 이로써 출납사무는 완결 및

15) 몇 가지 경우에는 수납 및 지출을 다음 연도 1월 20일까지 할 수 있도록 하는 예외규정이 있다. 국고금관리법 시행령 제5조와 제6조 참조.

종료된다.

(2) 결산서의 작성 및 제출

각 중앙관서의 장은 국가회계법에서 정하는 바에 따라 회계연도마다 작성한 결산보고서를 다음 연도 2월 말일까지 기획재정부 장관에게 제출한다(국가재정법 제58조). 국회, 대법원, 헌법재판소, 중앙선거관리위원회 등의 독립기관은 회계연도마다 예비금사용명세서를 작성하여 다음 연도 2월 말까지 기획재정부 장관에게 제출한다.

기획재정부 장관은 회계연도마다 국가회계법에 따른 국가결산보고서를 작성하여 국무회의 심의와 대통령의 승인을 얻어 다음 연도 4월 10일까지 감사원에 제출한다(국가재정법 제59조).

(3) 감사원의 결산검사

감사원이 기획재정부로부터 결산에 관한 서류를 제출받으면 결산에 대한 검사·확인을 한다. 헌법 제99조는 "감사원은 세입세출의 결산을 매년 검사하여 대통령과 차년도 국회에 그 결과를 보고하여야 한다"라고 하여 감사원의 회계검사를 결산 절차의 필수 과정으로 규정해 놓고 있다.

감사원의 결산검사보고서는 세입의 경우 예산과 수납 비율·불납결손 비율·미수납액 등과 예산액과의 대비 분석을 주내용으로 하고 있다. 세출의 경우에는 예산액·이월액·예산현액·불용액 등을 종합 분석하는 외에, 예산의 기능별·성질별 종합적인 추세를 분석한다. 그리고 이와 같은 국가재정에 대한 정보 외에 검사 결과 적출되고 처분이 요구된 위법 부당한 예산집행의 내용과 이에 관련된 공무원들에 대한 처분 요구사항이 포함되어 있다.

감사원은 결산의 검사 및 확인이 끝나면 결산검사보고서를 5월 20일까지 기획재정부 장관에게 송부한다.

(4) 국가결산보고서의 국회 제출

정부는 감사원의 검사를 거친 국가결산보고서를 다음 연도 5월 31일까지 국회에 제출한다(국가재정법 제61조). 종전에는 결산의 국회 제출 시기가 예산안 제출 시기보다 한 달 정도 빠른 다음다음 회계연도 개시 120일 전까지였으나 국가재정법 제정으로 그 기한을 대폭 앞당겼다. 이것은 dBrain 시스템의 도입으로 결산 과정이 대폭 단축되었을 뿐만 아니라 국회의 결산심사를 더 강화하고 이를 예산심의에 반영하도록 하고자 하는 취지다.

(5) 국회의 결산심의

국회는 국가결산보고서가 제출되면 예산심의와 동일한 절차를 밟아 결산을 심의 의결한다. 결산도 예산과 마찬가지로 소관 상임위원회의 예비심사, 예산결산특별위원회의 종합심사, 본회의의 심의와 의결을 거쳐 행정부의 예산집행에 대한 책임을 검토한다. 2003년에 개정된 국회법에는 결산 완료 시기를 규정하고 있다. 즉, 결산에 대한 심의·의결은 정기회 개회 전까지 완료해야 한다(국회법 제128조의2).

국회가 결산을 심의한 결과 정부에 대한 어떠한 책임 추궁을 결정하더라도 그것은 국회의 정부에 대한 정치적 효과만 발생하게 되며, 감사원의 회계검사에 의해 확인된 결산이 변동되는 것은 아니다.

그동안 국회의 결산심사 기능은 매우 형식적으로 진행된 경향이 있었다. 그런데 2003년에 개정된 국회법에서는 국회 결산심사의 기능을 강화하기 위해 결산심사 결과 정부 또는 해당 기관의 위법 또는 부당한 사유가 있는 경우에는 이에 대해 변상 및 징계 조치 등 그 시정을 요구하고 그 처리 결과를 국회에 보고하도록 하고 있다(국회법

표 5-6 결산 과정

결산 절차	기 한	해당 기관	활동 내용
출납정리	회계연도 말	각 중앙관서	세입금의 수납과 세출금의 지출 및 지급의 완결
	1월 15일	각 중앙관서	출납정리의 예외: 특정 세입금과 세출금의 출납정리
출납사무 완결	2월 10일	각 중앙관서	세입·세출에 관한 출납사무의 완결, 세입부 및 세출부 마감
결산서 작성 및 제출	2월 말일	각 중앙관서 → 기획재정부	중앙관서 결산보고서를 작성하여 제출
	4월 10일	기획재정부 → 감사원	국가결산보고서를 작성하여 국무회의 심의와 대통령 승인 후 제출
결산검사 및 송부	5월 20일	감사원 → 기획재정부	결산의 검사 및 확인 후 결산검사보고서 송부
결산보고서 제출	5월 31일	정부 → 국회	감사원의 검사를 거친 국가결산보고서 제출
결산심의	6, 7, 8월	국회	상임위원회의 예비심사, 예산결산특별위원회의 종합심사
	8월 31일	국회	본회의 의결(정기회 개회 전)

제84조 제2항). 또한 국회가 감사원에 대해 사안을 특정하여 감사를 요구할 수 있게 했다.

3) 결산보고서의 구성

중앙관서 결산보고서와 이를 통합한 국가결산보고서는 국가회계법(제14조)에 의해 다음과 같이 구성되어 있다. 즉, ① 결산 개요, ② 세입세출결산, ③ 재무제표(재정상태표 · 재정운영표 · 순자산변동표), ④ 성과보고서이다. 여기서 세입세출결산은 현금주의 기준에 의한 결산이며, 재무제표는 발생주의 기준을 적용한 결산이다.

표 5-7 결산보고서의 부속서류

원 서류	부속서류
세입세출결산(A)	계속비 결산명세서
	세입세출결산 사업별설명서
	총액계상 사업집행명세서
	수입대체경비 사용명세서
	이월명세서
	명시이월비 집행명세서
	정부기업특별회계 회전자금운용명세서
	성인지 결산서
	예비금 사용명세서
	총사업비 관리대상 사업의 사업별 집행명세서
	현물출자명세서
	재정증권의 발행 및 한국은행 일시차입금의 운용명세서
	전년도 세계잉여금의 처리명세서
기금의 수입지출결산(B)	재원조성실적표
	성인지 기금결산서
	기금운용계획의 변경내용설명서
국가결산보고서의 세입세출결산	(A+B)의 첨부서류
	통합재정수지표
	통합계정자금 운용 및 수익금사용명세서
재무제표	국가채무관리보고서
	국가채권현재액보고서
	국유재산관리운용보고서
	물품관리운용보고서

세입세출결산에는 다음과 같은 내용이 포함된다. 세입에서는 세입예산액, 이체 등 증감액, 세입예산 현액, 징수결정액, 수납액, 불납결손액, 미수납액이다. 세출에서는 세출예산액, 전년도 이월액, 예비비 사용액, 전용 등 증감액, 수입대체경비의 초과 지출액, 세출예산 현액, 지출액, 다음 연도 이월액, 불용액이다.

그리고 결산보고서에는 [표 5-7]과 같은 부속서류가 첨부된다.

4) 세계잉여금의 처리

(1) 세계잉여금의 의미와 추이

세계잉여금이란 1회계연도에 수납된 세입액으로부터 지출된 세출액을 차감한 잔액을 말하며 결산상 잉여금이라고도 한다. 잉여금의 발생 원인은 세입과 세출의 양 측면에서 기인한다. 세입에서는 초과액이, 세출에서는 이월액과 불용액이 세계잉여금의 발생 원인이다.

세계잉여금에서 다음 연도 이월액을 공제한 금액을 순세계잉여금이라고 한다. 순세계잉여금은 세입 초과액과 세출 불용액으로 구성되어 있다. 일반적으로 세계잉여금은 새로운 재원으로 사용할 수 있는 여유재원을 말하며, 순세계잉여금을 지칭한다

① 세입 초과액

세입예산을 초과해 수납된 세입액으로서 경기 호황에 따른 조세 등의 초과 징수와 세입 예측의 보수성 및 부정확성에서 비롯된다.

② 세출 불용액

당초 세출예산에 계상은 되었으나 지출되지 아니한 경우에 발생한다.

(2) 세계잉여금의 처리 방법

국가재정법은 세계잉여금의 처리 방안을 재정건전성 강화의 측면에서 마련하고 있다. 결산의 결과 발생한 세계잉여금은 다음과 같은 방식으로 처리된다(국가재정법 제90조).

첫째, 일반회계 예산의 세입 부족을 보전하기 위한 목적으로 해당 연도에 이미 발행한 국채의 금액 범위에서는 해당 연도에 예상되는 초과 조세수입을 이용하여 국채를 우선 상환할 수 있다. 이 경우 세입·세출 외로 처리할 수 있다.

둘째, 매 회계연도 세입세출의 결산상 잉여금 중 다른 법률에 따른 것과 이월액을 공제한 금액은 지방교부세의 정산 및 지방교육재정교부금의 정산에 사용할 수 있다.

셋째, 지방교부세 및 지방교육재정교부금의 정산액을 제외한 세계잉여금은 100분의 30 이상을 공적자금 상환기금에 우선적으로 출연해야 한다.

넷째, 지방교부세 및 지방교육재정교부금의 정산액과 공적자금 상환기금 출연금을 제외한 세계잉여금은 100분의 30 이상을 다음 각 호의 채무를 상환하는 데 사용해야 한다. ① 국채 또는 차입금의 원리금, ② 국가배상법에 따라 확정된 국가배상금, ③ 공공자금관리기금법에 따른 공공자금관리기금의 융자계정의 차입금(예수금 포함)의 원리금(2006년 12월 31일 이전의 차입금에 한함), ④ 그 밖에 다른 법률에 따라 정부가 부담하는 채무.

다섯째, 앞에서 공제한 금액을 제외한 세계잉여금은 추가경정예산안의 편성에 사용할 수 있다.

여섯째, 세계잉여금 중 앞에서 순차적으로 공제한 잔액은 다음 연도의 세입에 이입하여야 한다.

세계잉여금 처리 순서를 정리하면 다음과 같다. ① 초과 조세수입의 국채상환→② 지방교부세와 지방교육교부금 정산→③ 공적자금상환기금 출연→④ 국채 또는 차입금의 원리금, 국가배상금 등의 상환→⑤ 추가경정예산안의 편성→⑥ 다음 연도 세입에 이입 순서다.

세계잉여금 처리 시기와 관련하여, ②~④항의 처리는 그 세계잉여금이 발생한 다음 연도까지 그 회계의 세출예산과 관계없이 이를 하되, 국무회의의 심의를 거쳐 대통령의 승인을 얻어야 한다. ②~⑤항의 처리는 국가회계법에 따라 국가결산보고서에 대한 대통령의 승인을 얻은 때부터 이를 할 수 있다(국가재정법 제90조 ⑥, ⑦).

표 5-8 세계잉여금(일반회계)의 처리 내역

(단위: 억 원)

구 분	세계잉여금	지방교부세/ 교육교부금정산	공자기금출연/ 채무상환	추경재원	다음 연도 세입이입
2019년	619	619	–	–	–
2018년	106,575	105,292	654	629	–
2017년	100,422	59,762	20,737	19,923	–
2016년	60,920	38,091	11,643	11,186	–
2015년	25,277	–	12,891	12,386	–

자료: 국회예산정책처 재정경제시스템.

2. 회계검사

1) 회계검사의 의의

일반적 의미의 회계검사는 어떤 조직의 재정적 활동과 회계 기록에 관한 사실을 독립된 제3자가 체계적으로 검토해 검토 내용에 대한 비판적 의견을 제시하는 것을 말한다. 따라서 정부예산에 대한 회계검사는 정부기관이 그 활동으로 인해 발생한 재정활동의 결과 및 회계 기록을 독립된 기관이 체계적으로 검토해 그 내용에 대한 비판적 의견을 제시하는 것이다. 다시 말해서, 회계검사는 예산집행의 합법성과 타당성 여부를 비판적으로 검토하는 활동이라고 볼 수 있다.

그런데 회계검사와 비슷한 용어로 회계감사가 있다. 두 용어 간에 의미상의 차이는 없으므로 어느 용어를 사용하든 문제는 없다고 본다. 어떤 이는 검사는 감사의 한 가지 기법에 불과하기 때문에 회계감사를 사용할 것을 주장한다(편호범, 1992: 523). 그러나 헌법과 감사원법에 회계검사라는 용어를 사용하고 있고, 감사원법에서 회계검사와 직무감찰을 합쳐서 감사라고 부르는 점에 비춰 정부예산에 대한 회계검사는 법률 용어로 보아 '회계검사'라고 지칭하는 것이 타당하다고 본다.

2) 회계검사의 새로운 경향

(1) 전통적 회계검사의 특징

전통적인 회계검사는 정부의 예산집행이 관계 법령, 예산 등에 의해 위임된 내용대로 처리되었는지의 여부를 확인하는 것을 주임무로 했다. 따라서 전통적 회계검사는 정부의 회계 책임을 확보하는 데에 초점을 맞추고 있다. 즉, 예산집행 과정에서 관계 법령과 규정을 준수했는가를 검토하고 오류와 부정을 적발해 시정하는 기능에 역점을 둔 것이다. 이것은 합법성 위주의 통제 지향적 검사로서 소극적인 성격의 회계검사다. 이러한 합법성 위주의 전통적인 회계검사는 의회 민주주의의 등장과 더불어 의회가 예산을 통해 행정부를 견제하는 데에서 출발했다.

그러나 정부 규모와 예산 규모가 커짐에 따라 더 나은 서비스를 원하는 국민들이 정부 예산에 관한 더 많은 정보를 요구하게 되어 회계검사의 내용도 변화하게 되었다. 종전의 합법성 위주의 회계검사는 정부예산 지출의 능률성과 정부사업의 성과를 판단하는 데에는 한계를 지닌다는 비판을 받고 있다. 최근에는 새로운 행정정보의 필요성이 대두하고 여러 가지 기법이 개발되면서 회계검사에 새로운 흐름이 등장하고 있다.

(2) 새로운 회계검사의 흐름

새로운 회계검사의 흐름은 몇 가지 관점에서 고찰할 수 있다. 그러나 이들 간에는 서로 밀접하게 연관되어 있다.

첫째, 회계검사의 기준을 보면 종전의 합법성 위주의 검사에서 최근에는 경제성(economy), 능률성(efficiency), 효과성(effectiveness)이라는 3E가 추가되었으며, 특히 3E의 기준을 강조하는 경향이 있다. 여기서 경제성은 투입의 측면에서 보는 것이며, 투입되는 자원의 경비를 최소화하는 것을 말한다. 능률성은 투입(input)과 산출(output) 관계에서 보는 것이며, 투입과 산출 비율을 의미한다. 효과성은 정책 또는 사업의 목표 및 의도한 효과를 달성한 정도를 지칭한다. 그리고 이러한 경제성·능률성·효과성에 의한 감사를 성과감사(performance audit)라고 부르기도 한다.

둘째, 회계검사의 대상을 보면 종전에는 회계감사(financial audit)에 국한되었는데 최근에는 업무감사(operational audit)와 정책감사(policy audit)까지 대상으로 하고 있다. 업무감사는 국가의 업무 전반에 대해 감사를 하는 것으로서 성과의 평가, 문제점의 발견, 대안 제시의 방식으로 이뤄진다. 정책감사는 정책 및 사업 자체에 대한 평가 및 감사를 하는 것으로서 효과성 감사와 밀접한 관련이 있다.

셋째, 책임 확보의 측면에서 본다면 종전에는 회계상의 책임에 한정시켜 추궁한 데 반해, 최근에는 관리 책임과 사업 및 정책에 대한 책임까지도 포함해 추궁하고 있다.

넷째, 회계검사의 기능 면에서 본다면 종전에는 오류와 부정의 적발 기능과 회계 기록의 적부를 검토·비판하는 비판적 기능이 주된 내용이었다. 최근에는 관리 기법, 지식, 정보를 제공하는 지도적 기능과 감사 결과를 계획 및 집행 단계에 환류하는 환류 기능이 강조되고 있다.

표 5-9 전통적 회계검사와 새로운 회계검사의 비교

항 목	전통적 회계검사	새로운 회계검사
회계검사의 기준	합법성	경제성·능률성·효과성
회계검사의 대상	회계감사	업무감사·정책감사
책임성의 확보	회계 책임	관리책임, 사업·정책 책임
회계검사의 기능	적발 기능·비판 기능	지도 기능·환류 기능

다섯째, 최근에는 컴퓨터와 통신이 발달하고 이들이 서로 결합되면서 전산감사가 도입·확대되고 있는 추세다.

지금까지 살펴본 내용을 정리하면 [표 5-9]와 같다.

3) 회계검사의 유형16)

(1) 내부감사와 외부감사

내부감사(internal audit)는 감사 대상기관 내부의 자체 감사기관이 담당하는 감사다. 정부 각 부처의 감사관실 또는 감사담당관실 등에 의한 감사가 여기에 해당한다. 오늘날 행정 기능이 확대됨에 따라 감사 대상기관과 업무 대상이 증대함으로써 내부감사의 중요성이 커지고 있다. 미국은 1950년에 내부감사제도를 도입했으며, 우리나라는 1974년 3월 행정감사규정을 마련함으로써 내부감사를 제도화했다(편호범, 1992: 526).

외부감사(external audit)는 제3자적 입장에 있는 외부의 감사기관이 실시하는 감사다. 감사원에 의한 감사가 외부감사의 대표적인 예다. 외부감사는 내부감사보다 강력하고 객관적일 수 있다는 장점이 있으나, 감사 대상기관을 전체적으로 파악하는 데 필요한 시간과 인력이 부족해 피상적인 경우가 많다는 결함이 있다(유훈, 1981: 202).

(2) 사전감사와 사후감사

사전감사(pre-audit)는 감사 대상 행위가 있기 전 또는 진행 중에 실시하는 감사다. 내부감사는 사전감사에 중점을 두고 있는 경우가 많다. 내부 감사기구에 의한 사전감사는 내부통제 과정에서 실제 업무 등이 잘못 처리되는 것을 사전에 예방하고 교정할 수 있는 장점이 있다.

사후감사(post-audit)는 감사 대상 행위가 종결된 후에 실시하는 감사다. 외부감사는 주로 사후감사를 실시하며, 정부예산에 대한 회계검사는 사후감사가 원칙이다. 그러나 회계검사를 사전감사 형태로 하는 경우도 있다. 미국의 회계검사원(GAO)은 각 부처로부터 지출에 앞서 관련 서류를 송부받아 사전감사를 실시하는 것을 제도화하고 있다. 우리나라의 경우 사전감사는 사업 등이 중대하거나 잘못된 경우 치유가 어려운 사항(예: 대단위 자원이 소요되는 건설사업 등)에 대해 감사인을 상시 파견하거나 공사 시공 중 수시로 점검하는 감사를 실시하는 경우가 있다(이경섭, 1992: 387).

---

16) 여기서는 감사(監査)가 회계검사뿐만 아니라 직무감찰까지 포함하는 포괄적인 용어라는 점에서 감사라는 용어를 사용해 회계검사의 유형을 살펴보기로 한다.

(3) 서면감사와 실지감사

서면감사(paper audit)는 주로 장부, 증빙 서류 등의 제출된 자료를 통해 실시하는 감사다. 감사원법 제25조는 "감사원의 회계검사 및 직무감찰을 받는 자는 감사원규칙이 정하는 바에 의하여 계산서 · 증거서류 · 조서, 기타의 서류를 감사원에 제출(정보통신망을 이용한 제출 포함)해야 한다"고 규정하고 있다. 전통적인 회계검사는 서면감사를 주로 실시한다. 감사원법 제26조는 "감사원은 제출된 서류에 의하여 상시 서면감사를 하는 외에 필요한 때에는 직원을 현지에 파견하여 실지감사를 할 수 있다"고 규정하고 있다.

실지감사(field audit)는 감사기관이 직원을 현지에 파견해 감사를 행하는 것이다. 실지감사는 서면감사의 보완적 성격을 갖는다. 실지감사는 서면감사보다 감사의 신뢰성을 높일 수 있는 장점이 있으나, 수감기관의 업무를 수행하는 데에 부담을 주는 등의 문제가 있다.

(4) 합법성 감사와 성과감사

합법성 감사(legality or compliance audit)는 회계 기록의 옳고 그름(正否)을 검증하고 지출이나 수입이 법령이나 예산에 위배되는지의 여부를 검사하는 것이다. 합법성 감사 기준으로서의 합법성에는 법률뿐만 아니라 명령, 규칙, 예산, 회계 기준, 판례, 관습 등이 포함된다고 볼 수 있다. 앞에서 보았듯이 전통적인 회계검사의 한 방법이다.

성과감사(performance audit)는 감사 대상기관의 업무수행이 의도했던 목표를 달성했는지의 여부를 사후에 검토하고 문제점을 파악해 이에 대한 개선 대안을 제시하는 감사를 말한다. 미국 연방정부 감사 기준을 보면 성과감사를 경제성 감사 · 능률성 감사 · 효과성 감사를 포함하는 개념으로 보고 있다(편호범, 1992: 531). 최근에는 합법성 감사에서 성과감사 위주로 감사의 내용이 변하고 있다. 그 이유는 합법성 감사만으로는 정부활동의 효과나 성과를 보장할 수 없기 때문이다.

(5) 회계감사 · 업무감사 · 정책감사

회계감사(financial audit)는 회계 및 재무 분야에 대한 감사로서 예산집행과 회계 처리 내용의 적정성 여부를 검사하는 감사다. 전통적 감사의 일종으로서 감사원의 결산검사는 회계감사의 범위에 속한다.

업무감사(operational audit)는 국가의 업무 전반에 대해 행하는 감사다. 직무감사라고도 한다. 업무에 대한 체계적이고 종합적인 분석을 통해 성과의 평가, 문제점의 발견,

대안을 제시하는 감사활동이다.

정책감사(policy audit)는 정책과 사업을 감사의 대상으로 하는 감사다. 즉, 정책감사는 정책 또는 사업이 목적에 합치되도록 수행되는지의 여부를 조사하고 평가하는 것을 주내용으로 한다. 미국에서는 프로그램 감사(program audit), 영국과 스웨덴에서는 효과성 감사(effectiveness audit)라는 용어를 사용한다.

우리나라에서는 성과감사가 도입된 직후인 1984년 후반기에 정책감사라는 용어가 감사원에서 처음 사용되었고, 공식적으로는 1985년에 감사원의 1986년 연간 업무계획을 수립하면서부터라고 한다(이경섭, 1992: 523). 아직 정책감사에 대한 개념과 내용이 학계에서 분명하게 정립된 것은 아니지만 정책학의 발전과 더불어 이 분야가 감사의 중요한 역할을 차지하고 있다.

4) 회계검사기관의 유형

(1) 회계검사기관의 위치

① 입법부 소속형

회계검사기관이 입법부에 소속되어 있는 형태다. 미국과 영국이 대표적인 나라다. 본래 민주주의 국가에서는 행정부가 예산편성과 집행을 담당하고, 입법부가 예산심의와 회계검사를 담당하는 것이 이상적 모형이다. 그 이유는 회계검사가 행정부의 예산집행에 대한 비판적 검토를 뜻하는 것으로서 이를 행정부가 아닌 입법부가 담당하는 것이 바람직하다고 보기 때문이다. 그러나 입법부 소속 형태의 경우에도 대부분 직무상으로는 독립적으로 운영되는 경우가 많다.

② 행정부 소속형

회계검사기관이 행정부에 소속되어 있는 경우다. 우리나라와 중국 및 과거의 프랑스와 독일 등이 이에 속한다. 행정부 소속 형태는 회계검사기관이 행정부의 최고책임자인 대통령이나 수상의 지휘 아래에 있게 되므로 행정부 내의 다른 기관을 감사하는 데 애로 요인이 될 수 있다. 그러나 이 경우에도 직무 등에 대해 독립성을 보장하는 경우가 일반적이다.

③ 독립형

회계검사기관이 입법 · 행정 · 사법 3부(府) 중 어느 것에도 속하지 않는 독립된 기관으로 되어 있는 경우다. 이 경우에도 삼권분립에 준한 통치기구 형태로 되어 있는 나라(대만, 인도네시아)와 독일, 프랑스, 일본과 같이 3부 중 어느 것에도 속하지 않는 독립된 기관으로 존치시키는 나라로 구분된다.

(2) 회계검사기관의 의사결정 형태

① 단독제

회계검사에 관한 주요 결정이 최고책임자 단독 결정에 의해 이뤄지는 형태다. 미국과 영국의 회계검사원이 대표적인 예다. 단독제의 경우 문제점이 발생한 경우 신속하게 대응할 수 있는 장점이 있으나 기관장의 주관적인 판단에 의해 자의적인 의사결정이 이뤄질 수 있는 단점이 있다.

② 합의제

의사결정이 위원회의 합의에 의해 이뤄지는 형태다. 우리나라와 일본의 경우가 대표적인 예다. 우리나라의 감사원 조직은 감사위원회의와 사무처로 구성되어 있으며, 사무처에서 감사활동을 실시하고 최종적으로 위원회의의 결정을 거치는 합의제 기관이다.

5) 감사원의 조직과 기능

(1) 연 혁

① 심계원과 감찰위원회

정부수립 이후 최초의 회계검사기관은 1948년에 설립된 대통령 소속 하의 심계원이다. 심계원은 국가, 지방자치단체 및 법이 정하는 단체의 회계를 검사하는 임무를 수행했다. 이와는 별도로 공무원 등의 직무를 감찰하는 감찰위원회가 1948년에 정부조직법에 의해 설립되었다. 이 감찰위원회는 1955년부터 1960년까지 사정위원회로 변경되었다가 다시 1961년에 국무총리 소속 하의 감찰위원회로 다시 변경되었다.

② 감사원

그 후 회계검사와 직무감찰은 그 업무 한계가 불분명하고 감사의 중복이 많아 양자의 통합 필요성이 대두되었다. 1962년의 개정 헌법은 심계원과 감찰위원회를 통합해 대통령 소속 하에 감사원을 두기로 규정하고 1963년 감사원법에 의해 감사원을 설치했다.

(2) 감사원의 지위

감사원은 대통령 소속 하의 헌법기관으로서 직무의 독립성이 보장된다. 감사원의 독립적 지위에 대해서는 감사원법 제2조에 규정되어 있다. 즉, "① 감사원은 대통령에 소속하되, 직무에 관하여는 독립의 지위를 가진다. ② 감사원 소속 공무원의 임용, 조직 및 예산의 편성에 있어서는 감사원의 독립성이 최대한 존중되어야 한다."

그런데 감사원이 대통령 소속 기관이지만 이는 헌법상 행정부의 수반으로서 대통령에 소속되는 것이 아니라, 국가원수로서 대통령에 소속되어 있다고 해석한다(김철수, 1992: 457). 감사원장의 임명에는 국회의 동의가 필요하며, 감사원장은 세입세출의 결산을 검사해 대통령과 국회에 보고하도록 하고 있는 점은 감사원이 독립적 지위에 있음을 의미한다.

(3) 감사원의 조직

감사원은 감사위원회의와 사무처로 구성된다. 감사위원회의는 감사원장을 포함한 7인의 감사위원으로 구성된다. 감사위원회의는 감사정책 및 주요 감사계획, 결산의 확인, 변상 책임의 판정, 결산검사보고 및 수시보고, 심사청구 결정, 회계 관계 법령의 제정 및 개폐, 해석 적용에 대한 의견 진술, 감사원의 예산요구 및 결산 등에 관한 사항을 의결한다. 감사위원은 직접 감사에는 참여하지 않는다.

감사원장은 대통령이 국회의 동의를 얻어 임명한다. 원장은 감사위원회의의 의장이 되며, 임기는 4년이다. 영국의 회계검사원장은 종신직이고, 미국의 회계검사원장은 15년의 임기를 갖는 것과 비교하면 우리나라 감사원장의 임기는 매우 짧은 편이다. 감사위원의 임기는 4년이다. 감사원장은 소속 공무원을 지휘·감독한다.

사무처는 사무총장 밑에 제1 사무차장·제2 사무차장과 공직감찰본부장, 기획조정실장, 그리고 감사교육원장과 감사연구원장으로 구성되어 있다. 사무처는 감사원장의 지휘·감독 아래 회계검사·감찰·심사 결정과 감사원에 관한 행정사무를 처리한다.

(4) 감사원의 기능

감사원의 기능은 크게 주기능과 부기능으로 나눌 수 있다. 주기능은 ① 세입세출의 결산 확인, ② 회계검사, ③ 직무감찰이며, 부기능은 ① 심사 청구, ② 의견 진술, ③ 감사 결과의 처리 등이다.

① 결산의 확인

감사원은 국가의 세입·세출의 결산을 매년 검사해 대통령과 차년도 국회에 그 결과를 보고해야 할 의무가 있다(헌법 제99조).

② 회계검사

감사원의 회계검사는 국회의 재정통제 기능의 실효성을 확보하기 위한 장치라고 볼 수 있다. 감사원은 정부 각 기관 및 이와 밀접한 관련이 있는 기관 또는 단체의 회계를 상시 검사 감독해 국가재정 등의 건전한 발전을 도모하는 역할을 맡고 있다.

감사원의 회계검사의 범위는 필요적 검사 사항과 선택적 검사 사항으로 구분된다.

필요적 검사 사항은 ㉠ 국가의 회계, ㉡ 지방자치단체의 회계, ㉢ 한국은행의 회계와 국가 또는 지방자치단체가 자본금의 2분의 1 이상을 출자한 법인의 회계, ㉣ 다른 법률에 의해 감사원의 회계검사를 받도록 규정된 단체의 회계에 대해 검사하도록 규정했다(감사원법 제22조).

선택적 검사 사항은 감사원이 필요하다고 인정한 때 또는 국무총리의 요구가 있는 때에는 일정 요건을 갖춘 기관의 회계에 대해 검사할 수 있도록 하고 있다(감사원법 제23조).

그리고 이들 회계검사에는 수입과 지출, 재산(물품·유가증권·권리 등을 포함)의 취득·보관·관리 및 처분 등의 검사를 포함한다.

③ 직무감찰

직무감찰은 행정기관의 사무와 그에 속하는 공무원의 직무를 감찰하는 것으로서 행정의 내부통제 수단이다. 직무감찰의 유형은 공무원의 비위의 규찰을 목적으로 하는 형태와 행정운영의 향상을 목적으로 하는 형태로 구분할 수 있다(유훈, 1993: 342). 전자의 예로는 대만의 감찰원과 스칸디나비아 국가의 옴부즈맨 제도를 들 수 있고, 후자의 예로는 일본의 총무성과 이스라엘의 감사원을 들 수 있다.

직무감찰의 범위는 ㉠ 정부조직법, 기타 법률에 의해 설치된 행정기관의 사무와 그에 소속한 공무원의 직무, ㉡ 지방자치단체의 사무와 그에 소속한 공무원의 직무, ㉢ 한국은행과 국가 또는 지방자치단체가 자본금의 2분의 1 이상을 출자한 법인과 민법 또는 상법 이외의 법률에 의해 설치되고 임원의 전부 또는 일부나 대표자가 국가 또는 지방자치단체에 의해 임명되거나 임명 승인되는 단체 등의 사무와 그에 소속한 임원 및 감사원의 검사 대상이 되는 회계사무와 직접 또는 간접으로 관련이 있는 직원의 직무, ㉣ 기타 법령에 의해 공무원의 신분을 가지거나 공무원에 준하는 자의 직무다(감사원법 제24조 제1항). 국회, 법원 및 헌법재판소에 속한 공무원에 대해서는 감찰할 수 없으며, 국가 기밀에 속한 사항이거나 군기밀 또는 작전상 지장이 있는 사항은 감찰 대상에서 제외된다(감사원법 제24조 제3항 · 제4항).

④ 심사청구

심사청구 제도는 행정구제 제도의 일종이다. 감사원의 감사를 받는 자의 직무에 관한 처분, 기타 행위에 관해 이해관계가 있는 자는 감사원에 심사청구를 할 수 있다(감사원법 제43조 제1항). 감사원은 심리 결과 심사청구의 이유가 있다고 인정할 때에는 관계 기관의 장에 대해 시정, 기타의 필요한 조치를 요구하며 심사청구의 이유가 없다고 인정할 때에는 이를 각하한다(감사원법 제46조 제2항).

⑤ 의견 진술

감사원은 국가의 각 기관이 회계 관계 법령의 제정, 개폐 및 해석상 의문에 대한 의견을 요구해 오면 감사원은 이에 대해 해석 · 답변해야 한다.

⑥ 감사 결과의 처리 및 보고

감사원은 감사 결과 위법 · 부당 사항에 관해서는 감사위원회의의 의결을 거쳐 관계 기관에 필요한 조치를 취하도록 처분요구를 하고 있다. 그 내용을 보면 변상 책임의 판정, 징계 요구, 시정 등의 요구, 개선 요구, 권고, 고발 등이다.

감사 결과는 대통령, 국회 등에 보고되며 정기보고와 수시보고가 있다. 정기보고에는 정부예산의 결산검사보고와 공공기관 결산검사보고가 있다. 정기보고 이외에 감사원은 필요하다고 인정되는 사항에 관해 수시로 대통령에게 감사 결과를 보고한다.

CHAPTER 06

예산행태론

학습 포인트

1. 예산 행태의 유형과 각 기관의 행태
2. 예산 전략
3. 예산 내용과 예산 행태
4. 예산 수요와 예산 행태

제 1 절 예산결정기관의 역할 및 행태

1. 역할 및 행태의 유형

예산 과정에서 각 참여자들의 행태를 보면 게임과 정치의 성격이 강하다. 예산편성 및 심의 과정에서 참여자들은 자신이 의도한 목표를 실현하기 위해 다양한 전략과 수단을 동원하며, 상대방의 대응에 따라 협상과 타협을 통해 자신의 의도를 구현하려고 한다. 이렇게 볼 때 예산 과정은 곧 예산게임(budget game) 또는 예산정치(budget politics)라고 부를 수 있다. 게임 또는 정치에서는 대부분의 행태가 예측하기 쉽지 않은 요인에 의해 영향을 받기 마련이다. 그러나 장기적으로는 행태의 규칙성과 유형화가 존재한다. 따라서 예산 과정은 나름대로의 목표, 자원, 정향, 배경 등을 갖고 있는 여러 참여자 간의 일련의 상호작용으로 볼 수 있다.

이렇게 볼 때 예산결정의 의사결정 구조는 역할이론으로 특징지을 수 있다. 여기서 역할(role)은 참여자들의 비교적 안정적인 행위와 관계의 집합을 지칭한다. 즉, 역할은 조직상의 직책이 어떠해야 된다고 조직원들이 인지하는 행태에 대한 규범적인 기대다. 이것은 공식적인 책임과 실제의 행태가 반복됨에 따라 형성되는 것이다. 따라서 역할을 조직상의 직책 수행에 대한 규범적 기대라고 한다면 역할 수행의 결과로 나타난 것이 행태다. 예산상의 역할은 실제와는 일치하지 않지만 상징적으로 충분히 기능해 정형화된 행태(stylized behavior)를 보여 준다(Anton, 1970).

여기서는 예산 과정에서 참여자의 역할 및 행태를 몇 가지 측면에서 유형화해 살펴보기로 한다.

1) 소비자 · 절약자 · 수문장

예산결정 과정에 참여하는 각 기관의 역할을 예산 산출 결과와 연계시켜 살펴보면 소비자 · 절약자 · 수문장의 세 가지 유형으로 나눌 수 있다. 이때 소비자는 증액 지향적 행태, 절약자는 삭감 지향적 행태, 수문장은 균형 지향적 행태를 특징으로 한다.

(1) 소비자: 증액 지향적 행태

소비자(spender)로서의 역할은 수입에 대해서는 크게 신경을 쓰지 않고 지출에 더 많은 관심을 기울이는 유형이다. 이들의 주된 임무는 사업에 대한 것으로서 사업 지향적 성향(programmatic orientation)을 보여 준다. 주창자(主唱者, advocate)라고 부르기도 한다. 사업을 가능한 많이 하려고 시도하고, 중앙예산기관이 요구액을 삭감할 것이라는 예측에 따라 필요액 이상으로 예산을 요구한다. 따라서 이들의 예산 행태는 증액 지향적 행태로 나타난다.

(2) 절약자: 삭감 지향적 행태

절약자(saver)로서의 역할은 지출보다 수입의 재정 조건에 많은 관심을 기울이는 유형이다. 이들은 사업보다 재정수입에 초점을 맞추는 재정 지향적 성향(fiscal orientation)을 보여 준다. 따라서 이들의 예산 행태는 한정된 가용재원을 항상 고려하기 때문에 예산의 삭감 지향적 행태로 나타난다. 삭감자(cutter) 또는 국고의 보호자(guardian)라고 부르기도 한다.

(3) 수문장: 균형 지향적 행태

수문장(gate keeper)으로서의 역할은 수입과 지출 어느 쪽에도 치우치지 않고 두 측면을 모두 고려하는 유형이다. 따라서 사업과 재정을 동시에 지향하는 성향을 지니며, 균형 지향적 예산 행태를 보여 준다.

이러한 세 가지 유형을 정리하면 [표 6-1]과 같다.[1)]

표 6-1 예산 행태의 유형

역 할	성 향	행 태
소비자	사업 지향적	증액 지향적
절약자	재정 지향적	삭감 지향적
수문장	사업 · 재정 지향적	균형 지향적

2) 전문직업적 역할과 정치적 역할

예산 과정 참여자들의 역할을 다른 관점에서 보면 전문직업적 역할과 정치적 역할로 구분해 볼 수 있다.

1) 예산 행태의 유형은 이 밖에도 예산총액은 그대로 유지한 채 내용만 조정하는 '조정 지향적 행태'도 있다. 이 경우 예산의 순삭감 또는 순증액은 없으며 그 내용이 수정될 뿐이다. 국회의 예산심의 과정에서 흔히 볼 수 있으며, 특히 지방의회의 경우 이러한 행태가 빈번하게 발생한다.

전문직업주의는 해당 분야에서의 특정 문제나 고객을 다룰 때에 전문성을 발휘하는 것을 의미한다. 이러한 전문직업주의는 예산 과정에서 지엽주의 및 관심 분야의 협소성을 초래한다. 이것은 다양한 전문성이 요구되는 정부의 예산 과정에서 심각한 문제를 야기할 수도 있다. 따라서 그러한 전문성을 통합하고 그들 간에 차별을 하기 위해 광의의 관점을 가진 통합자(integrators)가 필요하다. 그것이 바로 정치적 역할이다.

이러한 두 가지 관점과 배경의 차이점은 예산 산출 결과에도 영향을 미치게 된다. 이에 대한 논의는 다음에 보기로 한다.

2. 각 기관의 역할 및 행태

1) 행정 부처

(1) 행정 부처 전체로서의 역할 및 행태

각 행정 부처[2]는 기본적으로 예산지출기관이다. 따라서 각 부처의 관심은 사업에 집중되며 사업지향성을 갖는 소비자 또는 주창자로서 역할을 수행한다. 각 행정 부처는 공공 서비스의 공급과 그 고객에 관심을 갖는다. 가능한 서비스 공급 기회를 확대하려고 노력하며, 이를 위한 자원 확보에 관심을 기울인다.

각 행정 부처의 관료들은 사업을 많이 하는 것이 자기 부처의 권한과 위신을 높이는 길이라고 생각하며, 관료 개인에게도 이익이 된다고 본다. 관료 개인의 입장에서 보면 그들의 업무를 잘 수행해서 승진하는 것이 목표다. 그런데 업무를 수행하기 위해서는 자원이 필요하다. 따라서 그들은 사업을 확대하려고 한다. 그들이 사익이 아닌 공익을 추구하는 경우에도 사업 확대를 바라게 된다. 장관의 입장에서도 예산 확보의 정도가 장관의 능력을 평가하는 지표가 되기 때문에 가급적 많은 예산을 확보하려고 시도하게 된다. 각 행정 부처의 관료들은 재정 수입에 대해서는 거의 책임이 없기 때문에 균형예산 또는 재정건전도에 대해서는 관심이 없으며, 그러한 걱정은 중앙예산기관에 전가하게 된다. 따라서 각 행정 부처는 예산편성 과정에서 확대 및 증액 지향적이고 공격적이다. 또한 중앙예산기관에 의해 삭감·조정될 것을 염두에 두고 많은 예산을 요구하게 된다.

---

2) 여기서의 행정 부처는 중앙예산기관에 예산을 요구하는 독립적인 조직 단위를 모두 지칭하며, 중앙관서를 말한다. 여기서는 대표적인 사례로서 행정 각 부처를 들고 있는 것으로 보면 될 것이다.

한편 예산편성 과정에서의 행정 부처 관료의 역할은 정치적이기보다 전문직업적이다. 그들은 사업 내용 및 사업 비용 계산과 예산요구액에 대한 상세한 지식과 정보를 갖고 있다. 따라서 예산 과정에서 그들의 역할은 전문성을 바탕으로 한 주창자로서 성격을 갖게 된다.

(2) 행정 부처 구성원의 역할 및 행태

행정 부처의 전체적인 역할 및 행태는 사업지향성과 증액 지향적 행태를 갖는 소비자로서 역할을 보여 주지만 내부 구성원을 좀 더 세부적으로 보면 그들의 역할은 약간씩 다르다.

각 행정 부처의 하위 단위인 국·과(局·課) 또는 본부·팀들은 서로 경쟁적으로 예산을 많이 획득하려고 하는 전형적인 주창자로서 성격을 갖는다. 또한 관련 분야의 사업에 대한 전문적 지식과 정보를 갖고 있는 전문직업적 성향을 보여 준다.

각 부처 예산의 실무책임자인 예산총괄 담당자는 국·과의 사업을 조정하고 장관과 기획재정부의 의도를 반영하는 역할을 수행한다. 예산총괄 담당자의 조정 역할은 대개 두 가지 차원에서 이뤄진다. 하나는 장관의 지시와 관심에 따라 부처의 예산편성 전략이 정해지면, 예산총괄 담당자는 그러한 장관의 의도와 국·과의 예산요구가 일치하는가의 여부를 검토한다. 대개 예산총괄 담당자는 국·과의 의견을 존중한다. 가능하면 부처의 예산을 많이 확보하고자 하는 것이 부처의 전략이기 때문이다. 다른 하나는 부처가 정부방침과 예산편성지침을 잘 지켰는지 그 여부를 검토한다. 따라서 예산총괄 담당자는 이중의 역할을 수행한다고 볼 수 있다. 기획재정부에 대해서는 부처가 예산을 더 많이 획득할 수 있도록 주창자의 역할을 수행하고, 다른 한편으로 부처 내부의 각 국·과에 대해서는 불요불급한 지출을 억제할 것을 권하는 재정 옹호자의 역할을 수행한다.

세입기관 및 세입 예측자는 고도로 훈련된 전문가 또는 상당한 정도의 경험을 가진 관료들로 구성되어 있기 때문에 전문직업적 성향을 가지며 재정지향성을 띤다. 이들은 특정 지출 프로그램에 거의 관여하지 않기 때문에 예산편성에서 그들의 전반적인 역할은 좁다. 그러나 그들의 예측과 조언은 추후의 작업에 매우 중요하다. 그들이 예측한 세입에 근거하여 예산편성이 이뤄지며, 국민들의 균형 예산에 대한 요구가 매우 크기 때문이다.

각 부처의 장은 예산편성 시에 역할 면에서 잠재적인 이중성을 갖는다. 즉, 한편으로 행정기관의 사업적 요구에 부응해야 하고, 다른 한편으로 행정의 최고책임자로부터 그들에게 부여한 재정수입의 제약을 고려해야 한다. 따라서 하급기관에 대해서는 재정지향성, 최고책임자에 대해서는 사업지향성을 갖는 이중성을 띤다. 그러나 부처의 장은 전체적으로는 부처의 예산을 확대하려고 하는 확대지향성을 갖는다. 또한 각 부처의 장은 전문직업적 역할 외에 정치적 역할을 어느 정도 수행한다.

2) 중앙예산기관

중앙예산기관은 예산편성의 가장 영향력 있는 핵심적인 기관이다. 또한 예산편성 문제에 대한 행정 최고책임자의 참모이기도 하다. 이러한 기관의 특성은 예산 행태에 그대로 반영되어 나타난다.

중앙예산기관인 기획재정부는 각 부처에서 올라온 예산요구액을 사정(査定) 및 조정(調整)하는 역할을 수행한다. 예산사정이란 각 부처의 사업 및 예산요구액을 검토하는 작업을 말한다. 각 부처의 예산요구액을 전부 합하면 가용재원인 세입 규모를 항상 초과하기 때문에 예산사정이란 곧 예산 삭감이라고 보아도 무방하다. 따라서 중앙예산기관은 삭감 지향적인 절약자 또는 삭감자로서의 역할을 수행한다. 따라서 그들은 기본적으로 재정지향성을 띤다.

우선적으로 삭감되는 예산 항목은 ① 충분히 타당성이 입증되지 못한 항목, ② 각 기관의 목표 달성과 직접 관련되지 않은 항목, ③ 행정의 최고책임자의 우선순위와 일치하지 않은 항목 등이다(Mikesell, 1995: 49). 그러나 중앙예산기관은 대통령의 선거 공약 및 정책 의지를 반영한다는 점에서 사업지향성도 어느 정도 갖는다. 그들은 한정된 재원 규모를 고려해 예산요구액을 대폭 삭감할 뿐만 아니라 대통령의 정책 의지를 반영해 각 부처 사업의 우선순위를 조정한다.

예산사정기관의 일반적 삭감 행태를 보면 단순히 '대패질' 정도가 아니라 '도끼질' 또는 '난도질'이라고 할 정도로 냉혹한 삭감 행태를 보여 준다. 그 결과 예산사정관은 "혐오스러운 노맨(abominable no-man)"이라는 명성을 얻는 경우가 세계 각국의 공통된 현상이다. 이러한 특성은 예산사정기관이 행정부에서 실질적으로 가장 영향력 있는 통제 기구임을 보여 주는 것이다.

그러나 예산총액배분 자율편성제도가 도입된 이후 예산사정기관의 행태가 변화하고 있으며, 사정기관과 요구기관 간의 권한 관계도 변화될 것으로 보인다. 부처 지출한도와 같은 거시적 결정은 사정기관이, 지출한도 내에서 자율적 예산편성은 요구기관이 갖는 구조로 권한 관계가 변화될 것으로 기대된다.

사업지향성 측면에서 예산사정관을 보면 그들이 사업에 대해 항상 완전 중립적인 입장을 취하는 것은 아니다. 중앙예산기관은 대통령의 참모기관이기 때문에 예산사정관들은 대통령의 정책 의지에 따른 그들의 정책 선호(policy preference) 또는 사업 선호를 갖게 된다. 또한 어떤 행정 부처의 사업을 두고 계속적인 접촉을 하는 경우 예산사정자로 하여금 특정 사업에 대한 지지자가 되게 할 수 있다.

한편 예산사정관들은 정치적 역할보다 전문직업적 역할을 수행하는 것이 지배적이다. 예산사정관들은 예산 과정의 참여자 중에서 유일하게 예산 분야의 전임직(full-time) 종사자다. 그들은 예산사정에 필요한 경험과 정보 및 분석 능력을 갖고 있다. 또한 그러한 전문지식과 기술을 갖고 있는 관료가 충원되거나 그러한 교육을 받는다. 예산사정관들의 전문성의 변천을 보면 예산회계를 강조하던 단계에서는 회계학적 배경, 관리를 강조하던 단계에서는 행정학과 경영학적 배경, 사업분석 및 평가를 강조하던 단계에는 경제학적 배경이 요구되었다. 이러한 전문적 배경 때문에 예산사정기관은 중립적이고 객관적인 성과를 이뤄낼 수 있게 된다. 또한 행정 최고책임자는 중앙예산기관의 중립적 조언을 원하며, 이것에 그들의 정치적 관심사를 추가할 수 있기를 바란다.

그러나 특정 부처의 특정 사업에 대해서는 예산사정관들이 예산요구자들보다 사업에 대한 지식과 정보가 부족한 경우가 많다. 소위 이들 기관 간의 정보의 비대칭성이 존재하는 것이다. 예산요구기관은 이러한 예산사정기관의 약점을 이용해 예산 확보 전략을 세우기도 한다.

3) 행정수반

행정수반인 대통령은 사업지향성과 재정지향성을 동시에 지니고 있는 수문장으로서 역할을 수행한다. 즉, 대통령은 한편으로 자신의 정책 의지를 예산에 반영하려고 노력하며, 다른 한편으로 재정 수입을 염두에 두고 예산 팽창을 늦추는 수문장 역할을 수행한다. 대통령은 광범위한 고객인 유권자에 봉사하고 보통 정치적 배경을 갖고 있기 때문에 보수적인 재정적 요구와 그들 자신을 위한 사업적 우선순위와 균형을 맞춰야 하는 것이다.

대통령의 사업지향성을 보면 지지자에 대한 보상 수단으로서 특정 사업에 대한 지지를 한다. 예컨대, 노동조합이 후보 당선에 도움을 주었다면 노동자의 안전 및 보상 프로그램에 대해 더욱 많은 예산을 배분해야 한다. 그러나 대통령은 국민을 대표해 선출된 사람으로서 특정 집단을 대표하기보다 광범위한 후원집단의 지지를 받고 있다고 볼 수 있다. 따라서 이들의 다양한 이익을 만족시키도록 노력해야 한다. 대통령 역시 나름대로의 지지자를 갖고 있지만 이들에 유리한 어떤 정책 선호가 다른 집단의 정책 선호와 균형이 맞아야 한다.

그러나 대통령은 재정에 대해서도 눈을 돌리지 않으면 안 된다. 더 많은 사업을 시행하기 위해서는 세금을 많이 거둬야 하지만 과다한 조세 부과는 다음 선거에서 지지자를 잃을 가능성이 있다. 따라서 재정 지향적 성향 역시 필요하다.

한편 대통령은 선거에 의해 선출되기 때문에 특정 문제나 전문직업적인 좁은 관심사에 얽매이지 않고 합의와 공통점을 추구하는 정치적 역할을 수행한다. 즉, 더욱 광범위한 후원집단의 연합을 포괄하려고 노력한다.

이러한 대통령의 예산 행태는 선출직 공무원인 지방자치단체의 장에게도 거의 그대로 적용된다. 다만, 지방정부는 중앙정부에 비해 재정지향성이 약간 더 강하다고 볼 수 있다. 그것은 지방정부의 경우 균형 예산에 대한 법적 요구가 더 강하고, 차입할 때 지방정부 간에 신용 면에서 차이가 있기 때문이다.

4) 국 회

국회의 예산심의 행태는 입법부의 형태에 따라 다양한 모습을 보여 준다. 양원제의 채택 여부 또는 위원회의 구성 방법에 따라 예산심의 행태는 약간씩 다르게 나타난다. 여기서는 우리나라 국회를 중심으로 국회 전체, 상임위원회와 예산결산특별위원회, 여·야당의 예산심의 행태를 살펴보기로 한다.

(1) 국회 전체의 예산심의 행태

일반적으로 국회는 예산결정의 주도자가 아니며, 오히려 수동적 역할(reactive role)을 수행한다. 행정부가 편성한 예산에 대해 통합적이고 포괄적인 접근을 하는 것이 아니라 예산의 한계 부분에 관심을 집중시키는 경향이 있다. 따라서 국회는 정책이나 사업을 변경하는 것보다는 예산 금액의 한계적 조정(marginal adjustment)을 하는 경우가 일반적이다. 정책 또는 사업 변경의 경우에도 소규모 사업인 경우가 대부분이다. 이것은 "행정부가 예산결정을 할 때 입법부를 지배한다"는 가설을 어느 정도 뒷받침하는 것이다. 이러한 심의 행태는 행정부와 국회 간의 정보의 비대칭성과 심의에 필요한 시간이 부족한 것 등이 작용한 것이다.

국회의 예산 금액에 대한 한계적 조정은 최근 예산심사 연혁에서 드러난다. 2013~2021년 동안 본예산 기준 총수입은 순증감이 1.1% 이하의 삭감 또는 영(zero)이고, 총지출은 2021년만 증액했을 뿐 나머지 연도는 순증감이 0.5% 이하의 삭감 또는 영(zero)이다. 증액이든 삭감이든 수정 비율을 절댓값으로 합산한 총수정 비율을 보면 총수입은 2.9% 이하의 수정 비율, 총지출은 1.8~3.3%의 수정 비율을 보여 준다. 총수입보다는 총지출에서 수정 비율이 높게 나타나고 있다.

그러나 국회의 한계적 조정이라는 점만으로 국회의 예산심의 역할을 과소 평가할 수는 없다. 왜냐하면 행정부의 예산요구액과 의회의 전년도 예산 승인액 간에는 높은 상관관계를 갖고 있기 때문이다(Wanat, 1978: 142). 따라서 예산결정은 두 기관 간 예산상의 상호작용 결과로 보아야 한다. 국회는 국민의 대의기관으로서 예산결정의 주도적 역할은 아니지만 예산심의활동을 통해 행정에 대한 감독과 정책형성의 기능을 수행하고 있다.

예산 산출의 측면에서 국회의 예산심의 행태를 보면 삭감 지향적 행태를 보여 준다. 국회에서 예산이 증액된 경우는 최근 2013~2021년의 9년 동안 1개 연도에 불과하고 나머지 연도는 삭감 또는 순증감이 영(zero)이었다. 소위 삭감자로서 역할을 수행한 것

표 6-2 국회의 예산 수정 현황

(단위: %)

연 도	순수정 비율		총수정 비율	
	총수입	총지출	총수입	총지출
2021	−0.1	0.4	0.2	2.5
2020	0.0	−0.2	0.1	3.3
2019	−1.1	−0.2	1.2	2.0
2018	0.0	0.0	0.1	2.0
2017	−0.1	0.0	2.9	2.7
2016	−0.1	−0.1	0.1	1.9
2015	−0.1	−0.2	0.1	1.8
2014	−0.4	−0.5	0.9	2.5
2013	−0.1	−0.1	0.0	2.7

주1: 본예산 기준임.

주2: 순수정 비율은 증액(+)과 삭감(−)을 그대로 합산한 수치이며, 총수정 비율은 증액과 삭감 비율의 절댓값을 합산한 수치임.

자료: 국회예산정책처 재정경제시스템에서 재작성.

으로 볼 수 있다. 이러한 삭감 지향적 행태를 보여 준 것은 국회가 국민의 조세 부담을 경감시키고 한정된 재원을 효과적으로 이용하도록 행정부를 감독 견제하는 데에서 비롯되었다. 헌법 제57조는 "국회는 정부의 동의 없이 정부가 제출한 지출예산 각 항의 금액을 증가하거나 새 비목을 설치할 수 없다"고 규정하고 있다. 이것은 국회는 원칙적으로 예산 삭감만을 할 수 있을 뿐이며, 예산 증액은 다만 예외적으로 인정된다는 것을 의미한다. 그러나 실제는 정부의 동의를 얻어 증액하거나 새 비목을 설치하기도 한다.

(2) 상임위원회의 예산심의 행태

① 상임위원회의 예산심의 행태

상임위원회는 예산심의뿐만 아니라 입법 및 기타 의안을 다루는 위원회다. 외국에서는 예산을 전문으로 다루는 위원회에서 통상 예산심의활동을 하는 데 반해, 우리나라는 상임위원회에서 예산의 예비심사를 하는 약간 특이한 제도를 운영하고 있다. 상임위원회가 소관 부처에 대한 국정감사 및 의안 처리 등을 통해 소관 부처의 사정을 숙지하고 있기 때문에 어느 정도 전문성을 발휘할 수 있고 민의를 반영할 수 있다는 점에서는 긍정적인 의미를 갖는다.

상임위원회의 예산심의 행태를 예산 산출과 연결시켜 본다면 때로는 증액 지향적이고 때로는 삭감 지향적인 행태를 보여 준다. 그러나 상임위원회의 예산심의 행태는 증액 지향적인 행태를 보여 준 경우가 더 많다. 이러한 현상은 상임위원회 의원들과 소속 부처 간에 상호 이익 관계, 즉 비영합게임(non zero sum game)으로 서로 인식하고 있기 때문이다. 예산 증액이 이뤄진 경우 의원들은 지역 선거구민에게 잘 보일 수 있고 행정 부처는 필요한 예산을 확보할 수 있다.

그런데 상임위원회의 예산심의 행태는 고객과의 관계에서 살펴보는 것이 매우 유용하다. 지역 선거구민과의 관계에서는 그들이 원하는 것을 해 주거나 그가 선거구민의 대표로서의 역할을 잘 수행하고 있다는 것을 보여 주어야 한다. 따라서 소관 부처의 예산 요구가 선거구에 혜택이 돌아간다면 선별적으로 사업지향성을 취하게 된다. 그러나 일반 시민과의 관계에서는 낮은 조세 부담을 원한다. 따라서 세출예산이 직접 선거구에 분명한 영향을 미치지 않을 때에는 재정지향성을 보여 준다. 이것을 세입 및 세출예산과 연계시킨다면 세입예산은 재정지향성, 세출예산은 사업지향성을 보여 준다. 그리고 소관 부처와의 관계에서는 소관 부처의 사업에 대해 호의적이며, 소관 부처의 입장을 옹호하는 경향을 보인다. 소관 부처의 입장에서도 상임위원회에 대해 일종의 연대의식을 갖고 있다. 그들은 제출된 예산액을 그대로 통과시켜 주거나, 기획재정부의 예산사정 과정에서 삭감된 부분을 부활시켜 주기를 기대하며 로비를 하기도 한다.

또한 상임위원회별로 예산심의 행태가 달리 나타나는 경향이 있다. 강신택(1974: 190-201)의 연구에 의하면, 상임위원회에서의 예산조정률 및 수정률이 비교적 높으면서 또 증액을 받은 기관들은 대체로 지역구의 이해와 관련이 있는 사업을 수행하는 동시에 전국적으로 일선기관을 가지고 있다. 예컨대, 당시의 건설부, 농진청, 농림부, 보사부, 노동청 등이다. 반면에 예산 수정 및 조정의 정도가 낮으면서 동시에 감액 지향적으로 예산심의를 받은 기관은 주로 일선기관이나 지방사업이 없는 기관들에 많다. 예컨대, 대통령실, 법제처, 총무처, 경제기획원, 감사원, 국가안보회의 등이다.

② 상임위원회와 예산결산특별위원회의 관계

상임위원회(이하 상임위)에서 예비심사가 끝나면 예비심사 결과보고서를 국회의장에게 보고하며, 국회의장은 정부예산안에 이를 첨부해 예산결산특별위원회(이하 예결위)에 회부한다. 그런데 예결위의 종합심사는 상임위의 예비심사 결과를 존중하도록 되어 있다. 종전에는 "존중한다"는 추상적 표현에 그쳤지만 2003년 국회법 개정에 의해 예결위는 상임위 예비심사 내용을 존중해야 하며, 소관 상임위원회에서 삭감한 세출예산 각 항의 금액을 증가하거나 새 비목을 설치할 경우에는 소관 상임위원회의 동의를 얻도록 규정했다.[3] 상임위에서 증액한 내용은 예결위에서 상임위의 동의 없이 삭감할 수 있으나, 상임위가 삭감한 내용은 상임위 의견을 반영하도록 규정하고 있다.

실제로 상임위에서 수정된 내용이 예결위에서 반영된 비율을 보면 별로 높지 않다. 특히 상임위에서 삭감 요구한 사안보다 증액 요구한 사안의 반영 비율이 더욱 낮게 나타나고 있다. 상임위의 예산심의 행태가 주로 증액 지향적인 점을 감안할 때 상임위의 예비심사가 예산결정 과정에서 별로 중요한 역할을 하지 못함을 알 수 있다.

(3) 예산결산특별위원회의 예산심의 행태

예산결산특별위원회의 예산심의 행태는 삭감 지향적이다. 예결위는 소관 부처의 예산을 심의하는 상임위원회와는 달리 예산안 전체를 종합 심사하기 때문에 재정지향성을 보여 주게 된다. 국민의 조세 부담 측면에서 재원 규모를 고려해야 하며, 행정부가

---

3) 다만, 새 비목의 설치에 대한 동의 요청이 소관 상임위원회에 회부되어 그 회부된 때부터 72시간 이내에 동의 여부가 예산결산특별위원회에 통지되지 아니한 경우에는 소관 상임위원회의 동의가 있는 것으로 본다.

제출한 예산에 대해 삭감 및 조정해야 한다는 역할 규범을 갖고 있다. 즉, 예결위원들은 지역 선거구민의 압력을 받지만 정부금고(public purse)를 지키고 지출을 축소하라는 압력을 동시에 받으며, 절약하라는 기대가 더 크다.

예결위의 종합심사는 앞에서 본 바와 같이 상임위의 예비심사 결과를 존중하지만 이에 구속되지는 않는다. 따라서 실질적으로 상임위의 수정 내용과는 별도로 예결위의 독자적인 수정이 이뤄진다고 볼 수 있다. 그리고 예결위에서 의결된 예산안은 거의 대부분 그대로 본회의에서 통과되는 경향이 있다. 이러한 예결위의 위상은 예결위가 예산심의 과정에서 대단히 중요한 역할을 담당하고 있음을 보여 주는 것이다.

그런데 예결위의 종합심사에서 가장 중요한 과정은 예산안조정소위원회에 의한 계수 조정 과정이다. 예산안조정소위원회는 예결위 전체회의에서 수임된 사항에 한해서 계수 조정하는 것을 그 본래의 임무로 삼으며, 부별 심사에서 나타난 위원들의 질의 및 요구 사항, 이에 대한 관계 장관의 답변을 토대로 하여 계수 조정을 행한다. 계수 조정 작업은 실질적인 예산조정 작업이라고 볼 수 있기 때문에 그 권한은 막강하다. 실제로 예결위 위원이 예산안조정소위원회 위원에게 청탁성 발언을 하는 것을 볼 때 소위의 권한이 막강함을 유추해 볼 수 있다.

따라서 국회의 예산 심의는 상임위의 심의보다 예결위의 심의가 우선이고, 예결위에서도 정책 질의나 부별 심사보다 예산안조정소위원회의 조정이 결정적이라고 할 수 있다. 소위원회안은 예결위 전체회의에서 수정 없이 받아들이는 것이 관례로 되어 있다. 2000년 국회법이 개정되어 소위원회는 공개하는 것이 원칙으로 되어 있다. 국회법 제57조 ⑤ 하에는 “소위원회의 회의는 공개한다. 다만, 소위원회의 의결로 공개하지 아니할 수 있다”고 규정되어 있다. 그러나 그동안 공개하지 않는 것이 관례였다.

(4) 선심성 예산 배정 행태

예결위원들의 예산심의 행태와 관련해 지적할 것은 ‘선심성 나눠 먹기식 정치(pork barrel politics)’[4]가 예산심의의 보편적 행태로 나타나고 있다는 점이다(Stockman, 1975 참조). 국회의원에게 가장 중요한 문제는 지역구에서의 지지 기반을 유지하는 일이다. 따라서 그들은 뭔가 출신 지역주민을 위한 정부사업을 유치해야만 되는 압력을 받는다. 결과적으로 의회에서의 예산심의가 공익을 추구하기 위한 행정부의 견제 및 통제 기능

---

4) Pork barrel이라는 용어는 미국 남부 농장주가 노예들에게 나눠 주기 위해 소금에 절인 돼지고기를 저장했던 큰 나무통에서 비롯되었다(Wolfensberger, 2001).

을 하기보다는 다른 지역구 출신 의원들과 협력해 서로 자신들의 지역구에 유리한 사업을 유치하기 위한 예산 확보에 몰두하게 된다.

이와 같은 나눠 먹기식 예산심의는 특히 분배정책 분야에서 가장 빈번하게 나타난다. 즉, 댐, 도로, 교량 건설이나 농지 개발 등과 같이 그 편익이 특정 지역구민에게 집중되고 비용은 국고에서 지불됨으로써 다수에게 분산되는 사업들은 쉽게 예산의 편성 및 승인이 이뤄지게 된다.

(5) 여 · 야당의 예산심의 행태

① 정당과 예산 행태

정당은 예산 과정을 이해하는 중심적인 대상은 아니다. 그러나 의회의 예산심의 과정은 정당에 의해 약하기는 하지만 영향을 받는다. 특히 의회와 행정부 간의 관계에서는 정당 요인이 주목의 대상이 된다.

페노(Fenno, 1966)의 연구에 의하면, 정당이 입법부와 행정부 간의 '예산 합치도(budget congeniality)'에 영향을 미친다고 한다. 여기서 예산 합치도란 대통령의 예산요구액이 여러 의회기관에 의해 승인된 비율이다. 예산 합치도의 비율이 높으면 우호적 관계, 낮으면 갈등 관계를 보여 준다. 이 비율을 '성공률(success ratio)'이라고 한다.

그는 수년 동안의 대통령의 예산요구액에 대한 미국 하원 세출위원회의 예산승인액의 비율(성공률)을 계산했다. 그 결과 대통령과 의회의 지배적인 정당이 일치할 때에는 성공률이 높게 나타나고, 정당이 다를 때에는 낮게 나타나는 것으로 밝혀졌다.

그러나 입법부와 행정부 간의 정당이 다르다고 해서 항상 예산 합치도가 낮은 것은 아니다. 정당의 이념이나 정강과 관련해 그 관계가 결정되는 경향이 있다. 즉, 진보적인 민주당 의회는 보수적인 공화당이 제출한 예산안에 대해 자유로운(liberal) 편인데 반해, 그 역은 성립하지 않는다. 이러한 견해는 공화당이 정부 지출을 축소하려고 하고 민주당이 확대하려 하는 정강과 관련이 있다. 공화당이 제출한 예산안은 민주당원에게는 작게 보이고 삭감을 적게 할 것이다. 반면에 민주당의 예산안은 공화당 의원에게는 크게 보이고 가능한 한 많이 삭감하려 할 것이다. 여기서 의회의 예산심의 행태에 영향을 미치는 정당 요인은 대통령과 의회 간의 정당의 일치 여부와 정당의 정강임을 알 수 있다.

② 여당의 예산심의 행태

우리나라 국회의 예산심의 행태에 영향을 미치는 정당 요인을 보면 약간 특이한 면이 있다. 앞에서 논의한 대통령과 국회 간의 정당의 일치 여부와 정당의 정강 등은 우리나라 국회의 예산심의 행태를 설명하기에는 설득력이 없다. 다만, 지금까지의 예산심의 행태를 보면 여당과 야당 간에는 상당한 차이를 보여 준다. 여당의 예산심의 행태를 보면, 예산심의 과정에서 행정부의 예산안을 기한 내에 거의 수정 없이 통과시키기 위해 최대한의 노력을 기울인 것으로 나타나고 있다(조석준, 1982: 417). 이것은 예산이 국회에 제출되기 전에 여당은 '당정협의회'를 통해 마치 소국회와 같은 내부 결정 과정을 거쳐서 국회의 예산심의에 대한 방침 및 전략을 굳혀 놓은 데에서 연유한다.

또한 예산이 국회에 제출된 이후에는 법정 기한 내의 통과를 묵시적으로 사전에 대통령에게 약속하고 예산심의에 임하는 것과 같은 인상을 주어 왔다. 실제로 여당의 의석 수가 국회 내에서 항상 압도적인 다수를 차지하고 있었기 때문에 여당이 의도했던 대로 예산은 기한 내에 거의 수정 없이 통과되어 왔다.[5] 따라서 예산심의 과정에서 비판 기능 또는 행정 감독 기능은 야당의 몫으로 되고 있다. 이러한 여당과 야당의 행태는 여야 간에 정권 교체가 이뤄진 김대중 행정부 이후에도 동일한 현상으로 나타났다.

③ 야당의 예산심의 행태

국회에서 여당의 예산심의활동이 약간 소극적이라고 한다면 야당의 예산심의활동은 적극적이다. 그 결과 야당의 예산심의 행태는 삭감 지향적 태도가 여당보다 훨씬 강하다. 야당은 기본적으로 정부의 예산안이 정권 연장에 도움이 되리라는 견해 아래 그것을 수정하려는 시각을 가지고 있다. 그래서 정부예산안은 낭비적이거나 국민 부담이 과중하기 때문에 삭감해야 된다는 규범을 내세운다(강신택, 1974: 180).

그러나 야당의 예산심의 행태의 가장 두드러진 특징은 예산심의를 정치적 이득을 극대화할 수 있는 기회로 생각한다는 점이다. 즉, 예산심의 과정에서 예산과 직접적 관련이 없는 정치적 문제를 쟁점화시켜 야당의 정치적 입지를 강화시키려 하거나, 예산을 볼모로 해서 정치적 이익을 최대로 얻으려는 예산 연계 투쟁을 상례화하고 있다(나중식, 1992: 263). 예컨대, 1985년의 헌법개정 특위안, 1986년의 야당(신민당)의 대통령 직선제 개헌추진대회 강행과 봉쇄, 1989년 5공 청산 관계, 1990년 국군조직법 등 변칙 처

5) 국회가 여소야대로 구성되었던 1989년과 1990년에는 예산이 법정 기한을 경과해 통과되었으며, 삭감액이 다른 연도에 비해 더 많았다.

리, 1992년 지방자치제 논쟁, 1993년 안기부법 개정, 1994년 12·12 사태 처리 등이 그러한 정치적 쟁점이다. 야당은 이러한 정치적 목적을 달성하기 위해 예산심의 과정에서 다양한 행동을 보여 주기도 한다. 예컨대, 예산심의 거부 또는 지연, 정책 질의 시 정부 측 공격, 의사 방해, 회의 중단, 퇴장, 출석 거부 등이다.

3. 기관의 역할 및 행태론의 한계

지금까지 예산 과정 참여자들의 역할 및 행태를 정리하면 하나의 유형을 찾을 수 있다. 즉, 행정 부처-상임위원회-여당은 사업 지향적이고 증액 지향적 행태를 보여 주는 소비자 또는 주창자로서 역할을 수행한다. 반면에 기획재정부-예산결산특별위원회-야당은 재정 지향적이고 삭감 지향적 행태를 보여 주는 삭감자 또는 국고 수호자로서 역할을 맡고 있다. 그리고 대통령은 균형 지향적인 수문장으로서 역할을 수행하고, 예산결산특별위원회도 주된 역할은 삭감자이지만 균형지향성을 어느 정도 보여 준다.

그런데 예산 과정 참여자들의 규칙적인 행태에 관한 앞에서의 언명은 일반론적 설명에 해당한다. 구체적으로 들여다보면 같은 참여자들 간에도 차이가 있다. 어떤 행정기관은 다른 기관보다 더 많은 예산액을 요구하고 실제로 더 많은 예산을 획득하며, 국회의 어떤 상임위원회는 다른 위원회보다 더 많이 삭감하기도 한다. 그리고 이러한 차이는 연도별로도 존재한다. 이러한 다양성을 설명하기 위해서는 다른 이론 또는 가설 등이 보완되어야 한다.

제 2 절 예산 전략

1. 예산 전략의 의의

예산 전략이란 예산 과정에서 각 참여자들이 자기들의 의도와 목표를 실현하기 위해 동원하는 일체의 수단과 지략을 말한다. 따라서 예산 전략이란 여러 차원에서 다양한 형태로 나타난다. 참여자의 입장에서 본다면 각 행정 부처의 예산확보 전략과 기획재정부의 예산사정 전략으로 나눌 수 있다. 이를 좀 더 세분한다면 각 행정 부처의 경우에도 대(對)기획재정부 전략, 대국회 전략, 대정당 전략 등으로 나눌 수 있으며, 기획재정부의 경우에도 대(對)행정 부처 전략, 대국회 전략, 대정당 전략 등으로 나눌 수 있다. 예산 과정의 단계별로 본다면 예산요구 전략, 예산사정 전략, 예산집행 전략, 수감(受監) 전략 등으로 구분할 수 있다.

그러나 예산 전략은 일반적으로 행정 부처의 예산확보 전략을 의미하며, 이것이 실제로 중요한 의미를 갖는다. 이러한 의미에서의 예산 전략이란 각 행정 부처가 더 많은 예산을 획득·유지하기 위해서 구사하는 공식적 또는 비공식적 행동을 말한다. 윌다브스키(Wildavsky, 1984: 63)에 의하면, 예산 전략은 예산담당관의 의도 및 생각과 그들에게 제약과 기회를 부여하는 정치 체제와의 연계를 맺어 주는 것이다. 따라서 예산 전략을 파악하게 되면 예산 행태와 예산정치를 이해할 수 있게 된다.

예산 전략은 대체로 세 가지 성격을 갖고 있다(이준영, 1970: 583-584). ① 비공식성(informality), ② 집요성(persistence), ③ 신축성(flexibility)이 그것이다. 비공식성은 예산전략이 대부분 비공식적인 경로를 통해 막후에서 전개되는 것이 일반적임을 의미한다. 예산 전략은 공식적 절차를 통해서도 이뤄지지만 비공식적 요인이 더 많이 작용하고 또한 더 중요한 역할을 하게 된다. 집요성은 예산사정관이 예산결정에 대한 판단의 재량을 갖고 있기 때문에 예산 당국자를 설득해 동의를 얻는 끈기를 발휘하는 것을 말한다. 신축성은 때와 경우에 따라 변화를 하며 적절한 대응을 해나가는 것을 말한다. 가령 하나의 사업예산이 삭감되면 다른 대안사업을 요구한다거나 또는 어떤 목표액이 관철되지 않으면 재빨리 최소한의 액수를 정해서 이를 사수선(死守線)으로 삼아 기어이 관철시키는 기민성을 발휘하는 것 등이 그러한 예다.

2. 행정 부처의 예산확보 전략

예산 전략은 크게 보편적 전략과 상황적 전략으로 구분할 수 있다(Wildavsky, 1984: 64-126 참조). 보편적 전략(ubiquitous strategies)은 예산결정 과정에서 항상 어느 곳에서나 이용되는 방법으로서 예산 관계자들의 지지를 확보하는 것이 기본 내용이다. 상황적 전략(contingency strategies)은 시간과 장소, 그리고 상황에 따라 이용되는 특수한 방법을 말한다. 상황적 전략은 특히 예산결정 과정에서 발생하는 여러 가지 기회에 대한 행정기관의 태도에 달려 있다. 여기서의 예산 전략은 대(對)중앙예산기관 전략뿐만 아니라 대(對)의회 전략까지 포함한다.[6]

1) 보편적 전략

보편적 전략은 기본적으로 예산 관계자들의 지지(support)를 확보하는 것이다. 각 행정 부처가 더 많은 예산을 확보하기 위해서는 기획재정부, 국회, 대통령 등 예산 관계자들의 지지와 후원을 받을 수 있는 전략을 시간과 장소를 가리지 않고 구사할 필요가 있다. 대표적인 보편적 전략으로서 다음 세 가지를 들 수 있다.

(1) 활동적인 고객을 동원하는 방법

각 행정 부처는 상호 관계를 맺고 있는 고객(clientele)을 갖고 있기 마련이다. 이들 활동적인 고객을 잘 활용하는 것이 예산확보의 유력한 전략이 될 수 있다. 여기서의 고객은 행정기관의 사업에 의해 영향을 받는 집단을 말한다. 예컨대, 농림축산식품부는 농민, 고용노동부는 노동자, 교육부는 교사, 산업통상자원부는 기업체 등이다. 그들은 하나의 조직체로서 활동하기도 하지만 대부분 여러 소집단으로 나뉘어 활동한다. 각 부처 사업에 의해 혜택을 받는 이들 집단은 각 부처 예산에 더 많은 관심을 기울이게 될 것이다. 이들 고객집단을 활용할 구체적 방법을 열거해 보기로 한다.

① 새로운 고객(지지자)의 확인

② 고객을 증대시키는 방법

③ 기존의 행정기관을 세분해 분명한 고객을 확보하는 방법

④ 영향력 있는 고객에게 직접 혜택을 부여하는 방법

⑤ 특정 고객에게 편익이 집중되는 사업을 개발하는 방법

⑥ 고객을 통해 사업의 필요성이 예산 관계자들에게 전달되도록 하는 방법

⑦ 고객을 통해 예산 지출 분위기와 여론을 조성하는 방법

⑧ 자문위원회를 활용하는 방법 등

고객을 활용한 이러한 예산 전략은 이미 형성된 행정기관과 고객 간의 공식적 또는 비공식적 관계에 토대를 두고 있다. 그런데 고객집단의 특성이 부처의 예산 전략의 내용과 방법에 영향을 미친다. 지지자가 강력하고 잘 조직화되어 있고 수가 많을 경우 부처의 행동이 직접적이며 성공적일 것이다.

반면에 지지자가 약하고 분산된 경우에는 예산획득에 대한 확신이 줄어들게 될 것이

6) 특히 윌다브스키는 의회 예산청문회 과정에서 의원들을 대상으로 한 예산 전략에 대해 많은 논의를 하고 있다.

다. 한 가지 유의해야 될 점은 고객을 이용한 예산 전략의 경우 잘못하면 행정기관이 이들 집단에 포획당하는(captured) 문제를 유발할 수 있다는 점이다. 즉, 행정기관이 지나치게 관련 이익집단의 이익을 옹호하고 대변하는 문제가 발생할 수 있다.

(2) 신뢰를 확보하는 방법

각 부처가 예산 관계 기관들로부터 신뢰성이 높다고 인정받는 것은 예산확보에 매우 효과적인 전략이다. 예산결정 과정 자체가 매우 복잡하고 사정기관이 세세한 내용을 파악하고 결정하는 것이 아니기 때문에 서로 신뢰 관계가 형성되어 있는 경우 그만큼 예산확보에 도움이 된다. 이러한 신뢰 관계는 업무 면과 인간적인 면에서 형성될 수 있다. 신뢰를 확보하는 구체적 방법을 예시하면 다음과 같다.

① 솔직하고 객관적으로 타당성이 있는 예산을 편성하는 방법
② 상대방의 기대에 부응하는 예산을 편성하는 방법
③ 성실하고 믿을 수 있다는 인상을 주는 방법
④ 예산 관계자들과의 인간적 유대 또는 친분 관계를 발전시키는 방법
⑤ 서로 이익이 될 수 있도록 보상 또는 교환(give and take)하는 방법 등

(3) 사업의 필요성과 가치를 강조하는 방법

고객을 이용하는 방법과 신뢰를 확보하는 방법이 간접적인 예산 전략이라고 한다면 사업의 필요성과 가치를 강조하는 방법은 직접적인 전략이다. 소관 사업의 필요성과 타당성에 대해 관련 자료와 논리를 통해 예산 관계자를 설득하는 것이 예산을 확보하는 직접적인 방법이 된다. 여기에도 다음과 같은 다양한 방법이 있을 수 있다.

① 사업이 시행되었을 때의 결과를 선전하고 알리는 방법
② 관계자들을 현장에 초청해 실제 상황을 보게 하는 방법
③ 영향력 있는 고객에게 사업의 타당성을 전략적으로 강조하는 방법
④ 복잡한 내용을 단순화해 이해하기 쉽게 보고하는 방법
⑤ 사업의 결과를 너무 좋게 평가하는 것을 피하는 방법
⑥ 사업의 결과를 측정하기 곤란한 경우 불리하므로 이를 피하는 방법
⑦ 사업 결과가 바로 드러나지 않는 경우 불리하므로 이를 피하는 방법
⑧ 사업 결과에 대한 통계 수치를 활용하는 방법
⑨ 모든 절차를 성실히 준수했으므로 좋은 결과가 나올 것이라고 설득하는 방법 등

2) 상황적 전략

상황적 전략은 예산결정 과정에서 발생하는 여러 가지 상황에 따라 신축성, 기민성, 집요성을 발휘하면서 대응하는 것을 말한다. 윌다브스키는 상황적 전략을 ① 기존 예산의 삭감을 방지하는 전략, ② 기존 예산의 유지 또는 조금 더 예산을 확보하는 전략, ③ 새로운 사업을 추가하는 전략으로 나눠 설명하고 있다. 이를 달성하기 위한 구체적인 전략은 다음과 같다(Mikesell, 1995: 49-54 참조).

(1) 기존 예산의 삭감을 방지하는 전략

① 연구물을 제출하라.

② 인기 있는 사업을 삭감하라.

③ 최악의 결과를 제출하라.

④ 전부 아니면 무(all or nothing) 전략을 써라.

⑤ 상대방이 선택함을 강조하라.

⑥ 전문가임을 강조하라.

(2) 기존 예산의 유지 또는 증액을 확보하는 전략

① 추계액을 재산정(round up)하라.

② 표현 방식을 그럴듯하게 포장(chrome it)하라.

③ 분산 은닉(sprinkling)하라.

④ 숫자 게임을 이용하라.

⑤ 업무량과 예비 예산(backlog)을 확보하라.

⑥ 회계 제도의 함정을 이용하라.

(3) 새로운 사업을 추가하는 전략

① 기존 사업(old stuff)을 활용하라.

② 기득권(foot-in-the door financing)을 활용하라.

③ 자체 부담(It pays for itself)임을 주장하라.

④ 절약을 위한 지출(spend to save)임을 강조하라.

⑤ 위기를 활용하라.

⑥ 항목 분류(mislabeling) 방식을 활용하라.

⑦ 다른 기관의 사업과 연계하라.

⑧ 의무적 지출(mandates)을 활용하라.
⑨ 다른 기관 사업과의 경쟁을 연계하라.
⑩ 소액 사업임을 주장하라.

3. 중앙예산기관의 대응 전략

각 행정 부처의 예산요구에 대해 중앙예산기관인 기획재정부는 삭감자로서 역할을 수행한다. 각 부처의 예산요구가 과다한 경우가 대부분이기 때문에 이를 검토해 삭감하기 위해서는 다양한 방법과 전략이 사용된다. 여기서는 이론적 측면에서 논의될 수 있는 예산사정 방법을 예시하고자 한다(Lewis, 1952: 42-54; 강인재 · 민진 · 윤영진, 1985에서 재인용). 이들 방법은 상호 배타적인 것은 아니며 보완적으로 사용될 수 있다.

1) 한도액 설정법(fixed-ceiling budgeting)

하급기관이 예산을 요구하기 전에 초과할 수 없는 예산요구 한도액을 미리 설정하는 방법이다. 상급기관은 그 기준을 지켰는지 세밀하게 검토한다. 예산총액배분 자율편성제도는 이 방법을 제도화한 것이다.

이 방법은 하급기관에 예산편성의 자율성을 부여함으로써 사업의 상대적 가치를 스스로 판단하고 우선순위를 정하게 하는 방식이다. 그 결과 상급기관이 예산사정에 도움을 받을 수 있는 장점이 있다. 그러나 한도액을 정하는 객관적 근거를 확보하기 어려운 점이 있다. 또한 하급기관에 대해 미리 단일 한도액을 규정하는 것은 자료와 증거가 제시되기 전에 사안을 판단할 위험성을 안고 있다.

2) 무제한 예산법(open-end budgeting)

하급 부서가 예산을 요구할 때 한도액을 제한하지 않는 방법이다. 이 방법은 하급기관의 입장에서 볼 때 새로운 사업을 추가하기가 용이하고, 희망하는 사업의 종류와 규모를 모두 표현할 수 있다는 점에서 유리하다. 그러나 상급기관이 예산 삭감의 모든 부담을 져야 한다는 점에서 예산사정에 어려움이 따른다.

3) 업무량 측정 및 단위 원가 계산법(work load measurement and unit costing)

가능한 영역에서 업무 단위를 개발하고 단위 원가를 결정해 예산액을 산정하는 방법이다. 성과주의 예산에서 활용된 방법이며, 정밀한 계량적인 측정을 바탕으로 예산을 요구한다는 점에서 합리적인 사정이 가능하다는 장점이 있다. 그러나 업무 단위와 단위 원가의 결정이 쉽지 않다는 단점이 있다.

4) 증감 분석법(increase - decrease analysis)

전년도 예산과 대비해 증감된 예산요구 항목을 중점적으로 사정하는 방법이다. 예산 사정기관이 가장 손쉽게 사용하는 방법이며, 모든 예산 항목을 매년 재검토할 필요가 없다는 점이 장점이다. 그러나 예산사정기관은 감소된 예산 항목보다 증가된 예산 항목에 관심을 보이는 경향이 있고, 각 기관에 필요한 기본 예산액이 얼마인지에 대한 검토가 등한시되는 단점이 있다.

5) 우선순위 명시법(priority listing)

하급기관이 예산 항목 또는 예산사업 간의 우선순위를 명시해 줌으로써 예산을 사정하는 데 도움을 주는 방법이다. 정부가 영기준 예산제도를 적용하면서, 부처의 장이 소관 사업에 대해 우선순위를 책정하도록 요구한 것이 그러한 예다. 예산사정기관이 예산을 삭감할 때에 우선순위가 낮은 사업부터 배제함으로써 예산사정을 용이하게 하는 장점이 있다. 그러나 예산 항목 간의 우선순위를 정하기가 쉽지 않다.

6) 항목별 통제법(item-item control)

하급기관이 제출한 예산 항목을 항목별로 검토해 사정을 하는 방법이다. 대표적인 예로 예산실의 한 직원이 모든 부처의 인건비, 공공요금 등의 단일 항목을 전문적으로 사정하는 것이다. 이 방법은 전체 사업의 관점에서 개별 사업을 검토하기가 힘들다는 단점이 있다.

4. 예산요구의 정도와 예산획득의 관계

1) 예산요구의 공격성과 예산획득

예산요구 전략의 일환으로 "어느 정도의 예산을 요구하는 것이 예산획득에 유리할 것인가?"의 문제가 있다. 일반적으로 각 행정 부처는 기획재정부 또는 국회에서 삭감될 것을 염두에 두고 전년도 예산보다 많은 예산을 요구하는 것이 관례다. 예산 전략 차원에서 볼 때 예산을 과다 요구하는 것이 예산획득에 유리한지, 아니면 최소한의 요구를 하는 것이 바람직한지의 문제가 궁금하지 않을 수 없다.

예산요구의 정도 또는 예산획득 욕구의 정도를 예산요구의 공격성(aggresiveness) 또는 진취성(assertiveness)이라고 부른다. 따라서 예산요구의 정도가 클수록 공격성 또는 진취성이 높다고 볼 수 있다. 어떤 의미에서 예산요구의 공격성 또는 진취성은 행정기관 예산확보의 필요 조건이다. 기획재정부 또는 국회는 예산요구액을 크게 초과해서 승인하지 않기 때문에 예산의 획득 욕구는 예산확대의 필요 조건인 것이다. 그러나 충분조건도 되는가?

윌다브스키(Wildavsky, 1986: 32)와 같은 점증주의자들은 예산요구가 과다할 경우 그 부처의 신용이 실추되어 적당히 요구한 경우보다 오히려 손해를 본다고 주장한다. 이들의 주장은 예산을 과다 요구해 많은 예산을 획득할 수 있다고 본다면 점증주의 자체가 성립될 수 없다는 데에 근거를 두고 있다.

그러나 많은 연구 결과에 의하면, 예산요구의 공격성이 높을수록, 즉 예산요구액이 많을수록 예산획득의 정도가 크다는 점이 밝혀지고 있다. 즉, 예산요구액의 증가분과 승인된 예산 증가분 간에는 강한 상관 관계가 있는 것으로 나타나고 있다. 이러한 높은 상관 관계는 특정 기관의 시계열분석이든 여러 기관의 비교 분석이든 동일한 연구 결과로 나오고 있다(Wanat, 1978: 149).

그런데 삭감의 정도 면에서 본다면 더 많이 증액 요구한 기관이 역시 가장 많이 삭감되는 경향이 있다. 즉, 대폭 증액된 예산을 요구한 기관이 소폭 증액 요구한 기관보다 더 많이 삭감되며, 예산 승인을 받는 비율이 더 낮게 나타난다. 따라서 측정치를 예산 증가율이 아닌 예산요구액의 승인된 비율로 본다면 정반대의 결과로 나타나게 될 것이다.

결론적으로 예산 성장 측면에서 본다면 더욱 공격적인 기관이 많이 삭감당하는 것은 사실이지만 결과적으로 이들 기관의 예산 증가율이 훨씬 높게 나타난다고 볼 수 있다(LeLoup, 1975: 65-90; 유훈, 2003: 188). 그러나 공격적인 예산의 과다 요구가 반드시 현명하거나 효과적인 예산 전략이 될 수 없다는 사실을 유념할 필요가 있다. 윌다브스키가 지적했듯이 예산의 과다 요구는 신뢰성을 상실할 가능성이 있고, 예산사정 과정에서 부풀리기(padding)에 대한 집중적인 검토를 받을 가능성이 있다.

2) 예산요구의 공격성을 결정하는 요인

예산요구의 공격성 또는 진취성은 행정기관에 따라 다르다. 그러면 왜 특정 기관은 다른 기관보다 공격성이 높으며 더 많은 예산 증액 요구를 잘 해내는가? 이러한 공격성의 차이는 다음과 같은 요인이 작용하고 있다고 본다(Wanat, 1978: 149-150; LeLoup & Moreland, 1978: 238; 유훈, 2003: 188 참조).

(1) 예산요구의 타당성

어떤 사업에 대한 필요성이 널리 인정된다고 판단되면 그 사업에 대한 예산을 더 많이 요구하게 될 것이다. 반면에 예산요구의 타당성이나 중요성이 떨어진 경우에는 그 요구 액수와는 상관 없이 사소한 것으로 취급된다. 따라서 타당성이 있고 가치 있는 요구의 경우에는 예산요구의 공격성이 더 커질 것이라고 예측할 수 있다.

(2) 행정기관의 고객의 특성

행정기관의 사업이 많은 사람들로부터 지지를 받고 있다면 그러한 기관은 증액 요구를 하는 데 더욱 공격적이 되도록 해 줄 것이다. 또는 대통령이나 의회와 같은 후원 기관의 지지를 받고 있는 경우에도 예산요구의 공격성이 높아질 것이다.

행정기관의 예산획득 전략과 고객의 특성 간의 관계에 대해 샤칸스키(Sharkansky, 1965: 254-281)의 흥미있는 연구가 있다. 그는 1951년부터 1963년까지 미국 교육청, 아동국, 하워드대학교, 식품의약품관리청 등 네 기관의 하원 세출위원회에서의 경험을 조사했다. 그 결과를 보면 교육청(Office of Education)의 예산요구가 가장 공격적이고, 하워드대학교(Howard University)[7]의 공격성이 가장 약했다. 당시 소련의 스푸트니크 인공위성 발사는 미국 교육의 질에 대한 관심을 불러일으켰으며, 교육에 대한 더 예산 배분은 학생, 교사, 교수, 중·고등학교, 대학교 등 많은 기관에 혜택을 줄 수 있다는 인식 때문에 매우 광범위한 고객층을 갖고 있었다. 이를 배경으로 교육청은 예산요구에 공격적일 수 있었다. 반면에 고객이 주로 흑인이고 외부의 지원 세력이 없는 하워드대학교는 예산요구 시에 최소한의 요구를 할 수밖에 없었다. 따라서 하워드대학교보다 더 많은 비율의 예산요구를 했던 교육청은 더 많이 삭감당하기는 했으나 실제의 예산은 더 많이 획득했던 것이다.

---

7) 하워드대학교는 학생, 교수 대부분이 흑인들로 구성된 미국 워싱턴 D.C.에 있는 대학교다.

(3) 부처의 장의 가치관

외부 지지집단의 지원이 강력하더라도 부처의 태도에는 차이가 있다. 부처의 장이 적극적이고 예산획득의 의지가 강할수록 예산요구의 공격성은 더 커진다. 반면에 부처의 장이 보수적이면 안정성만을 추구하고 진취성이 부족한 경우가 많다.

제 3 절 예산 내용과 예산 행태

예산 과정 참여기관의 예산 행태와는 달리 예산 내용의 성격에 따라 예산 행태가 달라지기도 한다. 예산 지출 항목이 경직성 경비인지 비경직성 경비인지에 따라 예산 행태가 달라지고, 사업 또는 정책의 성격에 따라서도 예산 행태가 달라진다.

1. 경직성 경비와 예산 행태

예산 내용을 의무적(mandatory) 지출과 재량적(discretionary) 지출로 구분할 경우 의무적 지출 항목이 예산사정 및 심의 단계에서 크게 수정됨이 없이 쉽게 결정된다. 반면에 재량적 지출 항목, 즉 사업적 지출은 삭감의 정도가 크고 집중적인 예산 검토의 대상이 된다.

의무적 지출 항목의 경비를 경직성 경비(uncontrollable spending)라고 부른다. 경직성 경비란 법률상 또는 정책상 지출이 결정되어 있는 까닭에 법률의 개정이나 기본 정책의 수정 없이는 삭감할 수 없는 경비를 말한다(유훈, 2003: 189). 경직성 경비는 절차적 경직성 경비와 실질적 경직성 경비로 분류할 수 있다. 전자는 지출에 여러 기관이 관여하기 때문에 어느 한 기관이 그것을 통제할 수 없는 경비를 말하며, 재정차입이 그러한 예다. 후자는 특정 목적에 지출하도록 외부의 요인에 의해 제한을 받고 있는 경비를 말하며, 사회보장적 지출이 그러한 예다(Wanat, 1978: 119-125).

우리나라는 2013년 예산안부터 재정지출 사업을 의무지출과 재량지출로 구분하여 산출내역 및 증가율 등을 국가재정 운용계획에 포함하여 국회에 제출하고 있다. 의무지출은 법령에 따라 지출의무와 지출규모가 명시되는 법정지출과 이자지출로 구분되며,

재량지출은 재정지출에서 의무지출을 제외한 지출을 말한다. 의무지출 사업은 지방이전재원, 복지, 이자지출 및 기타 분야로 구분한다. 지방이전재원은 내국세의 일정 비율을 교부하는 지방교부세와 지방교육재정교부금을 말하며, 복지 분야 의무지출에는 기초생활보장급여, 공무원연금 등의 공적연금, 기초연금과 노인장기요양보험 등이 있다. 기타 쌀소득고정직불금, 유엔 PKO 예산 분담금 등도 의무지출 항목이다.

미국의 경우 적자재정을 해소하는 방안으로 예산 항목을 재량적 지출과 의무적 지출로 구분하고, 재량적 지출 프로그램은 지출 상한선(spending caps)을 마련하고, 의무적 지출 프로그램에 대해서는 PAYGO 준칙을 적용한다. 두 지출 간에 예산 대응 행태가 다름을 알 수 있다.

그런데 경직성 경비라고 하더라도 그 내용을 보면 삭감 가능성의 정도가 약간씩 다르다. 즉, 전혀 삭감할 수 없는 경비가 있는가 하면 어느 정도 삭감이 가능한 경비가 있을 수 있다. 따라서 상대적 통제 가능성(relative controllability)이라는 관점에서 경직성 경비를 보는 것이 바람직하다. 이것은 경직성 대 비경직성의 이분법으로 보는 것이 아니라 상대적 통제 가능성이라는 연속선상에서 예산 내용을 파악하는 것이다. 이 경우 경비를 가장 통제가 어려운 경비로부터 가장 통제하기 쉬운 경비의 순으로 나열할 수 있다.

르루프(Lance T. LeLoup)가 행한 미국 예산의 비목별 통제 가능성에 대한 연구는 이것의 좋은 예시라고 볼 수 있다(LeLoup, 1988; 유훈, 2003에서 재인용). 그는 각 비목의 최대한 삭감 가능성(maximum possible deduction)을 추정한다. 전혀 삭감할 수 없는

표 6-3 비목별 통제 가능성

(단위: %)

비 목	추정 최대한 삭감 가능성(A)	예산총액에서 각 비목이 점하는 비중(B)	재량의 범위 (A×B)
고정경비	0	10	0
계속사업	2	17	0.3
이전지출 등	5	46	2.3
인건비	10	16	1.6
일반행정비	20	6	1.2
연구·보조금·신규사업 등	30	5	1.5
합계		100	6.0

자료: 르루프(LeLoup, 1988: 77).

고정경비로부터 계속사업, 이전지출 등 인건비, 일반행정비, 그리고 삭감 가능성이 가장 큰(30%) 연구 · 보조금 · 신규사업 등의 순으로 나열하고 있다. 또한 최대 삭감 가능성과 예산총액에서의 비중을 고려한 예산 과정에서 재량의 범위를 보면 극히 제한되어 있음을 알 수 있다.

2. 사업 내용과 예산 행태

지금까지 논의한 경직성 경비는 사전에 법률적 또는 정책적으로 예측이 가능한 경비였다. 그런데 특정 기관의 예산 지출 항목별로도 예산 삭감 정도 또는 예산 선호 정도가 다르게 나타나는 것을 볼 수 있다. 즉, 각 기관의 사업 내용 및 성질이 예산 행태에 영향을 미치는 것이다.

이 점에 대해 나체즈와 버프(Natchez & Bupp, 1973)는 미국 원자력위원회(Atomic Energy Commission: AEC)의 예산편성 국면에서 명확히 밝히고 있다. 그들은 1958년에서 1972년 동안 원자력위원회에서 수행된 23개의 사업을 조사해 '번영지수(prosperity score)'를 계산했다. 여기서의 번영지수란 행정기관이 예산을 요구할 때 예산획득 면에서의 경합적인 사업의 상대적인 성공 또는 실패를 측정한 것이다. 그 기간 동안 특정 사업은 규칙적으로 다른 사업들보다 더 번영한 것으로 나타났다. 예컨대, 고에너지 물리학, 핵안전, 일반반응장치 기술에 관한 사업은 비행기의 핵 추진장치, 육군 핵 반응장치, 교육, 훈련 및 정보에 대한 사업보다는 자금 면에서 더 풍부한 것으로 나타나고 있다. 이것은 사업의 특성이 예산편성에서 더 많은 지지와 예산획득을 받고 있다는 것을 보여 준다. 즉, 고위 관료들은 특정 사업을 다른 사업보다 선호하고 있는 것이다.

예산심의 단계에서도 예산요구액에 포함된 사업에 따라 달리 취급되는 것을 볼 수 있다. 1960년에서 1970년까지의 미국 국방부 예산을 분석한 칸터(Kanter, 1972: 129-143)에 의하면, 의회는 국방부 세출예산법의 예산 항목에 대해 엄격성 면에서 달리 다루고 있다. 연구된 네 개의 예산 항목은 인사, 작전 · 유지, 조달, 연구 · 개발 · 검사 · 평가다.

연구 결과를 보면, 첫째, 의회가 대통령의 예산요구액을 거의 수정하고 있지 않은 항목은 조달, 연구 · 개발 · 검사 · 평가 항목보다 인사와 작전 · 유지 항목에서다. 둘째, 예산요구액의 수정 규모 면에서 조달과 연구 · 개발 · 검사 · 평가 항목이 다른 항목보다 더 큰 것으로 나타나고 있다.

지금까지의 논의를 정리해 볼 때 어느 한 기관의 예산이라도 예산지출 항목 간에 삭감 및 선호의 정도 면에서 달리 취급되고 있다는 것은 분명하다. 그러나 어떤 유형의 지출 항목이 더 선호되고 또 더 많이 삭감되는지에 대해서는 분명히 밝히기 어려운 측면이 있다.

제 4 절 예산 수요와 예산 행태

1. 예산결정요인론

이론적으로 예산의 모든 과정은 예산을 통해 국민의 욕구(wishes)를 정부 행동으로 옮겨 주는 것으로 생각할 수 있다. 국민의 욕구는 예산 수요를 형성하며, 이러한 예산 수요는 예산 과정을 거치면서 예산 내용을 결정하게 된다. 여기서 예산 내용을 결정하는 것은 예산 수요를 형성하는 환경적 요인과 예산 과정의 특성을 반영한 정치행정적 요인이다. 그런데 정책 산출로서의 예산을 결정하는 요인 중에서 사회경제적 요인이 더 중요한지 아니면 정치행정적 요인이 더 중요한지에 대해 많은 논란이 있었다. 이에 대한 연구가 정책결정요인론에서 활발하게 이뤄진 바 있다.

정책결정요인론은 1950년대에 패브리칸트(Solomom Fabricant), 브레이저(Harvey Brazer) 등의 경제학자들에 의해 소득, 도시화, 인구밀도, 인구 규모 등의 사회경제적 요인이 재정 지출 면에 가장 강력한 영향을 미친다는 것이 밝혀짐으로써 제기되었다. 패브리칸트는 미국 주정부들의 예산을 분석한 결과 예산 행태를 총지출액의 차이로 볼 때, 1인당 소득, 인구밀도, 도시화의 세 가지 사회경제적 변수가 총지출액 차이의 72% 정도를 설명할 수 있음을 밝혔다. 그 중에서도 특히 1인당 소득이 지출과 가장 강한 상관관계를 갖고 있다고 한다(정정길, 1988: 99). 패브리칸트는 종속변수를 총지출액으로 보고 있으나 브레이저는 총지출액만이 아니라 부문별 사업예산도 포함시키고 있다. 브레이저의 연구 결과도 인구밀도, 가구 소득, 타 정부기관으로부터의 보조가 가장 강력한 영향을 미치는 것으로 나타났다. 즉, 이들이 증가하면 지출도 증가된다는 것이다.

이러한 연구 결과는 정치학자들이 전통적으로 정책의 내용은 정치 체제의 특성에 의해 좌우된다고 믿어 왔던 생각과 반대되는 것이었다. 그 후 정치학자들인 도슨(Richard

Dawson)과 로빈슨(James Robinson), 다이(Thomas R. Dye), 호퍼버트(Richard I. Hofferbert) 등의 연구에서도 역시 유사한 결과가 나옴으로써 정치행정학자들에게 충격을 주었다. 그들 역시 정당 간 경쟁, 투표율, 정부의 운영 관리와 같은 정치적 요인보다 도시화, 산업화, 소득, 교육 수준 등의 사회경제적 요인이 더 중요한 영향을 미친다는 것이다. 앞의 학자들이 미국의 주정부 또는 시정부를 연구 대상으로 한데 반해, 국가 간의 비교 연구를 한 경우에도 동일한 결과가 나왔다. 즉, 카트라이트(Catright)와 윌렌스키(Harold L. Wilensky) 등도 정치적 이데올로기의 차이나 체제상의 차이가 정책의 내용에 직접적인 영향을 미치지 못하며, 국민소득이나 경제 발전 수준에 의해 주로 좌우된다는 연구 결과를 발표한 것이다.

그러나 샤칸스키(Ira Sharkansky)와 호퍼버트, 프라이와 윈터스(Fry & Winters) 등은 복지예산의 결정에 경제적 변수는 물론 정치적 변수도 영향을 주며, 경제적 변수는 정치적 변수에 영향을 미친다는 사실을 밝히게 되었다. 이것을 제3의 모형 또는 혼합모형이라고 한다. 한편 호퍼버트의 통합 다단계 모형을 발전시켜 1인당 총지출에 정치적 요인 및 사회경제적 요인보다 세입의 탄력성, 1인당 세금, 세입에서의 부채, 재정 압박도 등의 재무구조적 요인과 정부 제도적 요인들이 더욱 큰 영향을 미친 것으로 밝힌 연구도 있다(김성태, 1993: 152-192).

그런데 정책결정요인론은 독립변수와 종속변수의 선정 문제, 변수 간의 상관 관계 문제, 계량화의 문제, 인과 관계의 불명확 등의 문제점을 갖고 있는 것으로 비판을 받고 있다. 변수의 개념화와 조작화에 여러 가지 문제가 있어서 아직 분석 결과의 신뢰성과 타당성이 그렇게 만족할 만한 수준에 이르지 못하고 있다(남궁근, 1993: 51-70). 여러 가지 문제점이 있긴 하지만 정책결정요인론에서 분명하게 밝혀진 점은 예산결정에서 사회경제적 변수가 매우 중요하다는 사실이다.

2. 예산 수요와 예산 행태

예산결정요인론에서 보듯이 사회경제적 변수가 정책 산물로서의 예산에 미치는 영향이 매우 크다. 그런데 사회경제적 변수는 예산 수요를 형성하고, 예산 수요는 예산 행태에 영향을 미친다고 볼 수 있다. 여기서의 예산 수요란 예산을 수반한 행정 서비스에 대한 요구라고 볼 수 있다. 따라서 사회경제적 요인, 예산 수요, 예산 행태 간의 관계는 다음과 같다.

그림 6-1 예산 수요와 예산 행태 간의 관계

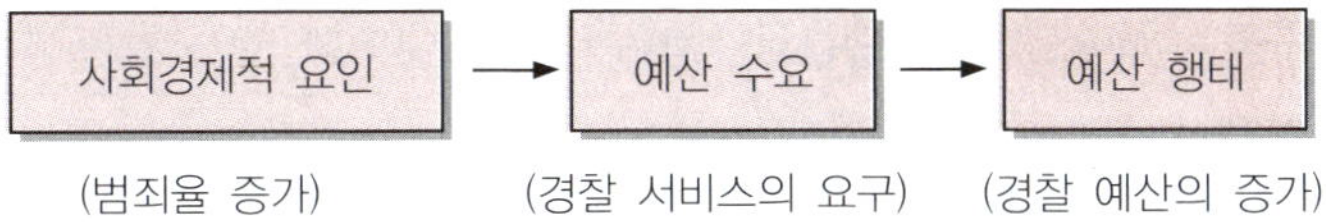

예컨대, 범죄율이 증가하면 경찰 서비스에 대한 주민들의 요구가 증대하고 이것은 경찰 예산 증가의 요구로 나타난다. 또는 교량 및 건물 붕괴가 빈번히 발생할 경우 안전 진단에 대한 서비스의 수요가 증대하며 이것은 곧 안전 진단에 대한 예산 증가로 연결된다. 이것을 예산결정의 경제 또는 수요모형(economic or demand model)이라고 부른다.

잭슨(Jackson, 1972: 35-60)의 미국 클리블랜드 시의 예산결정에 관한 연구는 공공서비스에 대한 요구가 예산결정에 미치는 영향을 잘 보여 준다. 그의 연구는 예산결정의 관료모형(bureaucratic model)과 경제 또는 수요모형의 적용 가능성을 평가하고 있다. 관료모형은 세출예산 결정 시에 특징 유형이 나타나는 것은 주요 참여자 간의 규칙적이고 일상화된 상호작용이라고 본다. 경제 또는 수요모형은 서비스에 대한 외부의 수요 및 요구가 각종 목적에 대해 얼마만큼 배분되는가를 결정한다고 본다. 두 가지 모형에서 논하고 있는 변수 모두가 예산결정에 중요하지만, 특정 지출 항목에서는 공공 서비스에 대한 수요가 예산 배분을 설명하는 중요한 요인임은 분명하다. 그런데 어떤 시장(市長)에게는 예산 수요가 중요한 요인이지만 다른 시장에게는 별로 중요하지 않은 것으로 나타나서 일률적인 결과로 나오지는 않고 있다.

예산이론

학습 포인트

1. 키의 질문
2. 예산결정이론의 전개
3. 총체주의
4. 점증주의
5. 다중 합리성 모형
6. 조직과정 모형

제 1 절 예산이론의 전개

1. 예산이론과 키의 질문

예산결정에 관한 기본적인 문제를 제기한 사람은 키(V. O. Key, Jr.)다. 키(Key, 1940: 1137-1144)는 1940년에 『미국정치학회보(*American Political Science Review*)』에서 예산이론이 없음을 개탄하면서 다음과 같은 근본적인 예산결정에 관한 질문을 제기하고 있다. 즉,

"어떠한 근거로 X달러를 B사업 대신 A사업에 배분하도록 결정하는가?"

이를 '키의 질문(Key Question)'[1]이라고 한다.

그런데 예산이론이 많이 발전된 오늘날에 와서도 키가 한탄한 내용이 별로 달라진 것처럼 느껴지지 않는다. 예산이론에서 합리적 선택 모형이 주류를 이뤄 왔지만 다른 이론들에 의해 도전받지 않아 정체되었다. 주류 이론에 그나마 꾸준히 도전해 온 이론이 점증주의이론이다. 도전받지 않은 이론은 퇴보하기 마련이다.

예산이론의 현 상태에 대해서는 바틀(John R. Bartle)의 다음과 같은 언급이 잘 묘사해 주고 있다.

"나는 정부예산 분야가 왜 경제학처럼 지배적인 패러다임을 갖고 있지 못한가에 대해 생각해 본 적이 있다. '예산이론(budget theory)'이라는 용어가 '미시경제이론'이나 '가격이론'만큼 친숙하지 않다는 것을 깨닫게 되었다"(Bartle, 2001: 2).

대부분의 예산 연구들은 이론적이기보다 실무 지향적인 경향이 있다. 예산 분야의 문헌들은 이론적인 경우는 별로 없고 묘사(description)와 기법(technique)에 초점을 맞추고 있다. 그러나 적실성(relevance)을 추구하는 연구 분야로서 현장 실무와 지속적인 상호작용은 필수적은 아니더라도 도움이 된다. 이론에서 시작해 자료 수집의 단계로 갈 것인지(연역), 아니면 자료 수집을 먼저 하고 이들을 통해 이론을 구성할 것인지(귀납)의 문제가 있다. 둘 다 가능하다고 본다.

그리고 과거의 예산 연구들은 대답하기보다 주로 질문하는 편에 속했다. 전통 이론

1) 이를 의역할 경우 '핵심적인 질문'이라는 의미도 갖고 있다.

에 도전하는 정신으로 몇 가지 도발적인 질문이 제기된 바 있다. 그러나 이제는 예산 연구에서의 이론적 다원성(theoretical pluralism)을 북돋워야 한다. 현재의 예산 분야 지식 상태로서는 예산 과정의 모델링에 대한 어떠한 단일 접근 방법을 고수하거나 배척하는 것이 정당화되지 못한다(Tucker, 1982: 336). 다시 말해서, 예산 분야에 단일 이론은 존재하지 않는다. 그러나 대부분의 예산 연구들이 이론과 무관하지 않다. 정책결정이나 정치학 분야의 다양한 이론이 그동안 이 분야에 적용되었다. 예산 분야에는 단일 이론이 아니라 여러 가지 이론이 존재한다.

문제는 예산 분야 연구자들이 다양한 이론이 존재한다는 것을 인식하지 못한 데에 있다. 그 결과 하나의 이론적 관점의 연구가 다른 관점의 연구에 적응하기 어렵다. 루빈(Rubin, 1988: 7)은 "하나의 분과 학문에서 훈련된 사람들은 자신의 전공 학문의 전제와 이론 내에서만 예산을 접근하는 경향이 있다. 이런 현상은 어느 것도 의미 있는 예산 연구 목록에 기여하지 못한다. 다학문 분야의 작업은 누적적인 특성을 갖지 못한다"고 말하고 있다.

여기서 지적하고자 하는 것은 예산에 대해 여러 가지 이론을 적용시켜 보는 학습을 통해 폭넓은 시각을 가질 필요가 있다는 점이다. 정부예산 분야는 많은 분과 학문의 교차로 지점에 위치한다. 이것은 다양한 분과 학문에서 개발된 이론들이 정부예산 분야에 적용될 수 있음을 시사한다. 아울러 '재무행정학'의 정립 가능성을 보여 준다. 배득종(2001)은 한쪽의 이론과 모형, 다른 쪽의 제도와 사례를 연결해 이론의 적용을 시도하고 있다. 가령 정부, 재무행정, 그리고 국민의 관계는 대리인 이론으로 설명하고, 예산편성은 케인스의 국민소득 모형으로 설명한다. 바틀(Bartle ed., 2001)은 다양한 예산이론의 학습을 강조하면서 점증주의 외에 여섯 가지 이론을 소개하고 있다. 즉, 다중 합리성 모형, 조직과정 모형, 중위투표자 모형, 공공선택이론, 거래비용이론, 그리고 포스트모던 예산이론을 소개하고 있다.

이론은 설명(explanation)을 가능하게 해 준다. "지식(이론) 없이 설명 없다"는 말이 있다. 현상을 과학적으로 이해하고, 이를 분석, 평가, 처방하기 위해서는 이론을 통한 설명이 가능해져야 한다. 정부예산 분야에 적용되는 또는 될 수 있는 이론들을 학습함으로써 정부예산의 논리적이고 폭넓은 이해와 문제해결 및 의사결정 능력을 함양하는 데 많은 도움을 얻을 수 있다. 여기서는 대표적인 예산이론으로서 총체주의와 점증주의, 그리고 그 밖의 몇 가지 이론을 살펴보고자 한다.

2. 예산결정이론의 전개

예산결정이란 기본적으로 배분에 관한 문제다. 이러한 관점에서 보면 예산은 정부 각 기관 또는 사업에 대한 예산 배분을 묘사하고 있는 것이다. 그런데 예산결정의 가장 중요한 측면은 "왜 그러한 예산 배분이 이뤄지는가?"다. 이것은 예산결정에 관해 설명하는 것이며, 이론 지향적 성격을 갖는다.

예산결정이론이란 결국 '키의 질문'에 대한 대답이라고 볼 수 있다. 여기에는 예산 배분의 경제적 측면을 강조한 학자들과 정치적 측면을 강조한 학자들의 연구의 흐름이 있다. 전자는 포괄적이고 분석적이며 체계적인 접근이며, 후자는 점증적이고 정치적이며 단편적인 접근이다.

키는 예산결정은 희소한 자원을 경합적인 요구에 배분해야 된다는 점에서 본질적으로 응용경제학의 형태임을 지적하면서 이 문제를 경제이론의 관점에서 탐구할 것을 주장했다. 이러한 키의 주장에 대해 처음으로 대답을 시도한 사람이 루이스(Verne B. Lewis)다.

루이스(Lewis, 1952)는 예산결정에 적용될 세 가지 경제학적 명제를 제시한다. 첫째, 예산결정은 상대적 가치(relative merits)에 입각해 이뤄져야 한다. 자원은 희소하기 때문에 예산분석의 기본 목표는 자금의 대체적 용도에서 얻을 결과의 상대적 가치를 비교하는 것이다. 이것은 '기회비용' 개념에 입각해 분석하는 것이다. 둘째, 효용 체감의 현상 때문에 증분분석(incremental analysis)이 필요하다. 즉, 추가적 지출로부터 생기는 추가적 가치의 분석이 필요하다. 이것은 한계효용의 개념이 매우 유용하며, 상이한 목적 간의 상대적 가치를 비교할 수 있게 해 준다. 셋째, 공통 목표 달성에서의 상대적 효과성(relative effectiveness)에 의해서만 상대적 가치를 비교할 수 있다.

이렇게 루이스는 '상대적 가치', '증분분석', '상대적 효과성'이라는 세 가지 명제의 중요성을 강조한다. 이는 경제학의 한계효용 개념을 이용해 예산결정을 상대적 가치에 입각해 행할 것을 주장하는 것이다. 이러한 루이스의 예산결정이론은 비슷한 시기에 출현한 성과주의 예산제도뿐만 아니라 1960년대의 계획예산(PPBS)이나 1970년대의 영기준예산(ZBB)에 많은 영향을 미쳤다.

한편 키는 예산을 가장 유리하게 활용한다는 것은 결국 공통 분모가 없는 목적 간의 가치 선호 문제로 귀착되며, 그것은 정치철학의 문제라고 보고 있다(강인재 · 민진 · 윤영진 편역, 1985: 16). 따라서 그는 경제이론과 정치철학의 관점에서 더 깊은 연구를 할 때 가치 있는 결과를 얻을 수 있을 것으로 본다.

정치적 측면에서 예산결정을 고찰한 초기의 대표적인 학자는 버크헤드(Jesse Burkhead)다. 그는 예산 규모 및 세입과 세출의 배분에 관한 결정은 정치적 결정이라고 보고 있다. 예산결정의 정치적 특성은 공식적인 정부기구와 그 속의 관료 및 의원들, 그리고 관련 집단 간의 상호 관계에서 나타난다고 한다(Burkhead, 1956: 44-50). 그리고 예산 과정은 정치 권력 관계로부터 도출된 책임 유형(responsibility pattern)을 보여 준다고 본다(Burkhead, 1956: 83). 또한 그는 행정에서 민주적 책임의 확보, 정치적 게임 규칙의 준수 등의 제도화에 역점을 두고 이의 구체적 표현으로 예산의 원칙을 설명한다. 여기서 예산 원칙이란 예산 배분을 둘러싸고 전개되는 이해집단 간의 투쟁을 규제하기 위한 하나의 규범으로서 원칙을 의미한다.

그 후 예산결정에 관한 정치적 측면에서의 연구는 주로 정치학자들에 의해 예산결정에 참여하는 기관 및 집단들의 영향력 관계를 중심으로 전개되었다. 그러나 예산결정의 정치적 성격에 관한 이론 구성은 윌다브스키(Aaron Wildavsky)에 의해 집대성된다. 이에 대해서는 점증주의 부분에서 자세히 다루기로 한다.

3. 예산 체제의 판단 기준

예산 체제(budgetary system)의 판단 기준은 기본적으로 과정(process)과 산출(output)로 나눠 볼 수 있다. 여기서의 과정을 좀 더 세분한다면 복잡성에 대처하는 분석가 개인의 사고 과정(thought process)과 정치행정 체제에서 당파들의 협상 과정(bargaining process)으로 다시 구분할 수 있다. 전자는 미시적 과정, 후자는 거시적 과정이다(Skok, 1980: 447).

예산 체제를 과정과 산출로 보는 것은 예산결정 과정과 예산 산출 간에 인과적 관계가 있다는 암묵적 전제가 내포되어 있다. 가령 다원적 또는 점증적 의사결정 과정이 진행될 경우 예산 산출은 점증적 결과로 나타나며, 체제분석 또는 비용-편익분석기법에 의한 합리적 의사결정이 진행될 경우 대폭적이며 체계적인 예산 산출을 가져오게 된다고 본다.

그러나 예산 산출은 과정에 의해서만 영향을 받는 것은 아니다. 루빈(Rubin, 1993: 24)의 예산결정의 인과모형에서 보듯이 예산 결과는 예산 과정뿐만 아니라 환경적 요인, 참여자의 개별 전략 등에 의해서도 영향을 받는다. 하지만 예산결정 체제는 전략을 포함한 예산 과정과 예산 산출이 주축이 된다. 따라서 예산 체제의 판단 기준으로서 기본적으로 과정과 산출로 나눠 보고자 한다.

그림 7-1 예산결정의 인과모형

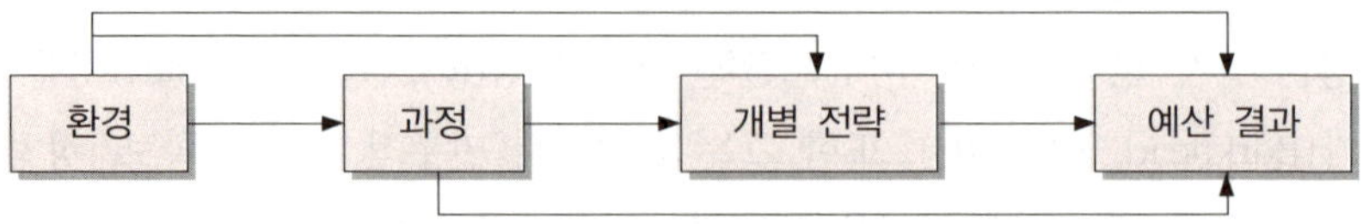

제 2 절 총체주의

1. 총체주의의 의의

총체주의적 예산결정이란 합리적 선택모형에 입각한 예산상의 의사결정을 의미한다.[2] 여기서 합리적 선택모형은 의사결정에서의 합리적·분석적 선택을 의미한다. '과정' 측면에서 본다면 합리적·분석적 의사결정 단계를 거쳐서 결정하는 것을 말한다. 이에 대해서는 후술하기로 한다. '결과' 측면에서 본다면 예산을 통해 달성하고자 하는 목표, 즉 사회후생이 극대화되도록 예산이 배분된 상태를 말한다.

따라서 총체주의적 예산결정에는 경제학의 한계효용, 기회비용, 최적화 개념 등이 사용된다. 앞에서 고찰한 루이스의 '상대적 가치', '증분 분석', '상대적 효과성' 명제는 전형적인 총체주의적 예산결정 방식의 예이다. 또한 '과정'에 대응해 '체제' 개념을 예산운영에 도입한 쉬크(Schick, 1969)의 '체제 예산운영(system budgeting)'도 총체주의를 반영한 개념이다.

그런데 과정이 최선의 행동을 선택한다고 해서 반드시 그 결과까지도 최선이 된다는 보장은 없다. 따라서 과정의 관점에서만 볼 때에는, 합리모형이란 과정에서 '합리성'에 도달되도록 하는 내적 분석 논리를 따르는 것이다(노화준, 1995: 379). 즉, 분석적 패러

2) 총체주의(synopticism)라는 용어는 브레이브룩과 린드블롬(Braybrooke & Lindblom, 1970)이 점증주의와 대비시키기 위해 처음 사용했다.

다임에 기초한 의사결정을 하는 것을 말한다. 결과까지 포함할 경우에는 예산상의 편익(후생)이 극대화되도록 예산이 배분되어야 하며, 그렇게 되도록 과정이 제도화될 것을 요구한다. 그러나 최선의 결과를 도출할 최선의 과정이 무엇인가를 판단하기란 쉽지 않다. 다만, 과정과 결과가 실질적으로 연계되어 있음을 암묵적으로 전제하고 있을 뿐이다.

총체주의적 예산결정은 규범적 성격이 강하다. 총체주의적 예산결정 방식이 '실제로' 이뤄지고 있는 것으로 보면 실증적 측면이 되고, '해야 하는' 것으로 보면 규범적 측면이 된다. 그런데 총체주의적 예산결정은 예산결정 과정을 합리화해 예산상의 편익을 극대화하기 위한 결정 방식으로서 규범적 성격이 강하다. 따라서 예산개혁이란 총체주의적 예산결정 방식을 제도화하는 것이라고 볼 수 있다. 즉, PPBS, ZBB 등은 총체주의적 예산결정의 제도화의 일환이다.

2. 과정 측면에서 총체주의

1) 기본 전제

총체주의적 예산결정은 예산상의 편익 또는 목표를 극대화하도록 예산을 배분하는 것이다. 그런데 총체주의적 예산결정은 다음과 같은 전제를 하고 있다.

첫째, 예산결정자는 사회의 가치 또는 우선순위를 알고 있다. 경제학 용어를 빌린다면 사회후생 함수(social welfare function)가 알려져 있어서 사회무차별곡선이 도출되어 있다.

둘째, 예산결정자는 문제해결과 관련된 모든 요소를 검토할 수 있는 완전한 지식과 정보를 가지고 있다.

셋째, 예산결정자는 합리적으로 행동한다.

2) 예산결정 절차

이상과 같은 전제 하에서 총체주의적 예산결정은 다음과 같은 단계를 통해 이뤄진다(정정길, 1988: 606-609 참조).

첫째, 문제의 확인 및 목표의 정의 단계다. 달성하고자 하는 목표는 보통 직면한 문제를 해결하는 것이다. 따라서 문제의 확인은 결국 달성하고자 하는 목표를 분명하게 정의하는 것과 같다. 목표가 정의됨으로써 대안 선택이 가능해지며, 정책이나 사업을 파악할 수 있고 사업 간의 비교가 가능해진다.

둘째, 목표 달성을 위한 가능한 대안을 탐색하는 단계다. 달성할 목표가 분명하게 정의되면 이를 달성할 수 있는 가능한 모든 대안을 탐색해야 한다. 이때 합리모형에서는 완전한 지식과 정보를 가정하기 때문에 가능한 모든 대안을 탐색하는 완전분석을 요구한다.[3] 그리고 목표와 수단 간에는 연쇄(chain) 관계에 있기 때문에 목표-수단분석과 이를 뒷받침할 이론모형이 중시된다.

셋째, 각 대안이 초래할 결과를 예측하는 단계다. 탐색한 대안들 중에서 최선의 대안을 선택하기 위해서는 각 대안의 결과를 예측해 보아야 한다. 예측되는 결과는 자세하고 정확해야 하며 비교가 가능해야 한다. 결과 예측의 경우에도 완전한 지식과 정보의 가정이 적용된다.

넷째, 대안들의 결과를 평가 및 비교하는 단계다. 예측한 대안의 결과들이 어느 정도 바람직스러운지 소망성(desirability)을 판단하는 단계다. 특정한 결과가 얼마나 바람직스러운가를 판단하는 것은 가치 판단에 해당되므로 이를 판단하는 자의 가치관에 따라 달라진다. 그러나 각 대안을 비교하기 위해서는 분명한 기준이 설정되어야 한다.

다섯째, 최선의 대안을 선택하는 단계다. 각 대안의 소망성에 대한 평가 및 비교가 있고 나면 어느 것이 최선의 대안인지 판단할 수 있게 된다. 여기서 최선(最善, best) · 최적(最適, optimal) · 극대화(maximizing) 대안이 선택된다.

여섯째, 선택된 정책(대안) 및 사업에 예산을 배분하는 단계다.

이상과 같은 단계를 거쳐 예산결정이 이뤄지면 이를 총체주의적 예산결정이라고 부른다.

3) 특 징

여기서 지적할 점은 의사결정을 할 때 의식적으로 지적(知的)인 작업으로서의 각 단계를 밟으면서 의사결정을 한다는 점이다. 이 점에서 분석적 결정이라고도 부른다. 또한 분석적 결정을 하는 과정에서 비용-편익분석(cost-benefit analysis), 체제분석(systems analysis), OR(Operations Research) 등의 분석 기법을 사용한다. 그리고 관련된 모든 요소를 체계적이고 종합적으로 검토하는 점이 특징이다.

---

3) 합리모형에서의 지식 가정에 대한 완전분석과 불완전분석의 논쟁은 정정길(1988: 610-611, 615-616) 참조.

그러나 앞에서 지적했듯이 이러한 합리적 · 분석적 과정을 거친다고 해서 반드시 최선의 결과가 나온다는 보장은 없다. 다만, 과정에서 '합리성'에 도달되도록 하는 내적 분석 논리를 따를 뿐이다.

3. 결과 측면에서 총체주의

총체주의적 예산결정을 결과 측면에서 본다면 어떤 모습일까? 총체주의적 예산결정은 한마디로 사회후생을 극대화하도록 예산을 배분하는 것을 말한다. 이것은 파레토 최적(Pareto optimum)을 실현한 예산 배분 상태를 지칭한다.[4] 이에 대해서는 두 가지 측면에서 볼 수 있다. 거시적 배분과 미시적 배분이 그것이다.

1) 거시적 배분

먼저 거시적 배분으로서 민간부문과 공공부문 간의 자원의 배분이다. 이는 예산의 적정 규모와 관련된 배분이다. 총체주의에서는 사회후생 함수를 알고 있다고 가정하기 때문에 [그림 7-2]와 같이 공공재와 민간재 간의 사회무차별곡선과 생산가능곡선이 접하는 점(E)에서 적정 배분이 이뤄진다. 이때 E점을 사회균형(social balance)이라고 부르며, 적정 예산 규모는 OZ다.

그림 7-2 거시적 예산 배분

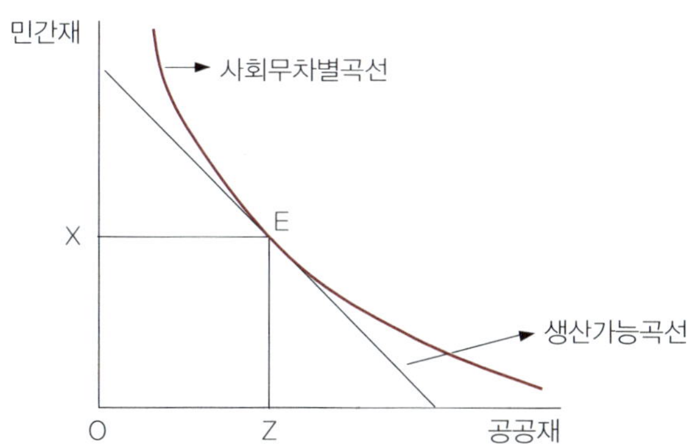

4) 그런데 파레토 최적은 효율성(efficiency) 측면의 개념이고, 형평성(equity)은 고려하지 않고 있다는 점을 유의할 필요가 있다.

2) 미시적 배분

다음은 미시적 배분으로서 주어진 예산총액의 범위 내에서 각 기능 또는 사업 간의 자금 배분이다. 이것은 소비자가 주어진 소득으로 효용을 극대화하도록 재화의 소비량을 결정하는 원리와 같다. 즉, '한계효용 균등의 원리'가 적용된다. 각 기능 또는 사업에 지출되는 최종 1원으로부터 얻는 효용(후생)이 균등하게 되도록 예산을 배분할 때 예산 배분을 통한 사회후생이 극대화된다.

이에 대한 예를 들어보기로 한다. 총 12억 원의 예산을 고속도로와 댐 건설에 각각 얼마씩 배분할 것인가에 관한 결정을 한다고 가정하자. [표 7-1]과 같은 가상적 한계효용을 계산했다고 하면, 결국 사업 간의 최적 배분은 각각의 한계효용이 같아지는 고속도로 건설 5억 원과 댐 건설 7억 원이 된다(정용덕, 1990: 271).

표 7-1 공공재의 가상적 한계효용

고속도로		댐	
예산 배분(억 원)	한계효용	예산 배분(억 원)	한계효용
1	80	1	60
2	72	2	58
3	64	3	56
4	56	4	54
5	48	5	52
6	40	6	50
7	24	7	48
8	8	8	40

4. 총체주의의 한계

총체주의적 예산결정이론에는 다음과 같은 몇 가지 한계가 있다.

첫째, 총체주의에서는 완전한 지식과 정보의 가정을 하고 있다. 합리모형론자 중에는 불완전 분석적 의사결정도 합리모형에 포함된다고 주장하는 사람도 있지만, 사이먼(Herbert A. Simon), 린드블롬(Charles E. Lindblom), 윌다브스키 등은 완전분석을 합리모형의 핵심 내용으로 보면서 이를 비판하고 있다. 실제로 예산결정을 하는 데에는 인간의 인지 능력의 한계, 결정 비용의 과다, 상황의 불확실성 등의 제약 조건이 존재한다. 따라서 모든 대안의 탐색과 정확한 결과의 예측 등은 현실적으로 불가능하다고 볼 수 있다.

둘째, 총체주의에서는 해결할 문제나 달성할 목표가 명백히 주어져 있는 것으로 가정한다. 그러나 문제가 명백히 주어져 있는 경우는 거의 드물다. 문제의 정의나 목표 설정은 근본적으로 결정자의 주관적 가치에 따르는 것으로서 여러 참여자 간에 정치적으로 결정·정의되는 경우가 대부분이다. 문제나 목표가 명확하지 않은 경우가 많을 뿐만 아니라 상호 모순되거나 상충되는 경우도 있다.

셋째, 총체주의에서는 사회적 가치의 우선순위 및 사회후생 함수가 알려져 있는 것으로 가정한다. 그러나 공공재에 대한 선호 현시가 어렵기 때문에 사회후생 함수를 찾아내는 것은 거의 불가능하다.

그러나 총체주의는 불확실한 상황에서 최선의 대안 선택을 위해 필요한 논리나 기법을 적용한다는 점에서 의미를 갖는다.

제 3절 점증주의

1. 점증주의의 의의

점증주의는 총체주의와 대비되는 결정모형이다. 점증주의는 총체주의의 기본 전제를 완화해 상황의 불확실성과 인간 능력의 부족을 전제로 한 결정모형을 제시한다. 즉, 의사결정자의 분석 능력 및 시간이 부족하고 정보도 제약되어 있으며, 대안 비교의 기준마저 불분명한 상태에서는 현존 정책에서 소폭적인 변화만을 대안으로 고려해 정책을 결정할 수밖에 없다고 본다. 그리고 시간이 흐름에 따라 환류되는 정보를 보아 잘못된 점이 있으면 수정·보완하는 방식으로 결정한다고 주장한다.

이러한 점증주의 모형의 지적 토대는 멀리 듀이(Dewey, 1933)와 버나드(Barnard, 1938), 그리고 사이먼(Simon, 1965)에게서 비롯된다. 그 후의 점증주의의 발전은 정책결정의 린드블롬(Lindblom, 1959), 예산결정의 윌다브스키(Wildavsky, 1964, 1968, 1975)가 대표적이다. 그 밖에도 달(Dahl, 1961), 브레이브룩과 린드블롬(Braybrooke & Lindblom, 1963), 다이(Dye, 1966), 페노(Fenno, 1966) 등에 의해 점증주의이론이 많은 발전을 이룩했다.

점증주의자들은, 예산결정은 종합적이 아니라 점증적이며, 각 기관의 예산편성 작업은 모든 가능한 대안과 비교해 현행의 모든 프로그램의 가치를 재검토하는 일은 없고, 전년도 예산을 기초로 하여 좁은 범위 내에서 증감이 이뤄질 뿐이라고 주장한다.

점증주의도 '과정'과 '산출'의 국면으로 나눠 볼 수 있다. 점증주의자들 중에는 산출 측면에서만 점증주의를 보는 사람도 있으나[5] 윌다브스키를 비롯한 대부분의 점증주의자들은 과정과 산출 모두를 포함해 보고 있다.

'과정' 측면에서 점증주의를 한마디로 표현한다면 예산 과정의 복잡성을 단순화시키는 행태를 보인다고 할 수 있다.[6] '과정' 국면도 다시 미시적 과정과 거시적 과정으로 나눌 수 있다. 분석가 개인의 사고 과정으로서 미시적 과정에서는 인간의 인식 능력의 한계를 인정하고 있다. 따라서 예산결정자는 연속적이고 제한된 비교 방법을 사용해 의사결정을 한다고 본다. 거시적 과정에서는 이미 정해진 결정규칙과 절차에 따라 예산결정이 이뤄지는데, 그 행태적인 면은 상호 조정으로 특징지어진다. 그리고 결정 체제는 매우 안정적이라고 본다. 산출 측면에서 본다면 예산 산출은 소폭적인 증감에 그친 점증적 결과를 가져온다고 본다.

점증주의자들은 점증주의적 예산결정 과정과 예산 산출 간에는 논리적 관련성이 있는 것은 아니지만 실제 양자는 밀접한 관련이 있다고 말하고 있다. 인간의 인식 능력의 한계를 인정하기 때문에 현존 정책(예산)에서 소폭적인 변화만을 고려한 대안 중에서 선택하게 되고, 예산 관련 주체들 간의 상호 조정을 통해 예산결정이 이뤄지기 때문에 혁신적이고 체계적인 예산 산출이 나오지 못하고 점증적 산출을 초래한다고 본다.

점증주의적 예산결정은 실증적 성격이 강하다. 린드블롬과 윌다브스키 등은 현실에서의 정책 또는 예산이 점증적으로 결정될 뿐만 아니라, 이렇게 점증적으로 결정되는 것이 바람직하다고 주장함으로써 점증주의의 규범성을 강조한다. 실제로 점증주의는 정치적 다원론을 전제로 한 처방적 전략이라고 할 수 있다. 그러나 점증주의의 가장 큰 공헌은 현실에서 이뤄지는 예산결정의 실상을 가장 정확하게 기술해 많은 사람에게 알렸다는 점이다. 특히 합리적 · 분석적 의사결정의 논리가 지닌 약점을 가장 빈틈없이 지적한 것은 점증주의의 공이다(정정길, 1988: 648). 점증주의를 규범적 · 처방적 측면에

5) 베일리와 오코너(Bailey & O'Connor, 1975: 65)는 점증적 결정은 산출만을 의미한다고 주장한다. 점증주의를 협상으로 정의하는 경우에 비점증적 예산 과정이란 존재할 수 없다는 결론에 이른다고 말하고 있다.

6) 윌다브스키는 복잡성(complexity)을 다루는 수단을 계산 보조 수단(aids to calculation)이라고 부른다.

서 보았을 때에는 공헌보다 과실이 많을 것으로 판단하는 사람들이 많다(정정길, 1988: 651). 따라서 점증주의적 예산결정이론은 규범적이라기보다 실증적 모형이라고 보는 것이 타당하다.7)

2. 과정 측면에서 점증주의

과정 측면에서 점증주의는 예산 과정의 복잡성(complexity)을 단순화시키는 행태를 의미한다. 이를 미시적 과정에서 본다면 연속적이고 제한된 비교(successive-limited comparison) 방법, 거시적 과정에서는 상호 조정(mutual adjustment)으로 특징지어진다. 이를 좀 더 자세히 살펴보기로 한다.

1) 미시적 과정: 연속적이고 제한된 비교분석

미시적 과정에서 본다면 점증주의는 인간의 인식 능력 및 지식과 정보에 대한 가정을 완화해 예산 과정의 복잡성을 단순화시켜 다루는 행태로 이해할 수 있다. 이러한 행태적 입장은 의사결정자를 "제한된 정보와 제한된 인식 능력을 가지고 있으면서 불확실한 세계에서 문제를 과감하게 단순화해 정책을 선택하며, 당면한 정책형성을 위해 과거에 성공한 정책을 한계적으로 조정하는 사람"으로 본다(Crecine, 1969: 11).

점증주의의 이러한 과정상의 특징을 브레이브룩과 린드블롬은 '연속적이고 제한된 비교'로 규정하고 있다. 정책(예산)결정자는 결정에 투입할 수 있는 시간이 부족하고, 정책대안의 탐색과 결과 예측의 능력이 부족하며, 어느 대안을 추진했을 때 어떤 결과가 나타날 것인지를 알려 주는 모형이나 이론도 없는 경우가 많다. 따라서 정책(예산)결정자는 모든 대안을 탐색하는 포괄적 검토가 없이 제한된 수의 대안만을 비교해 결정하는 방식을 취하며, '그럭저럭 헤쳐나가는(muddling through)' 것에 의해 그들이 하고 있는 일에 대한 한계적 변화만을 시도한다. 그리고 이러한 제한된 비교분석 방법은 연속적으로 진행된다. 즉, 결정 과정이 진행되는 동안 시행착오를 거치면서 환류되는 정보를 수집·분석해 이를 이용하는 방식으로 결정한다. 따라서 점증모형에서는 정책대안의 결과를 사전에 예측하기 위해 이론이나 모형을 이용할 필요성이 적어진다. 이때 좋은 정책인지의 여부는 다양한 분석가들이 그 정책에 얼마만큼 동의하느냐에 달려

---

7) 나중식(1992)도 점증주의를 정치적·실증적 예산이론으로 파악하고 있다.

있다.

한편 윌다브스키는 예산결정 과정의 복잡성을 다루기 위해 점증주의적인 규칙을 사용하게 된다고 주장한다. 예산결정자들은 자신들이 너무 많은 자료를 가지고 있다거나, 너무 자료가 없다거나, 혹은 모호한 자료를 가지고 있음을 알게 된다. 또한 예산결정자들이 처한 사회 체제는 변화되기 쉬우며, 어떤 경우에는 예산결정자가 체제를 이해해 이것을 모형화할 때쯤에는 너무 많이 변화되어서 그 모형은 해결해야 할 문제에 불필요하게 된다든지 부적합한 것으로 되어 버린다. 이러한 복잡성에 직면하게 되면 예산결정자들은 복잡성을 이해하기 위해 이를 단순화하거나 보조 수단을 이용하게 된다. 이를 윌다브스키(Wildavsky, 1984)는 계산의 보조 수단(aids to calculation)이라고 부른다.

윌다브스키는 예산결정의 복잡성을 다루는 계산 보조 수단으로서의 행태를 다음과 같이 나열하고 있다.[8]

(1) 예산결정은 경험적(experiential)이다

거대한 문제를 다루기 위해서는 경험이 축적되도록 하여 그것을 이용한다. 경험에 의해 여러 행동의 결과가 분명해질 때 해결하기 어려운 점을 피할 수 있다.

(2) 예산결정은 단순화(simplified)된다

복잡성을 다룰 하나의 방법은 단순한 항목으로 대체해서 이용하는 것이다. 본래의 문제가 매우 복잡할 때에는 좀 더 익숙해 있는 것들이 어떻게 다뤄지는가를 관측할 필요가 있다.

(3) 예산 관료는 만족화(satisfice) 기준을 사용한다

예산결정자는 극대화하려 하지 않고 만족화 기준을 사용한다. 따라서 용하게 헤쳐나가고(get by), 사고를 피하고(avoid trouble), 최악을 피하는(avoid the worst) 전략으로 나오게 된다.

(4) 예산결정은 점증적(incremental)이다

금년도 예산의 규모 및 내용을 결정하는 가장 중요한 변수는 전년도 예산이다. 예산의 대부분은 과거의 결정의 산물이다. 예산은 수면 이하에 통제의 범위에서 벗어나는

---

8) 윌다브스키는 또한 의회의 세출위원회의 행태를 다음과 같이 묘사하고 있다. 즉, 예산결정은 전문화(specialized)되며, 역사적(historical)이며, 단편적(fragmented)이며, 비계획적(non-programmatic)이며, 반복적(repetitive)이며, 순차적(sequential)이다(Wildavsky, 1984: 56-62).

거대한 빙산을 이루고 있는 일각에 지나지 않는다. 따라서 예산결정은 점증분에 대한 분석이 그 의미를 갖게 된다.

2) 거시적 과정: 상호 조정

미시적 과정이 개인적 차원의 결정 과정이라면, 거시적 과정은 정책결정 체제에서의 결정 과정을 의미한다. 예산결정은 이미 정해진 결정규칙과 절차에 따라 이뤄지는데 그 과정에 수많은 준자율적 의사결정점(분절점)이 존재한다. 즉, 예산 과정에는 크게는 행정부와 입법부, 그리고 세부적으로는 행정부 내의 여러 부처, 부처 내에는 여러 부서, 의회에는 여러 위원회가 존재하며, 이들은 사실상 독립적인 의사결정을 한다. 이러한 분할적 결정을 특징으로 하는 점증주의를 '분할적(disjointed) 점증주의'라고 부른다(Braybrooke & Lindblom, 1963).

예산 과정에 참여하는 당파적 의사결정자들은 "공통의 지배적 목적에 따라 누구도 서로를 조정함이 없이, 그리고 상호 간의 관계를 완전히 규정짓는 규칙도 없이 서로 조정할 수 있게 된다"(Lindblom, 1965: 3). 이를 '당파적 상호 조정(partisan mutual adjustment)' 개념으로 부르며, 적응적 또는 조종적 과정(adaptive or manipulative process)으로 정의한다. 다시 말하면, 상호 조정이란 예산결정 과정에서 협상과 타협을 통해 합의에 도달하는 과정을 일컫는다. 이것은 예산 과정의 정치적 성격을 강조하는 것이다. 이때 결정의 내용이 최선인지에 대해서는 알 수 없다. 다만, 점증주의에서는 결정에 대한 동의가 그 기준이 된다. 예산을 정치적 측면에서 볼 때에는 핵심적 참여자들과 그들이 취하는 전략을 파악하고 이러한 세력 간의 상호작용에서 나오는 결과라고 본다. 따라서 예산은 관료, 정치인, 유권자를 포함한 수많은 주체 간의 협상 과정에서 나오는 결과라고 본다.

3. 산출 측면에서 점증주의

산출 측면에서 점증주의는 한마디로 예산의 '소폭적 변화(증감)'라는 점증성으로 표현할 수 있다. 이때 얼마만큼의 변화를 소폭의 변화로 볼 것이냐의 문제와 무엇을 대상으로 소폭 여부를 판단하느냐의 문제가 있다.

1) 점증성의 정도

먼저 소폭의 정도와 관련된 문제로서 얼마만큼의 변화를 점증적이라고 볼 수 있느냐이다. 베일리와 오코너(Bailey & O'Connor, 1975: 62)는 10% 이내의 변화를 점증적이라고 보고 있으며, 켐프(Kemp, 1982)도 10% 내외를 점증적이라고 보고 있다. 때로는 그 기준을 확대해 30% 이내의 변화를 점증적이라고 보기도 한다. 페노(Fenno, 1966: 354)는 25% 미만, 윌다브스키(Wildavsky, 1984: 14)는 30% 이내를 점증적이라고 보고 있다. 그러나 왜 10% 또는 30%가 소폭의 판단 기준이 되어야 하는지에 대해 뚜렷한 근거가 있는 것은 아니다.

윌다브스키와 페노가 국내 문제를 관장하는 37개 기관의 12년 간에 걸친 예산을 검토한 444건의 결과를 보면 [표 7-2]와 같다(Wildavsky, 1984: 14).

이 결과를 보면 10% 이내의 변화가 52.5%로서 절반 이상을 차지하고, 30% 이내의 경우는 84.9%에 이른다. 이 결과를 두고 예산결정의 점증주의를 실증한 것으로 보고 있다.

베일리와 오코너(Bailey & O'Connor, 1975: 64)도 미연방정부, 콜롬비아 중앙정부, 미국 버지니아 주정부의 기관별 예산 증감을 조사한 결과를 [표 7-3]과 같이 제시한다(유훈, 2003: 84).

이들이 조사한 결과를 보면 10% 기준으로 볼 때 미연방정부는 49.1%, 콜롬비아 중앙정부는 22.7%, 미국 버지니아 주정부는 34.7%로서 모두 절반 이하에 불과하다. 인플레이션이 심한 콜롬비아의 경우 이를 불변가격으로 환산하더라도 10% 이하가 43.9%에 불과하다. 이러한 결과를 놓고 베일리와 오코너는 특히 버지니아 주정부의 경우 예산결정의 점증성이 희박하다고 논한다. 그러나 점증성의 기준을 30%로 확대할 경우 미연방정부는 81.2%, 콜롬비아 주정부는 57.2%, 버지니아 주정부는 86.8%로서 점증성을 실증한다고 볼 수 있다.

표 7-2 예산 산출의 점증성

	연간 증감폭(%)							
	0~5	6~10	11~20	21~30	31~40	41~50	51~100	101 이상
총 444건	149	84	93	51	21	15	24	7
구성비(%)	33.6	18.9	20.9	11.5	4.7	3.4	5.4	1.6

표 7-3 예산 산출의 점증성

	연간 증감폭(%)							
	0~5	6~10	11~20	21~30	31~40	41~50	51~100	101 이상
미연방정부 세출 1961~1971	28.3	20.8	24.1	8.0	2.8	3.8	8.0	5.2
콜롬비아 중앙정부 1961~1971	13.3	9.4	19.2	15.3	12.9	7.5	14.9	7.5
버지니아 주정부 1967~1970	18.8	15.9	39.1	13.0	2.9	2.9	5.8	1.5

2) 점증성의 대상

다음에 고려할 점은 점증성을 무엇을 대상으로 하여 판단하느냐의 문제다.

(1) 총예산 규모: 점증적

앞에서 살펴본 통계 자료는 연도별 증감을 통해 총예산 규모를 전년도 예산과 비교해 점증성을 판단하고 있다. 총예산 규모 차원에서 전년도 예산과 비교할 때에는 예산 결정의 점증주의적 특성이 훨씬 더 뚜렷하게 나타난다. 이러한 점증적 특성은 정부 전체 차원이든 부처별 차원이든 비슷한 모습을 보여 준다.

이렇게 볼 때 '금년도 예산은 전년도에 지출된 금액, 즉 작년 예산의 함수'라고 표현할 수 있다. 윌다브스키(Wildavsky, 1973: 89)는 "대부분의 예산은 과거 결정의 산물이기 때문에 금년도 예산 규모와 내용을 결정짓는 가장 큰 요소는 전년도 예산이다. …… 따라서 예산은 빙산과 같다. 그것의 가장 큰 부분은 표면 아래에 있고, 바깥 부분만 누군가의 통제를 받는다"고 말한다.

이와 같은 점증주의적 행태를 윌다브스키는 '기초액(base)'과 '공평한 몫(fair share)' 개념으로 좀 더 정교한 이론화를 시도하고 있다. 예산 산출 결과는 결국 기초액과 여기에 공평한 몫이 더해진 결과로 나타난다. 여기서 기초액이란 부처의 현행 예산 수준이 비교적 제약 없이 다음 연도에도 허용되리라고 보는 결정자의 기대다. 그리고 공평한 몫은 기초액뿐만 아니라 총예산의 증감된 부분의 일정 비율만큼은 획득할 수 있다는 기대까지 포함한 개념이다.

(2) 기관 간 관계: 선형적 · 안정적 → 점증적 결과

데이비스, 뎀스터와 윌다브스키(Davis, Dempster, & Wildavsky, 1966)의 연구에 의하

면 예산결정 과정에는 놀랄 만한 규칙성이 있는데, 그것을 선형성(linearity)과 안정성(stability)이라고 보았다. 그들은 회귀분석을 이용해 행정 부처와 예산국의 결정규칙(decision rules) 및 의회의 결정규칙을 방정식으로 표시했다.

그 중에서 대표적인 행태식은 다음과 같다.

(a) $x_t = \beta_0 y_{t-1} + \varepsilon_t$

(b) $y_t = \alpha_0 x_t + \eta_t$

x_t: t년도의 행정 부처 예산요구액(예산국을 경과한)

y_{t-1}, y_t: $t-1$, t년도의 의회가 승인한 예산승인액

β_0, α_0: 요구액 중 의회가 승인한 고정된 평균 비율(%)

ε_t, η_t: 확률 변수(통계적 교란항)

(a)식은 행정 부처가 예산을 요구할 때 전년도 의회의 승인액을 참작해 결정한다는 것을 보여 주며, (b)식은 의회가 예산을 심의할 때 행정 부처의 요구액을 기초로 하고 있음을 보여 준다. (b)식에서 α_0값은 1에 근접하지만 1보다 작은 수다. 예컨대, $\alpha_0 = 0.96$이라면 의회의 예산승인액은 행정 부처 예산요구액의 96%임을 보여 주는 것이다. 이렇게 α_0값이 1에 근접하지만 1보다 작은 수라는 결과가 나오는 것은 의회의 입장에서 행정 부처의 예산요구액이 필요액을 잘 반영하고 있으나 약간 부풀린 액수이므로 얼마간 삭감될 수 있다는 전략적 고려에 의한 결과다.

예산결정 과정에서 이러한 안정적인 선형 결정규칙은 예산결정 과정이 안정적임을 경험적으로 입증해 주고 있다. 안정적인 예산결정 과정이란 개별적인 배분 결정이 충분히 서로 독립적으로 이뤄지기 때문에 서로 간의 상충관계(trade-off)는 단지 내재적일 뿐이고 갈등은 최소화되는 과정을 의미한다(Gist, 1982: 859). 여기서 보듯이 점증주의적 시각은 기본적으로 예산결정 체제가 안정적이라고 보고 있다. 예산결정 과정의 선형성과 안정성은 예산 산출의 점증적 결과를 초래하는 요인이 된다. 이렇게 예산결정 과정을 모형화한 데이비스・뎀스터・윌다브스키 이론은 예산 변화의 점증성을 의사결정의 동태적 특성으로 설명할 수 있다는 점에서 의미를 갖는다.

(3) 사업별 예산: 비점증적

나체즈와 버프(Natchez & Bupp, 1973)는 분석 단위를 예산총액이 아닌 사업(program)별로 볼 때에는 비점증적 행태를 보인다고 주장한다. 그들은 1958년에서 1972년도까지의 미국 원자력위원회에서의 여러 정책 선택에 관해 이른바 번영지수(prosperity index)[9]를 사용한 연구에서 사업 간의 경쟁에 의한 비점증적 변화를 경험적으로 입증해 보였다. 그들의 연구 결과에 의하면, 원자력위원회의 예산총액은 점증적이지만 사업별로 분석해 본다면 사업에 따라서 예산액에 상당한 차이가 있으며 비점증적 행태를 보여 준다는 것이다. 이들의 이러한 연구 결과는 예산상의 점증주의는 받아들이되, 데이비스 등의 연구 결과, 즉 예산결정 과정의 안정성에는 반기를 든 셈이다.

이렇게 데이비스 등의 연구 결과와 나체즈와 버프의 연구 결과 간에는 분석 단위가 달라 서로 다른 결과를 보여 주고 있다. 데이비스 등은 각 부처, OMB, 의회의 서로 다른 계층 간의 수직적 관계에서 예산결정 행태를 분석해 점증성 및 안정성을 주장했다. 반면에 나체즈와 버프는 동일한 계층의 분석 단위의 수평적 관계에서 분석해 사업 간의 경쟁 관계에 의한 비점증성과 비안정적임을 주장한 것이다. 그러나 이들 두 이론은 동일한 데이터로 분석할 수 있다는 점에서 서로 경합적이라고 볼 수는 없고 서로 보완적이라고 보는 것이 타당하다(Gist, 1982: 870).

칸터(Kanter, 1972)는 의회의 예산심의 단계에서도 예산요구액에 포함된 사업에 따라 달리 취급되어 비점증적 양상을 보인다고 주장한다. 그는 1960년에서 1970년까지의 미국 국방부 예산을 분석한 결과, 의회는 국방부 세출예산법의 예산 항목에 따라 달리 다루며, 그 결과 예산의 변동폭이 심한 비점증적 행태를 보여 준다고 주장한다.

지스트(Gist, 1974)도 통제 불가능한 경직성 경비와 통제 가능한 비경직성 경비로 나눌 때 통제 가능한 비경직성 경비에는 점증주의가 적용되지 않는다고 주장한다. 그에 의하면, 1965년부터 1977년까지 예산 중 약 절반 정도가 경직성 경비의 예산 증가가 예산의 총증가액을 초과했으며, 그 결과 기초액이 침해를 받았다고 한다.

워넛(Wanat, 1976)도 행정 부처 예산요구액과 의회 승인액 간의 높은 상관 관계에 의해 점증주의가 증명되지만, 측정지표를 예산 금액이 아닌 사람(인플레이션에 영향받지 않음)으로 측정할 경우 다른 모습을 보인다고 주장한다. 즉, 행정 부처의 요구 인원과 의회의 승인 인원 간에는 예산 금액에 의한 상관 관계보다 대체로 낮게 나타나며, 의회는 쉽게 행정기관에 의해 영향을 받지 않기 때문에 의회가 더욱 독립적으로 행동한다면 점증주의가 생각처럼 적용되지 않는다는 것이다.

---

9) 번영지수란 행정기관이 예산을 요구할 때 예산획득 면에서의 경합적인 사업의 상대적인 성공 또는 실패를 측정한 것이다.

4. 점증주의의 한계

점증주의 예산결정이론은 규범적 이론으로서보다 실증적 이론으로서 기여한 바가 매우 크다. 이에 대한 단적인 예는 윌다브스키가 『예산과정의 정치』 초판이 출간된 이후 10년 만에 제2판을 내면서 예산국 직원들의 반응을 다음과 같이 회고하는 데에서 찾아볼 수 있다(Wildavsky, 1974: xxxi; 정정길, 1988: 648에서 재인용).

> "이 책이 처음 나왔을 때(1964년) 예산국의 반응은 책 내용의 어느 것도 사실이 아니라는 것이었다. 2년쯤 지난 후에는 책 내용의 일부는 사실인지 모른다는 식이었고, 4년쯤 후에는 책 내용의 대부분이 사실이며, 그렇다고 해서 예산국이 창피하게 생각할 것은 없다고 했다. 이제(1974년도)는 예산국의 누구든지(부끄럼 없이) 마음 푹 놓고 이 책을 이용해서 예산 절차를 설명하고, 또 개선안을 탐색하려고 한다."

이와 같이 점증주의가 예산결정의 실상을 정확하게 묘사하는 데에는 크게 공헌한 것으로 평가받고 있다. 그러나 점증주의이론은 규범적인 관점에서뿐만 아니라 실증적 이론의 측면에서도 많은 한계를 지닌 것으로 비판받고 있다.

1) 산출 결과로서 점증성의 해석 문제

점증주의의 가장 큰 특징은 예산 산출 결과가 소폭적 변화로 나타난다는 점이다. 그러나 어느 정도를 점증적이라고 볼 것인가, 무엇을 대상으로 해서 점증성을 판단할 것인가의 문제가 있다. 점증성의 정도를 10%로 볼 것인지 아니면 30%로 볼 것인지 그 기준이 명확하지 않다. 그리고 그 숫자가 왜 점증성의 판단 기준이 되어야 하는지에 대해서도 뚜렷한 근거를 제시하지 못하고 있다. 그리고 기준을 30%로 가정하더라도 30% 이내에 얼마의 사례(80% 아니면 90%)가 포함되어야 점증주의를 실증한 것으로 판단할 수 있을지 분명하지 않다.

점증성을 판단할 분석 단위 또는 측정 단위를 무엇으로 보느냐에 따라서도 점증성의 결과가 다르게 나온다는 사실을 앞에서 보았다. 부처 수준에서 예산총액을 대상으로 볼 것인지 사업별로 볼 것인지 아니면 측정 단위를 무엇으로 설정할 것인지에 따라 결과가 달리 나오게 된다.

2) 이론적 설명의 결여

점증주의는 대부분의 예산결정 행태의 묘사로서는 상당한 설득력을 갖고 있다. 그러나 "왜 점증적 변화가 보편적인 현상인가?"에 대해서는 명확하게 설명하고 있지 못하다. 실제로 예산 산출 결과가 비점증적인 경우도 많이 있으며, 정책도 비점증적으로 결정되는 경우가 많다. 예컨대, 미국의 한국전쟁에 대한 미군 파병이나 케네디(John F. Kennedy) 대통령의 혁신적인 우주개발 정책 등은 비점증적 결정으로서 점증주의이론으로 설명하기 어렵다는 것이다. 또한 1970년대 후반 이후 자원난 시대에 등장하고 레이건(Ronald Reagan) 행정부가 재정적자를 축소하기 위해 채택한 거시적(하향적) 예산결정에 대해서도 점증주의이론은 제대로 설명하지 못함으로써 실효성이 많이 감소되었다는 것이다(Bozeman & Straussman, 1982).

그리고 연속적이고 제한적인 분석 방법과 상호 조정으로 특징지어지는 예산결정 과정이 소폭적 변화라는 예산 산출 결과로 나타나는 인과적 이론모형도 정립되어 있지 않다.

3) 규범적 이론으로서 한계

점증주의이론은 실증적 이론으로서는 높은 평가를 받고 있으나 규범적 관점에서는 한계를 갖고 있다. 점증주의자들도 결코 분석을 경시하는 것이 아니라고 주장하지만 점증주의에 알맞은 구체적인 분석 방법을 제시하지 못하고 있다(정정길, 1988: 653). 더욱이 점증주의자들은 점증주의적 방법이 합리적 방법보다 더 훌륭하다고 지나치게 강조함으로써 오히려 폐해를 끼쳤다는 주장도 있다. 즉, 타성과 반지성적인 의사결정 행태에 젖어 있는 관료들에게 더욱더 분석적 · 합리적 결정에 대한 노력을 약화시킨 결과를 초래했다는 것이다.

점증주의는 정치적 실현 가능성과 정책결정 체제의 안정성을 중시함으로써 현존 상태를 옹호하는 보수주의적 성격을 갖고 있다. 따라서 예산개혁 차원에서 점증주의는 뚜렷한 방향을 제시하지 못하고 있을 뿐만 아니라 지금까지의 예산개혁 노력은 총체주의의 제도화에 초점이 모아졌다고 볼 수 있다.

5. 총체주의와 점증주의의 비교

지금까지 논의한 예산결정이론으로서의 총체주의와 점증주의의 특성을 스코크(J. E.

Skok)가 [표 7-4]와 같이 잘 정리하고 있다.

표 7-4 총체주의와 점증주의의 특성 비교

	총체주의	점증주의
미시적 과정	총체적이고 체계적인 분석	연속적이고 제한된 비교
거시적 과정	집권적이고 제도화된 프로그램 예산편성	당파적 상호 조정
결과	신규사업과 대폭적이고 체계적인 변화	전년도 예산의 소폭적인 변화

자료: 스코크(Skok, 1980: 447).

제 4 절 다중 합리성 모형

1. 다중 합리성 모형의 의의

서메이어(Kurt Thumaier)와 윌로비(Katherine Willoughy)는 예산운영의 다중 합리성 모형(multiple rationalities model of budgeting)을 제시한다(Thumaier & Willoughby, 2001). 이 모형은 정부예산의 과정적 접근 방법(process approach)에 근거한다. 이 이론적 관점은 정부예산의 성공을 위해서는 예산 과정 각 단계에서 예산활동 및 행태를 구분해야 함을 강조한다.

서메이어와 윌로비는 미시적 수준의 예산상의 의사결정을 설명하고 탐구하고자 한다. 구체적으로 "각 예산주기 간의 관계, 정보의 흐름, 예산상의 역할, 최종 지출계획을 결정하는 개인의 선택"을 이해하고자 하는 것이다. 이를 위해 예산운영의 과정 모형을 몇 가지 정책결정 이론으로부터 원용하고 개인의 예산결정 전략에 관한 연구와 결합시킴으로써 설명하고자 한다. 그들은 예산 과정과 정책 과정 간의 연계점(nexus)의 인식틀을 제시하기 위해 킹던(J. W. Kingdon)의 정책결정 모형과 루빈(Irene S. Rubin)의 실시간 예산운영 모형을 통합하고자 한다. 그리고 미국 주정부 중앙예산실의 예산분석가들을 인터뷰한 연구 결과를 제시한다.

2. 킹던의 정책결정 모형

킹던의 정책결정 모형(Kindon's model of policy-making)은 과정모형(process model)과 쓰레기통 모형(garbage can model)을 결합해 정책 과정에서의 정책의제 설정을 설명한다. 의사결정의 쓰레기통 모형에 의하면 선택 기회(choice opportunities)는 참여자가 만들어 낸 문제(problems)와 해결책(solutions)으로 구성된다.

킹던은 쓰레기통 모형의 기본 논리를 유지하면서 관련된 흐름들의 유형을 바꾼 모형을 제시한다. 그의 모형은 세 가지 특징을 갖는다. 즉, ① 다중 의사결정의 흐름, ② 두 집단의 의사결정 행위자들, ③ 두 가지 형태의 의사결정 기회다.

1) 다중 의사결정의 흐름

킹던은 ① 문제에 대한 결정, ② 정책대안에 대한 결정, ③ 정치적 결정의 세 가지 결정 영역이 각각 정책 과정에서 독립적인 흐름(streams)을 갖는 것으로 본다. 이들 세 가지 흐름 모두가 서로 합류하고 참여자들이 현재의 정책을 변화시키기 위한 '기회의 창(window of opportunity)'을 갖고 있을 때 점증적 정책 변화와는 대조적으로 정책 선택에서 의미 심장한 변동 가능성이 크게 증가한다. '기회의 창(窓)'이 열리기 위해서는 문제가 명확해야 하고, 해결책이 존재해야 하며, 정치적 지원이 필수적 요소로서 이들 중 어느 하나만 부족하거나 결합이 제대로 이뤄지지 않으면 창은 열리지 않거나 열렸어도 다시 닫혀 버리고 만다.

2) 두 집단의 의사결정 행위자들

킹던은 정부의제(governmental agenda)와 결정의제(decision agenda)를 구분하고, 문제에 대한 결정, 정책대안에 대한 결정, 그리고 정치적 결정의 세 가지 결정 영역에서 특정한 정책 참여자들이 영향력을 행사하고 있다고 본다. 그는 결정 영역을 지배하는 경향이 있는 정책 공동체를 가시적 집단(visible clusters)과 숨겨진 집단(hidden clusters)으로 구분한다. 가시적 집단은 대통령, 정무직 고위관료, 의회 지도자들이 해당되며, 언론과 대중의 관심을 끌게 되고 정치적 흐름을 지배한다. 숨겨진 집단은 학자나 연구원, 직업 공무원, 의회 참모들과 같은 정책전문가들로서 정책대안을 만들어 내는 데 몰두한다.

킹던에 의하면, 가시적 집단은 정부의제에 영향을 미치고, 숨겨진 집단은 결정의제에 영향을 미친다고 한다. 정부의제가 가시적 집단에 의해 결정의제화되면 숨겨진 집단에서 이에 대한 검토와 해결책, 대안들이 모색되는데 이 과정에서 예산 제약이 실현 가능성과 관련해 큰 의미를 갖게 된다. 킹던은 이에 주목해 정책 과정의 핵심은 다양한 문제에 대한 해결책들을 쏟아 내어놓고 기술적 · 정치적 · 예산상의 실현 가능성의 세 가지 기준을 충족하는 것들만 엄선해 표면화시키는 것이라고 보았다.

3) 두 가지 형태의 의사결정 기회

정책 과정에서의 선택 기회(choice opportunities)는 두 가지 유형이 있다. 예측 가능한(predictable) '기회의 창'과 예측 불능의(unpredictable) '기회의 창'이다. 세 가지 흐름이 서로 합류할 때 기회의 창이 열린 동안 정책 변동이 일어난다. 그러한 경우란 문제가 인식되고, 해결책이 마련되어 있으며, 정치적 분위기가 정책 변화를 받아들일 수 있고, 다른 제약 조건이 그러한 조치를 제한하지 않는 상태다. 위기나 격변에 의해 국가적 분위기가 흔들리는 경우는 예측 불능의 기회의 창에 해당된다. 1974년 에너지 파동 때의 에너지 정책의 변화는 그러한 예에 속한다. 매년 반복되는 예산편성 과정은 예측 가능한 창의 예다.

3. 루빈의 실시간 예산운영 모형

루빈의 실시간 예산운영(real time budgeting: RTB) 모형은 서로 성질이 다른 그러나 서로 연결된 세입, 세출, 균형, 집행, 과정의 다섯 개 의사결정 흐름이 통합되면서 초래되는 의사결정 모형을 말한다. 여기서 실시간(real time)이란 한 결정의 흐름에서 이뤄지는 결정이, 다른 결정의 흐름 및 환경으로부터 오는 정보와 결정에 계속적으로 적응하는 것을 말한다(루빈, 2001: 358).

루빈의 실시간 예산운영 모형은 기본적으로 예산 정치(budgetary politics)에 관한 모형이다. 이 모형은 예산운영은 정치가 아니며, 오히려 특정의 정치적 의사결정(political decision making)을 포함한다는 개념에서 실마리를 풀어가고 있다. 그녀는 쓰레기통 모형과 킹던의 정책과정 모형의 아이디어를 빌려 왔다고 말하지 않지만 두 모형의 여러 특징을 담고 있다. 또한 단계 발견(stages heuristic) 모형의 정책결정의 순차적(sequential) 측면도 비선형적(nonlinear)인 예산 과정을 살펴보는 데 활용하고 있다.

루빈의 모형에 의하면 예산운영은 경제적 및 정치적 환경에 개방되어 있으며, 변화하는 외부 요인에 대처할 수 있어야 한다. 또한 다양한 목표와 의제, 그리고 자원을 가진 여러 행위자들이 다양하게 존재하기 때문에 예산운영은 변화하는 환경에 융통성과 적응력을 가질 필요가 있다. 이러한 융통성은 "느슨하게 연계된 다섯 개의 의사결정 흐름과 그와 관련된 의사결정자들, 각각의 예산운영의 정치"가 통합되는 의사결정 구조에 의해 생겨난다. 다섯 개의 의사결정 흐름을 간략하게 살펴보면 다음과 같다.

1) 세입 흐름에서 의사결정

누가(who), 얼마만큼(how much) 부담할 것인가의 질문에 대답하는 것이다. 여기에는 설득(persuasion)의 정치가 내재해 있다. 주요 결정은 조세와 조세정책의 변동을 통해 세입원의 제약 조건을 변경할 것인지, 변경한다면 어떻게 할 것인지에 관한 것이다. 이때 세입결정의 주된 제약 조건은 세입원의 기술적(technical) 추계다.

2) 세출 흐름에서 의사결정

예산획득을 위한 경쟁과 예산의 배분에 관한 의사결정이다. 선택(choice)의 정치로 특징지어진다. 첫 번째 제약 조건은 기준 예산(base budget)의 기술적 추계다. 그런데 이것도 점차 정치적 결정이 되고 있다. 예산 과정의 참여자들은 경쟁적 목적에 대한 예산배분에 대해 민감하게 경쟁 상태에 있다. 참여자들은 지출의 우선순위를 재조정하기를 바라거나 현재의 우선순위를 고수하려고 노력한다.

3) 예산 균형 흐름에서 의사결정

예산 균형에 관한 결정은 제약 조건(constraints)의 정치의 성격을 갖는다. 예산 균형을 어떻게 정의할 것인지, 균형을 이룰 필요가 있는지, 어떻게 달성할 것인지를 결정해야 한다. 예산 균형의 결정은 세입과 세출 추계치 간의 상호작용 과정이지만 근본적으로 정부의 범위 및 역할에 대한 결정과 연계되어 있다. 복지 프로그램 개혁과 관련된 논쟁은 이 점을 시사한다.

4) 예산집행 흐름에서 의사결정

예산집행 흐름에서 결정은 본질적으로 기술적 성격이 강하며, 책임성(accountability)의 정치의 특징을 갖는다. 예산계획에 따른 집행과 수정 및 일탈의 허용 범위에 관한 문제가 이 흐름에서 중요한 문제다.

환경 요인이 변동되면 예산집행의 변화를 초래하기도 한다. 이 경우 예산 수단(정책, 사업)이 가치 중립적이지 않다. 예산집행 과정에서의 변동은 다음 연도 기준 예산에 영향을 미치며, 그것은 세출 흐름과 예산 균형 흐름에 영향을 미치게 된다.

5) 예산 과정 흐름에서 의사결정

예산 과정 흐름에서의 결정은 어떻게 예산을 결정하는가, 특히 누가 예산을 결정하는가의 정치다. 누가(개인 또는 집단) 참여하는가는 예산 결과에 영향을 미친다. 이 흐름에서의 갈등은 행정부와 입법부(최근에는 사법부) 간, 납세자인 시민과 예산 배분 결정자인 정부관료 간의 결정 권한의 균형에 관한 것이다. 정부사업에 대한 사회적 가치평가를 표현할 수 있는 사회는 효과적인 정치적 결정을 가능하게 해 주며 정치적 합리성을 달성하게 된다.

이상 다섯 개의 흐름들은 핵심 정보가 서로 연계시켜 주기 때문에 준독립적이지만 상호 의존적이다. 다른 흐름에서의 결정 및 정보와 정치적 또는 경제적 환경 변화에 반응하는 각 흐름에서 순차적 결정 조정이 예산운영에는 필요하다.

제약 조건으로서 시간에 대한 취급이 정책모형과 예산모형 간에 차이가 있다. 킹던의 정책과정 모형이 시간보다는 각 흐름이 모여 정책이 결정되는 '적시성(timeliness)'을 중시한다면 실시간 모형은 '시간(time)' 그 자체에 주목한다. 실시간 모형에서는 시간이 실질적인 제약 조건이다. 다섯 개의 흐름 속에서 각 행위자들은 정해진 기한을 염두에 두고 예산을 결정한다는 것이 실시간 모형의 핵심이라고 볼 수 있다. 그러나 실시간 모형에서도 '시간 조절(timing)'이 중요하다. 예산 참여자들이 각 흐름에서 작업에 관여할 수 있어야 하고, 다른 흐름에서 정보를 얻거나 환경 변화에 따라 전단계 결정을 참조해야 하기 때문이다.

루빈 모형의 한계를 지적한다면 다음과 같다. 첫째, 그가 예산이 기한 내에 처리되어야 한다는 시간 개념에 주목하긴 했으나 구체적으로 예산 의사결정에 어떤 영향을 미치는가에 대한 분석을 하지는 못했다. 둘째, 단계 발견 모형과 마찬가지로 거시적 측면의 묘사적 모형에 불과하다는 점이다. 즉, 미시적 측면에서 예산을 바라보지 못했다는 점을 들 수 있다.

4. 다중 합리성 모형의 모색

윌다브스키(Wildavsky, 1992)는 현대 예산의 복잡성이 포괄적인 이론 개발을 가로막고 있다고 주장해 왔다. 그러나 예산의 합리성을 이해하기 위한 일련의 실험적 노력들이 계속되어 왔다.[10] 주로 이러한 연구들은 미시적 수준에서 다중 합리성과 기회주의적 예산 전략에 초점을 두고 진행되었다. 이들 연구는 다양한 역할지향성을 가진 예산운영자들의 해석적 의사결정 행태를 조명하는 데 의의가 있다. 이를 통해 예산결정이 여러 요소를 포함하고 있고, 예산운영자들이 다양한 시점에서 제공받는 다양한 형태의 정보를 걸러내기 위해 다중 합리성을 적용하려는 경향이 있다고 결론지을 수 있다. 여기서는 서메이어와 윌로비의 연구를 보자.

1) 예산분석가의 역할

서메이어와 윌로비는 미국 주정부의 중앙예산실(Central Budget Bureaus)에 근무하는 분석가들의 의사결정 행태에 초점을 맞추어 연구했다. 그들의 연구에 의하면, 중앙예산실의 예산분석가들은 단순한 재정분석가를 넘어서서 정책분석가의 역할을 수행한다. 그들은 예산요구 흐름을 주지사 및 주의회에 전달하는 막강한 수문장으로서 주지사를 보좌하면서 예산 산출에 상당한 영향력을 행사한다. 역사적으로 주의회는 지출 결정의 많은 부분을 주지사에게 위임했고, 주지사는 다시 중앙예산실에 중요 결정권을 위임해 왔다. 그러므로 이 예산분석가들은 각 부처의 자원 활용 능력이나 업무수행에 대해 잘 알고 있으며, 또한 최고결정권자의 입장으로서 거시적 관점을 갖고 정책을 개발하고 혁신할 수 있는 능력을 갖고 있다. 따라서 이들의 역할은 직업관료들의 미시적 예산결정과 정무직 관료의 거시적 예산결정의 조화를 도모하는 것이다.

2) 예산운영의 거시적 · 미시적 관계

거시적 · 미시적 예산결정은 환경적 · 조직적 · 기술적 요인에 의해 틀이 짜여진다. 연방정부의 세제개혁, 법원 판결, 자연 재해 등과 같은 환경적 요인은 세입 및 세출의 우선순위를 크게 변화시킬 수 있다. 그러한 사건들은 계속해서 미시적 예산결정에 영향을 미칠 수 있다. 조직적 및 기술적 요인들은 의사결정자들의 정보 수집, 결정전략 형성,

10) 이러한 실험적 노력의 예에 대해서는 서메이어와 윌로비(Thumaier & Willoughby, 2001: 37-40)를 참조하기 바란다.

그림 7-3 미시적 예산결정과 거시적 예산결정의 관계

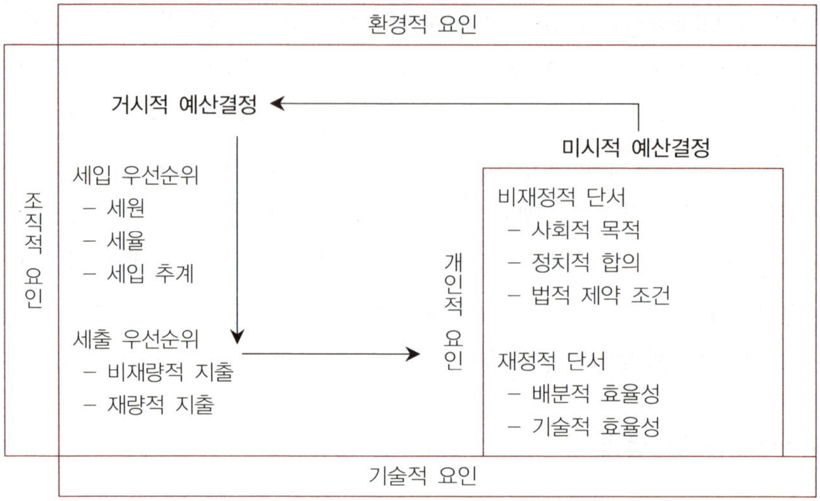

현명한 선택 능력에 영향을 미친다. 또한 예산 관료들의 개인적 배경, 경험 및 활동들은 예산 과정, 다른 참여자와의 관계, 예산 단서의 고려, 정부활동의 우선순위 결정을 이해하는 데에 영향을 미친다.

3) 미시적 수준의 모형 개발

거시적 모형과 대등한 수준의 미시적 수준의 모형 개발을 위해 킹던의 결정 의제 개념을 확장시켜 예산결정 의제(budgetary decision agenda)를 설정해 보자. 예산결정 의제란 정책결정자들이 적극적으로 다음 예산에 포함시키려고 고려 중인 이슈들의 집합이다. 정책결정 의제와 마찬가지로 예산결정 의제는 가시적 참여자 집단, 특히 주지사에 의해 결정되고 그 예산 및 정책대안의 세부 사항들은 숨겨진 참여자 집단에 의해 추진된다. 결국 예산에 관한 '기회의 창'에서 문제와 해결책을 연결하는 책임을 지는 가장 중요한 행위자는 예산실 분석가들이다.[11)]

주정부의 분석가들은 예산결정 의제에 등장한 실질적 정책 영역에서 정책 역할(policy role)을 수행한다. 이들의 정책에 대한 영향력은 ① 어떤 종류의 예산분석에 참여하

11) 이 점에서 예산은 한 지역의 가장 크고, 가장 예측 가능한 창(window)이다.

는가, ② 결정 의제에서의 정책 이슈의 위치, ③ 예산요구액의 크기, ④ 분석가의 예산실 경력 등에 따라 달라질 수 있다. 주정부 분석가들은 수문장으로서 그들의 정책활동이 예산상의 기회의 창에 집중된다. 분석가들의 역할은 수프에 섞는 향료에 비유된다. 정책결정자가 선택해야 할 여러 가지 정책 이슈들이 뒤섞여 있는 상태에서 분석가들이 어떻게 이를 다듬어서 내어놓느냐에 따라 채택 여부가 판가름난다는 것이다. 즉, 정책결정자의 취향에 부합하는가에 따라 예산 채택 여부가 결정되는 경우가 많음을 실무담당자와의 인터뷰를 통해 밝혀 내고 있다.

중앙예산실에 정책지향성이 부여되도록 예산 과정이 구조화되면 분석가들은 정책결정 과정에서 주지사를 위해 행동하게 된다. 분석가들은 어떤 예산결정 항목들이 예산결정 의제에 오르고 어떤 것이 오르지 않는지에 관해 정치적 행위자들로부터 단서를 얻는다. 결정 의제에 올라 있는 예산 항목들은 합법적인 대안 선택에 신중을 기하고 의제에 올라 있지 않는 항목들은 각 부서에 간단하게 '아니오(No)'라고 이야기함으로써 위임된 결정권을 행사하는 속성을 보이기도 한다. 또한 각 부서의 요구가 정당하다고 판단될 경우 그들 편에서 분석을 진행하고 결정권자의 눈에 잘 띄도록 해서 예산을 배정하도록 하기도 한다. 이 점에서 정책 과정과 예산 과정이 중앙예산실에서 소용돌이처럼 섞인다고 볼 수 있다.

중앙예산실에서의 예산운영에 관한 이러한 묘사는 좀 더 구성 작업이 필요하다. 실시간 모형에서 쓰레기통 모형에 적용하는 '시간 제약'은 여기서도 고려해야 할 중요 변수다. 정책결정과는 달리 기한이 정해져 있는 예산 과정의 경우 예산 통과 기한이 도래할 때 실시간 모형에서 의사결정 흐름들을 합치시킬 것을 요구한다. 즉, 최종 기한이 가까워져 오면 중앙예산실 관료들은 각 흐름이 서로 더욱 근접하게 한다. 이러한 흐름은 시간적으로 동시에 합류될 필요는 없다. 그러나 궁극적으로 새로운 예산이 승인될 수 있게 완전히 통합되어야 한다. 예산이 승인됨과 동시에 정책결정도 예산에 포함되게 된다. 또 하나의 중앙예산실의 특징은 전체적 관점(global perspective) 또는 큰 그림(big picture)을 제공한다는 점이다.

다양한 형태의 다중 결정 흐름 개념은 예산 관료들이 미시적 예산결정에 다중 합리성 접근법을 사용한다는 우리의 검증 사실과 일치한다. 과거의 실험적 연구 결과와 중앙예산실의 분석가들에 대한 현재 연구는 예산 관료들의 결정이 실제로 예산주기상의 다양한 시점에서 서로 다른 형태의 다중 결정으로 구성되어 있음을 보여 준다. 연구 결과는 분석가들이 재정적 및 비재정적 결정을 합리적 정책안에 결합해 예산 책임자와 주지사 앞에서 방어할 수 있다는 것을 보여 준다. 미시적 예산결정 수준에서 재정적 결정과 비재정적 결정을 결합하는 것은 거시적 예산결정과 미시적 예산결정의 연계점에서 분석가들이 결정적 역할을 한 직접적 결과라고 볼 수 있다.

결론적으로 중앙예산실은 거시적 예산결정과 미시적 예산결정의 연계(nexus) 역할을 하며, 정책결정과 예산결정의 흐름이 소용돌이(vortex)처럼 중앙예산실에서 섞이고 얽혀 상호 영향력을 행사함을 알 수 있다.

제 5 절 조직과정 모형

1. 조직과정 모형의 의의[12)]

조직과정 모형(organizational process models)은 재무행정을 연구하는 학도들에게 공백 기간으로 비쳐진 시기가 있었다. 조직과정 모형이 이렇게 공백 기간이 있었던 데에는 몇 가지 이유가 있다. 무엇보다도 중요한 이유는 지출 결과가 공공재의 수요와 공급에 의해 결정되고, 경쟁이 선출직 관료들을 중위투표자의 선호를 반영하게 한다는 주류 경제학 모형이 광범위하게 받아들여졌기 때문이다. 더욱이 실증적 정치 이론가들(정치학자가 아닌 주로 경제학자들)이 조직과정 모형을 포용하는 것을 꺼려한 것도 이 모형이 발전하지 못하는 데 한 몫을 했다. 제도론자들과 행태주의 예산학자들도 이 모형을 똑같이 경멸했다. 그리고 이 모형에 내재된 다학문성도 이 모형이 잊혀지게 한 요인이다. 그러나 그린과 톰슨(Green & Thompson, 2001)은 조직과정 모형이 주류 모형에 대한 좋은 대안이 될 수 있을 것으로 생각한다. 또한 현재의 발달된 정보 기술은 조직과정 모형의 방법론을 발전시키기에 충분하다고 믿고 있다.

조직과정 모형이란 무엇인가? 여기서는 단순히 정의하는 것을 넘어 모형의 역사적 변천을 살펴봄으로써 현재에의 시사점을 이끌어 내고자 한다. 조직과정 모형의 발전 과정은 ① 선언(pronouncement), ② 형식화(formalization), ③ 분화(differentiation), ④ 확산(diffusion)의 4단계로 구분해 볼 수 있다.

---

12) 예산운영의 조직과정 모형은 그린과 톰슨(Green & Thompson, 2001)의 글을 발췌한 것이다.

2. 조직과정 모형의 선언 단계

예산의 조직과정 모형의 기원은 사이먼, 린드블롬, 윌다브스키라는 세 명의 저명한 학자에게 거슬러 올라간다. 그들은 각각 행정학, 경제학, 정치학 분야에서 조직과정 모형을 발전시켰다. 그들은 분석의 단위로서 '결정(dicision)'을 채택했으며, 학제 간 연구에 의존했다는 면에서 공통점을 지닌다.

먼저 사이먼은 '제한된 합리성'이란 관점에서 모형을 구성한다. 이는 『합리적 선택의 행태 모형(*Behavioral Model of Rational Choice*)』(1955), 『인간의 여러 모형(*Models of Man*)』(1957)과 같은 저작에 잘 나타나 있다. 제한된 합리성은 인간의 완벽한 합리성 가정에 대한 비판이다. 인간은 단지 만족화(satisfice: suffice+satisfy)할 뿐이다. 복잡한 환경에서 인간은 일부의 목표를 제한된 수단으로 추구한다. 예산결정 과정에서도 마찬가지다. 예산결정자는 전년도의 지출과 과세 결정에 기초해 불확실성과 정보 획득 비용을 줄이려고 노력하는 것이다. 제한된 합리성 모형은 그의 제자들에 의해 더욱 발전된다.

린드블롬은 조직과정 모형의 두 번째 기여자라 할 수 있다. 그는 『정책분석(*Policy Analysis*)』(1958), 『머들링 스루의 과학(*The Science of Muddling Through*)』(1959)에서 점증주의를 논한다. 그는 완벽한 분석을 전제한 최적화는 불가능하며, 단지 과거의 결정에 의존하는 제한된 변화만이 가능하다고 말한다. 그의 생각은 사이먼과 비슷하지만, 그는 개인의 결정보다는 결과에 더 주목한다. 그의 작업은 많은 영향력을 미쳐 왔지만, 유용한 경험적 모형이라기보다는 단순한 수사에 불과하다는 비판을 받기도 한다.

윌다브스키의 기여는 그의 『예산 과정의 정치학(*The Politics of the Budgetary Process*)』(1964)에서 찾을 수 있다. 예산 과정이 전략과 기술을 지닌 행위자들의 정치적 과정에 의해 이뤄진다는 획기적인 저작이다. 그는 예산 분야를 학문의 주변부에서 중심부로 전환시킨 학자다. 하지만 많은 정치학자가 그의 저서에는 예산에 관한 두 가지 이론이 제시되었다는 것을 모르는 듯하다. 첫 번째 이론은 예산 결과에 영향을 미치는 데에는 전략(strategy)과 기술(skill)이 중요하다는 것이다. 두 번째 이론은 사이먼의 제한된 합리성을 발전시킨 것으로 예산과 점증주의의 관계를 보여 준다. 그뿐만 아니라 윌다브스키는 첫 번째보다 두 번째 이론을 강조하고 있고, 예산 지출이 매우 안정적이라는 것을 말한다. 예산은 경험적이고, 단순하며, 만족화하고, 점증적으로 이뤄진다고 주장한다.

3. 조직과정 모형의 형식화 단계

1) 윌다브스키 · 데이비스 · 뎀스터

윌다브스키는 데이비스, 뎀스터와 함께 이론을 정교화시킨다. 그들의 점증주의적 예산 모델은 *APSR*에 「예산 과정의 이론(A Theory of the Budgetary Process)」(1964)이라는 논문으로 발표되었다. 관료의 제안과 의회의 심의라는 두 변수를 선형적으로 조합해 예산결정이 점증적으로 이루어짐을 보인다. 예산은 계산의 편의를 위해 안정적인 정보에 의존하고 이 정보는 다름 아닌 전년도의 예산이다. 그들이 밝힌 선형적 함수 관계는 "현년도 예산요구액은 전년도 의회 승인액의 함수다"는 것과 "현년도 예산승인액은 현년도 예산요구액의 함수이다"는 것이다. 그들의 이론은 수학적 단순성과 점증주의가 지닌 복합적 약점 때문에 비판받기도 하지만 예산이론과 조직과정 이론의 발전에 큰 공헌을 했다.

2) 크레사인

조직과정 모형은 크레사인(John J. Crecine)의 『정부문제의 해결(*Governmental Problem Solving*)』(1969)이라는 책에서 가장 명료하고 완전한 형태로 거듭난다. 크레사인은 디트로이트, 피츠버그, 클리블랜드의 세 도시를 연구 대상으로 삼아 지방예산 과정에서의 주요 행위자들(각 부서의 장, 시장, 시의회)에 의한 의사결정의 알고리즘을 컴퓨터 시뮬레이션을 이용해 만들어 낸다. 여기서는 예산 과정이 외생적인 수입의 한계 내에서 이뤄진다는 가정이 중요하다. 지방예산 과정은 ① 각 부서의 요구, ② 시장의 의회에 대한 권고, ③ 시의회의 심의를 통해 이뤄진다.

이 과정은 시장이 각 부서에 보낸 가이드라인에서부터 시작된다. 각 부서는 이 가이드라인을 감안해 예산을 결정한다. 예산 과정은 각 부서, 시장, 그리고 의회의 하위 모델을 통해 복잡하게 이뤄진다. 크레사인은 예산 과정이 결코 시민의 만족을 극대화하는 방향으로 이뤄지는 것이 아니라는 것을 발견한다. 오히려 그것은 각각의 의사결정자들의 좁은 시각에서 이뤄진다. 시장은 한정된 재원으로 수많은 기대치를 만족시켜야 한다. 그 때문에 그는 과거의 예산결정에 의존하게 된다. 의회 역시 복잡한 문제를 부족한 인력으로 처리해야 하므로 명백한 오류를 찾거나 총예산의 승인이나 거부 여부만을 결정하게 된다.

크레사인은 예산 과정이 주요 행위자들 간의 상호 기대와 상대방에 대한 이해를 바탕으로 이뤄진다고 말한다. 이것은 일종의 분업이다. 그뿐만 아니라 복잡한 예산 과정을 다룰 수 있는 수준으로 만들기 위해 큰 문제를 여러 작은 문제로 나누듯이 분해하는 작업을 하기도 한다.

그는 예산결정 과정에서 선례(precedent)가 바로 핵심이라고 강조한다. 예산에서 선례란 지난 해의 문제에 대한 해결책이므로 상황에 맞게 작은 변화만 가미하면 그것은 현재의 해결책을 의미한다. 이렇게 선례를 수정해 채택하는 것은 곧 한 번 예산에 편입된 것은 계속 그러할 것이라는 의미가 되기도 한다. 이 때문에 조직과정 모형은 린드블롬이나 윌다브스키의 점증주의와 명백한 관련을 맺게 된다. 선례를 채택하는 또 다른 이유는 공공 의사결정의 개방적 평가에서 비판에 대한 방어가 쉽기 때문이기도 하다.

크레사인의 과학적 혁신은 특기할 만하다. 첫째로 많은 학자가 수입 측면을 다뤄 온 데 반해, 그는 지출에 초점을 두었다. 둘째로 컴퓨터 시뮬레이션을 이용한 방법론의 발전을 들 수 있다. 이것은 조직과정 모형의 발전에 크게 기여했지만, 아쉽게도 많은 학자가 이 방법론을 포기했다. 셋째로 예산결정자를 시민의 요구에 급급한 무분별한 대변자로 보지 않고, 복잡한 문제를 구성하고 내안을 모색하고 선택하는 문제해결자로 보고 있다는 점이다. 불행히도 이 가정은 소수에게만 받아들여진 반면, 대항적인 가정인 니스카넨(W. Niskanen)의 모형은 많은 추종자를 낳았다.

3) 라 키

라키(Patrick D. Larkey) 역시 조직과정 모형을 발전시킨 주요한 학자다. 『공공사업평가론(*Evaluating Public Programs*)』(1979)에서 모형은 더욱 정교함과 유용성을 얻게 된다. 이 책에서 그는 닉슨(Richard M. Nixon) 행정부에 의해 만들어진 무조건부 교부금의 일종인 GRS(General Revenue Sharing) 프로그램에 대해서 논한다. 이 당시 경제학자들은 보조금과 같은 정부간 이전의 경제적 함의에 관심이 많았으며, 이례적 결과인 끈끈이 효과에 관심을 가지고 있었다. 끈끈이 효과란 보조금의 유입이 경제적 모형이 예상하는 것보다 훨씬 많은 정부 서비스의 증가를 가져오는 것을 말한다. 이것은 예산결정자들이 시민의 이익보다는 그들의 선호를 우선하기 때문에 나오는 것으로 설명 가능하며, 때문에 조직과정 모형에 유용한 예가 된다.

라키에게는 두 가지 목표가 있었는데 그것은 GRS의 효과를 평가하는 것과 정책평가의 방법론으로서 조직 과정적 접근의 유용성을 실증하는 것이다. 라키의 방법은 여러 면에서 크레사인의 방법과 유사했는데, 평가적 목표에서 차이가 있었다. 크레사인은 지출의 정확한 예측에 관심을 둔 반면, 라키는 GRS가 없었을 경우의 지출을 예상해 GRS의 효과를 밝히고자 했다.

라키가 발견한 것은 일반적으로 재정학의 이론들이 맞다는 것과 끈끈이 효과에 대한 계량경제학적 증거들은 변수의 오차에 기인한다는 것이다. 달리 말하면, GRS에 의한 공공지출 증가는 크지 않다는 것이다. 또 공식적 보고에 문제가 있었는데, 지출의 크기는 과대 평가되었고 수입대체(조세 감소)는 과소 평가되었다. 라키는 지출의 증가가 실질적인 것이 아니라 시간상의 것임을 밝혀냈다. 지방정부의 경우, 유동성 확보의 제약이 있기 때문에 보조금이 들어올 경우, 그 돈으로 우선적으로 지출하기 때문에 지출이 증가하는 것처럼 보였던 것이다.

이러한 발견은 매우 중요하다. 하지만 대부분은 간과되고 말았다. 그것은 라키의 방법론이나 분석 범주, 언어가 대부분의 재정학자에게 생소했기 때문이다. 또한 그의 관심은 주류 학자들의 관심과 달랐기 때문이기도 하다. 그는 합리적 선택모형이나 경제적 모형의 대안으로서 조직과정 모형이 유용성이 있다는 것을 강조했으며 이를 더욱 발전시켰다.

4. 조직과정 모형의 분화 단계

파제트(John Padgett)는 조직과정 모형을 더욱 발전시킨다. 그는 『예산연구에서의 제한된 합리성(*Bounded Rationality in Budgetary Research*)』(1980)에서 데이비스, 뎀스터, 윌다브스키의 점증주의 모형을 예산 과정에 적용해 '순차적 판단이론(theory of serial judgements)'을 제시한다. 이것은 제한된 합리성을 가정한다는 점에서 기존의 점증주의 이론과 공통점이 있지만 ① 성질이 다른 예산대안을 통한 순차적 탐색, ② 약간은 모호한 '정보에 근거한 판단(informed judgement)'을 적용한 비결정적 최종 선택이라는 점에서 차이를 보인다.

파제트의 순차적 판단이론은 조직과정 모형의 매우 정교화된 형태다. 그는 크레사인의 접근법에 기초해 관리예산처(Office of Management and Budget)에 주목한다. 그는 대통령 수준에서의 재정적 · 정치적 제약 조건이 OMB의 표준운영 절차에 의해 어떻게 걸러질 수 있는지를 밝히고 있다. 이후 『연방 예산결정에서의 계층제와 생태적 통제(*Hierarchy and Ecological Control in Federal Budgetary Decision-making*)』(1981)에서 제한된 합리성에 의한 예산결정의 언어적 묘사의 차이를 없애 주고, OMB 관료들의 실제 행태를 수학적으로 표현해 주는 성과를 보인다.

5. 조직과정 모형의 확산 단계

1980년대에 이르러서는 조직과정 모형은 점차 학계에서 잊혀져 갔다. 이것은 경제학의 제국주의적 확장 때문이기도 하거니와 기존의 이론가들이 이 이론을 지키고자 하는 확고한 노력이 없었기 때문이기도 하다. 그럼에도 불구하고 1980년대 후반에서 1990년대 초에 이르러 조직과정 모형과 맥락을 같이하는 논문들이 발표되었다. 이들 이론가는 조직과정 이론가들에게 지적 부채를 지고 있음을 인정하면서도 대부분 그것을 강조하지는 않았다.

1) 캄렛과 모우어리

크레사인의 제자인 캄렛(Mark Kamlet)과 모우어리(David Mowery)의 연방정부의 예산에 관한 연구는 조직과정 모형의 뒤를 이었다고 할 수 있다. 더욱이 그들은 예산 연구에 적용했던 엄격한 통계적 방법과 시계열 자료와 같은 분석적 접근법을 제도의 결과물과 정치적 레짐(political régime)을 연구하기 위해 사용했다. 그들은 라키와 마찬가지로 정치 및 정책 변수의 예산상의 영향을 평가하기 위해 자동회귀 예측모형을 정립했다. 그들의 경험적 모형에는 관성적인 부분이 발견되었는데 그것은 다름아닌 이전 예산이 현재의 예산에 영향을 미친다는 것이다. 하지만 그들은 이것을 조직과정 모형에 연계시키지 않고 거시경제론이나 공공선택론적 견지에서 설명하고자 했다.

2) 초에이트와 톰슨

초에이트(Mark Choate)와 톰슨(Fred Thompson)의 두 논문은 조직과정 모형과 신경제학적 조직이론을 연계해 예산 과정의 의사결정자를 주인-대리인이론으로 설명하고자 했다. 그렇게 함으로써 라키나 크레사인, 그리고 파제트의 이론들을 재발굴하는 계기가 되었다.

3) 봄가트너와 존스

봄가트너(Frank Baumgartner)와 존스(Bryan Jones)가 「미국정치의 의제와 불안정

(Agendas and Instability in American Politics)」(1993)에서 정책의 진화는 근본적으로 점증주의적이며 안정적이라고 했는데, 이 논문은 조직과정 모형과 많은 부분에서 닮았다. 그들은 특별히 예산결정에 대해 논의하지는 않았다. 하지만 정책 진화가 제한된 합리성과 같은 인지상의 한계에서 비롯된다고 하나, 효과적인 정보 처리, 학습, 의사결정에 대한 조직의 제약을 강조한 것은 바로 조직과정 모형과 유사하다.

트루(James True)가 봄가트너와 존스의 연구에 동참했을 때 그들의 연구는 더욱더 조직과정 모형과 유사한 형태를 드러낸다. 그들은 연방정부의 예산에 자신들의 모형(punctuated equilibrium model)을 적용해 세 편의 논문을 발표한다. 첫 번째 논문이 「변화의 형상: 1947~1994년의 미국 예산의 단절과 안정(The Shape of Change: Punctuation and Stability in U.S. Budgeting 1947~1994)」(1996)인데, 이 연구는 조직과정 모형을 되살릴 수 있는 함의를 지녔다. 그들은 의사결정에 대한 제한된 합리성 접근법뿐만 아니라 극대화 모형과 일치하는 의제기반 모형(agenda-based model)을 개발한다. 그리고 예산의 변화가 파레토 확률분포로부터 도출된다는 것을 발견하는데 그들은 이것을 파제트의 순차적 판단 모형과 일치한다고 믿었다. 나아가 안정과 단절에 의한 예산과정을 더욱 잘 예측하기 위해 그들은 모형을 더욱 발전시킨다. 두 번째 논문인 「점증주의는 정치적 합의에 의해 생긴 것인가, 아니면 제도적 교착 지점에서 비롯된 것인가? (Does Incrementalism Stem from Political Consensus or From Institutional Gridlock?)」(1998)에서 그들은 윌다브스키의 반직관적인 명제를 검토한다. 윌다브스키의 명제는 합의가 점증주의를 낳고, 거꾸로 의견 불일치가 지출의 많은 변화를 초래한다는 것이다. 그러나 그들의 실증적 연구 결과에 의하면 예산의 점증성(volatility)은 감소하지만, 의회에서의 의견 불일치가 예산의 점증성을 높인다고 한다.[13] 그들은 점증성이 의견 불일치를 지칭한다는 점에서 점증주의와 모순되는 명제를 제시한다. 이것은 조직과정 모형과 같은 견지에 있다. 세 번째 논문인 「정책단절: 1947~1995년의 미국 예산 권한(Policy Punctuations: U.S. Budget Authority, 1947~1995」(1998)에서 그들은 연방정부의 지출이 오랜 기간에 걸쳐 안정적이지만 두 번의 대규모 지출 이동으로 인해 단절(punctuation)이 있음을 발견한다. 그들은 이러한 단절이 특정 프로그램이나 하위 체계에서뿐만 아니라 정부 전체에 걸쳐 일어난다고 결론짓는다. 또한 그들의 모형이 예산을 경제적 변화나 정당의 변화 또는 여론의 변화로 설명하는 다른 모형보다 뛰어나다고

13) 그들은 예산의 점증성을 '예산 휘발성(budget volatility)' 개념으로 조작화했다.

말한다. 이 점은 조직과정 모형이 대안적인 경제적 모형과 정치적 모형보다 뛰어나다는 것을 의미한다.

4) 댄 우드

댄 우드(B. Dan Wood)는 「균형예산 규범: 1904~1996년의 변이모형(The Balanced Budget Norm: Modeling Variations from 1904~1996)」에서 연방정부의 세입과 세출 간의 불균형을 오차 수정 과정(error correction process)으로 평가한다. 균형예산 규범이 대공황 이전 시기보다 지금이 훨씬 더 강력하다고 말한다. 또한 정당이나 행정부와 의회 간 정당 불일치가 예산을 균형화하려는 힘에 영향을 미친다는 아무런 증거도 없다고 말한다. 그는 이러한 균형을 만드는 힘을 조직과정 모형과 유사한 곳에서 찾고 있다.

CHAPTER 08

재정정보 및 분석론

학습 포인트

1. 재정정보와 정보 공개
2. 통합재정정보 시스템: 디지털 예산회계 시스템
3. 비용–편익분석
4. 예비 타당성 조사
5. 세입 · 세출의 예측

제 1 절 재정정보와 정보 공개

1. 재정정보의 의의와 유형

정보란 일정한 의도를 가지고 정리해 놓은 자료의 집합이다(안문석, 1995: 174). 자료(data)는 정보를 산출하기 위한 투입이며, 문자와 기호로 표시된 어떤 실체의 속성이나 활동을 의미한다. 자료는 사실(facts)을 말하며, 정보는 자료의 유용성(usefulness)을 말한다. 자료가 정보(information)가 되기 위해서는 어떤 목적을 갖는 이용자가 있어야 하며, 특정한 용도에 적합하도록 양식화, 여과, 요약 등의 단계를 거쳐 가공되어야 한다. 정보가 이용되어 발생하는 결과는 일부 축적되기도 하고 기존의 지식 체계와 통합되어 이용자에게 내부화되어 지식(knowledge)이 된다.

이렇게 볼 때 매년 정부예산이 편성되는 과정에서 산출되는 예산 자료는 예산 과정에 참여한 여러 주체들의 필요에 따라 재정정보로 만들어진다. 이러한 재정정보는 기존의 예산이론에 통합되거나 새로운 이론 등장의 토대가 되기도 한다.

재정정보는 예산, 자원 배분, 재정관리의 혈액과 같다. 재정정보는 재정 과정에서 재정상의 정책결정자 및 관리자에게 필수적인 요소이다. 재정정보는 크게 두 가지 유형으로 나눌 수 있다. 하나는 사업에 대한 정보(program information)이며, 다른 하나는 자원에 대한 정보(resource information)다(Lee & Johnson, 1998: 17-18).

전통적인 재정정보는 자원에 대한 정보에 치중했다. 즉, 전통적 회계 체계가 제공한 정보는 조직 내부 국면, 지출에 대한 조직의 책임 소재, 그러한 지출에 의해 구입한 자원에 국한되어 있었다.

이러한 전통적인 재정정보는 그 후 사업에 대한 정보를 중요시하는 방향으로 바뀌었다. 즉, 예산결정 체계가 사업의 결과나 영향에 대한 정보를 포함시킨 것이다. 그 결과 예산결정자들은 그들 외부의 결과를 조사하기 위해 조직의 경계를 떠나 조직 외부에 눈을 돌리게 되었다. 이 단계에서는 더욱 광범위하고 분명한 정부의 목표를 명확히 할 필요가 있고 분석의 중요성을 증대시키게 된다. PPBS, MBO, ZBB와 같은 예산개혁은 사업에 대한 정보와 우선순위 결정을 강조하는 새로운 경향을 반영한 예산제도다. 따라서 정보의 관점에서 보면 재정개혁이란 기존의 정보를 재구성하고 다양한 형태의 정보를 더욱 많이 제공하고자 하는 시도라고 볼 수 있다.

그리고 재정정보를 재정 과정의 각 단계별로 보면 이용 목적에 따라 다양한 재정정보의 산출이 가능하다. 즉, 중장기 재정계획 정보, 예산편성에 관한 정보, 예산심의에 관한 정보, 예산집행에 관한 정보, 결산 및 회계검사 업무 정보, 그리고 세입 및 세출 업무 관리에 관한 정보, 자금 · 재산 · 물품관리 업무에 관한 정보 등이 그것이다.

2. 재정정보의 수요자

정보는 공급자와 수요자가 있기 마련이다. 따라서 정보 공급자는 정보 수요자가 필요로 하는 정보를 생산해 공급할 필요가 있다. 그리고 정보 수요자는 이용 목적에 맞는 정보를 선택해 이용하게 된다.

재정정보의 공급자는 재정 과정의 각 단계에서 재정정보를 산출하는 참여자들이다. 재정정보의 수요자는 재정정보를 이용하거나 이용하기를 원하는 단위들이다. 여기에는 정부기관 내부의 정보 수요자와 외부 수요자가 있다. 정부기관 내부의 수요자는 정책결정자, 예산편성 및 운용자, 기타 관련 기관이 해당된다. 외부의 수요자는 국회, 지방의회, 감사원, 관련 단체, 연구소, 학계, 기업, 시민단체, 지역주민 등이다.

드레빈 등(Drebin et al., 1981)은 공공부문의 예산회계 정보에 대한 잠재적 이용자를 10개의 집단으로 구분하고 있다. 즉, ① 행정관리자, ② 입법부, ③ 유권자, ④ 납세자, ⑤ 서비스 수혜자, ⑥ 감독기관, ⑦ 투자자(채권자), ⑧ 피고용인, ⑨ 물품 판매자(공급자), ⑩ 보조금 제공자다. 그런데 이들 많은 정보 이용자는 동시에 여러 가지 역할을 수행하는 경우가 많다. 예컨대, 한 개인을 놓고 볼 때 그는 유권자이면서, 납세자이고, 정부기관의 피고용인일 수도 있고, 정부의 채권에 투자하고 있을 수도 있다. 그러나 이들 정보 수요자는 이용 목적에 맞는 나름대로의 정보를 필요로 한다.

3. 재정정보 공개와 재정 투명성

1) 재정정보 공개의 의의

재정정보의 공개란 재정 과정의 모든 단계에 걸쳐 존재하는 재정정보뿐만 아니라 재정 과정 자체를 투명하게 하는 것을 포함한다. 그리고 공개는 시민에게 해야 한다. 이것은 납세자인 시민이 '알 권리'를 갖고 있다는 사고 방식에서 출발한다. 시민들에게 적시에 적극적으로 재정정보를 공개해 시민이 정부의 재정 상태와 재정 성과를 이해하고 그를 통해 재정에 대한 적극적인 통제자이며 감시자가 되도록 해야 한다. 이것이야말로 시민의 알 권리를 충족시킬 뿐만 아니라 정부운영의 효율성을 높이는 길이기도 하다.

한편 지식정보화 사회에서는 시민에 대한 정보의 공개와 공유가 중요한 가치로 대두되고 있다. 이것은 재정정보가 공공재(public goods)로서의 특성을 갖고 있다는 점을 의미한다. 공공재는 두 가지 특성을 갖는다. 비경합성과 비배제성이 그것이다. 비경합성이란 한 개인이 소비에 참여함으로써 얻는 이익이 다른 모든 개인이 얻는 이익을 감소시키지 않는다는 것을 의미한다. 다시 말해서, 많은 사람들이 동일한 재화를 동시에 소비하며 동등한 이익을 서로 얻을 수 있음을 뜻한다. 비배제성이란 특정 그룹의 사람을 재화의 소비에서 얻는 혜택으로부터 배제할 수 없는 것을 말한다. 재정정보는 이러한 비경합적 특성과 비배제적 특성을 갖고 있다는 점에서 공공재다. 동일한 재정정보를 동시에 소비하며 동등한 혜택을 서로 얻을 수 있고, 특정 그룹의 사람을 재정정보의 소비로부터 배제할 수 없기 때문이다.

이렇게 재정정보를 공공재로 간주하는 경우 재정정보의 공개와 공동 이용을 통해 타인의 효용을 상실함이 없이 사회후생을 증대시킬 수 있다. 이러한 성격 때문에 재정정보 공개의 필요성이 대두한다. 재정정보를 공개함으로써 사회 전체의 후생을 증진시킬 수 있는 것이다. 따라서 재정정보는 정부가 독점해야 할 성질의 것이 아니라 적극 공개해 많은 사람이 활용함으로써 사회후생을 증진시키도록 해야 한다.

국가재정법(제9조)에는 "정부는 예산, 기금, 결산, 국채, 차입금, 국유재산의 현재액 및 통합재정수지, 일반정부 및 공공부문 재정통계, 국가재정 운용계획, 국가채무 관리계획 등 국가와 지방자치단체의 재정에 관한 중요한 사항을 매년 1회 이상 정보통신매체 · 인쇄물 등 적당한 방법으로 알기 쉽고 투명하게 공표하여야 한다"고 규정하고 있다.

그런데 재정정보의 공개 및 재정의 투명성은 재정 과정의 참여와 밀접한 관계가 있다. 재정의 투명성이 지니고 있는 장점들이 제 기능을 발휘하기 위해서는 예산결정 과정에 의회와 시민사회의 참여가 반드시 이뤄져야 하기 때문이다. 재정의 투명성이 실제로 국민을 위한 재정, 정당성을 지닌 재정으로 연결되려면 재정 과정에 의회와 국민의 참여를 통해 일반 시민의 이해가 반영되어야 한다. 반대로 투명성은 재정 과정에의 국민 참여를 위한 전제 조건이기도 하다. 재정에 대한 정보가 공개되어야 이를 바탕으로 참여를 통한 재정에의 의견 반영이 이뤄질 수 있다.

2) 재정 투명성의 필수 요소

재정 투명성(fiscal transparency)에는 다음과 같은 세 가지 필수 요소가 존재한다(Blöndal, 2000).

첫째, 재정자료(fiscal data)의 공개다. 적절한 모든 재정정보를 체계적이고 적시에 공개하는 것이다. 이것은 재정 투명성의 절대적인 선결 조건이다. 하지만 충분 조건은 아니다.

둘째, 입법부의 효과적인 역할이다. 입법부는 재정보고서를 독립적으로 면밀하게 검토할 수 있어야 하고, 재정정책에 대해 토론함으로써 영향을 미칠 수 있어야 하며, 정부의 책임성을 효과적으로 확보할 수 있어야 한다. 이것은 헌법상의 역할일 뿐만 아니라 입법부가 갖고 있는 자원의 수준 문제다.

셋째, 시민사회의 효과적인 역할이다. 시민은 언론 및 NGO를 통해 재정정책에 영향을 미칠 수 있고, 정부의 책임성을 확보할 수 있는 입장에 있어야 한다.

이 세 가지 요소는 서로 얽혀 있다. 입법부와 시민사회의 재정정보에 대한 검토는 정보가 공개될 때에만 가능하다. 동시에 공개된 정보의 가치는 입법부와 시민사회에 의해 효과적으로 검토될 때에 가지가 있게 된다. 입법부와 시민사회는 매우 유사한 기능을 갖는다. 입법부는 재정정책의 수립과 정부의 책임성 확보에 대해 직접적인 책임을 지는 반면에, 시민사회는 간접적인 역할을 한다는 점이 다를 뿐이다.

3) 재정정보 공개의 전제 조건

재정정보의 공개는 그동안 정보의 생산 및 이용 기관 외에는 공개되지 않았다는 점에서 단순히 기존 정보의 공개에 초점을 맞추고 있는 감이 있다. 그러나 정보는 공개 그 자체에 의미가 있다기보다는 공개된 정보의 활용을 통해 정보복지를 실현하는 데에 의미가 있다. 이러한 목적으로 재정정보를 공개해 활용하기 위해서는 기본적으로 두 가지 요건이 갖춰져야 한다. 즉, 데이터베이스의 구축과 정보 네트워크의 구축이다. 이 두 요건을 충족시키는 것이 통합재정정보 시스템의 구축이다.

(1) 데이터베이스의 구축

데이터베이스란 정보의 통합관리를 위해 조직이 필요한 자료들을 일정한 양식에 따라 저장해 놓은 것이다. 이러한 데이터베이스는 응용 소프트웨어에 의해 쉽게 활용될 수 있도록 구성되어 있다. 즉, 데이터베이스 프로그램은 다양한 자료의 파일을 처리하고 이들을 가치 있는 정보로 활용할 수 있게 해 주며, 정보의 분류, 검색, 저장, 재구성, 업데이트, 소트를 신속하고 정확하게 수행할 수 있게 해 준다.

재정정보를 공개해 널리 활용하기 위해서는 일차적으로 데이터베이스화하는 작업이 필요하다. 그런데 재정정보의 경우 정보 제공자(IP)를 행정기관에 국한하는 것보다 더 많은 관련 단체에 개방하는 것이 필요하다. 실제 재정정보란 다양한 종류의 정보와 밀접한 관련을 갖고 있기 때문이다. 가령 공무원의 인사 기록은 봉급과 밀접한 관련이 있고, 지역주민들의 시립병원 이용은 세외수입과 밀접한 연관이 있다.

데이터베이스화할 수 있는 재정 데이터의 유형은 사업별 · 기관별 예산과 과거 연도의 예산 및 결산 자료 외에도 많은 데이터가 있다. 예컨대, 양적/질적 분석, 시간적/공간적 분석, 총계/순계분석, 투입/산출분석, 개별 지표/종합지수 분석 등의 재정분석 정보가 그러한 예다. 이러한 정보의 내용은 정보 수요에 따라서 다양하게 개발될 수 있으며 또한 개발되어야 한다.

(2) 정보 네트워크의 구축

재정정보에 대한 데이터베이스화가 이뤄지면 이를 활용하기 위해서는 정보 네트워크의 구축이 필요하다. 정보 네트워크의 구축은 정보 시스템 간의 연계와 인터넷의 활용을 두 축으로 한다.

문신용(2001)은 공공조직에서의 인터넷 활용 가능성에 대해 다음과 같이 정리하고 있다. 첫째, 인터넷 기술은 정부조직 내부를 연결하고 이를 통해 조직관리에 활용할 수 있다. 둘째, 인터넷은 시민들을 위한 정부정보의 확산 및 커뮤니케이션 채널을 제공하는 데 활용될 수 있다. 셋째, 인터넷 기술은 정부와 시민들 간의 상호적인 전자행정 서비스의 제공을 가능하게 해 준다. 넷째, 인터넷은 시민들의 여론 및 의견 반영 통로로서 활용되고 더욱 활성화될 것으로 예상된다.

인터넷을 통해 행정 서비스를 제공하는 것은 다음과 같은 장점이 있다. 첫째, 고객지향성의 확대 측면이다. 둘째, 행정 서비스 전달의 생산성이 향상된다. 셋째, 행정의 투명성을 제고하는 데 기여한다.

정보 시스템 간의 연계는 통합 재정정보 시스템을 구축하는 것을 의미하며, 다음에 설명한다. 다만, 한 가지 지적하고자 하는 것은 시민 누구나 정보 시스템에 쉽게 접근(access)할 수 있어야 한다는 것이다.

4) 재정정보 공개의 기본 방향

(1) 정보민주화와 정보복지의 구현

재정정보는 공공재적 성격을 갖는다. 따라서 재정정보가 공개되어 널리 활용될 때에는 사회후생을 증진시킬 수 있다. 정보는 비경합적 성격을 갖기 때문에 한 개인의 정보 소비가 다른 사람의 정보 소비에 전혀 영향을 미치지 않는다. 이것은 더욱 많은 사람이 양질의 정보를 더 많이 소비할수록 사회후생 수준은 증가한다는 것을 의미한다. 재정정보도 다른 공공 서비스와 같이 공공재로 간주한다면 정보 공개를 통해 정보복지를 실현할 필요가 있다.

그런데 정보를 누구나 무료로 항상 접근하고 이용할 수 있다면 비배제적 특성을 갖지만 정보의 이용에는 배제 가능한 요소들이 많이 내재되어 있다. 정보가 생산되어 데이터베이스화되어 있더라도 컴퓨터 통신망을 통해 공급된다면 컴퓨터를 소유하고 있지 않거나 이용할 수 없는 사람은 배제된다. 또한 컴퓨터를 소유하고 있어도 통신망을 이용할 수 있는 권한(ID 부여)이 없는 경우에는 역시 배제된다. 따라서 누구나 정보에 접근하고 이용할 수 있는 여건이 조성되어야 한다. 이것이 바로 정보민주화의 구현이다. 정보 접근에 차별이 존재한다면 정보 격차로 인해 정보복지의 불공평을 초래하게 된다.

따라서 재정정보의 활용을 위한 기본 방향은 정보민주화와 정보복지의 형평성을 구현하는 데에 초점을 맞춰야 한다는 점이다.

(2) 쌍방향의 정보 유통

정보화 과정에서 가장 문제로 지적되고 있는 것은 정부의 정보 독점이다. 정부는 정보 생산에 매우 유리한 입장에 있으며, 정보의 공급도 일방적으로 하는 경향이 있다. 정부가 제공하는 기존의 관보, 팸플릿, 책자 등이 모두 정부의 일방적 홍보성 내용을 담고 있다. 그러나 정보의 내용은 정보 수요자에 초점이 맞춰져야 정보복지를 구현할 수 있다. 정보 제공자로서의 정부의 위치를 감안하더라도 정보의 일방적 유통이 아닌 쌍방향의 유통이 이뤄지도록 해야 한다.

쌍방적 정보 유통은 정부기관 간, 정부기관과 관련 단체 및 국민 간에 자유롭게 이뤄지도록 해야 한다. 특히 국민 의사가 투입되는 통로가 마련되어야 한다.

4. 재정 투명성 지표 체계

정부재정의 투명성은 세계적으로도 높은 관심의 대상이 되고 있다. 가령 IMF나 OECD 등의 국제기구에서는 재정의 투명성을 높여 줄 것을 각국에 권고하고 있으며, 재정의 투명성을 위한 여러 가지 규범도 설정해 놓고 있다.

최근에 선진 여러 국가 간에 재정 투명성에 대한 관심이 커지고 있는 것은 두 가지 이유가 있다(Blöndal, 2000). 하나는 최근 거버넌스에 대한 관심이 커지고 있고, 재정은 좋은 거버넌스 의제의 기본 요소라는 점이다. 다른 하나는 재정 투명성에 대한 진전이 이뤄진 것은 1980년대 말과 1990년 초인데, 이 시기는 재정적자와 국가채무 문제가 심각하게 대두한 시기란 점이다. 이 문제를 극복하기 위해 취할 수 있는 여러 방법 중 가장 효과적인 방법은 솔직하게 시민들에게 실상을 밝히는 것이다. 이러한 이유로 재정 투명성 문제가 선진 여러 나라에서 주목의 대상이 되었다고 볼 수 있다.

여기서는 대표적인 국제기구의 재정 투명성 평가 모형을 고찰한다.

1) IMF의 재정 투명성 규약

IMF는 회원국들의 재정정책에 대한 투명성 제고를 지원하고 재정정책의 책임성과 신뢰성을 향상시키기 위해 1998년 잠정위원회에서 '재정 투명성 규약(Code of Good Practices on Fiscal Transparency)'을 제정했다(IMF, 1998). 그 후 2001년과 2007년 개정이 있었다. 이 규약은 재정정책에 대한 정보 공유를 확대해 정부로 하여금 더욱 책임성 있게 재정정책을 실행해 나감으로써 재정정책의 투명성을 제고하고, 나아가 금융시장을 더욱 강화시키는 것을 목적으로 한다.

IMF의 재정 투명성 규약(2007)은 4대 기본 구조 하에 10개 원칙과 45개 세부 코드로 구성되어 있다. 4대 기본 구조와 10개 원칙은 [표 8-1]에 제시되어 있다.

표 8-1 IMF의 재정 투명성 규약

1. 정부의 역할 및 책임의 명확성	
1.1	정부부문은 여타 공공부문 및 민간경제와 구별되어야 하며, 공공부문 내에서의 정책과 관리 역할은 명확하여야 하고, 일반에게 공개되어야 한다.
1.2	재정운영을 위한 명확하고 공개된 법적, 규제적, 행정적 틀이 있어야 한다.
2. 공개된 예산 과정	

2.1	예산편성은 이미 수립된 일정표를 준수해야 하며, 잘 정의된 거시경제 및 재정정책의 목적에 의해 조정되어야 한다.
2.2	예산집행, 감시, 보고의 명확한 절차가 있어야 한다.
3. 정보에 관한 일반 국민의 이용 가능성 보장	
3.1	국민은 정부의 과거, 현재, 미래의 재정활동과 주요 재정 위기에 관한 종합적인 정보를 제공받아야 한다.
3.2	재정정보는 정책분석이 가능하고, 책임성을 강화하는 방식으로 제공되어야 한다.
3.3	재정정보의 시기 적절한 대외 공표에 관한 약속이 있어야 한다.
4. 재정정보의 완전성에 대한 보증	
4.1	재정자료는 일반적으로 받아들여질 수 있는 자료 품질에 관한 기준을 충족시켜야 한다.
4.2	재정활동은 효과적인 내부 감시와 보호장치가 작동해야 한다.
4.3	재정정보는 독립적인 감사를 받아야 한다.

2) OECD의 예산 투명성 평가 지침서

OECD에서는 각 나라에서 예산의 투명성을 평가하고 개선하는 데 활용할 수 있도록 『예산 투명성 평가 지침서(*Best Practices for Budget Transparency*)』를 발간하고 있다. 이 지침서는 ① 예산보고서(Budget Reports), ② 특수정보 보고서(Specific Disclosures), ③ 성실 · 통제 · 책임성(Integrity, Control and Accountability)이라는 세 항목을 제시하고, 각각에서 예산의 투명성을 확보하기 위해 어떤 조건을 갖춰야 하는가를 상세하게 기술하고 있다. IMF의 재정 투명성 규약이 정부의 재정활동 전반에 대한 평가 규약인데 비해, OECD의 예산 투명성 평가지침은 IMF의 평가규약보다 범위를 좁혀서 예산에 초점을 맞추고 있다는 점이 특징이다.

세 항목에서 제시하고 있는 정보의 내용은 다음과 같다.

① 예산보고서: 예산(Budget), 편성 전 예산안 보고서(Pre-Budget Report), 월간보고서(Monthly Report), 중간보고서(Mid-Year Report), 연말보고서(Year-End Report), 선거전 보고서(Pre-Election Report), 장기보고서(Long-Term Report)

② 특수정보 보고서: 경제적 가정(Economic Assumptions), 조세지출예산(Tax Expenditures), 금융성 부채와 자산(Financial Liabilities and Financial Assets), 비금융성 자산, 공무원 연금채무, 우발채무(Contingent Liabilities)

③ 성실 · 통제 · 책임성: 회계정책(Accounting Policies), 체제와 책임, 회계감사, 시민 및 의회의 조사

3) IBP의 예산공개지수

국제예산연합(International Budget Partnership: IBP)은 2006년부터 IMF와 OECD의 재정 투명성 기준에 따라 각국의 예산공개지수(Open Budget Index: OBI)를 2년마다 발표하고 있다. IBP는 정부예산을 분석하고 예산편성 과정과 제도를 개선하기 위해 1997년에 조직된 시민단체(NGO)다.

IBP의 예산공개지수(OBI)는 예산 투명성, 참여, 감독 기능을 중심으로 측정한다. 즉, 예산편성 · 집행 · 결산 · 감사 등 과정의 적절성, 시의적절한 예산 서류의 공개 여부, 의회와 감사원의 통제시스템 구축 여부 등을 중점적으로 평가한다. 예산공개지수(OBI)는 설문을 통해 평가를 하며, 3개 분야 145개의 설문으로 구성된다.

IBP가 발표한 2019년 예산공개지수(OBI)를 보면 한국은 117개 국가 중에서 29위에 위치해 있다.[1] 투명성 점수 62점, 참여 점수 61점, 감독 기능 점수 85점이다. 투명성 분야에서는 집행 단계에서의 중간 점검(mid-year review) 보고서가 없다는 점 등이 지적되었고, 참여 분야에서는 입법부에서의 시민참여가 미흡하다는 점이 지적되었다. 감독 기능에서는 감사원과 국회에서의 감독이 잘되고 있다고 평가했다. 참고로 뉴질랜드, 남아프리카공화국, 스웨덴이 1~3위, 미국 9위, 프랑스 13위, 영국 19위, 일본 28위이다.

제 2 절 재정정보 시스템

1. 재정정보 시스템과 통합

1) 재정정보 시스템의 의의

무어(Gorden Moore)의 법칙을 새삼스럽게 이야기하지 않더라도 컴퓨터의 발전은 눈부실 정도다.[2] 이러한 컴퓨터와 통신 기술 등 정보 기술(information technology)의 발전은 우리 사회를 급격하게 변화시키고 있다. 관료제 내의 변화도 예외는 아니다. 컴퓨

1) www.internationalbudget.org 참조.
2) 무어의 법칙은 마이크로칩 기술의 발전 속도에 관한 것으로 마이크로칩에 저장할 수 있는 데이터 분량이 매년 또는 적어도 18개월마다 두 배씩 증가한다는 법칙이다. 이에 따르면 컴퓨터의 성능은 거의 5년마다 10배, 10년마다 100배씩 개선된다.

터는 변화와 불확실성을 다루는 관료들의 능력을 향상시키는 데 결정적인 역할을 수행한다. 재정운영 면에서도 컴퓨터는 극히 효과적인 관리 도구로 이용되고 있다. 컴퓨터 처리 능력은 재정운영의 모든 활동을 쉽고 편하게 해 줄 뿐만 아니라 정교한 예측 기법을 개발할 수 있게 해 준다. 데이터의 저장과 처리 능력은 재정의 발전 과정에서 더욱 적절한 투입 요소를 고려하도록 만들어 준다. 네트워크 개념은 재정정보의 통합적 운용 및 관리를 가능하게 해 준다.

그런데 재정과 컴퓨터를 결합하는 결정판은 재정정보 시스템을 구축하는 것이다. 정보 시스템이란 정보 기술을 이용해 업무 처리에 사용되는 정보를 수집, 전달, 저장, 검색, 조작 및 표시해 주는 시스템이다. 다시 말해서, 정보와 정보 기술을 이용해 업무 처리를 지원해 주는 시스템이다. 정보를 "필요할 때, 필요한 장소에, 필요한 형태로" 제공할 수 있는 시스템이 바로 정보 시스템이다. 정보 시스템은 일차적으로 정보를 처리하는 시스템이지만 궁극적으로는 업무를 지원하는 시스템이다. 따라서 정보 시스템은 정보 자체를 관리하는 기능과 업무를 지원하는 기능을 동시에 수행한다.

재정정보 시스템이란 모든 재정 과정에 걸쳐 체계적인 재정 관련 정보를 생산·저장·분배하는 정보 시스템을 일컫는다. 그리고 이것은 전산화된 정보 시스템을 전제로 한 개념이다. 따라서 재정정보 시스템을 구축한다는 것은 컴퓨터 기술의 재정 과정에의 도입과 재정 데이터베이스의 구축 및 활용을 가능하게 하는 시스템 구축을 의미한다.

재정정보 시스템은 의사결정자와 관리자에게 다음의 정보를 제공할 수 있어야 한다(The World Bank, 1998: 59).

① 총지출 및 재정적자를 통제할 수 있는 정보
② 배분적 효율성과 형평성을 달성하기 위한 정책 또는 사업 간 우선순위의 전략적 결정을 위한 정보
③ 기술적 효율성을 달성하기 위한 재정자원의 더 나은 사용을 위한 정보

그리고 재정정보 시스템은 공유된 데이터베이스를 통해 이 세 가지 측면의 정보를 연계시킬 수 있도록 구축되어야 한다.

2) 통합재정정보 시스템

컴퓨터 자원과 능력을 공유하고, 정보의 활용 수준을 제고하며, 업무의 생산성을 높이기 위해서는 시스템 간의 접속을 통한 통합된 정보 시스템이 필요하다. 다양한 정보

시스템을 통합하는 것이 부가가치를 창출해 바람직하기 때문이다. 우리나라의 재정정보 시스템은 정부예산 및 회계와 관련된 여러 가지 정보관리 시스템과 연계 내지 통합되는 방향으로 구축되었다. 세계은행(The World Bank, 1998: 59-74)도 각국의 재정정보 시스템을 분석해 나름의 통합재정정보 시스템 구축을 권장한 바 있다.

시스템 통합의 방법은 수직적 통합(vertical integration)과 수평적 통합(horizontal integration)이 있다. 수직적 통합은 기획, 예산편성, 예산집행, 회계, 결산보고와 같은 예산 과정(주기)을 중심으로 통합하는 방식이다. 수평적 통합은 예산, 회계, 세입, 사업관리, 현금관리, 부채관리, 감사 등의 영역을 서로 통합하는 방식이다. 넓은 의미의 수평적 통합에는 다른 시스템과 연계시키는 네트워크의 구축을 포함한다. 시스템 연계(linkage)도 통합 개념에 포함된다. 바람직한 시스템 통합 방법은 수직적 통합과 수평적 통합이 교차하는 형태로 시스템을 통합하는 것이다.

우리나라는 수직적 통합과 수평적 통합 교차 방식의 통합재정정보 시스템이 구축되었다. 중앙정부는 2007년 디지털 예산회계 시스템(디브레인 시스템), 지방정부는 2008년 지방재정정보시스템(e-호조 시스템)을 구축하였다.

2. 디지털 예산회계 시스템

1) 디지털 예산회계 시스템 도입의 의의

디지털 예산회계 시스템(dBrain System)은 노무현 행정부가 2004년 3월 국정과제회의에서 재정혁신 과제로 예산/회계제도 혁신 및 국가통합재정정보 시스템 구축을 결정하면서 추진되었다. 그리고 동년 5월 디지털예산회계기획단을 설치하여 개혁 작업을 추진했다. 2004~2006년에 걸쳐 업무전략계획(BSP), 업무재설계(BPR), 정보전략계획(ISP)을 수립하여 디지털 예산회계 시스템을 설계·구축했다. 시험 운영을 거쳐 2007년 공식적으로 시스템을 가동했다. 디브레인 시스템이 도입되기 전에는 기획예산처의 예산 시스템(FIMSys)과 재정경제부의 회계·결산 시스템(NAFIS)이 별개로 운영되었는데 단일 시스템으로 통합된 것이다. 디브레인 시스템은 국가 무형자산 중 재산가액이 가장 높은 자산이다.

디지털 예산회계 시스템(dBrain)은 시스템 개혁의 완결판이라고 할 수 있다. 디브레인 시스템 구축의 키워드는 통합(integration)이며, 여러 갈래 재정개혁 흐름의 풀(pool)

로서의 성격을 갖는다. 통합 개념에 의한 재정혁신은 ① 예산과 회계의 통합, ② 중앙정부/지방정부/교육재정의 통합, ③ 통합재정정보 시스템과 재정 관련 다른 시스템과의 연계 등을 포함한다. 그 중에서도 특히 소프트웨어적 제도개혁과 하드웨어(ICT)의 결합은 디지털 예산회계 시스템 구축의 가장 큰 의미를 갖는 부분이다. 디브레인 시스템은 2013년 UN 공공행정상(UN Public Service Award) 대상에 선정되었고, 인도네시아, 에콰도르, 러시아 등 여러 국가와 기술전수 MOU를 맺은 바 있다.

그런데 현 dBrain 시스템의 노후화로 인한 시스템 운영의 안전성 및 확장성이 부족하고 재정환경 변화에 따른 선제적 대응을 고려하여 차세대 시스템 재구축 작업이 진행 중이다. 사업 기간은 2019~2026년까지이며, 총사업비는 1,565억 원이다.

2) 디지털 예산회계 시스템의 구성 체계

디지털 예산회계 시스템은 예산편성, 집행, 회계 · 결산, 평가 등 재정 전체 업무 처리가 동일한 시스템에서 이뤄지고 관련 정보가 생성되는 통합재정정보 시스템이다. 중앙정부, 지방정부, 공공기관 재정정보를 연계하여 포괄하고, 기존의 예산 · 회계정보를 가공, 편집이 용이하도록 디지털화하여 정보 분석 및 통계 능력을 극대화한 시스템이다.

그림 8-1 디지털 예산회계 시스템의 구성도

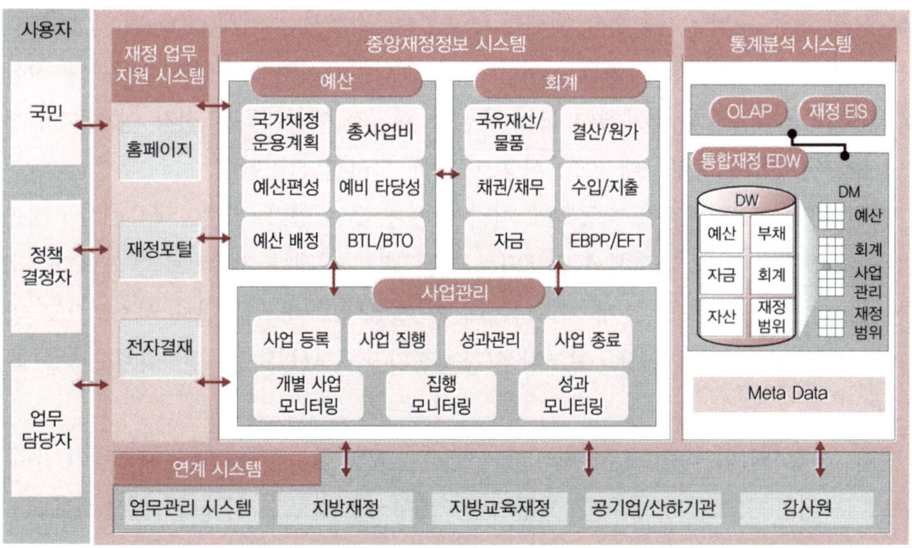

디지털 예산회계 시스템은 ① 중앙재정정보 시스템, ② 통계분석 시스템, ③ 재정 업무 지원 시스템, ④ 연계 시스템으로 구성된다.

(1) 중앙재정정보 시스템

중앙재정정보 시스템은 예산 시스템, 회계 시스템, 사업관리 시스템으로 구성된다. 예산 시스템은 국가재정 운용계획, 예산편성, 예산 배정, 총사업비 관리, 예비 타당성, BTL/BTO 등의 업무를 처리한다. 회계 시스템은 수입 · 지출 · 자금의 자금관리, 국유재산/물품, 채권/채무, 결산/원가 관리를 하며, EBPP/EFT 기능을 수행한다. 사업관리 시스템은 사업 등록 · 사업 집행 · 사업 종료의 사업의 라이프 사이클을 관리하며, 개별 사업과 집행 모니터링과 성과관리 기능을 수행한다.

중앙재정정보 시스템의 기능 및 특성은 다음과 같다.

첫째, 재정 업무 전 과정이 자동 연계 처리(Non-Stop/One-Stop Service)된다. 재정 계획 수립, 예산편성 및 집행, 자금 · 자산 · 채무관리, 회계 · 결산 등 모든 재정 업무를 체계적으로 연계 처리한다. 그리고 각 단위 시스템(유관 시스템) 간 정보를 공유하며 정보 재입력 과정 없이 연관 업무가 자동 처리된다. 모든 업무 과정에서 생산된 재정종합정보는 계정 과목별 · 정보관리 항목별로 체계적으로 축적 관리된다.

둘째, 재정자금 출납이 실시간 관리된다. 전자고지 · 납부(EBPP) 체제에 의해 재정 수입금을 실시간 수납한다. 또한 디브레인 시스템과 금융망을 연계하여 전자고지 · 전자납부 및 자동 수납 · 자동대사 체제를 구축한다. 전자자금 이체(EFT) 및 정부구매 카드를 통해 모든 재정자금 지출을 실시간 관리한다. 디브레인 시스템과 한국은행 전산망(BOK Wire) · 금융망을 연계하여 모든 대금을 채권자 예금계좌로 전자 이체하며, 신용카드사와 연계하여 정부구매 카드 사용 내역을 실시간 관리한다.

셋째, 회계 시스템에서는 자동회계 처리 기능을 갖고 있다. 지출 · 국유재산 · 채권관리 등 원천 업무 처리 과정에서 발생되는 모든 회계 거래를 자동으로 분개한다. 다만, 결산 시만 담당자가 조정 분개 처리하는데 이 경우에도 대부분 정보 시스템으로 일괄 처리한다. 그리고 각종 원장 · 보조장부(총계정원장 · 시산표 등) 등 회계장부를 자동 작성한다.

넷째, 재정사업의 라이프 사이클(life cycle)을 관리하는 사업관리 시스템이 구축된 것이 디브레인 시스템의 중요한 특징이다. '세부사업'별로 사업계획 · 예산 · 진도 · 이력 · 원가 등 사업계획 수립부터 사업 완료 · 평가까지의 모든 과정을 관리한다. 사업관리 시스템에서는 사업 내용, 사업비 규모, 예비 타당성 조사 및 총사업비 변동 내역, 예산 및 집행 현황, 사업이력, 성과정보 등이 포괄적으로 관리된다. 그리고 개별 사업 모니터링, 집행 모니터링, 성과 모니터링을 수행한다. 사업관리 시스템은 예산편성·집행, 회계·결산 시스템과 업무를 실시간 연계 처리하는 등 재정 시스템의 핵심 단위 시스템으로 운영된다.

프로그램 예산제도가 도입됨에 따라 이 제도의 원활한 시행을 지원하고 있다. 사업관리 시스템에서는 '프로그램, 단위사업, 세부사업'의 현황을 조회할 수 있다. '세부사업' 화면에는 사업 개요, 부가정보, 연차별 투자계획, 관리자 정보, 첨부 파일 정보 등이 들어 있다.

(2) 통계분석 시스템

디브레인 시스템이 실질적인 의사결정 지원 기능을 수행할 수 있도록 재정의 진단·분석·예측 체제를 구현하는 시스템이다. 통계분석 시스템은 분야별·부처별 재정통계 분석과 관리자를 위한 EIS(Executive Information System)·재정분석지표 등 정형 정보와 OLAP(Online Analytical Processing) 등을 통한 비정형 정보를 제공하는 시스템을 구축하고 있다. 또한 EDW(Enterprise Data Warehouse) 체제를 구축하여 데이터 축적과 시뮬레이션·데이터 마이닝(data mining) 기법을 사용할 수 있게 기능을 고도화하고 있다.

(3) 재정 업무 지원 시스템

첫째, 전자결재 시스템과 연동한다. 내부 통제 및 데이터 책임성 강화, 업무 편의 등을 위해 각 기관의 전자결재 시스템과 연동한다. 디브레인 시스템에서 회계 서류를 기안하고 전자결재 시스템을 통해 결재 및 유통이 이뤄진다. 전자결재 시스템과 연동하지 않은 기관의 경우 디브레인 시스템의 내부 승인 기능을 이용하여 결재한다.

둘째, 사이버 교육을 실시한다. 상시적 사용자 교육을 위해 사이버교육 시스템을 운영하고, 각 업무별로 업무 개요, 업무 기능별 프로세스, 정보 시스템을 사용한 업무 처리 방법 등을 설명한다. 그리고 디브레인 시스템 포털과 중앙공무원교육원 사이버연수원을 통해 서비스를 제공한다.

셋째, 홈페이지 기능을 수행한다. 통합재정통계 작성에 필요한 공공기관 통합재정정보를 연계한다. 그리고 디브레인 시스템에서 생산되는 각종 통계 등의 재정정보를 국민 등 외부 수요자들에게 제공한다. 그러나 국민에게 제공되는 재정정보는 매우 미흡한 편이다.

(4) 연계 시스템

디브레인 시스템은 지방정부 e-호조 시스템을 포함한 재정 관련 기관들의 정보 시스템과 연계되어 있다. 한국은행의 국고금 실시간 계좌이체 시스템, 조달청의 나라장터 시스템 등 다른 부처와 공공기관 정보시스템과 연계되어 있다. 연계 시스템을 통해 전 공공부문의 재정정보를 투명하게 관리하고, 정보를 공유하며, 국가의 재정 업무를 통합적으로 관리할 수 있다.

그림 8-2 디지털 예산회계 시스템의 연계 시스템

제 3 절 비용-편익분석과 예비 타당성 조사

1. 사업분석의 의의

예산은 단순히 예정적 수치를 표시한 것이 아니라 정부의 정책 및 사업계획이 포함되어 있다. 따라서 예산결정은 사업에 대한 결정과 금액에 대한 결정이 동시에 내포되어 있다. 사업과 예산 금액의 결정은 상호 연계되어 동시에 이뤄진다.

어떤 행정기관 또는 정부가 예산을 편성하기 위해서는 먼저 사업에 대한 분석을 통해 어떤 사업을 추진할 것인지를 결정해야 한다. 행정기관은 예산편성을 할 때 A라는 사업을 추진할 가치가 있는지, 또는 A 사업을 추진할 것인지, 아니면 B 사업을 추진할 것인지 등의 선택 문제에 직면하게 된다. 이러한 선택 문제를 해결하기 위해 분석활동이 필요하다. 분석(analysis)은 예산의 경제 논리를 구현하는 가장 핵심적인 방법이다. 분석의 주된 목표는 비용과 편익에 의해 선택적인 행동대안을 체계적으로 검토해 의사결정자가 어떠한 문제에 직면했을 때 관계되는 선택 및 선택이 갖는 의미를 분명히 밝혀 주는 것이다.

사업분석(program analysis)은 넓게 보아 정책분석(policy analysis)의 범주에 포함된다. 일반적으로 사업은 정책의 하위 개념으로 보고 있다. 사업은 정책집행을 위해 구체화된 정책수단인 경우가 대부분이며, 경우에 따라서는 하위 수준의 정책과 거의 동일하게 사용된다.[3] 정책분석은 실제로 사업분석을 토대로 이뤄지며, 예산 배분과 관련해서는 사업분석이 더 밀접하게 연관되어 있다. 따라서 여기서는 사업분석에 초점을 맞추어 살펴보기로 한다.

가상적인 예를 하나 들어보자(강인재 · 민진 · 윤영진, 1985: 217). 주요 성능은 동일하지만 A 전투기가 B 전투기에 비해 시간당 10마일을 더 날 수 있는 두 전투기가 있다고 하자. 이때 A 전투기는 B 전투기에 비해 대당 만 달러가 더 비싸다. 그러면 천 대의 전투기가 필요한 경우 A 전투기를 구입하는 데 따른 추가 비용은 천만 달러가 될 것이다.

만일 투입할 수 있는 자원이 주어져 있다고 할 때 A 전투기의 빠른 속력에 의한 부

---

3) 그러나 목표-수단 관계의 상층부로 가면 사업이라고 부르지 못하고 정책이라고 불러야 하는 경우가 많고, 반대로 하층부로 가면 정책이라고 부르지 못하고 사업이라고 불러야 하는 경우가 대부분이다(정정길, 1989: 603).

가적인 전투 효과는 천만 달러가 다른 방위 목적(예: 더 많은 B 전투기, 더 많은 양질의 군수품, 또는 더 많은 함정 등)에서 산출되는 부가적인 전투 효과와 비교 형량되어야 할 것이다.

만일 전투 능력이 일정하게 주어져 있다면 주어진 전투 능력을 최소의 비용, 예를 들면 B 전투기를 더욱 많이 구입하거나 더 많은 양질의 군수품 또는 지대지 미사일을 더 많이 구입함으로써 달성할 수 있는지를 결정해야 한다.

따라서 A 전투기가 B 전투기에 비해 시간당 10마일을 더 날 수 있다는 것만이 결정적인 사실은 아니다. 속력을 더 높이기 위해 비용을 투입할 가치가 있는가를 결정해야 한다. 이러한 종류의 결정이 PPB나 국방부가 직면하는 자원 배분 문제의 핵심이라 할 수 있다.

이렇게 자원 배분 문제의 핵심은 특정 사업의 경제적 타당성 또는 사업 간의 우선순위를 결정할 수 있는 분석적 활동이라고 볼 수 있다. 그런데 사업분석에서 한 가지 유의할 점이 있다. 사업분석은 사업에 소요되는 투입과 사업의 성과 간의 인과 관계를 가정하고 있다는 점이다. 즉, 정부의 정책이나 사업은 사회에 어떤 효과를 가져올 것이라는 가정 하에 재원을 투입한다. 그렇지 않으면 특정 사업에의 투입 및 재원 배분에 대한 지지를 받지 못할 것이기 때문이다. 린치(Lynch, 1985: 133)는 투입과 효과 간의 인과 관계 가정을 예산분석의 핵심이라고 보고, 이를 사업영향이론(program impact theory)이라고 부르고 있다.

투입과 성과 간의 인과 관계를 가정해 특정 사업의 경제적 타당성 또는 사업 간의 우선순위를 결정하는 다양한 분석 기법이 개발되었다. 체제분석(system analysis), OR (operations research), 시뮬레이션 등이 그러한 예다. 그 중에서도 가장 널리 사용되는 보편적인 분석 기법이 비용-편익분석이다. 비용-편익분석은 체제분석의 핵심적 내용일 뿐만 아니라[4] 이와 유사한 비용-효과분석, 비용-효용분석 등의 기본 논리를 제공해 주고 있다. 여기서는 비용-편익분석의 내용을 간단하게 살펴보기로 한다.

4) 비용-편익분석은 정부사업의 목적과 방법에 관한 인과 관계가 비교적 잘 파악된 경우에 적용하고, 체제분석은 이러한 인과 관계 자체를 찾아내는 작업까지를 포함한다(강신택, 2000: 474).

2. 비용-편익분석

1) 비용 - 편익분석의 의의

비용-편익분석(cost-benefit analysis)은 특정 선택 문제를 체계적으로 검토하기 위한 하나의 개념틀이며 경제적 분석 방법이다. 구체적으로는 의사결정자가 결정 결과를 더 잘 이해할 수 있도록 일련의 대안의 각각의 비용과 편익을 검토하는 것이다(McKenna, 1980: 127). 프레스트와 터비(Prest & Turvey, 1965)는 특히 비용-편익분석이 장기적 안목과 넓은 안목으로 평가하는 분석 도구임을 강조하고 있다. 장기적 안목(long view)이란 투자사업 수명의 전(全) 기간을 포함하는 것을 의미한다. 넓은 안목(wide view)이란 비용과 편익을 추정할 때 직접적이고 유형적인 것뿐만 아니라 간접적이고 무형적인 것까지 포괄함을 의미한다.

예산편성 과정에서 비용-편익분석은 사업의 타당성과 사업의 우선순위를 식별하는 중요한 분석 도구로 이용된다. 비용-편익분석은 공공 투자사업의 타당성 분석(feasibility analysis)이라고도 할 수 있다. 가령 투자사업의 전 기간에 걸쳐 발생하는 모든 비용과 편익을 현재 기치로 환산해 순편익의 현재 가치(net present value)가 정(正)으로 나타나면 그 사업은 경제적으로 타당성이 있는 것으로 평가되며, 순편익의 현재 가치가 큰 사업일수록 우선순위가 높은 것으로 평가되는 것이다. 특히 PPBS와 ZBB에서는 비용-편익분석이 예산편성 과정에서 핵심적인 역할을 한다.

2) 비용 - 편익분석의 특징

비용-편익분석은 다음과 같은 특징을 보여 준다(김동건, 1997: 2-3).

첫째, 개별 투자사업(project)을 평가하는 경제적 분석의 한 분야다. 넓은 의미의 비용-편익분석은 프로그램(program)이나 정책(policy)을 평가하는 것을 포함하지만, 주로 개별 사업 단위에 대한 평가를 의미한다.

둘째, 기업 차원의 재무적 분석과는 달리 사회적 관점 또는 국민 경제 전체의 관점에서 비용과 편익을 파악한다. 국민 경제적 관점에서의 편익이란 특정 사업의 국민 생산에 대한 공헌을 뜻하며, 비용은 국가 자원의 낭비(자원의 기회비용)를 의미한다.

셋째, 공공사업의 추진 및 운영 과정에서 발생될 모든 비용과 편익을 단기적 시각이 아니라 장기적 시각에서 종합적으로 평가한다. 공공사업에서의 시간 변수는 사회적 관점에서 고려되므로 그 기간이 훨씬 더 길며 할인율의 선택이나 위험에 대한 대응도 장기적이어야 한다.

넷째, 비용-편익분석은 현실적인 측면을 고려한 실무적인 분석 방법이다. 기본적인 분석 논리는 미시경제학의 기초이론에 근거하고 있지만 현실 적용을 위해 많은 응용이 분석 과정에서 채택된다. 대안의 선택에서도 정치적, 사회적 또는 문화적 제약 등 현실적인 요인에 대한 고려가 중요한 비중을 차지한다.

3) 비용-편익분석의 과정

비용-편익분석의 과정은 다섯 가지 요소로 구성된다(McKenna, 1980: 129-130). 즉, ① 목표: 사업이 의도하고 있는 바람직한 효과, ② 대안: 가능한 자원의 이용과 접근 방법, ③ 편익과 비용: 편익은 사회후생이 향상되는 결과이며, 비용은 거기에 소비된 자원, ④ 모형: 대안의 특성과 결과와의 관계, ⑤ 기준: 대안 선택의 기준이다.

이를 일반적인 의사결정 과정과 비교하면 [그림 8-3]과 같다.

비용-편익분석의 과정은 [그림 8-3]에서 보듯이 다섯 가지 요소의 순서로 이뤄진다. 구체적으로 말한다면, 목표와 대안이 마련되면 사업 수명과 사용될 할인율을 구체화해서 대안의 비용과 편익을 추정하고, 비용과 편익을 기준에 의해 비교해 의사결정에 이른 다음 민감도 분석을 실시한 후에 최종 결론에 이르게 된다.

그림 8-3 비용-편익분석의 과정

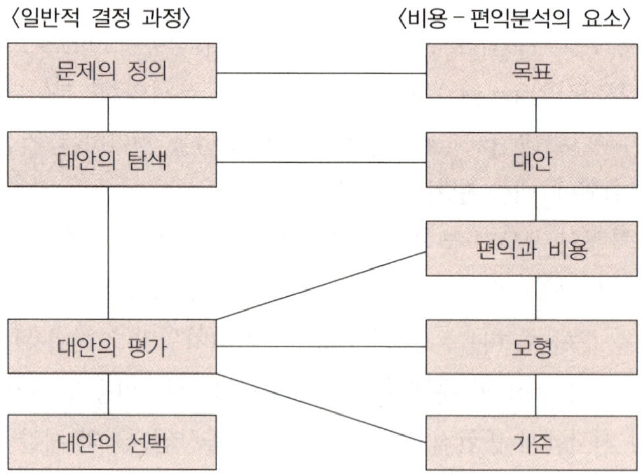

4) 비용과 편익의 추정

(1) 유 형

비용과 편익의 측정과 관련해 그 유형을 몇 가지로 구분할 필요가 있다(김동건, 1997: 49-56 참조).

① 실질적 대 금전적 비용과 편익

실질적 편익은 사회후생의 증가를 통해 공공사업의 최종 소비자(국민)가 실제로 얻는 혜택을 의미한다. 실질적 비용은 자원의 기회비용을 의미한다. 반면에 금전적 비용과 편익은 공공사업에 의해 빚어진 화폐적 가격의 변화 때문에 발생한 비용과 편익을 뜻한다. 비용-편익분석에서는 오직 실질적 편익과 비용만이 고려된다. 금전적 비용과 편익을 포함해서는 안 된다.

예컨대, 도로 건설로 인해 주위의 토지가 개발되어 토지 생산성이 증가된다면 이것은 실질적 편익이며 사회후생이 증가한 것이다. 그러나 도로가 신설됨으로써 투기 심리 때문에 주위의 땅값이 상승한다면 이것은 금전적 편익에 불과하다. 이러한 수입 증가는 다른 지역의 수입 감소를 유발시켰을 것이므로 상쇄되어 사회 전체의 이득이 되지 않는다. 따라서 금전적 편익을 편익에 포함시킨다면 과다 계산의 잘못을 범하게 된다.

② 내부적 대 외부적 비용과 편익

내부적 비용·편익은 공공사업 그 자체에 의해 내부적으로 발생하는 비용과 편익을 의미한다. 외부적 비용·편익은 외부효과를 통해 공공사업에 의해 간접적으로 발생한 것을 말한다. 예컨대, 수력발전소 건설의 내부적 편익은 전기 발전량이 된다. 외부적 편익은 댐 건설로 발생하는 홍수 방지, 식수 공급 등이다. 이러한 외부적 편익은 당연히 비용-편익분석에서 고려되어야 한다.

③ 직접적 대 간접적 비용과 편익

실질적인 비용과 편익은 다시 직접적 대 간접적 비용과 편익으로 구분할 수 있다. 직접적 비용과 편익은 공공사업의 일차적인 목적과 관련된 것을 말하며, 간접적 비용과 편익은 이차적인 목적, 즉 부산물의 성격을 가지고 있는 것을 의미한다. 양자 간의 구별이 항상 분명한 것은 아니지만 간접적 편익 및 비용도 반드시 분석에서 고려되어야 한다.

표 8-2 비용과 편익 유형의 예

<table>
<tr><th colspan="3">구 분</th><th>편 익</th><th>비 용</th></tr>
<tr><td colspan="5">관개사업</td></tr>
<tr><td colspan="3">실질적</td><td></td><td></td></tr>
<tr><td rowspan="4"></td><td rowspan="2">직접적</td><td>유형</td><td>농작물의 증가</td><td>자재비, 인건비 등</td></tr>
<tr><td>무형</td><td>깨끗한 환경</td><td>자연미의 파괴</td></tr>
<tr><td rowspan="2">간접적</td><td>유형</td><td>침식 방지</td><td>물 배분</td></tr>
<tr><td>무형</td><td>농촌사회의 보존</td><td>야생동물의 감소</td></tr>
<tr><td colspan="3">금전적</td><td>농기구 산업의 상대적 향상</td><td></td></tr>
<tr><td colspan="5">교육사업</td></tr>
<tr><td colspan="3">실질적</td><td></td><td></td></tr>
<tr><td rowspan="4"></td><td rowspan="2">직접적</td><td>유형</td><td>장래 소득의 증가</td><td>학생의 현재 소득 상실,
등록금, 시설비 등</td></tr>
<tr><td>무형</td><td>풍부한 문화생활</td><td>여가 시간의 상실</td></tr>
<tr><td rowspan="2">간접적</td><td>유형</td><td>범죄 방지 비용의 감소</td><td></td></tr>
<tr><td>무형</td><td>현명한 투표자</td><td>지능적인 범죄</td></tr>
<tr><td colspan="3">금전적</td><td>교원의 봉급 인상</td><td></td></tr>
</table>

자료: 김동건(2000: 178).

④ 유형적 대 무형적 비용과 편익

실질적인 비용과 편익은 다시 유형적 대 무형적 비용과 편익으로 구분된다. 유형적 비용과 편익은 시장에서 평가 가능한 가시적인 것을 의미하며, 무형적 비용과 편익은 시장에서 평가할 수 없는 것으로서 대부분의 외부적 편익과 외부적 비용이 이에 해당된다. 비용-편익분석은 유형적인 비용과 편익을 주로 창출시키는 공공재의 경우에만 효력을 발휘할 수 있다. 그러나 무형적 편익과 비용도 측정 방법을 개발해 이를 분석에 반영하는 것이 바람직하다.

(2) 측정 시 고려 사항

비용-편익분석에서 비용과 편익을 측정할 때 몇 가지 고려할 요소가 있다. 이에 대해 설명하기로 한다.

① 잠재가격

비용-편익분석에서의 비용과 편익을 측정할 때 적용할 시장이 완전경쟁시장이라면 시장가격을 적용해 측정하면 된다. 완전경쟁시장에서의 시장가격은 자원의 기회비용을 의미하므로 자원의 진정한 가격을 반영하고 있는 것이다. 이것은 상품가격뿐만 아니라 환율, 임금 등에도 똑같이 적용된다.

그러나 독점시장에서 시장가격은 진정한 사회 가치를 반영하지 못한 가격이다. 다시 말해서, 독점가격은 완전경쟁 하에서 시장가격에 독점 이윤이 더해진 가격이다. 이런 경우에는 시장가격을 완전경쟁적인 가격으로 조정해야 한다. 이렇게 조정된 가격을 잠재가격(shadow price)이라고 한다. 잠재가격은 기회비용을 반영한 가격이다.

예를 들어, 어떤 원자재가 독점시장에서 생산되고 시장가격이 100원이라고 하자. 이것이 완전경쟁시장에서 생산된다면 90원이라고 할 때 이때의 기회비용은 90원이다. 따라서 정부가 공공사업을 위해 비록 100원을 지불했더라도 비용-편익분석에서의 비용은 90원으로 계산해야 한다. 하지만 잠재가격의 계산이 쉬운 일이 아니기 때문에 실제 비용-편익분석을 할 때 실제의 시장가격을 그대로 적용하는 경우가 대부분이다.

② 현재 가치

비용과 편익을 계산할 때 오늘의 100원은 1년 후의 100원 또는 10년 후의 100원과는 가치가 다르다. 따라서 어떤 사업의 비용과 편익을 추정하기 위해서는 서로 다른 시점에서 발생하는 비용과 편익을 일정 시점의 가치로 환산하는 작업을 해야 한다. 이를 비용과 편익의 시간적 흐름 분석이라고 한다. 이 중에서 미래 가치나 연도별 가치를 현재 동등 가치로 환산하는 방법이 비용-편익분석에서 널리 이용된다.

비용과 편익의 시간적 흐름 분석에서 가장 중요한 두 가지 고려 요인은 할인율 또는 이자율과 기간이다. 할인율 또는 이자율이란 금전의 시간적 가치를 뜻하며, 전체 이자를 계산할 때 사용하는 방법은 단리 접근 방법과 복리 접근 방법이 있다. 일반적으로 사용하는 방법은 복리 접근 방법이다. 기간은 여러 가지 단위로 구분될 수 있으나 1년 단위로 구분하는 것이 일반적이다.

예컨대, A가 은행에서 2년 후에 200,000원을 받기로 되어 있는데 이것을 지금 받고자 한다면 얼마의 금액이 될지 계산해 보기로 하자. 단, 이자율 i는 연 6% 복리로 한다. 계산식은 다음과 같다.

$$P = \frac{F}{(1+i)^n}$$

또는 $P = F(P \mid F \quad i, n)$[5]

따라서 P=200,000(0.8900)=178,000원이다.

이를 일반화해 어떤 기간 t의 말에 A의 금액을 매번 받는다고 할 때 금전 흐름 시리즈의 현재 동등 가치의 합은 다음 식과 같다.

$$P=\sum_{t=1}^{n}\frac{A}{(1+i)^t}$$

③ 할인율

공공사업은 수년에 걸쳐 비용과 편익이 발생하므로 타당성 여부를 평가하기 위해 미래의 편익과 비용을 모두 현재 가치로 환산하게 된다. 이때 적용하는 이자율을 할인율(discount rate)이라고 한다.

그런데 공공사업을 평가하고 순위를 결정하는 작업은 어떠한 할인율을 적용하느냐에 따라서 크게 영향을 받는다. 예컨대, 높은 할인율을 적용하면 편익이 단기간에 걸쳐 집약적으로 발생하는 단기 투자에 유리하고, 낮은 할인율은 장기간에 걸쳐 편익이 발생하는 장기 투자에 유리하다. 이렇게 볼 때 할인율의 결정은 곧 사업 선택의 중요한 기준이 된다.

공공사업에 적용되는 할인율로서 세 가지 할인율이 고려된다. 민간할인율, 사회적 할인율, 자본의 기회비용이 그것이다(김동건, 2000: 194-197).

민간할인율은 민간 자본시장에서 형성된 시장이자율을 중심으로 결정되는 할인율을 말한다. 자본시장이 완전경쟁적이라면 시장이자율을 공공사업의 할인율로 사용할 수 있다. 그러나 현실의 자본시장은 불완전하기 때문에 실제의 시장이자율을 할인율로 사용하기에는 많은 문제가 있다.

사회적 할인율은 공공사업의 경우 민간 투자사업과는 달리 외부효과 등이 더 크기 때문에 시장이자율보다 낮은 할인율을 적용해야 한다는 것이다. 여기서의 사회적 할인율은 사회적 시간 선호율을 주로 의미한다. 자본시장이 비록 완전하다 하더라도 시장이자율은 사회적 관점에서 소비자들의 진정한 시간 선호를 반영하지 못하며, 공공사업이 후세의 복지에 기여하고 또한 외부효과를 창출하기 때문에 이를 반영하기 위해 시장이자율보다 낮은 할인율을 사용해야 한다고 본다.

그러나 사회적 할인율을 적용하더라도 사회적 시간 선호율을 정확히 측정하기가 불

5) (P | F i, n)는 불연속 복리 요소표에서 구할 수 있다. i=6, n=2의 (P | F)값은 0.8900이다.

가능하고 또한 공공사업을 민간사업에 비해 무작정 우대하는 것도 자원의 효율적 이용이라는 측면에서 불합리하다. 따라서 공공사업의 할인율을 공공부문과 민간부문 간의 자본의 기회비용으로 파악해야 한다는 주장이 강력히 대두되어 왔다.

자본의 기회비용을 할인율로 적용한다는 것은 자원이 공공사업에 사용되지 않고 민간사업에 사용되었을 때 획득할 수 있는 수익률을 공공사업의 할인율로 한다는 것이다. 이렇게 본다면 민간기업이 통상 기대할 수 있는 모든 산업의 평균 수익률을 공공사업의 할인율로 사용할 수 있을 것이다. 이때의 할인율은 사회적 시간 선호율보다 높아질 가능성이 크다.

민간산업의 평균 수익률을 자본의 기회비용으로 볼 때 우리나라의 할인율은 1971~1976년 동안 대략 13%로 측정되었다. 1980년대 공공사업의 적정 할인율은 대략 10~12% 수준으로 추정되고, 1990년대에는 7~9% 수준으로 하락했다.

(3) 비용과 편익의 측정

① 비용의 측정

비용은 금전적 비용이 아닌 실질적 비용으로 측정되어야 하며, 직접적이고 유형적인 비용뿐만 아니라 간접적이고 무형적인 비용까지 측정할 수 있어야 한다. 그러나 현실적으로 간접적이고 무형적인 비용을 계측한다는 것은 쉬운 일이 아니다.

현재 사용되고 있는 관례는 투입을 비용으로 보고 실제의 지출만을 비용으로 식별하는 방식을 사용하고 있다.[6] 이 방식에 의하면 비용의 계산은 비교적 용이해진다. 이 방식은 비용 항목의 리스트를 작성하고 각 항목의 비용을 측정하는 것이다. 예컨대, 최초의 비용으로서 연구개발비, 기획비, 토지구입비, 건물과 설비비 등 정기적으로 투입되는 비용으로서 인건비, 자재비, 임대료, 간접적 행정비 등의 비용 항목을 식별해 이들을 각각 측정하는 것이다. 그러나 실제 각 비용 항목을 측정하는 것 자체도 매우 어려운 작업이다. 따라서 실제 비용을 측정할 때에는 사업과 관련된 분야의 전문가 및 기술자들의 참여와 도움이 필요하다.

② 편익의 측정

편익의 측정은 비용의 측정보다 더 어렵다. 편익은 간접적이고 무형적인 경우가 더 많기 때문이다. 공공사업의 경우 간접적이고 무형적인 편익이 많은 것은 외부효과가 발

6) 그러나 사업의 부정적인 결과를 사회적 비용으로 간주하는 방식도 있다.

생하는 데에서 기인한다.

이론적으로 편익은 사회후생(social welfare)의 증가분을 의미한다. 그러나 사회후생 개념 자체가 모호하고 측정하기에는 문제가 있는 개념이다. 편익을 측정하기 위해 널리 이용되고 있는 방법은 소비자 잉여(consumer's surplus)를 통한 분석 방법이다. 소비자 잉여란 소비자가 지불할 의사가 있는 금액과 실제로 지불하는 금액 간의 차이를 말한다. 즉, 소비자 잉여 개념은 효용을 금전적 가치로 표현하기 위한 개념이다. 따라서 사업의 편익은 그 사업에 의해 추가적으로 발생되는 편익을 의미하고, 이것은 곧 소비자 잉여의 증가분과 같은 개념이 된다.

예를 들어, 정부가 기존 도로를 확장하고 포장하는 사업을 펼친다고 하자. 도로를 이용하는 사람의 입장에서 보면 기존 도로도 이용자가 실제 지불한 금액보다 지불할 의사가 있는 금액이 더 크다고 볼 수 있으므로 소비자 잉여가 발생한다. 그런데 정부의 새로운 사업으로 인해 도로 조건이 더 좋아졌으므로 소비자 잉여는 기존 도로의 경우보다 더 커진다. 이때 소비자 잉여의 증가된 부분이 사업편익이 된다.

소비자 잉여의 측정은 사업에 의해 제공되는 재화나 서비스에 대한 시장이 형성되어 있는 경우 별로 어려운 작업이 아니다. 만약 시장이 형성되어 있지 않다면 소비자 잉여의 측정은 어렵게 된다. 그런데 후자의 경우 소비자 잉여의 추정이 더 절실하게 필요하다는 데에 딜레마가 있다.

그리고 공공사업의 편익을 측정할 때 한 가지 유의할 점이 있다. 즉, 누구의 입장에서 보느냐에 따라서 편익의 추정이 큰 영향을 받는다는 점이다. 예컨대, 공공사업으로 직접 영향을 받는 개인, 특정 정부기관, 특정 지역, 전체 국가 등의 입장에 따라 편익의 계산이 달라진다. 결론적으로 사업의 분석가는 사회 전체의 관점에서 무엇이 가장 소망스러운지를 판단할 수 있어야 할 것이다.

5) 대안 비교의 방법

사업대안을 비교하기 위해 비용-편익분석에서 이용되는 일반적인 방법은 순현재가치(net present value) 방법, 편익비용 비율(benefit cost ratio) 방법, 내부수익률(internal rate of return) 방법이다. 여기서 사용되는 대안의 비교 기준은 다음과 같이 정의된다.

순현재가치(NPV)는 편익의 현재 가치와 비용의 현재 가치의 차로서 정의되고, 편익비용 비율은 비용의 현재 가치에 대한 편익의 현재 가치의 비율로 정의되며, 내부수익률은 편익의 현재 가치와 비용의 현재 가치가 동일하게 되도록 하는 할인율로서 정의된다.

표 8-3 대안 비교의 평가 기준

평가 기준	계산 방법
1. 순현재가치(NPV)	순현재가치 = 편익의 현재 가치 − 비용의 현재 가치
2. 편익비용비 (B/C ratio)	편익비용비 = $\frac{\text{편익의 현재 가치}}{\text{비용의 현재 가치}}$
3. 내부수익률(IRR)	내부수익률: 순현재가치 = 0이 되도록 하는 할인율

(1) 순현재가치

순현재가치 방법에 의하면, 적절한 사회적 할인율이 적용되고 그 순현재가치가 영보다 큰 경우(NPV>0)에는 그 사업은 일단 타당성이 있다. 그리고 순현재가치가 클수록 사업의 우선순위가 높다고 평가한다. 순현재가치 방법은 편익과 비용이 모두 금전적 단위로 측정되었을 경우에는 경제적 효율성에 대한 최선의 척도다. 그러나 금전적 가치로 환산될 수 없는 편익 또는 비용은 순현재가치의 계산에 포함될 수 없다. 이 경우 순현재가치법은 의사결정 과정의 하나의 출발점으로 활용될 수 있을 뿐이다.

(2) 편익비용 비율

편익비용 비율 방법에 의할 경우, 적절한 사회적 할인율이 적용되었다면 편익비용비가 1보다 큰 사업(B/C>1)은 타당성이 있는 사업이다. 그리고 편익비용 비율이 큰 사업일수록 사업의 우선순위가 높다고 할 수 있다. 대규모 사업과 소규모 사업을 비교할 때 순현재가치법에 의하면 대규모 사업이 유리해지는 편향성을 갖는다. 이 경우 편익비용 비율 방법을 통해 이러한 편향성을 해결할 수 있다.

그러나 편익비용 비율 방법도 예산 제약 조건을 고려할 경우 잘못된 결정에 이르게 할 수 있다. 예를 들어, 5천만 원의 투자로 1억 원의 편익을 가져오는 X사업과 7천만 원의 투자로 1억 3천만 원의 편익을 가져오는 Y사업을 비교하는 사례를 보자. 이 경우 X사업의 편익비용비는 2이고, Y사업의 비는 1.86이다. 따라서 편익비용비의 평가 기준에 의하면 X사업이 더 바람직하다.

그러나 만일 투자 예산이 7천만 원으로 책정되어 있다면 편익비용비는 비록 X사업이 크더라도 Y사업의 순편익의 규모가 더 크기 때문에 Y사업이 더 바람직한 대안이라 할 수 있다.

(3) 내부수익률

내부수익률 방법에 의할 경우, 내부수익률이 투입된 자본의 기회비용, 즉 시장이자율보다 높으면(IRR>r) 이론상 투자할 가치가 있는 사업으로 평가된다. 마찬가지로 내부수익률이 클수록 사업의 우선순위가 높다고 볼 수 있다.

내부수익률 기준은 사업평가에 적용할 적절한 할인율이 알려져 있지 않은 경우 사업평가에 매우 유용한 기준이다. 만약 X사업이 할인율 10%에서는 NPV>0인 반면에 할인율 15%에서는 NPV<0이라고 하자. 이때 IRR은 NPV=0이 되는 할인율이므로 IRR은 10~15%의 범위에 속하는 수치일 것이다. 예컨대, IRR=12라고 하자. 따라서 할인율을 10%로 할 때에는 X사업은 타당성이 있으나, 할인율을 15%로 할 때에는 X사업은 타당성이 없게 된다. 이렇게 적용할 적절한 할인율이 사전에 주어지지 않았다면 정책결정자는 정치적 또는 기타의 고려에 의해 바람직하다고 생각되는 최저 한계선을 미리 설정해 놓고 사업의 평가 결과 내부수익률이 이 최저 한계선을 넘을 경우 이 사업을 타당한 것으로 받아들인다.

3. 적용 사례: 고속도로 건설의 타당성 분석

여기서는 비용-편익분석의 기본 개념과 절차를 이해하기 위해 단순화된 가상적인 고속도로 건설 사례를 분석하기로 한다(전상경, 1997: 189-193 참조).

1) 사례 개요

① 고속도로 건설 프로젝트의 타당성 여부를 판단하기로 한다.

② 고속도로 건설을 통해 얻을 수 있는 주요 편익은 시간 단축, 차량 운행 비용의 절감, 안전한 도로 건설을 통한 인간의 생명 보호와 건강 증진 등이다.

③ 주요 비용은 건설 비용, 도로 유지 및 보수 비용, 통행권 획득 비용 등이다.

④ 고속도로의 수명은 30년이며, 그 이후의 편익과 비용은 고려하지 않는다.

⑤ 모든 비용과 편익은 실질 금액으로 되어 있다고 가정한다.

⑥ 고속도로의 통행료는 부과하지 않는다.

2) 편익의 계산

(1) 시간 절약으로 인한 편익

① 한 번 주행에 평균 10분씩 절감되고, 연간 차량의 고속도로 주행 횟수는 10,000,000회이며, 차량당 승차 인원은 평균 1.25명이라고 가정한다.

② 운전자 및 승객들은 그들의 시간적 가치를 분당 평균 0.2달러로 평가한다고 가정한다.[7]

③ 이 고속도로 건설로 인해 다른 도로에 가져다 주는 교통량 감소의 경우는 고려하지 않는다.

④ 이때 연간 절약되는 시간 가치를 계산하면 다음과 같다.

$$10{,}000{,}000 \times 1.25 \times 10 \times 0.2 = 25{,}000{,}000\text{달러}$$

(2) 차량 운행 비용 절감으로 인한 편익

① 단위 마일당 차량 1대당 운행 비용은 0.25달러이며, 새 고속도로는 운행 거리를 평균 1마일씩 단축시켜 준다.

② 이때 차량 운행 비용의 절감 효과는 다음과 같다.

$$10{,}000{,}000 \times 0.25 = 2{,}500{,}000\text{달러}$$

(3) 인명 손실 감소로 인한 편익

① 옛날 도로에서 발생한 지금까지의 사망률과 고속도로에서 예상되는 사망률을 비교해서, 연간 사망자 수가 한 사람 정도 감소된다고 가정한다.

② 여러 다양한 직종에서의 사망 위험으로 인한 임금 격차를 토대로 해서 인간 생명의 가치를 1인당 3,000,000달러로 산정한다.

③ 따라서 이때의 편익은 3,000,000달러다.

3) 비용의 계산

① 건설 비용은 2년, 3년, 4년째에 매년 100,000,000달러가 소요된다.

② 관리 유지 및 보수비는 5년째부터 시작해서 매년 500,000달러가 소요된다.

---

7) 실제로 자동차 운전자들의 시간 가치는 서베이 자료를 이용해서 추정하거나 또는 통행료의 부과나 변경에 따라 통행량이 얼마나 영향받는가를 통해 추정한다.

③ 도로 건설 부지의 취득 비용은 90,000,000달러이며 1년 후에 지급한다.

4) 비용－편익분석의 결과

지금까지 계산한 편익과 비용을 세 가지 상이한 할인율에 따라 현재 가치로 환산한 분석 결과를 보면 [표 8-4]와 같다.

표 8-4 상이한 할인율에 의한 비용－편익분석

(단위: 천 달러)

편익 또는 비용	연간 금액	발생 연도	현재 가치		
			할인율 4%	할인율 6%	할인율 8%
시간 절약	25,000	5~30년	341,554	257,493	198,641
차량 운행비 절감	2,500	5~30년	34,155	25,749	19,864
사망자 감소	3,000	5~30년	40,986	30,899	23,813
건설비	100,000	2, 3, 4년	266,836	252,171	236,620
유지관리비	500	5~30년	6,831	5,150	3,973
도로부지 취득비	90,000	1년	86,538	84,906	83,333
총편익			416,695	314,141	242,318
총비용			360,205	342,227	323,926
순현재가치			56,490	－28,086	－83,608
B/C 비율			1.157	0.918	0.743

5) 최종 판정

이 사례의 경우 할인율을 얼마로 선택하느냐에 따라 결과가 다르게 나온다. 즉, 할인율을 4%로 정할 경우 고속도로 건설사업은 타당성이 있는 것으로 판정할 수 있으나, 할인율이 6%나 8%일 경우 타당성이 없는 것으로 나타나고 있다.

그렇다면 어떤 할인율을 선택하는 것이 올바른가? 여기서 상기할 점은 모든 편익과 비용이 실질 금액으로 계산되었다는 점이다.

1995년 현재 30년 만기의 미국 연방정부 채권의 이자율은 약 7.0%이다. 그 당시의 인플레이션율은 대략 3% 정도였다. 이것으로부터 위험이 없는 장기 투자에 대한 실질 이자율은 4%로 계산할 수 있다. 이것은 사회적 할인율의 개념이 아닌 자본시장에서의 기회비용에 입각한 할인율의 계산이다.

결론적으로 할인율을 4%로 보는 것이 바람직하며, 이에 근거할 때 이 고속도로 건설 사업은 타당성이 있는 것으로 평가된다.

논증 비용-편익분석의 이론과 현실: 새만금사업 분석

이준구(2001)는 『새만금사업 환경영향 공동조사 결과보고서』의 비용-편익분석이 왜곡 평가의 대표적 사례라고 지적한다. 그의 비판적 검토를 통해 비용-편익분석이 얼마나 악용되고 있는지, 그리고 분석(경제적 논리)과 정치적 논리가 어떻게 교호작용하는지 판단해 보기 바란다.

보고서는 10개의 시나리오를 작성하고 있다. 그런데 연간 할인율을 8%로 잡았을 때 편익・비용 비율이 시나리오 4의 1.25에서 시나리오 2의 3.81에 이르는 값이 나와 새만금사업이 경제적 타당성을 갖는다고 보고하고 있다. 그러나 이 분석은 편익을 과다 계상하고 비용은 과소 계상하는 등 많은 문제점을 보여 주고 있다. 그 내용을 보면 다음과 같다.

(1) 시나리오 구성상의 문제

보고서는 10개의 시나리오를 만들고 있는데, 이렇게 한 이유는 몇 가지 편익과 비용 항목에 대해 조사위원들 사이에 견해차가 있었기 때문이라고 한다. 그러나 시나리오 구성에 어떤 원칙이 있는 것도 아니고 이해하기 힘들 정도로 뒤범벅된 시나리오로 구성되어 있다. 간척사업으로 인한 국토 확장 효과, 수질 개선 이득, 담수호 창출 효과, 갯벌 창조 효과 등 편익 항목들이 시나리오별로 각기 달리 취급되고 있다. 가장 비관적인 상황에서 가장 낙관적인 상황을 보여 주는 시나리오 구성의 원칙이 존재했어야 한다.

(2) 이중 계산의 문제

가장 대표적인 이중 계산의 예는 간척사업을 통해 얻은 토지의 가치를 국토 확장 효과라는 이름 아래 편익에 포함시킨 다음 그 농경지에서 기대되는 농산물의 가치를 또 다시 편익에 포함시킨 것이다. 농지의 가치는 앞으로 기대되는 농산물의 가치를 반영해 결정되는 것이므로 농지의 가치와 더불어 농산물의 가치도 편익에 포함시키면 당연히 이중 계산된다.

(3) 금전적 편익 포함의 문제

보고서는 고군산도 지역 재산가치 증가 효과를 편익에 포함시키고 있다. 그런데 간척사업을 통해 인근의 토지가격이 상승할 경우 토지 소유자는 이득을 보지만 그 토지를 임대해 사용하는 사람은 손해를 입게 된다. 즉, 토지 소유자가 얻는 금전적 편익은 토지 사용자가 입는 금전적 손실에 의해 상쇄된다. 비용-편익분석에서는 실질적 편익만 편익에 포함시키고 금전적 편익은 포함시키지 않는 것이 원칙이다.

(4) 정당화되기 힘든 항목의 편익 포함

편익을 부풀린 사례의 하나로 '논(畓)의 공익적 가치' 부분이 있다. 보고서는 논의 공익적 가치로 휴식공간 제공 기능, 대기 정화 기능, 산소 공급 기능, 대기 냉각 기능, 수질 정화 기능 등을 들고 이를 편익에 포함하고 있다. 그러나 휴식공간 제공, 대기 정화 등의 기능은 논 상태로 있는 것보다 갯벌 상태로 있는 것이 더 낫다. 또한 편익 항목으로 정당화되기 어려운 것으로 담수호 창출 효과, 수질 개선 편익이 있다. 이들은 오히려 비용 항목에 들어가야 할 성질의 것이지 편익 항목에 포함하는 것은 설득력이 없다.

(5) 편익의 평가 기준 문제

비용과 편익을 평가할 때 시장가격이 자원의 진정한 기회비용을 정확하게 반영하지 못하는 경우에도 특별한 이유가 없는 한 시장가격을 평가 기준으로 삼는 경우가 일반적이다. 그런데 보고서는 간척지의 농산물 증산액을 이른바 '안보 미가(米價)'라는 이해하기 힘든 기준에 의해 평가함으로써 편익을 부풀리고 있다.

(6) 인색한 비용 평가

보고서는 비용 측면은 너무나도 인색한 태도로 일관해 충분히 예상되는 비용도 고려 대상에서 제외하고 있다. 사업비 7개 항목에는 미래의 예상하지 않은 환경 피해와 관련된 비용은 전혀 포함되지 않았다. 새만금사업의 성격상 인접 지역의 기후와 생태계에 미칠 영향과 이로 인해 지불하게 될 사회적 비용을 비용 항목의 하나로 포함시켜야 했다.

결론적으로 공공사업의 경제적 타당성을 평가할 때 편익은 최대한 보수적인 방식으로 계산하고, 비용은 생각할 수 있는 모든 것을 포함시키는 방식으로 평가하는 것이 원칙이다. 불행하게도 보고서의 비용-편익분석은 이와 정반대의 방식을 채택함으로써 신뢰성을 스스로 상실하고 있다.

4. 예비 타당성 조사제도

1) 예비 타당성 조사의 의의

예비 타당성 조사는 기존의 타당성 조사의 문제점을 보완하기 위해서 1999년 도입되었다. 사업 주무 부처에서 수행한 기존의 타당성 조사는 사업 추진을 기정 사실화하고 기술적인 검토와 예비 설계 등에 초점을 맞추었다. 그러나 예비 타당성 조사는 대규모 신규사업에 대한 예산편성 및 기금운용계획을 수립하기 위하여 기획재정부장관 주관으로 실시하는 사전적인 타당성 검증 · 평가이다. 예비 타당성 조사는 단순한 경제성 평가나 기술적 타당성을 넘어 국민 경제적 차원에서 사업의 추진 여부를 판단하게 된다. 이 제도는 대형 신규사업의 무분별한 착수와 예산 낭비를 방지하고 재정운용의 효율성을 제고하기 위해 도입된 제도라고 볼 수 있다.

예비 타당성 조사의 추진 과정은 주무 부처의 조사 의뢰 또는 기획재정부의 직권 상정→예비 타당성 조사→타당성 조사→기본 설계→실시 설계→발주 및 계약→시공의 순서로 진행된다.

2) 예비 타당성 조사 대상사업

예비 타당성 조사의 대상사업은 총사업비가 500억 원 이상이고 국가의 재정 지원 규모가 300억 원 이상인 신규사업으로서 다음 각 호의 어느 하나에 해당하는 대규모 사업을 말한다(국가재정법 제38조 제1항).

① 건설공사가 포함된 사업
② 지능정보화기본법에 따른 지능정보화사업
③ 과학기술기본법에 따른 국가연구개발사업
④ 사회복지, 보건, 교육, 노동, 문화 및 관광, 환경 보호, 농림해양수산, 산업 · 중소기업 분야의 사업(중기사업계획서에 의한 재정지출이 500억원 이상 수반되는 신규사업)

사업 유형으로 보면 국가 직접시행 사업, 국가 대행사업, 지방자치단체 보조사업, 민간투자사업 등 정부재원이 포함되는 모든 사업에 적용된다. 대상사업의 단위는 원칙적으로 현행 예산 및 기금의 과목구조상 '세부사업'을 기준으로 한다.[8)]

기획재정부 장관은 중앙관서의 장의 신청에 따라 또는 직권으로 대상사업을 선정할 수 있다. 그리고 국회가 의결로 요구하는 사업에 대하여는 예비 타당성 조사를 실시해야 한다. 예비 타당성 조사 결과는 요약하여 국회 소관 상임위원회와 예산결산특별위원회에 제출해야 한다.

그런데 불필요한 예산 낭비와 사업 지연 등을 방지하고 효율적인 운영을 위해 다음의 사업에 대해서는 예비 타당성 조사 대상에서 제외한다(국가재정법 제38조 제2항).

① 공공청사, 교정시설, 초 · 중등 교육시설의 신 · 증축 사업

② 문화재 복원사업

③ 국가 안보에 관계되거나 보안이 필요한 국방 관련 사업

④ 남북교류 협력에 관계되거나 국가 간 협약 · 조약에 따라 추진하는 사업

⑤ 도로 유지보수, 노후 상수도 개량 등 기존 시설의 효용 증진을 위한 단순개량 및 유지보수사업

⑥ 재난복구 지원, 시설 안전성 확보, 보건 · 식품 안전 문제 등으로 시급한 추진이 필요한 사업

⑦ 재난 예방을 위하여 시급한 추진이 필요한 사업으로서 국회 소관 상임위원회의 동의를 받은 사업

⑧ 법령에 따라 추진하여야 하는 사업

⑨ 출연 · 보조기관의 인건비 및 경상비 지원, 융자 사업 등과 같이 예비 타당성 조사의 실익이 없는 사업

⑩ 지역 균형 발전, 긴급한 경제 · 사회적 상황 대응 등을 위하여 국가 정책적으로 추진이 필요한 사업으로서 다음의 요건을 모두 갖춘 사업. 즉, 사업 목적 및 규모, 추진 방안 등 구체적인 사업계획이 수립된 사업과 국가 정책적으로 추진이 필요하여 국무회의를 거쳐 확정된 사업. 이 경우, 예비 타당성 조사 면제 사업의 내역 및 사유를 지체 없이 국회 소관 상임위원회에 보고해야 한다.[9]

그런데 위 ⑩의 예비 타당성 조사를 면제한 사업에 대하여 기획재정부 장관은 예비

8) 다만, 세부사업이 독립적인 하위의 내역사업들로 구성되어 있고, 하위의 내역사업 중 예비 타당성 조사 대상사업 요건에 해당하는 사업이 있는 경우에는 해당 하위의 내역사업을 대상으로 한다.

9) 다만, 종전에 경제성 부족 등을 이유로 예비 타당성 조사를 통과하지 못한 사업은 연계사업의 시행, 주변 지역의 개발 등으로 해당 사업과 관련한 경제 · 사회 여건이 변동하였거나, 예비 타당성 조사 결과 등을 반영하여 사업을 재기획한 경우에 한정한다.

타당성 조사 방식에 준하여 사업의 중장기 재정소요, 재원조달 방안, 비용과 편익 등을 고려한 효율적 대안 등의 분석을 통하여 사업계획의 적정성을 검토하고, 그 결과를 예산편성에 반영해야 한다.

국가연구개발사업의 예비 타당성 조사에 관해서는 기획재정부 장관이 과학기술정보통신부 장관에게 위탁할 수 있다. 위탁 업무는 전문기관의 지정과 출연, 조사 대상사업의 선정 및 제외, 조사의 실시와 그 결과의 국회 제출 등이다.

예비 타당성 조사를 수행하는 전문기관은 R&D를 제외한 모든 분야에 대해서는 한국개발연구원(KDI) 및 한국조세재정연구원(KIPF)에서 수행한다. R&D 분야 사업은 한국과학기술기획평가원(KISTEP) 및 과학기술정책연구원(STEPI)에서 각각 위탁 수행한다.

3) 예비 타당성 분석 방법

예비 타당성 조사를 수행하는 기본 방법론은 다음과 같다.

첫째, 사업의 개요 및 기초 자료를 정리하고 사업분석의 쟁점을 부각시킨다. 조사 대상 사업의 추진 배경, 목적, 기대효과, 지역 현황, 유사시설 사례 분석, 공학적 자료조사 및 분석 등 제공된 기초 자료를 검토해 조사의 쟁점 및 대안을 도출한다.

둘째, 예비 타당성 조사 분석 방법은 경제성 분석, 정책성 분석, 지역균형 발전 분석에 대한 평가 결과를 종합적으로 고려하여 조사 결과를 제시한다.[10] 종합평가에 사용되는 기법은 다기준 분석법인 계층화 분석법(AHP)이며, 이 기법을 활용해 사업 시행의 적절성을 계량화된 수치로 도출한다.

정보화 사업은 세 가지 평가 항목 외에 기술성 분석을 포함한다. 다만, 사업의 주요 내용이 건설사업인 경우에는 기술성 분석을 수행하지 않을 수 있다. 또한 해당 사업이 특정 지역으로 정해져 있지 않거나 사업효과가 특정 지역에 국한되지 않는 사업, 수도권 지역에서 시행하는 사업은 지역균형발전 분석을 생략할 수 있다.[11]

기타 재정사업 중 복지 및 소득이전 사업은 경제사회 환경분석, 사업설계의 적정성 및 비용-효과성 분석에 대한 평가 결과를 종합적으로 고려하여 제시한다.

셋째, 경제성 분석은 비용-편익분석(cost-benefit analysis)을 기본적인 방법론으로 채택하여 분석한다. 비용-편익분석을 위해서 사업 시행에 따른 수요를 추정하여 편익

10) 예비타당성조사 운용지침(기획재정부훈령 제435호) 참조.

11) 해당 사업의 시행지역이 수도권과 비수도권을 모두 포함하고 있는 경우에는 사업 목적, 지역별 사업 규모 및 사업비, 사업효과 등을 종합적으로 고려하여 분석 방법을 결정한다.

그림 8-4 예비 타당성 조사의 기준

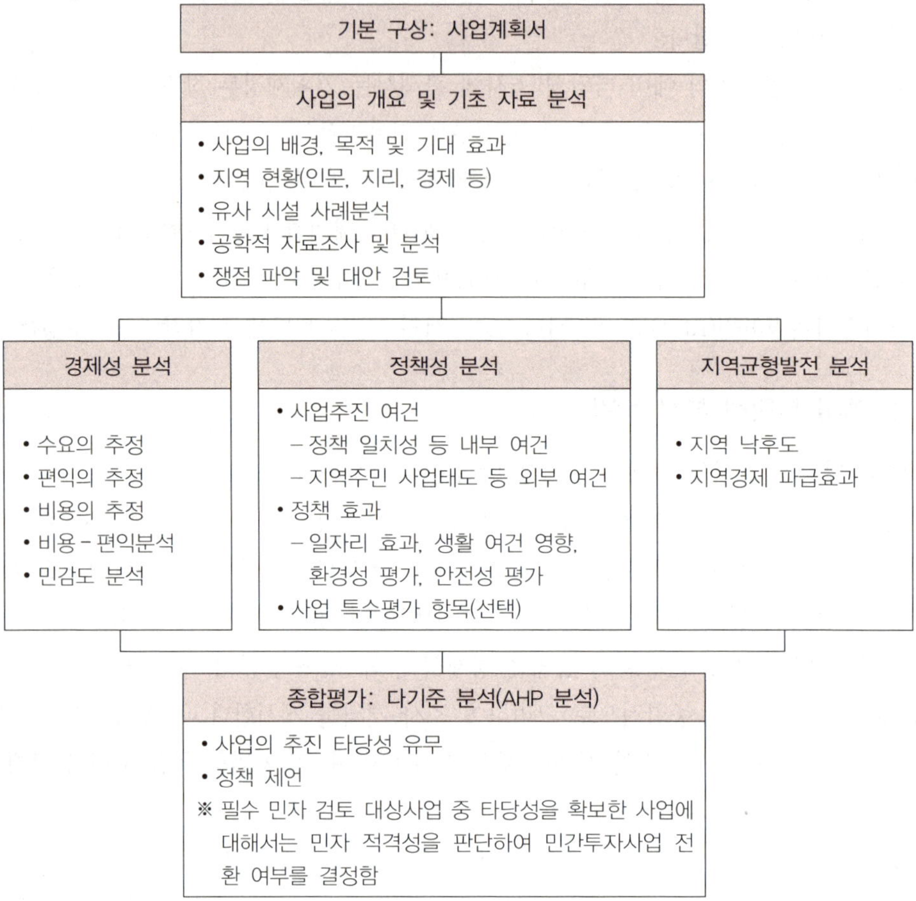

자료: KDI(2020). 2019년도 KDI 공공투자관리센터 연차보고서.

을 산정하고, 총사업비와 해당 사업의 운영에 필요한 모든 경비를 합하여 비용을 산정한다. 기타 재정사업 등 비용-편익분석이 적합하지 않다고 판단되는 사업의 경우에는 비용-효과분석(cost-effectiveness analysis)을 실시할 수 있다. 또한 여유자금 등을 활용하여 수입 증대를 주요 목적으로 하는 사업은 경제성 분석 대신 수익성 분석으로 대체할 수 있다.

넷째, 정책성 분석은 해당 사업과 관련된 사업추진 여건, 정책효과, 사업 특수평가 항목(선택) 등 평가 항목들을 정량적 또는 정성적으로 분석한다. 정책성 분석을 수행할 때 재원조달 위험성, 문화재 가치 등 개별 사업의 특성을 고려할 필요가 있을 경우에는 사업 특수평가 항목에 반영해야 한다. 그리고 정책성 분석 과정에서 필요한 경우 재무성 분석을 실시하고 그 결과를 제시할 수 있다.

다섯째, 지역균형발전 분석은 지역 간 불균형 상태의 심화를 방지하고 지역 간 형평성 제고를 위해 지역 낙후도 개선, 지역경제 파급효과, 고용유발 효과 등 지역 개발에 미치는 요인을 분석한다. 지역균형발전 분석 항목 중 지역 낙후도는 사업이 시행되는 지역의 낙후 정도에 따라 1점에서 9점의 범위 내에서 평가해야 한다.

여섯째, 정보화 사업 등의 기술성 분석은 업무요구 부합성, 적용기술 적합성, 구현 · 운영계획 적정성 등을 분석한다.

일곱째, 복지 및 소득이전 사업의 경제사회 환경분석은 경제사회 여건 분석, 경제사회 영향 분석, 재정의 지속 가능성 등을 분석한다. 사업설계의 적정성 분석은 사업 목표 설정의 적절성과 시급성, 수혜 대상의 적절성, 추진 방법의 적절성, 전달 체계의 적절성 등을 분석한다. 비용-효과성 분석은 기대효과(성과)의 적정성, 비용 추정의 적정성, 비용-효과성 등을 분석한다.

여덟째, 종합평가는 다기준 분석법인 계층화 분석법(analytic hierarchy process: AHP)[12)]

표 8-5 사업 유형별 평가 가중치

구 분		경제성	정책성	지역균형발전	기술성
1. 건설사업					
	비수도권 유형	30~45%	25~40%	30~40%	
	수도권 유형	60~70%	30~40%		
2. 정보화 사업					
	B/C 분석 시	40~50%	20~30%		30~40%
	E/C 분석 시	30~40%	20~30%		40~50%
3. 기타 재정사업					
	B/C 분석 시	25~50%	50~75%		
	E/C 분석 시	20~40%	60~80%		

주: B/C: Benefit/Cost, E/C: Effectiveness/Cost.
자료: 예비타당성조사 운용지침(기획재정부훈령 제435호) 제50조 ②.

12) AHP 기법은 의사결정의 목표 또는 평가 기준이 다수이며, 개별 평가 기준에 대해 서로 다른 선호도를 가진 대안들이 체계적으로 평가될 수 있도록 지원하는 의사결정 기법의 하나다. 정량적 요소와 정성적 요소를 동시에 고려할 수 있는 장점이 있다.

을 활용하여 참여 연구진의 의견을 종합하여 사업 시행의 적절성을 계량화한다. AHP 수행 시 경제성, 정책성, 지역균형발전, 기술성 등에 대한 평가 가중치는 특별한 사유가 없는 한 사업 유형별로 정해진 가중치 범위 내에서 적용한다. 통상적으로 AHP가 0.5 이상이면 사업 시행이 바람직한 것으로 해석한다.

4) 운용 실적

예비 타당성 제도가 도입된 1999년부터 2019년까지 총 732건(조사완료 사업 기준)의 예비 타당성 조사가 수행되었다(KDI, 2020). 부문별로는 도로 및 철도 부문 사업이 각각 252건 및 132건으로 절반 이상(약 53%)을 차지한다. 총사업비 규모를 보면 348.6조원 규모의 사업에 대한 검토가 이루어졌다. 그 중에서 도로 및 철도부문 사업의 총사업비가 전체의 약 68.4%를 차지하고 있다.

사업 부처별 수행 실적을 보면 국토교통부 및 해양수산부 소관의 사업이 484건으로 전체의 66.1%를 차지한다. 최근에는 국세청 및 고용노동부 등 예비 타당성 조사 대상범위 확대에 따라 다양한 사업 부처에서 예비 타당성 조사제도를 활용하고 있다.

경제적 타당성 확보율(B/C≥1 비율)을 살펴보면 약 48.5% 수준이다. 부문별로는 항만 부문 사업의 경제적 타당성 확보율이 가장 높고(64.6%), 다른 부문의 사업은 40~54% 수준으로 분석되었다.

종합적 타당성 확보율(AHP≥0.5)은 평균 65.0% 수준이다. 부문별로는 항만 부문(77.1%)이 가장 높고, 철도 부문이 57.6%로 가장 낮은 수준으로 나타났다.

제4절 세입 · 세출의 예측

1. 세입 · 세출 예측의 의의와 필요성

1) 세입 · 세출 예측의 의의

예측이란 과거의 사건(events)의 분석을 토대로 하여 미래의 기대치를 과학적으로 도출하는 것이다(Richardson, 1988: 209). 예측에는 가정(假定)과 이론모형이 포함되어 있다.

예측에서의 추정치는 그것의 토대가 되는 경제적 가정과, 예측이 특히 민감하게 반응하는 주요 요인을 포함한 모형이 명시적이든 묵시적이든 내포되어 있다. 따라서 예측의 정확성을 높이기 위해서는 예측의 토대가 되는 가정과 이론모형에 대한 정보를 확보할 필요가 있다.

일반적으로 예측 절차는 다음과 같은 단계를 거친다(Richardson, 1988: 209-210).

① 예측의 이용자와 예측의 필요성 및 목적의 확인

② 예측 변수와 시계(時界) 및 필요한 정확도의 확인

③ 예측 기법 및 예측 모형의 구성과 예측

④ 예측의 감시(monitoring) 및 검증

이러한 예측 절차는 그 특성상 기술적인(technical) 절차라고 볼 수 있다. 그러나 전반적인 예측 과정을 단순히 기술적인 것으로만 보아서는 안 된다. 관련 변수, 시계(時界), 정밀도, 예측 기법 및 모형을 정하는 것은 단순한 기술적인 것 이상의 고도의 지식과 판단을 요구하기 때문이다.

이렇게 볼 때 예측은 과학적 과정과 예술적 응용의 조합이다. 예측자는 여러 가지 예측 기법의 기술적 측면을 충분히 이해하고 있는 과학자(scientist)여야 하며, 동시에 예측의 목적을 정확히 평가하고 국가 또는 지역경제의 작용에 대한 육감을 가지고 있는 예술가(artist)여야 한다.

세입과 세출의 예측은 기본적으로 과거의 자료나 관련 정보에 입각해서 이뤄진다는 점에서 공통점을 갖고 있다. 그러나 세입과 세출의 성격과 관련된 차이점이 있다.

첫째, 세입의 예측은 경기 변동과 같은 외부 요인에 더 크게 의존하는 데 반해, 세출의 예측은 편성권자의 의지에 따라 조정할 수 있는 통제 가능한 성격을 갖고 있다.

둘째, 세출의 예측은 세입의 예측보다 회계제도에 훨씬 더 많이 의존한다. 세출을 예측하기 위해서는 세출의 흐름을 분석하고 관련 변수와 연결시킬 수 있어야 한다.

셋째, 세입의 추계는 세출의 추계와는 달리 경제 환경에 따른 세수 추계(稅收推計)와 세법 개정에 따른 세수 변화의 추계(revenue estimate) 등 2단계로 행해진다. 전자는 현재의 세법이 변하지 않고 지속된다는 가정 하에 미래의 경제 환경에서 세수 규모의 변화를 추정하는 것이다. 후자는 세법 개정을 반영해 세수 변화를 추계하는 것으로서 좀 더 정교한 예측 기법이 필요하다.

2) 세입 · 세출 예측의 보수적 행태

세입 · 세출 예측의 한 가지 특징은 예측을 담당한 실무자들이 '보수성의 원칙(principle of conservatism)'에 입각해서 예측을 한다는 점이다. 여기서 보수성의 원칙이란 세입은 과소 평가해 실제보다 적게, 세출은 과대 평가해 실제보다 과다하게 예측하는 것을 말한다.

따라서 세입 · 세출의 예측은 그 영향 면에서 비대칭적이다. 가령 세입의 실제 수입액이 예측액보다 초과하는 경우보다 미달하는 경우에 더욱 조정의 어려움을 겪게 된다. 이러한 이유 때문에 세입 예측은 실제보다 과소 평가하려는 보수적 행태를 보여 주게 된다. 세출의 경우에도 마찬가지의 논리가 존재한다. 세출은 반대로 실제 지출액이 예측액보다 미달하는 경우보다 초과하는 경우에 더욱 조정의 어려움을 겪게 된다. 따라서 세출 예측은 과대 평가하려는 경향이 있다.

그러나 경제 및 재정 예측가들은 안전을 도모하기 위해 고의로 예측액을 축소하거나 증액해서는 안 된다. 대신에 예측가들은 의사결정자에게 예측과 관련된 위험 부담을 지적해 주고 그들이 수용할 수 있는 위험의 정도를 알려 주도록 해야 한다.

3) 세입 · 세출 예측의 필요성

세입 · 세출의 예측은 예산편성의 기초 작업이다. 자원의 희소성 문제 때문에 세입 · 세출의 예측은 예산편성 과정에서 필수적인 과제가 되고 있다. 합리적인 예산편성을 하기 위해서는 예측 능력의 제고가 필요하다. 그러나 예측 능력에 한계가 있고 시간적인 제약이 존재함으로써 지금까지 세입 · 세출의 예측이 제대로 이뤄지지 못했다.

이러한 세입 · 세출에 대한 예측은 여러 나라가 만성적인 재정적자와 심각한 자원 부족 현상을 경험하면서 그 필요성이 증대했다. 최근에는 컴퓨터의 발달로 다양한 예측 기법이 개발되고 발전되면서 더욱 예측에 대한 관심이 증대하고 있다. 구체적으로 세입 · 세출 예측의 필요성을 살펴보면 다음과 같다.

(1) 합리적 예산편성과 효율적인 재원 동원 및 배분

세입 · 세출의 예측은 합리적인 예산편성을 통한 재원의 효율적인 동원과 배분을 위해 필요하다. 먼저 세입의 예측이 이뤄져야 세출 규모를 결정할 수 있기 때문에 재정 규모와 배분을 결정하기 위해서는 세입의 예측을 정확하게 할 필요가 있다. 실제로 부정확한 재정 예측의 결과 재정 위기를 초래하는 경우도 있다. 1970년대 말과 1980년대

초의 미국의 뉴욕 시와 클리블랜드 군 등의 재정 위기는 중・장기 세입의 정확한 예측 실패와 방만한 재정관리에 기인한 대표적인 사례다.

(2) 재정정책의 수립 및 집행을 위한 정보 제공

세입・세출의 예측은 재정정책을 수립하고 집행하기 위한 자료 및 정보를 제공하는 데 필요하다. 정부의 재정은 균형예산을 지향하는 것이 일반적이나 때로는 정책적 필요에 의해 적자재정 또는 흑자재정을 편성하기도 한다. 이러한 재정정책을 수립하고 집행하기 위해서는 세입・세출의 정확한 예측이 뒷받침되어야 한다. 이것은 예산집행이 끝난 후에 세계잉여금이 발생한 경우와는 구별되며, 사전에 정책적으로 적자, 균형, 또는 흑자예산을 편성하는 경우를 지칭한다.

(3) 예산 배정 및 현금관리의 필요성

세입・세출의 예측은 예산집행 과정에서 예산 배정과 현금관리(cash management)를 위해 필요하다. 정부재정의 수입과 지출은 동시에 이뤄지지 않으며 항상 시차(時差)가 존재한다. 따라서 예산집행 과정에서는 사전에 예산 배정계획을 수립해 집행할 필요가 있으며, 현금관리가 필요하다. 여기서 현금관리란 각종 필요경비를 적시에 지출할 수 있는 현금 준비와 유휴 현금의 적절한 투자를 의미한다. 현금관리는 예산집행 과정에서 현금이 부족한 경우와 필요 수준 이상의 유휴 현금을 보유하는 경우가 있을 수 있기 때문에 필요한 것이다. 이러한 예산 배정과 현금관리를 위해서는 분기별, 월별 세입・세출의 예측 자료가 필요하다.

(4) 정부에 대한 국민의 신뢰 확보

세입・세출의 예측은 정부의 정책 및 재정에 대한 국민의 신뢰를 확보하는 데 필요하다. 정부의 예산에는 정부의 사업 내용과 수준이 포함되어 있기 때문에 세출의 정확한 예측은 정부의 정책 및 사업과 서비스 제공에 대한 국민의 신뢰를 확보하는 데 기여하게 된다. 또한 세입의 정확한 예측도 국민의 조세 부담에 대한 근거를 제공하는 의미가 있기 때문에 이를 통해 정부는 국민의 신뢰를 확보할 수 있다.

2. 세입 · 세출 예측 방법의 유형

1) 예측 방법의 유형

세입 · 세출의 예측 방법은 무엇을 기준으로 보느냐에 따라 여러 가지 유형으로 나눌 수 있다.

(1) 미시적 방법과 거시적 방법

세입 · 세출의 예측 방법은 분석 단위를 기준으로 미시적 방법과 거시적 방법으로 구분할 수 있다. 미시적 방법은 각 세목별로 예측하고 이를 합산해 세입 총액을 예측하는 방식이다. 반면에 거시적 방법은 각 세목별로 예측을 하지 않고 시계열분석 등의 예측 기법을 사용해 세입 총액을 바로 예측하는 방법이다. 실제의 예측 과정에서는 두 가지 방법이 모두 사용된다.

일반적으로 정확도에서는 미시적 방법이, 경제성에서는 거시적 방법이 우월하다. 또한 단기 예측의 경우에는 미시적 방법, 장기 예측은 거시적 방법을 사용하는 것이 여러 가지 장점이 있다(이용규, 1992: 68).

(2) 질적 방법과 양적 방법

예측 방법은 접근 방법을 기준으로 질적(質的) 방법과 양적(量的) 방법으로 나눌 수 있다. 질적 방법은 전문가의 직관이나 판단과 같은 비계량적 방법에 의해 예측하는 방법이다. 전문가 판단 기법, 역사적 유추법, 델파이 기법, 시나리오 작성법 등이 여기에 해당된다.

양적인 방법은 미래에도 계속되리라고 생각되는 과거의 계량적 자료를 가지고 통계적 기법을 이용해 예측하는 방법이다. 양적 방법은 크게 두 가지 유형으로 나눠 볼 수 있다. 추세선 투사모형과 인과모형이 그것이다. 전자는 예측하고자 하는 변수에 대해 시간 차원에서 과거의 추세 패턴을 찾아내어 미래를 투사해 보는 방식이다. 추세분석, 시계열분석 등이 그러한 예다. 후자는 예측하고자 하는 변수(종속변수)와 종속변수에 영향을 미치는 독립변수 간의 인과 관계를 찾아내어 이를 통해 예측하는 방식이다. 회귀분석, 계량경제학적 기법 등이 여기에 해당된다. 질적 방법과 양적 방법은 서로 양극단에 위치하지만 실제 예측할 때에는 상호 보완적으로 이용된다.

여기서는 질적 예측 방법과 양적 예측 방법으로서 추세분석, 시계열분석, 회귀분석, 계량경제학적 분석에 대해 간단히 살펴보고자 한다.

2) 질적 예측 방법

질적인 예측 방법은 전문가의 판단과 질적 정보에 의존한 비계량적 방법에 의해 미래의 상황을 예측하는 방법이다. 이 방법은 과거 및 현재의 정보와 지식을 바탕으로 하여 예측자의 주관적 판단이 게재되는 예측 방법이다. 이 점에서 단순한 추측과는 구별된다. 판단모형(judgemental models)이라고도 부른다.

질적 방법은 다음과 같은 경우에 잘 이용될 수 있다(Lynch, 1985: 143; 신무섭, 1993: 289). 즉, ① 세입·세출에 영향을 미치는 핵심적인 요인이 크게 변동하거나, ② 세입·세출이 정치적 요인(예: 정부 간 이전재원)에 의해 크게 영향을 받거나, ③ 과거의 역사적 자료가 존재하지 않거나, ④ 충분한 자료를 축적할 만한 자금과 시간이 없는 경우 등이다.

질적 예측 방법에도 여러 가지 형태가 있다. 가장 단순한 형태는 전문가의 의견을 듣는 것이다. 이 방법은 수입과 지출의 예측에는 거의 사용되지 않는다. 수입과 지출의 정확한 수치를 전문가에게 묻는 것은 바람직하지 않다. 수입과 지출의 변동 방향을 전문가에게 묻는 것이 오히려 적절하다. 따라서 전문가는 조세구조에 대한 그의 지식을 바탕으로 해서 수입의 향후 5년 내지 10년 간의 전반적인 추세를 제시할 수는 있다.

더욱 정교한 판단모형은 델파이(Delphi) 기법이다. 전문가 그룹이 일련의 예측치를 제공하는 방법이다. 본래 델파이 기법은 어떤 문제를 예측·진단·결정할 때 의견의 일치를 볼 때까지 전문가집단으로부터의 반응을 체계적으로 도출해 분석·종합하는 하나의 조사 방법이다. 이 방법은 다음과 같은 특징을 갖고 있다(노화준, 1985: 409-410).

첫째, 익명을 사용함으로써 예측집단은 상호 간에 미지(未知)이며, 자기의 체면을 손상시키지 않고서도 설문지 상의 의견을 수정할 수 있다.

둘째, 통제된 피드백의 반복 과정을 통해 미래 예측 기관은 적절한 정보를 추출해 내어 그룹 요원들에게 제시할 수 있다.

셋째, 다수의 견해를 통계적으로 종합 분석함으로써 미래 사태를 확률적으로 표현할 수 있다.

그러나 델파이 방법에 대해 비판을 제기하는 경우도 없지 않다. 예컨대, 동원된 전문가들의 자질과 역량의 문제라든가, 응답이 불성실하거나 조작될 가능성이 없지 않으며, 설문 여하에 따라서는 응답이 크게 달라지는 경향이 있기 때문에 결과의 신뢰도가 낮아지기 쉽다는 점 등이다(장노순, 1992: 289). 또한 다른 기법에 비해 비용이 많이 들면서도 정확도는 낮다는 점도 지적할 수 있다.

일반적으로 판단모형의 장점은 경제 문제 또는 재정 문제에 대한 전문가에 의해 판단이 행해진다는 점을 들고 있다. 약점은 판단에만 의존한 예측에 대해 정당성을 설명하기 어렵다는 점이다.

3) 추세분석

추세분석(trend analysis)은 변수의 과거 행태를 조사해서 이 변수를 미래에 외삽(extrapolate)하기 위한 정보로 사용하려고 과거 자료를 분석하는 것이다. 추세분석은 과거의 추세치가 앞으로도 계속되리라는 가정 하에 연장선을 그어서 예측자가 원하는 시점에서 어떤 값을 구하는 방법이다. 예컨대, [그림 8-5]에서 보듯이 부가가치세의 징수 실적에 대한 과거의 추세를 분석해 이를 토대로 한 연장선을 그어서 미래의 한 시점을 예측하는 것이다. 추세분석은 투사법(projection) 또는 외삽법(extrapolation)이라고도 한다.

추세분석은 예측을 준비하기 위한 초기 단계에서 유용한 분석이다. 이 방법은 간편하고 시간과 비용이 별로 들지 않기 때문에 실제로 세수 및 재정 지출의 예측 기법으로

그림 8-5 추세분석

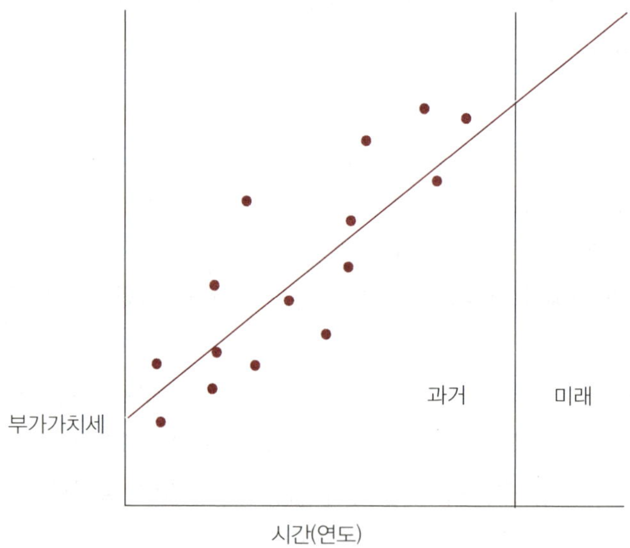

서 많이 이용된다. 단기 예측의 경우에는 복잡한 시계열 방법인 박스-젠킨스(Box-Jenkins) 모형보다 오히려 정확성이 더 높다고 주장한다(Bretschneider, 1985: 21; 김대원, 1991: 44에서 재인용).

그러나 추세분석은 다음과 같은 조건 하에서만 유용성이 있다. 즉, ① 변수가 시간 차원에서 비교적 안정되어 있는 경우와, ② 매년 일정 비율로 증가하는 증가율에 대한 정당화를 할 수 있는 경우에 적용 가능하다. 예컨대, Vt = Vt-1(1+g)(Vt: t기의 부가가치세, g: 예상 증가율)에서 g에 대한 정당화를 할 수 있어야 한다.

일반적으로 많이 이용되고 있는 추세분석은 단순이동평균법이다. 단순이동평균법은 최근 3년 내지 5년 간의 실적치를 토대로 그 기간 동안의 평균값을 이용해 예측하는 방법이다. 대부분의 지방정부에서 세수입 및 지출액을 예측할 때 3년 간의 연평균 신장률을 산출하고 이를 토대로 다음 해의 세수입 및 지출액을 예측하는 방법을 이용한다.

4) 시계열분석

시계열분석(time series analysis)은 추세분석의 정교한 형태다. 시계열이란 연속적으로 이어진 시간의 단위(시점)마다 취한 어떤 계량 변수의 정돈된 관찰치의 집합을 의미한다(이준형, 1998: 589). 시계열분석은 이들 관찰치의 집합을 토대로 미래 특정 시점의 값을 예측하는 방법이다. 시계열분석은 보통 분기별, 월별, 또는 주별 데이터를 이용하거나 이용 가능성을 의미한다. 이 방법은 예측하고자 하는 대상이 시간의 변화에 따라 어떤 경향을 보이고 있는가를 밝히는 데 많이 이용된다. 시계열분석은 주로 예측의 통계적 방법으로서 경제에 관한 정보가 예측 절차에 꼭 필요한 것은 아니다. 이 점에서 시계열분석은 인과모형이 아닌 추세분석의 한 형태인 것이다.

시계열분석에 대한 고전적 접근은 어떤 주어진 관찰값이 추세(Trend), 계절(Season), 순환(Cycle), 오차(Error)의 요소로 구성된 복합체라는 가정을 한다. 이를 통해 판매세액을 예측하는 방법을 보기로 한다. 이때 예측해야 할 변수는 네 개의 기본 요소로 분해할 수 있다.

$$ST = T + S + C + E$$

(ST: 판매세액, T: 장기 추세, S: 계절 변동, C: 순환 변동,
E: 판매세액의 비설명 변동 또는 무작위 변동)

시계열의 분해(decomposition)는 보통 4단계가 필요하다.

첫째, 계절적 요소가 결정되고 그 효과(결과)가 판매세 데이터에서 제거된다. 계절 변동은 수년 간의 월별 또는 분기별 판매세액을 조사함으로써 알아낼 수 있다. 그렇지만 기술적으로는 통계 절차(회귀분석, 단순산술 비율, 이동평균모형 등)를 사용해 계절 지수를 도출할 필요가 있다. 데이터는 실제 수입액을 계절지수로 나눔으로써 계절적으로 조정된다. 그러면 판매세 데이터의 변동은 장기 추세, 순환 변동, 비설명 변동 때문에 발생한 것이다. 방정식은 다음과 같다.

$$ST^{A} = T + C + E$$

ST^{A}는 계절적으로 조정된 판매세액이다.

둘째, 추세 요소가 계산되고 이를 계절적으로 조정된 데이터에서 공제한다. 추세 계산은 보통 시간과 관련된다. 시간이 지나면서 발생하는 일정 비율 또는 일정 금액의 판매세액의 증가분이 추세다. 판매세액의 이러한 증가는 매월, 매분기, 매년 발생한다. 이러한 추세가 왜 일어나는지에 대해서는 설명하지 않는다. 단지 예측 가능하게 그것을 계산할 뿐이다.

$$ST^{AT} = C + E$$

ST^{AT}는 계절적으로 조정된 판매세액에서 추세를 제외한 것이다.

셋째, ST^{AT}의 무작위 변동은 설명하거나 예측할 수 없다. 장기에 걸쳐 보면 기댓값이 0이 된다. 무작위 변동을 제거하면 순환 변동만 남는다. 무작위 변동은 이동평균법 또는 지수평활법(exponential smoothing)에 의해 제거된다. 순환지수는 판매세의 순환 요소에 근거해 구성된다.

시계열분석을 이용해 이렇게 판매세를 예측하는 것은 ① 추세의 예측, ② 계절 변동과 순환 변동을 위한 추세의 조정으로 구성된다.

시계열분석 방법은 크게 나눠 단순한 형태와 복잡한 형태가 있다(이영조, 1992: 228). 단순한 형태는 앞에서 설명한 단순외삽모형과 지수평활법(exponential smoothing), 박스-젠킨스 예측 방법 등이 있다. 지수평활법은 이동평균법을 이용해 시계열이 가지고 있는 단기 변수를 줄이거나 제거하는 방법이다. 박스-젠킨스 예측 방법은 흔히 자기회귀 통합이동평균(ARIMA) 모형이라고 부른다. 이 방법은 복잡한 시계열이나 기본적인 유형이 쉽게 나타나지 않는 예측 상황에 사용하는 데에 유용한 방법이다. 이 방법은 반복적인 접근을 통해 여러 가지 모형 중에서 가장 가능성 있는 모형을 선정하는 방법이다. 복잡한 형태의 시계열 방법으로는 단변량 시계열모형(multivariate time series)과 이를 확장한 간섭모형(intervention model), 스펙트럴 분석법(spectral analysis) 등이 있다.

5) 회귀분석

회귀분석(regression analysis)은 인과분석 방법 중의 하나로서 변수들 간의 관계를 이용해 미래를 예측하는 기법이다. 회귀분석은 예측하고자 하는 종속변수와 독립변수 간의 수학적 관계에 근거하고 있다. 이때 독립변수가 하나이면 단순회귀분석, 둘 이상이면 다중회귀분석이 적용된다.

세입·세출을 예측하기 위해서는 먼저 세입·세출에 영향을 미치는 변수(독립변수)를 선정하는 것이 매우 중요하다. 변수가 결정되면 독립변수와 종속변수 간의 선형 관계[13]를 나타낸 회귀방정식을 만들어야 한다. 회귀직선을 결정하는 방법으로는 최소자승법(least square method)이 많이 이용된다. 최소자승법은 오차의 자승의 합이 가장 적도록 하는 방법으로 두 변수들 간의 관계를 나타내는 직선을 구하는 방법이다. 회귀방정식의 회귀계수와 절편은 기존의 자료를 이용해 구한다.

그런데 회귀모형은 몇 가지 기본 가정에 의해 이뤄지며, 이를 검토할 필요가 있다. 기본 가정은 다음과 같다. 첫째, 독립변수와 종속변수 간의 관계는 선형 관계를 갖는다. 둘째, 주어진 독립변수에 대한 모든 관찰치와 추정치의 차로 측정되는 오차의 평균은 0이다. 셋째, 오차의 분포는 정규분포이며, 모든 독립변수에 대한 오차의 분포들의 분산들은 모두 동일하다. 넷째, 관찰되는 종속변수 값들 간에는 서로 독립적이다. 이것을 비자기상관(非自己相關, non-autocorrelation)이라고 부른다.

회귀분석을 통해 세수입을 추계하고자 할 때 종속변수로는 각 세목의 세수입 규모를 놓는다. 세수 추계를 위한 설명변수로는 이용 가능한 거시경제지표 중에서 세목별 과세대상 또는 과세표준을 가장 잘 반영할 수 있는 대리변수를 회귀변수로 사용한다. 대리변수로는 일반적으로 국민총생산, 비농림어업 GNP, 민간 소비 지출, 최종 소비 지출, 설비 투자, 수출, 수입 등을 사용한다. 이때 거시경제 지표들 간에는 다중공선성(multi-collinearity)이 존재하는 경우가 있다. 만약 다중공선성이 존재하는 변수들을 함께 설명변수로 사용해 회귀하게 되면 계수 추정치의 통계적 유의성이 떨어지는 문제점이 있다. 이런 경우에는 다중공선성이 있는 변수 중 설명력이 높은 것만을 선택하도록 한다.

---

13) 회귀분석은 일반적으로 선형 관계에 국한된다. 이러한 제한은 실제로 큰 약점으로 되지는 않는다. 왜냐하면 많은 비선형 관계가 쉽게 선형으로 전환될 수 있기 때문이다.

만약 일정 기간 동안의 자료를 통해 부가가치세와 GNP 간의 회귀방정식이 다음과 같이 도출되었다고 하자.

$$V_t = a + bE_t$$

(V_t: t기의 부가가치세, E_t: t기의 GNP)

이때 이 모형의 설명력과 통계값 b의 유의성 등을 검토해야 한다. 모형의 설명력은 결정계수(R^2)와 F값을 검토함으로써, 그리고 t 통계량을 통해 b의 유의성을 검정한다. 여기서 결정계수(R^2)는 부가가치세액(종속변수)의 변동이 어느 정도 GNP(독립변수)의 변동과 관련되어 있는가를 보여 주는 계수다. 그러므로 결정계수의 값이 클수록 좋다.

앞의 회귀방정식을 통해 GNP의 값을 알 수 있으면 부가가치세액을 추정할 수 있다. 이 모형은 세수입뿐만 아니라 지출액을 추정할 때도 유용하게 이용할 수 있다.

그런데 이 방법을 이용하기 위해서는 관찰치가 충분하게 있어야 한다. 통계적 관계를 명확하게 나타내기 위해서는 최소한 15개 이상은 있어야 한다. 그리고 독립변수의 변화의 범위가 크지 않아야 한다. 독립변수의 값이 지나치게 우연적인 큰 변동을 하는 경우 이로 인해 회귀계수의 값들이 크게 달라지기 때문이다.

그러나 이 방법은 컴퓨터 및 통계 처리 기법의 발달로 이용상의 기술적 제약이 별로 없고 예측 결과의 정확성도 비교적 높은 것으로 평가되어 광범위하게 이용된다.

6) 계량경제 모형

계량경제 모형(econometric model)은 세수 규모 또는 지출 규모를 경제구조 내에서 결정되는 내생변수에 의해 정의하는 방법이다. 일반적으로 계량경제 모형은 전체 경제 구조 하에서 여러 가지 경제 변수를 내생변수와 외생변수로 나누고 이들 간의 관계를 추정해 경제 현상을 설명한다.

거시경제 모형을 이용한 예측 방법은 재정(세수) 규모를 경제의 종합적인 현상과 연관해 추계한다. 따라서 논리적 설명력이 뛰어나다. 반면에 인과모형은 세수 규모와 경제 변수들 간의 관계에 대한 경제 구조적 설명 없이 하나의 식을 실증적으로 추정하는 모형이다. 인과모형을 이용한 예측은 경제 변수와의 관계를 설명하지만 범위가 매우 부분적인 반면에 계량경제 모형은 종합적으로 재정(세수) 규모를 파악하므로 추계치에 대한 해석이 용이하다. 이 방법은 미국에서 주로 사용된다.

그러나 이 모형은 전체 경제 구조를 반영하는 만큼 모형을 추정하는 데에 많은 시간과 비용이 필요하다. 또한 예측치도 전체 경제 구조 모형의 결과로써 얻어지는 만큼 모형에서 사용한 모수의 변화에 매우 민감하게 반응해 예측력이 떨어질 수 있는 단점이 있다. 또한 경제 전망과 동시에 세수 규모를 예측하므로 세법 개정에 따른 효과는 고려할 수 없는 약점이 있다.

7) 모의실험 모형

모의실험 모형(micro-simulation model)은 개별 표본 자료를 사용해 세법 개정에 따른 세수 규모를 예측하는 방법이다. 이 모형은 개인의 표본 자료를 사용하기 때문에 개인별 인구사회경제적 특성을 잘 반영할 수 있어 예측력이 매우 뛰어나다. 미시 자료에 근거한 모의실험 모형은 추계치가 정확한 반면에, 방대한 양의 자료가 필요하기 때문에 비용이 많이 든다. 미국과 유럽 등 선진국에서는 정부 차원에서 개발해 사용하고 있다.

3. 예측 방법 선택 시의 고려 요인

여러 가지 예측 방법은 고유의 특성을 갖고 있으며 그 기본 전제와 사용에 필요한 요건들이 다르기 때문에 특정한 상황에 적합한 예측 방법을 선택할 필요가 있다. 예측 방법을 선택할 때 고려해야 할 요인은 여러 가지가 제시되고 있는데, 이를 정리해 보기로 한다.[14]

1) 예측의 목적 및 용도

예측의 목적이 무엇이며, 예측이 어떻게 사용될 것인가는 예측에 필요한 시계(時界), 정확도, 비용 등을 결정해 준다. 예컨대, 정확도가 결정적으로 중요한 예측의 경우에는 비용이 들더라도 높은 정확도를 갖는 예측 기법이 선정되어야 한다.

2) 예측해야 할 체제의 구성 요소와 역동성

예측해야 할 환경의 구성 요소와 관련 변수를 확인해 볼 필요가 있다. 이러한 상호 관련된 변수가 확인된 경우에는 예측 상황의 토대를 형성해 주는 인과모형을 도출할 수 있게 된다.

---

14) Hyde & Jarocki(1978: 536-538), Chambers, Mullick, & Smith(1975), Wheelwright & Makridakis (1977), 장노순(1992: 284-286) 참조.

3) 예측의 시계

먼저 세입・세출 예측의 대상 기간, 즉 시계(時界)를 고려해야 한다. 세입・세출의 예측이 장기적이냐 단기적이냐에 따라 예측에 필요한 시계가 달라지며, 그에 적합한 예측 기법도 달라진다. 일반적으로 장기 예측에는 질적 기법과 추세선 분석이 많이 이용된다.

4) 정확도

정확도(accuracy)는 특정한 예측 방법이 예측 대상을 얼마나 정확하게 설명할 수 있는가를 보여 주는 지표다. 정확도는 사후에 예측치와 실제치 간의 오차의 정도로 측정할 수 있으나, 예측 방법을 선정하는 기준으로서는 사전에 고려하지 않으면 안 된다. 이때의 정확도는 일반적으로 적합도(goodness of fit)를 지칭하며, 예측모형이 얼마나 정확히 과거 데이터의 패턴을 재생할 수 있느냐를 의미한다. 이러한 정확도를 측정하는 방법에는 표준 통계적 측정과 상대적 측정이 있다(이용규, 1992: 70). 전자의 예로는 평균 제곱 오차(mean square error), 후자의 예로는 평균 백분율 오차(mean percentage error) 등을 들 수 있다.

예측 내용이 극히 중요하고 큰 손익이 관련되어 있는 경우에는 오차의 허용 범위가 매우 적어야 하므로 정교한 예측 기법을 사용해야 한다. 그러나 어떠한 예측 기법도 완전한 예측 결과를 보장해 주지는 않는다. 그리고 장기예측의 경우 예측의 정확도는 추세 자체에 초점이 맞춰지며, 추정 숫자 그 자체는 아니다.

5) 비 용

일반적으로 예측 기법을 개발하고 활용하는 데에는 시간 및 노력과 비용이 크게 소요된다. 아무리 정교한 예측 방법이라고 하더라도 과도한 비용과 오랜 시간이 소요된다고 하면 그것을 이용하는 것은 문제가 될 수 있다. 따라서 예측의 현실적인 제약 조건으로서 비용이 고려되지 않으면 안 된다.

6) 자료의 형태

예측에 이용할 수 있는 과거 자료(historical data)의 형태는 예측 기법을 선정할 때 중요한 고려 사항이다. 세입・세출과 관련된 과거의 자료가 얼마나 축적되어 있는지,

그리고 그 자료들은 신뢰성이 있는지를 파악해야 한다. 또한 추세를 벗어난 형태의 자료가 존재하는 경우에는 그러한 자료의 전환점을 예측할 수 있는 기법이 선정되어야 한다.

7) 모형의 형태

예측 방법을 선택할 때 고려해야 사항은 모형의 이론적 토대와 가정(assumptions)이다. 예측 능력은 예측하고자 하는 상황에 가장 적합한 모형을 구성하는가에 달려 있다. 따라서 예측 모형의 이론적 토대와 가정을 예측 상황과 견주어 충분히 검토할 필요가 있다.

8) 적용의 용이성

예측 기법을 선정할 때에는 실제로 자료를 처리하고 응용할 수 있는 능력을 갖춘 요원이 필요하고, 이에 대한 정책결정자의 이해가 선행되어야 한다. 예측 기법의 예측 능력에 대한 신뢰성이 높다고 하더라도 실제로 적용할 수 있는 능력이 부족하거나 정책결정자의 이해가 부족한 경우에는 적합한 예측 기법을 선택할 수 없다. 일반적으로 예측 기법이 과학적이고 복잡할수록 정책결정자의 예측치에 대한 이해력은 떨어지게 된다.

4. 예측 방법의 선택

예측 방법을 선택할 때에는 앞에서 살펴본 여러 요인을 고려해 결정해야 한다. 이들 요인은 서로 밀접하게 관련되어 있으며, 실제로 예측 방법을 선택할 때에는 이들 요인 간의 상호 의존성을 고려하지 않으면 안 된다. 가장 바람직한 방법은 예측의 목적 기준과 예측 기법의 특성 요인이 가장 잘 어울리는 예측 방법을 선정하는 것이다.

여기서는 정확도와 비용 기준을 동시에 고려한 예측 방법의 선정문제를 보기로 한다. 일반적으로 각 예측 방법은 예측의 비용과 예측의 정확도 사이에 상충 관계가 존재한다. 즉, 정확도가 높은 예측 방법일수록 예측에 소요되는 비용이 많기 마련이며, 반대로 예측 방법이 단순해서 비용이 적게 드는 경우 정확도가 떨어지게 된다. 인과적 예측 방법은 대체로 비용과 정확도가 모두 높다. 반면에 단순 통계 방법은 비용과 정확도가 모두 낮다. 비용과 정확도 측면에서 본 예측 방법들은 [그림 8-6]과 같다(Hyde & Jarocki, 1978: 537).

그림 8-6 비용과 정확도 측면에서 본 예측 방법들

CHAPTER 09

재정개혁론

학습 포인트

1. 예산제도 개혁의 변천
2. 재정개혁의 이념과 목표
3. 재정개혁의 추진 과정
4. 재정성과관리제도

제 1 절 예산제도 개혁의 변천

예산개혁을 논의할 때 미국 연방정부 예산제도 개혁의 변천을 살펴보는 것은 필수적이다. 다양한 예산제도를 적용해 봄으로써 예산의 개념과 언어, 그리고 이론을 발전시켰을 뿐만 아니라 예산제도 개혁의 성공과 실패에 대한 중요한 시사를 해 주기 때문이다. 미국의 예산제도는 역사적으로 품목별 예산제도, 성과주의 예산제도, 계획예산제도, 영기준 예산제도의 순서로 도입된 바 있다.

미국의 예산제도 개혁에 대한 노력은 예산 과정에 합리적 절차를 도입하는 방향으로 전개되어 왔다. 합리적 절차의 도입 방식은 경제적 합리성을 높이고자 하는 의도가 강하나, 의사결정 구조의 개선이라는 점에서 정치적 합리성도 아울러 추구해 왔다고 볼 수 있다.

1. 예산제도와 재정정보의 정향

예산제도의 변천을 개괄적으로 살펴보는 데에는 제도별 정보 정향이 어떠한가를 보는 것이 매우 유용하다. 다양한 예산제도는 다양한 재정정보를 필요로 한다. 각 예산제도와 정보 정향(informational orientations)의 관계를 보면 각 예산제도는 서로 다른 유형의 정보 형태를 취하고 있음을 알 수 있다(Lyden & Miller, 1978: 7-8).

일반적으로 조직의 운영은 ① 그 목표, ② 목표를 달성하기 위한 활동, ③ 사용되는 자원, ④ 자원을 생산하는 조직 단위, ⑤ 산출, 그리고 ⑥ 사회에 대한 영향의 관계로 파악할 수 있다.

이때 품목별 예산은 재화 및 용역의 투입에 집중되는 정보 정향을 보여 준다. 성과주의 예산은 전환 과정에서 활동 및 산출에 정보가 집중된다. PPBS는 조직운영 과정에서 그 목표 및 영향에 정보가 집중된다. ZBB는 성과주의 예산에 근접하다고 볼 수 있는데 프로그램에 좀 더 광범하게 집중되어 있다.

이 관계를 간단히 나타내면 [그림 9-1]과 같다.

그림 9-1 예산제도와 정보 정향과의 관계

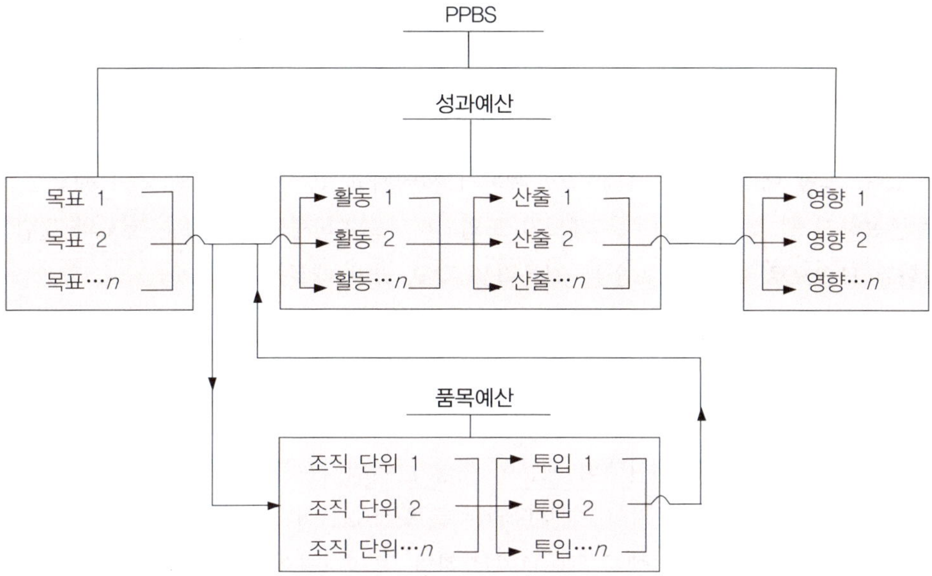

2. 품목별 예산제도(LBS)

1) 의 의

품목별 예산제도(Line-Item Budgeting System: LBS)는 예산을 지출 대상(품목)별로 분류해 편성하는 예산제도다. 지출 대상(품목)이란 예산과목의 '목(目)'에 해당하는 것으로서 인건비·물건비 등의 투입(input) 요소를 지칭한다. 품목별 예산제도는 예산액을 지출 대상별로 한계를 명확히 정해 배정함으로써 관료의 권한과 재량을 제한하는 통제 지향적 예산제도로서, 입법부의 재정통제를 통한 재정 민주주의 실현의 한 수단으로서 등장했다. 이 제도는 가장 먼저 도입되었으면서 오늘날까지도 지속되고 있는 전통적인 예산제도다.

품목별 예산제도의 기원은 1688년 영국의 명예혁명 때부터 국왕의 재정권을 통제하려는 노력에서 연유한 것으로 보며, 미국에서는 행정의 절약과 능률을 증진시키기 위해 1907년 뉴욕 시 보건국 예산을 품목별로 편성함으로써 시작되었다(신무섭, 1994: 504). 뉴욕 시는 1906년 뉴욕시정 연구국(New York Bureau of Municipal Research)을 설립해 예산 낭비와 부패를 방지하고 예산에 대한 통제를 확보하는 방안으로서 이 제도의 도입을 건의했다. 그 후 1912년 미국 연방정부가 '능률과 절약을 위한 대통령위원회(일명 태프트위원회)'를 설치했는데, 이 위원회에서 품목별 예산제도의 도입을 권장하고 1920년대에는 대부분의 연방 부처들이 도입하게 되었다(Lynch, 1979: 13).

품목별 예산제도는 여러 번에 걸친 예산개혁이 단행된 미국의 경우에도 아직 존속하고 있다. 또한 대부분의 국가에서 이 제도가 채택되고 있으며, 앞으로도 이 제도는 계속 존속하게 될 것이다. 새로운 제도가 도입되더라도 이 제도는 새로운 제도와 결합해 변화된 모습으로 병존할 수 있는 적응력을 갖고 있기 때문이다.

2) 예산편성 방법

어떤 예산제도가 어떻게 편성되는가를 보기 위해서는 예산편성의 기본 단위(basic unit)와 사업의 결정 및 예산액의 배분이 어떻게 이뤄지는가를 살펴볼 필요가 있다.

품목별 예산제도의 예산편성 기본 단위는 품목(object)이다. 품목별 예산편성 방법을 이해하기 위해 우리나라의 예를 들어보기로 한다. 우리나라의 경우 현행 예산과목 체계인 (소관) 장・관・항・세항・목에서 목이 품목별 예산제도의 기본 단위다. 목은 예산과목의 최종 단위로서 투입 요소에 해당한다. 프로그램 예산제도 하에서는 편성 비목이 목에 해당한다.

따라서 품목별 예산제도는 어떤 투입 요소가 어느 정도 투입되는지를 보여 주는 예산제도다. 따라서 품목별 예산제도는 투입 측면에만 초점을 맞춰 편성되므로 정부가 투입을 통해 달성하고자 하는 사업을 파악할 수 없다. 또한 지출에 따른 성과나 효과에 대해서는 관심을 두지 않는다.

그런데 품목별 예산은 조직을 단위로 편성될 수도 있고, 기능 또는 사업이나 활동 단위로 편성될 수도 있다. 실제 현재 우리나라는 기능별 분류와 품목별 분류의 교차 분류가 이용된다. 이렇게 여러 분류 방법과 결합해 이용됨으로써 품목별 예산제도의 결점을 보완해 이용할 수 있다.

3) 장・단점

(1) 장 점

첫째, 회계 책임과 예산통제를 용이하게 할 수 있다. 예산과목의 최종 단위인 목을 중심으로 예산액이 배분되어 있기 때문에 회계 책임을 분명히 할 수 있으며 통제가 용이하다. 정부의 지출 대상이나 지출 금액이 명확하게 표현되어 있으므로 관료의 재량의 여지를 줄이게 되며, 예산의 남용을 방지할 수 있다. 특히 의회의 예산심의를 용이하게 함으로써 행정부에 대한 의회의 권한을 강화할 수 있다.

둘째, 지출 대상별로 세부적으로 분류되어 있기 때문에 급여와 재화 및 서비스의 구매에 효과적이다. 또한 다음 연도 예산편성에 유용한 자료를 제공해 준다.

셋째, 예산편성 및 심의 과정에서 예산 삭감이 이뤄질 때 이익집단의 저항을 덜 받는다는 점에서 정치적인 이점을 갖는다.

(2) 단 점

첫째, 지출 대상별로 분류되기 때문에 정부가 무엇을 구매하는지는 밝혀지지만 왜 구매하는지는 밝혀지지 않는다. 즉, 정부가 예산 항목의 지출을 통해 무슨 사업을 추진하는지 파악할 수 없다.

둘째, 지출 대상 및 지출 금액에 대한 한계가 명확하게 설정되어 있기 때문에 예산을 집행할 때 신축성 면에서 많은 제약을 받는다.

셋째, 각 부처의 입장에서 볼 때 예산 확보를 위해 예산 항목에만 관심을 기울이기 때문에 정책 및 사업의 우선순위를 소홀히 할 수 있다.

3. 성과주의 예산제도(PBS)

1) 의 의

성과주의 예산제도(Performance Budgeting System: PBS)는 예산을 사업별·활동별로 분류해 편성하되, 업무 단위의 원가와 양을 계산해 편성하는 제도다. 품목별 예산제도는 지출 대상별로 분류해 편성한 통제 중심적 제도로서 정부가 추진하는 사업을 파악할 수 없었다. 성과주의 예산제도는 사업을 중심으로 편성함으로써 예산액의 절약과 능률보다 사업 또는 정책의 성과에 더 관심을 기울인 예산제도다. 또한 업무 단위의 비용과 업무량을 측정함으로써 정보의 계량화를 시도해 관리의 능률성을 높이려는 제도다.

성과주의 예산제도의 기원은 1913년 뉴욕 시 리치먼드 구(區)에서 원가예산제(cost data budget)를 시도한 데 있다(유훈, 2003: 350). 리치먼드 구는 구의 예산을 먼저 업무 기능별로 분류하고 업무의 원가를 계산해 예산에 적용하는 방식을 채택한 것이다. 그 후 연방정부의 농무부(1934), 해군부(1946) 등이 부분별로 사업예산(project budget)을 편성한 바 있다. 본격적인 성과주의 예산제도의 도입은 제1차 후버위원회의 건의로 이뤄졌다.

제1차 후버위원회의 건의는 다음과 같이 표현되어 있다.

> "우리는 연방정부의 모든 예산 개념이 기능(functions), 활동(activities), 사업(projects)에 근거를 둔 예산의 채택에 의해 재정립되어야 한다고 건의한다. 그리고 이 예산을 '성과주의 예산'이라고 지칭하는 바다"(강인재 · 민진 · 윤영진, 1985: 292).

이를 받아들여 1950년 의회가 '예산회계법'을 개정해 성과주의 예산제도의 적용 규정을 둠으로써 연방정부를 비롯해 주 및 지방정부에 확산되었다. 그 후 필리핀, 태국 등에서 도입을 시도한 적이 있다. 우리나라도 1962년과 1963년에 일부 부처의 일부 사업에 성과주의 예산을 적용했다. 그러나 충분한 사전 준비의 부족, 예산국의 리더십 중단 등으로 1964년에 폐기되고 말았다.

2) 예산편성 방법

성과주의 예산제도는 사업 및 활동을 중심으로 예산을 편성하며, 사업의 비용과 규모를 과학적으로 계산하는 점이 특징이다. 성과주의 예산제도의 가장 핵심적인 작업은 업무 단위를 개발하고 단위 원가를 계산하는 일이다. 따라서 성과주의 예산은 단위당 X달러(단위 원가)에 수행되는 Y개의 업무 단위(업무량)로 표현된다.

(1) 업무 단위의 개발

성과주의 예산편성의 기본 단위는 업무 단위(work unit)다. 이를 업무 측정 단위(work measurement unit)라고도 부른다. 업무 단위는 하나의 사업을 수행하는 과정에서의 활동과 최종 산물(성과 · 실적)로 이뤄진다. 이는 사업과 지출 대상의 중간에 위치하는 단위라고 볼 수 있다. 버크헤드(Burkhead, 1956: 148)는 성과의 분류 체계를 다음과 같이 제시하고 있다. 여기서의 활동과 최종 산물이 업무 단위에 해당한다.

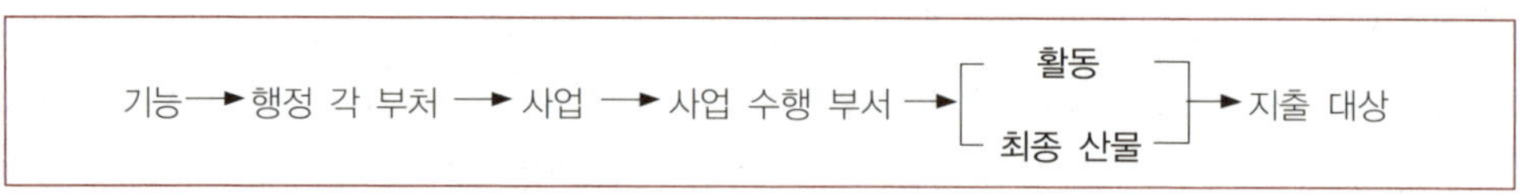

성과주의 예산을 편성하기 위해서는 각 업무의 성과를 측정할 수 있는 업무 단위를 개발하는 것이 관건이다. 업무 단위는 가능한 한 계량화되고 표준화되어야 한다. 업무 단위의 선정 기준을 구체적으로 나열하면 다음과 같다(유훈, 2003: 354).

① 동질성이 있어야 한다.

② 계산 가능성이 있어야 하며, 완결된 업무를 표시해야 한다.

③ 영속성이 있어야 한다.

④ 하나의 사업의 업무 단위는 가능한 한 단수(單數)여야 한다.

⑤ 업무 단위는 친숙한 용어로 표시해 관계자들이 이해하기 쉬워야 한다.

이러한 조건을 갖춘 업무 단위로서 예를 든다면 다음과 같다. 고속도로 건설사업의 경우 건설된 도로 1km(최종 산물), 거리 청소사업의 경우 청소된 거리 1km(최종 산물), 경찰 순찰활동의 경우 순찰활동 1회(활동), 방역사업의 경우 방역활동 1회(활동) 등이다.

(2) 예산액의 산정 방법

업무 단위가 개발되면 다음 작업은 단위 원가와 업무량을 계산하는 것이다. 단위 원가와 업무량이 계산되면 예산액은 다음과 같은 공식에 의해 산정될 수 있다.

단위 원가×업무량＝예산액

여기서 단위 원가(unit cost)란 업무 단위 1단위를 산출 또는 수행하는 데 소요되는 경비를 말한다. 업무량(workload)은 업무 단위로 측정한 단위 수를 말한다. 단위 원가는 인건비, 재료비, 기타 경비 등으로 세분할 수 있는데, 그 계산 방법이 쉽지 않다. 시장가격으로 환산하기 어려운 업무가 있는가 하면, 어떤 경비는 수년도에 걸쳐 소요되는 것도 있고, 무형의 비용도 있을 수 있기 때문이다.

그런데 단위 원가는 예산편성의 효율성(efficiency), 업무량은 효과성(effectiveness)과 관련된다. 단위 원가를 정확하게 계산하는 것은 예산 낭비의 요소를 없애고 효율성을 증대시키는 데 기여한다. 그리고 예산집행 결과 실제로 수행되거나 산출된 업무량은 사업의 목표 달성 여부를 판단할 수 있는 효과성의 측정지표가 된다. 따라서 성과주의 예산은 관리상의 정보가 예산에 표시되기 때문에 관리상의 능률성을 제고하는 데 기여하게 된다.

여기서는 성과주의 예산편성의 간단한 예를 들어 보기로 한다.

표 9-1 성과주의 예산편성의 예

사업명	사업 목적	측정 단위	단 가	실 적	금 액	변화율
긴급출동	비상시 6분 내 현장까지 출동	출동 횟수	$100	1,904건	$190,400	+10.0%
일반 순찰	24시간 계속 순찰	순찰 시간	25	2,232시간	55,800	+7.8%
범죄 예방	강력범죄 발생률의 10% 감소	투입 시간	30	2,327시간	69,800	+26.7%
계					$316,000	

자료: 코(Coe, 1989: 64).

[표 9-1]을 보면 이 부서가 내년에 어떤 활동(범죄 예방)을 더 강화하고, 어떤 활동(일반 순찰)에 대해 현상 유지를 원하는지 알 수 있다. 또한 각 활동별 단가의 변화를 추적한다면 현저히 단가가 상승한 활동에 대해서는 능률적 관리를 촉구할 수 있게 된다.

3) 장 · 단점

(1) 장 점

첫째, 업무 단위의 선정과 단위 원가의 과학적 계산에 의해 합리적이고 효율적인 자원 배분을 이룰 수 있다. 또한 투입되는 예산의 성과(산출)를 파악할 수 있다.

둘째, 계량화된 정보를 통해 합리적 의사결정과 관리 개선에 도움을 받을 수 있다. 예컨대, 공공 서비스의 추가적인 공급이 필요한 경우 표준화된 업무 단위가 개발되어 있기 때문에 추가로 필요한 업무량과 예산액을 쉽게 파악할 수 있다. 또한 단위 비용이 상승할 경우 이에 대한 관리상의 대응을 할 수 있다.

셋째, 사업 또는 활동별로 예산이 편성되기 때문에 정부가 무슨 사업을 추진하는지 국민들이 쉽게 이해할 수 있다. 또한 사업별로 예산 산출 근거가 제시되기 때문에 의회에서 심의하기에 용이하다.

(2) 단 점

첫째, 업무 단위의 선정이 곤란하다. 업무 단위의 개발은 성과주의 예산제도의 가장 핵심적인 작업이다. 그런데 앞에서 논의한 선정 기준을 충족시킬 수 있는 업무 단위를 찾아낸다는 것은 쉽지 않다. 행정 업무 중에서 동질적이고 계량화할 수 있는 최종 산물을 선정하는 데에는 애로가 많다. 계량화할 수 있는 최종 산물을 찾기도 어렵지만 선정된 단위가 질적으로 다른 경우도 많기 때문이다. 예컨대, 뉴욕 주정부의 경우 보건 부문의 업무 단위에 'X선 검사'가 있다. 어떤 X선 검사는 정기적인 흉부 검사인가 하면 어떤 검사는 장기간에 걸쳐 여러 번 촬영해야 하는 검사다. 이렇게 질적으로 다른 경우에는 업무 단위로서 동일하게 취급될 수 없다는 것이다.

둘째, 단위 원가의 계산이 어렵다. 단위 원가를 계산하기 위해서는 원가회계(cost accounting) 등의 회계학적 지식이 필요하다. 발생주의회계에 근거해 감가상각 등이 적용되는 회계정보가 창출되고 축적되어야 한다. 그리고 부서 간 공동 경비의 배부 문제, 간접비의 산출 문제 등이 해결되지 않으면 안 된다. 복식부기·발생주의회계제도가 도입될 경우 정확하고 다양한 원가정보가 산출될 수 있다.

셋째, 성과지표로서의 업무 단위가 실질적으로는 중간 산출물인 경우가 대부분이다. 따라서 예산 성과의 질적인 측면을 파악하는 데에는 한계가 있다. 가령 경찰의 순찰활동은 순찰 시간이 측정 단위인데, 순찰 시간을 많이 확보한다고 해서 치안 유지가 직접 보장된다고 볼 수 없다. 또한 쓰레기 수거량이 많다고 해서 거리가 반드시 깨끗해졌다고 장담할 수 없다.

4. 계획예산제도(PPBS)

1) 의 의

계획예산제도(Planning Programming Budgeting System: PPBS)는 장기적인 기획(planning)과 단기적인 예산편성(budgeting)을 유기적으로 연결시킴으로써 합리적인 자원 배분을 이루려는 제도다. 기획과 예산을 연결시키는 고리 역할을 하는 것은 프로그래밍(programming)이다. 계획예산제도를 이해하기 위해서는 여기에 초점을 맞출 필요가 있다.

계획예산제도는 ① 목표를 분명히 정의하고, ② 이를 달성할 사업계획을, 각종 대안을 체계적으로 검토해 수립하며, ③ 다년간에 걸친 사업재정계획을 수립하는 장기적 시계(時界, time horizon)를 갖고 있다는 점이 특징이다. 계획예산제도는 계획 지향적이며, 금액에 대한 결정보다는 사업에 대한 결정에 더 초점을 맞추고 있는 예산제도다. 기본적인 아이디어는 투입 요소 대신에 정부의 목적, 최종 산물, 사업 등과 같은 산출 영역에 관심을 집중함으로써 예산상의 결정이 이뤄져야 한다는 것이다. 궁극적으로는 기획, 사업분석, 예산 기능을 단일의 의사 결정으로 통합하려는 것이다.

계획예산제도를 좀 더 체계적으로 이해하기 위해서는 구조적 측면, 분석적 측면, 정보적 측면으로 구분해 보는 것이 유용하다. 이에 대해서는 다시 상술하기로 한다.

계획예산제도는 1950년대에 미국의 랜드연구소(The RAND Corporation)에서 사업예산(program budgeting) 개념을 개발한 데에서 비롯된 것으로 보고 있다.[1] 랜드연구소의 노빅(D. Novick), 히치(C. J. Hitch), 맥킨(R. N. McKean) 등은 논문, 저술 등을 통해 국방부에 계획예산제도를 도입할 것을 적극 주장했다. 1961년 케네디(John F. Kennedy) 행정부의 국방장관에 취임한 맥나마라(Robert S. McNamara)는 이를 받아들여 1963년 미국 국방부에 PPBS가 도입되었다. 그 후 존슨(Lyndon B. Johnson) 대통령의 지시에 따라 1965년 모든 연방정부에 전면적으로 도입되었다. 새롭고 혁명적인 예산제도로서 등장한 계획예산제도는 예산이론 및 실무 면에서 많은 영향을 미쳤지만 닉슨(Richard M. Nixon) 행정부가 등장하면서 1971년에 공식적으로 중지되었다.[2] 그러나 미국 국방부만은 내부관리 제도로서 PPBS를 활용해 오고 있다.

미국에서 개발·보급된 계획예산제도는 캐나다, 영국 등 많은 나라에도 영향을 미쳐 도입·운용되기도 했다. 우리나라는 1971년 국방부와 체신부에서 도입 준비작업을 시작한 바 있으나 공식적으로 PPBS 도입을 결정하지는 않았다. 그러나 국방부에서는 1979년 국방부 훈령 제253호로 국방기획관리 제도를 제정해 이 제도를 이용해 왔다. 이것은 자원 배분과 관리 기능을 포괄하는 종합적인 자원관리 체계를 구축하는 데 목표를 두고 제도를 정립한 것이다. 그 후 1983년 예산개혁 작업이 추진되면서 이러한 자원관리 체계가 본격적으로 제도화된 바 있다(국방백서, 1996~1997: 145).

2) 구조적 측면

(1) 사업구조

계획예산제도의 구조적 측면은 '기획-사업계획-예산 배정'의 주기를 확립하는 것이다. 가장 핵심적인 작업은 사업구조(program structure)를 만드는 것이다. 이는 목표를

---

1) 계획예산제도의 기원을 1942년 미국의 전시(戰時) 물자통제계획(The Controlled Materials Plan)으로 보기도 한다. 민간부문에서는 1924년 듀퐁회사에서 이미 계획예산제도를 도입하고 있었다고 한다(나중식, 1992: 373 참조).

2) 1971년 9월 관리예산처(OMB)는 각 부처에 보내는 예산편성지침에서 다음 회계연도부터 PPB 방법으로 예산요구서를 편성할 필요가 없다고 지시해 종말을 고하게 되었다.

구체화하는 작업이며, 목표를 달성하기 위한 대안을 체계적으로 검토해 사업계획을 확정하는 작업이다. 달리 표현하면 목표-수단 관계를 체계화하는 작업이다.

사업구조는 각 조직체의 소관 사업을 여러 가지 종류와 수준별로 분류해서 작성한다. 일반적으로 조직체의 목적을 달성할 수 있는 사업 또는 활동의 집합체가 정해지면 이를 1차 분류(대분류), 2차 분류(중분류), 3차 분류(소분류) 등으로 계층화한다. 이때 계층화 정도는 반드시 3단계일 필요는 없고 필요에 따라 조정할 수 있다. 미국 국방부에서 PPBS를 처음 도입할 때에는 3단계로 구분했다. 이렇게 분류한 사업구조는 나무(tree) 모양의 사업 체계를 형성하게 된다. 여기서는 미국 국방부에서 도입한 사업구조를 보기로 한다.

① 사업 범주

대분류로서의 사업 범주(program category)는 조직체의 목표 달성을 위한 사업의 집합체를 최상위 수준에서 분류해 놓은 것이다. 이것은 최고관리층이 의사결정을 내리는 데 도움이 되는 사업군(事業群)이다. 미국 국방부의 경우 '국방 5개년계획(Five Year Defense Plan)'에서 분류하고 있는 열 가지 주요 사업을 PPBS의 사업 범주로 채택하고 있다.[3)]

② 하위사업

중분류로서 하위사업(program sub-category)은 사업 범주를 더 세분한 사업군이며, 유사한 사업 요소를 묶어 놓은 것이다.

③ 사업 요소

사업 요소(program element)는 사업구조의 기본 단위이며, 최종 산물을 산출하는 조직체의 활동이다. 이때 사업 요소는 명확히 정의할 수 있고 수량화할 수 있는 최종 산출물로서 투입과 연계될 수 있어야 한다. PPBS 예산편성의 기본 단위는 사업구조의 최종 단위인 사업 요소라고 볼 수 있다.

그런데 여기서 한 가지 유의할 점은 사업구조가 곧바로 예산과목 구조를 지칭하지 않는다는 것이다. 사업구조는 목표 달성을 위한 대안을 체계적으로 검토해 반영해 놓은

---

3) '국방 5개년계획'은 PPBS의 중심적인 데이터베이스 역할을 하고 있다. 열 가지 사업 범주는 ① 전략 병력, ② 일반 병력, ③ 정보·통신, ④ 수송, ⑤ 경비군과 예비군, ⑥ 연구 및 개발, ⑦ 보급, ⑧ 훈련·의료·기타, ⑨ 행정, ⑩ 외국 지원이다(The Joint DOD/GAO Working Group on PPBS, 1983: 19).

사업계획일 뿐이다. 예산과는 별도의 연계작업(cross-walk)이 필요하다. 미국 국방부의 경우 '국방 5개년계획'이 사업구조와 예산과목 간의 연계 역할을 수행하고 있다.

사업구조를 담고 있는 정보는 미국 국방부의 경우 사업요강(program memoranda)이라는 문서다. 사업요강은 각 기관의 목표와, 목표 달성을 위한 여러 대안의 비용과 효과의 비교 검토 결과, 대안 선정의 이유 등이 명시되어 있다.

(2) 사업 및 재정계획

계획예산제도의 중요한 특징 중의 하나인 장기적 시계(時界)를 반영한 것은 사업 및 재정계획(program and financial plan)이다. 이것은 사업의 자금 소요를 추정한 수년 간의 자금계획과 각 사업의 특성을 표시하는 수년 간의 산출계획으로 구성되어 있다. 그리고 이것은 사업 및 재정소요에 관한 연동식 계획(rolling plan)으로 되어 있다. 연동식(또는 이동식) 계획이란 매년 지나간 1년을 삭제하고 새로운 1년을 추가해 계획 기간을 계속적으로 그대로 유지하는 제도다. 대개 계획 기간이 5년인 경우가 많으나 미국 국방부의 경우 7년의 사업재정계획을 수립했다. 사업 및 재정계획의 문서에 PPBS의 계획 기능이 잘 반영되어 있다.

3) 분석적 측면

계획예산제도의 또 하나의 중요한 특징은 목표 달성을 위한 사업계획을 마련할 때 여러 대안을 체계적으로 분석 검토하는 작업을 거친다는 것이다. 이때 체제분석 또는 비용-편익(효용)분석 기법 등이 사용된다. 이것은 PPBS의 프로그래밍 단계에서 이뤄진다. 이러한 특징 때문에 계획예산제도는 자원 배분에 관한 의사결정을 합리화하는 제도라고 볼 수 있다.

계획예산제도에서 많이 사용되는 기법은 체제분석(system analysis)이다. 체제분석은 가능한 사업대안 중에서 최적의 사업을 선택하는 메커니즘을 가리킨다. 다시 말해서, 체제분석은 의사결정자가 직면하는 복잡한 문제를 좀 더 정확하게 정의하고, 관련된 대안을 개발해, 그 비용과 효과를 추정하고, 대안을 비교 평가함으로써 의사결정자가 최선의 대안을 선택할 수 있도록 도움을 주는 접근법이다. 체제분석의 기본적인 요소로서는 목적의 설정, 대안의 개발, 비용, 효과, 모델의 작성, 평가 기준 등 여섯 가지를 들 수 있다. 이 중에서도 대안적 사업계획의 비용과 효과를 비교해 바람직한 사업을 선택하는 비용-효과분석이 중심을 이룬다.

PPBS를 도입할 당시 미국 국방부의 맥나마라 장관은 체제분석을 담당할 체제분석청(Office of Systems Analysis: OSA)을 설치했다. 여기서 사업계획과 예산요구액의 평가가 이뤄졌다. 이때 생산된 문서는 사업요강(program memoranda), 이슈 분석(issues analysis), 특수연구(special studies)[4]다.

4) 정보적 측면

계획예산제도의 정보적 측면은 어떤 문서를 만들고, 어떻게 보고 체계를 확립하느냐다. 이것은 PPBS의 구조적 측면과 분석적 과정을 뒷받침하는 정보 시스템을 확립하는 것이다.

미국 연방정부에서 PPBS를 운용할 때 각 부처가 예산국(현재의 관리예산처)에 제출한 주요 문서는 ① 사업요강(program memoranda), ② 사업재정계획(program and financial plan), ③ 특수분석연구(special analytic studies)의 세 가지다. 앞의 두 문서에 대해서는 앞에서 간단히 고찰한 바 있다. 특수분석연구는 사업요강에 있는 결정 사항에 대해 분석 자료를 제공하는 문서다. 즉, 부처의 장이나 예산국에 대해 사업대안 결정에 필요한 정보를 제공하는 문서다.

계획예산제도의 보고 체계를 보면, 행정기관 간에 다양한 형태를 보여 준다. 통합된 보고 체계를 갖고 있는 기관도 있고 이원화된 보고 체계를 가진 기관도 있다. 보고 내용을 보면 분석적 활동과 과정적 활동에 관한 보고로 나뉜다. 전자는 이슈, 사업에 대한 분석연구 결과에 대한 보고이고, 후자는 사업요강, 사업 및 재정계획 등을 작성하는 것에 관한 보고다.

5) 장 · 단점

(1) 장 점

① 자원 배분의 합리화

PPBS는 목표 · 사업 · 대안 · 비용 · 효과 등을 고려하고, 분석적 기법을 이용하며, 장기적 시계를 고려하고 있다는 점에서 자원 배분을 합리화하는 데 유용한 제도다. PPBS는 사실상 자체 언어를 갖고 있다고 할 정도로 예산 개념에 혁명적 분위기를 조성했으며, 그것은 바로 자원 배분에 관한 의사결정을 합리화하는 것이다.

---

4) 이것은 1968년부터 특수분석연구(special analytic studies)라고 부르게 되었다.

② 의사결정의 일원화

PPBS는 사업계획의 목표·대안·비용과 효과 등이 서로 연계되어 있으며, 기획·사업분석·예산편성이 단일의 의사결정으로 통합되는 제도다. 또한 정보와 결정 권한이 최고관리층에게 집중되는 경향이 있다. 이 점은 PPBS의 단점이기도 하지만 신속하고 종합적인 의사결정을 할 수 있다는 점에서 장점이 되기도 한다.

(2) 단 점

① 의사결정의 집권화

PPBS는 정보와 의사결정 권한이 과도하게 중앙집권화하는 경향이 있다. 정부 차원에서는 대통령에게 권한을 집중시키고, 부처 내에서는 국·과(局·課)보다는 장관에게 권한이 집중된다. 이러한 권한 집중은 앞에서 보듯이 장점이 될 수도 있지만 PPBS의 경우 지나치게 집권화됨으로써 부작용이 유발될 위험성이 있다.

② 사업구조 작성의 어려움

사업구조(program structure)의 작성은 PPBS의 핵심적 작업이다. 사업구조는 목표의 정의에서부터 사업 범주·하위사업·사업 요소 순으로 정해야 한다. 그런데 목표의 정의는 정치적 성격을 갖는 가치판단적 결정을 필요로 하는 만큼 목표의 정의가 어려워진다. 목표가 정의되었다고 해도 사업들을 망라적이고 체계적으로 분류해 낸다는 것은 매우 어려운 작업이다.

③ 계량화와 환산작업의 곤란

사업 요소는 계량화할 수 있는 최종 산출물로서 선정된다. 그러나 정부 사업은 많은 경우 산출물의 계량화가 용이하지 않다는 문제가 있다. 또한 여러 사업에 공통적으로 적용되는 간접비의 배분 문제 등이 있다. 그리고 사업구조와 예산과목 구조는 반드시 일치하지 않는다. 따라서 환산작업이 필요하게 된다. 환산작업은 컴퓨터를 통해 해결할 수 있지만 컴퓨터를 이용하는 경우에도 문제가 완전히 해결되지 않는 경우가 있을 수 있다.

④ 과다한 문서와 정보량

PPBS는 여러 사업대안의 비교 검토, 비용-효과분석 등에 대한 많은 정보와 문서를 필요로 한다. 그리고 이러한 많은 정보를 생산·관리하기 위해서는 많은 인적·물적 자원이 필요하게 된다. 따라서 이 제도를 도입·운영하기 위해서는 과다한 시간, 비용, 노력 등이 요구되는 문제점이 있다.

⑤ 공무원과 의회의 이해 부족

대다수 부처의 공무원들이 PPBS의 복잡한 분석 기법과 편성 방법을 제대로 이해하지 못하는 경우가 많다. 그리고 대부분의 공무원이 PPB 과정이 예산국의 요구에 의한 것이며, 자체 행정기관에는 부분적인 이익만 주는 것으로서 서류만 작성하는 형식적인 장치로 생각하고 있다(Harper, Kramer, & Rose, 1968; 강인재·민진·윤영진, 1985: 321에서 재인용).

의회도 PPBS에 대해서는 처음부터 소극적인 태도를 취했다. 의회는 행정부에 대한 재정통제를 목적으로 기존의 예산 편성 방법을 고수했다.

5. 영기준 예산(ZBB)

1) 의 의

영기준 예산(Zero Base Budgeting: ZBB)은 과거의 관행을 전혀 참조하지 않고 목적, 방법, 자원에 대한 근본적인 재평가를 바탕으로 해서 예산을 편성하는 제도를 말한다(Taylor, 1977). 여기서 과거의 관행을 고려하지 않고 사업에 대한 근본적인 재평가를 한다는 것이 영기준(zero base)의 의미다. 이 점에서 영기준 예산은 점증주의를 극복하기 위해 경제적 합리성을 제도화한 것이라고 볼 수 있다.

그러나 영기준 예산을 모든 사업계획에 대해 출발점(scratch)으로부터 검토해 예산을 편성해야 한다고 보는 것은 잘못된 생각이다. 영기준 예산은 현실적으로 모든 사업계획이 아닌 선정된 사업계획에 대해 꼭 영기준일 필요는 없고 예산 기준 영역의 한 지점으로부터 검토하는 것이다(Sarant, 1978: 3).

영기준 예산의 기본 전제는 행정기관이 모든 사업계획에 대해 적어도 한 번은 광범위하게 검토해야 한다는 것이다. 미국 관리예산처에서도 영기준 예산을 사업의 기획 및 예산요구액의 편성과 관련해 모든 사업 및 활동을 체계적으로 검토하는 관리 과정으로 보고 있다(Executive Office of the President, Office of Management and Budget, 1977). 따라서 쉬크(Allen Schick)의 예산 기능의 연속선상에서 파악한다면 평가(evaluation) 기능을 강조한 제도라고 볼 수 있다(Chandler & Plano, 1982: 307).[5]

계획예산제도가 사업에 대한 결정에 초점을 맞춘 제도라면, 영기준 예산은 사업뿐만 아니라 금액에 대한 결정에도 초점을 맞추고 있는 점이 특징이다. 사업대안에 대한 결정뿐만 아니라 금액대안에 대한 결정 내용까지 예산정보에 포함된다는 점에서 기존의 예산과는 다른 특징을 갖고 있다.

영기준 예산은 피어(Peter A. Pyhrr)에 의해 1969년 미국의 민간기업 텍사스 인스트루먼트(Texas Instruments)에서 처음 도입되었으며, 이 결과를 『하버드 비즈니스 리뷰(*Harvard Business Review*)』(1970)에 발표한 것이 확산의 계기가 되었다. 피어의 논문을 읽은 당시 조지아 주지사였던 카터(Jimmy Carter)가 피어를 조지아 주 예산국 고문에 추대해 1973 회계연도부터 ZBB를 조지아 주에 도입했다. 그 후 카터가 대통령이 된 후 1977년부터 연방정부에 도입하게 되었다. 그러나 1981년 레이건(Ronald Reagan) 행정부가 들어서자 ZBB는 공식적으로 폐기되었다.

한국은 1981년 국무총리를 위원장으로 하는 '예산개혁추진위원회'를 구성해 1982년 예산집행 시부터 ZBB 도입을 부분적으로 시도했다. 그러다가 1983년 예산편성부터 부분적이긴 하지만 공식적으로 도입한 바 있다.

2) 예산편성 절차

영기준 예산은 모든 조직체에 획일적으로 적용되는 고정된 절차나 형식이 있는 것은 아니다. 도입하고자 하는 조직의 특성에 적합하도록 변형되기 마련이다. 정부부문에 적용되는 ZBB와 민간기업에 적용되는 ZBB는 다를 수밖에 없다.

그러나 조직에 따라서 ZBB의 절차가 다르다고 할지라도 각 조직에 적용되는 기본단계는 ① 의사결정 단위의 확인, ② 의사결정 패키지의 작성, ③ 우선순위의 결정, ④ 실행예산의 편성이다.

(1) 의사결정 단위의 확인

ZBB 예산편성의 기본 단위는 의사결정 단위(decision unit)다. 의사결정 단위는 조직의 관리자가 독자적인 업무수행의 범위 및 예산편성의 결정권을 갖는 사업 단위 또는 조직 단위를 지칭한다.

조직체가 구체적인 예산 단위나 비용 중심 구조를 갖고 있는 경우 의사결정 단위와

5) 그러나 ZBB를 감축 기능 또는 관리 기능이나 기획 · 관리 기능을 강조한 예산제도라고 보는 학자들도 있다.

예산 단위가 일치하게 된다. 만약 예산 단위의 규모가 클 경우에는 한 예산 단위 내에 여러 개의 의사결정 단위를 만들 수 있다. 어떤 조직체가 잘 개발된 사업구조를 갖추고 있다면 의사결정 단위는 사업구조의 최저 수준인 사업 요소 또는 활동과 일치하게 된다. 이때 하나의 사업에 여러 부서가 관련되면 이 사업을 위한 의사결정 단위는 부서별로 세분될 수 있다. 이렇게 의사결정 단위가 세분될 경우 사업을 전체적으로 파악하기 위해 의사결정 단위별 의사결정 패키지를 종합하게 된다.

ZBB는 사업 단위뿐만 아니라 조직 단위도 의사결정 단위가 될 수 있다는 점에서 PPBS보다 더 융통성이 있는 제도라고 할 수 있다. 그런데 의사결정 단위가 조직의 어느 계층을 중심으로 결정되어야 하는가는 다음의 네 가지 점이 고려되어야 한다. 즉, ① 업무의 규모, ② 사업대안, ③ 중요한 결정이 행해지는 조직 계층, ④ 시간적 제약이다(P. A. Pyhrr, 심정근 · 정기섭 공역, 1996: 62). 의사결정 단위의 수는 최대한 자율적으로 결정하되 의사결정 책임자가 우선순위를 정할 수 있도록 하는 범위라야 한다.

(2) 의사결정 패키지의 작성

ZBB의 핵심적인 작업은 의사결정 패키지(decision package)를 작성하는 일이다. 의사결정 패키지란 의사결정 단위에 대한 분석 및 평가 결과를 명시해 놓은 표다.

의사결정 패키지에 포함되는 의사결정 단위에 대한 정보는 ① 목적 또는 목표, ② 사업 또는 활동의 내용, ③ 비용과 편익, ④ 업무량과 성과 측정, ⑤ 목표 달성을 위한 대안, ⑥ 투입될 노력의 수준 등이 있다.

의사결정 패키지에 포함된 정보를 크게 나눠 보면 두 가지다. 하나는 사업대안에 대한 정보이고, 다른 하나는 금액(증액)대안에 대한 정보다. 예산결정에는 사업에 대한 결정과 금액에 대한 결정이 혼재되어 있음을 상기할 필요가 있다. 앞의 의사결정 단위에 대한 정보 중에서 ①~⑤는 사업대안에 대한 정보이고, ⑥은 금액대안에 대한 정보다. ZBB가 다른 예산제도와 다른 가장 큰 특징은 금액대안을 고려하고 있다는 점이다.

① 사업대안 패키지

의사결정 단위의 목표를 달성하기 위한 상호 배타적인 대안들을 탐색하고, 이들을 분석 · 평가해 최선의 대안을 선택한 결과를 담은 정보다. 사업대안의 선택은 성질이 서로 다르고, 서로 간에 논리적 질서가 없는 여러 대안 중 하나를 선택하는 경우를 말한다. 즉, 일정한 재원을 가지고 A 사업에 배분할 것인가 아니면 B 사업에 배분할 것인가를 결정하는 경우다. 최적 대안의 선택 과정에는 비용-편익분석 등의 과학적인 분석 기법이 사용된다.

② 증액대안 패키지

증액대안 패키지는 선정된 사업대안의 예산 투입 수준별 대안을 검토한 정보다. 일단 사업대안이 선정되면 그 사업대안에 대한 노력 수준과 예산 투입 수준을 검토한다. 이것은 사업대안에 대해 예산 투입액을 증액시켜 봄으로써 그 한계효과를 검토하는 것이다.

예산 투입의 수준은 현행 수준보다 낮은 최저 수준을 설정하고, 최저 수준에서 점증적으로 수준을 높여 나가는 방식으로 결정한다. 증액대안은 대개 2~5개로 구성되는데, 일반적으로 3개의 수준으로 구분한다.

i) 최저 수준(minimum level): 이는 현행 수준보다 낮은 수준으로서 사업 또는 활동의 축소된 노력 수준을 반영한 것이다. 최저 수준은 이 수준보다 더 축소시키면 사업 자체가 무의미해지는 수준이다. 최저 수준은 각 관리자가 자신의 활동을 고려해 결정해야 한다.

ii) 현행 수준(current level): 최저 수준에 한두 가지의 점증적 수준이 허용된 경우다.

iii) 증액 수준(incremental level): 현행 수준을 초과하는 한 가지 이상의 점증 수준이 채택된 경우다. 즉, 자금과 성과가 증가된 수준이다.

이때 증액대안에 대한 예산 금액의 표시는 최저 수준과의 차액이 표시된다. 예컨대, 최저 수준이 30억 원이고 현행 수준이 그보다 1억 원이 추가되는 경우 현행 수준은 1억

그림 9-2 의사결정 패키지

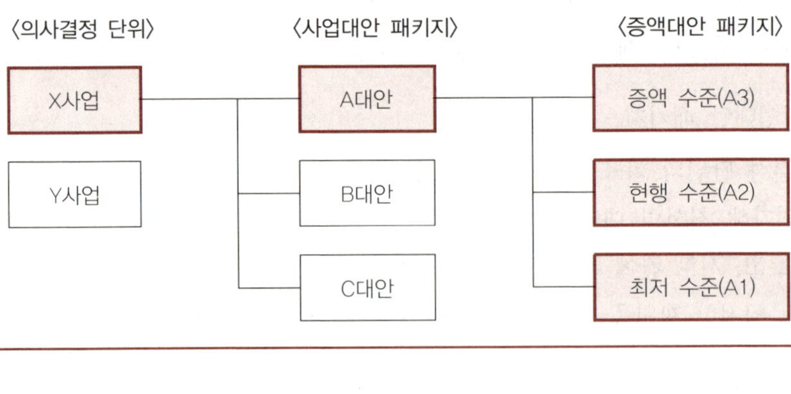

원으로 표시한다.

지금까지 논의한 ZBB의 의사결정 패키지의 작성 절차를 보면 [그림 9-2]와 같다. 이때 관리자가 의사결정(우선순위의 결정)할 수 있도록 제시되는 대안은 각 사업대안(A 대안)에 대한 증액대안 패키지(A1, A2, A3)다.

③ 의사결정 패키지의 사례

여기서는 피어(Phyrr, 1977)가 제시한 사례를 좀 더 이해하기 쉽게 수정해 소개하고자 한다(강인재 · 민진 · 윤영진 편역, 1985에서 재인용). 이 사례는 ZBB를 성공적으로 도입한 미국 텍사스 주 갈랜드(Garland) 시의 쓰레기 수거 작업에 관한 사례다.

(3) 우선순위의 결정

우선순위의 결정(ranking)은 관리자에게 "얼마를 어디에 지출해야 하는가?"의 문제에 관심을 집중하도록 함으로써 한정된 재원을 배분하는 기술을 제공한다. 우선순위 결정의 대상은 증액대안 패키지다. 유의할 것은 순위 결정 대상이 사업대안이 아니라 선정된 사업대안의 증액대안들이라는 점이다. 즉, 순위 결정 과정은 각 사업대안의 점증적 수준 간에 우선순위를 정해 준다. 그러므로 순위 결정은 한계적 분석의 형태를 띤다. 우선순위 결정이 이미 선정된 사업대안의 증액대안들을 대상으로 하기 때문에 각 사업대안의 증액대안 중 최저 수준에 대한 순위 결정은 무의미한 일이다. 그러나 우선순위를 받지 못한 대안들은 폐기될 수밖에 없다.

우선순위 결정 방법은 조직체의 계층별 관리자나 최고관리자가 단독으로 결정할 수도 있으나 조직구성원의 토론에 의해 결정하거나 위원회를 구성해 결정할 수도 있다. 순위 결정 과정을 조직 계층상으로 보면, 결정 단위별로 결정 패키지가 개발되면 해당 업무를 관장하는 상급 관리자가 단위별 패키지를 통합해 순위를 결정한다. 이와 동일한 방식으로 최고관리자까지 결정하는 방식을 취한다.

여기서는 우선순위 결정 방법에 대해 예를 들어 설명하기로 한다. 어떤 부서 X에서 A, B, C, D의 네 가지 사업을 수행한다고 가정하고, 각 사업은 최저 수준(1), 현행 수준(2), 증액 수준(3)의 세 가지 증액대안이 모두 개발되어 있다고 가정하자. 이때 증액대안의 수는 12개이며, 그 우선순위와 예산액은 [표 9-2]와 같다.

[표 9-2]에서 가용 예산총액이 600억 원이라고 가정한다면 12개의 증액 대안 중 8순위까지의 사업이 채택된다. 그때 각 사업의 수준 및 규모는 [표 9-3]과 같다.

표 9-2 의사결정 패키지의 우선순위

(단위: 억 원)

순 위	의사결정 패키지	예산액	예산 누계액
1	A-1	70	70
2	B-1	130	200
3	C-1	100	300
4	D-1	150	450
5	B-2	50	500
6	C-2	50	550
7	A-2	20	570
8	C-3	30	600
9	D-2	40	640
10	B-3	30	670
11	A-3	20	690
12	D-3	50	740

표 9-3 채택된 각 사업의 수준 및 규모

(단위: 억 원)

사 업	순 위	의사결정 패키지	예산 증액	예산총액
A	1	A-1	70	90
	7	A-2	20	
B	2	B-1	130	180
	5	B-2	50	
C	3	C-1	100	180
	6	C-2	50	
	8	C-3	30	
D	4	D-1	150	150
예산총액				600

(4) 실행예산의 편성

각 사업의 증액대안의 우선순위와 가용 예산 규모가 정해지면 이를 토대로 실행예산이 편성된다. 즉, 채택된 각 사업의 증액대안에 의거해 각 사업의 수준 및 규모가 결정되며, 이를 종합한 것이 영기준 예산편성의 결과다.

의사결정 단위: 쓰레기 수거 작업

사업 내용: 주거지에서 발생한 고체 쓰레기를 수거해서 쓰레기 처리장까지 수송하는 시의 활동

사업대안 패키지:

1) 추천된 대안:

〈A안〉 시에서 수거 업무를 수행하되, 모든 쓰레기는 플라스틱 봉지를 사용하도록 한다. 플라스틱 봉지는 주민들이 각자 구입한다. 인구 밀집 지역에서는 대형 트럭이 사용된다. 전면 적재형 트럭이 쓰레기를 인수받아 매립지까지 수송한다. 기타 지역에서는 다른 유형의 트럭이 사용된다. 이때 소요 비용은 800,000달러다.

2) 추천되지 않은 대안:

〈B안〉 플라스틱 봉지를 사용하지 않고 쓰레기를 수거하는 안. 플라스틱 봉지 대신 쓰레기통을 사용할 경우 청소원이 추가적으로 필요하다. 추가 비용은 100,000달러다.

〈C안〉 모든 쓰레기를 대형 트럭을 이용하여 수거하는 안. 인구 밀집 지역이 아닌 곳에서는 쓰레기 압축 용기나 원통형 트럭과 같은 다른 유형의 장비를 사용하는 것이 더 능률적이다. 쓰레기 수거용 대형 트럭 3대와 전면 적재형 트럭 2대를 추가로 구입해야 하며, 8명의 인원이 더 필요하다. 추가 비용은 150,000달러다.

〈D안〉 민간업자로 하여금 쓰레기 수거 업무를 대행하게 하는 안. 주 2회 수거의 경우 비용은 1,100,000달러이며, 주 1회 수거의 경우 비용은 900,000달러다.

* 〈A안〉이 선택된 이유: 다른 대안들이 추가적인 편익을 가져오지 못했고, 비용만 더 늘었기 때문이다.

증액대안 패키지:

〈A1안〉: 최저 수준(600,000달러)

최저 수준으로서 주 1회 쓰레기를 수거하고, 목요일과 금요일에 도로 청소하는 안. 비용은 600,000달러가 소요됨.

〈A2안〉: 현행 수준(150,000달러)

쓰레기 수거를 주 1회 추가해 도합 주 2회 쓰레기를 수거하는 안. 비용은 150,000 달러가 추가적으로 소요되어 총비용은 750,000달러가 됨.

〈A3안〉: 증액 수준(50,000달러)

도로 청소 및 폐가전제품을 수거하기 위해 수거 횟수를 주 2회 더 늘림. 따라서 월・화・목・금 주 4회 쓰레기 수거와 도로 청소를 함. 추가 비용은 50,000달러로서 총비용은 800,000달러가 됨.

* 의사결정 패키지에는 이상의 내용 외에 여러 가지 형태의 장비에 관한 정보와 분석, 여러 가지 수거 경로를 분석한 시가 지도 및 그러한 경로에 적합한 장비의 종류에 관한 분석 등이 기록되어 있다.

3) 장 · 단점

(1) 장 점

① 합리적 의사결정과 재원 배분

영기준 예산은 사업에 대해 근본적인 재평가를 하며, 사업의 목표, 기획, 평가, 예산 편성을 단일 과정으로 통합한 예산제도다. 따라서 영기준 예산제도의 가장 큰 장점은 합리적 의사결정과 합리적 재원 배분을 달성할 수 있다는 점이다.

영기준 예산은 사업을 영기준에서 재검토함으로써 점증주의적 예산편성 방식을 극복할 수 있고 예산 낭비와 예산 팽창을 억제할 수 있다. 또한 대안의 분석 및 평가와 대안의 우선순위 결정 과정을 통해 합리적이고 효율적인 재원 배분을 이룰 수 있다. 그리고 관리자가 기관을 운영하는 데 이용할 수 있는 정보의 양과 질을 개선하게 된다.

② 예산운영의 다양성과 신축성

의사결정 단위가 조직 단위가 될 수도 있고 사업 단위가 될 수 있다는 점에서 영기준 예산제도는 그 운영 면에서 다양성과 신축성을 갖는다. 조직 단위의 경우에 여러 조직 계층의 단위가 모두 의사결정 단위가 될 수 있다. 사업 단위의 경우에도 사업의 여러 해당 부서를 다시 의사결정 단위로 삼을 수 있다.

③ 조직구성원의 참여

의사결정 패키지의 작성과 우선순위 결정 과정에 구성원의 참여가 이뤄진다. 영기준 예산은 계획예산제도보다 운영 면에서의 전문성을 적게 요구하기 때문에 조직구성원 모두가 참여할 수 있는 분권화된 관리 체계를 갖는다.

(2) 단 점

① 과다한 노력과 시간 소요

PPBS와 마찬가지로 ZBB도 과다한 노력과 시간, 그리고 문서가 요구된다. 조직 계층상의 하급 관리자들로부터 상급 관리자에게 작업이 순차적으로 진행되기 때문에 그들에게 ZBB 교육을 시켜야 하며, 작업 과정도 과도한 노력과 시간, 문서가 요구된다. 그리고 의사결정 패키지의 수가 너무 많은 점도 과다한 노력과 시간을 투입하게 하는 요인으로 지적된다. 가령 미국 조지아 주의 경우 의사결정 패키지는 11,000개였고, 미국 국방부는 30만 개에 달했다고 한다(이영조, 1995: 526).

② 우선순위 결정의 어려움

방대한 의사결정 패키지의 우선순위를 정하는 절차는 ZBB의 가장 어려운 작업 중의 하나다. 우선순위를 정하는 기법이 개발된 것도 아니고 시간상의 제약이 있기 때문에 주관성이 개입될 수밖에 없다.

③ 과소 평가

ZBB를 도입했던 미국 조지아 주와 연방정부의 경우 ZBB의 실적이 실망적이었다는 연구 결과들이 발표되었다. 즉, ZBB를 도입했지만 예산 삭감이나 예산 팽창 억제에 크게 기여하지 못했다는 것이다.

특히 윌다브스키는 ZBB가 점증적 예산 행태를 극복하지 못했으며, ZBB가 실제로는 영기준이 아니라 90% 기준 예산이라고 혹평했다.

6. 새로운 성과주의 예산제도

1) 새로운 성과주의 예산제도의 의의

1990년대 선진국 예산개혁의 흐름은 자율성과 융통성을 부여하되, 책임성을 확보하는 방향이며, 이때의 책임성 확보는 성과평가를 통해 실현한다. 성과평가를 예산과 연계시킨 제도가 성과주의 예산제도다. 미케셀(Mikesell, 1995: 186)은 1950년대의 성과주의 예산제도와 구분하기 위해 '새로운 성과주의 예산제도(new performance budgeting)'라고 부른다.

성과주의 예산제도는 투입 요소 중심이 아니라 산출(output) 또는 성과(performance)를 중심으로 예산을 운용하는 제도다. 예산집행 결과 어떠한 산출물을 생산했으며 어떠한 결과(outcome)를 냈는가를 측정하고 이를 기초로 책임을 묻거나 보상을 하는 결과 중심의 예산제도다.

조이스와 시그(Joyce & Sieg, 2000)는 성과주의 예산제도는 다양한 예산 과정의 단계에서 성과정보를 준비하고 활용하는 것이라고 정의한다. 멜커스와 윌로비(Melkers & Willoughby, 1998)도 성과 중심 예산제도를 기관의 임무, 목적, 목표에 대한 전략기획을 요구하고, 프로그램 결과(program outcomes)에 대한 의미 있는 정보를 제공하는 계량적 자료를 요구하는 과정이라고 설명한다.

성과주의 예산제도는 현행 통제 지향적인 투입 중심의 예산제도의 한계를 극복하게 해 준다. 예컨대, 거리청소 사업비의 경우 현행 투입 중심 예산제도에서는 투입 요소인 청소부 인건비, 청소 차량 구입비 및 유지비가 예산대로 집행되었는가에 관심을 갖는다. 반면에 성과주의 예산제도는 거리청소 사업의 성과 목표인 "거리 환경이 얼마나 깨끗해졌는가"(거리의 청결도 또는 주민들의 만족도 등)를 평가해 다음 연도 재원 배분에 반영한다.

2) 과거 성과주의 예산제도와의 비교

1950년대 성과주의 예산제도의 개념과 구성 요소들을 보면 새로운 성과주의 예산제도와 근본은 유사하지만 몇 가지 차이점이 있다.

첫째, 성과 측정에 관심을 갖는 점은 두 제도 모두 같지만 과거의 성과주의 예산제도는 공공 서비스 전달 체계에서 업무, 활동, 직접적 산출에 집중하지만, 새로운 성과주의 예산제도는 결과에 초점을 맞춘다(Mikesell, 1995: 189).

둘째, 과거의 성과예산제도는 업무 또는 활동과 비용정보(단위 비용)를 연결시키는 데에 역점을 두는 반면에, 새로운 성과예산제도는 사업 또는 활동을 결과(성과)와 연결시키는 데에 역점을 둔다.

셋째, 예산개혁의 접근 방법 면에서 과거의 성과예산제도는 그 내용과 범위가 상당히 광범위한데 비해, 새로운 성과예산제도는 좁은 범위에서 적용되는 경향이 있다. 새로운 성과예산제도는 프로그램 구조와 회계제도 등을 바꿀 수 있는 큰 틀의 제도개혁으로 보기보다는 예산 과정에서 성과정보의 활용을 예산개혁의 목표로 삼는 경향이 있다.

3) 성과주의 예산제도의 기본 구조

(1) 서비스 전달 체계와 성과평가

성과주의 예산제도를 이해하기 위해서는 공공 서비스의 전달 체계와 성과평가의 관계를 알아둘 필요가 있다. 공공 서비스의 전달 체계는 투입 → 과정 → 산출 → 결과 → 영향의 요소로 구성된다. 이때 무엇을 대상으로 측정 또는 평가하느냐에 따라 [그림 9-3]에서 보듯이 효율성 측정, 효과성 측정, 과정평가, 결과(산출)평가, 영향평가, 비용-편익평가로 나뉜다.

여기서 성과를 무엇으로 보느냐는 성과관리 및 성과예산제도에서 매우 중요한 문제다. 특히 산출(output)과 결과(outcome) 중 어느 것을 측정 대상으로 볼 것이냐가 핵심 문제다. 이 두 측정치는 서로 혼란스러울 뿐만 아니라 명확히 구분된다고 하더라도 산출보다 결과의 측정이 더 어렵기 때문이다. 그럼에도 불구하고 새로운 성과주의 예산제도가 지향하는 바와 일치하는 성과지표는 산출보다는 결과라고 볼 수 있다. 산출과 결과 측정치의 예를 [표 9-4]에서 참조하기 바란다.

그림 9-3 공공 서비스 전달 체계와 성과의 측정 및 평가

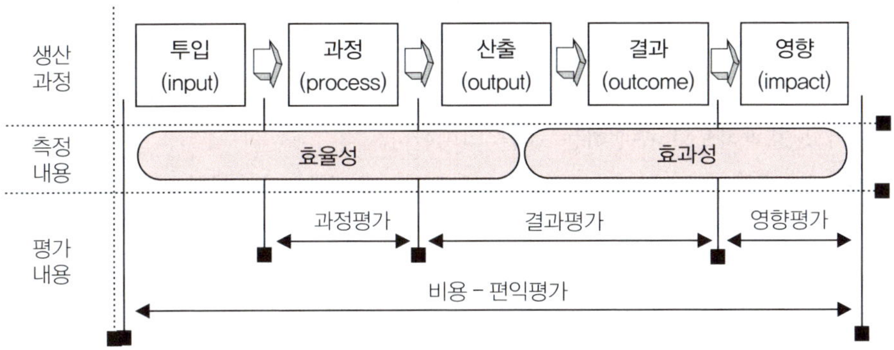

표 9-4 산출과 결과 측정치의 예

분 야	산출(output)	결과(outcome)
초중등 교육	학생 - 일수(days)	성적 결과
	졸업생 수	졸업생 취업 비율
	중도 탈락률	
병원	환자 - 일수	사망률
	평균 입원 기간	환자 검진 결과
	입원 횟수	재입원 비율
대중교통	운행 거리	이용객 수(%)
	승객 수	지각 운행(%)
경찰	순찰 시간	사건 처리 비율
	범죄 검색 수	반응 시간
	구속자 수	시민 만족도

자료: 미케셀(Mikesell, 1995: 188).

(2) 성과주의 예산제도의 기본 구조

성과주의 예산제도의 기본 구조는 ① 목표 설정, ② 성과계획서의 작성, ③ 성과주의 예산편성, ④ 성과의 측정 및 평가, ⑤ 환류의 요소로 구성되어 있다. 이러한 기본 구조는 성과관리 체계와 성과예산 체계가 결합된 구조다. 성과관리 체계는 조직의 임무, 전략 목표, 성과 목표, 성과지표, 성과평가 등이다. 성과예산 체계는 성과관리 체계에 적합하도록 예산서를 작성하는 단계다.

첫째, 목표 설정 단계에서는 각 정부기관(실 · 국)별 임무(mission)와, 상위 목표인 전략 목표, 세부 목표인 성과 목표를 설정한다. 조직의 궁극적인 목표가 세부적인 하위 목표로 연결되도록 목표와 수단을 연계하는 작업이다. 이것은 조직의 관리 및 운영을 효율적이고 효과적으로 수행하는 것을 의미한다.

둘째, 성과계획서의 작성 단계에서는 목표 달성을 위한 사업계획을 수립하고, 성과지표 및 측정 방법을 설정한다.

셋째, 성과주의 예산편성 단계에서는 성과계획서를 기초로 예산을 편성하고 목표 달성을 위한 구체적 사업을 시행한다.

넷째, 성과의 측정 및 평가 단계에서는 목표에 대한 달성도 및 성과를 측정하고 평가

그림 9-4 성과주의 예산제도의 운영 체계와 절차

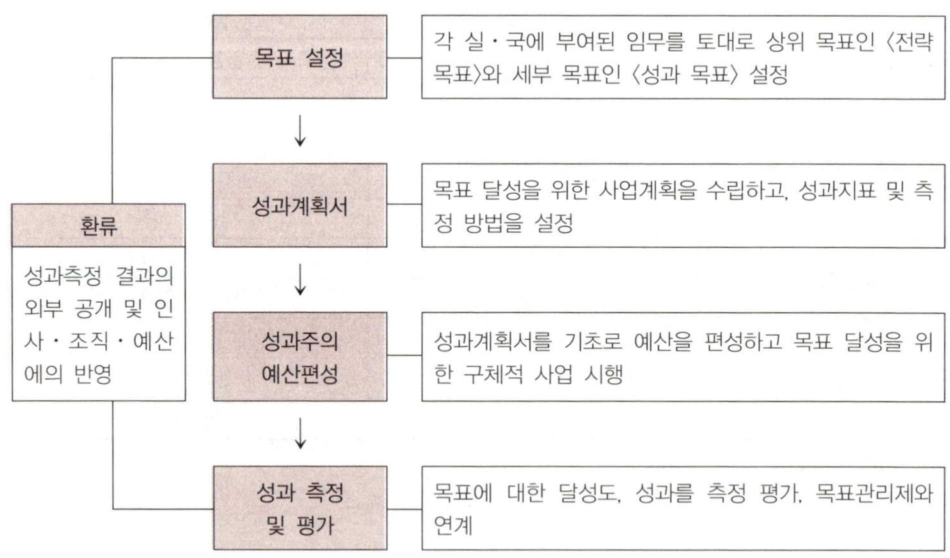

한다.

다섯째, 환류 단계에서는 성과 측정 결과를 외부에 공개하고, 인사 · 조직 · 예산에 반영한다.

4) 성과주의 예산제도의 운영 사례

〈예시〉 미국 교통부(DOT)의 성과관리 운영 사례

❑ 기관임무(mission): 빠르고 안전하며 편리한 교통 체계 구축

❑ 전략 목표(strategic goals)

① 안전성 제고, ② 효율적인 교통 시스템 구축, ③ 경제 성장에 기여, ④ 자연환경 보호, ⑤ 국가 안보에 기여

❑ 성과 목표(outcome goal) 및 성과지표(indicator)

- 고속도로 안전성 제고(전략 목표가 ① 안전성 제고인 경우)
  - 여행 거리 1억 마일당 사망자 수: 1.6명(비교 기준: 전년도 1.7명)
  - 여행 거리 1억 마일당 부상자 수: 131명(비교 기준: 전년도 141명)

❑ 성과 측정 결과 활용

- 목표 대비 성과 측정 결과를 의회 및 대통령에 보고하고 국민에 공개 → 성과 책임성 강화
  - 성과 목표 미달 혹은 초과 달성의 경우 담당 조직의 인사 · 보수정책에 반영하고 차년도 예산편성에 반영
  - 목표와 실적 간 차이점 요인분석을 통해 안전 관련 조직의 정비, 다른 사업의 확대 등 조직 및 기능 재조정

5) 성과주의 예산제도의 운영상 문제점

새로운 성과주의 예산제도의 전망과 관련해 미국 의회예산처(CBO)의 성과측정 요소에 대한 보고서 내용을 보면 다음과 같다(Mikesell, 1995: 189). 이들 지적은 성과주의 예산제도의 도입에 많은 점을 시사해 준다.

첫째, 주 및 지방정부 등이 새로운 성과주의 예산제도에 대해 경험이 별로 없다. 현 시스템은 결과보다는 직접적인 산출(또는 활동)을 주로 측정한다. 성과 측정치는 기관 내부관리 및 보고에 도움을 줄 뿐 넓은 의미의 자원 배분에는 별로 영향을 주지 못한다. 성과 측정치는 예산편성보다는 예산집행에 더 많이 이용된다.

둘째, 결과 측정치는 기관 간 비교에는 별로 지침 역할을 하지 못한다. 모든 기관에 적용할 만한 표준 측정치가 없으며, 기관의 노력과 성과 결과 간의 인과 관계가 기관 간에 너무 차이가 많다. 그리고 결과의 측정 가능성도 기관 간에 차이가 많다.

셋째, 1960년대의 PPBS와 1970년대의 ZBB도 결과 중심 시스템이었다. 그런데 어느 것도 그것을 이용하는 데에 범정부적(의회, 대통령, 행정기관) 관계를 맺지 못했다. 그들 정보를 이용하기 위한 정부의 관여 및 의사결정자의 의도가 없다면 새로운 성과주의 예산제도는 결과가 없는 보고서를 만들어낼 것이다.

넷째, 많은 연방기관이 현재 행정관리, 예산 정당화, 외부 보고에 성과 측정치를 사용하고 있다. 대부분의 기관이 결과의 측정에 상당한 어려움을 겪고 있으며, 기관들은 실제 예산 절약에 그 정보를 이용하지 않는다.

제 2 절 재정개혁의 이념과 목표

1. 재정개혁의 의의

개혁이란 '바람직한 변화(preferred change)', 즉 어떤 하나의 상태에서 그보다 나은 다른 하나의 상태로 변화시키는 것을 말한다(오석홍, 1995: 4). 개혁은 목표 지향적이고 동태적이며 행동 지향적이다. 그리고 개혁은 단발적이 아니라 지속적으로 추진되어야 하며, 저항이 따르는 과정이다. 이러한 개혁의 특징은 행정 부문, 정치 부문, 사법 부문, 예산 부문, 금융 부문 등 어느 영역의 개혁이든 공통된 현상이다.

재정개혁은 예산제도뿐만 아니라 회계제도와 조세제도까지 포함한 개혁을 의미한다. 재정개혁이란 재정 부문에서 더 나은 다른 하나의 상태로 인위적으로 변화시키는 것을 의미한다. 주로 시스템 개혁에 초점을 맞춘다. 이때 '더 나은 다른 하나의 상태'가 무엇을 의미하는지가 재정개혁의 초점이 되는 부분이다.

재정개혁이란 재정 규범을 추구하는 활동을 일컫는다. 가령 쉬크(Allen Schick)의 예산 기능의 관점에서 본다면 재정개혁이란 때로는 무의식적이지만 보통은 의도적으로 계획 · 관리 · 통제의 균형을 바꾸는 것이다(Schick, 1966). 머스그레이브(Richard A. Musgrave)의 재정의 3대 기능을 적용한다면 재정개혁은 효율성, 형평성, 안정과 성장을 추구하는 노력의 일환이다. 그리고 예산결정이론의 관점에서 본다면 재정개혁이란 총체적이고 합리적인 예산결정 모형을 제도화하는 과정이라고 할 수 있다. 그동안 미국에서의 성과주의 예산제도, PPBS, ZBB 등이 그러한 예다.

최근에는 국제적 재정 위기를 경험하면서 재정건전성 관리에 초점을 맞춘 총량적 재정규율을 강화하는 제도개혁이 추진되고 있다. 각국이 마련한 재정준칙이 그러한 예에 속한다. 같은 맥락에서 국가채무의 체계적 관리, 공공부문의 관리 강화 등이 추진되고 있다.

2. 재정개혁의 이념과 목표

이 책의 서론 부분에서 자원의 희소성 때문에 배분 문제가 예산의 핵심임을 밝힌 바 있다. 그리고 배분의 원리로서 경제적 원리와 정치적 원리가 작용하고 있음을 살펴보았다. 경제적 원리는 정부활동의 정당성은 주어져 있는 것으로 간주하고 경합적 수요를 어떻게 선택하는가의 문제다. 반면에 정치적 원리란 재정 배분과 관련된 정부활동의 정당성에 관한 문제다.

재정개혁의 이념을 재정 배분의 원리와 연결 짓는다면 재정개혁이 추구하는 이념은 경제적 측면에서 재정 배분의 효율성을 추구하는 것이며, 정치적 측면에서는 정부활동의 정당성을 확보하는 재정 민주주의를 달성하는 것이다. 이것은 경제적 합리성과 정치적 합리성을 달성하는 데에 목표를 두고 있다. 양자는 서로 밀접한 관련을 맺고 있으며 상호 보완적 관계로 파악할 필요가 있다.

경제적 원리로서의 재정운영의 효율성과 정치적 원리로서 재정 민주주의를 구현하는 재정운영의 정당성은 재정개혁의 주요 축이라고 볼 수 있다. 이러한 이념적 토대 아래 재정개혁이 추구하는 목표는 다음과 같이 정리할 수 있다(The World Bank, 1998: 92; Schick, 1998 참조).

(1) 총량적 재정 목표

재정 총액의 효과적인 통제를 위한 총량적 재정 규율을 의미한다. 재정적자 및 국가부채 문제를 해결하기 위해 재정 목표를 정하고 이를 달성하기 위한 메커니즘을 정립한다. 여기에는 중기적(medium-term) 관점을 견지하고, 정책결정 및 기획을 항상 총량 제약 조건과 연계하는 것이 포함되어 있다.

중기적 관점을 제도화한 국가재정 운용계획이나 재정건전성을 확보하기 위한 재정 준칙이 대표적인 예다. 재정준칙은 재정수지, 재정지출, 국가채무 등의 총량적인 재정 지표에 대해 구체적인 목표 수치를 규정하여 재정운용 목표로 설정한 것이다.

(2) 자원의 효율적 배분과 이용

총량적 제약 조건 하에서 재원 배분 결정이 정당성을 갖고 집행이 가능하도록 하는 제도적 장치를 만드는 것이다. 이것은 부문 간 재원 배분을 통한 재정지출의 총체적 효율성을 도모하는 배분적 효율성과 개별적 지출 차원의 기술적 효율성을 달성하는 것이다.

효율적인 자원 배분을 위해서는 정부는 미래 지향적인 면에서 전략적이어야 하고 과거 지향적인 면에서는 평가에 근거해야 한다. 이를 위해 재정지출관리에서 전략적 기획과 사업평가를 예산 절차와 지속적으로 연계시키는 노력이 필요하다. 예산총액배분 자율편성제도, 예비 타당성 조사, 성과평가제도 등은 이러한 개혁 목표를 제도화한 것이다.

기술적 효율성은 투입-산출 관계에서의 효율성을 의미하며, 공공 서비스의 생산함수가 개입한다. 기술적 효율성을 달성하기 위한 제도로서 타당성 조사, 예산 성과금제도, 예산낭비 신고제도, 원가정보의 제공 등을 들 수 있다.

(3) 행정기관의 자율성

공공 서비스의 산출 및 결과 목표를 달성하기 위해 재정을 관리하는 데에 각 행정기관이 더욱 많은 자율성(autonomy)을 갖게 하는 것이다. 예산총액배분 자율편성제도와 재정상의 의사결정권을 하부에 위임하는 분권화가 이러한 목표를 달성하기 위한 제도화다. 예산총액배분 자율편성제도는 부처별로 지출한도 범위 내에서는 예산편성의 자율성을 확대해 주기 위한 제도다. 그러나 예산편성 과정에서 중앙예산기관의 통제에서 자유롭지 못한 한계를 갖고 있다.

행정기관에 재정상의 의사결정권의 자율성을 확대하는 것은 책임성의 확대와 연계하여 제도화된다. 이때의 책임성은 사후책임으로서의 성과책임이다.

(4) 성과 책임

전통적인 예산제도에서는 투입에 대한 사전적(ex ante) 통제를 강조했다. 최근 예산제도 개혁의 중요한 특징은 결과에 대한 사후적(ex post) 책임성을 강조하는 성과 중심 예산제도로 전환된 점이다. 궁극적인 재정개혁의 목표는 정부운영 및 공공 서비스의 성과(performance)를 달성하는 데에 초점을 맞추고 있다. 이것은 재정과 성과를 연계함으로써 재정지출의 가치와 효율성을 제고하는 데에 목적을 두고 있는 것을 의미한다. 성과 중심 공공관리에서 성과를 증진시키기 위해 이용하는 제도에는 성과보고, 성과 목표, 성과감사, 성과계약, 성과예산 등이 있다. 우리나라 재정성과관리제도는 대표적인 예다.

(5) 투명성과 참여

재정 투명성은 국민들의 알 권리를 충족시키는 것이며, 정부에 대한 신뢰와 정당성을 부여하는 재정 목표다. 투명성은 재정의 내용 및 추세와 성과에 대한 정보가 공개되어야 한다. 재정정보는 공공재이기 때문에 재정정보의 공개와 공동 이용을 통해 타인의 효용을 상실함이 없이 사회후생을 증대시킬 수 있다. 재정정보를 공개하고 공유함으로써 사회 전체의 후생을 증진시킬 수 있는 제도화가 필요하다. 재정정보에의 접근권 강화와 재정공시의 확대 등이 이루어져야 한다.

그런데 재정정보의 공개 및 재정의 투명성은 재정 과정의 참여와 밀접한 관계가 있다. 재정의 투명성이 지니고 있는 장점들이 제 기능을 발휘하기 위해서는 예산결정 과정에 의회와 시민사회의 참여가 반드시 이뤄져야 한다. 즉, 재정의 투명성이 실제로 국민을 위한 재정, 정당성을 지닌 재정으로 연결되려면 재정 과정에 의회와 국민의 참여를 통해 일반 시민의 이해가 반영되어야 한다.

제 3 절 재정개혁의 추진 과정

1. 재정개혁 추진 과정 개요

1948년 정부수립 이후 예산회계제도 개혁은 꾸준히 추진되었으나 부분적이고 단편적인 성격이 강했다. 종합적이고 체계적인 재정제도 개혁이 이뤄진 것은 노무현 행정부 때다. 노무현 행정부는 시스템 개혁 차원에서 예산 및 회계제도 개혁을 종합적으로 추진했다. 노무현 행정부 때의 예산 및 회계제도 개혁을 거론하는 것은 당시 구축한 시스템이 지금까지 지속되고 있기 때문이다.

이렇게 종합적이고 체계적인 재정제도 개혁이 이뤄진 것은 당시 정부혁신 · 지방분

권위원회가 구성되어 개혁 과제를 선정하고 로드맵을 정하여 추진한 결과라고 볼 수 있다. 특히 재정제도 개혁은 한시적 태스크포스 조직으로 구성된 디지털예산회계기획단의 역할이 컸다. 디지털예산회계기획단(Budget & Accounting Reinvention Office)은 대통령훈령(2004.5.3 공포)에 의해 당시 기획예산처 산하에 설립되었다. 설치 목적은 공공부문 재정운영의 성과관리를 위한 예산·회계제도 개혁과 이를 지원하는 통합재정정보 시스템을 구축하는 데에 있다.

디지털기획단의 조직은 관계 부처 공무원과 분야별 전문가 등으로 구성되었다. 기획단은 당시 기획예산처, 재정경제부, 행정자치부, 감사원에서 파견된 공무원과 CPA·IT 전문가 등 외부 전문가 등으로 이뤄진 태스크포스 팀이다. 이러한 조직구성은 예산, 회계, 지방재정, 감사 등을 총괄해 다뤄야 될 필요성을 반영한 조직구성이다. 재정혁신 선도자 및 조정자로서의 역할을 수행하기 위한 조직이다. 이렇게 재정 관련 기관이 범정

표 9-5 재정제도 개혁 추진 과정

분 야	제도명	도입 연도	비 고
중기재정계획	국가재정 운용계획	2004	중기지방재정계획 1989
예산	예산총액배분 자율편성제도	2004	
	프로그램 예산제도	2007	지방(사업예산제도) 2008
	성인지 예산제도	2010	지방정부 2013
	조세지출예산제도	2010	지방세지출예산제도 2011
	국가재정법 제정	2007	예산회계법 + 기금관리기본법
회계	복식부기·발생주의회계제도(지방)	2007	중앙정부 2011
	국가회계법 제정	2009	
	지방회계법 제정	2016	
재정성과	재정성과관리제도*	2003	성과관리제도(시범) 1999
정보/통계	통합재정정보 시스템(디브레인)	2007	지방(e-호조 시스템) 2008
	공공부문 통계 인프라	2013	일반정부·공공부문 개념화
	국가채무 통계(D1/D2/D3)	2012	
공공기관	공공기관운영법 제정	2007	정부투자기관관리기본법 + 정부산하기관관리기본법
국민(주민) 참여	주민소송제도(지방)	2006	중앙: 국민소송제 미도입
	주민참여 예산제도(지방)	2011	중앙: 국민참여 예산제도 2018

주*: 2003년 재정성과목표관리제도, 2005년 재정사업자율평가제도, 2006년 재정사업심층평가제도 도입.
주**: 도입 연도는 법 및 정책 시행 시기를 기준으로 함.

부적으로 기획단을 구성해 예산·회계제도 개혁을 추진하는 것은 역사적으로 처음 있는 일이다. 그리고 디지털기획단의 추진 업무에 자문을 해 줄 학계 및 민간 전문가로 구성된 자문위원회가 설치되었으며, 세계은행의 자문교수인 쉬크(Allen Schick)가 자문활동을 했다.[6]

당시 추진된 핵심적 제도개혁은 국가재정 운용계획, 예산총액배분 자율편성제도, 재정성과관리제도, 디지털 예산회계 시스템 구축, 그리고 국가재정법과 국가회계법, 공공기관운영법의 제정이다. 디지털 예산회계 시스템 구축에는 예산 분야에 재정 범위의 재설정, 프로그램 예산제도 도입, 회계 분야에 복식부기·발생주의회계제도 도입, 정보 분야에 통합재정정보 시스템 구축이라는 네 개의 과제가 포함되어 있었다. 이들 제도개혁은 계획지향성, 자율 및 책임지향성, 효율지향성, 성과지향성, 투명지향성 등의 패러다임을 반영한 것이라고 볼 수 있다.

2. 재정개혁 추진 내용의 특징

그동안 추진된 재정개혁의 특징은 다음과 같다. 핵심은 당시의 재정운영 시스템의 문제점을 극복하고 새로운 재정운용 패러다임을 제도화하는 것이다. 재정운영 시스템의 문제점으로 다음을 지적한다. 첫째, 재정이 투입 단계에 대한 통제 위주로 운영되고 있다. 둘째, 재정지출 성과에 대한 관리가 미약하다. 셋째, 예산편성 과정에서 각 부처의 자율성과 책임성이 미약하다. 그리고 시대 흐름을 반영한 재정운영의 패러다임 변화는 앞에서 논의한 바와 같다. 첫째, 투입 중심에서 성과 중심으로, 둘째, 유량 중심에서 유량 및 저량 중심으로, 셋째, 아날로그 정보 시스템에서 디지털 통합정보 시스템으로, 넷째, 관리자 중심에서 납세자 주권으로, 다섯째, 몰성인지적 관점에서 성인지적 관점이다. 이러한 문제 인식 하에 다음과 같은 내용의 재정개혁을 추진했다.

1) 재정혁신에 대한 통합적 접근

재정개혁 작업은 예산, 회계, 정보의 국면에서 각각 혁신하되, 서로 연계하고 통합하는 접근법을 사용했다.

---

6) 자문위원회는 재무행정학자, 회계학자, 경제학자, 지방재정 전문가, 전산 전문가 등 13명으로 구성되었다. 자문위원회는 예산개혁 분과, 회계개혁 분과, 지방재정 분과의 3개 분과로 나뉘어 활동하였다. 필자는 자문위원장으로 3년 간 기여한 바 있다. 윤영진(2008) 참조.

예산제도 혁신의 핵심은 프로그램 예산제도의 도입이다. 프로그램 예산제도는 재정운용의 기본 인프라로서 중앙정부 2007년, 지방정부는 2008년부터 공식적으로 도입되었다. 프로그램 구조는 '프로그램-단위사업-세부사업' 구조로서 예산과목 체계의 근간이 되고 회계과목과도 연계된다.[7] 프로그램 구조는 중앙정부와 지방정부에 동일하게 적용되며, 국가재정 운용계획에도 동일한 구조가 적용된다.

회계제도 혁신의 핵심은 기존 '단식부기-현금주의' 회계와 '복식부기-발생주의' 회계의 이원적 시스템을 구축한 것이다. 발생주의회계 방식은 원가 개념과 성과 측정 능력을 향상시키고, 미래의 잠재적인 위험을 현재에 반영할 수 있는 등의 장점이 있다. 또한 재정의 투명성을 높이고 회계의 자기 검증 기능을 통해 예산집행의 오류 및 비리와 부정을 없앨 수 있다.

재정정보 시스템의 혁신은 디지털 예산회계 시스템(디브레인 시스템)이라는 통합재정정보 시스템을 도입한 것이다.[8] 예산, 회계, 정보의 통합은 디브레인 시스템에서 구현되었다. 이 시스템에는 예산과 회계의 통합, 중앙재정/지방재정/교육재정의 연계, 통합재정정보 시스템과 재정 관련 다른 시스템과의 연계 등을 포함한다. 그 중에서도 특히 소프트웨어적 제도개혁과 하드웨어(ICT)인 재정정보 시스템의 결합은 디브레인 시스템 구축의 가장 큰 의미를 갖는 부분이다.

2) 자율성과 책임성의 확보

1990년대 선진국의 재정개혁 흐름은 투입 중심의 재정운용에서 성과 중심으로의 전환이다. 이것은 재정지출의 가치(value for money)를 극대화하기 위한 노력이다. 성과 중심의 재정운용은 사전적 통제보다는 성과평가에 근거한 사후적 평가에 초점을 맞춘다. 성과 중심의 재정운용 체계는 재정운용 조직의 자율성과 책임성을 강화해 준다.

재정운영의 '투입-통제' 패러다임에서 '성과-평가' 패러다임으로의 전환을 위해 다음과 같은 제도화 작업이 이루어졌다. 첫째, 국가재정 운용계획의 도입이다. 그동안 중기재정 운용계획이 내부적으로 운영되었으나 2004년 공식적으로 국가재정 운용계획을 도입해서 중기적 시관의 재정운영이 이루어지게 되었다. 둘째, 예산총액배분 자율편성(top down)제도의 도입(2004년)이다. 거시적 재정운영 관점에서의 통제와 미시적 재정

---

7) 지방정부에서는 프로그램 예산제도를 '사업예산제도'라고 부르며, 프로그램(사업) 구조에서 프로그램 명칭을 '정책사업'이라고 부른다.

8) 지방정부는 'e-호조 시스템'이라고 부른다.

운영의 자율성을 병행하려는 시도이다. 셋째, 재정성과관리제도의 도입이다. 1999년부터 성과관리제도가 시범적으로 운영되었으나 실효성이 낮았다. 2003년 재정성과목표관리제도, 2005년 재정사업자율평가제도, 2006년 재정사업심층평가제도가 도입되어 성과관리와 성과평가 중심의 재정운영이 이루어졌다. '성과-평가' 패러다임의 제도화는 계획재정, 전략적 배분, 분석 기법의 활용, 자율성과 융통성 확대, 성과평가에 근거한 책임성 확보 등의 긍정적 효과를 목적으로 한 것이다.

3) 재정 관련 법적 인프라 재구축

재정운영의 기본법은 1951년에 제정된 재정법에서 비롯된다. 이후 1961년에 재정법을 전면 개편하여 예산회계법을 제정하였으며, 이 법은 40여 년 간 우리나라 재정운영의 기본규범으로 자리 잡았다. 1991년 12월에는 기금관리기본법이 제정되어 기금관리운영에 적용되었다.

노무현 행정부는 재정제도 개혁을 추진하면서 제도적 인프라 구축을 위한 재정운영의 기본법으로서 국가재정법을 제정했다. 정부재정의 기본법으로 운영되어 오던 예산회계법과 기금관리기본법을 폐지하고 새로운 재정환경 및 재정제도에 맞는 국가재정법을 제정한 것이다. 국가재정법은 2006년에 국회에서 의결되고 2007년부터 발효되었다.

또한 복식부기・발생주의회계제도의 도입과 더불어 2009년 국가회계법을 제정했다. 새로운 회계제도에 관한 규정뿐만 아니라 예산회계법에 규정된 회계 관련 규정이 국가회계법에 담기게 되었다.

한편 정부투자기관, 정부출자기관, 정부산하기관 등의 이름으로 존재하던 공기업과 공공기관들을 공공기관운영법을 제정하여 공공기관 운영이 일원화되었다. 당시 존재하던 정부투자기관관리기본법과 정부산하기관관리기본법을 폐지하고 2007년 '공공기관운영에 관한 법률'을 새롭게 제정했다.

4) 재정 통계 인프라 재구축

효율적이고 체계적인 재정운영을 위해서는 재정 통계 인프라 구축이 중요하다. 이를 위해 노무현 행정부 재정개혁도 재정 범위 재설정 작업을 시도했으나 공식화 단계까지 이르지 못했다. 그러나 2011년, 2013년 보완작업을 거쳐 일반정부와 공공기관, 공공부문을 재개념화하고 그에 상응하는 통계 인프라가 구축되었다. 이러한 작업은 IMF GFS 기준에 부합하는 통계 작성뿐만 아니라, 세계적 흐름인 포괄적 재정관리를 목적으로 한 인프라 구축이라고 볼 수 있다.

한편 발생주의회계제도의 도입은 유량(flow) 중심에서 유량 및 저량(stock) 중심의 재정정보로 전환하는 계기가 되었다. 발생주의 기준에서는 유량 개념인 예산의 수익(revenue)과 비용(expense)뿐만 아니라, 저량 개념의 자산과 부채 및 순자산 정보가 생성된다.

또한 국가채무 관리를 위해서 2012년 국가채무 통계를 국가채무(D1), 일반정부 부채(D2), 공공부문 부채(D3)로 재개념화하여 통계를 내는 인프라를 구축했다. 재무제표(재정상태표)상의 부채 지표와 더불어 국가채무와 재정 위험 관리에 유용한 자료를 생성할 수 있게 되었다.

5) 재정 과정에서의 시민참여 확대

시민사회가 확대됨에 따라 재정 과정에서의 시민참여가 새로운 흐름으로 부각되었다. 재정운용의 새로운 관점은 기존 관리자(managers) 중심에서 납세자인 시민들이 주체가 되는 방향으로 전환되고 있다는 점이다. 이것은 납세자 주권(taxpayers sovereignty)에 바탕을 둔 재정 민주주의의 관점을 반영한 것이다.

재정 과정에서의 시민참여는 중앙정부보다는 주민 친화적인 지방정부에서 먼저 시작되었다. 주민참여 예산제도가 노무현 행정부 때부터 의무사항은 아니지만 법적 보장을 받으며 시작되다가 2011년 모든 지방정부가 의무적으로 시행하는 제도로 정착되었다. 중앙정부의 경우 2018년 국민참여 예산제도가 도입되었다. 그리고 지방정부의 경우 2006년 주민소송제가 도입되었다. 지방재정의 위법 사실을 안 지역주민들은 누구나 그것의 시정을 법원에 청구할 수 있다. 중앙정부에서의 국민소송제는 많은 요구와 필요성이 있음에도 불구하고 아직 도입되지 않고 있다.

제 4 절 재정성과관리제도

1. 재정성과관리제도의 의의와 내용

재정 관련 사업의 분석은 사전적 분석으로서 사업분석과 사후적 평가로서 사업평가로 구분할 수 있다. 사업분석(program analysis)은 예산을 편성하기 위해 어떤 사업을 추진할 것인지를 사전에 분석하는 것을 말한다. 반면에 사업평가(program evaluation)는 사업 결정이 이뤄지고 난 후 사업의 집행이나 집행의 결과를 검토하기 위한 사후적 검토를 의미한다. 사업분석은 조망적 분석(anticipatory analysis)인 반면에, 사업평가는 회고적 검토(retrospective examination)다. 따라서 사업분석은 주로 예산편성 단계에서 이뤄지고, 사업평가는 예산집행 또는 그 이후 단계에서 이뤄진다. 사업분석과 관련해 비용-편익분석 기법과 예비 타당성 조사 등을 이미 설명했으므로, 여기서는 사업평가와 관련된 재정성과관리제도에 대해 살펴본다.

재정성과관리는 성과를 중심으로 재정을 운용하고 그 결과를 평가해 다음 예산편성에 환류시키는 관리 방법을 의미한다. 재정성과관리의 목적은 재정 배분의 효율성 제고와 책임성의 확보다. 결국 성과 중심의 재정 체계는 재정운용 조직의 자율성과 책임성을 강화해 주며, 사전적 통제보다는 성과평가에 근거한 사후적 평가에 초점을 맞추게 된다. 이것은 재정운용의 '투입-통제' 패러다임에서 '성과-평가' 패러다임으로 전환됨을 의미한다.

2. 정부업무 평가제도

1) 정부업무 평가제도의 의의

우리나라의 성과관리제도는 2006년 4월부터 시행된 '정부업무평가기본법'에 의한 정부업무 평가제도와 2007년부터 시행된 '국가재정법'에 의한 재정성과관리제도의 이원적 형태로 운영된다.

정부업무 평가제도는 국정 운영의 능률성·효과성 및 책임성을 확보하기 위하여 평가대상 기관이 행하는 정책 등을 평가하는 제도를 말한다. 평가대상 기관은 중앙행정기관, 지방자치단체, 중앙행정기관 또는 지방자치단체의 소속기관, 공공기관이다. 여기서는 중앙행정기관 업무평가를 중심으로 논의한다.

국무총리는 정부업무의 성과관리 및 정부업무 평가에 관한 정책 목표와 방향을 설정한 정부업무평가 기본계획과 연도별 시행계획을 수립하여 평가대상 기관에 통지한다. 성과관리는 정책 등의 계획 수립과 집행 과정에 대하여는 자율성을 부여하고 그 결과에 대하여는 책임이 확보될 수 있도록 실시하며, 정부업무의 성과·정책 품질 및 국민의 만족도가 제고될 수 있도록 실시한다.

중앙행정기관에 대한 평가는 다음 사항을 통합하여 실시한다. 즉, ① 연구개발사업에 대한 자체 성과의 평가, ② 교육인적자원개발 시행계획의 추진실적에 대한 평가, ③ 교육훈련에 대한 평가, ④ 지능정보화 기본법에 따른 종합계획 및 실행계획의 주요 시책에 대한 추진실적 분석 및 점검, ⑤ 규제개혁 실태 등에 대한 평가, ⑥ 정보공개제도의 운영실태에 대한 평가, ⑦ 개방형 직위의 운영실태에 대한 조사·평가, ⑧ 정부행정조직의 운영에 대한 분석·평가, ⑨ 재정사업 자율평가, ⑩ 그 밖에 위원회가 평가의 통합실시가 필요하다고 인정하여 평가 주관기관과 협의하여 정하는 평가이다.

그리고 국무총리는 정부업무 평가를 통합적으로 수행하기 위해 전자통합평가 체계를 구축하고, 각 기관 및 단체가 이를 활용하도록 할 수 있다. 이때 평가 과정, 평가 결과 및 환류 과정의 통합적인 정보관리 및 평가 관련 기관 간 정보 공유가 가능하도록 해야 한다.

2) 중앙행정기관 자체평가

정부업무평가기본법에 의한 중앙행정기관 평가는 ① 자체평가와, ② 특정평가로 구분된다. 자체평가는 중앙행정기관이 소관 정책 등을 스스로 평가하는 것을 말한다. 중앙행정기관의 장은 정부업무평가 시행계획을 기초로 하여 자체평가의 대상이 되는 정책·사업·업무 등을 스스로 선정한다. 선정한 정책에는 그 기관의 임무를 달성하기 위한 기본적·필수적 정책 등, 그 연도의 성과 목표를 달성하기 위한 정책 등, 자체평가 결과와 조직·예산·인사 및 보수 체계 등과의 연계를 위하여 필요한 정책 등을 포함한다. 중앙행정기관의 장은 당해 정책 등의 성과를 높일 수 있도록 자체평가계획을 매년 수립해야 하며, 다음 사항이 포함되어야 한다. 즉, 중앙행정기관의 임무, 전략 목표 및 성과 목표, 당해 연도 주요 정책 등, 자체평가의 기본 방향, 자체평가 조직 및 자체평가위원회의 구성·운영, 자체평가 대상 및 방법, 자체평가 결과의 활용 및 조치에 관한 사항 등이다.

그리고 정부업무 평가위원회는 중앙행정기관의 자체평가에 관한 업무를 효율적으로 추진하기 위해 평가의 부문별 총괄 관련 중앙행정기관에 대하여 부문별 자체평가 결과의 확인·점검을 요청할 수 있다. 평가 총괄 관련 기관은 다음과 같이 구분된다. 즉, ① 주요 정책 부문: 국무조정실, ② 재정사업 부문: 기획재정부, ③ 조직·정보화 부문: 행정안전부, ④ 인사 부문: 인사혁신처이다. 재정성과관리제도와 별도로 정부업무 평가에서의 재정사업 부문에 대하여 기획재정부가 총괄하고 있음을 알 수 있다.

3) 중앙행정기관에 대한 특정평가

특정평가는 국무총리가 중앙행정기관을 대상으로 국정을 통합적으로 관리하기 위해 필요한 정책 등을 평가하는 것을 말한다. 특정평가 대상은 2 이상의 중앙행정기관 관련 시책, 주요 현안시책, 혁신관리 대상, 각 중앙행정기관이 공통적으로 추진해야 하는 시책으로서 지속적인 관리가 필요한 부문, 사회적 파급효과가 큰 국가의 주요 사업으로서 특별한 관리가 필요한 부문, 기관 또는 정책 등의 추진에 대한 국민의 만족도를 측정하는 부문 등이다.

국무총리는 정부업무평가 시행계획에 특정평가의 기본 방향, 평가 대상, 평가 방법, 평가 결과의 활용 및 조치에 관한 사항을 반영하고 공개해야 한다.

'2020년도 정부업무평가 시행계획'에 의하면, 43개 중앙행정기관을 대상으로 ① 일자리 · 국정과제(65점), ② 규제혁신(10점), ③ 정부혁신(10점), ④ 정책소통(15점) 등 4개 부문에 대하여 평가를 실시한다.[9] 또한 평가 부문별 결과를 합산하여 기관 종합평가도 함께 실시하며, 부문별 평가 및 기관 종합평가 결과는 S-A-B-C-D 5등급으로 구분하여 공표한다. 종합평가 우수기관 및 부문별 우수기관에 대해서는 포상금 지급 및 업무 유공자 포상을 실시한다.

3. 재정성과관리제도의 유형

국가재정법(제8조)은 "각 중앙관서의 장과 기금관리 주체는 재정활동의 성과관리 체계를 구축하여야 한다"고 규정하여 성과 중심 재정운용을 명시하고 있다. 국가재정법에 의하면 재정활동의 성과관리 체계로서 예산요구서와 기금운용계획안을 제출할 때에 다음 연도 예산 및 기금의 성과계획서와 전년도 성과보고서를 기획재정부 장관에게 제출하게 하고 있다. 성과관리제도의 핵심인 성과계획서와 성과보고서의 작성, 재정사업 심층평가, 성과정보의 활용 등의 총괄 업무를 기획재정부가 담당한다. 성과계획서와 성과보고서 작성의 대상기관은 예산편성의 주체인 중앙관서와 기금관리 주체다.[10] 그리

---

9) 각 부문별 세부 성과지표는 ① 일자리 · 국정과제: 정성평가만 실시, ② 규제혁신: 28개, ③ 정부혁신: 33개, ④ 정책소통: 22개다.

10) 정부업무평가기본법에 의한 정부업무평가 대상이 중앙행정기관인 반면에, 국가재정법에 의한 성과

고 성과계획서는 예산안의 첨부서류로, 성과보고서는 결산보고서의 하나로 국회에 제출된다.

1) 재정성과관리제도의 유형

재정성과관리제도는 ① 재정성과 목표관리제도, ② 재정사업 자율평가제도, ③ 재정사업 심층평가제도의 세 가지 형태로 운영되고 있다.

재정사업 부문의 평가와 관련하여 일반적으로 재정사업의 성과를 측정하는 방법에는 세 가지가 있다(박노욱 · 원종학, 2009: 28). 첫째, 성과지표와 목표치에 근거한 모니터링 수준의 성과측정(performance monitoring), 둘째, 사업의 성과에 관한 기존의 정보를 취합하여 활용하는 리뷰 방식의 성과측정 방식(program review), 셋째, 데이터 분석을 통해 재정사업의 효과성을 좀 더 과학적으로 측정하기 위한 사업평가 방식(program evaluation)의 성과측정이다. 이들 세 가지 방식은 현재 재정성과 목표관리제도, 재정사업 자율평가제도, 재정사업 심층평가제도에 반영되어 운용되고 있다. 이들 업무의 총괄은 기획재정부가 담당한다.

재정성과 목표관리제도(performance monitoring)는 2003년에 도입되었으며, 기관별 성과계획서와 성과보고서를 통해 설정된 성과 목표 및 성과지표의 달성 여부를 모니터링한다. 재정사업 자율평가제도(program review)는 2005년에 도입되었으며, 매년 사업수행부처가 소관 재정사업을 자율적으로 평가하고, 평가 결과를 재정운용에 활용하는 제도이다. 재정사업 심층평가제도(program evaluation)는 2006년에 도입되었으며, 기획재정부가 주요 재정사업의 추진 과정과 성과를 객관적으로 점검하고 성과에 영향을 미치는 원인을 분석하여 효율적인 사업 추진 방안을 도출함으로써 성과를 제고함을 목적으로 하는 제도이다. 재정성과관리를 위한 위 3개의 제도는 상호 밀접하게 연관되어 있다.

한편 재정사업에 관한 성과관리제도 외에 국고보조사업과 기금에 관한 평가제도가 도입되었다.

국고보조사업 운용평가제도는 2015년 '보조금 관리에 관한 법률'의 개정으로 보조사업에 대한 심사 · 평가 강화를 위해 근거조항을 보강하고, 2016년부터 보조사업의 일몰제도(3년)가 시행되면서 '국고보조사업 연장평가'로 평가제도명이 변경되었다. 국고보조사업 연장평가는 보조사업 중 '존속 기간의 종료 및 연장 기간의 종료가 도래하는 사

계획서와 성과보고서의 작성 대상기관은 헌법상 독립기관인 국회 · 대법원 · 감사원 · 헌법재판소 · 중앙선거관리위원회 등이 포함된 중앙관서다.

표 9-6 정부 성과평가제도 개요

평가 대상	평가제도	평가 내용
재정사업 전반	재정성과 목표관리	성과 목표 설정, 달성 여부 평가 및 예산안 환류
	재정사업 자율평가	부처가 자율적으로 평가, 재정운용에 활용
	재정사업 심층평가	일부 사업군에 대한 정밀한 분석·평가 및 개선 개별 사업 심층평가, 사업군 심층평가, 핵심사업 평가로 구분
보조금	국고보조사업 연장 평가	보조사업의 타당성 및 관리의 적정성 판단 이후 사업의 폐지, 지원 규모 축소 등 판정
기금	기금운용평가	기금의 자산운용 실태(위험, 성과관리 등) 평가
	기금존치평가	기금의 설치 목적, 역할, 사업 및 재원구조의 적정성 검토

자료: 국회예산정책처(2020b: 280).

업'을 그 대상으로 하고 있으며, 보조사업은 매 3년마다 평가를 받는다. 평가에서는 보조사업의 타당성, 보조사업 관리의 적정성의 두 가지 평가 기준을 설정하고, 각 평가지표는 구체적인 체크 리스트를 바탕으로 해당 여부를 판정한다. 판정 결과는 '정상 추진/즉시 폐지/단계적 폐지/통폐합/감축/사업 방식 변경'의 6개 유형으로 분류된다. 평가 결과는 차년도 예산안과 함께 국회에 제출된다.

기금에 대한 평가는 기금운용평가와 기금존치평가의 두 가지 제도가 있다. 기금운용평가(사업운영 부문)는 매년 3분의 1 이상의 기금에 대하여 사업의 성과를 평가하는 것으로, 그 결과를 사업제도 개선 및 예산편성에 환류하기 위해 실시한다. 평가 방식은 평가지표를 사업 부처에서 자율적으로 수립한 후 자체평가위원회를 구성하여 자체평가를 실시한다. 사업 수 기준에 따라 상대평가(우수, 보통, 미흡 등 3등급)를 한다. 평가 결과 미흡 등급사업에 대해서는 부처 단위에서 지출구조조정과 성과관리 개선계획 중 선택하여 환류계획을 마련해야 한다.

기금존치평가는 매 3년마다 전체 재정 체계를 고려하여 기금의 존치 여부를 평가하는 것이다. 기금의 설치 목적 및 역할에 대한 적정성 검토를 통해 기금 제도개선 및 기금의 존치 여부를 평가하여 재정운용의 합목적성과 효율성을 제고하기 위해 실시한다. 기금존치평가는 ① 개별 사업의 적정성, ② 재원구조의 적정성, ③ 기금존치의 타당성 등 3개 지표에 대해서 평가하게 된다.[11] 기금의 존치가 부적정하다고 판단되는 경우

11) 다만, 공공자금관리기금, 남북협력기금, 대외경제협력기금, 양곡증권정리기금 등 4개 기금은 재원구조의 적정성 평가지표에 대해 평가 실익이 없는 기금으로 분류되어 평가대상에서 제외된다.

해당 기금은 폐지하거나 다른 기금과 통합할 수 있도록 하고 있다. 기금운용평가와 기금존치평가의 결과는 국가결산보고서와 함께 국회에 제출한다.

2) 재정성과 목표관리제도

재정성과 목표관리제도는 성과계획서와 성과보고서의 작성 및 제출을 중심으로 운용되는 제도다. 성과계획서는 국가재정법, 성과보고서는 국가회계법에 따라 운영되고 있다. 이 제도는 1999년 일부 부처를 대상으로 시범 실시한 후 2003년 22개 부처 대상의 우선 시행을 거쳐 2006년 모든 부처에 도입하였다.

(1) 성과계획서의 작성

재정성과 목표관리제도의 핵심 문서인 성과계획서는 중앙관서 및 기금관리주체의 전략 목표 및 성과 목표를 달성하기 위한 연도별 시행계획이다. 2009년부터 회계연도 개시 120일 전(9월 3일)까지 예산안 첨부서류로 국회에 제출한다.

성과계획서는 각 중앙관서별 임무・비전과 이를 달성하기 위한 전략 목표–프로그램 목표–단위사업 및 이를 측정할 수 있는 성과지표 및 목표치를 설정하는 체계로 구성된다. 기존 성과 목표 관리 체계와 프로그램 예산 체계를 결합한 구조다.[12)]

임무는 해당 기관의 존재이유(목적)와 주요 기능을 포괄할 수 있는 내용으로 설정한다. 또한 기관의 설립 근거가 되는 법령・규정, 거기에 제시된 역할 등에 근거하여 국민들이 체감할 수 있는 '결과 지향적'인 내용으로 설정한다. 기관의 핵심 업무를 포괄하고 타 기관과 중복되지 않아야 하며 구체적이고 목표 지향적이어야 한다.

비전은 임무 달성을 통해 이루고자 하는 바람직한 미래상으로 조직 현황에 대한 이해를 바탕으로 성과관리를 통해 구현 가능한 내용을 제시한다.

전략 목표는 국정 목표, 기관의 임무와 비전 등을 감안하여 해당 기관이 중점을 두고 지향하거나 추진해야 할 정책방향으로, 기관의 임무와 논리적 연계성을 가져야 한다. 전략 목표는 향후 5년 동안 성과의 개선 수준을 확인할 수 있을 정도로 명확해야 하며, 전략 목표 수립 시 국가 장기계획 또는 관련 법령의 중・장기계획을 반영한다.

프로그램 목표는 전략 목표와 프로그램 목표 간 또는 프로그램 목표와 단위사업 간

---

12) 기획재정부는 성과 목표 체계와 프로그램 예산 체계 일치화 작업을 4단계(2010~2013년)로 나누어 추진하였다. 그 결과 2015년 성과계획서 작성부터는 성과관리 목표 체계와 프로그램 예산 체계를 완전하게 일치시켜 성과관리를 강화하였다.

연계성이 확보될 수 있도록 하고, 프로그램 목표는 가급적 업무의 최종적인 효과가 파악되도록 결과 지향적이어야 한다.

단위사업은 프로그램 목표 달성을 위한 수단으로서 개별 사업 단위이며, 업무 추진 및 향후 성과 측정의 대상이 되고, 예산 체계 코드상 단위사업과 일치되는 개념이다. 모든 예산 및 기금의 단위사업별로 설정하되, 인건비 · 기본 경비 등을 통해 수행되는 정책 · 제도 · 규제 관련 사항과 성과관리의 실익이 적은 사업은 성과관리 대상에서 제외한다.

성과지표는 프로그램 목표 또는 단위사업이 추구하는 목적 달성 여부를 측정하는 도구로서 대표성과 포괄성을 유지하도록 설정한다. 성과지표는 목표 달성도를 정확히 측정할 수 있도록 가능한 한 정량적으로 설정하되, 궁극적인 효과를 측정할 수 있는 결과지표 위주로 설정하고, 결과지표 설정이 어려운 경우 과정지표와 산출지표를 병행 사용한다. 성과지표의 목표치는 중장기 추진계획, 유사 사업, 국제 수준과의 비교, 과거 추세치 등을 고려하여, 사업 방식 개선 의지 등 적극적 업무수행의 관점에서 도전적으로 설정해야 한다.

그림 9-5 성과계획서상의 성과 목표 체계

구분	내용	개수
임무	기관 고유의 사명과 역할	55개 부처*
⇩		
비전	기관 임무 달성을 통해 이루어지는 바람직한 미래상	
⇩		
전략 목표	기관이 중점을 두고 추진하는 중장기적 목표	182개
⇩		
프로그램 목표	전략 목표 달성 수단으로서 프로그램이 추구하는 목표	468개
성과지표		673개
⇩		
단위사업	프로그램 하위 사업	1,750개
성과지표		4,669개

주*: 맨 오른쪽 칸 숫자는 2021년 성과계획서(총괄편)상의 개수.

(2) 성과보고서의 작성

정부는 성과계획서에 따라 재정사업을 운영한 결과를 성과보고서로 작성한다. 성과보고서는 성과계획서에서 목표한 바를 어느 정도 달성하였는지를 계획 대비 실적의 형식으로 점검하는 결과보고서를 말한다. 성과보고서는 성과계획서 작성 시 설정된 성과목표와 그에 대한 실적을 대비하여 작성하고, 추가적으로 성과지표에 대한 실적 및 성과 달성률을 산정한다. 또한 목표 달성 기여도와 목표 달성 과정 및 성과 미달의 원인 분석과 향후 성과 이행 방안 등을 제시한다.

성과보고서는 결산보고서의 구성 서류로 다음 연도 2월 말일까지 기획재정부 장관에게 제출하며, 이후 결산보고서와 함께 감사원 결산검사를 거쳐 5월 31일까지 국회에 제출한다.

3) 재정사업 자율평가제도

(1) 의 의

재정사업 자율평가제도는 미국의 PART(Program Assessment Rating Tool) 제도를 원용하여 도입했다. 미국의 PART는 1993년 도입된 성과지표 중심의 정부성과관리법(Government Performance and Results Act) 체제로는 예산과의 연계에 한계가 있어 관리예산처(OMB) 주도로 2002년 도입한 바 있다. 이후 PART는 폐지되었다.

우리나라는 2005년 재정사업 자율평가제도를 도입했다. 재정사업 자율평가제도는 재정사업 주관 부처가 해당 사업에 대해 자율 평가하고 기획재정부가 확인 · 점검하여 그 결과를 예산편성 등 재정운용에 활용하고 미흡한 점에 대해서 각 부처에 제도 개선을 권고하여 재정사업의 효율화를 도모하는 제도다. 이후 운영상의 문제점에 대한 보완과 개선이 지속적으로 이루어졌다. 시기별 제도 변화는 다음과 같다.

① 2005~2014년(부처 자체평가 → 기획재정부 확인 · 점검): 사업 수행부처가 매년 재정사업의 3분의 1을 자율적으로 선정하여 평가하고 기획재정부가 확인 · 점검한 평가결과를 재정운용에 활용하는 방식이다.[13] 평가 방법은 계획(사업계획/성과계획), 관리, 성과/환류 영역으로 구분하여 11~15개의 체크 리스트에 따라 자체적으로 평가하는 방식이다.

13) 당시 평가대상 사업은 예산과목 중 '단위사업'인데 프로그램 예산제도 도입 이전에는 세세항 항목이 대상이었다.

② 2015년(메타평가 실시): 사업 수행부처가 재정사업을 자율적으로 평가하되, 기획재정부는 사업에 대한 전수 확인 · 점검 방식에서 탈피하여, 부처 자체평가 과정의 충실도, 평가 결과의 적정성, 사업별 환류 방안의 합리성을 종합적으로 고려하는 메타평가를 도입 · 실시하였다.

③ 2016~2017년(통합 재정사업 평가 실시): 사업 수행부처가 소관 재정사업을 자율적으로 평가하고, 메타평가 부처(기획재정부 · 미래창조과학부 · 지역발전위원회)가 분야별(일반재정, R&D, 지역발전 사업)로 나누어 평가하던 것을 평가 대상, 시기, 기준 등의 통일성을 확보하여 단일평가로 합하는 '통합 재정사업 평가'로 전환하였다.

④ 2018년(부처 자체평가만 실시, 메타평가 폐지): 사업 수행부처가 소관 재정사업을 자율적으로 평가하고, 메타평가는 폐지하였다. 다만, 부처 스스로 재정사업 자율평가에서 미흡하다고 평가한 사업에 대해서는 성과관리 개선대책을 마련하고 이행 여부를 재정관리 점검회의에 주기적으로 보고하여 자율평가의 과정 및 결과를 외부에 공개하였다. 기획재정부는 기존의 메타평가를 폐지하는 대신 핵심사업을 별도로 선정하여 3년 단위 중기 시계에서 사업집행 과정까지 직접 점검하는 핵심사업 평가제도를 재정사업 심층평가제도에 도입했다. 2020년부터는 '사회적 가치' 구현 사업에 가점 부여를 의무화하였다

(2) 평가 대상과 평가 절차

평가 대상은 원칙적으로 예산, 기금이 투입되는 모든 재정사업이다. 예산과목 체계상의 기준 단위는 단위사업이다. 다만, 평가 중복 최소화를 위해 R&D, 재난 안전, 균형발전 및 복권기금 사업으로 소관 평가기관의 지침에 따라 선정된 평가 대상사업은 제외한다.[14]

평가 절차는 부처가 자율적으로 소관 사업을 자체 평가하고 기획재정부에 의한 메타평가는 하지 않는다. 사업 수행 부처는 자체평가위원회를 구성하여 소관 재정사업에 대한 자체평가를 실시하며, 평가 결과는 평가지표별 점수를 종합하여 '우수, 보통, 미흡'의 3단계로 등급화한다.

대상사업 수 10개 이상 부처는 전체 평가 대상사업에 대해 사업 수 기준으로 상대평가를 실시하고 우수 20% 이하, 보통 65% 내외, 미흡 15% 이상을 준수해야 하며, 대상

14) R&D는 과학기술정보통신부, 재난안전은 행정안전부, 균형발전은 국가균형발전위원회, 복권기금사업 평가는 기획재정부 복권위원회에서 평가지침을 시달한다.

표 9-7 고용노동부 재정사업 자율평가의 평가지표(2019년 기준)

평가지표	내부 배점 기준
• (1-1) 예산이 계획대로 집행되었는가? (30)	■ 집행실적 및 제고를 위한 노력을 확인하여 15~30점 부여 • 예산집행 실적 = (2019년 예산집행률×0.3)±가·감점
• (2-1) 계획된 목표는 달성하였는가? (40)	■ 성과 목표의 달성 정도에 따라 점수 부여 • 목표 달성 실적 = (목표 달성도×0.4)±가·감점
• (2-2) 사업의 성과는 우수한가? (30)	■ 사업의 성과 우수성이 입증된 경우를 확인하여 기본 점수 부여 • 예(24점)/상당한 정도(20점)/어느 정도(16점)/아니오(12점)
• 가감점	■ (가점) 사업의 중요도 2점, 사회적 가치 구현 여부 1점, 예산 절감 및 효율성 제고 노력 2점, 정보 시스템 운영·업무 및 서비스 혁신 성과 2점 ■ (감점) 보조금 연장평가 결과 반영 -4점(즉시 폐지, 단계적 폐지, 통폐합, 감축)

자료: 열린재정 홈페이지(www.openfiscaldata.go.kr)에서 발췌.

사업 수 10개 미만 부처는 별도의 상대평가 기준을 적용받는다.

평가 결과 미흡 등급을 받은 사업에 대해서는 자율적 환류계획을 수립하도록 하고 있다. 지출구조 조정계획과 성과관리개선 대책은 미흡 평가 사유에 따라 부처가 자율적으로 마련하되, 집행 부진 사업은 지출구조 조정 또는 집행률 제고 방안 마련을 검토하고 매년 반복적으로 집행이 부진한 사업은 원칙적으로 지출구조 조정을 추진하도록 하고 있다. 그리고 평가 결과는 열린재정 홈페이지에 공개해야 한다.

4) 재정사업 심층평가제도

(1) 의 의

재정사업 심층평가제도는 쟁점 사업을 중심으로 사업운영 성과를 깊이 있게 분석·평가하는 제도다. 계량분석 등 과학적 기법을 동원하여 문제가 제기된 사업들의 성과를 분석·평가하고, 그 성공 요인과 실패 요인을 파악하여 해당 사업의 운용 체계를 개선하고 재정의 효율성을 제고하는 것을 목적으로 한다. 실제로 재정사업 심층평가는 현장에서 정책평가의 이론과 활용에 가장 큰 기여를 한 제도로 평가되고 있다(오영민, 2014).

재정사업 심층평가를 실시할 수 있는 사업은 다음과 같다. 즉, ① 재정사업 자율평가 결과 추가적인 평가가 필요하다고 판단되는 사업, ② 부처 간 유사·중복 사업 또는 비효율적인 사업추진으로 예산 낭비의 소지가 있는 사업, ③ 향후 지속적 재정지출 급증이 예상되어 객관적 검증을 통해 지출 효율화가 필요한 사업, ④ 그 밖에 심층적인 분석·평가를 통해 사업추진 성과를 점검할 필요가 있는 사업이다. 다만, 국가연구개발사업에 대한 평가는 '국가연구개발사업 등의 성과평가 및 성과관리에 관한 법률'에 따른 평가로 이를 대체할 수 있다(국가재정법 시행령 제3조).

재정사업 심층평가는 재정사업 자율평가와 다음과 같은 점에서 차이가 있다. 첫째, 자율평가의 주체는 중앙관서의 장 또는 기금관리 주체이나, 심층평가의 주체는 기획재정부 장관이다. 둘째, 자율평가는 매년 모든 재정사업을 대상으로 하여 그 범위가 포괄적이나, 심층평가는 자율평가 결과 추가 평가가 필요하다고 판단되는 사업 등 그 범위가 제한적이다. 셋째, 자율평가는 정형화된 일련의 질문으로 구성된 체크 리스트 점검을 통하여 그 성과를 평가하나, 심층평가는 계량분석 등 과학적인 기법을 활용하여 해당 사업의 추진 내용과 성과의 인과 관계를 분석하고 사업추진 체계를 개선한다는 점에서 구별된다.

평가는 기준에 따라 정부개입의 적절성 분석, 효과성 분석, 집행성과 분석으로 구분할 수 있다. 적절성 분석은 정부개입의 적절성, 지방정부에 대한 중앙정부 지원의 적절성, 사업(군)의 계층구조 파악 및 적절성을 평가하는 데 초점을 맞추고 있다. 효과성 분석은 성과지표와 비교 기준에 따른 평가모형을 제시하여 평가하는 것이다. 집행성과 분석은 인과 이론, 집행 체계 등에 대해 효과성 분석과 연계하여 성과를 분석하는 데 초점을 두고 있다.

재정사업 심층평가는 상당한 비용과 시간이 소요되는 단점이 있다. 그러나 정책의 인과 관계를 분석하여 정책성과를 낼 수 있는 성과정보를 생산 및 제공할 수 있다는 장점이 있다. 현행 심층평가의 결과는 재정관리 점검회의에 보고되고, 관계 부처에 통보하여 제도개선과 사업구조 조정에 활용토록 권고되고 있다.

(2) 재정사업 심층평가의 유형

재정사업 심층평가는 현재 ① 개별 사업 심층평가, ② 사업군 심층평가, ③ 핵심사업 평가로 구분하여 실시하고 있다. 심층평가의 연혁을 보면 2005년 시범평가로 출발하여 2006년부터 개별 정책사업에 대한 평가가 본격적으로 진행되었다. 2010년부터는 개별 사업보다는 사업군(群)에 대한 심층평가로 전환되었다. 이는 기존의 심층평가가 재정지출의 효율성 제고 등 나름대로의 성과를 거두었으나 그 대상을 개별 사업으로 한정함에 따라 파급효과 역시 제한적일 수밖에 없었다는 점을 고려한 것이다.

표 9-8 재정사업 심층평가 유형별 평가 목적

구분	심층평가 유형	평가 목적
재정사업 심층평가	개별 사업 심층평가	예산 및 기금운용계획의 단위사업을 대상으로 효과성·효율성 등을 중심으로 성과평가를 실시하고 효율적인 재정운용 방안 도출
	사업군 심층평가	정책 목적 등 성격이 유사한 다수의 사업들을 하나의 사업군으로 묶어 사업군 및 개별 사업의 효과성·효율성, 정책적 타당성 등에 대한 성과평가를 실시하고, 유사 중복사업 통폐합, 부처 간 역할 분담 등 종합적 개선 방안 도출
	핵심사업 평가	단위사업 또는 세부사업 대상으로 중기 시계 하에 집행 현황 점검-집행 애로 사항 해소 등 주기적인 과정관리 및 사업성과 등에 대한 종합평가를 실시하여 제도보완 및 효율적 재정운용 방안 도출

자료: 기획재정부, 『재정사업 심층평가 운용지침』.

그러나 기획재정부는 개별 사업 심층평가와 사업군 심층평가를 별도로 구분하지 않고 매년 재정사업 심층평가로 4~9개 내외 사업을 선정하여 평가를 하고 있다. 2019년에는 외국인 체류관리 사업군, 산학연 협력 사업군, 다자개발 협력사업, 실업자 재취업 사업군, 아동 돌봄 사업군, 지방교육재정교부금 사업 등 6개 사업을 선정하여 평가를 완료하였다.

2018년부터는 재정사업 자율평가제도에서 기획재정부의 메타 평가를 폐지하는 대신 심층평가에 핵심사업 평가제도를 도입했다. 핵심사업 평가는 3년 단위 평가로서 2018년 1년차, 2019년 2년차 평가를 추진하였으며, 2020년 3년차 최종 평가를 진행했다. 2019년 기준으로 일자리, 성장동력 확충, 소득기반 확충, 안심국가, 인적자원 개발 등 5개 분야 82개 단위사업이 평가대상이며, 예산 규모는 약 29.1조 원이다.

(3) 심층평가 절차

재정사업 심층평가는 평가진행 단계를 7단계로 구분하여 수행한다. ① 평가준비, ② 평가 범위 설정, ③ 사업 논리모형 설정, ④ 평가질문 개발, ⑤ 평가 방법 설정과 자료수집, ⑥ 자료분석 및 평가, ⑦ 정책제언의 도출 등의 과정을 거친다(강희우 외, 2018).

평가준비 단계에서는 성과계획서, 예산요구서, 성과보고서 및 재정사업 자율평가 및 핵심평가 등을 통해 확인된 쟁점과 감사 결과 등을 참고하여 평가 가능성에 대해 점검하고, 평가대상 사업군(群)의 쟁점을 파악하고, 평가를 통해 분석하고자 하는 문제점을 명확하게 한다.

2단계 평가범위 설정 및 3단계 사업의 논리모형 개발 단계에서는 실제 평가대상이 되는 사업의 범위를 구체적으로 정의하고, 사업 목적 달성을 위한 집행전략과 구조를 파악하기 위한 논리모형과 관련 변수를 정의한다.

4단계에서는 평가질문을 제시하고, 이에 따른 평가 방법을 선정하고 자료를 수집(5단계)한다.

이후 자료 분석 및 평가(6단계)를 수행하고, 정책제언을 도출(7단계)하는 과정을 거치게 된다.

이러한 평가 과정에서는 평가 주체 및 피평가사업 담당자의 협의와 소통이 매우 중요하다. 평가 범위, 사업 논리모형, 평가질문 등을 설정하거나 개발하는 과정에서 평가 방향을 구체적으로 공유하여야 할 필요가 있기 때문이다.

CHAPTER 10

재정과 시민

학습 포인트

1. 재정 민주주의
2. 납세자운동/납세자운동단체
3. 납세자 소송제도
4. 국민참여 예산제도

제 1 절 시민사회와 재정 민주주의

1. 시민사회의 성장과 납세자운동

시민사회(civil society)의 성장과 더불어 시민의 권리 의식이 제고되고 시민참여가 활성화되고 있다. 21세기는 시민단체가 주축이 되는 전 지구적 시민사회(global civil society)가 형성될 것이라고 예측하기도 한다(Boli & Thomas, 1997). 시민단체의 활동 영역은 평화, 인권, 환경, 개발, 문화, 보건, 난민 구호, 아동 보호 등의 다양한 분야에 걸쳐 있다.

시민단체는 일반적으로 비정부기구(Non-Governmental Organization: NGO)라고 부른다. 비정부기구란 국제사회에서 민간단체의 활동이 활발해지자 1949년 유엔이 공식적으로 사용한 용어다. 시민사회단체라는 뜻을 분명히 하기 위해 CSO(Civil Society Organization)라는 이름을 쓰기도 하고, 제1섹터인 정부 영역과 제2섹터인 기업 영역에 대해 제3섹터(3rd Sector)라고 표현하기도 한다.

한국에서도 1980년대 중반 이후 시민단체의 급격한 양적 증가가 이뤄지고 사회에 미치는 영향도 커졌다. 정부도 당시 행정자치부에 시민단체 지원과를 신설해 재정 등 제반 지원을 했으며, 1999년 정기국회에서는 '비영리민간단체지원법'이 통과되었다.

시민단체에 의한 시민운동은 소비자, 유권자, 납세자, 네티즌으로서 시민의 권리를 행사하는 운동이라고 볼 수 있다. 정부예산과 관련된 시민운동은 납세자로서의 시민이 주체가 되어 권리를 행사는 납세자운동을 지칭한다. 시민사회가 성숙한 외국의 경우 예산 낭비를 감시하기 위한 시민단체와 조세제도를 개혁하기 위한 시민단체가 매우 활발하게 활동하고 있다. 납세자의 권리는 정부 예산편성에 의견을 제시하고, 정부재정을 적극적으로 감시하면서 잘못된 부분의 시정을 요구하며, 더 나아가서 예산 낭비에 대한 책임을 추궁하고 제도 개혁을 요구할 수 있는 권리를 의미한다. 이것은 시민의 실질적인 재정 과정에의 참여 및 통제권을 확보하는 것을 말한다.

2. 재정 민주주의의 개념과 제도화

1) 재정 민주주의의 개념

재정 민주주의를 협의로 해석할 때에는 국가의 재정활동이 국민의 대표기관인 국회의 의결에 의해 행해져야 한다는 의미로 이해된다. 이를 재정 입헌주의라고도 한다. 이러한 개념은 역사적으로 군주의 자의적인 과세권의 행사를 제한하는 데에서 비롯되었다. "대표 없이 과세 없다"는 원칙이 이를 대변한다.

광의의 재정 민주주의 개념은 납세자 주권(taxpayers sovereignty)으로 해석된다. 민주주의가 주권이 국민에게 있음을 선언한 제도이듯이, 재정 민주주의 개념도 재정 주권이 납세자인 국민에게 있다는 것을 의미한다. 이렇게 재정 민주주의 개념을 납세자 주권으로 확대 해석할 때 국민은 이제 더 이상 과세와 공공 서비스 수혜의 대상이라는 수동적 객체가 아니다. 재정 과정에 국민의 의사를 반영하고, 재정운영을 감시하며, 잘못된 부분의 시정을 요구할 수 있고 또 해야 하는 능동적 주체다. 또한 재정 민주주의란 재정상의 의사결정 및 재정운영을 민주화한다는 의미이기도 하다.

경제하자 비셀(K. Wicksell)은 재정 민주주의를 국가가 사회구성원인 시민으로부터 세금을 거둬 그것으로 시민의 재정 선호(fiscal preference)를 반영한 재정을 집행할 때 성립하는 개념으로 보고 있다. 이렇게 재정 민주주의 개념을 볼 때에는 시민들의 재정 선호가 올바르게 표출될 수 있는 조건이 전제되어야 한다. 시민들의 재정 선호가 반영될 수 있는 전제 조건은 민주주의와 공정한 시장경제 질서의 확립이다.

민주주의와 시장경제를 전제한 상황에서 시민의 재정 선호가 반영되는 방식은 두 가지 차원에서 논의될 수 있다. 하나는 재정상의 의사결정 과정에 시민참여가 이뤄져 시민의 재정 선호를 예산에 반영하는 것이다. 또 하나는 예산에 시민의 재정 선호가 제대로 반영되었는지의 여부를 시민이 직접 감시하고 통제하는 것이다. 전자를 위한 제도적 장치로는 예산편성 단계에서 공청회와 청문회, 시민대표의 위원회 참여, 재정 수요의 조사, 참여예산제도 등이 있다. 후자를 위한 제도적 장치로는 정보공개 청구, 주민감사 청구, 내부고발자의 보호, 주민소환제도 등이 있다. 특히 제도적인 면에서 납세자 주권의 실현은 납세자 소송제도의 도입으로 완성된다고 볼 수 있다.

2) 재정 민주주의의 제도화

재정 주권자로서 시민이 갖는 재정통제의 방법은 다양하다. 재정 과정에의 참여, 재정정보의 공개 요구, 예산 낭비의 감시를 위한 감사 청구, 국회 예산심의 기능의 감시, 예산회계 및 조세제도의 개혁 요구, 예산의 불법·부당 지출에 대한 반환을 요구하는 납세자 소송 등이다.

납세자인 시민이 국민 세금의 주인으로서 역할을 하기 위해서는 재정 민주주의가 확실하게 정착되어야 한다. 재정 민주주의를 정착시키기 위한 제도화 노력으로서 다음과 같은 점을 지적할 수 있다.

첫째, 재정 배분의 우선순위를 결정할 때에 국민적 합의를 기반으로 해야 한다. 현실적으로 재정 배분에 대한 국민들의 선호, 즉 사회후생 함수를 파악하기는 어려운 일이다. 그러나 재정 배분에 관한 국민의 의견을 수렴하는 제도적 장치를 잘 활용하면 어느 정도 이를 달성할 수 있다. 재정 관련 정책토론회 또는 공청회 개최, 참여예산제의 도입 등이 이를 실현하는 제도라고 볼 수 있다. 우리나라는 광주 북구와 울산 동구 등의 지역에서 주민참여 예산제도를 도입하기 시작하여 2011년부터 모든 지방정부에 주민참여 예산제도가 의무화되었다. 중앙정부에서도 2018년 국민참여 예산제를 도입했다.

둘째, 재정 과정에서 국회에 의한 재정의 민주적 통제가 효율적으로 이뤄질 수 있도록 제도적 개선이 이뤄져야 한다. 예산심의 기능뿐만 아니라 결산심의 기능을 강화할 수 있는 제도의 보완이 필요하다. 특히 지방정부의 경우에는 결산검사의 기능을 지방의회가 선임한 검사위원이 수행하고 있어서 한계를 보여 주고 있다. 지방의회가 제 기능을 발휘할 수 있도록 제도적 보완이 이뤄져야 한다.

셋째, 재정상의 의사결정 과정에서 분권화와 자율화가 이뤄져야 한다. 재정권의 위임은 세계적 추세이기도 하다. 그동안 각 부처의 예산요구 및 집행에 대해 중앙예산기구의 통제가 지나친 감이 있는데 가능한 자율권을 부여하는 방향으로 전환되어야 한다. 다만, 자율권을 부여하는 대신 책임성을 강화하는 방향으로 제도화되어야 한다.

넷째, 재정정보를 국민들에게 널리 공개하고 국민의 여론을 수렴하는 제도적 장치가 마련되어야 한다. 1996년 '공공기관의 정보공개에 관한 법'이 통과되고, 많은 지방정부가 행정정보공개 조례를 제정한 바 있다. 그러나 정보공개법이 좀 더 행정 및 재정의 투명성을 높이기 위한 방향으로 개선되어야 한다.

다섯째, 재정 과정에는 재정 배분에 관한 권한과 책임을 배분한 공식적 기구가 있지만 이들의 역할과 기능에는 한계가 있다. 궁극적으로는 납세자인 시민이 재정 파수꾼으로서 재정을 감시해야 한다.

3. 재정 과정에의 시민참여

1) 시민 개인의 재정 과정 참여

납세자 주권의 관점에서 볼 때 재정 과정에 시민이 참여하는 것은 당연하다. 시민이 세금의 주인으로서 개인적으로 참여할 수도 있고 시민단체를 구성 또는 가입해 조직적으로 참여할 수도 있다.

시민 개인이 참여하는 방법에도 제도를 이용해 참여하는 방법과 개별 행동으로 참여하는 방법이 있다. 제도를 이용한 참여 방법으로는 예산국민참여단으로 참여하거나 주민소송제를 이용하는 방법 등이 있다. 개별 행동으로 참여하는 방법에는 국민참여 예산제에서 인터넷 등을 이용한 재정 과정에의 의견 제시, 예산감시와 시정을 위한 행동, 제도 개선을 위한 청원 및 서명운동 등이 있다.

미국 예산의 파수꾼 프록스마이어 상원의원

예산감시 하면 미국 예산의 파수꾼으로 불리는 윌리엄 프록스마이어(William Proxmire) 전 상원의원(민주당, 위스콘신)을 떠올리게 된다. 프록스마이어 의원은 의원 생활의 대부분을 정부의 예산 낭비를 막는 데 바쳤다. 대표적인 것이 '황금양털상(Golden Fleece Award)' 제정이다.

그는 1975년 개인적으로 이 상을 만들고 예산 낭비가 가장 심한 정부기관과 사업을 매달 선정하여 상을 수여했다. 이 상은 국가예산의 효율적 집행에 대한 일반의 관심을 고조시킴으로써 예산 낭비를 막는 데 크게 기여했다는 평을 받았다. 이 상의 수여는 1988년까지 계속되었다.

그동안 수십억 달러를 들이고서도 실제로 사용되지 못한 국방부의 무기개발계획, 또는 "사람은 왜 사랑에 빠지나", "테니스 경기에서 지면 왜 화를 내는가" 따위의 주제를 붙들고 수만 달러씩 연구비를 쓴 정부의 연구소들이 이 상을 받았다.

프록스마이어는 "상을 받은 기관 중 3분의 2가 사업계획을 축소하거나 중단함으로써 엄청난 예산 절감의 효과가 있었다"고 말하고 있다. 1977년 미국의 기업들이 외국의 관리들에게 뇌물을 주지 못하도록 입법화한 것도 그였다.

프록스마이어는 이 밖에도 관심을 끄는 점이 많다. 그는 우선 선거자금을 기부받지 않는 것으로 유명하다. 믿기지 않겠지만 로이터 통신은 그가 6선이면서도 선거운동에 한 번도 경상비 외에 돈을 쓰지 않았다고 소개하고 있다. 그는 또 매일 아침 100번의 팔굽혀 펴기를 하고 집에서 의사당까지 4마일이나 되는 출근길을 매일 걸어 다녔다고 한다. 1957년 출신 주 위스콘신에서 처음 상원의원에 당선된 이래 1989년 은퇴하기까지 32년 간 상원에서 활약했다. 그동안 의회에서 한 찬반 투표는 1만 회쯤 되고 유권자들과 나눈 악수는 연평균 10만 번이 넘는다고 한다. 또한 1967년부터 20년이 넘는 동안 의회가 열리는 날이면 하루도 빼놓지 않고 발언한 기록도 가지고 있다. 그는 가장 부지런한 상원의원이었던 것이다.

그는 1998년 3월 82세를 일기로 타계했다.

2) 재정 과정에의 NGO 참여

(1) 납세자운동단체의 유형

개인적으로 재정 과정에 상당한 영향을 미칠 수도 있다. 그러나 영향력 면에서는 조직화된 '시민의 힘'을 보여 주는 납세자운동단체의 영향력이 훨씬 더 크다. 납세자운동단체의 유형은 기준을 무엇으로 보느냐에 따라 다양하게 분류할 수 있다.

조직 형태별로 본다면 대부분의 시민단체는 민간(private), 비영리(non-profit), 비정당(non-partisan) 조직 형태로 되어 있다. 이 경우에도 단순한 시민 로비단체 형태와 재단법인 형태로 나뉜다. 일반적으로 시민 로비단체는 기부금이 세금 공제가 되지 않는 데 반해, 재단법인 형태는 기부금에 대한 세금 공제가 허용된다. 외국의 시민단체들을 보면 대부분 시민 로비단체로 조직되어 있지만, 그 부설로 교육·연구기관 형태의 재단을 두고 있는 경우가 많다.

시민단체가 추구하는 목적을 기준으로 보면 ① 납세자의 전반적 이익을 추구하는 단체, ② 재정 낭비를 감시하기 위한 단체, ③ 납세자운동단체를 지원하기 위한 단체, ④ 조세제도의 개혁을 목표로 하는 단체로 나눌 수 있다.

① 납세자의 전반적 이익을 추구하는 시민단체

조직화되기 어려운 납세자의 전반적 이익을 위해 조직한 단체들은 납세자가 재정 주권의 소유자이고 정부재정의 실질적 주인임을 실증한 예다. 납세자단체는 수동적인 과세 객체로서의 납세자가 아니라 적극적으로 납세자의 권익을 위해 투쟁하는 납세자 조직이다. 이들은 재정 과정에 납세자의 의사를 반영하고, 재정운용을 감시하며, 예산회계 및 조세제도의 개혁을 요구하는 활동을 하고, 이를 위해 연구 및 교육을 하기도 한다.

납세자 의식이 성숙된 국가에서 납세자 단체가 결성되고 있으며, 대표적인 예를 들면 다음과 같다. 미국의 전국납세자연합(National Taxpayers Union: NTU),[1] 독일의 납세자연맹(Bund der Steuerzahler: BdSt),[2] 캐나다 납세자연맹(Canadian Taxpayers Federation: CTF)[3] 등이다.

② 재정 낭비를 감시하기 위한 시민단체

재정 낭비 감시단체는 정부재정의 낭비와 비효율성을 파헤치고 이의 시정을 요구하는 시민단체다. 국민의 조세 부담 측면보다는 재정운용상의 효율성과 정부의 책임성을 확보하기 위한 단체다. 납세자단체가 납세자의 권익을 직접 옹호하기 위한 단체라고 한다면, 재정 낭비 감시단체는 재정 낭비는 곧 국민의 조세 부담과 연결된다는 시각을 갖는 간접적인 납세자 권익 옹호단체라고 볼 수 있다. "정부재정이 낭비되고 있다"는 국민의 정부에 대한 불신에 토대를 두고 있으며, 국민이 예산의 파수꾼으로서 적극 참여하는 형태를 보여 준다.

대표적인 예를 들면 다음과 같다. 미국의 재정 낭비를 감시하기 위한 시민모임(Citizens Against Government Waste: CAGW),[4] 공익을 위한 납세자모임(Taxpayers for Common Sense: TCS),[5] 정부 감시에 관한 프로젝트(The Project On Government Oversight: POGO)[6] 등이다.

③ 납세자운동단체를 지원하기 위한 단체

납세자운동은 재정에 관한 전문성을 필요로 한다. 납세자운동단체의 전문성을 지원해주기 위한 단체들이 있다. 대표적인 단체가 미국 워싱턴 D.C.에 있는 예산 및 정책 우선순위 센터(The Center on Budget and Policy Priorities: CBPP)[7]이다. 이 단체는 그동안 예산 및 조세 관련 응용분석 경험을 축적하고 정책결정자가 직면하는 결정 상황에 초점을 맞춘 연구를 주로 진행하고 있다. 특히 정부의 정책이 저소득층이나 중산층

---

1) http://www.ntu.org
2) http://www.steuerzahler.de
3) http://www.taxpayer.com
4) http://www.cagw.org
5) http://www.taxpayer.net
6) http://www.pogo.org
7) http://www.cbpp.org

에게 미치는 영향에 주목하고 있다. 각종 자료와 연구 결과를 검토하고 적절한 시점에 분석 보고서로 발간해 공무원, 비영리단체(NPOs), 언론이 활용할 수 있도록 하고 있다.

이 단체는 '국제 예산 프로젝트(The International Budget Project: IBP)'8)를 추진하고 있는데, 이 프로젝트는 주로 개발도상국 또는 신생 민주화 국가들의 NGO와 연구자들을 지원한다. 재정정책을 분석하고 재정 과정 및 제도를 개선하기 위해 노력한다. 특히 현안 정책 이슈에 대한 연구와 빈곤층에 대한 재정정책의 효과에 유용한 연구 자료를 제공하는 데에 역점을 둔다. 나아가 예산 체제가 사회적 요구에 잘 반응하고 시민들에게 투명하고 책임을 지는 체제가 되도록 하는 데에 목적을 두고 있다.

④ 조세제도 개혁을 위한 시민단체

조세제도 개혁을 위한 단체는 국민들의 조세 부담 방식을 개선하기 위해 결성된 조직이다. 그런데 여기에는 납세자의 권익을 보호하기 위해 결성된 단체와 특정 조세제도의 도입을 위해 결성된 단체로 나눌 수 있다. 미국의 '조세 정의를 위한 시민모임(Citizens for Tax Justice: CTJ)'9)과 '조세개혁을 위한 미국인모임(Americans for Tax Reform: ATR)'10)은 전자의 예이고, 미국의 '대안적 조세제도를 위한 시민모임(Citizens For An Alternative Tax System: CATS)'11) 등은 후자의 예다.

그런데 조세제도의 개혁은 국민의 조세 부담 방식과 관련되기 때문에 공익을 추구한다고 하더라도 계층 간 소득 분배에 영향을 미치게 된다. 특정 계층이 상대적으로 유리해지고 특정 계층은 상대적으로 불리해지는 것이다. 기업과 부유층을 위한 특정 이익 로비스트들에 대항해 중산층 및 저소득층의 공정한 이익을 위한 조세개혁을 주장하는 진보적 단체도 있고, 모든 조세 인상을 반대하며 균일조세제도(flat tax)를 도입해야 한다는 보수적 단체도 있다.

(2) 한국의 납세자운동단체

한국에서 예산감시를 비롯한 납세자운동의 역사는 오래되지 않았다. 납세자운동으로서 본격적인 예산감시운동이 시작된 것은 1998년 경실련에 예산감시위원회가 구성되면서부터다. 경실련 예산감시위원회는 당년 3월 3일 '조세의 날'을 '납세자의 날'로 바꿔

8) http://www.internationalbudget.org
9) http://www.ctj.org
10) http://www.atr.org
11) http://www.cats.org

부르고 예산감시운동을 위한 출범식을 가졌다.[12] 그때의 출범 선언은 이렇게 시작하고 있다.

> "우리 사회에는 징세자의 권리는 있었으나 납세자의 권리는 존재하지 않았다. 오늘 우리는 조세의 날을 맞아 정부 예산감시 시민운동이라는 새로운 시민운동의 영역을 열어갈 것을 선언하면서 동시에 납세자로서의 시민의 권리를 선언하고자 한다."

그 후 참여연대, 함께하는 시민행동, 납세련 등의 납세자운동이 연이어 전개되었다. 최근에는 '세금 도둑 잡아라' 등의 납세자운동단체들이 등장했다. 한국에서 납세자운동이 시작된 시기는 IMF 경제 위기로 인해 대량 실직자가 양산되고 실질소득과 자산가치가 격감되어 국민의 경제적 고통과 심리적 고통이 가중된 시기였다. 당시 어려운 경제 여건 속에서 국민들이 힘들게 납부한 혈세는 부실채권 정리, 국채의 이자 부담 등에 사용됨으로써 금융 부실 등 경제 위기의 책임자를 단죄하지 못한 채 국민만 최대의 피해자가 되게 만들었다. 그러한 상황에서 많은 시민이 예산 낭비 실태를 제보하고 익명의 성금을 보내 주는 등 국민들의 호응이 매우 큰 상황 속에서 납세자운동은 시작되었다.

(3) 납세자운동의 목표와 납세자운동단체의 역할

외국의 납세자운동단체의 활동을 보면 활동 내용이 약간씩 다르지만 운동 목표는 대체로 공통된 성격을 갖고 있다. 공통된 목표는 납세자의 권익을 옹호하는 것이다. 구체적인 내용을 보면 다음과 같다.

① 조세 인상의 반대와 납세자의 조세 부담 축소
② 재정적자의 축소와 균형 예산의 달성
③ 낭비적이고 비효율적인 정부 지출의 제거
④ 재정 지출에 대한 정부기관의 책임성 확보
⑤ 탈세 및 조세 회피의 방지
⑥ 공정 과세와 조세 체계의 단순화 등

이러한 납세자의 권익은 어느 시민단체이든 공통된 내용을 갖고 있으며, 다만 활동

12) 이후 정부는 2000년부터 3월 3일 '조세의 날' 명칭을 '납세자의 날'로 바꾸었다. 명칭 변경에 대해 정부 관계자는 "납세자가 주인이고 공무원이 납세자를 생각하며 국민이 낸 세금을 아끼는 날이 되어야 한다는 의미에서 변경하게 된 것이다"고 말하고 있다. 이것은 경실련 예산감시운동 출범식의 영향을 받은 것이며, 정부가 납세자 주권 의식을 확인하는 사례라고 볼 수 있다.

내용과 관련해 그 범위가 다를 뿐이다. 그러나 납세자의 권익 추구와 관련된 일반적 목표는 전혀 이견이 없지만 구체적 목표에 이르면 논란의 여지가 발생한다. 조세제도 개혁 내용과 관련된 경우에 특히 차이를 보인다.

납세자운동단체들은 앞에서 제시한 납세자운동의 목표를 달성하기 위해 다양한 활동을 펼친다. 여기서는 우리나라의 납세자운동단체의 활동을 중심으로 그 역할을 살펴본다.

첫째, 납세자 권리 의식의 고취 역할이다. 납세자운동의 궁극적 목표는 납세자 주권의식을 확립하는 것이다. 납세자가 과세 대상이라는 수동적 객체가 아니라 세금의 주인이라는 능동적 주체 의식을 갖게 하는 것이 납세자운동의 주요 목표다. 이것이 바로 재정 민주주의의 근간이기 때문이다. 납세자가 정부예산의 주인이라는 권리 의식을 가질 때 재정 낭비를 막고 국민 세금을 아끼려는 예산문화를 정착시킬 수 있다. 이를 위해 출판물 및 매스컴 등을 이용한 여론 조성 및 이슈화를 시도하고, 세미나와 공청회 등에 참여한다.

둘째, 제도 개혁 및 정책대안의 제시 역할이다. 납세자의 권익과 관련된 조세제도 및 재정지출 관련 각종 제도와 정책에 대해 납세자의 관점에서 개혁을 요구하고 대안을 제시한다. 필요한 경우 청원 및 입법활동을 한다. 경실련이 정부회계제도 개혁 차원에서 복식부기·발생주의회계제도의 도입을 위해 끈기 있게 노력한 결과 복식부기 도입이 정책의제화된 것은 전형적인 예다. 납세련에 의한 공직자 후보 납세 실적 공개를 제도화한 것이나, 지역 시민단체의 노력에 의해 주민참여 예산제도를 도입한 것도 이러한 예다. 그러나 조세제도 및 사회복지정책의 개혁과 관련해서 단체 간 이해의 상충이 일어날 수도 있다.

셋째, 직접적인 로비활동이다. 오랜 경험이 축적된 외국의 시민단체에서는 이 기능이 매우 활발한 편이다. 캠페인, 시위 등의 방법을 사용해 조세 인상 조치나 낭비적인 정부의 사업 또는 정책을 취소시키고, 관료 및 의원들의 낭비적인 활동을 취소시킨다. 시민행동으로부터 '밑 빠진 독상'을 받은 '천년의 문' 건설사업이 폐지된 것은 이러한 사례에 해당한다.

넷째, 교육 및 연구활동이다. 납세자의 권익을 위한 정책대안을 모색하기 위해 전문가 중심의 연구활동을 수행하며, 수집·분석된 정보와 정책대안에 대해 국민과 매스컴 등에 대한 교육을 담당한다. 그리고 회원들에게 효과적인 로비스트가 되는 방법을 교육한다. 활동가를 위한 워크숍과 지방 의원 및 시민을 대상으로 한 교육 프로그램 등이 이러한 예에 속한다.

다섯째, 정보 수집 및 모니터링 활동이다. 예산 낭비 고발센터를 만들어 시민들로부터 제보를 받거나 정보공개 청구를 통해 필요한 자료와 정보를 수집한다. 외국의 경우 정보의 주요 원천이 내부 고발자와 의원 보좌관들이다. 필요한 경우 예산 관련 설문조사를 하기도 한다. 그리고 예산집행이 이뤄지고 있는 정책 또는 사업에 대한 모니터링, 그리고 국회 및 지방의회 의원들의 심의 활동에 대한 모니터링을 한다.

여섯째, 지역 연대 및 국제 연대의 역할이다. 전국예산감시 네트워크와 같이 상시적 지역 연대활동을 하거나 현안 이슈를 중심으로 일시적 연대활동을 한다. 이러한 연대활동은 정보 공유, 활동 능력 향상, 효과적인 로비활동 등을 위해 필요하다. 그리고 외국의 관련 NGO 인사를 초청하거나 방문하고, 국제적인 연대활동에 참여한다.

제 2 절 납세자 소송제도와 국민참여 예산제도

1. 납세자 소송제도

재정 과정에 시민이 참여할 수 있는 제도적 장치는 다양하다. 지방정부 차원에서 도입된 정보공개 청구, 주민감사 청구(1999), 조례 제・개폐 청구(주민발안, 2000), 주민투표(2004), 주민소송(2006), 주민소환(2006), 주민참여 예산(2011) 제도 등이 시민참여 제도들이다. 중앙정부 차원에서는 2018년 국민참여 예산제도가 도입되었다.

여기서는 대표적인 예산 과정에의 시민참여제도로서 납세자 소송제도와 국민참여 예산제도에 대해 살펴본다.

1) 납세자 소송제도의 의의

납세자 소송제도는 납세자인 시민이 직접 국가 또는 지방자치단체의 재정 지출과 관련된 부정과 낭비를 감시하고 문제점이 발견될 경우에 시정할 권리를 행사하는 제도다. 납세자 소송이란 국가나 지방자치단체의 예산이 위법하게 사용된 경우에 이를 환수할 수 있는 소송 제기권을 납세자에게 부여하는 제도를 의미한다(하승수, 2000). 납세자 소송은 민중소송 및 공익소송의 일종이다.[13] 국민이 자기의 권리나 이익과 관계없이 그 시정을 구하기 위해 제기하는 소송으로 공공의 이익을 보호하기 위한 소송이기 때문이다.

납세자가 국가나 지방자치단체를 대신해 공공재정에 손해를 끼친 자를 상대로 직접 소송을 제기한다는 점에서 국민에 의한 재정 주권의 실현을 보장하는 재정 민주주의의 본질을 가장 잘 반영한 제도적 장치다.

2) 미국의 연방부정청구법

미국의 납세자 소송제도는 연방정부의 '연방부정청구법(The Federal False Claims Act)'과 지방정부의 납세자 소송제도(Taxpayer' Suit)가 있다. 연방정부에서의 납세자 소송제도는 1863년에 제정된 '연방부정청구법'에서 비롯된다. 이 법은 남북전쟁 당시에 만연하고 있던 연방 보급품 구매 과정에서의 부정행위를 막기 위해 링컨(Abraham Lincoln) 대통령이 입법을 하여 '링컨법(Lincoln Law)'이라고 불린다. 이 법은 개인이 정부를 상대로 부정행위를 한 자를 상대로 소송을 하여 피고로부터 환수한 금액의 최고 50%까지를 보상받을 수 있도록 제정되었다. 그러나 1943년 군수업계의 로비로 인해 상당 부분 약화되었고, '법은 존재하나 실질적으로 이용되지 못하는 상태'가 지속되었다. 그러다가 1986년 법 개정으로 그동안 사문화된 부정청구법을 부활시켜 오늘에 이른다.[14]

미국의 연방부정청구법은 다음과 같은 행위를 한 자에 대해 적용된다.

① 고의로 공무원 또는 정부 고용원, 군대의 일원에게 지급 또는 승인을 받기 위해 허위 또는 사기적 청구를 하거나 청구되게 한 자

② 고의로 정부로부터 허위 또는 사기적 청구에 대한 지불 또는 승인을 받기 위해 허위의 기록이나 진술을 제작, 사용하거나 또는 제작, 사용되도록 한 자

③ 허위 또는 사기적인 청구를 승인하거나 지불케 하여 정부를 편취하려고 모의한 자

④ 정부가 사용했거나 사용할 물건 또는 돈을 소유, 보관, 관리하고 있는 자로서 정부를 편취하거나 재산을 은닉할 목적으로 자신이 받은 증명서 또는 영수증에 기재된 양보다 적은 양을 배달하거나 배달되도록 한 자

⑤ 정부가 사용했거나 사용할 물건의 영수 사실을 증명하는 문서를 만들거나 배달할

---

13) 민중소송은 국가 또는 공공단체의 기관이 법률에 위반되는 행위를 한 때에 직접 자기의 법률상 이익과 관계없이 그 시정을 구하기 위한 소송으로 행정소송법 제3조에 규정되어 있다.

14) 사문화된 부정청구법이 실효성을 갖게 된 것은 국방 무기 조달 절차 등에서 정부를 상대로 한 업자들의 사기행위로 인해 막대한 예산이 낭비되고 있음이 회계검사원(General Accounting Office) 등에서 지적한 것이 계기가 되었다.

권한이 부여된 자로서 정부를 편취할 목적으로 영수증상의 정보가 사실인지 여부를 확인하지 아니한 채 위 문서를 만들거나 배달한 자

⑥ 법적으로 공공재산의 판매나 담보 제공을 할 수 없는 공무원 또는 정부의 고용원이나 군대의 일원으로부터 고의로 공공재산을 사거나 담보로 제공받은 자

⑦ 고의로 정부에 금전이나 재산을 지불 또는 전달해야 할 의무를 감추거나 회피하거나 줄이기 위해 허위의 기록이나 진술을 제작, 사용하거나 제작, 사용되도록 한 자

부정청구법의 적용 대상이 되는 사람은 판결이 확정된 경우 연방정부의 재정적 손실에 대해 손해배상의 책임이 있다. 손해배상의 정도는 정부에 대해 자신의 행동으로 말미암아 정부가 입은 손해의 세 배에 해당하는 금액에 매 부정 청구 건당 민사 벌금을 추가한 금액이다. 이렇게 과중하게 손해배상 책임을 부정 청구자에게 물림으로써 정부 예산의 부정과 낭비를 방지하는 가장 유용한 도구가 되는 역할을 했다.

연방부정청구법에 의해 제기되는 소송을 퀴탬(Qui tam) 소송이라고 부른다.[15] 퀴탬 소송은 연방정부에 행한 사기적 행위에 대한 증거를 가진 사람이 연방정부를 대신해서 부정행위자를 상대로 소송을 제기할 수 있게 만든 소송제도다. 이 규정은 시민을 '사적 법무장관(private attorneys general)'으로 행동하게 하는 의미를 갖는다. 이 소송은 실제로 내부의 공익 제보자에 의해 제기되는 경우가 많기 때문에 종종 '내부 제보자 소송(whistleblower lawsuit)'이라고도 불린다. 소송 제기자는 승소할 경우 환수 금액 중 최소 15%에서 최대 30%에 해당하는 보상금을 받는다.

연방부정청구법이 1986년 개정된 이후 퀴탬 소송은 예산 부정 및 낭비를 방지하는 데에 크게 기여한 것으로 평가받고 있다. 소송 건수를 보면 1987년부터 2011년까지 7,843건으로 매년 300건이 넘는 소송이 제기되고 있으며, 최근 점차 증가 추세를 보이고 있다. 그동안 퀴탬 소송으로 회수된 금액은 2백억 달러(약 21조 원)가 넘으며, 소송 관련 보상액은 30억 달러가 넘는다. 소송을 제기한 사인(私人)에 대한 평균 보상액은 1인당 백만 달러 이상으로 납세자 소송 제기의 유인 역할을 하고 있다. 미국의 퀴탬 소송이 활성화된 것은 무엇보다도 내부 제보자들에 대한 보호 장치가 잘 되어 있기 때문임을 상기할 필요가 있다.

---

15) 'Qui tam'은 라틴어로 'Qui tam pro domino rege quam pro se ipso(자기 자신을 위해서뿐만 아니라 왕을 위해 소송을 제기하는 사람)'이라는 뜻에서 나온 말이다.

미시간의 청십자/청방패(Blue Cross/Blue Shield of Michigan) 사건

- 정부는 의료보장 프로그램의 일정 부분을 관리하게 하고 비용을 지불하기로 미시간의 청십자/청방패와 계약
- 정부는 퀴탬 소송 제기인이 제출한 정보에 근거하여 미시간의 청십자/청방패가 의료보장 프로그램에 관련 없는 비용을 부적절하게 청구하고 그러한 부적절한 청구를 지원하는 허위문서를 제출한 사실을 발견
- 소송 결과 미시간의 청십자/청방패는 정부에 2,760만 달러를 지급하게 되었다.
- 소송 제기인인 다르시 플린(Darcy Flynn)은 그녀가 제공한 정보 덕분에 550만 달러(약 58억 원)의 보상금을 받았다.

3) 우리나라 지방정부의 주민소송제도

(1) 주민소송제도의 도입 경위

우리나라의 주민소송제도는 1949년에 제정된 지방자치법에 유사한 제도가 도입된 바 있다. 조례 또는 장의 명령이나 처분이 위법하다고 인정할 때는 일정 수 이상의 주민이 직접 감독관청이나 대법원에 출소할 수 있는 주민 출소제도를 채택했다. 이 제도는 주민 참여제도로서 비교적 충실한 제도라는 평가를 받았으나 소송 대상이 행정소송법 체계와 조화하기 곤란하고 소송 절차가 미비되어 있는 문제점이 있었다. 결국 주민소송제도가 활용된 예가 없었다는 이유로 1988년에 폐지되고 말았다. 이 제도는 예산집행을 직접 대상으로 한 납세자 소송제도는 아니지만 주민자치의 입장에서 주민의 소송제기권을 인정했다는 점에서 의미를 갖는다.

이후 시민단체가 중심이 되어 납세자 소송제도의 도입 움직임이 있었다. 첫 납세자 소송은 2000년 하남시를 대상으로 '환경박람회 적자분에 대한 부적정한 정부보조금 156억 원 환수'를 위한 납세자 소송을 266명의 시민이 제기한 사례다. 그러나 소송 제기자가 원고 적격이 아니라는 이유로 각하되었다. 비록 각하되긴 했지만 납세자 소송에 대한 관심을 불러 일으키는 데에는 중요한 역할을 했다. 그리고 시민단체들이 국회에 납세자 소송법의 입법청원을 했다.[16] 이러한 노력의 결과 2004년 지방자치법 개정을 통해 주민소송제가 도입되었으며, 2006년 1월부터 발효되었다.

---

16) 참여연대와 함께하는 시민행동이 2000년 12월 12일 국회에 '납세자소송법 입법청원'을 했다. 노무현 행정부는 납세자 소송제도를 '국민소송제도'라고 부르며, 도입을 검토하겠다고 밝힌 바 있다.

그러나 중앙재정을 대상으로 한 '국민소송제'는 아직 도입되지 않고 있다. 일부 의원들에 의한 국민소송법안이 국회에 제출된 적이 있지만 통과되지 못한 상태다.

(2) 주민소송제도의 내용

주민소송제는 지방자치단체의 위법한 재무회계 행위에 대해 지역주민이 자신의 개인적 권리·이익의 침해와 관계없이 그 위법한 행위의 시정을 법원에 청구할 수 있는 제도다. 2004년 지방자치법 개정을 통해 주민소송제를 도입했으며, 2006년 1월부터 발효되었다.

주민소송의 소송 대상은 지방자치단체의 위법한 재무회계 행위다. 지방자치단체가 행하는 공금의 지출, 재산의 취득·관리·처분, 자치단체를 당사자로 하는 매매·임차·도급·그 밖의 계약의 체결·이행, 지방세·사용료·수수료·과태료 등 공금의 부과·징수의 사항과 관련 있는 위법한 행위나 해태 사실이 소송 대상이 된다(지방자치법 제17조).

우리나라는 일본의 주민소송제와 마찬가지로 주민감사청구 전치주의를 택하고 있다. 상기 주민소송 대상에 대해 먼저 감사청구를 한 다음 감사청구 결과에 불복이 있는 경우에 감사청구에 연서한 주민 중 누구라도(1인도 가능) 주민소송을 제기할 수 있다. 주민소송은 당해 지방자치단체의 장을 상대방으로 소송을 제기한다.

주민감사청구는 일정 수 이상의 주민이 연서해 상급기관에 주민감사청구를 제기한다. 연서 주민 수는 시·도는 500명, 50만 명 이상 대도시는 300명, 시·군·구는 200명을 초과하지 않는 범위 내에서 자치단체조례로 규정한다.[17] 감사청구는 상급기관에 하게 되어 있는데, 시·도는 주무부 장관, 시·군·구는 시·도지사에게 감사청구를 한다. 그리고 감사청구 기한이 제한되어 있는데 당해 사무 처리가 있었던 날 또는 종료된 날로부터 2년이 경과하면 감사청구를 제기할 수 없다. 다만, 정당한 사유 발생시 예외가 인정된다.

그런데 소송의 남발과 행정의 안정성을 위해 감사청구 전치주의를 택하고 있지만 주민감사청구 전치주의가 주민소송제를 제약하는 요소로 작용하는 점을 유의할 필요가 있다. 첫째, 감사청구의 계기가 내부 제보자에 의해 제기되는 경우가 많다는 점에서 1인이라도 감사청구를 할 수 있고, 내부 제보자에 대한 비밀 보호가 이뤄져야 하는데 그

17) 지방자치법 개정으로 2022년부터 감사청구 연령 기준을 종전의 19세에서 18세로 낮추고, 청구주민 수 기준을 시·도의 경우 종전의 500명에서 300명 이내에서 조례로 정하는 수로 변경된다.

렇지 못하다. 둘째, 감사청구를 상급기관에 하게 함으로써 감사의 독립성과 공정성이 담보되지 않은 점이다. 일본의 경우 주민이 직접 참여하는 주민감사위원회에서 감사를 하는 것처럼 우리나라도 독립적 감사가 이뤄질 수 있도록 제도 개혁이 이뤄져야 한다. 셋째, 감사청구 기한에 대해 당해 사무 처리가 있었던 날 또는 종료된 날부터 2년을 경과하면 감사청구를 제기할 수 없도록 한 점도 문제다. 감사청구 대상 사안들이 2년을 경과해 진상이 밝혀지는 경우가 너무 많기 때문이다. 감사청구 기한을 좀 더 연장할 필요가 있다.[18]

주민이 청구할 수 있는 소송은 크게 네 가지 유형이 있다.

1유형: 당해 행위의 전부 또는 일부의 중지를 구하는 소송(중지청구 소송)

2유형: 당해 행위의 취소 또는 변경을 구하거나 효력의 유무 또는 존재 여부의 확인을 구하는 소송(처분 취소무효 등 확인소송)

3유형: 당해 해태 사실의 위법 확인을 구하는 소송(해태사실 위법확인 소송)

4유형: 책임 있는 당사자에게 손해배상청구 또는 부당이득 반환청구를 할 것을 요구하는 소송(손해배상청구 등 이행소송)

그리고 소송을 제기한 주민이 승소한 경우에는 당해 자치단체에 대해 변호사 보수 등의 소송비용과 감사청구 절차의 진행 등을 위해 소요된 비용을 청구할 수 있는 실비보상 청구권을 부여했다. 또한 주민소송의 확정 판결에 따라 손해배상 등의 책임을 지게 되는 당사자에게는 판결이 확정된 날부터 60일 이내에 손해배상금 등의 지불을 청구하도록 했다. 다만, 그 기간 내에 손해배상금 등이 지불이 되지 않을 경우에는 자치단체가 손해배상금을 지불할 당사자를 피고로 민사소송을 제기해 배상금 지불의 이행을 담보하도록 했다.

2. 국민참여 예산제도

1) 참여예산제의 의의

참여예산제는 통치(government)의 시대에서 거버넌스(governance)의 시대로 변화하

18) 지방자치법 개정으로 2022년부터 주민감사청구를 사무처리가 있었던 날이나 끝난 날부터 2년 이내에 제기하도록 하던 것을 3년 이내에 제기할 수 있도록 제기기간이 변경된다.

는 시대의 흐름을 반영한 제도다. 종전의 예산편성은 행정부(집행부)가 독점적 결정권을 행사했다. 최근의 정책결정 체제의 흐름은 협력적 네트워크를 바탕으로 한 참여와 상호 협력의 기제로 나가고 있다. 참여예산제는 거버넌스의 한 형태다. 그리고 시민이 예산 과정에 직접 참여한다는 점에서 참여예산제는 재정 민주주의를 가장 잘 구현한 제도다.

참여예산제는 예산 과정의 단계별로 볼 때 예산 편성 단계에서의 참여에 초점을 맞추는 제도다. 광의의 참여예산제는 예산 과정의 모든 단계에의 시민참여를 의미하지만 협의의 참여예산제는 예산편성 단계에서의 시민참여를 의미한다. 또한 예산 과정에의 시민참여는 중앙정부와 지방정부 모두 가능하지만 참여예산제는 주민친화적인 지방정부에 더 적합하다. 이것은 시민참여의 대상 범위와 관련이 있다. 그러나 중앙정부 예산도 참여예산제의 대상이 될 수 있으며, 2018년 국민참여 예산제가 도입되었다.

표 10-1 참여예산제의 이념

	지향 이념
과정	개방성(누구나), 공동체성(함께), 평등성(똑같이), 민주성(자유롭게), 투명성(공개적으로), 담론지향성(토론하는)
결과	대응성, 효율성, 형평성

참여예산제가 지향하는 이념은 과정적 측면과 결과적 측면으로 나눠 볼 수 있다. 과정적 측면에서의 이념은 개방성, 공동체성, 평등성, 민주성, 투명성, 담론지향성 등을 들 수 있다. 이것은 "누구나, 함께, 똑같이, 자유롭게, 공개적으로 토론하는" 참여를 지향함을 의미한다. 결과적 측면은 대응성, 효율성, 형평성 등을 들 수 있다. 이것은 시민의 요구(수요)가 반영된 효율적이고 공평한 예산이 편성되어야 함을 의미한다. 여기서의 효율성은 배분적 효율성과 기술적 효율성이 모두 포함된다. 형평성은 계층 간, 집단 간, 지역 간, 성별 등의 공평한 예산 배분을 의미한다. 그런데 참여예산제는 결과보다는 과정 측면의 이념을 지향하는 경향이 있다.

2) 지방정부 주민참여 예산제도의 도입 과정과 내용

(1) 도입 과정

우리나라에서 처음 주민참여 예산제도가 논의된 것은 2001년 예산감시단체 연대기

구인 전국예산감시네트워크 워크숍에서다. 이 워크숍에서 브라질 노동자당(PT)과 교류를 갖고 있던 당시 민주노동당의 참석자가 브라질 참여예산제도를 처음 소개한 바 있다. 여기서 시민단체의 공식 의제로 채택되었고, 2003년 1월 참여예산 모범조례안을 제시하고 본격적인 참여예산조례 제정운동을 시작하였다.

주민참여 예산제도가 정부의 의제로 채택된 것은 노무현 행정부 집권 초기인 2003년 7월이다. 지방분권 추진 로드맵에서 참여예산을 비롯한 주민참여제도 도입 및 활성화를 정책과제로 채택한 바 있다.

이후 주민참여 예산제도는 관심 있는 지방정부로부터 도입되기 시작했다. 최초로 도입한 곳은 광주시 북구청이다. 2003년 8월부터 공청회 등 논의를 시작한 광주시 북구청이 2004년 우리나라 예산감시네트워크 표준조례안을 모델로 최초의 주민참여예산조례를 제정하였다. 이어 울산 동구청(2004년), 대전 대덕구(2005년)에서 도입되었고, 전국적으로 확산되었다.

2005년 6월에는 지방재정법 개정으로 주민참여 예산제 시행의 명시적인 법적 근거를 마련하였다. 지방재정법 제39조에 "지방자치단체의 장은 대통령령이 정하는 바에 따라 지방 예산편성 과정에 주민이 참여할 수 있는 절차를 마련하여 시행할 수 있다"고 규정함으로써 임의규정으로 두어 실제 시행 여부는 지방자치단체 자율에 맡겨졌다.

주민참여 예산제도 시행의 임의규정은 2011년 의무규정으로 개편되면서 모든 지방자치단체에 전면 시행되었다.

(2) 주민참여 예산제의 내용

① 주민참여 대상 예산

지방재정법 시행령(제46조 제4항)은 주민참여 예산의 범위의 구체적 사항은 지방자치단체의 조례로 정하게 하고 있다. 서울시 주민참여 예산제 운영조례(제6조)는 "예산편성 과정에 주민의견 제출의 범위는 해당 연도의 전체 예산과 기금을 대상으로 한다"고 규정하고 있다.

주민참여 가능 대상 예산은 모든 예산(일반회계, 특별회계) 및 기금이다. 그러나 실질적으로는 법적·의무적 경비 등의 예산사업은 참여하기 어렵다. 또한 주민이 매년 예산편성 단계에서 의견을 낼 수 있는 예산 및 기금의 범위는 극히 제한적일 수밖에 없다.

그런데 주민참여 대상사업의 양적 비중은 크게 문제되지 않는다. 주민참여 예산제도의 과정 측면에서 역량 강화 토의 민주주의를 구현하는 것만으로 제도의 목적을 상당한 정도 달성할 수 있다. 주민참여 예산제도는 납세자 주권에 바탕을 둔 재정 민주주의 구현의 최상의 제도적 장치이기 때문이다.

② 주민참여 방법

지방재정법 시행령(제46조)에는 예산편성 단계에서의 주민참여 절차로서 다음의 네 가지를 제시하고 있다. 즉, ① 공청회 또는 간담회, ② 설문조사, ③ 사업 공모, ④ 그 밖에 주민 의견 수렴에 적합하다고 인정하여 조례로 정하는 방법이다.

주민참여 예산제도에서 주민참여 방법의 핵심은 주민참여예산위원회 구성이다. 다양한 주민집단을 대표하는 주민참여예산위원회를 구성하여 주민과의 소통 및 참여를 보장할 수 있기 때문이다. 가장 모범적인 주민참여예산 모델은 주민참여예산위원회와 지역회의를 구성하여 운영하는 방식이다. 중간 형태가 민관협의회 형태의 기구를 운영하는 방식이다. 가장 소극적 운영방식은 주민참여예산위원회를 구성하지 않고 예산 및 정책 토론회를 개최하는 수준으로 주민의 참여를 보장하는 방식이다.

3) 국민참여 예산제도

(1) 국민참여 예산제도의 의의

국민참여 예산제도는 중앙정부 차원에서 예산 과정에의 국민참여를 제고하기 위해 도입하는 재정 민주주의 제도화의 일환이다. 국민참여 예산제도의 특징으로 납세자 주권, 민주적 거버넌스, 심의 민주주의 등을 들 수 있다.

첫째, 국민참여 예산제도는 납세자 주권을 반영한 제도다. 이것은 재정의 주인이 납세자인 국민이라는 재정 민주주의를 의미한다. 따라서 "모든 국민은 예산 과정에 참여할 권리가 있다"는 기본 원리를 내포하고 있다. 참여의 개방성이야말로 국민참여 예산제도의 핵심 가치에 해당한다. 모든 국민이 성별, 연령별, 지역별, 학력별, 소득 수준별로 차별받지 않는다는 것이 중요하다. 평등성에 기반한 개방성을 의미한다.

둘째, 민주적 거버넌스의 실현이다. 거버넌스의 등장은 독점적 정책결정권을 보유하고 행사하는 정부의 권한을 비정부 집단과 공유하고 분산하고자 하는 시대적 흐름을 반영한 것이다. 또한 민간 영역의 다양한 자원을 적극적으로 활용할 수 있고, 공공가치와 사회적 자본형성에 기여할 수 있다는 점을 높이 평가한다. 민주적 거버넌스는 거버넌스 리더십, 정보 및 자원 공유, 다양한 협력 형태의 제도화를 기반으로 한다. 민주적 거버넌스 차원의 국민참여 예산제도는 단순히 국민들의 예산 관련 의견을 수렴해 반영하는 수준이 아닌 예산상의 의사결정권을 공유하는 권한 이양(empowerment)을 의미한다.

셋째, 심의 민주주의(deliberative democracy)의 구현이다. 심의 민주주의란 시민들 간의 토론과 의사소통을 통해 개인들이 자신의 선호를 계속 변화시켜가면서 합의된 집단적 의사를 형성하는 것을 말한다. 이 경우 합리적 정책을 결정할 수 있는 분석 능력이 중요한 것이 아니라, 상호 합의할 수 있는 대안을 도출하는 능력이 중요하다. 심의 민주주의 하에서는 전문성이 약한 시민도 충분한 정보제공과 의사소통 능력만 있으면, 담론적 정책결정에 참여하는 데 아무런 지장이 없다. 심의 민주주의는 심의 또는 숙의가 의사결정의 중심이 되는 민주주의 형식으로서 공론조사가 대표적인 의사결정 방법이다. 여론은 무작위로 추출된 수동적 시민들의 피상적인 의견인 반면, 공론은 학습과 토론이라는 숙의 과정을 통해 충분한 정보와 지식을 갖춘 능동적 시민들의 의견이라는 점에서 차이가 있다. 예산제도 자체가 전문적 성격을 띠고 있고, 시정 목표와 정책 및 사업들이 전문성을 갖는 경우가 많으며, 정책 및 사업의 채택이 이해관계상 갈등상태인 경우가 많기 때문에 국민참여 예산제도는 단순 여론조사 방식이 아닌 공론조사 성격으로 구조화될 필요가 있다(윤영진, 2017).

국민참여 예산제도는 2017년 시범 도입 후 2018년부터 본격적으로 도입하여 운영하고 있다. 국민이 예산사업의 제안, 심사, 우선순위 결정 과정에 참여하여 재정의 민주성과 투명성을 제고하기 위한 제도다. "정부는 예산 과정의 투명성과 예산 과정에의 국민참여를 제고하기 위하여 노력하여야 한다"는 국가재정법(제16조 제4호)의 규정에 근거를 두고 있다. 국민참여 예산제도는 주민참여 예산제도와 마찬가지로 예산 과정 중 예산편성 단계에 적용하는 제도이며, 기획재정부가 주관한다.

(2) 예산 과정에의 국민참여 방법과 절차

예산편성 단계에서의 국민참여 방법에는 ① 예산사업의 직접 제안, ② 재정 관련 현안 등에 대한 토론 과정에 참여하여 의견 개진, ③ 예산국민참여단에의 참여의 방법이 운영되고 있다. 직접 제안형 참여와 예산국민참여단의 구성은 2018년 도입 때부터 시작했으나, 토론형 참여는 2019년부터 도입되었다. 그동안 제도 운영은 기획재정부 중심으로 상반기 기간 동안 제안 접수, 토론 등을 통한 사업발굴에 집중하였으나, 제도 확산을 위해 국민의 상시 참여 프로그램으로 개편하였다.

① 제안형 국민참여

국민 누구나 사업을 직접 제안하여 적격성 점검을 통과하면 제안을 사업으로 숙성하여 예산에 반영하는 방식이다. 제안형 참여의 진행 순서는 다음과 같다. 즉, '국민 사업 제안→부처 적격성 점검→사업 숙성→지원협의회의 부처 사업 숙성 내용 논의→국민참여단 공감 투표→부처 사업 요구→국민참여단 선호도 투표·기획재정부 검토→정부안 반영'이다.

사업 제안 대상은 중앙정부에서 수행하는 모든 재정 사업을 포괄한다. 환경, 보건·복지, 산업·중소기업·에너지 등 국가재정 운용계획상 전체 분야를 대상으로 하며, 전국에 효과가 귀속되는 신규사업이고, 예비 타당성 조사 대상이 아닌 사업이다. 재정사업과 관련되어야 하고, 단순 민원이나 재정소요가 없는 규제 철폐 등은 제안 대상이 아니다. 또한 별도의 선정 절차에 따라 사업이 편성집행되는 공모형 사업과 총액계상 사업은 제안 대상이 아니다.

그런데 제안된 사업 중에 각 부처에서 적격성 검토를 통해 부적격 사업은 제외한다. 부적격 판정을 하는 경우는 다음과 같다.

- 현행 법령에 위반되거나, 법 개정이 선행되어야 하거나, 추진 과정에서 법령에 위반될 가능성이 높은 경우
- 지방자치단체 고유사업인 경우
- 대규모 사업으로 예비 타당성 조사가 선행되어야 하는 경우[19)]
- 제안의 배경 및 추진방향 등이 타당하지 않은 경우
- 각 부처가 예산사업으로 추진 중이거나, 제도개선에 반영하여 추진 중인 경우
- 특정 지역 지원 사업, 사업효과가 특정 지역에 제한되는 사업, 특정 개인 또는 단체 지원 사업, 특정 제품 판매를 목적으로 하는 사업

국민들의 사업 제안은 상시 접수하되, 2~3개월의 특정 기간을 정하여 집중 접수하는 방식을 병행한다. 사업 제안 방식은 온라인 및 오프라인으로 제안할 수 있다. 구체적 제안은 국민참여 예산제도 홈페이지(www.mybudget.go.kr), e-메일(mybudget@korea.

---

19) 총사업비(국비, 지방비, 공공기관, 민간부담금 모두 포함) 500억 원 이상이고, 국가재정 지원 규모가 300억 원 이상인 건설사업(토목, 건축 등), 정보화, 국가 연구개발 사업. 그리고 재정지출(중기재정지출)이 500억 원 이상인 사회복지, 보건, 교육, 노동, 문화 및 관광, 환경보호, 농림해양수산, 산업·중소기업 분야의 사업이 여기에 해당한다.

kr), 우편(기획재정부 참여예산과)의 세 가지 방식으로 할 수 있다. 그리고 주요 부처 대표 홈페이지와 국민의견수렴 플랫폼(국민신문고, 국민생각함 등)에 설치된 배너를 통해서도 접속 가능하다.

적격성 심사를 통과한 사업들은 사업 숙성 과정을 진행한다. 사업 제안자의 의견 수렴 과정을 거치고 적격 제안자와 우수 제안자에게는 사례 또는 인증서를 전달한다. 이후 복지분과, 사회분과, 경제분과, 일반행정분과의 민간 전문가로 구성된 지원협의회에서 사업 숙성 내용을 논의한다. 이때 기획재정부 참여예산 과장과 주요 부처 담당자가 참석한다.

숙성된 사업에 대해 예산국민참여단은 참여예산 후보사업을 압축하고 선호도 투표를 통해 우선순위를 정한다. 또한 예산반영 이후에도 실제로 사업이 어떻게 진행되고 있는지를 확인할 수 있는 집행 모니터링에 제안자와 국민참여단이 참여한다.

② 토론형 국민참여

토론형 참여는 주요 재정 관련 사회 현안 등에 대한 논의 및 국민 의견 수렴 등을 통해 사업을 숙성하여 예산에 반영하는 방식이다. 2019년부터 다양한 국민의 목소리를 듣고자 주요 사회 이슈 및 재정사업에 대해 국민들과 함께 논의·토론 과정을 거쳐 개선 아이디어를 심화 발전시키는 토론형 국민참여 방식을 추가 운영 중이다. 토론 과정은 온라인 자유토론 이후 토론 내용을 정리, 심화하는 현장토론으로 진행된다.

그동안 논의된 주제를 보면 다음과 같다. 2019년 아동보육 지원, 청년 희망사다리 복원, 중기·소상공·자영업자 행복한 일터 구축, 2020년 상반기에는 고령자·여성 경제활동 활성화, 성범죄 대응, 1인 가구 증가 대응, 국민건강증진, 미래핵심 먹거리 등이다.

토론형 참여의 주제는 공모하거나 부처가 제안하는 주제로 구분되며 진행 절차도 다르다. 공모 주제의 토론형 참여의 진행 순서는 다음과 같다. 즉, '주제 공모 → 주제 선정 투표 → 토론 보고서 → 토론 → 사업 숙성 → 부처 사업 요구 → 기획재정부 검토 → 정부안 반영'이다. 부처 제안 주제의 토론형 참여는 '부처별 토론 보고서 → 토론 → 사업 숙성 → 부처 사업 요구 → 기획재정부 검토 → 정부안 반영'이다.

③ 예산국민참여단에의 참여

예산국민참여단은 일반 국민이 예산 과정에 직접 참여하여 예산 사업에 대한 의견을 수렴하고 예산에 반영할 수 있게 만든 기구다. 전체 국민을 대표할 수 있도록 성별, 연령별, 지역별 분포를 고려하여 무작위 추출을 통해 구성된다. 최근에는 취약 계층의 의견을 반영하기 위해 장애인, 북한 이탈 주민, 결혼이주자, 농어업인 등의 취약 계층도 참여단으로 선정하고 있다.

2018~2019년에는 오프라인 참여단 논의에 참가하는 예산국민참여단 400명과 온라인 선호도 조사에 참가하는 일반 국민 2,000명의 두 가지 형태로 구성되었다. 그러나 참여단의 역할 확대 및 숙의 강화 필요성에 따라 2021년부터 예산국민참여단을 2,000명으로 늘리고 온라인 활동을 기본으로 하되 부분적 현장활동을 병행하는 방식으로 운영한다. 온라인 강좌, 선호도 투표 등의 온라인 활동에는 모두 참여하고 오프라인으로 진행되는 토론회 등에는 희망자 중 대표성을 고려하여 선정된 사람들만 참여한다. 운영 방식은 연중 상시 운영으로 전문성을 강화하고 참여도 등을 고려하여 1년 연임도 허용된다. 온라인상에서는 사업제안에 대한 공감투표, e-러닝(사전 학습 과정, 후보 사업에 대한 과정), 현장 설명회 영상, 온라인 토의 과정 등이 이루어진다.

예산국민참여단의 역할은 숙의 과정을 통해 사업의 타당성을 심의하고 참여예산 사업 후보를 압축한 후 선호도 투표를 통해 우선순위를 정하는 일을 수행한다. 공정성, 투명성, 책임성의 원칙 아래 숙의 과정이 진행된다는 점에서 숙의 민주주의의 중요한 형태가 된다.

참여예산 사업의 우선순위는 사업의 타당성, 효과성, 공익성, 국민수용성이라는 네 가지 항목의 평가 기준에 따라 결정된다.[20] 타당성은 중앙정부가 수행하는 것이 바람직한지, 사업 내용 및 추진 방식이 타당한지를 판단하는 것이다. 효과성은 사업을 통해 기대효과가 실현 가능한지를 판단하는 기준이다. 공익성은 사업 수혜자가 적정하게 선정되었는지, 일반 국민이나 취약 계층 지원 등 공공의 이익에 부합하는지 판단하는 것이다. 국민수용성은 국민참여 예산제도의 취지에 부합하여 국민생활과 밀접한 사업인지, 국민의 관심이 반영되었는지를 판단하는 것이다.

(3) 국민참여예산 추진 현황

국민참여예산 추진 현황을 보면 2021년도 예산의 제안형 사업의 경우 1,164건 제안에 145건(12.5%)이 적격 판정을 받고, 예산에 반영된 것은 43건(3.7%)으로 891억 원이다. 토론형 사업은 20건으로 277억 원이 예산에 반영되었다.

제안 건수에 비해 반영 비율이나 반영 금액은 작지만 국민이 필요하다고 느끼는 생

20) 국민참여예산 홈페이지(www.mybudget.go.kr) 예산학교 참조.

활밀착형 사업과 취약 계층 지원 사업이 주를 이룬다는 점에서 의미가 있다. 예산에 반영된 사업들을 보면, 생활밀착형 사업으로 임산부 친환경농산물 지원 시범사업, 온라인 여권 신청 서비스, 고령운전자 운전면허 자진반납, 생활밀착형 숲조성 사업 등이 포함되었다. 취약 계층 지원 사업에는 가출청소년 보호시설 공간개선 지원, 쪽방 등 비주택 거주자 통합주거 지원, 장애인 평생학습도시 운영, 노인안심 서비스 등이 들어 있다.

CHAPTER 11

정부회계

학습 포인트

1. 정부회계의 특징과 체계
2. 정부회계의 기본 원리
3. 회계 실체와 보고 실체
4. 정부회계 기준과 원칙
5. 단식부기와 복식부기/현금주의와 발생주의
6. 결산보고서/재무제표

제 1 절 정부회계와 회계 원리

1. 정부회계의 특징과 체계

1) 정부회계의 특징

전통적 정의 방식에 의한 정부회계 개념은 정부조직의 경제적 사건을 분석 · 기록 · 요약 · 평가 · 해석하고 그 결과를 보고하는 기술이다. 정보 지향적 접근법에 의해 정의한다면 정부회계란 정부의 경제적 정보를 식별 · 측정 · 전달하는 과정으로서 정보 이용자의 경제적 의사결정에 유용한 정보를 제공하는 것이다.

정부조직과 기업조직은 많은 점에서 유사한 반면 상이한 점도 많다. 따라서 정부회계는 기업회계의 기본 원리를 채택하되 정부조직의 특성에 맞게 재구축되어야 한다. 정부조직과 기업조직의 유사한 점은 재화나 용역을 생산해 제공하는 것을 목적으로 하며, 이를 생산하는 과정에서 희소한 자원을 사용한다는 점이다. 두 조직 모두 자원을 외부에서 조달해야 하며, 이들 조직에 여러 가지 동기로 자원을 제공한 사람들에 대해 자원을 적절하고 효율적으로 사용해야 할 의무를 갖는다.

정부조직과 기업조직은 특성상 상이한 점도 많다. 미국의 정부회계기준위원회(GASB)는 "정부는 독특하다(government is unique)"고 말하면서 정부의 기본 특성을 다음과 같이 두 가지로 제시하고 있다(Johnson & Goodwin, 1988: 37).

첫째, 정부의 권력은 궁극적으로 시민의 손에 달려 있다. 시민은 선거 과정을 통해 공직자들에게 권력을 위임하며, 공직자들은 시민에 대한 책임성을 갖는다.

둘째, 정부의 주목표는 모든 시민의 총체적 복지를 증진하는 것이다. 민간부문에서는 재무 목표가 주주의 투자수익률을 극대화하는 것이라면, 정부는 조세와 다른 재무자원을 시민의 필요와 균형을 취하도록 해서 예산 균형을 달성하는 것이다.

이러한 정부에 대한 시각은 정부회계가 기업회계와 많은 차이가 있음을 시사한다. 정부회계와 기업회계 간에는 많은 점에서 차이점이 있는데, 대표적인 차이점만 보면 [표 11-1]과 같다.

표 11-1 정부회계와 기업회계의 차이점

	정부회계	기업회계
실체의 존재 목적	사회 요구에 따른 행정 서비스 제공 (당기순이익 중요하지 않음)	이윤 추구 (당기순이익 중요)
재무 원천	조세와 국공채	주주 및 채권자
측정	서비스의 측정이 어려움.	손익의 측정이 용이함.
회계제도	정부회계 기준	기업회계 기준
재무제표	재정상태표 · 재정운영표 · 순자산변동표	대차대조표 · 손익계산서 · 자본변동표 · 현금흐름표
재무보고	자원의 사용 분배에 대한 관리 책임과 회계 책임	손익계산에 의한 회계 책임 평가
정보 이용자	국민과 지역주민 등	주주 및 채권자 등

2) 우리나라 정부회계 체계

2007년 지방정부에 복식부기 · 발생주의회계가 도입되었다. 중앙정부는 2009년 복식부기 · 발생주의회계를 시범 운영한 후 2011년 공식적으로 도입했다. 그동안 단식부기 · 현금주의회계를 적용하던 정부회계와 새로 도입된 복식부기 · 발생주의회계가 이원적으로 운영되고 있다. 그 결과 재정운용의 투명성과 효율성이 높아지고 재정정보가 다양해졌다.

현재 정부회계는 중앙정부의 국가회계와 지방정부의 지방회계의 이원적 체계로 운영되고 있다. 국가회계는 2009년 제정된 국가회계법, 지방회계는 2016년 제정된 지방회계법에 법적 근거를 두고 있다. 정부회계에 기본적으로 기업회계 원리를 도입했다는 점에서 국가회계와 지방회계는 공통된 회계 구조를 갖고 있다. 하지만 중앙정부와 지방정부의 구조 및 기능적 특성의 차이 때문에 두 회계체계는 상이한 용어와 구조를 갖고 있으며, 별개로 운영되고 있다. 여기서 정부회계는 국가회계와 지방회계를 포함한 용어로 사용하고 있다.

국가회계는 디브레인(dBrain) 시스템을 통해 예산업무의 처리와 동시에 업무의 효과가 재무계정과목으로 자동 분개됨으로써 회계업무가 처리된다. 지방회계는 e-호조 시스템에서 예산업무와 동시에 처리된다.

여기서는 주로 국가회계를 중심으로 설명하고자 한다. 다만, 필요한 경우 지방회계도 설명할 것이다.

3) 재무회계 · 관리회계 · 예산회계의 용어 구분

기업회계에서는 회계보고의 목적 · 대상에 따라 회계는 재무회계와 관리회계로 나뉜다. 재무회계(financial accounting)는 외부 정보 이용자의 경제적 의사결정에 유용한 재무정보를 측정 · 보고할 목적으로 이뤄지는 외부 보고 목적의 회계로서, 재무제표 중심의 회계다.

관리회계(managerial accounting)는 기업의 경영자가 경영 의사결정을 하는 데 필요한 회계정보를 제공하는 내부보고 목적의 회계다. 관리회계는 원가 자료를 주로 이용하므로 원가회계와 비슷하다. 그러나 관리회계는 회계정보의 관리적 이용, 경영 의사결정을 위한 회계, 관리적 기법을 강조한다는 점에서 차이가 있다.

재무회계와 관리회계의 차이점을 살펴보면 [표 11-2]와 같다.

표 11-2 재무회계와 관리회계의 차이

구 분	재무회계	관리회계
정보 이용자	외부 이해관계자 (주주 · 투자자 · 채권자 등)	내부 이해관계자 (경영자, 직원)
목표	외부보고 재무제표 작성	조직의 효율성 증대
주된 관심 사항	경제적 현상의 측정 · 전달	조직의 성과
회계 기준	일반적으로 인정된 회계 원칙 (GAAP)	내부 규정
산출물	재무제표	제품별 원가, 부문별 성과
정보 특성	객관성, 감사 가능성	적시성, 관련성
사용 자료	과거	과거 · 현재 · 미래
보고 기간	회계연도(주로 1년 단위)	임의적 · 변동적
보고 형식과 내용	고정적 · 정형적	임의적 · 변동적

지방회계에서는 기업회계의 재무회계-관리회계 개념과는 다르게 재무회계-예산회계 개념을 구분하여 사용하고 있다. 예산회계는 단식부기 · 현금주의회계를 적용하는 회계를 말하며, 재무회계는 복식부기 · 발생주의회계를 적용하여 재무제표를 작성 · 보고하기 위한 회계를 말한다. 기업회계에서는 재무회계에 대응하는 개념으로 관리회계를 지칭하는 데 반해, 지방회계에서는 재무회계와 예산회계를 대응 개념으로 보고 있다. 독자들은 용어에 혼란이 없기 바란다.

2. 정부회계의 기본 원리

정부회계를 이해하기 위해서는 기본적인 회계 원리를 이해할 필요가 있다. 여기서는 정부회계에 적용되고 있는 기본적 회계 원리를 소개하고자 한다.

1) 정부회계에서의 개념들

(1) 자산 = 부채 + 순자산

기업회계의 경우 자산은 채권자 지분(creditor's equity)인 부채와 소유주 지분(owner's equity)인 자본으로 구성되어 있다. 그런데 정부회계에는 자본 개념이 존재하지 않으므로 순자산 개념으로 대체된다. 이 식을 회계 등식 또는 대차대조표 등식이라고 한다. 자산, 부채, 순자산은 재정상태표 항목이다.

① 자 산

회계학상의 자산(assets)은 세 가지 요건을 갖춰야 한다(이정호, 1995: 68). 첫째, 경제적 자원이어야 한다. 경제적 자원이란 이를 소유하고 있는 조직에 대해 장래에 경제적 효익(economic benefits)을 제공할 수 있는 능력을 가지고 있는 것을 말한다. 둘째, 경제적 자원에 대한 소유권이 있어야 한다. 이때의 소유권은 법적 소유권의 의미는 아니며, 그 자산에 대해 이해 관계를 가지고 있는 사람의 명백한 의향에 따라 결정된다. 셋째, 자산의 가치는 이를 취득할 때 객관적으로 측정 가능해야 한다.

국가회계 기준(제9조)에는 자산을 "과거의 거래나 사건의 결과로 현재 국가회계 실체가 소유 또는 통제하고 있는 자원으로서, 미래에 공공 서비스를 제공할 수 있거나 직접 또는 간접적으로 경제적 효익을 창출하거나 창출에 기여할 것으로 기대되는 자원"이라고 정의내리고 있다. 자산은 공공 서비스를 제공할 수 있거나 직접적 또는 간접적으로 경제적 효익을 창출하거나 창출에 기여할 가능성이 매우 높고 그 가액을 신뢰성 있게 측정할 수 있을 때에 인식한다.

정부의 자산은 기업이 소유하는 자산과 많은 경우 유사하지만 정부만이 고유하게 소유하는 특수한 자산이 있다. 이들 자산은 정부의 존재 목적과 관련된 공공재 또는 가치재의 특성과 비시장 거래의 특성을 갖는다. 사회간접시설, 문화 유산, 천연자원 등이 그러한 예다. 국가회계 기준(제10조 제2항)에 의하면 현재 세대와 미래 세대를 위해 정부가 영구히 보존해야 할 자산으로서 역사적, 자연적, 문화적, 교육적 및 예술적으로 중요한 가치를 갖는 자산인 유산자산은 자산으로 인식하지 않고 그 종류와 현황 등을 필수 보충 정보로 공시한다. 그리고 국가 안보와 관련된 자산은 기획재정부 장관과 협의하여 자산으로 인식하지 않을 수 있으며, 해당 중앙관서의 장은 해당 자산의 종류, 취득 시기 및 관리 현황 등을 별도의 장부에 기록해야 한다.

정부 자산은 역사적 원가에 의해 평가함을 원칙으로 하되, 유산자산 등의 경우에는 취득원가의 파악이 가능한 것만을 대상으로 처리한다. 국가회계 기준(제32조)에는 "재정상태표에 표시하는 자산의 가액은 해당 자산의 취득원가를 기초로 하여 계상한다. 다만, 무주 부동산의 취득, 국가 외의 상대방과의 교환 또는 기부채납 등의 방법으로 자산을 취득한 경우에는 취득 당시의 공정가액을 취득원가로 한다"고 규정하고 있다. 또한 감가상각이 필요한 자산에 대해서는 정액법 등 합리적인 방법에 따라 감가상각을 실시한다.

자산은 유동성의 정도에 따라 유동자산과 고정자산으로 구분한다. 일반적으로 일년기준법(one year rule)이 적용된다. 따라서 유동자산은 1년 이상 동일 형태를 지속하지 못하고 빈번하게 변동하는 성질의 자산이다. 고정자산은 원칙적으로 형태의 변화에 1년 이상 소요되는 자산이다. 또한 형태의 유무에 따라 유형자산과 무형자산으로 구분한다.

국가회계 기준은 자산을 유동자산, 투자자산, 일반유형자산, 사회기반시설, 무형자산 및 기타 비유동자산으로 구분하여 재정상태표에 표시한다. 지방회계 기준은 자산을 유동자산, 투자자산, 일반유형자산, 주민편의시설, 사회기반시설, 기타 비유동자산으로 분류한다.

② 부 채

부채(liabilities)는 조직이 미래에 재화나 서비스를 제공해야 하는 경제적 의무를 말한다. 즉, 조직이 다른 개인 또는 조직에게 현금 또는 다른 효익을 장래에 제공할 의무를 지는 것이다. 따라서 부채는 미래의 가능한 경제적 효익의 희생을 의미하며, 자산의 일부가 남의 소유일 때 발생한다. 부채의 인식은 부채의 정의에 부합하고 객관적인 화폐 가치로서 측정 가능할 때 인식한다.

국가회계 기준(제17조)에는 부채를 "과거의 거래나 사건의 결과로 국가회계 실체가 부담하는 의무로서, 그 이행을 위하여 미래에 자원의 유출 또는 사용이 예상되는 현재의 의무"라고 정의내리고 있다. 부채는 국가회계 실체가 부담하는 현재의 의무 중 향후 그 이행을 위해 지출이 발생할 가능성이 매우 높고 그 금액을 신뢰성 있게 측정할 수 있을 때 인식한다. 다만, 국가 안보와 관련된 부채는 기획재정부 장관과 협의하여 부채로 인식하지 않을 수 있다. 이 경우 해당 중앙관서의 장은 해당 부채의 종류, 취득 시기 및 관리 현황 등을 별도의 장부에 기록해야 한다.

부채는 일년 기준에 따라 유동부채와 장기부채로 구분한다. 유동부채는 단기부채라고도 하며, 재정상태표일로부터 1년 이내에 상환해야 하는 부채를 말한다. 장기부채는 재정상태표일로부터 1년 후에 만기가 되는 확정부채를 말한다. 따라서 장기부채도 지급 기한이 1년 이내로 다가오면 이를 다시 유동부채로 분류·표시해야 한다. 국가회계 기준은 부채를 유동부채, 장기차입부채, 장기충당부채 및 기타 비유동부채로 구분하여 재정상태표에 표시한다. 지방회계 기준은 부채를 유동부채, 장기차입부채 및 기타 비유동부채로 분류한다.

재정상태표에 표시하는 부채의 가액은 원칙적으로 만기상환가액으로 평가한다.

③ 순자산

순자산(net assets)은 자산에서 부채를 뺀 금액을 의미한다. 따라서 순자산은 '순자산=자산−부채'로 표시된다. 기업회계에서는 순자산이 통상 자본이 되나 국가의 경우 주주 등 투자자가 존재하지 않으므로 잔여재산 성격인 순자산이 된다. 납세자를 소유주로 보고 순자산을 회계 실체의 자산에 대한 잔여 청구원으로 접근하는 시각도 있으나 현재 지분 개념을 적용하기는 어렵다. 미국의 지방정부 회계 기준에서는 순자산을 잔여 청구원의 개념을 가진 지분으로 표시하지 않도록 규정하고 있다(GASB, No. 34).

순자산은 별도로 측정할 수는 없으며, 자산과 부채의 평가와 인식에 대한 기준은 곧 순자산의 인식에 대한 기준을 제공하는 것과 같다. 순자산은 구속 순자산과 비구속 순자산으로 구분할 수 있다. 구속 순자산은 일정 기간 또는 영구적으로 특정 목적을 위해 그 사용이 제한된 순자산을 말한다. 사회간접시설, 유산자산(영구적 구속)과 기증 재산, 과년도 지출(일시적 구속) 등이 그러한 예다. 비구속 순자산은 사용에 아무런 제한이 가해지지 않은 순자산을 말하며, 잉여금이 그 예다.

국가회계 기준은 순자산을 기본 순자산, 적립금 및 잉여금, 순자산 조정으로 구분한다. 기본 순자산은 순자산에서 적립금 및 잉여금과 순자산 조정을 뺀 금액으로 표시한다. 적립금 및 잉여금은 임의적립금, 전기이월결손금·잉여금, 재정운영 결과 등을 표시한다. 순자산 조정은 투자증권평가손익, 파생상품 평가손익 및 기타 순자산의 증감 등을 표시한다.

지방회계 기준은 순자산을 지방자치단체의 기능과 용도를 기준으로 고정 순자산, 특정 순자산 및 일반 순자산으로 분류한다. 고정 순자산은 일반유형자산, 주민편의시설, 사회기반시설 및 무형자산의 투자액에서 그 시설의 투자재원을 마련할 목적으로 조달한 장기차입금 및 지방채증권 등을 뺀 금액으로 한다. 특정 순자산은 채무 상환 목적이나 적립성 기금의 원금과 같이 그 사용 목적이 특정되어 있는 재원과 관련된 순자산을 말한다. 일반 순자산은 고정 순자산과 특정 순자산을 제외한 나머지 금액을 말한다.

(2) 재정운영 결과=수익－비용

수익, 비용, 재정운영 결과 개념은 재정운영표의 항목이다.

① 수 익

수익(revenues)은 조직이 재화나 서비스를 제공하거나 자산의 투자행위를 통해 획득하는 순자산의 증가를 말한다. 국가회계 기준(제28조)에 의하면 수익은 “국가의 재정활동과 관련하여 재화 또는 용역을 제공한 대가로 발생하거나, 직접적인 반대급부 없이 법령에 따라 납부 의무가 발생한 금품의 수납 또는 자발적인 기부금 수령 등에 따라 발생하는 순자산의 증가”를 말한다.

수익은 그 원천에 따라 교환수익과 비교환수익으로 구분한다. 교환수익은 재화나 용역을 제공한 대가로 발생하는 수익이며, 비교환수익은 직접적인 반대급부 없이 발생하는 국세, 부담금, 기부금, 무상이전 및 제재금 등의 수익을 말한다.

수익과 수입(receipt)은 반드시 일치하지는 않는다. 수입은 현금의 유입액을 의미하는 데 반해, 수익은 반드시 현금의 유입을 수반하지는 않는다. 예컨대, 상품을 외상으로 판매한 경우에 당장에 현금 수입은 없지만 이는 수익이다.

수익의 인식은 재화나 서비스가 제공되고, 제공된 재화나 서비스에 대한 대가를 상당한 확신을 가지고 객관적인 화폐 가치로 측정할 수 있을 때 인식된다. 교환수익은 수익 창출활동이 끝나고 그 금액을 합리적으로 측정할 수 있을 때에 인식한다. 비교환수익은 해당 수익에 대한 청구권이 발생하고 그 금액을 합리적으로 측정할 수 있을 때에 인식하며, 수익 유형에 따라 인식 기준이 다르다.[1]

1) 구체적 세부 인식 기준은 국가회계 기준(제29조 제2항)을 참조할 것.

② 비 용

비용(expenses)은 조직이 일정 기간 수익을 얻기 위해 소비 또는 지출한 원가 또는 비용을 말한다. 즉, 비용은 수익 창출활동과 관련해 발생하는 자산의 유출액 또는 부채의 증가액이다. 정부회계의 경우에도 비용은 자산의 감소 또는 부채의 증가를 초래하는 회계연도 동안의 거래로 인한 순자산의 감소를 말한다. 국가회계 기준(제30조)에 의하면 비용은 "국가의 재정활동과 관련하여 재화 또는 용역을 제공하여 발생하거나, 직접적인 반대급부 없이 발생하는 자원 유출이나 사용 등에 따른 순자산의 감소"를 지칭한다.

수익과 수입이 같지 않듯이 비용과 지출(disbursement)도 반드시 일치되지 않는다. 지출은 현금의 유출을 의미하지만 비용은 반드시 현금의 유출을 당장 수반하는 것은 아니다. 따라서 정부회계의 경우 아직 집행은 되지 않았으나 재정정책에 의해 수혜자, 금액, 지급 시기 등이 정해진 이전지출 금액은 비용으로 계산한다.

비용의 인식 기준은 다음과 같다. 첫째, 특정 수익과 연계되어 있는 비용은 관련 수익이 인식될 때 인식한다. 둘째, 특정 수익과 직접 연계되지 않는 비용은 비용의 원인이 되는 서비스가 제공되는 기간에 인식한다.

정부회계의 경우에는 비용과 수익을 반드시 대응적으로 인식하지 않고 순자산의 감소나 부채의 증가 형태로 경제적 자원의 감소가 실현될 때 인식한다. 교환 거래에 의한 비용은 반대급부로 발생하는 급여, 지급수수료, 임차료, 수선유지비 등으로 대가를 지급하는 조건으로 민간부문이나 다른 공공부문으로부터 재화와 서비스의 제공이 완료되고 그 금액을 합리적으로 측정할 수 있을 때 인식한다. 비교환거래에 의한 비용은 직접적인 반대급부 없이 발생하는 보조금, 기부금 등으로 가치의 이전에 대한 의무가 존재하고 그 금액을 합리적으로 측정할 수 있을 때 인식한다.

재정운영표에는 재정운영 결과를 재정운영 순원가에서 비교환수익 등을 뺀 금액으로 계산한다. 재정운영 순원가는 '프로그램순원가+관리운영비+비배분비용−비배분수익'으로 계산한다. 이때 원가는 중앙관서의 장 또는 기금관리주체가 프로그램의 목표를 달성하고 성과를 창출하기 위하여 직접적·간접적으로 투입한 경제적 자원의 가치를 말한다.

2) 정부회계상의 거래

(1) 거래의 의미

정부회계에서의 거래(transaction)란 "정부의 자산, 부채 및 순자산과 수익이나 비용의 증감 변화를 일으키는 모든 경제적 사건"으로 정의된다. 복식부기 회계의 거래는 예산과의 관련 여부 등을 기준으로 예산거래(세입거래 · 세출거래)와 예산외 거래로 구분된다. 세입거래는 징수결의서가 기본 증빙으로 사용되며, 세출거래는 지출결의서가 기본 증빙으로 사용된다. 예산외 거래는 예산회계의 세입, 세출과 관련이 없는 현금의 유출입 거래(예: 세입 · 세출 외 현금)와 현금의 유출입을 수반하지 않으나 회계상 거래의 개념에 합치되는 것(예: 감가상각)을 의미한다.

단식부기 · 현금주의회계에는 거래라는 개념이 별도로 존재하지는 않는다. 회계상 거래와 가장 유사하게 이해될 수 있는 것이 예산의 집행이다. 예산의 집행과 회계상 거래는 인식대상에 있어 차이가 존재한다.

세출의 경우 예산의 집행은 지출원인행위, 검수 및 검사, 지출이라는 과정을 순차적으로 거친다. 복식부기회계에서 지출원인행위는 지방자치단체의 자산, 부채 및 순자산이 실제로 변화하는 것이 아닌 단순히 지출을 예정하는 행위로 보아 거래로 인정하지 않는다. 검수 및 검사와 같은 지급 의무의 확정과 지출(지급명령)은 각각 거래로 본다.

표 11-3 거래의 구분

구 분	일상적 거래	일상적 비거래
회계상 거래	임대료의 수입, 임차료의 지급	건물 · 재고자산 등의 손실 · 훼손, 금전 · 물품 등의 망실, 건물 · 비품 · 기계장치 등의 감가, 채권의 대손
회계상 비거래	재화 또는 서비스의 공급 계약, 건물의 임대차 계약	직원의 사망

자료: 행정자치부(2006: 10).

(2) 거래의 결합 관계

회계상 거래는 [그림 11-1]과 같은 거래의 8요소로 이뤄져 있다. 이들 거래의 요소들은 서로 결합해 두 개 이상의 대립된 형태로 나타난다. 어떠한 거래가 발생하더라도 차변과 대변 양쪽에 동일한 금액으로 이중 기입된다. 복식부기란 이와 같은 대립 관계에 있는 양쪽의 가치 변동을 차변과 대변에 이중 기입(double entry)하는 것을 의미한다. 거래 요소의 결합 관계를 보면 [그림 11-1]과 같다.

그림 11-1 거래 요소의 결합 관계표

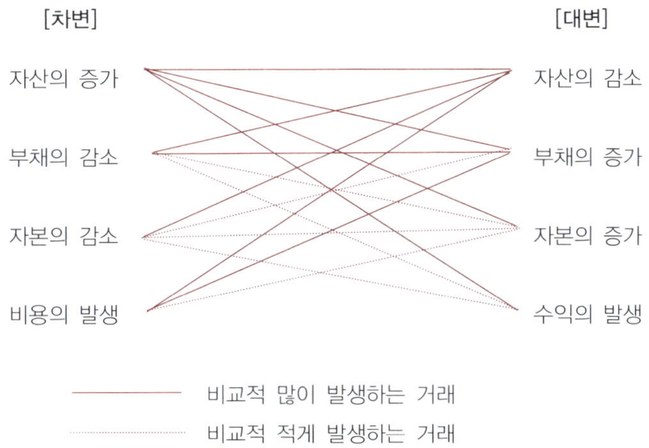

3. 회계 실체와 보고 실체

1) 회계 실체

회계 실체(accounting entity)란 보고 실체의 구성 부분으로 각각의 특성, 기능 및 운영 방식의 차이에 따라 구분 설정된 회계 단위를 말한다. 다시 말해서, 회계 실체란 재무제표를 작성하는 단위를 지칭한다. 우리나라는 일반회계, 그리고 특별회계 및 기금회계의 각각의 개별 회계 단위가 회계 실체다.

국가회계 기준(제2조)에는 국가회계 실체를 "일반회계, 특별회계 및 기금으로서 중앙관서별로 구분된 것"이라고 규정하고 있다.

지방자치단체회계 기준(제3조)은 회계 실체를 개별 회계 실체, 유형별 회계 실체, 통합 회계 실체로 구분한다. 개별 회계 실체는 일반회계 및 특별회계와 기금으로서 재무제표를 작성하는 최소 단위를 말한다. 유형별 회계 실체는 개별 회계 실체를 그 성격이나 특성에 따라 유형별로 구분한 것으로서 일반회계, 기타 특별회계, 기금회계 및 지방공기업특별회계로 구분한다. 통합 회계 실체는 유형별 회계 실체의 재무제표를 모두 통합하여 재무제표를 작성하는 단위로서 지방자치단체를 말한다.

회계 실체는 그 활동의 성격에 따라 행정형 회계 실체와 사업형 회계 실체로 구분할 수 있다. 행정형 회계 실체는 정부의 일반적이고 고유한 행정활동을 수행하는 회계 실체를 말한다. 사업형 회계 실체는 개별적 보상 관계가 적용되는 기업적인 활동을 주된 목적으로 하는 회계 실체를 말한다. 아직 우리나라는 회계 실체를 행정형과 사업형으로 구분하고 있지 않지만 장기적으로는 행정형 회계 실체와 사업형 회계 실체로 회계 체계를 재편성하는 것이 바람직하다.

2) 보고 실체

보고 실체(reporting entity)란 독립적인 예산 권한을 가지고 경제적 자원의 사용 및 통제에 대한 책임과 권한을 소유하면서, 회계 처리 결과에 따른 재정보고서를 독립적으로 작성해 공표하는 회계 단위를 말한다. 보고 실체를 결정하기 위해서는 감독 단위(oversight unit)인 정부 소유의 법적 실체(legal entity)에 국한시킬 것인지 아니면, 법적으로는 별개지만 관련이 있는 조직을 포함시킬 것인지를 판단해야 한다.

이것과 관련하여 미국 『GASB 보고서』 제14호(1991년 6월)는 재정보고의 실체를 ① 주정부, 시, 군 등의 주요 정부 단위(primary government), ② 주요 정부 단위가 재정적 책임을 갖는 조직(financial accountable), ③ 주요 정부 단위와 관계의 성격이나 중요성 때문에 보고 실체에서 제외시키는 경우 당해 보고 실체의 재무제표를 오도하거나 불완전하게 만들 수 있는 기타 조직 등으로 구성된다고 규정하고 있다. 주요 정부 단위에 대응해 ②와 ③을 구성 단위(component units)라고 한다(윤성식 · 권수영, 1998: 549).

우리나라 국가회계의 보고 실체는 중앙관서의 장과 기금관리주체, 그리고 국가로 정하고 있다. 여기서 중앙관서의 장이란 헌법 또는 정부조직법, 기타 법률에 의해 설치된 중앙행정기관의 장과 국회 사무총장, 법원 행정처장, 헌법재판소 사무처장 및 중앙선거관리위원회 사무총장이다.

표 11-4 중앙정부와 지방자치단체의 보고 실체

구 분	보고 실체
중앙정부	– 중앙관서의 장 – 기금관리 주체 – 국가
지방정부	– 지방자치단체: 시 · 도, 시 · 군 · 자치구

지방정부의 보고 실체는 지방자치법에 명시된 각 자치단체로 설정하고 있다. 이는 지방재정법에 재정운영에 관한 재정보고서를 각 자치단체별로 제출하게 하고 있고, 자치권 및 예산편성 단위와 일치하며, 각 자치단체별로 재정 상태를 평가하는 것이 타당하기 때문이다.

4. 정부회계 기준과 원칙

1) 정부회계 기준

회계 기준(accounting standards)은 회계 행위를 할 때에 준수하지 않으면 안 될 행위의 지침으로서 회계 실무를 이끌어가는 지도 원리다. 회계 원칙(accounting principles)이라고도 한다. 정부회계 기준은 정부회계의 제반 사항을 규율하는 규정이다. 이 기준은 정부가 수행하는 모든 일반적인 거래의 회계 처리와 보고 사항에 관해 적용된다. 정부회계 기준은 주로 측정과 보고에 중점을 두고 그 밖의 사항은 조직에 가급적 재량을 많이 주고 있으며, 또한 그러한 방향이 바람직하다.

미국의 정부회계 기준은 연방정부의 경우 재무부, 회계검사원(GAO), 관리예산처(OMB)에서 작성한 회계 기준에 따른다. 주 및 지방정부는 정부회계기준위원회(Governmental Accounting Standards Board: GASB)에서 정부회계 기준을 작성한다. 그러나 이것의 채택 여부는 권장 사항이기 때문에 이를 채택하지 않는 정부도 있다. 최근에는 대부분의 주와 지방정부가 GASB의 통일된 정부회계 기준을 따르고 있으며, 신용평가기관에서도 이것을 요구한다.

우리나라 정부회계 기준은 중앙정부와 지방정부가 별도로 회계 기준을 갖고 있다. 국가회계는 2009년 3월 기획재정부령으로 '국가회계기준에 관한 규칙'을 제정・공표했다. 이후 원가계산준칙 등 항목별 회계처리 준칙(2개), 재무제표 계정과목별 회계처리 지침(3개), 주요 사항별 회계처리지침(11개)을 제정했다. 2014년부터 국가회계 예규를 포함한 『국가회계편람』을 매년 발간하여 공개하고 있다. 국가회계기준은 총 7장 58개 조문으로 구성되어 있으며, 총칙, 재무제표, 자산・부채 평가, 필수보충 정보와 주석 및 부속명세서 등에 관한 규정을 담고 있다.

지방자치단체회계는 당시 안전행정부령으로 '지방자치단체 회계기준에 관한 규칙'이 작성되어 2007년부터 모든 자치단체에 적용되고 있다. 2016년에는 지방재정법에서 지방자치단체의 회계 및 자금관리에 관한 사항을 따로 정한 '지방회계법'을 제정했다. 지방회계 기준은 총 8장 61개 조문으로 구성되어 있다.

공식적 정부회계 기준에 규정이 없는 경우 '일반적으로 인정된 회계 원칙(GAAP)'에 따른다. 일반적으로 인정된 회계 원칙(generally accepted accounting principles: GAAP) 이란 일반적으로 많은 사람들에 의해 인정되고 권위 있는 전문가에 의해 보정되는 회계 기준을 말한다.

2) 정부회계의 원칙

정부회계의 회계 처리와 재무보고는 발생주의·복식부기 방식으로 하며, 다음과 같은 일반원칙에 따라 이루어져야 한다. 국가회계법(제4조) 및 국가회계 기준(제4조), 지방자치단체회계 기준(제5조)에는 정부회계의 원칙을 제시하고 있다.

① 신뢰성과 공정성: 회계 처리는 신뢰할 수 있도록 객관적인 자료와 증거에 따라 공정하게 이루어져야 한다.

② 이해 가능성: 재무제표의 양식, 과목 및 회계용어는 이해하기 쉽도록 간단명료하게 표시하여야 한다.

③ 충분성: 중요한 회계방침, 회계 처리 기준, 과목 및 금액에 관하여는 그 내용을 재무제표에 충분히 표시하여야 한다.

④ 계속성(일관성): 회계 처리에 관한 기준 및 추정은 기간별 비교가 가능하도록 기간마다 계속하여 적용하고 정당한 사유 없이 변경해서는 아니 된다.

⑤ 중요성: 회계 처리와 재무제표 작성을 위한 계정과목과 금액은 그 중요성에 따라 실용적인 방법으로 결정하여야 한다.

⑥ 적실성: 회계 처리는 거래 사실과 경제적 실질을 반영할 수 있어야 한다.

제 2 절 회계제도의 유형

1. 정부회계제도의 유형

정부회계제도를 기장 방식(단식부기/복식부기)과 인식 기준(현금주의/발생주의)에 따라 [표 11-5]와 같은 네 가지 유형으로 나눌 수 있다.

표 11-5 정부회계제도의 유형

기장 방식 \ 인식 기준	현금주의	발생주의
단식부기	Ⅰ	Ⅱ
복식부기	Ⅲ	Ⅳ

[표 11-5]에서 보여 주는 네 가지 유형 중에서 현금주의/단식부기 형태인 Ⅰ유형과 발생주의·복식부기 형태인 Ⅳ 유형이 전형적인 형태다. Ⅰ유형은 가계부와 과거 정부회계에서 볼 수 있는 유형이고, Ⅳ 유형은 기업회계에서 사용하고 있는 유형이다. 반면에 Ⅱ 유형과 Ⅲ 유형은 절충적 형태다. 현금주의 기준에 의한 복식부기 제도(Ⅲ 유형)는 현금 기준 재무상태 변동표, 금융기관 재무제표 일부에서 보듯이 현실적으로 운용이 가능하다. 그러나 발생주의 기준에 의한 단식부기제도(Ⅱ 유형)는 실제적인 운용이 불가능하다. 단식부기에서는 자산, 부채, 자본을 별도로 인식하지 않으므로 발생주의에 의한 단식부기로는 기장이 불가능하기 때문이다.

따라서 발생주의회계 기준의 도입은 복식부기제도 도입이 전제되어야만 가능하다. 다시 말해서, 발생주의회계를 도입하기 위해서는 복식부기제도의 도입이 선행되어야 한다.

2. 기장 방식에 의한 구분: 단식부기와 복식부기

1) 단식부기와 복식부기의 의미

회계는 기장 방식(記帳方式)에 따라 단식부기 회계와 복식부기 회계로 구분된다. 단식부기와 복식부기는 회계의 하위 기술로서 하나의 거래가 조직에 미치는 영향을 기록하고 분류 집계해 정보화하는 방식이다.

단식부기(single-entry bookkeeping)는 현금의 수지와 같이 단일 항목의 증감을 중심으로 기록하는 방식이다. 거래의 영향을 단 한 가지 측면에서 수입과 지출로만 파악해 기록하는 점이 특징이다. 현금의 증감 발생 시에 회계 처리를 하는 현금주의에 주로 채택한다.

복식부기(double-entry bookkeeping)는 경제의 일반 현상인 거래의 이중성을 회계 처리에 반영해 기록하는 방식이다. 하나의 거래를 대차 평균의 원리에 따라 차변(왼쪽)과 대변(오른쪽)에 이중 기록한다. 복식부기는 자산, 부채, 자본을 인식해 거래의 이중성에 따라 차변과 대변을 계상하고 그 결과 차변의 합계와 대변의 합계가 반드시 일치해(대차 평균의 원리) 자기 검증 기능을 갖는다. 거래의 영향을 반드시 두 가지 이상의 상반된 측면에서 파악해 각각 별도의 절차를 거쳐 기록하고 집계하는 점이 특징이다. 경제활동의 발생 시에 이를 기록하는 발생주의에서 주로 채택한다.

복식부기는 15세기에 이탈리아의 수학자이며 신부인 파치올리(Luca Pacioli)에 의해 처음 고안되어 사용되었으나 우리나라는 이미 그 이전 고려 시대 개성 상인들에 의해 사용된 것으로 알려지고 있다. 복식부기는 단식부기의 단점을 보완하기 위해 만들어진 발전적인 회계제도라는 점에서 단식부기와 복식부기 중 어느 회계제도가 더 우월하냐에 대해서는 논쟁의 여지가 없다.[2)]

2) 회계 처리 방식의 예

정부예산의 회계 처리에서의 단식부기와 복식부기 회계 처리 방식의 사례를 보면 다음과 같다.

[사례 1: 자산의 취득] 정부가 1,000억 원의 자금을 투입해 청사 건물을 신축한 경우의 회계 처리

<단식부기> 공사비의 지출은 '시설비 및 부대비'와 같은 세출예산의 집행으로 처리된다.

---

2) 서양에서의 복식부기 기원은 1494년 베니스에서 출판된 루카 파치올리의 『산술, 기하, 비례 및 비율 총람』이다. 한국은 고려 시대 송도부기 또는 개성부기라고 불리는 사개송도치부법(四介松都治簿法)이 사용된 것으로 밝혀지고 있다.

<복식부기> 건물이라는 자산의 증가와 자금의 지출이라는 두 가지 측면으로 기록된다.

[차변] 건물 1,000억 원 (자산 증가) [대변] 현금 및 현금성 자산 1,000억 원 (자산 감소)

[사례 2: 자산의 처분] 취득가액이 200억 원인 토지 잡종재산을 300억 원에 매각하는 경우의 회계 처리

<단식부기> 자산의 매각은 '재산매각수입'과 같은 세입 과목에 계상된다.

<복식부기> 당초의 취득가액과 매각 차액을 구분해 세 가지 측면으로 기록된다.

[차변] 현금 및 현금성 자산 300억 원 (자산 증가) [대변] 토지 200억 원(자산 감소) 고정자산 처분이익 100억 원 (수익 발생)

[사례 3: 자금의 차입] 지방자치단체가 채권을 발행해 500억 원의 자금을 조달한 경우의 회계 처리

<단식부기> 지방채의 발행은 '지방채증권'과 같은 세입 과목에 계상된다.

<복식부기> 지방채증권이라는 부채의 증가와 자금의 증가라는 두 가지 측면으로 기록된다.

[차변] 현금 및 현금성 자산 500억 원 (자산 증가) [대변] 지방채증권 500억 원 (부채 증가)

[사례 4: 자금의 상환] 지방자치단체가 만기 도래한 채권을 원금 100억 원과 이자 20억 원을 상환한 경우의 회계 처리

<단식부기> 지방채의 상환 및 이자 지급은 '차입금 원금' 및 '차입금 이자' 지출로 처리된다.

<복식부기> 지방채 상환이라는 부채의 감소와 이자 비용 발생, 자금의 감소라는 세 가지 측면으로 기록된다.

[차변] 지방채 상환 100억 원(부채 감소) 이자 비용 20억 원(비용 발생) [대변] 현금 및 현금성 자산 120억 원 (자산 감소)

3) 복식부기의 우월적 특징

단식부기와 복식부기제도 간의 선택 문제에서는 복식부기제도의 도입 방향으로 나가야 함은 이론의 여지가 없다. 그렇다면 단식부기에 비해 복식부기는 어떤 점에서 더 우월하다고 볼 수 있는가?

첫째, 복식부기는 총량 데이터(gross data) 작성에 유리하다. 단식부기는 각 담당자별로 관리되는 세부 개별 데이터 중심으로 운영되며, 총량 데이터는 별도의 작업을 통해서만 얻을 수 있다. 반면에 복식부기는 별도 작업이 필요 없이 항상 최근의 총량 데이터를 확보할 수 있다. 따라서 최고 경영자 또는 정책결정자에 유용한 정보를 적시(適時)에 제공할 수 있는 것이 장점이다.

둘째, 복식부기는 대차 평균 원리와 내부통제 기능에 의해 데이터의 신뢰성이 높다. 복식부기의 경우 세부 개별 데이터는 실무 부서에 존재하고 총량 데이터는 회계 부서에서 집계하며, 상호 검증이 가능하다. 복식부기에서는 계정 과목 간에 유기적 관련성이 있기 때문에 상호 검증이 가능해 부정이나 오류를 발견하기 쉽다.

셋째, 복식부기는 자동 이월(rolling-over) 기능이 있다. 따라서 매일매일의 종합적 재정 상태를 즉시 알 수 있어서 정보의 적시성을 확보할 수 있다. 그리고 당기 발생액이 누적되면 자동적으로 기말 금액을 산출해 준다.

넷째, 복식부기제도에서는 결산과 회계검사의 효율성과 효과성을 높일 수 있으며, 회계정보의 이해 가능성이 증대되어 대(對)국민 신뢰를 확보할 수 있다.

3. 인식 기준에 의한 구분: 현금주의와 발생주의

현금주의와 발생주의는 조직에서 일어나는 거래에 대해 인식하는 시점에 의해 구분하는 회계 기준이다. 현금주의(cash basis)는 현금을 수취하거나 지급한 시점에 거래를 인식하는 방식이다. 현금을 수취했을 때 수익으로 인식하고, 현금을 지불했을 때 비용으로 인식한다. 따라서 현금주의에서는 재화와 용역을 제공했다고 하더라도 현금으로 회수되지 않는 동안은 수익으로 계상하지 않고, 재화와 용역을 제공받았다 하더라도 현금으로 지급되기 전에는 비용으로 계상하지 않는다.

발생주의(accrual basis)는 현금의 수불과는 관계없이 거래가 발생된 시점에 거래를 인식하는 방식이다. 실질적으로 수익이 획득되거나 지출 또는 비용이 발생한 시점을 기

표 11-6 현금주의와 발생주의의 차이점

구 분	현금주의	발생주의
거래의 해석과 분류	현금 수불의 측면	쌍방 흐름(이원거래 개념) 측면
수익비용의 인식 기준	현금의 수취 · 지출	수익의 획득/비용의 발생
선급비용 · 선급수익	수익 · 비용으로 인식	자산과 부채로 인식
미지급비용 · 미수수익	인식 안 됨.	부채와 자산으로 인식
감가상각, 대손상각, 제품보증비, 퇴직급여충당금	인식 안 됨.	비용으로 인식
상환이자지급액	지급 시기에 비용으로 인식	기간별 인식
무상거래	인식 안 됨.	이중거래로 인식
정보 활용원	개별 자료 우선	통합 자료 우선
추가 정보 요구	별도 작업 필요	기본 시스템에 존재
적용 예	가계부, 비영리 공공부문	기업, 일부 비영리부문

준으로 한다. 따라서 선급비용과 선급수익은 현금주의에서는 수익과 비용으로 인식하는 데 반해, 발생주의에서는 자산과 부채로 인식한다. 미지급비용과 미수수익은 현금주의에서는 인식되지 않는 데 반해, 발생주의에서는 부채와 자산으로 인식된다. 감가상각과 대손상각은 현금주의에서는 인식되지 않으며, 발생주의에서는 비용으로 인식된다.

인식 기준에 의한 구분은 현금주의와 발생주의라는 대립적인 두 가지 기준만이 있는 것은 아니다. 오히려 순수한 현금주의와 완전발생주의 기준을 양 극단으로 한 연속선상에 여러 기준이 있는 것으로 보는 것이 타당하다. 국제회계연맹(International Federation of Accounting: IFAC)의 공공부문위원회(Public Sector Committee, 1991: 13-16)는 현금 기준, 수정 현금 기준, 수정 발생 기준, 발생 기준으로 구분하고 있다.[3)]

수정현금주의는 현금 기준의 조건을 약간 완화시킨 것으로서 보통 현금뿐만 아니라 경상적 재무자원의 흐름에 초점을 맞춘다. 수정현금 기준은 회계 기간이 끝나도 며칠 동안의 유예 기간을 두어 회계 기한 중에 마치지 못한 지출 혹은 수입에 대해 유예 기간에 지출 또는 수납하는 것을 허용한다(김재훈 · 박광훈, 1999: 3). 따라서 우리나라는 출납정리 기간이 마련되어 있어서 엄밀하게는 수정현금주의가 적용되고 있다고 볼 수 있다.

3) 수정발생주의 기준을 축소수정발생주의, 순수수정발생주의, 확장수정발생주의로 구분하기도 한다(후데야 이사무, 1999: 85).

수정발생주의는 일반적으로 현금과 경상적 재무자원뿐만 아니라 장기 재무자원까지도 인식하며, 현금의 수납 및 지급 시점이 아니라 이들의 거래가 발생한 시점에 비용과 수익을 인식한다. 그러나 여러 해 동안 편익을 제공하게 될 물리적 자산이 자산으로 인식되지 못하고 당해 연도에 소비되는 것으로 비용 처리된다는 점에서 완전발생 기준과 다르다.

이렇게 회계 기준은 현금주의와 발생주의를 양축으로 해서 중간의 연속선상에 여러 가지 기준이 있다. 회계정보 측면에서 발생주의 기준이 현금주의 기준보다 훨씬 유용한 정보를 산출하게 되지만 조직의 특성 또는 제도 도입의 제약 조건을 고려해 수정발생주의 기준을 채택할 수 있다. 실제로 미국의 공인회계사회는 수정발생주의 기준을 정부형 기금에 가장 효과적인 기준으로 제시하고 있다. 현재 완전발생주의 기준을 적용하고 있는 국가는 뉴질랜드, 영국, 호주다.

제 3 절 결산보고서와 재무제표

1. 재정보고 체계

정부의 재정관리 과정은 정부회계 체계와 재정보고 및 감사가 제도적으로 연결되어 있는 일련의 과정이다. 일반적으로 정부의 재정관리 과정은 [그림 11-2]와 같이 5단계로 이뤄진다. 1단계로 회계 원칙이 정해지고, 2단계에서는 회계 원칙에 근거해 회계 체계가 작동하며, 3단계에서 재정보고가 이뤄진다. 그런데 중간보고 또는 수시보고의 경우에는 4단계를 거치지 않고 바로 이용자에게 전달되지만 연례보고는 반드시 감사를 한

그림 11-2 재정관리 과정

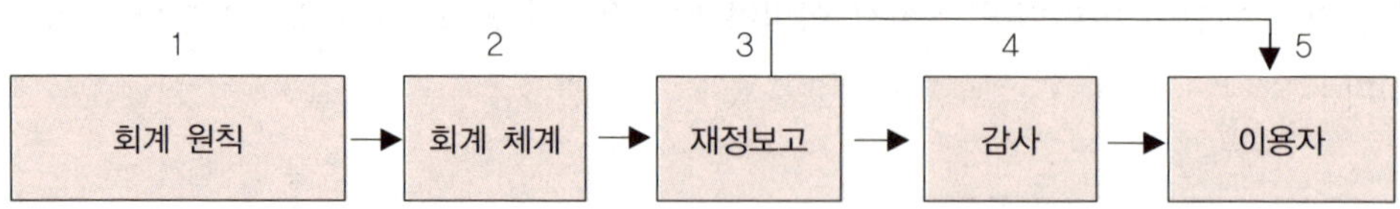

자료: 타이(Thai, 1983: 368).

후 이용자에게 전달된다.

재정관리 과정에서 정부의 재정보고와 감사는 회계 체계와 밀접한 관련이 있다. 회계 체계가 어떻게 구성되느냐에 따라 재정보고와 감사가 영향을 받게 된다.

재정보고란 정부조직의 재정 상태 및 운영에 관한 사실 및 판단 자료를 전달(communicating)하는 총체적 과정을 말한다(Thai, 1983: 367). 구체적으로 말하면 정부조직의 자산, 부채, 순자산 등의 재정 상태와 수익, 비용을 통한 조직의 운영 상태를 국민과 이해관계자에게 보고하는 행위를 말한다. 재정보고서는 회계 체계를 바탕으로 재정보고 단계에서 산출된다. 재정보고서에는 재무제표, 내부관리 보고서 및 특수목적 외부보고서 등이 포함된다.[4] 따라서 재정보고는 재정정보를 이용자에게 전달하는 수단이고, 재정보고서는 재정보고 과정의 최종 산물이라고 할 수 있다.

정부의 재정보고 체계는 외적 구성 요소로서 보고 실체, 보고 단위로서 회계 실체, 보고 시기와 내적 구성 요소로서 재정보고서의 종류와 내용이 있다. 여기서 재정보고서의 결정과 관련된 것은 내적 구성 요소, 재정보고서 외의 보고 체계와 관련된 것은 외적 구성 요소로 보고 있다. 이러한 구성 요소는 회계 체계, 재정보고의 목적, 재정정보의 이용자, 예산회계 관련 법규 및 정부회계의 환경적 특성에 의해 직·간접적으로 영향을 받는다.

2. 결산보고서

국가회계의 결산보고서는 보고 실체에 따라 ① 중앙관서 결산보고서, ② 기금 결산보고서, ③ 국가 결산보고서로 구분한다. 중앙관서 결산보고서와 기금 결산보고서는 개별 보고 실체인 중앙관서와 기금관리 주체가 각각 작성한 보고서이며, 국가 결산보고서는 개별 보고 실체의 결산보고서를 통합한 보고서다. 중앙관서 결산보고서와 국가 결산보고서에는 일반회계, 특별회계, 기금의 회계 실체가 포함된다.

국가회계의 결산보고서는 ① 결산개요, ② 세입세출결산, ③ 재무제표(재정상태표, 재정운영표, 순자산변동표), ④ 성과보고서의 서류로 구성된다. 결산 개요는 결산의 내용을 요약하여 예산 및 기금의 집행 결과, 재정의 운영 내용과 재무상태를 분명하게 파악할 수 있도록 작성한다. 세입세출결산은 세입세출예산 또는 기금운용계획과 같은 구

4) 재정보고서는 회계보고서(accounting reports) 또는 결산보고서라고도 하며, 재무제표보다는 광범위한 용어다(남상오, 2000: 71). 그러나 때로는 재정보고서를 재무제표와 동일하게 보기도 한다.

분에 따라 그 집행 결과를 종합하여 작성한다. 재무제표는 국가회계기준에 따라 작성하며, 다음에 상세히 살펴본다. 성과보고서는 성과계획서에서 정한 성과 목표와 그에 대한 실적을 대비하여 작성한다.

국가회계와 지방자치단체회계의 결산보고서 체계는 [표 11-7]과 같다.

표 11-7 정부회계의 결산보고서 체계

구 분	보고 실체	결산보고서	재무제표
중앙정부	중앙관서 기금관리 주체 국가	① 결산개요 ② 세입세출결산 (기금: 수입 및 지출결산) ③ 재무제표 ④ 성과보고서	① 재정상태표 ② 재정운영표 ③ 순자산변동표 (재무제표 주석 포함) 〈부속서류〉 ① 필수보충 정보 ② 부속명세서
지방정부	지방자치단체	① 결산개요 ② 세입세출결산 ③ 재무제표 ④ 성과보고서	① 재정상태표 ② 재정운영표 ③ 순자산변동표 (④ 현금흐름표) (재무제표 주석 포함) 〈부속서류〉 ① 필수보충 정보 ② 부속명세서

그리고 결산보고서의 부속서류로서 [표 11-8]과 같은 서류가 첨부되어야 한다(국가회계법 제15조의2).

표 11-8 국가회계 결산보고서의 부속서류

결산보고서	부속서류
세입세출결산	1. 계속비 결산명세서 2. 세입세출결산 사업별설명서 3. 총액계상 사업집행명세서 4. 수입대체경비 사용명세서 5. 이월명세서 6. 명시이월비 집행명세서 7. 정부기업특별회계 회전자금운용명세서

	8. 성인지 결산서 9. 예비금 사용명세서 10. 총사업비 관리대상 사업의 사업별 집행명세서 11. 현물출자명세서 12. 재정증권의 발행 및 한국은행 일시차입금의 운용명세서 13. 전년도 세계잉여금 처리명세서 14. 그 밖에 대통령령으로 정하는 서류
(국가결산보고서)	1. 통합재정수지표 2. 통합계정자금 운용 및 수익금사용명세서
기금의 수입지출결산	1. 재원조성실적표 2. 성인지 기금결산서 3. 그 밖에 대통령령으로 정하는 서류
재무제표	1. 국가채무관리보고서 2. 국가채권현재액보고서 3. 그 밖에 대통령령으로 정하는 서류

3. 재무제표

1) 재무제표의 의의와 작성 원칙

(1) 재무제표의 의의

정부회계의 재무제표(financial statements)는 기업의 재무제표와 크게 다르지 않으나 정부와 기업의 특성의 차이에서 비롯된 차이점이 있다. 특히 영리를 목적으로 하지 않는 정부회계의 경우 기업의 손익계산서를 그대로 사용할 수는 없다. 외국의 예를 보면 재무제표의 명칭을 기업과 다르게 칭하고 있는 것을 볼 수 있다. 특히 손익계산서의 명칭은 전혀 다르게 표기하고 있다. 그리고 재무제표에 현금주의에서 산출된 예산집행 결과표를 포함하고 있는 경우가 많다. 정부회계의 기본 재무제표에 공통적으로 포함되는 것은 대차대조표, 활동(운영)보고서, 현금흐름표다.

우리나라 중앙정부의 재무제표는 재정상태표, 재정운영표, 순자산변동표로 구성되며, 주석을 포함한다(국가회계법 제14조). 그리고 재무제표의 부속서류로 필수보충 정보와 부속명세서가 있다. 지방정부의 재무제표는 재정상태표, 재정운영표, 현금흐름표, 순자산변동표로 구성되며, 주석을 포함한다. 재무제표의 부속서류로 필수보충 정보와 부속명세서가 있다(지방자치단체 회계기준 제8조).

표 11-9 외국 정부의 재무제표

국 가	재무제표
미국 연방정부	대차대조표, 순비용보고서, 순자산변동보고서, 재원조달보고서, 예산자원보고서
미국 지방정부	정부형 펀드: 대차대조표, 활동보고서, 현금흐름표 사업형 펀드: 순자산보고서, 수익, 비용, 펀드순자산 변동보고서, 현금흐름표
영국 중앙정부	자원집행요약표(Schedule 1), 운영비용보고서(Schedule 2), 대차대조표(Schedule 3), 현금흐름표(Schedule 4), 부처 전략 목표별 자원명세표(Schedule 5)
호주 중앙정부	대차대조표, 운영보고서, 현금흐름표
뉴질랜드 중앙정부	재정성과보고서, 재정상태표, 지분변동표, 현금흐름표, 채무상황표, 계약상황명세서, 우발채무보고서, 비승인 지출, 비용, 채무보고서, 비상지출보고서, 신탁재산보고서, 회계정책보고서

(2) 재무제표의 작성 원칙

국가회계 기준(제6조)과 지방자치단체회계 기준(제9조)에는 재무제표의 작성 원칙이 명기되어 있다. 그 내용을 정리하면 다음과 같다.

첫째, 재무제표는 통합재무제표로 작성한다. 정부 전체의 재정을 파악하기 위해 개별 회계 단위의 재무제표를 연결한 통합재무제표를 작성해야 한다. 통합은 일반회계, 특별회계 및 기금회계의 회계 실체 전체를 대상으로 한다.

중앙정부의 경우 보고 실체인 각 중앙관서와 기금관리 주체별 재무제표를 작성하고 이를 통합하여 '대한민국 정부'의 국가 재무제표를 작성한다. 지방정부의 경우에도 보고 실체의 재무제표는 일반회계, 기타 특별회계, 기금회계 및 지방공기업특별회계의 유형별 재무제표를 통합하여 작성한다.

재무제표의 통합 방식은 ① 연결, ② 합산, ③ 병기의 세 가지 방식이 있다. 연결이란 서로 다른 회계 실체 간의 내부거래를 상계·제거해 통합하는 방법이다. 합산은 서로 다른 회계 실체 간의 내부거래를 상계하지 아니하고 동일 또는 유사한 과목의 금액을 단순히 합계해 표시하는 방법이다. 병기란 서로 다른 회계 실체 간의 내부거래를 상계하지 아니하고 각 실체의 재무제표를 나란히 표기하는 방법을 말한다.

현재 중앙정부와 지방정부 모두 개별 회계 단위 간의 내부거래를 상계하는 연결 방식에 의해 통합재무제표를 작성한다. 국가회계 기준(제6조 제1항 제4호)에 "재무제표를 통합하여 작성할 경우 내부거래는 상계하여 작성한다"고 규정하고 있다.

둘째, 재무제표는 해당 회계연도분과 직전 회계연도분을 비교하는 형식으로 작성한다. 비교식으로 작성되는 두 회계연도의 재무제표는 계속성의 원칙에 따라 작성하며, 국가회계법에 따른 적용 범위, 회계정책 또는 이 규칙 등이 변경된 경우에는 그 내용을 주석으로 공시한다.

셋째, 재무제표의 과목은 해당 항목의 중요성에 따라 별도의 과목으로 표시하거나 다른 과목으로 통합하여 표시할 수 있다.

2) 재정상태표

재정상태표(statement of financial position)는 기업의 대차대조표(balance sheet)에 해당한다. 재정상태표는 특정 시점의 정부재정 상태를 나타내는 재무제표로 자산, 부채 및 순자산으로 구성된다. 국가회계 기준(제7조)에는 재정상태표란 재정상태표일 현재의 자산과 부채의 명세 및 상호 관계 등 재정상태를 나타내는 재무제표라고 정의내리고 있다. 재정상태표일이란 재정상태표의 작성 기준일을 말하며, 해당 연도의 12월 31일이다.

재정상태표에서는 자산 총계에서 부채 총계를 차감한 잔액을 순자산(net asset)으로 표시해 기업의 자본과는 다른 특성을 보여 준다. 재정상태표는 정부의 자산과 부채의 내역 및 상호 관계를 체계적으로 나타냄으로써 실질적인 공공 서비스의 공급 능력을 보여 주는 데 목적이 있다.

재정상태표를 표시하는 서식은 계정식과 보고식이 있다. 계정식(account form)은 차변에 자산, 대변에 부채와 순자산을 배열하는 계정 형식이다. 보고식(report form)은 자산, 부채, 순자산의 순서로 연속 표시하는 방식이다. 정부회계는 보고식 형식을 택하고 있다.

재정상태표 배열은 유동성 배열법을 채택하고 있다. 유동성이란 현금으로 전환되기 쉬운 정도를 말한다. 유동성 배열법은 현금으로의 전환 가능성을 기준으로 유동 항목으로부터 고정 항목의 순으로 배열하는 방식이다. 이것은 정부의 자산 유동성 정도에 대한 정보를 제공하기 위한 것이다. 그리고 자산, 부채 및 순자산은 총액으로 표시한다. 이 경우 자산 항목과 부채 또는 순자산 항목을 상계함으로써 그 전부 또는 일부를 재정상태표에서 제외해서는 안 된다.

참고로 중앙정부 재정상태표 양식을 보면 [표 11-10]과 같다.

그림 11-3 재정상태표의 구조

차 변	대 변
자산	부채
	순자산

표 11-10 중앙정부 재정상태표 양식(개요)

재정상태표

당기: 20XY년 12월 31일 현재
전기: 20XX년 12월 31일 현재

○○부처, ○○기금, 대한민국 정부 (단위:)

	20XY	20XX
자산		
Ⅰ. 유동자산	XXX	XXX
Ⅱ. 투자자산	XXX	XXX
Ⅲ. 일반유형자산	XXX	XXX
Ⅳ. 사회기반시설	XXX	XXX
Ⅴ. 무형자산	XXX	XXX
Ⅵ. 기타 비유동자산	XXX	XXX
자산 계	XXX	XXX
부채		
Ⅰ. 유동부채	XXX	XXX
Ⅱ. 장기차입부채	XXX	XXX
Ⅲ. 장기충당부채	XXX	XXX
Ⅳ. 기타 비유동부채	XXX	XXX
부채 계	XXX	XXX
순자산		
Ⅰ. 기본순자산	XXX	XXX
Ⅱ. 적립금 및 잉여금	XXX	XXX
Ⅲ. 순자산조정	XXX	XXX
순자산 계	XXX	XXX
부채와 순자산 계	XXX	XXX

3) 재정운영표

(1) 재정운영표의 의의

재정운영표(statement of financial operations)는 기업의 손익계산서(income statement; profit and loss statement)에 해당된다. 그러나 정부회계는 이윤 극대화를 목표로 하는 기업회계의 손익계산서와는 성격이 다른 방식으로 구성된다. 국가회계 기준(제24조)에는 재정운영표를 "회계연도 동안 수행한 정책 또는 사업의 원가와 재정운영에 따른 원가의 회수명세 등을 포함한 재정운영 결과를 나타내는 재무제표"라고 정의내리고 있다.

재정운영표는 회계연도(1.1~12.31) 기간 동안 정부운영에 대한 이익과 손실의 산정이 아닌 수익과 비용의 내역을 일정 기준에 따라 체계적으로 보여 주는 데 목적이 있다. 따라서 재정운영표에 나타난 수익과 비용의 차액(재정운영 결과)을 정부의 운영 성과로 판단하는 것은 문제가 있다. 정부회계는 특성상 민간기업과 달리 수입과 지출이 개별적인 연계성을 가진다고 보기 어렵기 때문에 수익과 비용의 대응 원칙이 적용되지 않는다.

재정운영표의 작성 기준은 중앙정부와 지방정부가 사실상 동일하며, 재정운영표의 모든 수익과 비용은 발생주의 원칙에 따라 거래나 사실이 발생한 기간에 표시한다.

그림 11-4 재정운영표의 구조

차 변	대 변
비용	수익
재정운영 결과	

(2) 재정운영표의 양식

개별적 보고 실체인 중앙관서 및 기금의 재정운영표와 이를 통합한 국가의 재정운영표 양식이 서로 다르다.

중앙관서 또는 기금의 재정운영표는 ① 프로그램 순원가, ② 재정운영 순원가, ③ 재정운영 결과로 구분하여 표시한다. ① 프로그램 순원가는 프로그램을 수행하기 위해 투입한 원가 합계에서 다른 프로그램으로부터 배부받은 원가를 더하고, 다른 프로그램에 배부한 원가는 빼며, 프로그램 수행 과정에서 발생한 수익 등을 빼서 표시한다. ②

재정운영 순원가는 프로그램 순원가에서 관리운영비 및 비배분비용은 더하고, 비배분 수익은 빼서 표시한다.5) ③ 재정운영 결과는 재정운영 순원가에서 비교환수익 등을 빼서 표시한다. 다만, '국고금관리법 시행령'에 따라 통합 관리하는 일반회계 및 특별회계의 자금에서 발생하는 비교환수익 등은 순자산변동표의 재원의 조달 및 이전 란에 표시한다.

국가의 재정운영표는 중앙관서 또는 기금의 재정운영표를 통합하여 작성하되 내부거래를 제거하여 작성한다. 그리고 ① 재정운영 순원가, ② 비교환수익 등, ③ 재정운영 결과로 구분하여 표시한다. 재정운영 순원가는 각 중앙관서별로 구분하여 표시한다. 재정운영 결과는 재정운영 순원가에서 비교환수익 등을 빼서 표시한다. 그 국가의 재정운영표 작성 방법은 중앙관서 또는 기금의 재정운영표 작성 방법을 준용한다.

참고로 중앙정부의 재정운영표 양식은 [표 11-11], [표 11-12]와 같다.

4) 순자산변동표

순자산변동표(statement of changes in net asset)는 회계연도(1.1~12.31) 기간 동안 순자산의 증감 내역을 보여 주는 재무제표로 재정운영에 따른 재정운영 결과 및 기타 순자산의 변동을 포함한다. 정부회계의 경우 기업과 같은 자본금 또는 지분 개념이 존재하지 않으므로 자산에서 부채를 차감한 잔여액 개념을 순자산 개념으로 사용한다. '순자산=자산-부채'의 형태로 표시한다.

중앙관서 또는 기금의 순자산변동표는 기초순자산, 재정운영 결과, 재원의 조달 및 이전, 조정 항목, 기말순자산으로 구분하여 표시한다. 중앙관서 또는 기금의 순자산변동표를 통합하여 작성하는 국가의 순자산변동표는 기초순자산, 재정운영 결과, 조정 항목, 기말순자산으로 구분하여 표시한다. 조정 항목은 납입자본의 증감, 투자증권 평가손익, 파생상품 평가손익 및 기타 순자산의 증감 등을 포함한다.

참고로 중앙정부의 순자산변동표 양식은 [표 11-13], [표 11-14]와 같다.

---

5) 관리운영비는 기관운영비와 같이 기관의 여러 정책이나 사업, 활동을 지원하는 비용(정부기업예산법 제3조에 따른 특별회계나 기금의 경우에는 관리업무비를 말한다)을 말하며, 비배분비용은 투입한 비용 중 프로그램과 직접적·간접적인 대응관계가 없거나, 프로그램에 배분하는 것이 합리적이지 아니한 비용을 말한다. 비배분수익은 프로그램과 관련 없이 발생하거나 프로그램 외의 업무로부터 발생한 수익을 말한다.

표 11-11 각 중앙관서(기금)별 재정운영표 양식

재정운영표

당기: 20XY년 1월 1일부터 20XY년 12월 31일까지
전기: 20XX년 1월 1일부터 20XX년 12월 31일까지

○○부처, ○○기금 (단위:)

	20XY			20XX		
	총원가	수 익	순원가	총원가	수 익	순원가
Ⅰ. 프로그램 순원가	XXX	(XXX)	XXX	XXX	(XXX)	XXX
1. 프로그램(A)	XXX	(XXX)	XXX	XXX	(XXX)	XXX
2. 프로그램(B)	XXX	(XXX)	XXX	XXX	(XXX)	XXX
3. ….						
Ⅱ. 관리운영비			XXX			XXX
1. 인건비			XXX			XXX
2. 경비			XXX			XXX
Ⅲ. 비배분비용			XXX			XXX
1. 자산처분손실			XXX			XXX
2. 기타 비용			XXX			XXX
3. ….			XXX			XXX
Ⅳ. 비배분수익			XXX			XXX
1. 자산처분이익			XXX			XXX
2. 기타 수익			XXX			XXX
3. ….			XXX			XXX
Ⅴ. 재정운영 순원가 (Ⅰ+Ⅱ+Ⅲ−Ⅳ)			XXX			XXX
Ⅵ. 비교환수익 등			XXX			XXX
1. 부담금수익			XXX			XXX
2. 제재금수익			XXX			XXX
3. 사회보험수익			XXX			XXX
4. ….			XXX			XXX
Ⅶ. 재정운영 결과 (Ⅴ−Ⅵ)			XXX			XXX

표 11-12 중앙정부의 통합 재정운영표 양식

재정운영표

당기: 20XY년 1월 1일부터 20XY년 12월 31일까지
전기: 20XX년 1월 1일부터 20XX년 12월 31일까지

대한민국 정부 (단위:)

	20XY		20XX	
Ⅰ. 재정운영 순원가		XXX		XXX
1. 대통령실		XXX		XXX
2. 행정안전부		XXX		XXX
3. 기획재정부		XXX		XXX
4. …				
Ⅱ. 비교환수익 등		XXX		XXX
1. 국세수익				
(1) 국세수익	XXX		XXX	
(2) 대손상각비	XXX		XXX	
(3) 대손충당금 환입	XXX	XXX	XXX	XXX
2. 부담금수익		XXX		XXX
3. 제재금수익		XXX		XXX
4. 사회보험수익		XXX		XXX
5. 채무면제이익		XXX		XXX
6. 기타 비교환수익		XXX		XXX
7. 기타 재원 조달 및 이전		XXX		XXX
Ⅲ. 재정운영 결과(Ⅰ-Ⅱ)		XXX		XXX

표 11-13 각 중앙관서(기금)별 순자산변동표 양식

순자산변동표

당기: 20XY년 1월 1일부터 20XY년 12월 31일까지
전기: 20XX년 1월 1일부터 20XX년 12월 31일까지

OO부처, OO기금 (단위:)

	기본 순자산	적립금 및 잉여금	순자산 조정	합 계
Ⅰ. 기초순자산	XXX	XXX	XXX	XXX
1. 보고금액	XXX	XXX	XXX	XXX
2. 전기오류 수정손익	XXX	XXX	XXX	XXX
3. 회계변경 누적 효과	XXX	XXX	XXX	XXX
Ⅱ. 재정운영 결과		XXX		XXX
Ⅲ. 재원의 조달 및 이전		XXX		XXX
1. 재원의 조달		XXX		XXX
(1) 국고수입		XXX		XXX
(2) 부담금수익		XXX		XXX
(3) 제재금수익		XXX		XXX
(4)		XXX		XXX
2. 재원의 이전		XXX		XXX
(1) 국고이전지출		XXX		XXX
(2) 무상이전지출		XXX		XXX
(3) 기타 재원이전		XXX		XXX
Ⅳ. 조정 항목	XXX	XXX	XXX	XXX
1. 납입자본의 증감	XXX	–	–	XXX
2. 투자증권 평가손익	–	–	XXX	XXX
3. 파생상품 평가손익	–	–	XXX	XXX
4. 기타 순자산의 증감	XXX	XXX	XXX	XXX
Ⅴ. 기말순자산(Ⅰ－Ⅱ＋Ⅲ＋Ⅳ)	XXX	XXX	XXX	XXX

표 11-14 정부의 통합 순자산변동표 양식

순자산변동표

당기: 20XY년 1월 1일부터 20XY년 12월 31일까지
전기: 20XX년 1월 1일부터 20XX년 12월 31일까지

대한민국 정부 (단위:)

	기본 순자산	적립금 및 잉여금	순자산 조정	합 계
Ⅰ. 기초순자산	XXX	XXX	XXX	XXX
1. 보고금액	XXX	XXX	XXX	XXX
2. 전기오류 수정손익	XXX	XXX	XXX	XXX
3. 회계변경 누적 효과	XXX	XXX	XXX	XXX
Ⅱ. 재정운영 결과		XXX		XXX
Ⅲ. 조정 항목	XXX	XXX	XXX	XXX
1. 납입자본의 증감	XXX	–	–	XXX
2. 투자증권 평가손익	–	–	XXX	XXX
3. 파생상품 평가손익	–	–	XXX	XXX
4. 기타 순자산의 증감	XXX	XXX	XXX	XXX
Ⅳ. 기말순자산(Ⅰ–Ⅱ+Ⅲ)	XXX	XXX	XXX	XXX

5) 필수보충 정보 · 부속명세서 · 주석

필수보충 정보는 재무제표에는 표시하지 아니하였으나, 재무제표의 내용을 보완하고 이해를 돕기 위하여 필수적으로 제공되어야 하는 정보를 말한다. 필수보충 정보에는 다음의 정보를 포함한다. 즉, ① 유산자산의 종류, 수량 및 관리상태, ② 연금보고서, ③ 보험보고서, ④ 사회보험보고서, ⑤ 국세징수활동표, ⑥ 총잉여금 · 재정운영결과조정표, ⑦ 수익 · 비용 성질별 재정운영표, ⑧ 그 밖에 재무제표에는 반영되지 아니하였으나 중요하다고 판단되는 정보다.

부속명세서는 재무제표에 표시된 회계과목에 대한 세부 명세를 명시할 필요가 있을 때에 추가적인 정보를 제공하기 위한 것이다.

주석은 정보 이용자에게 충분한 회계정보를 제공하기 위하여 채택한 중요한 회계정책과 재무제표에 중대한 영향을 미치는 사항을 설명한 것을 말한다. 국가회계 기준에서 규정한 주석 사항 외에 필요한 경우에는 다음 사항을 주석으로 표시한다. 즉, ① 중요한 회계 처리 방법, ② 장기차입부채 상환계획, ③ 장기충당부채, ④ 외화자산 및 외화

부채, ⑤ 우발사항 및 약정사항(지급보증, 파생상품, 담보제공자산 명세를 포함), ⑥ 전기오류수정 및 회계 처리 방법의 변경, ⑦ 순자산조정명세, ⑧ 그 밖에 재무제표에 중대한 영향을 미치는 사항과 재무제표의 이해를 위하여 필요한 사항이다.

CHAPTER 12

조달 및 계약 관리

학습 포인트

1. 조달의 목표와 원칙
2. 집중 조달과 분산 조달
3. 구매 · 리스 · 아웃소싱
4. 중앙조달기관과 수요기관
5. 전자조달 시스템(나라장터 시스템)
6. 정부 계약

제 1 절 예산집행과 조달행정

1. 조달의 의의

조달(procurement)은 정부 서비스 제공에 필요한 자원을 획득하는 것이다(Lee & Johnson, 1998: 292). 이 기능은 예산 과정의 핵심 작업은 아니지만 예산집행 과정에서의 주요 업무다. 예산집행은 지출원인행위와 지출행위 및 지급행위로 진행된다. 지출원인행위란 세출예산, 계속비 또는 국고채무부담행위에 의해 지출의 원인이 되는 계약이나 기타의 행위를 말한다. 따라서 지출원인행위의 주된 업무는 조달에 관한 사항이다.

대표적인 조달 사무는 물품 및 용역의 구매(purchasing)와 공사 계약(contract)이다. 조달청이 행하는 조달사업의 범위를 보아도 이 두 가지가 핵심 업무다. 조달청이 행하는 조달사업은 ① 조달물자의 구매, 물류관리, 공급 및 그에 따른 사업, ② 수요기관의 공사 계약 및 그에 따른 사업, ③ 수요기관의 시설물 관리·운영 및 그에 따르는 사업, ④ 조달물자 및 안전관리물자의 품질관리, ⑤ 국제조달 협력 및 해외 조달시장 진출 지원, ⑥ 그 밖에 다른 법령에서 조달청장이 할 수 있거나 하도록 규정한 사업이다(조달사업에 관한 법률 제3조).

우리나라는 1961년 조달청이 설립되기 전에는 각 수요기관인 정부기관이 직접 구매와 공사 계약을 맺는 분산 조달을 특징으로 했다. 그러나 조달청 설립 이후 집중 조달을 확대 적용하고 있다. 집중 조달이 더 좋은지 분산 조달이 더 좋은지에 대해서는 논란이 있으며, 다음에 논의하기로 한다.

2. 조달의 목표와 원칙

1) 조달의 목표

리와 존슨(Lee & Johnson, 1998: 293-294)은 조달의 목표를 다음과 같이 제시한다.

첫째, 필요할 때 물품을 이용 가능하게 해 주고 재고가 바닥나지 않게 하는 것이다.

둘째, 단위 비용을 저렴하게 하는 것이다. 사무용품이든 자동차와 같이 비싼 물품이든 대량 주문 방식이 물품 구입비용을 최소화하는 방법이다. 그러나 이런 대량 주문 방식은 재고품을 최소화해야 하는 목표와 상충된다. 조달 전문가들은 경제적 주문량(economic ordering quantities)을 결정하기 위해 노력한다. 즉, 특정 물품을 언제, 얼마를 구매할 것인가를 결정한다.

셋째, 적시 조달을 하는 것이다. 최근에는 적시 주문(just-in-time ordering)에의 관심이 높아지고 있다. 이것은 구매처로부터 필요할 때 물품을 수령함으로써 보관비용을 절감할 수 있다. 컴퓨터 시스템의 구축으로 적시 주문을 할 수 있는 능력이 크게 향상되었다.

2) 조달의 원칙

국제투명성기구(Transparency International, 1999: 178-179)는 조달행정에서 염두에 둬야 할 조달의 다섯 가지 원칙을 제시하고 있다. 즉, ① 조달의 경제성, ② 계약자 결정의 공정성, ③ 조달 과정의 투명성, ④ 조달 과정의 능률성, ⑤ 조달행정의 책임성이다. 조달의 경제성이란 지불된 가격의 범위 내에서 상품이나 서비스는 가장 좋은 질이거나 혹은 가장 낮은 가격이어야 한다. 조달 과정의 능률성이란 조달 물품의 가치와 복잡성을 반영해 가치가 적은 물건을 구입하는 과정은 간단하고 신속해야 한다는 것이다.

리드와 스웨인(Reed & Swain, 1997: 183)은 물품 구매 시 정부기관이 염두에 두어야 할 세 가지 사항에 대해 언급하고 있다. 첫째, 무엇을 구입해야 할 것인가에 관한 것이다(what to buy). 즉, 기관의 목적을 달성하기 위해 필요로 하는 물품이나 서비스에 대한 수요나 지출에 관한 계획을 정부기관 스스로 결정하는 것을 말한다. 둘째, 어떻게 구입할 것인가에 관한 것이다(how to buy). 다시 말해, 이러한 재화나 서비스를 구입하기 위한 구체적 과정과 절차에 관해 정부기관이 관심을 갖는 것을 말한다. 셋째, 정부기관은 그들이 필요로 하는 상품을 가장 낮은 비용으로 구입해야 한다. 원가계산은 구매에서 가장 중요한 부분 중의 하나다.

미국 변호사협회의 『표준조달법령집(*Model Procurement Code*)』에도 조달 원칙을 규정하고 있다(박광국 · 손광락, 2000). 즉, 정부기관이 필요로 하는 물품이나 서비스를 가장 능률적이고 효과적으로 구입하기 위해 고려해야 할 일곱 가지 원칙을 제시한다. ① 명료성(clarity), ② 일관성(consistency), ③ 공공의 신뢰(public confidence), ④ 공급자에 대한 공정하고 형평성 있는 대우(fair and equitable treatment of vendors), ⑤ 경제성의 제고와 구매 가치의 극대화(increased economy and maximizing of purchase values), ⑥ 경쟁 촉진(fostering of competition), ⑦ 품질과 청렴성을 확보하기 위한 안전 장치(safeguards to ensure quality and integrity)다.

3. 집중 조달과 분산 조달

1) 집중 조달과 분산 조달의 개념과 선택

집중 조달은 필요한 물품 및 서비스를 중앙조달기관에서 일괄적으로 조달해 수요기관에 공급해 주는 제도다. 분산 조달은 수요기관이 직접 조달하는 제도다. 종전에는 행정기관의 부차적인 업무로 생각되던 조달행정이 전문적 지식과 훈련을 필요로 하는 중요한 업무 영역으로 등장하면서 집중 조달제도가 확산되었다.

집중 조달과 분산 조달은 다음에서 보듯이 각각 장·단점을 갖고 있다. 따라서 집중 조달과 분산 조달 중 어느 방법을 선택할 것인가는 여러 가지 요인에 의해 영향을 받을 수밖에 없다. 물품 및 공사의 특성, 정부조직의 성격, 외부 환경 등 다양한 요인들이 조달 방식의 선택에 영향을 미친다. 시기별로 볼 때에도 집중 조달에 역점을 둔 시기가 있는가 하면 분산 조달에 역점을 두는 시기도 있다.

집중 조달과 분산 조달의 선택과 관련된 연구 결과들을 보면, 서비스의 구매는 물품의 구매보다 상대적으로 분산 구매에 더 많이 의존한다는 보고가 있다(Reed & Swain, 1997). 미국 국방부의 조달은 집중 조달과 분산 조달을 혼합하고 있다. 국방부 산하 모든 조직에서 공동으로 사용하는 물품은 중앙에서 조달하고 각 조직에 특유한 물품은 해당 조직이 조달한다(이문영·윤성식, 2002: 430). 미국의 국가성과보고서(National Performance Review)는 연방정부의 조달을 더욱 분산시킬 것을 권고하면서 다량의 집중 조달이 분산 기준에 의한 소량 조달보다 더 비용이 많이 든 사례를 인용했다.

이렇게 볼 때 집중 조달과 분산 조달의 선택은 양자택일적(either-or) 성격이 아니라 양자 배합의 정도(degree)의 문제라고 보는 것이 적절하다. 우리나라의 경우 전체 조달 시장에서 집중 조달이 차지하는 비중은 30% 정도다. 나머지 70%는 각 수요기관의 자체 조달이 차지한다. 최근의 추세는 조달 의사결정은 분권화되지만 조달의 통일된 규정 및 절차의 마련과 조달에 대한 지속적인 평가는 중앙부서가 담당하며, 모든 부서에 동일하게 사용하는 물품은 중앙조달기관이 조달하는 방향으로 나가고 있다.

2) 집중 조달과 분산 조달의 장 · 단점

집중 조달과 분산 조달의 장 · 단점은 서로 연계되어 있다. 즉, 집중 조달의 장점은 분산 조달의 단점이 되고, 집중 조달의 단점은 분산 조달의 장점이 된다.

(1) 집중 조달의 장점(분산 조달의 단점)

① 다량 구매를 통한 비용 절감

② 조달 업무의 전문성 확보

③ 조달 물품 및 절차의 표준화

④ 조달 업무의 통제 및 조정 가능

⑤ 장기적이고 종합적인 조달정책 수립 가능 등

(2) 집중 조달의 단점(분산 조달의 장점)

① 조달 행정 절차의 관료화(red tape)와 행정 비용 증가

② 적시 공급 불능 등 수요자의 요구에 부응하지 못함.

③ 물품 조달 시 중소기업 불리

④ 책임 회피 수단으로 악용하는 경향 존재 등

4. 구매, 리스, 아웃소싱의 선택

조달행정을 광의로 본다면 구매 외의 다른 대안도 고려되어야 한다. 조달 과정에서 구매 외의 대안으로 많이 사용되는 방법은 리스와 아웃소싱이다. 이들 대안을 선택할 때의 중요한 기준은 국민의 세금을 효율적으로 사용하는 것이다.

리스(leasing)란 비용을 지불하고 물품이나 시설 등을 임대하는 것이다. 행정 서비스를 제공하기 위해 복사기, 컴퓨터, 덤프 트럭, 건물 등 많은 장비들을 리스할 수 있다. 순수 리스(true leases)는 정부가 특정 기간 동안 비용을 지불하고 리스한 물품의 소유권을 획득하지 못하는 방식이다. 반면에 리스-구매 협약은 특정 기간 경과 후 소유권을 획득하는 방식이다. 어떤 경우에는 건물을 구매하는 것보다 리스하는 것이 재정적 측면 또는 다른 측면에서 이점을 가질 수 있다. 구매가 일시적 비용이 크게 들어가는 데 반해, 리스는 구매비용을 장기에 걸쳐 분산하는 이점이 있다. 또한 사용 기간이 제품의 수명인 내용 연수보다 짧을 때에는 리스가 구매보다 더 유리하다.

미국의 경우 연방정부가 리스에 지나치게 많이 의존하고 있다고 비판을 받고 있다. 이러한 비판이 나온 것은 장기적으로는 소유 형태가 비용이 덜 들고, 리스하는 데에 지나친 불필요한 요식(red tape)이 존재하기 때문이다(Lee & Johnson, 1998).

아웃소싱(outsourcing) 방식은 서비스 제공에 필요한 시설, 인원, 기타 자원을 사용하기 위해 민간기업과 계약을 맺는 것을 말한다. 아웃소싱은 개인의 활동, 조직의 기능, 그리고 과정이 그 대상이 될 수 있다. 아웃소싱 의사결정은 단순히 단기적인 비용 절감에 초점을 맞춰서는 안 되고 장기적인 전략적 관점에서 결정되어야 한다. 많은 서비스가 외부 위탁이 가능하지만 정책결정은 민영화할 수 없는 핵심활동으로 간주된다. 그런데 최근 정책결정 및 정부 기능 수행에 대해 컨설팅 회사에 의존하는 경우가 많아지고 있다.

5. 중앙조달기관과 수요기관

1) 중앙조달기관의 업무

정부조달기관은 분산 조달의 경우 각 국가기관 및 지방자치단체가 조달 주체로서 조달기관이 된다. 그런데 대부분의 나라들은 집중 조달을 위한 중앙조달기관을 두고 있다. 우리나라의 조달청(Public Procurement Service), 미국의 연방조달청(General Services Administration: GSA), 캐나다의 공공조달청(Public Works and Government Services Canada: PWGSC), 영국의 구매청(The Buying Agency: TBA)[1] 등이 중앙조달기관이다.

중앙조달기관은 수요자인 공공기관과 공급자인 기업을 중간에서 연결하는 업무를 수행한다. 조달청이 행하는 조달사업의 범위는 크게 다음과 같다(조달사업에 관한 법률 제3조).

① 조달물자의 구매 · 물류관리 · 공급

② 수요기관의 공사 계약

③ 수요기관의 시설물 관리 · 운영

④ 조달물자 및 안전관리물자의 품질관리

---

1) 영국의 구매청(TBA)은 환경부의 사업소 형태로 있다가 1996년부터 내각부 소속 공공 서비스처(Office of Public Service: OPS)의 산하기관이 되었다.

⑤ 국제 조달 협력 및 해외 조달시장 진출 지원

⑥ 그 밖에 다른 법령에서 조달청장이 할 수 있거나 하도록 규정한 사업

여기서 조달물자란 수요 물자와 비축물자를 말한다. 수요물자는 수요기관이 필요로 하는 물자로서 조달청장이 국내 및 국외에서 구매·공급하는 물품 및 용역(임차 또는 대여를 포함)을 말한다.

비축물자는 장·단기의 원활한 물자 수급과 물가 안정, 재난·국가 위기 등 비상시 대비를 위해 정부가 단독으로 또는 정부와 민간이 협력하여 비축하거나 공급하는 생활필수품·원자재 및 시설자재를 말한다. 여기에는 해외 의존도가 높은 물자, 국민생활 안정에 매우 중요한 물자, 방위산업 물자의 안정적 생산을 위해 필요한 물자, 그 밖에 물가 안정과 수급 조절, 재난·국가 위기 등 비상시 대비를 위해 긴급히 대처할 필요가 있는 물자가 포함된다. 안전관리물자는 국민의 생활안전, 생명보호, 보건위생과 관련된 조달물자로서 조달청장이 지정·고시하는 물자를 말한다.

조달청장은 조달사업에 관해 수요기관으로부터 수수료를 징수할 수 있으며, 이 수수료는 조달특별회계의 수입이 된다. 그리고 비축물자의 안정적 확보 및 효율적 관리를 위해 필요하다고 인정할 때에는 선물거래소를 통해 선물거래를 할 수 있다.

전체 공공조달 시장에서 차지하는 조달청의 비중은 30%를 약간 웃도는 수준이다. 2019년 조달청 조달 규모(내자구매 및 시설공사)는 45조 2,493억 원으로 전체 공공시장 조달 규모에서 33.5% 수준을 차지하고 있다.

조달사업의 현황을 보면 조달계약사업과 조달지원사업으로 구분된다. 조달계약사업에는 내자(물품, 서비스), 외자, 시설(공사, 서비스), 비축이 포함된다. 조달지원사업에는 맞춤형 서비스, 총사업비 검토, 원가 검토, 설계 적정성 검토가 포함된다. 조달사업의 실적 추이는 [표 12-1]과 같다.

미국의 연방조달청(GSA)도 유사한 기능을 수행한다.[2)]

① 연방청사의 신축, 임대, 유지 및 관리

② 물품/서비스의 보급 및 조달

③ 정부의 부동산 또는 동산의 사용·처분

④ 공무 여행 및 수송 서비스

2) 미국의 연방조달청은 1949년 연방재산 및 행정서비스법(Federal Property and Administrative Services Act)에 의해 설립되었으며, 워싱턴 D.C.에 본부가 있고, 11개 지방청을 두고 있다.

표 12-1 조달청 사업실적 추이

(단위: 억 원)

구 분			2017	2018	2019	2020
조달사업 총계			588,667	586,727	652,581	691,461
조달계약사업			385,291	390,438	458,205	486,239
– 내자	물품*	일반	179,698	185,678	218,247	227,577
		신기술	38,257	38,135	45,571	51,761
		계	217,955	223,813	263,818	279,338
	서비스	일반	22,230	23,527	22,164	29,103
		IT	22,841	25,943	35,452	37,999
		계	45,071	49,470	57,616	67,102
	소계		263,026	273,283	321,434	346,440
– 외자			5,615	4,530	5,712	5,694
– 시설		공사	112,180	107,356	124,380	126,859
		서비스	4,470	5,269	6,679	7,246
		소계	116,650	112,625	131,059	134,105
– 비축		비축	2,377	2,578	1,661	2,665
		방출	1,952	2,498	1,932	2,034
조달지원사업			200,999	193,711	192,715	202,557
– 맞춤형 서비스			24,360	21,675	22,032	26,867
– 총사업비 검토			107,479	82,485	96,332	74,600
– 원가 검토			16,045	21,163	20,815	29,724
– 설계 적정성 검토			53,115	68,388	53,536	71,366

주*: 물품은 리스계약 실적 포함.
자료: 조달청(2021).

⑤ 범정부 차원의 정보 기술 시스템 및 프로그램의 개발 운영
⑥ 범정부 차원의 정책 개발 및 운영

그런데 미국의 경우 연방조달청과 별개로 직접 구매 업무를 수행하지는 않지만 조달기관들의 업무를 조정하는 책임을 지는 연방조달정책청(Office of Federal Procurement Policy)을 두고 있다. 조달기관이 분산되어 있고 각 기관별 규정이 별도로 존재함으로써 조달 업무가 혼란스러운 관계로 이를 해결하기 위해 1974년 미국 의회는 연방조달정책청을 관리예산처(OMB) 산하에 설치했다. 클린턴(Bill Clinton) 대통령은 1994년 이

기구의 역할을 강화해 조달에서 광의의 정책지침과 전반적 리더십을 갖게 만들었다(Lee & Johnson, 1998: 293).

2) 조달의 수요기관

조달의 수요기관은 조달물자, 공사 계약의 체결 또는 시설물의 관리가 필요한 기관을 말한다. 여기에는 중앙관서 및 독립기관, 지방자치단체, 중앙관서 · 독립기관 · 지방자치단체의 소속 기관, 중앙관서 · 독립기관 · 지방자치단체가 투자 · 출연한 기관 등이다.

2021년 3월 현재 등록된 조달의 수요기관은 61,000여 개 기관이며, 기타 기관을 제외하고는 교육기관의 숫자가 12,000여 개로 가장 큰 비중(19.6%)을 차지한다.

그리고 등록된 조달 업체 수는 2021년 3월 현재 48만여 개이며, 대부분 중소기업(96.7%)이 차지한다. 그 중에서 내자 업체(48.5%)가 가장 많고, 다음에 서비스 업체(31.8%)와 시설공사 업체(17.1%)다. 조달 업체는 한번 전자조달 시스템(GePS)에 등록되면 모든 공공 입찰에 참가할 수 있다.

수요기관들은 수요물자 또는 공사 관련 계약을 체결할 때 계약 요청 금액 및 계약의 성격 등이 일정 기준에 해당하는 경우에는 조달청장에게 계약 체결을 요청해야 한다.[3] 다만, 천재지변 등 부득이한 사유로 계약 체결을 요청할 수 없거나 국방 또는 국가기밀의 보호, 재해 또는 긴급 복구 및 기술의 특수성 등으로 계약 체결을 요청하는 것이 부적절한 경우 등에는 그러하지 아니한다.

표 12-2 조달 수요기관 현황

(단위: 개, %)

구 분	합 계	국가기관	지방자치단체		기타 기관				
			지방 자치단체	교육기관	공기업	준정부 기관	기타 공공	지방 공기업	기타 기관
기관 수	61,748	5,420	6,960	12,081	1,035	1,457	466	254	34,075
비율(%)	100.0	8.8	11.3	19.6	1.7	2.4	0.7	0.4	55.2

주: 2021년 3월 말 현재 기준.
자료: 조달청(2021).

3) 일정 기준에 대해서는 조달사업법 시행령 제11조에 자세히 명기하고 있다.

6. 조달 업무 처리 과정

물품 구매와 관련된 조달 업무 절차를 보면 다음과 같다.

① 수요 발생, ② 조달 요청(나라장터 시스템), ③ 조달 요청 접수(나라장터 시스템), ④ 규격 검토, ⑤ 구매 결의, ⑥ 입찰 공고(나라장터 시스템), ⑦ 예정가격 결정, ⑧ 입찰, ⑨ 낙찰자 선정 및 계약 체결, ⑩ 계약 체결 통보, ⑪ 납품 준비, ⑫ 납품, ⑬ 물품 납품 및 검사/검수 요청, ⑭ 검사/검수 및 물품인수, ⑮ 물품납품 및 영수증 발급, ⑯ 대금청구 및 영수, ⑰ 계약 종결, ⑱ 대금납입고지 및 수납 순이다.

이를 그림으로 나타내면 [그림 12-1]과 같다.

그림 12-1 조달 업무 처리 절차

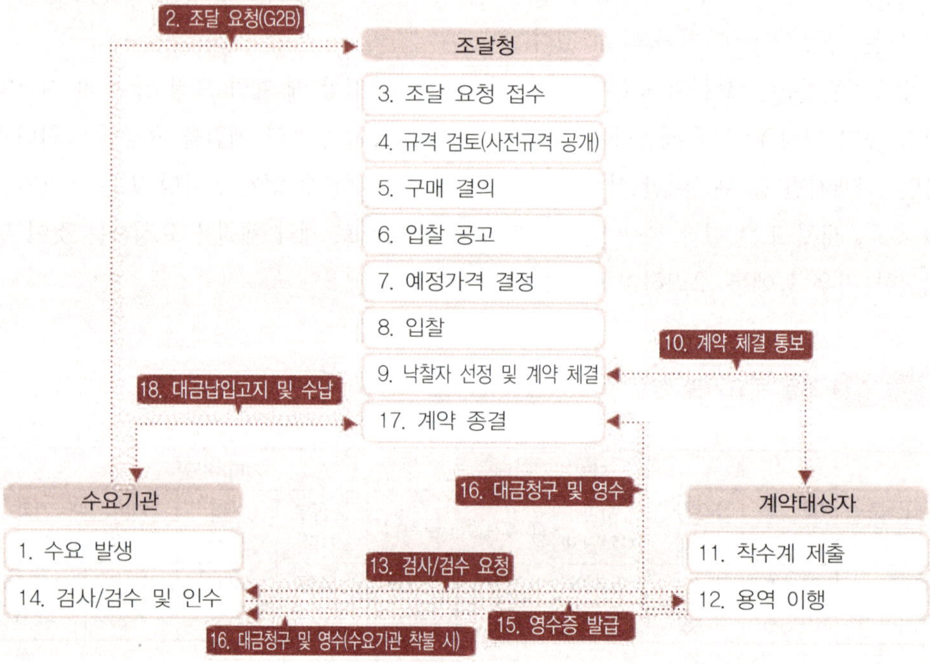

7. 전자조달 시스템

1) 전자조달 시스템의 의의

국가종합전자조달시스템(Korea ON-line e-Procurement System: KONEPS)은 조달 업무 전 과정을 온라인으로 처리하는 공공조달 단일창구로 구축된 전자조달 시스템이다. 나라장터 시스템 또는 G2B 시스템이라고 부른다. 모든 공공기관의 입찰정보가 공고되고, 1회 등록으로 어느 기관 입찰에나 참가할 수 있는 공공조달 단일창구 역할을 수행한다.

나라장터 시스템(KONEPS)은 전자정부 11대 사업의 일환으로 2002년 10월 구축된 이후 계속 고도화 작업을 거쳐 2013년 차세대 나라장터 시스템으로 구축되었다. 나라장터 시스템은 2003년 UN '공공 서비스상'을 받았으며, 2004년에는 '전자조달 Best Practice Model'로 선정되었다. OECD는 '더 이상 개선이 필요 없는 수준'으로 평가하였으며, 2005년 UN/CEFACT(UN 전자문서표준화기구)에서 '나라장터 전자조달 절차의 국제표준'으로 인정했다. 2011년에는 OECD & ITU의 M-Gov 보고서에서 모바일 전자정부 사례 중 '세계 4대 모범 사례'로 선정되었다. 베트남, 코스타리카 등 해외 여러 나라에 수출되기도 했다.

2) 전자조달 시스템의 기능과 특징

전자조달 시스템은 다음과 같은 다섯 가지 기능을 갖고 있다.4)

① 전자입찰: 입찰 공고, 조달기업의 입찰 참가 신청, 투찰, 개찰 및 자격심사를 통해 낙찰자를 선정하는 기능을 한다.

② 전자계약: 공인 인증, 최신 생체지문 인식 기술을 적용하여 계약서 작성 및 전자서명, 각종 보증서 처리, 인지세 납부, 채권매입 등 계약 체결에 필요한 모든 업무를 처리한다.

③ 전자지불: 제품, 서비스, 시설물에 대한 검사, 대금 청구, 지불까지 전 과정을 국가, 지방자치단체, 교육기관 등 3대 주요 재정정보 시스템과 연계하여 처리한다.

④ 종합쇼핑몰 기능: 수시 구매가 필요한 상용 물품이나 서비스 등의 경우, 조달기업은 자사의 상품을 종합쇼핑몰에 등록하고, 공공기관은 종합쇼핑몰에서 직접 검색

---

4) 조달청, 나라장터 시스템 소개 참조.

하여 원하는 상품을 구매한다.

⑤ 목록정보: 250만 개 품목의 상품 정보를 UNSPSC 분류 체계를 활용하여 빠르게 등록, 조회하여 공공기관과 조달기업은 구매 대상이 되는 물품, 서비스 등의 설명, 규격, 품질 정보 등을 공유한다.

전자조달 시스템의 주요 기능상 특징을 보면 다음과 같다.

첫째, 모든 조달 과정의 전자화로 공공 조달의 단일 창구로서 포털 사이트(www.g2b.go.kr) 역할을 한다. 입찰 및 계약뿐만 아니라 검사, 대금 지급 등 조달 업무 전 과정을 전자적으로 처리한다.

둘째, 모든 공공기관의 통합 입찰정보를 제공한다. 이때의 입찰정보에는 사업 발주자, 사업 규모, 예정가격, 기술 규격, 낙찰정보 등이 포함된다.

셋째, 조달기업은 분야별 면허 등 자격 요건을 미리 나라장터에 등록하면 1회 등록만으로 모든 공공기관의 입찰에 참가할 수 있다.

넷째, 나라장터와 공공기관에서 운영하는 120여 개 조달 관련 시스템과 연계하여 one-stop 조달 서비스를 제공한다.

다섯째, RFID 기반 물품관리 시스템을 구축하여 전자적으로 물품관리 업무를 수행할 수 있다.

여섯째, 기술 규격, 계약 방법, 입찰 절차, 낙찰자 정보 등 조달정보가 실시간 공개된다.

3) 전자조달 시스템의 기대효과

전자조달 시스템의 구축으로 인해 기대되는 효과는 다음과 같다.

첫째, 조달과 관련된 거래비용을 절감할 수 있다. 입찰정보 파악, 입찰 계약 서류제출 등 조달기업이 공공기관에 방문할 필요가 없어져 각종 거래비용이 절감되고 편의성이 증진된다. 그 결과 조달기업 절감액 6조 6천억 원, 공공기관 절감액 1조 4천억 원으로 총 8조 원 상당의 거래비용을 절감하는 것으로 추산하고 있다(조달청 홈페이지).

둘째, 조달행정의 투명성과 공정성을 제고해 조달 관련 부패를 방지할 수 있다. 조달정보의 실시간 공개, 표준 절차에 따른 업무처리로 조달 행정의 투명성을 획기적으로 개선할 수 있다. 실제로 국제투명성기구와 세계 반부패 포럼 등에서 투명성 우수 사례로 소개되기도 하였다.[5]

셋째, 정부 물품에 대한 분류체계의 표준화를 이루고 공공기관의 물품 선택 폭이 확대된다.

넷째, 전자상거래 확산을 통해 기업의 경쟁력을 강화한다. 특히 중소기업의 정부조달 참여 폭을 확대하고 경쟁력 제고에 기여한다. 나라장터 등록업체(총 28만여 개) 중 중소기업이 96.9%를 차지하여 중소기업의 혜택이 크다. 공공입찰 정보의 통합 공고를 통해 중소기업들의 입찰 참여 기회를 확대하고 마케팅 비용을 절감해준다.

제 2 절 정부 계약

1. 정부 계약의 의의

정부 계약이란 "국가가 사인(私人)의 지위에서 사인 상호 간에 대립하는 2개 이상의 의사 표시가 합치되어 성립하는 법률행위"로서 사경제주체로서 행하는 사법(私法)상의 법률행위라고 할 수 있다. 따라서 정부 계약은 사법상의 계약으로서 민법상의 일반 원칙인 계약 자유의 원칙, 신의성실의 원칙, 사정 변경의 원칙, 권리 남용 금지의 원칙 등이 적용된다. 국가계약법 제5조 ①항에는 "계약은 서로 대등한 입장에서 당사자의 합의에 따라 체결되어야 하며, 당사자는 계약 내용을 신의성실의 원칙에 따라 이를 이행하여야 한다"고 규정해 정부 계약의 원칙을 명시하고 있다. 또한 각 중앙관서의 장 또는 계약 담당 공무원은 계약을 체결할 때 계약 상대자의 계약상 이익을 부당하게 제한하는 특약 또는 조건을 정해서는 안 되며, 이러한 부당한 특약 등은 무효로 한다.

정부 계약은 개인의 이익을 추구하는 일반적 계약과 달리 공공재의 생산 또는 공공복리의 추구라는 목적을 갖는다. 또한 계약 담당 공무원의 자의적 집행을 방지할 필요에 따라 민법 등과 달리 별도의 법률을 갖고 운영하는 경우가 일반적이다. 정부 계약의 기본법으로 '국가를 당사자로 하는 계약에 관한 법률(국가계약법)'이 1995년 제정되었다. 2006년에는 '지방자치단체를 당사자로 하는 계약에 관한 법률(지방계약법)'이 제정되었다.

---

5) 국가권익위원회 조사에 의하면 조달 청렴도가 2002년 6.8점 → 2013년 7.92점으로 약 20% 상승하였다.

2. 정부 계약의 종류

정부 계약의 종류는 다양한 기준에 따라 여러 가지로 구분할 수 있다.

1) 계약 목적물에 의한 분류

① 공사 계약: 건설공사, 전기공사, 정보통신공사, 소방공사 등
② 물품의 제조·구매 계약
③ 용역 계약: 설계 및 감리 용역, 학술연구 용역, 청소 용역, 시설관리 용역 등

2) 계약 체결 방법에 의한 분류

(1) 일반경쟁입찰에 의한 계약

정부 계약은 일반경쟁입찰에 부치는 것이 원칙이며, 입찰 참가 기회를 확대하는 이점이 있다. 반면에 부적격 업체의 응찰로 경쟁 과열 및 부실 공사의 우려가 있다.

(2) 제한경쟁입찰에 의한 계약

시공 능력 평가액, 실적, 기술 보유 현황, 재무 상태 등 일정한 기준에 의해 제한하여 불성실하고 능력이 없는 자를 입찰에 참가하지 못하도록 함으로써 공개성, 공정성 및 경제성을 유지시키려는 계약 방법이다.

(3) 지명경쟁입찰에 의한 계약

계약의 성질 또는 목적에 비춰 특수한 설비, 기술, 자재·물품 또는 실적이 있는 자가 아니면 계약 목적을 달성하기 곤란한 경우 등에 특정 다수인을 지명해 지명된 자들로 하여금 경쟁시켜 계약 상대자를 결정하는 방법이다. 한정된 업자를 지명하므로 담합의 여지가 있다.

(4) 수의계약

계약 담당 공무원이 특정인을 임의로 선정해 계약을 체결하는 방법이다. 자본과 신용 및 기술, 경험 등이 풍부한 계약 상대자를 선택할 수 있고 계약 체결에 소요되는 비용을 절약할 수 있는 장점이 있다. 반면에 불리한 가격으로 계약을 체결할 우려가 있고 부정의 여지도 있다.

(5) 기타 계약

① 희망 수량 경쟁입찰에 의한 계약

다량의 물품을 일시에 매각하거나 제조·구매할 경우에 계약 상대자를 결정하는 방법이다. 매각의 경우에는 예정가격 이상의 단가로 입찰한 자 중에서 최고 가격의 입찰자부터 순차적으로 낙찰자를 결정한다. 제조·구매의 경우에는 예정가격 이하의 단가 입찰자 중 최저 가격의 입찰자부터 순차로 낙찰자를 결정한다.

② 2단계 경쟁입찰

먼저 규격 또는 기술입찰을 개찰해 적격자로 확정된 자에 한해서 가격 입찰에 참가할 수 있는 자격을 부여하는 방식이다.

③ 협상에 의한 계약

고시 금액 이상의 물품이나 용역 계약 시 긴급성, 국가 안보 등의 이유로 제안서를 제출받아 평가 후 협상 절차를 통해 계약을 체결하며, 각 중앙관서의 장이 필요한 기준 및 절차를 제정·운용한다.

3) 계약 체결 형태에 의한 분류

(1) 확정계약과 개산계약

확정계약은 예정가격을 미리 확정하고 낙찰자를 결정하는 방식이다. 계약을 체결하는 확정계약이 통상적이며 원칙이다. 개산계약은 예정가격을 정할 수 없을 때 개산가격을 정해 계약을 체결하는 방식이다. 개발 시제품의 제조나 시험·조사·연구용역 계약 등은 개산계약으로 체결할 수 있다.

(2) 총액계약과 단가계약

총액계약은 당해 계약 목적을 전체에 대해 총액으로 체결하는 계약이다. 단가계약은 일정 기간 계속해 제조·수리·가공·공급·사용 등의 계약을 할 필요가 있을 때 당해 연도 예산의 범위 안에서 단가에 대해 체결하는 계약이다. 국가계약법이 총액계약이라는 용어를 사용하고 있지는 않으나 국가 계약은 총액계약을 원칙으로 한다고 보아야 한다.

(3) 장기계속 계약, 단년도 계약, 계속비 계약

장기계속 계약은 임차, 운송, 전기, 가스, 수도의 공급, 기타 그 성질상 수년 간 계속해 존속할 필요가 있거나 그 이행에 수년을 요하는 경우 체결하는 계약이다. 공사의 경우에는 주로 사업의 규모, 내용 등이 설계서 등에 의해 확정되었으나 예산의 일괄 확보의 어려움이 있을 때 활용되는 제도다. 총공사 금액으로 입찰하고 각 회계연도 예산 범위 안에서 계약 체결 및 이행을 한다. 이때 총공사 금액이 부기된다.

단년도 계약은 이행 기간이 1회계연도인 경우로서 당해 연도 세출예산에 계상된 예산을 재원으로 체결하는 계약이다. 즉, 당해 연도 예산 범위 내에서 입찰・계약이 이뤄진다.

계속비 계약은 계속비 예산으로 편성된 사업에 대한 계약이다. 총공사 금액으로 입찰・계약이 이뤄지며, 연부액이 부기된다.

(4) 단독계약과 공동도급계약

단독계약은 정부 계약의 상대자를 1인으로 상정해 계약하는 방식이며, 국가계약법령은 단독계약이 원칙임을 천명하고 있다. 공동도급계약은 공사・제조・기타의 도급계약에서 2인 이상의 수급인이 당해 계약을 공동으로 수행하기 위해 잠정적으로 결성한 실체인 공동수급체와 체결하는 계약이다. 공동도급 제도는 시공 능력, 공시액, 시공 실적, 기술 보유, 면허 등에서 상대적으로 대기업에 비해 열위에 있는 중소기업체의 수주 기회 확대 및 기술 습득을 지원하기 위해 도입된 제도다.

4) 회계연도 개시 전의 계약

임차, 운송, 보관, 기타 그 성질상 중단할 수 없는 계약에서는 회계연도 개시 전에 당해 연도의 확정된 예산의 범위 안에서 미리 계약을 체결할 수 있다. 효력은 당해 회계연도 개시 이후에 발생된다.

참고로 계약 방법별 실적을 살펴보면 [표 12-3]과 같다. 경쟁계약과 수의계약의 비중은 2020년 기준 77.6 대 22.4로서 경쟁계약이 주를 이룬다. 경쟁계약에서는 일반경쟁(35.1%)보다 제한경쟁(42.3%) 비중이 약간 더 높다.

표 12-3 계약 방법별 실적

(단위: 억 원, %)

계약 방법별 \ 연도		2017	2018	2019	2020
합계 (비율)		387,668	393,016	459,866	488,904
		100.0	100.0	100.0	100.0
경쟁계약	소계	318,952	323,097	366,292	379,197
		82.3	82.2	79.7	77.6
	일반경쟁	131,090	141,478	165,224	171,659
		33.8	36.0	35.9	35.1
	지명경쟁	467	876	748	905
		0.1	0.2	0.2	0.2
	제한경쟁	187,395	180,743	200,320	206,633
		48.3	46.0	43.6	42.3
수의계약		68,716	69,919	93,574	109,707
		17.7	17.8	20.3	22.4

자료: 조달청(2021).

3. 정부 계약의 일반적 절차

정부 계약의 일반적 절차의 개요는 다음과 같은 단계로 이뤄진다.

1) 계약 방법 결정

먼저 일반경쟁입찰, 제한경쟁입찰, 지명경쟁입찰, 수의계약 등의 계약 방법을 결정한다. 그리고 정해진 계약 방법에 따라 계약 절차를 진행한다.

국가계약법(제7조)에는 "각 중앙관서의 장 또는 계약 담당 공무원은 계약을 체결하려면 일반경쟁에 부쳐야 한다"라고 규정하여 일반경쟁 원칙을 천명하고 있다. 다만, 계약의 목적, 성질, 규모 등을 고려하여 필요하다고 인정되면 참가자의 자격을 제한하거나, 참가자를 지명하여 경쟁에 부치거나, 수의계약을 할 수 있다. 또한 계약을 체결하는 과정에서 다른 법률에 따른 우선구매 대상이 경합하는 경우에는 계약의 목적이나 규모, 사회적 약자에 대한 배려 수준 등을 고려하여 계약 상대자를 결정해야 한다. 경쟁입찰은 2인 이상의 유효한 입찰로 성립한다.

2) 입찰 공고

입찰방법에 의하여 경쟁에 부치고자 할 때에는 특별한 규정이 있는 경우를 제외하고는 전자조달 시스템을 이용하여 공고해야 한다. 2002년부터 국가종합조달 시스템(G2B 시스템)에 공고하는 것이 의무화되었다. 다만, 필요한 경우 일간신문 등에 게재하는 방법을 병행할 수 있다. 입찰 공고는 입찰서 제출 마감일의 전일부터 기산해 7일 전에 해야 한다.

공고 내용은 입찰에 부치는 사항, 입찰 또는 개찰의 장소와 일시, 입찰 참가자의 자격, 입찰보증금과 국고 귀속에 관한 사항, 낙찰자 결정 방법, 계약 착수일 및 완료일 등이다.

3) 예정가격의 작성

입찰 또는 수의계약 등에 부칠 사항에 대하여 낙찰자 및 계약금액의 결정 기준으로 삼기 위하여 미리 해당 규격서 및 설계서 등에 따라 예정가격을 작성해야 한다. 다만, 다른 국가기관 또는 지방자치단체와 계약을 체결하는 경우 등 대통령령으로 정하는 경우에는 예정가격을 작성하지 않거나 생략할 수 있다.

예정가격은 계약을 체결하고자 하는 사항의 가격의 총액에 대하여 결정해야 한다. 다만, 일정한 기간 계속하여 제조·공사·수리·가공·매매·공급·임차 등을 하는 계약의 경우에는 단가에 대하여 그 예정가격을 결정할 수 있다.

4) 입찰 참가 자격 사전심사

입찰 참가 자격 적격심사(Pre-Qualification: PQ) 제도는 입찰 참가 희망 업체의 공사 수행 능력을 종합적으로 심사, 평가해 일정한 자격이 있는 자에게만 입찰 자격을 부여해 성실 시공을 유도하는 제도다. 부실공사를 방지하기 위해 도입된 제도라고 볼 수 있다. PQ제도는 1993년에 처음 도입되었다.

입찰 참가자의 자격을 심사하는 경우에는 계약 이행의 난이도, 이행 실적, 기술 능력, 재무 상태, 사회적 신인도 및 계약 이행의 성실도 등 계약 수행 능력을 평가하는 데에 필요한 요소들을 종합적으로 고려해 심사 기준을 정해야 한다.

5) 공사의 현장 설명

각 중앙관서의 장 또는 계약 담당 공무원은 공사 입찰을 하는 경우 그 공사의 성질・규모 등을 고려해 실제 공사 현장에서 입찰 참가자의 적정한 시공을 위한 현장 설명을 실시할 수 있다. 현장 설명은 공사의 규모에 따라 해당 입찰서 제출 마감일의 전일부터 기산하여 대통령령에서 정한 기간 전에 실시해야 한다.

6) 입찰 참가 신청

입찰 참가 신청 마감일까지 입찰 참가 신청서와 함께 입찰 금액의 100분의 5 이상의 입찰 보증금을 납부해야 한다. 다만, 재난이나 경기침체, 대량실업 등으로 인한 국가의 경제 위기를 극복하기 위해 기획재정부 장관이 기간을 정하여 고시한 경우에는 입찰 보증금을 입찰 금액의 1천분의 25 이상으로 할 수 있다.[6]

국내 입찰의 경우 서면입찰을 배제한 전자입찰을 의무화하고 있다. G2B 시스템을 통해 중앙관서에 입찰 참가 등록을 하면 다른 중앙관서에서도 통용된다.

7) 낙찰사 결정

세입의 원인이 되는 경쟁입찰에서는 예정가격 이상으로서 최고 가격의 입찰자를 낙찰자로 한다. 다만, 계약의 목적, 입찰 가격과 수량 등을 고려하여 대통령령으로 기준을 정한 경우에는 그러하지 않는다.

국고의 부담이 되는 경쟁입찰에서는 다음 어느 하나의 기준에 해당하는 입찰자를 낙찰자로 한다. ① 충분한 계약 이행 능력이 있다고 인정되는 자로서 최저 가격으로 입찰한 자, ② 입찰 공고나 입찰 설명서에 명기된 평가 기준에 따라 국가에 가장 유리하게 입찰한 자, ③ 그 밖에 계약의 성질, 규모 등을 고려하여 대통령령으로 특별히 기준을 정한 경우에는 그 기준에 가장 적합하게 입찰한 자이다.

8) 계약의 체결

낙찰자가 결정되면 계약서에 계약의 목적, 계약 금액, 이행 기간, 계약 보증금, 위험부담, 지체상금 등을 기재한 계약서를 작성하여 계약을 체결한다. 계약서를 작성하는

---

6) 국가기관, 지방자치단체, 공공기관, 국가 또는 지방자치단체의 출연 또는 출자법인 등은 입찰 보증금의 전부 또는 일부의 납부를 면제할 수 있다.

경우에는 그 담당 공무원과 계약 상대자가 계약서에 기명하고 날인하거나 서명함으로써 계약이 확정된다.

각 중앙관서의 장 또는 계약 담당 공무원은 계약 보증금을 계약 금액의 100분의 10 이상으로 납부하게 해야 한다. 다만, 재난이나 경기침체, 대량실업 등으로 인한 국가의 경제 위기를 극복하기 위해 기획재정부 장관이 기간을 정하여 고시한 경우에는 계약 보증금을 계약 금액의 100분의 5 이상으로 할 수 있다.

9) 계약의 이행 및 대가 지급

각 중앙관서의 장 또는 계약 담당 공무원은 공사, 제조, 용역 등의 계약을 체결한 경우에 그 계약을 적절하게 이행하도록 하기 위하여 필요하다고 인정하면 계약서, 설계서, 그 밖의 관계서류에 의하여 직접 감독하거나 소속 공무원에게 그 사무를 위임하여 필요한 감독을 하게 해야 한다. 다만, 대통령령으로 정하는 계약의 경우에는 전문기관을 따로 지정하여 필요한 감독을 하게 할 수 있다. 감독하는 자는 감독조서를 작성해야 한다.

각 중앙관서의 장 또는 계약 담당 공무원은 계약 상대자가 계약의 전부 또는 일부를 이행하면 이를 확인하기 위하여 계약서, 설계서, 그 밖의 관계서류에 의하여 검사하거나 소속 공무원에게 그 사무를 위임하여 필요한 검사를 하게 해야 한다. 다만, 대통령령으로 정하는 계약의 경우에는 전문기관을 따로 지정하여 필요한 검사를 하게 할 수 있다. 검사하는 자는 검사조서를 작성해야 한다.

공사, 제조, 구매, 용역, 그 밖에 국고의 부담이 되는 계약의 경우 검사를 하거나 검사조서를 작성한 후에 그 대가를 지급해야 한다. 다만, 국제관례 등 부득이한 사유가 있다고 인정되는 경우에는 그러지 않는다. 대가는 계약 상대자로부터 대가 지급의 청구를 받은 날부터 대통령령으로 정하는 기한까지 지급해야 하며, 그 기한까지 대가를 지급할 수 없는 경우에는 그 지연 일수에 따른 이자를 지급해야 한다.

참고문헌

국내 문헌

강남훈(2019). 『기본소득의 경제학』. 서울: 박종철출판사.

강신택(2000). 『재무행정론: 예산과정을 중심으로』(전정판). 서울: 박영사.

강신택(1997). "한국예산론 연구사 서설." 정정길 · 이달곤 공편. 『한국행정의 연구』. 서울: 박영사.

강인재 · 민진 · 윤영진 편역(1985). 『예산이론』. 서울: 대왕사.

강희우 · 박한준 · 권남호 · 오영민(2018). 『재정성과평가제도 환류방안에 관한 연구』. 한국조세재정연구원.

국회예산정책처(2021a). 『2021 경제 · 재정수첩』.

국회예산정책처(2021b). 『2021 대한민국 재정』.

국회예산정책처(2020a). 『NABO 재정동향 & 이슈』. 2020(4).

국회예산정책처(2020b). 2021년도 예산안 총괄 분석(pdf 자료). Ⅰ.

국회예산정책처(2018). 『2019-2050년 NABO 장기 재정전망』. 2018.12.

국회입법조사처(2012). '주민소송제도.' 국회입법조사처 입법조사자료. 2012.11.21.

권민경(2007). "자율화 관점에서 본 정부개혁: 탑다운 예산제도." 서울행정학회 동계학술대회 발표논문집.

권수영(1998). "공공부문 회계에서 복식부기 시스템 도입의 필요성." 기획예산위원회 내부 세미나 자료.

기획재정부(2021a). 『2021년도 나라살림 예산개요』.

기획재정부(2021b). 『2020 국민참여예산 운영 보고서』. 2021.2.

기획재정부(2020). 『2021년도 성과계획서 작성지침』.

김동건(2000). 『현대재정학』(제4판). 서울: 박영사.

김동건(1998). "미국의 재정개혁과 재정정책." 이필우 외. 『주요국의 재정개혁: 미국, 영국, 프랑스, 독일, 일본, 중국 편』. 서울: 한국재정연구회.

김동건(1997). 『비용 · 편익분석』. 서울: 박영사.

김동건 외(1992). 『주요국의 재정정책: 미국 · 캐나다 · 독일 · 일본 편』. 한국재정연구회.

김동환 · 임형석(2020). '코로나 사태' 이후 경제 패러다임 변화와 향후 과제. 한국금융연구원 KIF VIP 리포트(2020.12).

김성태(1993). “미국 시정부의 정책결정 요인분석: 제도정책분석을 위한 통합다단계모형.” 노화준 · 남궁근. 『공공정책의 결정요인분석』. 서울: 법문사.
김웅(2002). “예산참여운동의 의의: 브라질 PT의 참여예산제를 중심으로.” 워크숍 자료.
김은경 외(2020). “함께하는 4차 산업혁명 정책 연구.” 미발표 원고.
김철수(1993). 『헌법학개론』. 서울: 박영사.
김혁 · 이병철 · 전중열 · 최신재(2004). 『알기 쉬운 정부회계』. 서울: 신영사.
나중식(2002). 『예산정치론: 한국과 미국을 중심으로』. 서울: 형설출판사.
남궁근(1993). “공공정책결정 요인분석에 있어서 방법론상의 쟁점.” 노화준 · 남궁근, 『공공정책의 결정요인분석』. 서울: 법문사.
남상오(2000). 『회계원리』. 서울: 박영사.
노화준(1995). 『정책학원론』. 서울: 박영사.
데이비드 스터클러 · 산제이 바수(2013). 『긴축은 죽음의 처방전인가』. 안세민 역. 서울: 까치.
레이, L. 랜덜(2019). 『균형재정론은 틀렸다: 화폐의 비밀과 현대화폐이론』. 홍기빈 역. 서울: 책담. 원저: L. Randall Wray, 2015. *Modern Money Theory: A Primer on Macroeconomics for Sovereign Monetary System*(2nd ed.). NY: Palgrave Macmillan.
롱맨, 필립(2009). 『텅 빈 요람: 저출산이 불러올 전 지구적 재앙과 해법』. 백영미 역. 서울: 민음인. Longman, Phillip. *The empty cradle: how falling birth rates threaten world prosperity*.
루빈, 이렌 S.(2001). 『미국 예산정치론』. 신무섭 옮김. 서울: 대영문화사.
문우식(2012). 유럽재정위기의 요인과 대응방안. 『주간 금융 브리프』, 21(18).
박광국 · 손광락(2000). “물품 구매에서의 부패 방지: 투명성과 효율성의 조화.” 한국정책학회 동계학술대회 발표 논문.
박광용 · 이은경(2019). “통화정책 체계에 대한 최근 논의.” 한국은행, 『통화정책의 현재와 미래』. 2019.2.
박기백(2003). “국가채무의 개념 및 분류.” 『재정포럼』. 2월호. 한국조세연구원.
박노욱 · 원종학(2009). 『지방재정성과 관리 방안에 관한 연구』. 한국조세연구원.
박성욱(2020). “코로나 이후 재정정책의 반자동 안정화장치 확충의 필요성.” 『금융브리프』, 29(11). 한국금융연구원.
박승준(2010). “국가재정 운용계획의 실태와 개선 방향.” 한국행정학회 춘계학술대회 발표논문집.
박정수(2014). 『나라살림 길잡이 재정관리』. 서울: 박영사.
박형수(2010). “재정건전화 이슈와 EU의 재정준칙.” 한국조세연구원. G20정상회의 준비위원회 세미나 자료.
박형수 외(2008). “경제 · 사회환경 변화에 대응한 국가채무 관리방안.” 한국조세연구원. 경제 · 인문사회연구회 협동연구총서 08-20-01.

배득종 · 유승원(2014). 『신재무행정』(제3개정판). 서울: 박영사.
선대인(2011). 『세금 혁명: 새로운 세상을 만드는 최선의 돈』. 서울: 더팩트.
성명재(2011). 『우리나라 소득분배 구조 변천 및 관련 조세 · 재정정책 효과 분석』. 한국조세연구원.
송민기(2020). “소극적인 코로나19 위기 대응에 따른 재정 건전성 훼손 위험.” 『금융브리프』, 29(16). 한국금융연구원.
신무섭(2014). 『재무행정학』(개정7판). 서울: 대영문화사.
안문석(1995). 『정보체계론』. 서울: 법문사.
안종석 · 최준욱(2013). 『조세 · 국민부담률과 조세체계 결정에 관한 연구』. 2013.12. 한국개발연구원.
액커만, 브루스 · 알스톳, 앤 · 빠레이스, 필리페 반(2010). 『분배의 재구성: 기본소득과 사회적 지분 급여』. 너른복지연구모임 옮김. 서울: 나눔의집.
양재진(2020). “기본소득, 막대한 재정소요만이 문제가 아니다.” 『예산춘추』, 59. 국회예산책처.
오영민(2014). “재정성과평가제도 운영성과와 제도적 개선방안.” 『재정포럼』, 12월호. 한국조세재정 연구원.
원종학 · 봉재연 · 박은정(2018). 『재정사업자율평가 2005-2018』. 한국조세재정연구원.
유훈(2003). 『재무행정론』(6정판). 서울: 법문사.
윤성식 · 권수영(1998). 『정부회계: 예산, 원가, 회계 및 감사』. 서울: 법문사.
윤성채(2001). 『정부와 예산: 한국과 미국을 중심으로』. 서울: 대영문화사.
윤영진(2017). “주민 입장에서의 주민참여예산제도의 개선방안.” 『지방재정』, 2017년 5호. 한국지방재정공제회.
윤영진(2012a). 『복지국가 재정전략』. 서울: 대영문화사.
윤영진(2012b). “재정 건전성 지표로서의 국가채무 개념의 쟁점과 대안모형.” 『한국행정논집』, 24(2). 한국정부학회.
윤영진(2008). “디지털 예산회계 시스템 구축: 디지털 예산회계 기획단 자문위원회의 활동.” 오석홍 외. 『행정개혁실천론』. 서울: 법문사.
윤영진(2001). “재정민주주의 제도화로서의 납세자 소송제도.” 박원표 외. 『참여행정론』. 대전: 한남대학교출판부.
윤영진(2000). “정부회계의 재정보고 체계 도입 과제: 지방정부 복식부기제도의 도입을 중심으로.” 『행정논총』, 38(2). 서울대학교 행정대학원.
윤영진(1998). “재정민주주의와 시민의 예산통제: 외국의 시민단체를 중심으로.” 이달곤 외. 『한국의 재정과 재무행정』. 서울: 박영사.
이강호(2006). “예산총액배분 자율편성제도(Top-down System)의 도입 효과 분석.” 정책학회 추계학술대회 발표논문집.
이경섭(1997). 『정부회계와 감사』(개정증보판), 서울: 조세통람사.

이문영 · 윤성식(2002). 『공공재무관리』. 서울: 법문사.
이상민(2020). “21년 예산안 GDP 대비 국채이자, 10년 전보다 낮아.” 『나라살림 브리핑』, 68. 나라살림연구소.
이상이(2020). “‘기본소득’을 반대하는 이유.” 국제신문, 2020.5.21.
이용규(1992). “지방자치단체의 재정예측모델 개발과 활용.” 『지방자치연구』, 4(2). 한국지방자치학회.
이재원(2011). “신사회위기와 사회기반 투자 접근.” 윤영진 외. 『사회서비스정책론』. 서울: 나눔의 집.
이종수 · 윤영진 · 곽채기 · 이재원 외(2014). 『새행정학 2.0』. 서울: 대영문화사.
이준구(2001). “비용-편익분석의 이론과 현실: 새만금사업의 사례.” 『재정논집』, 16(1). 한국재정학회.
이창곤(2020). “기본소득, 오해와 신화가 아닌 담대한 복지개혁 논쟁 되어야.” 한겨레신문. 2020.10.11.
장노순(1992). “세입세출 예측의 필요와 기법.” 김영훈 편. 『재무행정논집: 구조 · 과정 · 환경』. 서울: 정훈출판사.
전상경(1997). 『정책분석의 정치경제』. 서울: 법문사.
전용복(2020). 『나라가 빚을 져야 국민이 산다: 포스트 코로나 사회를 위한 경제학』. 서울: 진인진.
정정길(1988). 『정책결정론』. 서울: 대명출판사.
조달청(2021). 『조달사업 통계』. 2021.3.31 기준.
조수진(2013). “바람직한 국민소송법 도입안 제안.” 국회 ‘예산낭비방지를 위한 국민소송제’ 입법공청회. 2013.9.27.
최준욱 · 류덕현 · 박형수(2005). 『재정지출의 분야별 재원배분에 관한 연구』. 한국조세연구원.
최한수(2021). “‘증세 없는 기본소득’, 비전 혹은 환상.” 한겨레신문 칼럼. 2021.2.21.
최한수(2020). “지금 우리에게 기본소득이 필요한가?” 『예산춘추』, 59. 국회예산정책처.
켈튼, 스테파니(2021). 『적자의 본질』. 이가영 역. 서울: 비즈니스맵.
필리프 판 파레이스 · 야니크 판데르보흐트(2018). 『21세기 기본소득』. 홍기빈 역. 서울: 흐름출판.
피케티, 토마(2019). 『자본과 이데올로기』. 안준범 역. 서울: 문학동네.
하승수(2000). “새로운 시민참여 제도로서의 납세자 소송제도 도입 방안.” 납세자 소송제도 도입을 위한 시민공청회. 11.14. 참여연대 · 함께하는 시민행동.
하연섭(2010). 『정부예산과 재무행정』. 서울: 다산출판사.
한겨레신문(2020). “최소한, 사다리는 오를 수 있게 하자…대안은 ‘기본자산.’” 2020.11.24일자.
한국은행(2017). 『한국의 통화정책』.
한국재정40년사 편찬위원회(1991). 『한국재정40년사』, 제7권. 서울: 한국개발연구원.
한국조세재정연구원 국가회계재정통계센터(2020). 『국가회계재정통계 뉴스레터』, No.25.

황성돈 · 정충식(2002). 『전자정부의 이해』. 서울: 다산출판사.
황윤원(1996). 『재무행정론』. 서울: 법문사.
KDI(2020). 『2019년도 KDI 공공투자관리센터 연차보고서』.

국외 문헌

Anton, Thomas A.(1970). "Roles and Symbols in the Determination of Expenditures." In Ira Sharkansky(ed.). *Policy Analysis in Political Science.* Chicago: Markham Publishing Company.

Apostolou, Nicholas G. & D. Larry Crumbley(eds.)(1988). *Handbook of Governmental Accounting and Finance.* New York: John Wiley & Sons.

Axelrod, Donald(1995). *Budgeting for Modern Government*(2nd ed.). New York: St. Martin's Press, Inc.

Bailey, John J. & Robert J. O'Connor(1975). "Operationalizing Incrementalism: Measuring the Muddles." *Public Administration Review,* 35(1)(Jan./Feb.).

Bartle, John R.(2001). "Seven Theories of Public Budgeting." In John R. Bartle(ed.)(2001). *Evolving Theories of Public Budgeting.* Oxford: Elsevier Science Ltd.

Bartle, John R.(ed.)(2001). *Evolving Theories of Public Budgeting.* Oxford: Elsevier Science Ltd.

Blöndal, Jon R.(2003). "Budget Reform in OECD Member Countries: Common Trends." *OECD Journal on Budgeting,* 2(4).

Blöndal, Jon R.(2000). "Fiscal Transparency." The Korea/OECD Forum on Public Sector Reform: Challenges and Vision for the 21st Century. Seoul, Korea 22–23 June.

Boli, John & George M. Thomas(1997). "World Culture in the World Polity: A Century of International Non-Governmental Organization." *American Sociological Review,* 62.

Boushey, Heather, Nunn, Ryan & Shambaugh, Jay(eds.)(2019). *Recession Ready: Fiscal Policies to Stabilize the American Economy.* Brookings.

Bozeman, Barry & Jeffrey D. Straussman(1982). "Shrinkging Budgets and the Shirinkage of Budget Theory." *Public Administration Review,* Nov.–Dec.

Braybrooke, David & Charles E. Lindblom(1970). *A Strategy of Decision.* New York: Free Press.

Burkhead, Jesse(1956). *Government Budgeting.* New York: John Wiley & Sons.

Caiden, Naomi(1982). "Public Budgeting amidst Uncertainty and Instability." In *Current Issues in Public Administration,* edited by Frederick S. Lane. New York: St. Martin's Press.

Chambers, John C., Satinder K. Mullick, & Donald D. Smith(1975). "How to Choose the Right

Forecasting Technique." *Harvard Business Review: On Management*. New York: Harper and Row.

Chandler, Ralph C. & Jack C. Plano(1982). *The Public Administration Dictionary*. New York: John Wiley & Sons, Inc.

Coe, Charles. K.(1989). *Public Financial Management*. Englewood Cliffs, N.J.: Prentice-Hall.

Coote, A. & Percy, A.(2020). *The Case for Universal Basic Services*. Polity Press, John Wiley & Sons.

Cowart, Andrew R., Tore Hansen, & Karl-Erik Brofoss(1975). "Budgetary Strategies and Success at Multiple Decision Levels in the Norweigan Urban Setting." *American Political Science Review*, 69(June): 543-558.

Cowart, Andrew T.(1976). "The Machiavellian Budgeter." *British Journal of Political Science*, 6(January): 33-42.

Cowart, Andrew T.(1975). "Partisan Politics and the Budgetary Process in Oslo." *American Journal of Political Science*, 19(November): 651-665.

Crafts, Nicholas & Fearon, Peter(2013). *The Great Depression of the 1930s: Lessons for Today*. Oxford University Press.

Danziger, James N.(1978). *Making Budgets: Public Resourse Allocation*. Beverly Hills: SAGE Publicatons.

Davis, David Howard(1970). "The Price of Power: The Appropriations Process for Seventeen Foreign Affairs Agencies." *Public Policy*, 18(Spring): 355-381.

Davis, James W. & Randall B. Ripley(1967). "The Bureau of the Budget and Executive Branch Agencies: Notes on Their Interaction." *The Journal of Politics*, Vol. 29.

Davis, Otto A., M. A. H. Dempster, & Aaron Wildavsky(1974). "Towards A Predictive Theory of Government Expenditures: U.S. Domestic Appropriations." *British Journal of Political Science*, 4(October): 419-452.

Davis, Otto A., M. A. H. Dempster, & Aaron Wildavsky(1971). "On the Process of Budgeting II: An Empirical Study of Congressional Appropriations." In *Studies in Budgeting*, edited by R. F. Byrne, A. Charnes, W. W. Cooper, O. A. Davis, & Dorothy Gilford. New York: North Holland Publishers.

Davis, Otto A., M. A. H. Dempster, & Aaron Wildavsky(1966a). "A Theory of the Budgetary Process." *American Political Science Review*, 60(3)(September): 529-547.

Davis, Otto A., M. A. H. Dempster, & Aaron Wildavsky(1966b). "On the Process of Budgeting: An Empirical Study of Congressional Appropriations." In *Papers on Non-Market Decision Making*, edited by Gordon Tullock. Charlottesville, Virginia: University of Virginia.: 63-132.

Diesing, Paul(1962). *Reason in Society*. Urbana.

Drebin, A. R., J. L. Chan, & L. C. Ferguson(1981). "Objectives of Accounting and Financial Reporting for Governmental Units: A Reseach Study." *National Council on Government Accounting*, Chicago.

Fenno, Richard F., Jr.(1966). *The Power of the Purse: Appropriations Politics in Congress*. Boston: Little, Brown and Co.

Friedman, Lewis B.(1975). *Budgeting Municipal Expenditures*. New York: Praeger Publishers.

Gerwin, Donald(1969). "Toward a Theory of Public Budgetary Decision Making." *Administrative Science Quarterly*, 14(1)(March).

Giammarioli, N., Nickel, C., Rother, P. & Vidal, J. P.(2007). Assessing Fiscal Soundness: Theory and Practice. *ECB Occasional Paper*, No. 56. March.

Gist, John R.(1982). "Stability and Competition in Budgetary Theory." *American Journal of Political Science*, Vol. 76.

Gist, John R.(1977). "Increment and Base in Congressional Appropriations Process." *American Journal of Political Science*, Vol. 21(May).

Gist, John R.(1974). *Mandatory Expenditures and the Defense Sector*. Beverly Hills, California: SAGE Publications.

Golembiewski, Robert T. & Jack Rabin(eds.)(1997). *Public Budgeting and Finance*(4th ed.). New York: Marcel Dekker, Inc.

Green, Mark T. & Fred Thompson(2001). "Organization Process Models of Budgeting." In John R. Bartle(ed.). *Evolving Theories of Public Budgeting*. Oxford: Elsevier Science Ltd.

Grizzle, Gloria A.(1986). "Five Great Issues in Budgeting and Financial Management." In W. Rabin Jack, Bartley Hildreth, & Gerald J. Miller(eds.). *Handbook of Public Administration*. New York: Marcel Dekker, Inc.

Harmon, W. Ken & Kay Poston(1988). "Budgets and Computers." In Nicholas G. Apostolou & D. Larry Crumbley(eds.). *Handbook of Governmental Accounting and Finance*. New York: John Wiley & Sons.

Harper, Edwin L., Fred A. Kramer, & Andrew M. Rose(1968). "Implementation and Use of PPB in Sixteen Federal Agencies." *Public Administration Review*, Vol. 29(Nov./Dec.).

Hyde, Albert C. & Jay M. Shafritz(eds.)(1978). *Government Budgeting: Theory · Process · Politics*. Oak Park, Illinois: Moore Publishing Company, Inc.

Hyde, Albert C. & William L. Jarocki(1978). "Revenue and Expenditure Forecasting: Some Comparative Trends." In Albert C. Hyde & Jay M. Shafritz(eds.). *Government Budgeting: Theory · Process · Politics*. Oak Park, Illinois: Moore Publishing Company, Inc.

IFAC Public Sector Committee(2002). *Resource Accounting: Framework of Accounting Standard*

Setting in the UK Central Government Sector.

IMF(2021). *Fiscal Monitor: Database of Country Fiscal Measures in Response to the COVID-19 Pandemic.*

IMF(2016). *Fiscal Rules Dataset 1985-2015.*

IMF(2008). *World Economic Outlook Database.*

IMF(2001). *Manual on Government Finance Statistics.*

IMF(1998). *Code of Good Practices on Fiscal Transparency.* Washington, D.C.: International Monetary Fund.

Institute for Global Prosperity(2019). *Universal Basic Services: Theory and Practice-A literature review.* UCL Institute for Global Prosperity(https://ubshub.files.wordpress.com/2019/05/ubs_report_online.pdf).

Institute of Global Prosperity(2017). *Social Prosperity for the Future: a proposal for Universal Basic Services.* UCL IGP.

Irwin, Timothy C.(2012). Accounting Devices and Fiscal Illusions. *IMF Staff Discussion Note.* International Monetary Fund. March.

Jackson, John E.(1972). "Politics and the Budgetary Process." *Social Science Research*, Vol. 1.

Johnson, Walter L. & Glen L. Goodwin(1988). "State and Local Government Accounting Principles." In Nicholas G. Apostolou & D. Larry Crumbley. *Handbook of Governmental Accounting and Finance.* New York: John Wiley & Sons.

Joyce, Philip G. & Susan Sieg(2000). "Using Performance Information for Budgeting: Clarifying the Framework and Investigating Recent State Experience." 2000 Symposium of the Center for Accountability and Performance. American Society for Public Administration. Washington D.C.: American Society for Public Administration.

Kanter, Arnold(1972). "Congress and the Defense Budget, 1960-1970." *American Political Science Review*, Vol. 66(March).

Kelton, Stephanie(2021). 적자의 본질(The Deficit Myth). 이가영 역, 서울: 비즈니스맵.

Key, Vladmir O., Jr.(1940). "The Lack of a Budgetary Theory." *American Political Science Review*, Vol. 34(Dec.).

Kingdon, John W.(1995). *Agendas, Alternatives, and Public Policies*(2nd ed.). N.Y.: Harper Collins.

Kohl, Jürgen(1983). "The Functional Structure of Public Expenditures: Longterm Changes." In Charles L. Taylor(ed.). *Why Governments Grow.* Bevery Hills: SAGE Publications.

Lee, Robert D., Jr. & Ronald W. Johnson(1998). *Public Budgeting Systems*(6th ed.). Gaithersburg, Maryland: Aspen Publishers, Inc.

Lee, Vivien & Sheiner, Louise(2019). "What are automatic stabilizers?" Brookings and Hutchins

Center(2019.7.2).

LeLoup, Lance T.(1988a). "From Microbudgeting to Macrobudgeting: Evolution in Theory and Practice." In Irene S. Rubin(ed.). *New Directions in Budget Theory*. Albany: State Univ. of New York.

LeLoup, Lance T.(1988b). *Budgetary Politics*(4th ed.). Brunswick: King's Court.

LeLoup, Lance T.(1975). "Agency Policy Actions: Determinants of Nonincre-mental Change." In Randall B. Ripley & Grance A. Franklin(eds.). *Policy-Making in the Federal Executive Branch*. New York: Free Press.

LeLoup, Lance T. & W. B. Moreland(1978). "Agencies Strategies and Executive Review: The Hidden Politics of Budgeting." *Public Administration Review*, May-June.

Lewis, Verne B.(1952). "Toward a Theory of Budgeting." *Public Administration Review*, 12(1) (Winter).

Lienert, Ian(2010). "Role of the Legislature in Budget Processes." International Monetary Fund, *Technical Notes and Manuals*.

Lojsch, Dagmar Hartwig, Rodriguez-Vives, Marta & Slavik, Michal(2011). The Size and Composition of Government Debt in the Euro Area. *European Central Bank Occasional Paper Series*, No. 132.

Lyden, Fremont J. & Ernest G. Miller(eds.)(1978). *Public Budgeting: Program Planning and Evaluation*. Chicago: Rand McNally Publishing Co.

Lynch, Thomas D.(1995). *Public Budgeting in America*(4th ed.). Englewood Cliffs, New Jersey: Prentice-Hall, Inc.

McKenna, Christopher K.(1980). *Quantitative Methods for Public Decision Making*. New York: McGraw-Hill Book Company.

Melkers, Julia & Katherine G. Willoughby(1998). "The State of the States: Performance-Based Budgeting Requirements in 47 out of 50." *Public Administration Review*, 58(1).

Meyers, Roy T.(ed.)(1999). *Handbook of Government Budgeting*. San Francisco: Jossey-Bass Publishers.

Mikesell, John L.(1995). *Fiscal Administration: Analysis and Applications for the Public Sector* (4th ed.). Bellmont, California: Wadsworth Publishing Company.

Natchez, Peter B. & Irvin C. Bupp(1973). "Policy and Priority in the Budgetary Process." *American Political Science Review*, 67(3).

Premchand, A.(1999). "Budgetary Management in the United States and in Australia, New Zealand, and the United Kingdom." In Roy T. Meyers(ed.)(1999). *Handbook of Government Budgeting*. San Francisco: Jossey-Bass Publishers.

Premchand, A.(1984). *Government Budgeting and Expenditure Controls: Theory and Practice*.

Washington, D.C.: International Monetay Fund.

Prest, A. R. & R. Turvey(1965). "Cost-Benefit Analysis: A Survey." *Economic Journal*, Vol. 75 (December).

Pyhrr, Peter A.(1977). "The Zero-Base Approach to Government Budgeting." *Public Administration Review*, 67(1)(January/February).

Pyhrr, Peter A.(1973). *Zero-Base Budgeting, A Practical Management Tool for Evaluating Expenses*. New York: John Wiley & Sons.

Rabin, Jack & Thomas D. Lynch(eds.)(1983). *Handbook on Public Budgeting and Financial Management*. New York: Marcel Dekker, Inc.

Rawdanowicz, Lukasz, Wurzel, Eckbhard & Ollivaud, Patrice(2011). Current Issues in Managing Government Debt and Assets. *OECD Economic Department Working Papers*, No. 923.

Reed, B. J. & John W. Swain(1997). *Public Finance Administration*. Beverly Hills: SAGE Publications.

Richardson, James A.(1988). "Forcasting Revenues and Expenditures." In Apostolou, Nicholas G. & D. Larry Crumbley(eds.)(1988). *Handbook of Governmental Accounting and Finance*. New York: John Wiley & Sons.

Rickards, Robert C.(1990). "City and County Budget Presentations in Texas: The Current State of the Art." *Public Budgeting and Finance*, Summer.

Rogers, Steve(1990). *Performance Management in Local Government*. Harlow: Longman.

Rokkan, S(1975). "Dimensions of State Formation and Nation-Building: A Possible Paradigm for Research on Variations within Europe." Princeton, N.J.: Princeton University Press.

Rokkan, S.(1970). "Methods and Models in the Comparative Study of Nation Building" and "Nation-Building, Cleavage Formation, and the Structuring of Mass Politics." In *Citizens, Elections, Parties-Approaches to the Comparative Study of the Processes of Development*. Oslo.

Rubin, B. M.(1986). "Information Systems for Public Management: Design and Implementation." *Public Administration Review*, 46, Special Issues.

Rubin, Irene S.(2000). *The Politics of Public Budgeting: Getting and Spending, Borrowing and Balancing*. Chatham, New Jersey: Chatham House Publishers, Inc.

Rubin, Irene S.(ed.)(1988). *New Directions in Budget Theory*. Albany: State Univ. of New York.

Sarant, Peter C.(1978). *Zero-Base Budgeting in the Public Sector: A Pragmatic Approach*. Reading, Massachusetts: Addison-Wesley Publishing Company.

Schick, Allen(2000). *The Federal Budget: Politics, Policy, Process*. Washington, D.C.: Brookings Institution Press.

Schick, Allen(1998). *A Contemporary Approach to Public Expenditure Management*. World

Bank Institute: Governance, Regulation, and Finance Division.

Schick, Allen(1980). "Budgetary Adaptations to Resource Scarcity." In *Fiscal Stress and Public Policy*, edited by Charles H. Levine & Irene S. Rubin.

Schick, Allen(1969). "Systems Politics and Systems Budgeting." *Public Administration Review*, 29(2).

Schick, Allen(1966). "The Road to PPB: The Stages of Budget Reform." *Public Administration Review*, 26(4)(December).

Shapiro, Isaac(ed.)(2001). *A Guide to Budget Work for NGOs*. The International Budget Project.

Sharkansky, Ira(1965). "Four Agencies and an Appropriations Subcommittee: A Comparative Study of Budget Strategies." *Midwest Journal of Political Science*, Vol. 9(August): 254-281.

Simon, Herbert A.(1976). *Administrative Behavior*(3rd ed.). New York: The Free Press.

Skok, J. E.(1980). "Budgetary Politics and Decision Making." *Administration and Society*, Vol. 11(Feb.).

Smith, Harold D.(1944). "The Budget as an Instrument of Legislative Control and Executive Management." *Public Administration Review*, Vol. IV.

Sperling, Gene(2020). *Economic Dignity*. Penguin Press.

Stockman, D.(1975). "The Social Pork Barrel." *Public Interest*, Spring.

Sutherland, Douglas, Hoeller, Peter, & Merola, Rossana(2012). Fiscal Consolidation: Part 1. How Much is Needed and How to Reduce Debt to a Prudent Level? *OECD Economic Department Working Papers*, No. 932.

Tanzi, Vito & Richard Hemming(2000). "The Role of The IMF in Promoting Fiscal Transparency." The Korea/OECD Forum on Public Sector Reform: Challenges and Vision for the 21st Century. Seoul, Korea 22-23 June.

Taylor, Graeme M.(1977). "Introduction to Zero-Base Budgeting." *The Bureaucrat*, Spring.

Thai, Khi V.(1983). "Government Financial Reporting and Auditing." In Jack Rabin & Thomas D. Lynch(eds.). *Handbook on Public Budgeting and Financial Management*. New York: Marcel Dekker, Inc.

The Joint DOD/GAO Working Group on PPBS(1983). *The Department of Defense's Planning Programming and Budgeting System*, September.

The U.S. General Accounting Office(2000). *Accrual Budgeting*.

Thumaier, Kurt & Katherine Willoughby(2001). "Windows of Opportunity: Toward A Multiple Rationalities Model of Budgeting." In John R. Bartle(ed.). *Evolving Theories of Public Budgeting*. Oxford: Elsevier Science Ltd.

Tucker, H. J.(1982). "Incremental Budgeting: Myth or model?" *Western Political Quarterly*, 35.

Turnbull, Augustus B., Ⅲ(1981). "The Budgetary Process and Decision Making in Public Agencies." In Thomas Vocino & Jack Rabin, *Contemporary Public Administration*. Harcourt Brace Joranovich Inc.

UCL Institute for Global Prosperity(2019). *Social prosperity for the future: A proposal for Universal Basic Services*. Social prosperity network report. https://mronline.org/wp-content/uploads/2019/08/universal_basic_services_-_the_institute_for_global_prosperity_.pdf

U.S. General Accountability Office(2003). Fiscal Exposures: Improving Budgetary Focus on Long-term Costs and Uncertainty. January 24. http://www.gao.gov/products/GAO-03-213

von Hagen, J.(2005). *Fiscal Rules and Fiscal Performance in the EU and Japan*. Institute for Monetary and Economic Studies, Bank of Japan.

Wanat, John(1978). *Introduction to Budgeting*. North Scituate, Massachusetts: Duxbury Press.

Watson, Thomas S., Jr., M. Abdus-Salaam Ahmad, & Kathleen H. Dyer(1988). "Microcomputers in Local Government." In Nicholas G. Apostolou & D. Larry Crumbley(eds.)(1988). *Handbook of Governmental Accounting and Finance*. New York: John Wiley & Sons.

Wheelwright, Steven C. & Spyros Makridakis(1977). *Forecasting Methods for Management*(2nd ed.). New York: John Wiley & Sons.

Whicker, Marcia Lynn(1983). "Budgets and Computers in Government." In Jack Rabin & Thomas D. Lynch(eds.)(1983). *Handbook on Public Budgeting and Financial Management*. New York: Marcel Dekker, Inc.

Wildavsky, Aaron(1992). *The New Politics of the Budgetary Process*(2nd ed.). Harper Collins Publishers, Inc.

Wildavsky, Aaron(1986). *Budgeting: A Comparative Theory of Budgetary Theory*(rev ed.). New Brunswick: Transaction Publishers.

Wildavsky, Aaron(1984). *The Politics of the Budgetary Process*(4th ed.). Boston: Little, Brown & Co.

Wildavsky, Aaron(1961). "Political Implications of Budgetary Reform." *Public Administration Review*, Vol. 21.

Wildavsky, Aaron & Arthur Hammand(1965). "Comprehensive Versus Incremental Budgeting in Department of Agriculture." *Administrative Science Quarterly*, 10(3)(December).

Wolfensberger, Donald R.(2001). *The American Pork Tradition: an Introductory Essay*. Congress Project Seminar. https://www.icsi.edu/congress/reports/pork.htm

찾아보기

ㄱ

ㅈ

저자 소개

윤영진(尹榮鎭)

[약 력]

- 서울대학교 경제학과(경제학사)
- 서울대학교 행정대학원(행정학 석사)
- 서울대학교 대학원(행정학 박사)
- 미국 American University 풀브라이트 객원교수
- 한국지방재정학회 회장
- 한국사회서비스학회 회장
- 대구광역시 재정계획심의위원회 위원
- 대통령자문 정책기획위원회 위원
- 디지털 예산회계기획단 자문위원장
- 기획예산처 재정정책자문위원회 위원
- 행정자치부 지방자치단체회계기준심의위원회 위원
- 기획재정부 공공기관운영위원회 위원
- 국무총리실 세종특별자치시지원위원회 위원
- 범정부 재정분권 TF 단장
- 정책기획위원회 재정개혁특별위원회 위원
- 함께하는 시민행동 공동대표
- 혁신정책 네트워크 디딤 이사장
- 계명대학교 명예교수(현)

[주요 저서]

- 『새행정학2.0』(공저, 대영문화사, 2014)
- 『복지국가 재정전략』(대영문화사, 2012)
- 『사회서비스정책론』(공저, 나눔의 집, 2011)

이메일 주소: ibudget@naver.com

제7판

새 재무행정학

편낸날 새재무행정학 제1판 제1쇄 1998년 7월 20일
제2판 제1쇄 2003년 8월 30일
제3판 제1쇄 2006년 8월 30일
제4판 제1쇄 2008년 8월 30일
제5판 제1쇄 2010년 8월 30일
제6판 제1쇄 2014년 8월 20일(새재무행정학2.0)
제7판 제1쇄 2021년 7월 30일
제7판 제2쇄 2023년 8월 23일

지은이 윤영진
펴낸이 임춘환
펴낸곳 도서출판 **대영문화사**
주소 (본사) 사무실: 경기도 고양시 일산서구 주화로 70
우신프라자 307호 ㉾ 10387)
(본사) 물류센터: 경기도 고양시 일산서구 덕산로
107번길 68-50 ㉾ 10205)
등록 1975년 12월 26일 제3-16호
전화 (031) 913-3062, (031) 914-3884~5
팩스 (031) 913-3839
홈페이지 http://www.dymbook.co.kr

ISBN 978-89-7644-785-2
값 35,000원

* 잘못된 책은 바꾸어 드립니다.